Der

Richtsteig Landrechts

nebst

Cautela und Premis

herausgegeben

von

Dr. C. G. Homeyer,

ordentlichem Professor der Rechte, Mitgliede des Obertribunals, der Academie der Wissenschaften und des Herrenhauses.

Berlin.

Druck und Verlag von Georg Reimer.

1857.

Vorrede.

Mehr denn dreifsig Jahre sind vergangen, seit ich den Plan zu der Herausgabe des Richtsteigs Landrechts fafste, auch den Grundtext auswählte und die Vergleichung der Handschriften begann. Doch erst, nachdem das Sachsenspiegelwerk im J. 1844 mit dem zweiten Bande des zweiten Theils zum Abschlufs gekommen war und darin bereits der Richtsteig Lehnrechts seine Stelle gefunden hatte, vermochte ich jenes sein landrechtliches Vorbild ernstlicher anzugreifen. Und es blieb zur Durchführung des Vorhabens nur noch verhältnifsmäfsig geringes übrig, als eine vielfältige Mehrung der Berufsthätigkeit mir auch die Schriftstellerei auf ganz andre Wege lenkte. Publicationen pflichtmäfsiger oder sonst dringender Art, wie academischer Vorträge und gerichtlicher Entscheidungen, wie die Umarbeitung des Verzeichnisses der Rechtsbücher schoben fort und fort sich ein und liefsen, was vor zwölf Jahren ein Werk für einige Monate schien, mich erst im vergangenen Winter zum fröhlichen Ende bringen.

Dieses überlange Dehnen der Beschäftigung mag nun wohl dem Gleichmaafse in der Behandlung, namentlich in dem Gebrauche der Handschriften einigen Abbruch gethan haben; doch ist es darin mir wiederum zu Gute gekommen, daſs ich noch die jüngsten Arbeiten über den altdeutschen Beweis so wie eine Reihe neu auftauchender Handschriften des Rechtsbuches einsehen konnte. Wie denn noch während des Druckes ein werthvoller, in den Nachträgen beschriebener Königsberger Codex durch H. Professor Stobbe aufgefunden wurde und zu meiner Benutzung gelangte.

Die Ausgabe hat in Einleitung, Text, Beigaben, Glossar, einen ansehnlichen Umfang gewonnen, der wohl einiger Erläuterung bedarf.

Der Richtsteig steht allerdings hinter dem Sachsenspiegel um vieles zurück, wie in äuſserer Fülle so noch mehr an innerer Bedeutung, an bahnbrechender gestaltender Kraft. Der Autor selber vergleicht sich in der Glosse zu s. Landr. I. 19, einem solchen der nur begieſse, was Eike v. Repkow gepflanzt habe. Aber er strebt ihm doch in Kürze und Bündigkeit des Ausdrucks nach, er hat vor Eike den ordnenden planmäſsig verfahrenden Sinn sogar voraus. Und auch in der Sache ist das Verdienst Johanns v. Buch sowohl für seine Zeit als auch für unsre Kunde des Rechts ein nicht geringes. Wie sehr das 14te Jahrhundert einer sichrern Einführung der Grundsätze des Sachsenspiegels in das Verfahren bedurfte, wie gerne man den von dem märkischen Ritter bereiteten Steig des Gerichtes betrat, zeigt seine groſse Verbreitung, die schnelle Bildung verschiedener Recensionen, die häufige Benutzung des Werkes für andre Darstellungen, die Nachbildungen zu denen es den Anstofs gab. Diese practische Bedeutung hat das Rechtsgangbuch etwa zwei Jahrhunderte hindurch bis zum völligen Ueberwiegen des römisch-canonischen Processes bewahrt.

Der Aufschlufs aber, den unsre Zeit durch den Richtsteig über das Recht des Mittelalters zu gewinnen vermag, ist doppelter Art. Die geringere Belehrung bietet er für das materielle Recht, indem er es hie und da gegen den Sachsenspiegel verdeutlicht, genauer bestimmt, auch wohl weiter entwickelt oder gar umgeändert zeigt. Die gröfsere erhalten wir für den altdeutschen Rechtsgang selber. Die ihn leitenden Grundsätze, namentlich die streng gemessene Fortbewegung des Tagedingens *met ordelen*, mit Feststellung jedes einzelnen streitigen oder zweifelhaften Punktes durch sofortiges Urtheil, die Abhängigkeit ferner dieser Urtheile von dem Benehmen der Parteien und ihrer Vorsprecher, diese Grundlagen treten hier zuerst in völliger Entschiedenheit, Anschaulichkeit und Treue hervor.

Darum habe ich auch dieses Rechtsbuch einer kritischen, möglichst abschliefsenden, folgeweise umständlichen Bearbeitung werth gehalten.

Vor allem war ich bemüht, von den zahlreichen nach und nach erforschten Handschriften so viele Kunde und Einsicht zu erlangen, dafs ihre Stellung zu den schon bekannten bestimmt, das Bedürfnifs einer vollständigen Vergleichung beurtheilt werden konnte. Dies ist auch bei den meisten gelungen. Daraus schon erwuchs für die Einleitung, welche die einzelnen Handschriften zu beschreiben, dann ihren genetischen Zusammenhang darzulegen hatte, ein beträchtlicher Stoff, nicht weniger aus dem Versuche, über den Autor des Werkes ins Reine zu kommen.

Bei der Darstellung des Rechtsbuches selber hat ein gutes Geschick es so gefügt, daſs der gleich anfangs zur Grundlage gewählte Text der Berliner Hdschr. von 1382 auch nach der Auffindung vieler andrer Codices beibehalten werden durfte ja muſste. Auch jener zuletzt entdeckte Königsberger Richtsteig vom J. 1376 würde, als der zweiten Classe angehörig, nicht zum Grundtext sondern nur etwa statt des Oschatzer zum Nebentext sich geeignet haben. Die Aufgabe sodann, aus den übrigen Handschriften und alten Drucken in Variantenform ein genügendes und doch nicht überladenes Bild der mannigfaltigen Gestalt vor Augen zu bringen, welche das durch ganz Nord- und Mitteldeutschland verbreitete Buch im Gebrauche gewonnen, war etwas schwieriger zu lösen als beim sächsischen Land- und Lehnrecht. Die Schreiber des Richtsteiges haben mit gröſserer Freiheit als dort gearbeitet; auſser den mundartlichen Aenderungen erlauben sie sich, wenn gleich selten die Sache, doch vielfach den Styl zu wandeln. Wie bedeutend auch die Masse der aufgenommenen Varianten erscheint, darf ich doch versichern, daſs ich bei der Auswahl der Lesarten und Fassung der Noten recht strenge und knapp habe zu Werke gehen wollen, daſs ich besorge eher zu wenig als zu viel gegeben zu haben. Die den Capiteln vorangeschickten Summarien schienen durchaus erforderlich, theils um den Wechsel der Parteien welchen der Mangel einer Benennung zuweilen verdunkelt, theils um die verschiedenen Wendungen welche einer Streitsache gegeben worden, besser hervortreten zu lassen.

Die dem Texte angehängten Beigaben aus Arbeiten, welche in mancherlei Weise sich dem Richtsteige anschliefsen, mögen jede für sich sprechen. Am wenigsten war bei der Blume des Sachsenspiegels, S. 355 ff., ein rechtes Maafs der mitzutheilenden Proben zu finden. Gerne wäre ich darin noch etwas weiter gegangen, hätte nicht einerseits hier die Weitläuftigkeit der Behandlung, andrerseits eine Aussicht mich zurückgehalten, dafs jüngere und frischere Kräfte sich an einer selbständigen Bearbeitung des merkwürdigen Buches versuchen werden.

Die eigne Darstellung des Gerichtswesens soll nur den darauf bezüglichen Inhalt des Richtsteiges übersichtlich machen und erläutern. Darüber hinauszugehen und etwa das Rechtsverfahren des 14ten Jahrhunderts in seinem vollen Zusammenhange zu schildern, war jedenfalls ein jetzt für mich nicht erreichbares Ziel.

Bei der Abfassung des schliefslich hinzugefügten Glossars ist es mir nicht entgangen, dafs die Verbindung der zu dem sächsischen Landrecht, dem Lehnrecht und Richtsteig Lehnrechts, dem Görlitzer Landrecht besonders gelieferten Wortregister mit dem hier zu gebenden einen bequemeren und recht willkommenen Ueberblick des Vorraths der sächsischen Rechtssprache gewähren würde. Hier durfte ich jedoch weder die Ausgabe des einzelnen Rechtsbuches mit solcher Arbeit — wäre sie auch schon gethan gewesen — füglich schwellen, noch in Erwartung derselben den Richtsteig ohne lexicalische Erklärung lassen. So bleibe dieses Zusammenfassen späterer Sorge heim gegeben.

Der Kreis der Rechtsbücher deren Herausgabe ich mir vorgesetzt, ist mit diesem Richtsteige abgeschlossen, wenn auch zur Erörterung einzelner sie betreffender Fragen Anlafs und Neigung noch nicht gebricht. Am liebsten stellte ich jedoch bei etwa noch beschiedener Mufse den Stoff zusammen, der in ungeahnter Fülle für die alten Haus- und Hofzeichen der germanischen Stämme sich ergeben hat.

Berlin, den 7. Juli 1857.

Inhalt.

Einleitung.

Der Richtsteig Landrechts.

Beigaben.

Das Gerichtswesen nach dem Richtsteige.

Einleitung.

Die Einleitung verzeichnet erstens zur Grundlage der folgenden Erörterungen die Handschriften und Drucke des Richtsteigs Landrechts, giebt zweitens die Geschichte des Rechtsbuches und entwickelt drittens den Plan dieser Ausgabe.

I. Verzeichniss.

§. 1. Die Handschriften.

Sie sind alphabetisch geordnet, nach den Aufenthaltsorten für die Hdss. in festen Händen, nach den Besitzern für die übrigen. Bei einer jeden ist unter „Rb." auf die entsprechende Nummer in den „Deutschen Rechtsbüchern des Mittelalters etc. Berlin 1856" verwiesen worden. Weitere Citate mit „Ssp." oder „Lehnr." sind beigefügt, wenn meine Ausgaben des Sachsenspiegels 1835 oder des Lehnrechts 1842 schon eine Beschreibung der Handschrift enthalten. In diesem Falle ist vornemlich nur der den Richtsteig betreffende Inhalt näher angegeben worden. — Am Rande steht die Bezeichnung, welche die Handschrift in den Variantennoten trägt.

1. (Lehnr. S. 639; Rb. 8.) *An.*

Amsterdam, öffentl. Bibl. 36. Membr. Fol. niederd. 14. o. 15 Jahrh.; enthält auf 243 Bl. 1. das sächs. Landr. in 3 B. mit der Glosse S. 1—336; 2. das s. Lehnrecht S. 337—366; 3. den Richtsteig Landr. S. 366—402, unter den Namen *scheueklot* und *richtestich*, mit Prolog und beiden Epilogen, in rubricirten aber ungezählten Kapiteln, mit Allegaten im Text; 4. das Schwäb. Landrecht u. d. N. *Keyserrecht* S. 403—485 in 348 Capp., schliessend: *gelit he auer eines bi er vor dat he sin innen wart, he mach sek nicht van ir scheiden.*

Ai. 2. (Ssp. 13; Lehnr. 1; Rb. 24.)

Berlin, K. Bibl. *Ms. Germ. fol.* 10. Membr., niederd. 1369. Auf den letzten 9 Bl. der Richtsteig Landr. u. d. R.: *hir begint die richtestich des rechtes in deme buke der sassenspigel.* Register. Der Text in 31 nicht rubricirten Capiteln, unvollständig, mit einer Verwirrung a. E. des Cap. 25, welches plötzlich in das Ende von Cap. 26 übergeht und im C. 28 wieder in C. 25 einschlingt, worauf C. 26 folgt, dem das Ende von C. 28 angehängt wird. Der Abschreiber hat sich bemüht, den Fehler seines Vorbildes, der durch die Verwechslung eines Blattes entstanden, möglichst auszugleichen. Schluss: *hir endet die richtestich des seschen rechtes nach dem buke der sassenspigel.*

Be. 3. (Ssp. 6; Rb. 26.)

Berlin, K. Bibl. *Ms Germ. f.* 12, Papier, mitteld., 1473. Auf Bl. 261 Col. 4 ff. der Richtsteig Landrechts u. d. R. *Richtestig* ohne Register und Rubriken in 49 Capp., die Allegate im Texte. Am Schlusse: *quo finito sit laus iesu christo sub anno domini mccccIxxiii vigilia purificationis gloriose virginis marie.*

Ac. 4. (Rb. 31.)

Berlin, K. Bibl. früher Ritteracademie zu Brandenburg, *Ms. Germ. f.* 285, Pap., niederd., 15. Jahrh., hat durch Feuchtigkeit gelitten. Nach einem Remissorium der Richtsteig Landrechts mit Vorrede in 49 rubricirten Capp., die Allegate im Text. Schluss: *Got de dar is etc.*, woran sich knüpft: *Got herre scepper aller creaturen .... des helpe uns leve herre jesu christ.* Anweisung zur Klage gegen einen ausbleibenden Friedebrecher. Zwei Magdeburger Schöffensprüche. Die sächs. Distinctionen.

Ab. 5. (Ssp. 3; Lehnr. 3; Rb. 34.)

Berlin, K. Bibl. *Ms. Germ. f.* 391, Membr., niederd., 1382. Bl. 19—44 der Richtsteig Landrechts unter *De richtestich bin ic genant. alle rechte unde clage sint mi bekant,* mit Register in 50 rubricirten und gezählten Capp., von denen das erste die Vorrede enthält. Die Allegate am Rande. Epilog *Got de dar is.*

6. (Rb. 46.) *Af.*

Berlin, K. Bibl. *Ms. Germ. f.* 626, früher Heinr. Hoffmann, Pap., 15. Jahrh., niederd. Enthält auf 39 ungespaltnen Bl. nur den Richtsteig Landrechts mit Register in 49 Capp., deren Zählung und Rubricirung mit dem zweiten beginnt. Ohne Allegate. Schluss *So vint he ne moge. Et sic est finis.*

7. (Rb. 51.) *Bh.*

Berlin, K. Bibl. *Ms. Germ. fol.* 728, früher Dieck und Leissring. Pap. Fol., mitteld., 1407. In einer kleinen deutlichen Cursiv der Richtsteig Landrechts unter *Richt-Steigk,* dem eine neuere Hand hinzufügt *i. e. processus iuris usus et exercitium iuris Saxonici in iudiciis.* Columnentitel *R. S.*; 49 gezählte und rubricirte Capp.; Allegate im Text. Epilog *Diz habe wir.* Schluss *Allhie hat der Richtstig eyn ende. God wolle vns den heilige geist sende. Amen Amen Amen.*

8. (Rb. 53.) *Aq.*

Berlin, K. Bibl. *Ms. Germ. fol.* 730, früher Regierungsrath Sprickmann zu Münster, Membr., 287 Bl. Fol., niederd., Anf. des 15ten Jahrh. 1. Sächs. Landrecht mit der Glosse; 2. Sächs. Lehnrecht ohne Glosse; 3. der Richtsteig Landrechts. Alphabetisches Register unter: *hir begint dat boek vnde ersten dat register des schedeklotes ofte des rechtesteigers na den alphabete.* Der Text unter: *hir begint de text des schedeklotes anders gheheten des rechtsteigers,* in 50 gezählten und, mit Ausnahme des ersten, rubricirten Capp. Nach dem Epilog: *vnde dijt boeck is genant de Richtesteiger. Explicit.*

9. (Rb. 65.) *Bi.*

Berlin, Bibl. des Joachimsthalschen Gymn., *Msp.* in 4. Nr. 72, Pap., niederd., 1412. Enthält vor dem Richtsteige Lehnrechts den des Landrechts, mit dem Columnentitel *Richtstich.* Register mit 47 Capp. Im Texte 48 rubricirte Capp. Allegate im Text.

10. (Rb. 76.)

Braunschweig, Blasienkirche. *Richte Stig in dat lantrechte,* nach Rethmeyer, braunschw. Kirchen-Historie I. Beil. S. 106, 149. Verschollen.

Bt. **11.** (Lehnr. 8, Rb. 91.)

Breslau, Centralbibl. II. Qu. 4. Papier, mitteld., 15. Jahrh. Der Richtsteig Landrechts auf Bl. 396—425, 428—440. Die nicht gezählten Capitel haben nur im Anfange und am Ende Rubriken, zuweilen lateinische (Cap. 4. *regule placitorum*). Er bricht im Cap. 48. mit den Worten ab: *dornoch sol der richter den dingflichtigen gebiten. Amen.* Die Capp. 1—15, 48 ff. sind sehr flüchtig und nachlässig geschrieben.

Aa. **12.** (Ssp. 1, Lehnr. 9, Rb. 83.)

Breslau, Centralbibl. II. F. 6., Pap., niederd., Anf. des 15. Jahrh. Bl. 127—168 der Richtsteig Landrechts unter *Hir heuet sik an de richtstich to den vorſcreuē dren buken.* Vorrede, 50 rubricirte und gezählte Capp., Allegate am Rande, woselbst auch zuweilen längere Bemerkungen. Epilog *Got de dar is.* Das Register folgt später mit dem der übrigen Rechtsbücher Bl. 249 ff.

Bg. **13.** (Rb. 96.)

Breslau, Bernhardinerbibl., Pap., Folio, mitteld., 1423. Gregors Bulle wider den Ssp.; sächsische Distinctionen; der Richtsteig Landrechts auf 27 Bl. u. d. R. *Richtesteig* in 49 rubricirten, ungezählten Capp., mit Allegaten im Text. Epilog *Dis haben wir liber vetter.* Am Schluss des Registers zu den Distinctionen: *Nomen scriptoris si tu cognoscere queris Ni tibi sit primum co medium laus et ymum.*

Ch. **14.** (Rb. 126.)

Cleve, Stadtarchiv, Pap., Folio, 15. Jahrh., niederrh. Der Richtsteig Landrechts unter *Hier beghint dat spiegel van sassen off de scheepen cloet die menigen helpet uter noit. Ind leert dat yerste capitel woe men een gherichte hegen sal,* in 47 rubricirten und gezählten Capp., ohne Allegate. Register am Ende. Clevische Stadtrechte.

Ck. **15.** (Rb. 128.)

Cölln, Stadtarchiv Nr. 16, Pap., Quart, niederrh., 15. Jahrh. Nach einigen Statuten folgt der Richtsteig Landrechts unt. d. R. *dit is die scheyve cloit* in 43 rubricirten Capp., ohne Allegate.

16. (Rb. 145.) *Db.*

Darmstadt, Grossherz. Bibl. Nr. 730. Pap., Fol., oberd., 1473. Nach einem alphabetisch geordneten Rechtsbuche, der goldnen Bulle etc. Bl. 267 der Richtsteig Landrechts unter *dyſs puch das hayst von dem richter u. von dem clager u. von dem antwrten* in zwei Büchern. Das erste in 47 Capp. bis Bl. 283. Dann: *Wye eins mans weyb vnd kindt nach tod ein man beschuldigen sol. Das erst capitel in dem andern buch.* Dies zweite Buch schliesst Bl. 295: *Et sic est finis per me Erasmum pintzberger in vigilia conversionis pauli sub anno domini mcccclxxiii.* Bl. 296—303 von anderer Hand zwei lehnrechtliche Aufsätze, beginnend: *In dem namen der .... drivaltigkait amen vonn ordnung zu reden. Und besonders zu angedingten fruntlichen rechten,* und *Zum ersten des krum̄e stabs halb sagt das lehnrecht also bischof.* Schluss *wan der vater seinem kind der halb kain beschwerden zu ziehn oder fugen mag* mit einem nicht deutlichen Citat.

17. (Rb. 147.)

Dessau, Herzogl. Gesammtarchiv, Nr. 68., Membr., Folio, doppelspaltig, $\frac{14}{15}$ Jahrh., mitteld. Sächsisch Land- und Lehnrecht mit vorangehendem Rubrikenregister, den Vorreden und dem Magdeburger Dienstmannenrecht. Bl. 59 Col. 4 ff. bis Bl. 84 Col. 4 unter *Daz is der richtestyg und beginnet an daz gerichte,* der Richtsteig Landrechts ohne Register und Prolog, die 49 Capitel rubricirt aber ungezählt, die Remissionen im Text. Epilog *Dis habe (wir) dyr.* Weichbildrecht mit Register und Chronik in 146 Capp., deren letztes *Von der iuden recht* die Judensatzung Heinrichs von Meissen lateinisch giebt.

18. (Richtst. Lehnr. 8, Rb. 162.) *Bβ.*

Dresden, K. Bibl. M. 26; Pap., mitteld., Fol., 15. Jahrh. enthält a. E. den Richtsteig Landrechts unter: *Hie begynnet der richtestig* in 49 gezählten und rubricirten Capp., und Allegaten im Text. Epilog *Diz habe wir liebe vettere etc.*

19. (Rb. 163.) *Bd.*

Dresden, K. Bibl. M. 27, Pap., Fol., mitteld., 15. Jahrh., enthält das Sächs. Landrecht mit der Glosse; als dessen viertes Buch den Richtsteig Landrechts, den schon das im Anfang stehende Register als solches aufführt; in 49 Capp. mit Allegaten im Text.

20. (Rb. 186.)

Vormals Essen, Membr., gr. Fol., 14. Jahrh., niederrheinisch, zierliche minuskelartige Cursiv, gespaltene Columnen. Die Handschr. wurde um das Jahr 1841 von Herrn Dr. Zacher bei einem Antiquar im Haag gesehen; woher und wohin sie gekommen blieb unbekannt. 1. Bl. 1—16 Richtsteig Landrechts. *Sint dat ein gerichte wirt etc.*; 50 rubricirte Capp.; keine Allegate. Nach dem gewöhnlichen Schlusse noch: ***Hir endet sich dat ordel buegh | ist recht id is gud genuegh | des kan ich nyman wol bescheden | Sint ir wenich is die recht to rechte leden.*** — 2. Bl. 17—93, *a.* Register der Rubriken zu einem Rechtsbuche welches mit dem 105. Abschnitte abbricht; *b.* Bl. 20 ff. der Text; er hat noch einige Abschnitte mehr, und bricht in dem 110ten ab. Nach den allein mir vorliegenden Rubriken zu urtheilen wurde eine systematische Bearbeitung des Sachsen- und Schwabenspiegels beabsichtigt, so dass mit A. 62 (Rubr.: *dat ander capittel dis bokes*) eine neue Abtheilung begann. Die meisten Rubriken passen auf beide Rechtsbücher, einige wie 13 *Van den ratgevern*, 36 *van den tvelf schepenen* nur auf den Schwabenspiegel, einige z. B. 29 *van dem gerichte to wikbilde* gehen auf Stadtrecht. Der erste Abschn. *von der werlde beginne ind war dat rike irst began etc.*; der letzte *van gefundenen gude.* — 3. Nach 6, von ursprünglich 13 noch übrig gebliebenen, mit allerlei kurzen, die Stadt oder das Kloster Essen betreffenden, Stücken gefüllten Blättern, ein Lehnrecht (Bl. 100—119) in 49 Artt., von denen 2 bis 11 rubricirt sind. Anfang *so wer lenrecht kunnen wil etc.* Es liegt ein schwäb. Lehnrecht zum Grunde, doch mit einiger Benutzung des sächsischen, namentlich stimmt das Ende fast wörtlich mit Sächs. Lehnr. 78. — 4. Bl. 120—125, eine Schrift Johann Klenkoks an Bischof Albert von Halberstadt wider den Sachsenspiegel, von einer Hand des 16ten Jahrh. — 5. Bl. 126 bis 135 Essensche Specialrechte, die sich auf einen Scheidebrief mit der Aebtissin Elisabeth von Nassau ($\frac{14}{15}$. Jahrh., s. Kindlinger Hörigkeit S. 507, 515) beziehen.

Bcp. 21. (Lehnr. 84, Rb. 202.)

Fürstenstein in Schlesien, Pless-Hochbergische Bibl. *Ms. Fol.* 356, 203 Bl. Membr., gr. Fol., mitteld., 15. Jahrh. Enthält nach dem sächsischen Land- und Lehnrecht und vor dem Weichbilde den Richtsteig Landrechts in 47 rubricirten Capp. mit Allegaten im Text. Ueberschrift: *Hy beginnet di lere unde der weg des gerichtes von deme richter von erste.* Columnentitel *Richtstig.*

22. (Lehnr. 21, Rb. 210.) *Bp.*

E. Th. Gaupp in Breslau, Pap., 4., mitteld., 1404. Magdeb. Schöffenrecht, Sächs. Lehnrecht, Richtsteig Landrechts, Register mit 47 Capp., der Text selbst in 49 rubricirten Capp., mit Allegaten im Texte, dem Epilog *Dit so hebbe,* und dem Schluss: *Ich en weys nicht me nochte en vinde mer. Goth beschzere vns salde schatz vnde ere vmmer ane we. In Gotes namen so sprechet alle amen. Hir endit sich der richtstygh. In alder werlde l . . et wyet Salde schacz vnd ere vnd sin hymmerich Ghebe vns got umer vrolich Amen ffinitus Anno dm. m° cccc iiij° dmca post epyphaniam dm hora tercia post noctem media.*

23. (Rb. 231.) *Da.*

Giessen, Universitätsbibliothek (Adrian Nr. 974), Pap., Fol., mitteld., Ende des 15. Jahrh. Enthält nach einem alphabetisch geordneten Werke 1472, der goldnen Bulle etc. Bl. 264 v. ff. den Richtsteig Landrechts unter d. R.: *Diss buch das heisst von dem richter und von dem clager und von dem antwurter,* in 47 rubricirten und gezählten Capp., ohne Allegate. Dann folgt: *Wie eyns muns wip und kind noch tod ein man beschuldigen sol, das erst capitel zu dem andern buch.* Dieses zweite Buch bricht, da viele Blätter a. E. fehlen, mit: *Diss wundert manchen ob es recht sey, Ich sprich* ab.

24. (Lehnr. 22, Rb. 213.) *Cg.*

Giessen ebend. (Adrian Nr. 953), Senkenbergs *Cod. secundus s. Berleburgensis,* Pap., Folio, niederrhein., 14 oder 15tes Jahrh. Nach dem Sächs. Land- und Lehnrecht, Bl. 314 bis 343 der Richtsteig Landrechts in 51 *) gezählten und zuweilen rubricirten Capp., ohne Allegate.

---

*) Dass die Ausgabe in Senckenb. *C. J. Germ.*, welche von Cap. 46 an dieser Hdschr. folgt, 52 Capp. zählt, rührt daher, dass die Hdschr. wegen Ueberspringens der Nr. 42, dem Cap. 45 die Nummer 46 giebt, späterhin das Cap. 48 ohne Nummer lässt, und somit richtig nur bis zu Nr. 51 kommt, während der Herausgeber fortzählt.

Cf. **25.** (Rb. 246.)

Giessen, ebendas. (Adrian Nr. 1040), Senkenbergs ***Cod. Coloniensis***, Pap., Fol., 15. Jahrh., niederrheinisch. Nach Köllnischen Stadtrechten, Bl. 62 bis 83 der Richtsteig Landrechts mit vorangehendem Register (von 43 Rubriken), unter der R.: ***Dyt is Scheide Cloot***, in 45 rubricirten aber ungezählten Capp., ohne Allegate.

Ca **26.** (Lehnr 21, Rb. 214.)

Giessen, ebendas. (Adrian Nr. 954), Senkenbergs ***Cod. primus s. Eybenianus***, Pap., kl. Fol., niederrhein., c. 1471. Nach dem Sächs. Land- und Lehnrecht und dem kl. Kaiserrecht, Bl. 117—143 der Richtsteig Landrechts unter: ***Hier geet an die scheuen cloet ende leret dat yrste capittel, woe man een gerichte hegen sall***, in rubricirten und gezählten Capiteln ohne Allegate. Das Capitel 46 ist unvollständig (vergl. Vorrede zu ***Senckenberg Corpus jur. Germ. I.*** §. 106), indem ein Blatt bis auf eine Spur der folgenden Capitelnummer völlig und ein zweites grösstentheils zerrissen ist. Demnach schloss der Codex mit Cap. 48, worauf etwas über Vormünder folgte (vergl. den sogen. zweiten Theil des Richtsteiges Cap. 2). Das darauf folgende und letzte heile Blatt enthält auf zwei Spalten eine Bearbeitung der Gl. zum Sächs. Landr. III. 27 beginnend: ***off men se hier omme scheyden moege***, schliessend: ***Ind weet, dat alle kijnder die gewonnen werden von desen die sich nyet hebñ en doruen, bliuen echt, off se wail dair na gescheiden werden.*** Im Cap. 14 geräth der Schreiber noch einmal in das Cap. 11 und wiederholt ein Stück davon, s. Note 12 zu Cap. 14.

Bs. **27.** (Lehnr 23, Rb. 215.)

Giessen, ebendas. (Adrian Nr. 955), Senkenbergs ***Cod. tertius s. Günderodianus***, Pap., Fol., mitteld., Anf. des 15. Jahrh. Nach dem Sächs. Land- und Lehnrecht der Richtsteig Landrechts unter: ***Hy hebit sich an der Rite*** (oder ***Ricte***) ***schig der do geczogen vñ gelesen ist aws dem sachzen spiegel vnd awss andern buchirn do mã gebrauchet zcu meydeburch vnd ist gar selczen dorczu zcu komen wenne her merclich begriffet.*** Dann ***Synt — — antworter.*** Und ***Capitulum primum. Wenne denne ymant etc.*** Nach den 49 gezählten und rubricirten Capp., ohne Allegate, der Epilog ***Dis habe wir etc.*** und ***das Register ober*** *den richtstig*, dessen erste Rubrik: *Wy sich eyn richter haldin sol yn seyme gerichte.*

28. (Rb. 221.)

Giessen, ebendas. (Adrian Nr. 962), Pap., Fol., niederd., Anf. d. 16. Jahrh. Von Bl. 6 an der Richtsteig Landrechts unter: *Richtstich in dem landtrechte und lenhenrechte so K. Frederick von Stouffe genant etwan tho Meiolan in dem palatze na gades g.* 1178 *gesettet und gegeuen hefft. Hir heuet sick an de richtstich in Landt Recht.* (Art. 1) *Desse settunge genomet etc.* (Art. 2) *Wo sich dat gerichte beginnet cap.* 1. *Wente denne etc.* Schliesst auf Bl. 77 im Cap. 51. mit dem Judeneide. Gleich dem folgenden Richtsteig Lehnrechts (s. meine Ausgabe Ssp. II. 1. S. 378, 379) nur eine Abschrift aus dem Augsburger Druck von 1516.

29. (Ssp. Nr. 7 S. XIX, Rb. 250.) *Ea.*

Görlitz, Milichsche Bibliothek (Theil der Rathsbibliothek), Membr., Fol., mitteld., 1387. Nach zwei ausgeschnittnen Bl., die vielleicht ein Register enthielten, über der ersten Col.: *Incipit processus iudicii in foro civili,* über der zweiten: *Richtsteig Liber primus.* Ein Bildchen: auf zwei Regenbogen Christus, dem Schwert und Ruthe aus dem Munde gehen. Einleitung, beginnend mit der Auslegung des *Deus judex justus fortis et paciens.* Dann mit *Sint denne ein gerichte wirt* eine Bearbeitung des Richtsteiges in drei Abschnitten; die Allegate im Text. Die 28 Capp. des ersten Abschnitts rubricirt und gezählt. Am E.: *Dise uorgesp.en constituciones habe wir gesuczt .... ubir unsir syle gebe nu und ewiclichin Amen.* Dann *Prologus odir uorrede uf peinliche clagin*, mit dem Prolog über die Abfassung des Richtsteiges, worin beim Beginne eines neuen Blattes ein Bild, das Vorbringen eines Diebes vor den Richter, eingefügt ist. *Primo. waz peinliche clagen tun.* Die Capitel dieses zweiten Abschnitts sind rubricirt, aber mit Ausnahme des ersten und zweiten nicht gezählt, und umfassen Capitel 28 bis 35. Der dritte Abschnitt, im ersten Cap. *von vormengter clage* überschrieben, ist nur durch eine grosse reich ausgemalte Initiale bezeichnet, und umfasst unter funfzehn gezählten Rubriken die Capp. 36 bis 50. A. E. der Epilog *Diz habe wir — di rechte czal nicht uorrucket.* — Hierauf das sächs. Landrecht deutsch und lat. mit der Glosse, das Weichbild und K. Albrechts Constitutionen.

Ci. **30.** (Rb. 273.)

Göttingen, Universitätsbibl., früher, nach dem Titel: Zeizer Weichbild und Richtsteig, in Zeiz, und von *Haltaus s. v.* Weichbildzeichen als *Cod. juris Weichbild. Ciz.* angeführt, dann dem Oberhofgerichtsassessor A. Fr. Schott zu Leipzig gehörig (*Cat. bibl. Schott Nr.* 6530). Pap., Fol., 1408, mitteld. Nach den Sächsischen Distinctionen in 7 Büchern folgt das Register zum Richtsteig Landrechts, die Cautela, die „Prynis" (im Texte auch *prymis* und *prynise* geschrieben). Mit dem Uebergange: *Sequitur disz ist daz erst Cappitel von dem gerichte u. hebet sich alhy an*, und der Ueberschrift *Der richtstyg*, der Text des Richtsteiges in 44 gezählten und kurz rubricirten Capp., ohne Allegate.

Ap. **31.** (Rb. 262.)

Göttingen, ebendas., *Mss. Jur.* 15, vormals dem Jesuitercolleg zu Paderborn, dann Runde gehörig. Pap., kl. Fol., niederd. Enthält nach dem schwäb. Land- und Lehnrecht das Register zum Richtsteig Landrechts unter: *Incipit dat erste boek wo men vor gerichte dedingen sol*, mit Rubr. von 27 Capp. Dann *Hir beginnet dat andere boek wo men vor gerichte clagen sol* mit 6 Capp , dann *H. b. d. derde boek wo men v. g. dedingen sol* mit 16 Capp. Daran schliesst sich gleich der Text, ohne Rubriken der Capp. und ohne Allegate. Die 28 Capp. des ersten Buches begreifen Capp. 1 bis 28. Das zweite, überschrieben: *wo men vor gerichte in pinliken saken richten solle* giebt in 7 Capp. die Capp. 29 bis 35; das dritte: *wo men vor den richte dedinget* enthält in den ersten 14 Capp. die Capp. 36 bis 50; in den Capp. 15 bis 19, welche rubricirt sind, und deren letztes zwei Absätze hat, das Stück vom Mustheil, schliessend: *darumme en darff men de eynveldicheit nicht soken. Et est finis huius libri. Explicit liber wo men vor gerichte dedingen richten unde voruaren scolle myt ordelen to vragen to vinden unde to vorrichten. anno domini mille° ccccliiij die bridegidii et sororum suorum.*

Bc. **32.** (Rb. 267.)

Göttingen, ebendas., Pap., Fol., mitteld., 1474, liegt der Ungerschen Ausgabe des Richtsteiges, Gött. 1847 zum Grunde. Nach dem schwäb. Land- und Lehnrecht der Richtsteig Landrechts ohne besondre Ueberschrift in ungezählten und nur bis

Cap. 23 rubricirten Capp., mit Allegaten im Texte. Im Art. 43 folgt statt des Endes sogleich die zweite Hälfte von Art. 47 bis A. 50 im Anf.; dann der Schluss von Art. 43 bis 47: *vorbide dy kummet denne,* und der Rest von Art. 50. Hierauf die Epiloge *Diefs hab ich dir etc.* und *Got der du ist — — Des wult der lieb gót von himel. Amen. Anno LXXIIII°.* Dann die Gedächtnissregeln *Hereschilde sein zwen funff schilling pey sein jaren XXIX hulde pan vest achte die weisen von getzewgen unrecht raup diep swerttzuckung kint kampf beschoren spilman vest achte die weisent von landrechte lehnrecht. Supra li. I. c. LXXVI et li. II. c. XV. li. III. XI. etc.* (vgl. Anm. zu Richtst. Lehnr. Cap. 13) und das Cap. über Erbe aus den sächs. Distinctionen, Ortloff B. I. C. 7.

33. (Rb. 275.) *Ao.*

Göttweih, Stiftsbibliothek, Fol. Nr. 408 (früher M. 10). Pap., 15. Jahrh., niederd. Remissorium zum Sachsensp. Von andrer Hand der Richtsteig Landrechts Bl. 27 bis 51. Unter *Registrum Richtstick: Hir begint die richtstich des rechten in deme buke der Sassen spigel,* ein Register von 32 Capp. Unter *Dat irste des bukes is wu men des richtes beginnet* der Prolog, dem sich unmittelbar das erste Cap. anschliesst. Die übrigen Capp., gleichfalls rubricirt und numerirt mit Allegaten im Texte. Sie umfassen, 31 an der Zahl, nur die Capp. 1 bis 32. A. E. *Et sic est finis.* Das Sächs. Landrecht mit der Glosse und das Weichbildrecht.

34. (Rb. 284.) *As.*

Greifswald, Universitätsbibl., früher Prof. Schildener, Mitte d. 15. Jahrh., Pap., Folio, niederd. Nach den sächs. Distinctionen der Richtsteig Landrechts mit der Vorrede in 49 nicht gezählten, meist rubricirten Capp., mit Allegaten im Text bis Cap. 9. Epilog *Got de dar is,* und das Gebet *Got here scepper — helpe vns herre Jesu Christo.* Von derselben Hand wie oben Nr. 4, und im Texte mit ihr stimmend.

35. (Rb. 288.)

Grimma, Rathsarchiv, *Sect. II.* Nr. 7, Pap., Folio, mitteld. 1432. Nach dem Sächs. Land- und Lehnrecht und dem Weichbilde, der Richtsteig Landrechts in 49 Capp. mit dem Epilog: Dies haben wir lieber Vetter.

Cb. **36.** (Lehnr. 31, Rb. 299.)

Halberstadt, Stadtarchiv, Membr., Folio, niederd., 1393. Nach dem Sächs. Land- und Lehnrecht der Richtsteig Landrechts von Bl. 178 bis 234. Das vorausgehende Register zählt mit der Schlussbemerkung *restat nunc* (?) *aliud* nur 39, der Text 47 (es sind aber eigentlich 49) rubricirte Capp., ohne Allegate. A. F. *Et sic finitus Laus deo dando per manus Bodenborch. Sub anno domini 1393. In die Iouis post diem annunciaconis marie gloriose virginis.*

Cd. **37.** (Rb. 300.)

Halberstadt, Gymnasialbibl. M. 66, Pap., 8., 1437, niederd., enthält nach dem Register über den ganzen Inhalt die Sächs. Distinctionen in 7 Büchern, und als achtes Buch von Bl. 147 an den Richtsteig Landrechts, in 48 gezählten und rubricirten Capp., ohne Allegate.

By. **38.** (Lehnr. 40, Rb. 346.)

Jena, Universitätsbibl., Membr., Fol., mitteld., 1410. Nach dem sächs. Land- und Lehnrecht, dem Richtsteig Lehnrechts, Cautela, Premis, Weichbild, Landrecht lat., Bl. 183 der „*Richtestig*" in 49 gezählten nicht rubricirten Capp., mit Allegaten im Texte und dem Epiphonem: *anno domini millesimo quadringentesimo decimo sexta feria proxima post Jacobi per manus Arnoldi.* Darauf noch die Glosse zum Lehnrecht, und zehn reprobirte Artt. des Ssp.

De. **39.** (Rb. 363.)

Königsberg i. Pr., Geh. Archiv, 33 *Ms.*, nach *Hartknoch diss. hist. D. XVII p.* 355 *in cancellaria Prussiae ducalis.* Membr., Fol., mitteld., 14. Jahrh., grosse Minuskel, Richtsteig Landrechts mit vorangehendem Register, ohne Prolog, Epilog und Allegate, in 47 rubricirten und gezählten Capp., mit folgendem zweiten Theil in 25 Capp. Sächsisch Landrecht.

Cc. **40.** (Lehnr. 44, Rb. 368.)

Kopenhagen, Königl. Biblioth., alte Sammlung Nr. 1949. Membr., 4., niederd., 1359. Nach dem sächsischen (systematischen) Land- und dem Lehnrecht, mit dem Uebergange *hir heft lantrecht unde lenrecht ende unde volghet na de scheueklot* der

Richtsteig Landrechts in 47 rubricirten Capp. ohne Allegate. Das letzte schliesst: *also mote we alle weder alle vnse viande des help vns de vader vnde de sone vnde de hilghe gheist. Completus est iste liber per manus* (Lücke durch Ausreiben des Geschriebenen) *appreciatus per* (Lücke) *sub anno domini M CCC. quinquagesimo Nono. In die septem fratrum.*

41. (Rb. 382.) *Bz.*

Leipzig, Bibliothek des Stadtraths, *Rep. II.* 20, Fol., Pap., mitteld., 15. Jahrh. Nach den sächs. Distinctionen, Magdeburger Schöffensprüchen und den Magdeburger Fragen, Bl. 264 *a* unter: *Hie hebet sich an die vorrede des Richtstiges etc.* *a*) die Cautela, *b*) die Premis. Unter *Hie hebet sich an der Richtstig* Bl. 266 *b* bis 308 *a* der Richtsteig Landrechts, in 49 rubricirten und gezählten Artt. (der 49ste als *ultimus* bezeichnet), mit Allegaten im Texte.

42. (Lehnr. 48, Rb. 388.) *Bu*

Leipzig, ebendas., *Rep. IV.* 9, Fol., Pap., 15. Jahrh., mitteld. Nach dem sächs. Lehnrecht, Bl. 372 *a* bis 407 *a* der Richtsteig Landrechts unter: *Von dem richtstige Das was czu dem gerichte gehort*, in 49, weder durch Zahlen noch Ueberschriften, sondern nur durch rothe Initialen bezeichneten Abschnitten, mit Allegaten im Texte.

43. (Rb. 387.)

Leipzig, ebendas., *Rep. IV.* 5, Fol., Pap., 1457, mitteld. Nach den sächsischen Distinctionen in 4 B., Bl. 131 *a* — 170 *a* unter *Richt Stig* der Richtsteig Landrechts in 49 gezählten und rubricirten Capiteln, mit Allegaten im Texte. A. E. *hir had der richtstig ein ende Got vns allen kummer wende.*

44. (Rb. 403.) *Eb.*

Leipzig, Universitätsbibliothek Nr. 906, Pap., Fol., mitteld. 15. Jahrh. Nach einigen civilrechtlichen Stücken der Richtsteig Landrechts mit der Vorrede *Deus iudex fortis et patiens*, welche schliesst: *das wolle wir anhebin in dissim buche das ist der richtstig genant So das man sich dornoch richten moge in clagen vnd in antwort in burgerlicher clage.* Darauf ein Register von 23 Capp. des ersten Buches von bürgerlicher Klage. Der, vielfach erweiterte, Text zählt jedoch 28 Capp. mit Ueberschriften. Am Schlusse des 28sten: *Hy endit sich das irschte buch im richtstige in burglichir clage vnd hebit sich an das andir jn pinlicher clage.* Der Prolog mit dem HH. v. Buch; Register der 9 *distinctiones* des zweiten Buches; im Texte sind die den Capp. 28 bis 35 entsprechenden Abschnitte nicht gezählt. Nach denselben: *Nu sich umme vermengite clagen und wy dy sein d. Xma.* Es folgen überhaupt noch 14 rubricirte Abschnitte, gleich Capp. [illegible] bis 50, dann die Epiloge *Des wisse, Der der* [illegible] *ist, Die haben wir da.* A. E. *Deo gracias qui nos faciat de labore rusticorum per omnia secula seculorum amen. Des buches name sey dijr bekant. Der richtstig ist is genant. Wer do hasset mich den zcu zcerre der teufil ewiglich In XXIII stucke czu sime vngelucke.* Die Allegate allenthalben im Texte. — Die Constitutionen Albrechts von derselben Hand.

Bl. **45.** (Lehnr. Nr. 50, Rb. 394.)

Leipzig, ebendas. Nr. 947. Membr., gr. Fol., mitteld., Ende des 14ten Jahrh. Nach dem sächs. Land- und Lehnrecht, von Bl. 140 bis 197, mit dem Uebergange: *Hir beginnet der richtestig von deme richter von erst* und dem Columnentitel: *Richetstyk,* der Richtsteig Landrechts in 49, nur bei Nr. 4, 48, 49 rubricirten, a. R. gezählten Capp., mit Allegaten im Texte und Paragraphenabtheilung.

Ec. **46.** (Ssp. 7 S. XXI; Rb. 406.)

Liegnitz, Bibl. der Peter- und Paulskirche, Membr., gr. Fol., mitteld. 1386. Nach dem sächs. Landr. lat. und mitteld., mit der Glosse, der Richtsteig Landrechts Bl. 467 *a* bis 512 *a*, in wesentlicher Uebereinstimmung mit der Görlitzer Hdschr. Nr. 29. Ueber dem ersten Blatte links *Incipit processus iudicii in foro civili* rechts *Richstig Liber primus.* Einleitung *Deus iudex iustus etc.* Dann 468 *b*: *Incipit registrum libri primi richtestig. Primo Wy man ding hegin sol.* Das Register führt 28 Capp. auf. Unmittelbar darauf (Bl. 468 *d*) *Sint denne etc.* Die folgenden Capitel des ersten Buches sind gezählt und im Ganzen eben so wie im Register rubricirt. Bei den im Texte stehenden Allegaten wird jedesmal a. R. auf die Stelle im Codex wo der citirte § des Ssp. steht, hingewiesen. Nach der Schlussrede des ersten Buches *Dise uorgesprochin — Amen,* noch (Bl. 490 *d*) *Cuius nomen sit benedictum in secula seculorum amen.*

Dann ***Registrum uff peinliche clage. Primo*** bis ***Ottavo.*** Bl. 491 oben über der ganzen Breite des Blattes ein Bild in schwarzen Umrissen: der Richter mit Schwert, Schild und 6 Schöffen, der Frohnbote, ein gebundener Dieb mit dem Gestohlnen auf dem Rücken von Einem gezogen, hinter ihm zwei Bewaffnete. Hierauf unter ***Prologus adir vorrede uf peinlich clagin*** die Vorrede mit den HH. von Buch. Von den 8 Capp. dieses Buches sind alle, bis auf das fünfte, rubricirt, aber nur die beiden ersten gezählt. Die Rubriken stimmen nicht mit denen des Registers. Bl. 402 *a* der Schluss: ***So hot daz andir teil dez richstigis ende. Amen. Incipit tercia particula. Primo.*** Das nun folgende Register zählt nominell 17, in der That aber da *quinto* und *octavo* übersprungen werden, nur 15 Capp. auf. Die Rubriken im Texte stimmen mit denen des Registers, und sind mit Ausnahme von 8, 9, 10, 15, gezählt und zwar richtig. Nach dem Epilog (Bl. 512 *b*) ***Diz habe wir — vorrach (sic)*** noch: ***Got der da ist dy Rechtikeit. Der wende Alle vnsir leyt Vnd geb vns czu lone der gerechten krone Laus patri sit nato spū cum flumine sacro. Sub vmbra etc.***

47. (Lehnr. 57; Rb. 421.) *Ad.*

Lüneburg, Bibl. des Stadtraths, Membr., gr. Fol., niederd. Ende des 14ten Jahrh. Dem sächs. Land- und Lehnrecht folgt ein Register zum Richtsteig Landrechts, 43 Capp.; dann der Text in 48 Capp. nach dem ersten ungezählten, mit Allegaten im Texte.

48. (Lehnr. 59; Rb. 432.) *Ba.*

Magdeburg, Bibl. des Stadtraths, Holzdeckel mit rothem Leder, Membr., Fol., niederd. 1390. Zwischen dem sächs. Landrecht und dem Lehnrecht, Bl. 71, Col. 2 der „***Richtestich***" bis Bl. 140 Col. 2, in 49 rubricirten Capp. mit Paragraphen und Allegaten im Texte. A. E. ***Hir endet en bouck dat het richstich. Daruestu iumer ik redde dich ultra dico.***

49. (Lehnr. 61; Rb. 434.) *By.*

Ehemals Mainz, Dombibliothek, ***Cod. Archiep. Guntheri***, Membr., Fol., mitteld., 15. Jahrh. Hinter dem sächs. Landr. war zunächst angebunden der Richtsteig Landrechts u. d. N. ***Richtstick*** in 49 gezählten und rubricirten Capp. mit Allegaten im Texte. Epilog ***Dis habe wir dir.*** Darauf die Verse ***Got gebe*** *siner sele rat etc.* Dann Cautela, Premis, Richtsteig Lehnrechts, Sächs. Lehnrecht, Weichbild, Remissorium.

Ak. 50. (Lehnr. 63; Rb. 441.)

Meiningen, Herzogl. Bibl., Membr., kl. 4., niederd. Bl. 1*a* die Aufschrift *I. V. C. T.* (d. i. *In vulneribus Christi triumpho*) *B. H. Z. S.* (d. i. *Bernhard Herzog zu Sachsen*) 1678. Bl. 1*b* Lateinische Geschichts[illegible] von Halberstadt. Bl. 2 von einer andern schlechten Hand des 15. Jahrh. die Vorrede zum Richtsteig Landrechts. Bl. 3 bis 46 von bessrer Hand, etwa des 14. Jahrh. der Text des Richtsteigs ohne Ueberschrift, in 46 nicht gezählten und nicht rubricirten Absätzen mit Allegaten im Text. A. E. *Dit so hebbe etc.* Das sächs. Land- und Lehnrecht von einer kleinern und schlechtern Hand des 15. Jahrhunderts.

Bm. 51. (Lehnr. 64; Rb. 442.)

Meiningen, ebd., Membr., kl. Fol., niederd., 14. Jahrh. Nach dem sächs. Land- und Lehnrecht der Richtsteig Landrechts. Das vorangehende Register hat 50 Rubriken, von denen nur 46 dem Richtsteig angehören. Der Text hat rubricirte Capp., bricht häufig das Ende derselben ab; so schliesst das Cap. 46 (unser C. 50) schon mit *bi plichte dun.* Die Capp. 47 bis 51 enthalten das Stück vom Mustheil. Hierauf *Deo laus Amen,* und ohne Nummern eine Reihe von Stücken aus dem schwäb. Lehnrecht; zuletzt unter *Van antworde* Art. 12 des Richtsteiges. *Amen.* Zwei Gedichte 1455 geschrieben.

Bx. 52. (Rb. 443.)

Meiningen, ebd., Pap., gr. Fol., mitteld., 15. Jahrh., bezeichnet wie Nr. 50 *I. V. C. T. B. H. Z. S.* 1679, enthält ein Abecedarium, vier Magdeb. Schöffenurtheile, das sächs. Landrecht mit der Glosse, das Weichbild, den Richtsteig Landrechts in nominell 48, eigentlich, da die Zahl 47 doppelt steht, 49 rubricirten Capp. mit Allegaten im Text.

Bf. 53. (Lehnr. 65; Rb. 448.)

Merseburg, Bibl. des Domcapitels Nr. 70, Membr., Fol., mitteld., zweite Hälfte des 14. Jahrh. Nach dem sächs. Land- und Lehnrecht der Richtsteig Landrechts unter *Hir beginnet de lere wye sich eyn itlich man vor gerichte halden sol nach rechte,* in 49 rubricirten Capp., mit Allegaten im Text. Darauf das Weichbild.

54. (Rb. 449.)

Michelstadt. *Senckenberg C. Jur. Germ. T. I P. I praef.* §. 108: *Habui vero postea etiam codicem Michelstadiensem seculi XIIII ad finem vergentis. Uterque grandiusculi folii forma. Et emendatior Michelstadiensis quo, cum Francofurto abirem, repetito et remisso, postea potiri denuo non licuit.* Verschollen.

55. (Lehnr. 67; Rb. 473.) *Bw.*

München, Hof- und Staatsbibl. *Cgm.* 517, Pap., Folio, mitteld., 15. Jahrh. Nach dem Sächs. Land- und Lehnrecht und dem Richtsteig Lehnrechts, Bl. 278 bis 313 der Richtsteig Landrechts unter *Hie hebit sich ann der richtsteyg,* in 49 von Nr. 3 an numerirten aber nicht rubricirten Capp., mit Allegaten im Texte. A. E. *Et siç est finis. Sit laus deo.* Hierauf Bl. 314 bis 325 deutsche Rhetorica.

56. (Rb. 470.) *Dc.*

München, ebend., *Cgm.* 507, Pap., gr. Fol., süddeutsch, 1458. Nach einem Rechtsbuch in alphabetischer Ordnung, der goldenen Bulle etc., Bl. 496 *a* bis 521 *b* der Richtsteig Landrechts unter *Liber talis haifst das puch von dem richter vnd von dem clager und von dem antwurtter,* in 47 rubricirten und gezählten Capp., ohne Allegate. A. E. *Explicit libe* (so) *Iste anno xlviij In vigilia sancti Martini Epĩ.* Bl. 522 *a* bis 526 *a* die ersten vier Capp. des sog. zweiten Theils des Richtsteiges: *Wye aines mannes weib vnd kind* bis *dem der acker zw flewfst von dem wasser,* mit Allegaten.

57. (Lehnr. 70; Rb. 495.) *Ag.*

Münster, academische Paulinerbibl., *Ms.* 30, Fol., Membr., niederd., Anf. des 15ten Jahrh. Nach dem sächs. Land- und Lehnrecht und dem kl. Kaiserrecht (vgl. Endemann Nr. 33), der Richtsteig Landrechts ohne Allegate, mit Prolog und Epilog *Got di dar is.*

58. (Lehnr. 71; Rb. 496.) *Ce.*

Münster, ebd., *Ms.* 216 gr. 8., Membr. und Pap., niederd. Nach dem im J. 1405 geschriebenen sächs. Landrecht der Richtsteig Landrechts als *schedecloit anders genant Richtstick* in 48 rubricirten Capp. ohne Allegate. Das darauf folgende Register hat eine andere Ordnung und Rubricirung als der Text und hängt den Richtsteigscapiteln noch die Rubriken: *Van erve ind herwede. Van musdele ind wat dar to horet* und *Van lyffgedinge* an, wovon der Text nichts hat.

Ah. 59. (Rb. 494.)

Münster, ebd., Ms. 29. Fol., Membr., niederrhein., 1440, mit der Aufschrift „Land- und Kaiserrecht," enthält nach dem schwäb. Landrecht und dem kl. Kaiserrecht den Richtsteig Landrechts mit vorangehendem Register in drei Büchern. Unter *Dey Capittel des schedecloetes. Hyr begynnen dey capittel des irsten boeckes van den rechten* folgen 28 Rubriken. Unter *Hir b. d. c. d. anderen b. vnd is wu sich dey richter halden sol in pijnlyken clagen,* 7 Rubriken. Unter *Hir etc. derden b., und is van vermengeden clagen,* 18 Rubriken, von denen die 14 ersten den Capp. 36 bis 50 entsprechen, die vier letzten *Van herwede, moisdelinge, morgengaue, gerade,* auf das angehängte Stück vom Mustheil gehen. Der Text unter: *Hyr begynt dat irste boick vñ is wu man eyn gerichte hegen sal dat irste capittel.* Im Cap. 14 (s. Note 42) ein Irrthum wie in der Nr. 26. Auch bei dem zweiten und dritten Buche dient die Rubrik des Buches zugleich für das erste Cap. Die Capp. gezählt und rubricirt, ohne Allegate. Im Anhange folgen ausser den Capp. des Registers noch unter 19 und 20: *van lijffgedinghe* und *wal dey dat deit,* schliessend *dar vm en darff dey enweldicheit nicht soken.* Mit dem Uebergange *Hir endet dey schedecloit vnd hir begint dey capittel des speigels der sassen* folgt das sächs. Landr. mit Glosse.

Ae. 60. (Richtst. Lehnr. 17; Rb. 511.)

Nordkirchen, Bibl. der Erbgräfin v. Esterhazy-Galantha, Folio, Pap., niederd., 15. Jahrh. 1) Abecedarium v. J. 1429; 2) kl. Kaiserrecht v. J. 1441; 3) Richtsteig Landrechts als *schedencloet.* Das voranstehende Register zählt, jedoch verwirrterweise, 51 Capp.; der Text hat 49 rubricirte Capp. ohne Allegate. A. E. des 27sten (nominell des 26sten, da Cap. 1 nicht mitgezählt ist): *Hijr endet sich de borgheliker claghe XXVII. Hijr beghynt de pijnlike clage XXVIII.* Angehängt ist der Judeneid und das Stück vom Mustheil, unter *Hijr volget na wo men een herwedę geuen sal;* 4) der Richtsteig Lehnrechts.

61. (Rb. 520.) *Bv.*

Nürnberg, Germ. Museum Nr. 6045, früher E. A. Feuerbach. Pap., 15. Jahrh., kl. 8., mitteld. Bl. 1—156 *b* Richtsteig Landrechts mit vorangehendem Register der Capitelanfänge, in 49 ungezählten, und, ausgenommen Nr. 34, nicht rubricirten Absätzen, ohne Prolog und Epilog, mit ausführlichen Allegaten des „Willkühr" genannten Sachsenspiegels. Vemrechtliche Normen.

62. (Lehnr. 73; Rb. 525.) *Bo.*

Oschatz, Stadtarchiv, Membr., gr. Folio, mitteld., 1382. Nach dem S. Landrecht S. 102 bis 105 die Cautela schliessend mit *ewig lon von gote*, ohne Premis. S. 105 bis 179 unter: *Hy begynnet dy lere vñ der weg des gerichtes vñ des richtstiges* der Richtsteig Landrechts in 50 rubricirten aber nicht gezählten Capp., mit Allegaten im Text.

63. (Rb. 573.)

Der Rechtsconsulent Joh. Heinr. v. Prieser zu Augsburg besass nach Hirsching, Beschreibung sehensw. Bibl. II. 127 eine Hdschr., worin auf das schwäb. Landrecht, Bl. 74 — 82 der *processus iudiciarius* (Richtsteig) deutsch folgte, Bl. 83—87 von jüngerer Hand die teutsche Rhetorica. Sie ist jetzt nicht mehr bekannt.

64. (Lehnr. 75; Rb. 576.) *Al.*

Quedlinburg, Gymnasialbibliothek, Pap., gr. Folio, niederd., erste Hälfte des 15. Jahrh. Am Schlusse der Richtsteig Landrechts mit dem Prolog in meist rubricirten aber nicht gezählten Capp. Die Allegate im Texte. Die Hdschr. bricht im Cap. 44 mit: *to deme irsten beclagen sy sus eynen man her richter wil gy* ab. Es scheint nur ein Blatt zu fehlen.

65. (Rb. 578.) *Bq.*

Quedlinburg, Blbl. des Stadtraths, Pap., gr. Fol., Holzdeckel mit braunem gepressten Leder und flachen Buckeln, gespaltne Columnen, 15. Jahrh. Sächs. Distinctionen in 7 Büchern mitteld. Rechtsregeln niederd. mit dem Prooemium *Ad decus et decorem*. Richtsteig Landrechts unter *Richtestig*, mitteld., in 49 gezählten Capp. mit kurzen Ueberschriften und Allegaten im Texte. Epilog *Dis habe wir.* A. E. *Hie hat der richtestigk eyn ende Got musse vns sinen heyligen geist senden.* Weichbild.

Am. **66.** (Rb 584.)

Riga, Stadtbibliothek Nr. 120 *ct. iurid. III b.* 36, Papier, breit 8., niederd., 1449. Nach dem Rigaer und Lübschen Recht, S. 117 bis 214 der Richtsteig Landrechts in 49 ungezählten Absätzen, die Rubriken a. E. des vorangehenden Cap. ohne Allegate. Angehängt S. 215 das Stück vom Mustheil. A. E. *Beati qui custodiunt iudicium et faciunt iusticiam* (so) *in omni tempore. Anno domini 1449 finitus iste liber post festum marie de visitacione.* S. 220 Lat. Mittheilung des lübschen Rechtes an Elbing v. J. 1240.

Br. **67.** Lehnr. Nr. 76 *a.* S. 639; Rb. 587.)

K. H. S. Roedenbeck in Berlin; inwendig die Signatur *E. a. b.* Nr. 18, Papier, Fol., mitteld. Nach dem sächs. Lehnrecht v. J. 1423, auf Lage 16, Bl. 9, Col. 3 unter *Hie hebit sich an der richtesteyg Vnd ist nicht lang noch weyt Hirumb wiltu werden ein weyser man So lis vor dich vnde hebe en an,* der Richtsteig Landrechts in 33 ungezählten aber rubricirten Capp., mit Paragraphenzeichen und seltnen Allegaten. Epilog *Dis habe wir.*

Ar. **68.** (Rb. 607.)

Vormals Professor Christ. Gottl. Schwarz zu Altdorf († 1751), Membr. und Papier, niederd., 15. Jahrh. Nach dem *Slötel tom landrecht,* der Landrechtsrichtsteig mit Register beginnend: *De vorrede van der settinge desses bokes geheten de richtestijch edder de Scheueclod in dat landrecht,* schliessend mit dem Stücke vom Mustheil unter den sechs Rubriken: vom Heerwede, Mustheil, Morgengabe, Gerade, Leibgedinge, und von der Lüneburger Gewohnheit über Heerwede und Gerade. Wohin die Handschrift gekommen, hahe ich nicht ermitteln können.

Bü. **69.** (Ssp. Nr. 18; Lehnr. Nr. 80; Rb. 608.)

Schweidnitz, Stadtarchiv, mit *A* bezeichnet, Membr., kl. Fol,. mitteld., 2. Hälfte des 14. Jahrh. Der dem Weichbildrecht auf 38 Bl. folgende Richtsteig Landrechts ist überschrieben; *Hier hebt sich an das begin des gerichtis von deme richter;* der Text in 51 rubricirten Capp.; als Cap. 52 der Epilog *Dies haben wir.* Epiphonem *Nu hat diz buch ein ende Gott muz unz alle vnse ungemach swende amen.* Bl. 38 *b* Nachtrag eines Stückes aus Cap. 45.

70. (Rb. 631.)

Dem Hofrath Steltzer zu Baruth gehörte um das J. 1718 eine Hdschr., Pap., 1473, mitteld., mit dem Schwäb. Landrecht und dem Richtsteig Landrechts, anfangend: *Sint das ein gericht werden sol, das ruurt (l. wirt) van dreien personen, das ist von den richter, von dem clager, von dem antworter.* Verschollen.

71. (Rb. 639.) *Cl.*

Dr. C. Stüve zu Osnabrück, Membr., Folio, 14. Jahrh., niederd. Nach dem systematischen sächs. Landrecht und dem sächs. Lehnrecht der Richtsteig Landrechts ohne Ueberschrift, Prolog, Epilog, Allegate. Das erste Cap. ohne Zahl und Rubrik; die folgenden 48 gezählt und rubricirt. Register zum Lehnrecht und zum Richtsteige über die einzelnen Paragraphen.

72. (Rb. 656.)

Vormals Schöff v. Uffenbach zu Frankf. a. M. Der *Catal. bibl. Uffenbach. msstae P.* 6. *Vol.* 4, Sp. 387 beschreibt einen ihm zugehörigen Codex in 4., als das Lüneburger Stadtrecht enthaltend. Der Irrthum entstand daher, weil die 12 ersten Blätter fehlten. Aus den angeführten Rubriken der 40 noch erhaltnen Capitel *Wo men scult vordert na doder hant* (Art. 10) bis *Wo men ordel sceldet under Koninges banne,* ergiebt sich, dass zunächst ein Richtsteig Landrechts in niederd. Sprache in 49 Capp. vorlag. Dann noch Statutenrechte und Privilegien für Lüneburg. Wohin die Hdschr. bei der Zerstreuung der Uffenbachschen Bibl. gekommen, ist unbekannt.

73. (Rb. 662.)

Waltershausen, Rathhaus, Pap., Fol., mitteld., 1448 bis 1452. Nach dem sächs. Land- und Lehnrecht Bl. 123 ff. der Richtsteig Landrechts, unter *Hie beginnet die lere u. der wegk des gerichtes u. von deme richtere von aller erste.* Die Capitelzählung hört später auf uud es treten dagegen Ueberschriften ein. Weichbildrecht.

74. (Rb. 671.) *Dd.*

Wien, K. K. Hofbibliothek, 3036, aus Ambras, 330 Bl., Pap., gr. Fol., oberd., 1482. Nach einem alphabetischen Rechtsbuch und der goldnen Bulle etc. der **Richtsteig Landrechts** in zwei Büchern, das erste Bl. 295 *b* beginnend ***Sytemal das ain gerichte von trijen personen*** in 47 Capp., das zweite Bl. 312 *a* beginnend ***Wie ains mannes vnd kind*** in 25 Capp., schliessend ***Darumb das es in von bapste vnd von kayser in iren priuilegen also gegeben ist.*** Kaiserl. Constitutionen. A. E. ***Finitum proxima die Ante lucie hora vj ta post meridiem Anno M cccclxxxij.***

Unter diesen 74 Handschriften sind dreie, Nr. 10, 54, 63, ihrer Beschaffenheit nach unbekannt. Die übrigen 71 ordnen sich nach Sprache, Material und Alter folgendermassen.

Niedersächsisch oder niederrheinisch sind vier und dreissig, darunter 15 auf Membran, 19 auf Papier, etwa 11 aus dem 14ten und 23 aus dem 15ten Jahrhundert. Mittel- oder süddeutsch sind sieben und dreissig, darunter 10 auf Membran, 27 auf Papier, etwa 8 aus dem 14ten, die übrigen aus dem 15ten Jahrhundert.

Sichrer bestimmt sich das Alter für 28 **datirte** Handschriften.

<table>
<tr><td>Nr.</td><td>40.</td><td>Havn.</td><td>Nd.</td><td>1359</td><td rowspan="8">Membr.</td></tr>
<tr><td>-</td><td>2.</td><td>Berol.</td><td>Nd.</td><td>1369</td></tr>
<tr><td>-</td><td>5.</td><td>Berol.</td><td>Nd.</td><td>1382</td></tr>
<tr><td>-</td><td>62.</td><td>Oschatz.</td><td>Md.</td><td>1382</td></tr>
<tr><td>-</td><td>46.</td><td>Lignic.</td><td>Md.</td><td>1386</td></tr>
<tr><td>-</td><td>29.</td><td>Goerl.</td><td>Md.</td><td>1387</td></tr>
<tr><td>-</td><td>48.</td><td>Magdeb.</td><td>Nd.</td><td>1390</td></tr>
<tr><td>-</td><td>36.</td><td>Halberst.</td><td>Nd.</td><td>1393</td></tr>
<tr><td>-</td><td>22.</td><td>Gaupp.</td><td>Md.</td><td>1404</td><td>Pap.</td></tr>
<tr><td>-</td><td>58.</td><td>Monast.</td><td>Nd.</td><td>1405</td><td>Membr.</td></tr>
<tr><td>-</td><td>7.</td><td>Berol.</td><td>Md.</td><td>1407</td><td>Pap.</td></tr>
<tr><td>-</td><td>30.</td><td>Gotting.</td><td>Md.</td><td>1408</td><td>Pap.</td></tr>
<tr><td>-</td><td>38.</td><td>Jenens.</td><td>Md.</td><td>1410</td><td>Membr.</td></tr>
<tr><td>-</td><td>9.</td><td>Berol. Joach.</td><td>Nd.</td><td>1412</td><td rowspan="4">Pap.</td></tr>
<tr><td>-</td><td>13.</td><td>Vratisl.</td><td>Md.</td><td>1423</td></tr>
<tr><td>-</td><td>37.</td><td>Halberst.</td><td>Nd.</td><td>1437</td></tr>
<tr><td>-</td><td>73.</td><td>Waltershus.</td><td>Md.</td><td>1448—1452</td></tr>
<tr><td>-</td><td>59.</td><td>Monast.</td><td>Nd.</td><td>1449</td><td>Membr.</td></tr>
<tr><td>-</td><td>66.</td><td>Rig.</td><td>Nd.</td><td>1449</td><td>Pap.</td></tr>
<tr><td>-</td><td>31.</td><td>Gott.</td><td>Nd.</td><td>1454</td><td>Pap.</td></tr>
</table>

Nr. 43.	*Lips.*	Md.	1457	Pap.
- 56.	*Monac.*	Od.	1458	
- 26.	*Giefs. Eyb.*	Nd.	1471	
- 16.	*Darmst.*	Od.	1473	
- 70.	*Stelzer.*	Md.	1473	
- 3.	*Berol.*	Md.	1473	
- 32.	*Gott.*	Md.	1474	
- 74.	*Vienn.*	Od.	1482	

Sonach wiegen überhaupt die niederdeutschen Handschriften an Alter und im Gebrauche des Membrans vor.

§. 2. Die Drucke.

Vergl. das Verzeichniss von Grupen in Spangenberg Beitr. zu den S. Rechten, S. 67., und das der Drucke des Sachsenspiegels von Nietzsche, Allgem. Lit.-Zeit. 1827 Sp. 713ff.

1.

Ohne Ort, Jahr und Aufschrift. Das sächs. Landrecht deutsch, der Richtsteig Landrechts mit voranstehender Cautela, das sächs. Landr. lateinisch. Angabe in Nietzsches Papieren nach Hilligers Notaten (Nietzsche a. a. O. Sp. 639); sein Verz. Nr. 139.

Damit ist nicht zu verwechseln die von Grupen a. a. O. S. 16, 67 und von Spangenberg S. 137 als *s. l. et a.* beschriebene Ausgabe, welche in der That unsre Nr. 9 vom J. 1501 ist und von Grupen nur verkannt wurde, weil seinem Exemplar die letzte Lage mit der Jahresangabe fehlte.

2. *Bb.*

Ohne Aufschrift Basel 1474, gr. Fol. Zwischen dem deutschen und dem lateinischen Texte des S. Landrechts, Bl. 207 u. 208 *a*, die Cautela mit Premis (u. d. Namen Prenus), Bl. 208 *a* bis 229 *b*, unter *processus iuditiarius* der Richtsteig Landrechts mit nachfolgendem Register, mitteld., in 49 Capp. mit kurzen Rubriken und mit Allegaten im Text, Nietzsche Nr. 140, Spangenberg S. 134.

3. *Bk.*

Der Cöllner Ausgabe des sächs. Landrechts von 1480 (Nietzsche Nr. 141) ist mit denselben Typen zuweilen der Richtsteig Landrechts niedersächsisch beigebunden. (So in einem der beiden Cöllner Drucke der K. Bibl. zu Berlin.) Zuerst steht ein eigenthümliches Vorwort: ***Hir begynnet dat register des schedenclotes welker schedencloit is eyne forme des speigels van Sassen etc.***, dem sich das Register über die drei Theile mit 27, 8 und 19 Artikeln nebst Cautela und Orienus anschliesst; dann der Richtsteig selbst nach obiger Eintheilung mit gezählten und rubricirten Artikeln und Allegaten im Text. Die nach B. III. Art. 14 (gleich Cap. 50) folgenden Art. [illegible] 19 handeln *Van gekomende to geven, van gherwede, van morsdelinge, van morgengave* u. *van gerade*, und schliessen ***und ok allemalck sal sick an syme rechte genogen laten. Et sic est finis.*** (Vgl. Bruns, Beitr. z. d. D. Rechten, 1799 S. 137 ff.).

Ba.

4.

Ohne Aufschrift, Augsburg 1481, gedr. von Anthoni Sorg, gr. Fol., mitteld., gespaltne Columnen. Das sächs. Landrecht und der Richtsteig Landrechts mit Cautela, Prenus, Register auf Bl. 83 bis 101, und einem ungezählten Registerblatt unter: *hie vacht an die hadlūg des rechtes.* Nietzsche Nr. 143. Wenn es bei Spangenberg S. 67 Z. 6 heisst: in den Augsburger Ausgaben [des Sachsensp.] von 1474, 1482, so muss mit Rücksicht auf das Verzeichniss der Drucke des Ssp. ebd. S. 17 statt 1474 gelesen werden 1481.

5.

Ohne Aufschrift, Augsburg 1482, kl. Fol., gedr. von Hans Schönsperger, mitteld. Das sächs. Landrecht und Bl. 122 bis 153 Cautela, Prenus und unter: ***Hienach so fehet an die Handlung des Rechten***, der Richtsteig Landrechts etc., wie in Nr. 2, (Nietzsche Nr. 144, Spangenberg S. 137, Ludovici Vorr. zum Weichbilde S. 24—30, Gärtner Vorr. zum Sachsensp. §. 11; die beiden letztern nennen den Drucker irrthümlich: Hans Hämerger, oder Hamerger).

6.

Ohne Aufschrift, Augsburg 1484, Fol., gedr. von Anna Rügerin, mitteld., ungespaltene Columnen. Das sächs. Landrecht; Cautela und Prenus Bl. 122, 123; der Richtsteig unter ***Hienach vahet an die handlung des rechtens*** Bl. 124—153, (Nietzsche Nr. 147).

7. *Bn.*

Ohne Aufschrift, Leipzig 1488, Fol., niederd. Enthält 1) den Richtsteig Landrechts mit dem Register in 48 Capp., 2) das sächs. Landrecht mit der Glosse, deutsch und lateinisch; die ***Additiones Bockstorfianae*** angehängt mit dem Schlusse: ***Explicit Speculum Saxonum sollicite correctum impressum et expletum Lyptzigk Anno Domini Millesimo quadringentesimo octogesimo octavo die Sabbati penultima Augusti.*** Dann ***Register uppe den Text und die Glosen,*** (Nietzsche Nr. 148, Spangenberg S. 137, 138).

8.

Augsburg 1496, Fol., mitteld., mit der Aufschrift: ***Hye hebt sich an der sachssenspiegel mitsampt den cautelen vnd additionibus bockstorff.*** Gespaltene Columnen. Das sächs. Landrecht, wie in Nr. 2, 4, 5, 6, schliessend: ***Explicit der sachssenspiegel den der erwirdig in Got vater vnd her Theodericus von bockstorff bischoff zu Neuenburge seliger gecorrigieret hat.*** Dann (auf dem letzten Bl. der Lage *G*, 8 Bl. Lage *H*, 6 Bl. Lage *I*, 7 Bl. Lage *K*) ohne Blattzahlen die Cautela, Prenus, unter ***Incipit processus iudiciarius*** der Richtsteig Landrechts, in 49 rubricirten und von Nr. 26 an gezählten Capp., mit Allegaten im Text, ohne Register. Das sächs. Landrecht lateinisch mit kleinern Typen auf 17 (nominell 18) besonders gezählten Bl. Zuletzt die Additionen zu Bocksdorffs Glosse, mit dem Schluss: ***Hye endet sich der sachssenpiegel*** (so) ***mit sampt den cautelen vñ additiobus*** (so) ***Bockstorff. Gedruckt vnd seligklich volendt An vnser frauwē abēt den man nennet dye verkündunge. in der Keyserlichen statt Augspurg durch Hannsen Schönsperger Als man Zalt nach Christi vnsers herren geburt. Tausentwierhundert vnd jm sechss vnd Neuntzigosten Jar.*** Nach einem mir zugehörigen Exemplar.

Nietzsche Nr. 154 beschreibt „ohne Aufschrift." Ihm lag aber ein Exemplar der Dresdner Bibl. vor, dem das erste Blatt fehlt.

9.

Augsburg 1501, kl. Fol., gedr. von Hans Schönsperger, mitteldeutsch, Aufschrift und Einrichtung genau wie in Nr. 8. (Nietzsche Nr. 156, vgl. Spangenberg S. 16, 17 Nr. 5, u. S. 136, und Nietzsche Bem. zu Nr. 139)

10. (Lehnr. 7, Richtst. Lehnr. 1.)

Augsburg 1516, Fol., niedersächsisch. *Sassenspegel mit velen nyen Addicien san dem Leenrechte vnde Richstige.* Der Richtsteig Landrechts steht zwischen dem Land- und Lehnrecht auf den ungespaltenen Bl. 199 bis 221 *a* unter *Richtstich Lantrecht. Hir heuet sick an de Richtstich tho den vorgeschreuen dren buken.* Vorrede ohne d. H. von Buch, 50 gezählte und rubricirte Capitel mit Allegaten am Rande. Schluss: *Et sic est finis,* und *Got de dar is.* Angehängt 221 *b*, 222 *a* Judeneide. Der Druck ist ohne Zweifel, gleich dem S. Land- und Lehnrecht in derselben Ausgabe, aus der Breslauer Handschrift (Nr. 12) entnommen. Die dort erwähnten längeren Randnoten sind hier den Capiteln angehängt. Die Abweichungen sind nur orthographische, oder kleine Lese- oder Druckfehler und einige meist durch das ὁμοιοτέλευτον erklärliche Auslassungen im Druck, s. unten §. 5 bei Classe *A.* der Hdss. Was in der Hdschr. einfach überschrieben ist, nimmt der Druck immer auf; die dort mit einem *al* bemerkten Varianten aber regelmässig nicht.

11. (Richtst. Lehnr. 2.)

Augsburg 1517, Fol., mitteld., *Sachsenspiegel mit vil newen Addicionem sampt Lantrechts vnd Lehenrechts richtsteige* u. s. w., giebt auch in Bezug auf den Richtsteig Landrechts nur eine Uebertragung des Textes in Nr. 10 mit dessen Lücken, auch mit Aufnahme jener längern Noten, doch mit Weglassung des Epilogs (Nietzsche Nr. 159).

12. (Richtst. Lehnr. 3.)

Leipzig 1528, Fol., mitteld. Nach dem S. Landrecht steht mit neuen Blattzahlen, auf ungespaltnen Seiten, von Bl. 1 bis 20 der Richtsteig Landrechts. Nach den Judeneiden: *Ende des Richtsteigs vber das Landtrecht.* Wiederabdruck von Nr. 11. (Spangenberg S. 139, Nietzsche Nr. 161).

13. (Richtst. Lehnr. 4.)

Ludovici im Anhange der „Einleitung zum Lehnsprocess," 1718 und öfter, z. B. 1752, 4. giebt den Richtsteig Landrechts S. 3 bis 64 nach dem von Thomasius ihm mitgetheilten Drucke Nr. 10 (s. den Schluss S. 115), doch unter Weglassung der Nr. 10 gedachten Noten, und mit neuen Lücken, s. unten

§. 5. Das Register über die Capitelrubriken der beiden Richtsteige ist vom Herausgeber hinzugefügt.

14.

Im *Corpus iuris Germanici e bibl. Senckenbergiana ed. Koenig de Koenigsthal, Tom. I Francof. ad M.* 1760 ist S. 125 ff. der Richtsteig Landrechts abgedruckt u. d. T.: *Ordo judiciarius juris provincialis sive Richtstich Landrecht. Germanice et Latine ex quatuor codicibus optimae notae manuscriptis. Adjecta sunt quibus Codex quartus nomen Libri secundi praefixum habet.* Die Herausgabe besorgte, nach Senckenbergs Vorrede des T. I. §. 106, Benjamin Christoph Grashof. 1) Bei dem eigentlichen Richtsteige liegt der *Cod. Eybenianus* (Hdsch. Nr. 26) zum Grunde bis zu dessen Cap. 43. Varianten sind angegeben aus dem *Cod. Berleb.* (Nr. 24) unter *Cod. II,* dem *Cod. Günderod.* (Nr. 27) unter *III*, dem *Cod. Darmstud.* (Nr. 16) unter *IV,* und aus einem alten Drucke, wohl der Ausgabe von 1517 oben Nr. 11, aus dem namentlich das Cap. vom Urtheilschelten in der Mark ganz abgedruckt worden (S. 184, 185). Nach dem Cap. 43 *Cod. Eyben.* folgen aus dem *Cod. Berleb.* die Capp. 46 (welches dem Cap. 44 *Eyben.* entspricht) bis 52, (so dass also die Nr. 44 und 45 ganz fehlen), und die dazu aus *Cod. II* angegebenen Varianten stammen nunmehr aus dem *Cod. Eyben.* Dem Texte ist eine lateinische Uebersetzung von Grashof beigegeben. Allegate fehlen. 2) Der *Adpendix ordinis judiciarii etc.* von S. 199 bis S. 248 enthält den sogen. zweiten Theil des Richtsteiges aus dem *Cod. Darmst.* mit einer lateinischen Uebersetzung von Kneusel, s. Senckenbergs Vorr. §. 109.

15.

Des Richtes Stig oder der Richtstig Landrechts, sammt Cautela und Prems etc. von Friedr. Wilh. Unger, Göttingen 1847, 8., giebt einen Abdruck 1) der Cautela und Premis nach dem Drucke Nr. 6, mit Vergleichung von Nr. 3, 4, 5; 2) des Richtsteigs Landrechts nach der Götting. Handschr. oben Nr. 32, mit Ergänzungen und Varianten aus den Drucken Nr. 6, 7, 10 u. 14; 3) eines Stückes über Zehnten, Mühlen und Höfen aus einer Göttinger „Papierhandschrift des 15. Jahrh., in welcher es selbständig, aber ohne Ueberschrift hinter dem Schwabenspiegel steht."

Die Drucke 2 bis 12 — Nr. 1 ist nicht näher bekannt — stellen sich so zu einander.

Es stimmen die Ausgaben von 1474, 1496, 1501 oder Nr. 2, 8, 9. Mit diesen sind nahe verwandt die Drucke von 1481, 1482, 1484, Nr. 4, 5, 6. Weiter ab steht 1488 Nr. 7 und noch eigenthümlicher ist der niedersächsische Druck von 1480 Nr. 3. Doch gehören alle bisher genannte Drucke Nr. 2—9 dem Texte nach zu einer Hauptrecension, der Classe B, vgl. §. 5. Dagegen schliessen die unter sich stimmenden Drucke von 1516, 1517, 1528, Nr. 10, 11, 12 sich der die erste Classe bildenden Recension an.

II. Geschichte des Richtsteiges.

Es handelt sich hier um die Abfassung, um die Beschaffenheit, um die weitere Gestaltung des Werkes, endlich um seinen Einfluss auf andere Arbeiten.

§. 3. Die Abfassung.

Der Richtsteig Landrechts ist von dem Verfasser der Glosse zum sächsischen Landrecht, Johann von Buch, und zwar nach der Glosse geschrieben. Vgl. Grupen bei Spangenberg 30 bis 34, 66 bis 69 und Vorr. zum holländ. Sachsensp. 5 ff. Homeyer Sachsensp. II. 1. S. 77, 78, 383, 384.

Der Beweis liegt zuvörderst in zwei Prologen, dem zur Glosse des Landrechts und dem zum Richtsteige selber.

Der erstere, bisher nur bei Spangenberg 153 ff. in der lateinischen Gestalt aus dem oft mangelhaften *Cod. Grup.* gedruckt, ist in den Philolog. Abhdl. der Berliner Acad. der Wiss. 1854, S. 154—210 nach 5 Hdss. mit einer altdeutschen Uebersetzung herausgegeben und näher gewürdigt worden. Der Verfasser der Glosse erzählt darin: um den weniger kundigen und begabten Urtheilern bei Anwendung des Sachsenspiegels zu helfen, habe er, obwohl mit Geschäften sehr beladen, doch auf Andringen des Herzogs Otto von Braunschweig und seiner eigenen Vaterbrüder, der Ritter Conrad und Siegfried v. Buch, einen Apparat oder Glosse über jenes Rechtsbuch ausgearbeitet. Seine Absicht dabei sei theils, dem Inhalt des in den geistlichen Gerichten verschmähten Sachsenspiegels durch Stützen auf kaiserliches und geistliches Recht mehr Halt und Ansehen zu schaffen, theils denselben in sich und mit den geltenden Gewohnheiten auszugleichen. Dabei gebe er den Text des Sachsenspiegels, dessen Kern er für ein Privilegium Carls an die Sachsen erklärt, nach seinem ächten Umfange und nach der richtigen Eintheilung.

Wie diese Angaben auf die uns vorliegende Glosse vollkommenin sachlicher Beziehung passen, ist in der Abhdl. näher nachgewiesen. Nicht minder stimmen die Andeutungen des Prologs über die Person des Autors, als eines Brudersohnes der Förderer des Werks und als eines von Buch zu der Glosse. Denn einmal gebraucht der Glossator zuweilen die Anrede *leve veddere* I. 11, I. 20, II. 31. *Veddere* ist Vaterbruder.*) Sodann aber heisst es in manchen alten und guten Hdss. der Glosse u. a. in der Wolfenb. v. 1367 (Rb. 698), der Münsterschen (496), der Bremer v. 1417, (80) der Dortmund-Berliner (37) zu III. 76 §. 3 *van susgedaneme lifgedinge was dut, dat her Clawes van buch min vader seghde, dat en man mochte sines wives lifgedinge laten etc.* So wird die äusserlich einwandsfreie Glaubwürdigkeit des Prologs durch sachliche Gründe bestätigt.

Dessen Verfasser fügt nun ferner der Angabe über die Gestalt, welche er dem Sachsenspiegel gegeben, V. 223, 224 hinzu:

Tunc processus iudicii	*Tu lest des rechtes vortganc*
in ultimo ponuntur,	*met den kriegen anhevet,*
qui solius speculi	*met artikeln sunder wank*
articulis texuntur.	*unses rechtes bewevet.*

Dass unter dem *processus iudicii* der Richtsteig zu verstehen, ist sicherlich mit Grupen (bei Spangenberg 67—69, und in Schott Samml. 211, 212) anzunehmen. Zunächst passt nicht nur der Name auf die Sache, sondern er kommt auch in Ueberschriften und Eingängen des Richtsteiges, s. unten die Texte *BbEac* vor. Sodann findet sich in der That der Richtsteig häufig in den Hdss. des glossirten Sachsensp. (selbst einmal, in Nr. 19 als viertes Buch des Landrechts), wie denn auch die alten Drucke ihn regelmässig nach diesem geben. Und endlich hat der Richtsteig wirklich im Gegensatz gegen die Glosse nur Allegate aus dem Ssp. oder „unserm", nicht aus dem fremden Rechte.

*) Dass in I. 20, II. 31 *merke veddere* nur einer angeredet wird, weiss ich zwar nicht sicher zu erklären, erscheint mir aber an sich nicht von besondrer Erheblichkeit.

Der Richtsteigsprolog, derjenigen Handschriftenclasse eigen welche der Heimath des Verfassers wohl am nächsten steht, verbindet sich in seiner ächtesten Gestalt dem Schluss der Glosse. Diese setzt nemlich das Ende des ächten Privilegiums Carls mit III. 82 §. 1 (Verlust des Rechts vor Gericht), womit ja auch die erste (unglossirte) Classe der Hdss. des Ssp. schliesst. Von den Artikeln die sich noch in andern Hdss. fanden, schreibt die Glosse die nächsten drei, bis III. 84 incl. Otto dem Grossen zu, die folgenden III. 85 und 86 Otto dem Rothen, die übrigen (fünf) bis zum Ende, III. 87—91, Friedrich von Staufen *). Einige Glossenhdschr. geben hierüber eine zusammenfassende Bemerkung am Schlusse des „Privilegii," s. die Note d zu III. 82, andre, die noch über diesen Art. hinausgehen, haben die Zuweisung an jene Urheber bei den einzelnen Artikeln, sei es nur bis III. 87, d. i. bis zur ersten Satzung Friedrichs incl., oder bis III. 88, oder gar bis zum Ende, III. 91.**) Diejenige Recension des Richtsteigsprologs, welche sich sonst als die beste ergiebt, welche namentlich an den gehörigen Stellen absetzt (s. Note 49, 52), sagt nun:

*) Vgl. Grupen bei Spangenb. 37, 40—42. Einige Hdss. machen aus Friedrichs Gesetzen sechs Artikel, ebd. 41.

**) Die Glossenhdss. behandeln die Artikel nach III. 82 §. 1 verschiedentlich. Eine Classe ermangelt der Glosse für alle, sei es, dass die Artikel selber gehörigen Orts stehen (z. B. *Cod. Luneb.* Nr. 421 und das sächs. Msp. der Ausgabe v. 1614), oder nur nachträglich hinzugesetzt sind (*Cod. Hamelens.* Nr. 268 und der Cöllner Druck), oder dass sie ganz fehlen (*Cod. Oldenb.* Nr. 660 u. viele andre). Eine zweite Classe glossirt bis III. 87, z. B. die *Codd. Berol.* v. 1382 u. 1386 (Nr. 35, 42) u. Nr. 33; eine dritte bis zum Schlusse, z. B. *Cod. Guelpherbyt.* Nr. 703, *Halberst.* Nr. 301. Der *Cod. Goerl.* v. 1387 Nr. 250 setzt seine Bearbeitung der gewöhnlichen Glosse bis III. 82 §. 1 fort, giebt bis 87 die gewöhnliche Glosse unverändert und hat dann bis 91* eine ganz absonderliche. Ich nehme an, dass Joh. v. Buch die Artt. 82 bis 91 allerdings kannte; — schon die etwa ein halbes Jahrhundert frühere Thomasische Uebersetzung giebt sie, D. Rechtsb. S. 12β —; dass er sie für Zusätze des ächten Privilegii hielt (Glossenprol. 217 *quae in privilegio non sunt, apposuerunt*), und deshalb nicht glossirte; dass manche Glossenhdss. schon um deswillen, wie es auch mit der rhythm. Vorrede geschah, sie nicht mit abschrieben; endlich dass die spätere Glossirung resp. Aufnahme in wenigstens zwei Absätzen, zunächst bis 87, dann erst bis 91 erfolgte. Uebrigens haben Goldast, *Constit. Imp.* III. 303 ff., 309 ff., 330 ff., und nach ihm u. a. Lünig, Bünau sich verleiten lassen, die *versio vulgata* dieser Artt. als Gesetze der Ottonen u. Friedrichs aufzuführen!

De sosten settinge na K. Karls rechte an deme ende des sussenspeigels ... Rechtes weigherd (III. 87 §. 3) *u. de andern veer settinge de dar na volgen wente an den ende des s., de satte K. Frederik van Stouff.*

Die erste Satzung Friedrichs, III. 87 (hier vom §. 3 an), ist wirklich die sechste der dem Privilegium zugesetzten, und dann folgen noch viere, Artt. 88, 89, 90, 91. Als Zeit und Ort dieser Gesetzgebung wird 1158 im dritten Jahr des Reichs zu Pfingsten in dem Pallast zu Mailand genannt; als Anlass, die Klage der Fürsten, dass Unschuldige verurtheilt, Schuldige losgelassen würden, und zwar ob der Unsicherheit der Richter im Verfahren und der Zerstreutheit der betreffenden Normen im Sachsenspiegel. Die ganze Fiction von dem legislatorischen Ursprunge der Zusatzartikel des Ssp. ist nur die folgerechte Fortsetzung der Annahme des Glossators, welche den Kern des Ssp. selber auf Carl zurückführte. Für Friedrich den I. — welcher erst im Juli 1158 nach Italien gelangte und im September den Pallast von Mailand gewann — lehnt die Erzählung sich an die bekannte Thätigkeit des Kaisers im Herbste jenes Jahres, *Radevicus l.* 2 *c.* 7; auch passt der Inhalt der ihm beigemessenen Artikel auf die angebliche Absicht des Kaisers und der Fürsten, denn sie beziehen sich fast sämmtlich auf Strafrecht und gerichtliches Verfahren.

An diese vermeintliche Thätigkeit Kaiser Friedrichs knüpft nun der Autor des Prologs den Anlass der ihn zur Abfassung des Richtsteigs bewogen, indem er mit neuem Absatze fortfährt: Dieselbe Klage höre man auch noch jetzt; viele verständige Leute und Kenner des Ssp. wüssten doch nicht, wie sie sich mit ihm vor Gericht behelfen sollten. Und dasselbe hätten dem Autor auch Conrad und Siegfried von Buch, Kinder des wundersamen Johann von Buch, mit der Bitte kundgethan, ihnen zu Liebe eine schlichte nur durch „unser Recht" belegte Belehrung über das Verhalten vor Gericht als Richter, Kläger und Antworter zu geben. Des kaiserlichen und geistlichen Rechtes hätten sie schon in des Autors Glosse darüber genug. Er nun, sagt der Verf., könne sich dessen bei seiner Liebe zu ihnen nicht weigern; scheue auch nicht die Verläumdungen und den Hass der Bösen, denen er noch einige Verwünschungen nachsendet.

Ausser jenem geschichtlichen Irrthum über K. Friedrichs Satzungen ist hier alles in Ordnung und glaublich, auch im Einklange mit dem Glossenprolog, selbst in dessen Aeusserungen gegen Freunde und Feinde, vgl. V. 115 ff., 167 bis 170 daselbst.

Der Aufsatz stellt sich hiernach als Uebergang von dem glossirten Landrecht zu dem Richtsteige als dem Schlussstücke — *processus iudicii in ultimo ponuntur* — dar.*) Bei der Trennung der beiden Rechtsbücher, mögen sie gleich in demselben Codex stehen, haben nun die meisten Hdss., welche überhaupt den Aufsatz kennen, seinen Uebergangscharakter verwischt, ihn lediglich als Prolog zum Richtsteig gefasst, den Eingang verkürzt und dabei eine Verwirrung angerichtet, welche der Erzählung alle Glaubwürdigkeit nehmen könnte. Gewöhnlich lesen sie, s. Note 2: diese Satzung und die viere die hienach folgen, die setzte K. Friedrich etc., als wenn diese Worte auf das hier folgende, auf den Richtsteig gingen. Dadurch wird 1) das „die viere" völlig beziehungslos, denn weder der Richtsteig überhaupt, noch etwa die erste Hauptabtheilung besteht aus 4 oder 5 Satzungen. Deshalb haben einige Hdss. sich — schlecht genug — mit *de werre* statt *de vere* helfen wollen; auch ändern sie, man sieht nicht warum, 1158 in 1178, was noch weniger zu dem dritten Regierungsjahr Friedrichs passt. 2) Die Autorschaft des Kaisers für den Richtsteig widerspricht durchaus der ohne Absatz damit verbundenen Erzählung von der Einwirkung der HH. von Buch, welche über 1½ Jahrhunderte später lebten. Um den Widersinn, oder wenigstens die Möglichkeit einer widersinnigen Deutung zu meiden, schlagen andere Handss. noch verschiedene Wege ein. Die Breslauer *Aa* sagt gradezu, Friedrich habe den Richtsteig verfasst, lässt dann aber alles auf die HH. von Buch bezügliche fort, so dass nur eine einfache falsche Angabe über den Urheber herauskommt. Die Classe *E* aber versetzt den Prolog in den Anfang der zweiten Hauptabtheilung von peinlichen Sachen und macht demzufolge einige Aenderungen, s. Note 43, so dass jene Beziehungslosigkeit des Einganges wegfällt; dagegen bleibt der Anachronismus, dass der Kaiser und ein Zeitgenosse jener Ritter bei der Abfassung concurrirt haben sollen.

Die Sage von der Urheberschaft Friedrichs ist nicht nur von Senckenberg, lebh. Gebrauch c. 1 §. 30 angenommen worden,

*) In dem einzigen Codex, welcher ihn in dieser ursprünglichen Gestalt giebt, dem leider verschollenen Schwarzischen, oben Nr. 68, soll er schon von dem Landrecht abgelöst gestanden haben.

sondern auch in den Text der meisten Hdss. des Richtsteiges geflossen. Das Cap. 28 beginnt nemlich gewöhnlich: nachdem in den sechs Satzungen zuvor die Weise der bürgerlichen Sachen behandelt worden, *dun sette kaiser vrederik desse seven (al. sevede) settinge*, nach denen man in peinlichen Sachen verfahren solle. Wird die Stelle für ächte Aeusserung des Autors genommen, so könnte das Setzen K. Friedrichs doch nur auf das folgende und auch hiefür nur auf die allgemeinen darin zum Grunde gelegten Principien des peinlichen Processes bezogen werden, im Einklange mit der Zuschreibung der 5 letzten Artt. des Ssp. an Friedrich. Richtiger dürfte es sein, mit einer freilich nur geringen Zahl von Hdss. den Eingang des Cap. kurzweg zu lesen: *hier wil ich dir sagen van piinlicher clage,* und jene Ampliation einem Streben Späterer zuzuschreiben, den Ausspruch des Prologs in seiner verkehrten Gestalt weiterhin durchzuführen. Gleichwie die Aeusserung v. Buchs als Glossators des Landrechts, dass 2. §. 3 des s. Lehnrechts auf einer spätern Anordnung Friedrichs beruhe, den Glossator des Lehnrechts dahin geführt hat, das ganze Lehnrecht dem Kaiser beizulegen (s. Ssp. II. 1 S. 50, 51), so ist auch hier, wie es scheint, v. Buchs Ansicht über die Endartikel des Landrechts auf den ganzen ihnen angeschlossenen Richtsteig übertragen worden.

Der ächte Prolog bestätigt hienach, was der Glossenprolog kurz über den Plan des Richtsteiges andeutet, ingleichen die Identität des Verfassers beider Werke; er fügt über diesen Autor noch einen neuen Umstand hinzu, die Bezeichnung des Vaters seiner Oheime, also seines eigenen Grossvaters.

Eine fernere Bestätigung jener Identität ist aus dem Richtsteige selber zu gewinnen.

1. Der Glossator schenkt dem Rechte der Mark, als seiner Heimath — *dat sint wi in der marke* — besondere Rücksicht; so auch der Richtsteig s. Cap. 4 §. 3 und das ganze Cap. 50.

2. Der Epilog des Richtsteiges hat die Anrede *leve veddere* gleich der Glosse a. a. O.

3. Zwischen beiden Werken findet sich häufig eine genaue materielle Uebereinstimmung, wie im Systeme zu entwickeln sein wird. Vgl. u. a. Gl. zu I. 68 §. 1 mit C. 5 §. 1, zu I. 68 §. 2 mit C. 38 §. 5, zu I. 65 mit C. 7 §. 1, zu II. 12 §. 12 mit C. 50 §. 10, zu I. 39 und I. 48 §. 3 mit C. 40 §. 3, zu I. 70 §. 2 mit C. 50 §. 3.

Zur nähern Bestimmung des Verfassers dient zunächst die ungefähre, anderswoher als aus seinen Lebensumständen abzuleitende Zeit der Abfassung beider Werke. Nach Richtst. C. 4 a. E. soll der Herzog Otto von Braunschweig eine Frage in der Mark aufgebracht haben. Otto Largus kam in die Mark durch Heirath mit der Wittwe des im J. 1319 verstorbenen Markgrafen Waldemar, Agnes, deren Leibgeding die Altmark mit Ausnahme von Annaburg [illegible], und die ihren Gemahl [illegible] zum Mitregenten annahm *) Die Glosse zu III. 65 §. 1 weiss von der 1325 geschehenen Ermordung des Erzbischofs Burchard von Magdeburg. Andrerseits trägt die älteste datirte Hdsch. des Richtsteiges die Kopenhagener Nr. 40 das J. 1359 **), und ihr lagen bestimmt schon zwei Recensionen des Textes vor, s. unten §. 5 dritte Classe, ein Umstand, der doch schon auf eine längere Zeit der Verbreitung deutet. So wird man denn als Autor einen solchen v. Buch zu suchen haben, der im zweiten Viertel des 14. Jahrh. in der Mark thätig sein konnte. Ihn hat Grupen, Vorr. zum holl. Ssp., u. bei Spangenb. 34 in Johann v. Buch gefunden. Die Neueren sind ihm gefolgt, namentlich auch Klöden in einem eignen Aufsatze: Ueber den Verf. der Glosse zum Sachsensp. u. des Richtsteiges, Märk. Forschungen Bd. 2, 1843 S. 242 ff. Wie ich glaube mit Recht. Indem ich die Gründe von neuem darlege, und dabei Grupens Ergebnisse im einzelnen zu berichtigen und ergänzen suche, kann ich mich vielfach, statt auf die Urkunden selber, auf deren sorgfältige Zusammenstellung bei Klöden, und in Wohlbrücks Gesch. der Altmark 1855 S. 251—254 berufen.

Es ist zuvörderst innerhalb des Geschlechts der märkischen v. Buch nach folgender schon hinlänglich bezeichnenden Gliederung zu forschen

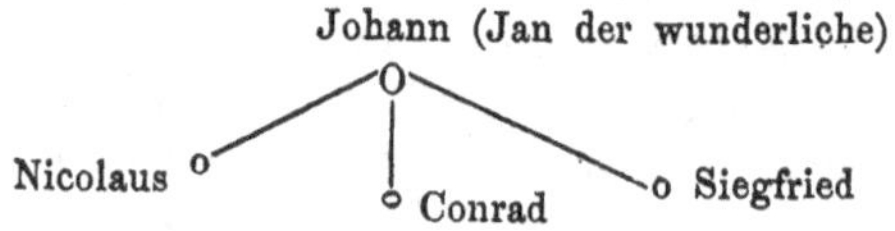

*) Der im Richtsteig zugleich erwähnte Rudolph von Ronstedt liefert keine genauere Bestimmung. Personen dieses Namens kommen in der Altmark 1227 u. 1235, dann 1278, endlich in einem Halberst. Lehnsregister von 1311 vor. S. Wohlbrück Gesch. der Altmark 1855 S. 269.

**) Dieselbe Hdschr. ist die älteste datirte, welche einen Ssp. in 3 Büchern kennt, eine Eintheilung welche für gleichzeitig mit der

dergestalt dass Nicolaus als der Vater, Conrad und Siegfried noch als Zeitgenossen eines etwa von 1325—1350 wirksamen Mannes gelten können. *)

Als älteste Glieder eines altmärkischen, von Buch bei Tangermünde benannten Geschlechtes kommen 1209 Conrad und Friedrich vor, Klöden S. 242, Wohlbrück N. 934. Dann aber tritt von 1261—1285 Johann, zu Tangermünde, Havelberg, Liebenwalde und Stendal, 1272 als Voigt daselbst, im Gefolge der Markgrafen von Brandenburg und in so ausgezeichneter Stellung auf, Wohlbr. N. 935—940, dass ganz wohl das Beiwort *mirabilis* — denn das bedeutet hier *wunderlik* — auf ihn passt.

Ein späteres Schreiben der Stadt Stendal an Otto v. Braunschweig von 13 . ., Lenz Brandenb. Urk. 243 erzählt: *den tol brief heft ghehat her Yan von Buck u. darna her Nicol u. her Bernhard von Buck sine söne, darna etc.* Der Sohn Nicolaus oder Claus, der uns allein angeht, wird seit 1300 genannt, u. a. als Truchsess des Markgrafen Waldemar bis 1314, in welchem Jahre ihn sein Herr, weil er als Gesandter dessen Weisungen bei der Wahl eines römischen Königs nicht befolgte, soll haben einsperren und Hungers sterben lassen, Klöden 244, Wohlbr. N. 946, 947. Ein Conrad von Buch kommt 1334, ein Siegfried 1327 vor; beide können füglich jüngere Söhne des Jan v. Buch gewesen sein. Soweit ist also die gesuchte Genealogie gefunden; insbesondre wird die Vaterschaft Jans für Nicolaus, welche sonst nur aus den Notizen der Glosse *claus min vader*, des Glossenprologs *patruos Conradum et Sifridum*, und des Richtsteigsprologs *C. u. S. Jans v. Buk söne* zu combiniren, gradezu beurkundet; zugleich ein willkommenes Zeugniss für die Glaubwürdigkeit dieser Quellen.

Zur Zeit da Conrad und Siegfried genannt werden, erscheint nun ferner ein zweiter Johann von Buch, dessen Le-

---

Glossirung gelten darf. Nietzsche irrt, wenn er Glossenhdss. aus dem J. 1324 u. 1336 annimmt. Ssp. II. 1 S. 79 Note.

*) Grupen, Vorr. S. 15, giebt irrig das Schema

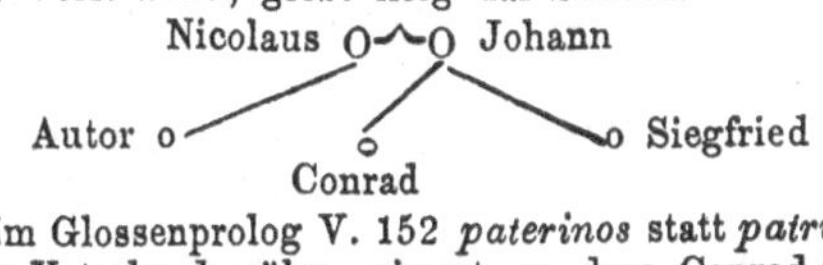

weil er im Glossenprolog V. 152 *paterinos* statt *patruos* liest und jenes für Vaterbrudersöhne nimmt, so dass Conrad und Siegfried Vettern des Autors nach heutiger Redeweise gewesen wären.

bensgang die Urkunden ziemlich genau überblicken lassen, vgl. insbesondre *Ludewig Rell.* VII. 13, 14, 30, 40, 48, 56, 64, 65. Im Jahre 1321 ist er unter den *militares* der Vogtei Tangermünde. Um 1333 löst er für Ludwig von Baiern, der ihn seinen Heimlicher nennt, das an Otto von Braunschweig verpfändete Land Jerichow ein, und erhält es selber zu Lehn auf Wiederlöse. Im J. 1334 heisst er Ludwigs *familiaris consiliarius*, kommt er als Zeuge in einer Handfeste des Herzogs Otto als Herrn der Altmark vor, und empfängt er mit Gerhard v. Kerkow von Ludwig eine Gesammtbelehnung der Güter, welche sie von Herzog Otto haben. Im folgenden Jahre heisst der Markgraf ihn *judex curiae nostrae* und ernennt ihn Kaiser Ludwig zum *capitaneus generalis* der ganzen Mark. Am 13. Mai 1336 giebt Markgraf Ludwig *ad instantiam strenui militis domini Johannis de Buch capitanei et secretarii nostri* die Erlaubniss zum Bau einer neuen Stadt im Lande Jerichow, wobei er unter Aufhebung einer erbrechtlichen Gewohnheit, die dem *jus imperiale* und *privilegium Saxonicum* widerspreche, will *ut universa iura terrae secundum curiae nostrae et privilegii Saxoniae iura per omnia observentur.*

Im J. 1337 verwandelt der Markgraf die Hälfte des Stammgutes Johanns, *medietatem ville sue dictae Buch quam ab antiqua hereditaria successione ad ipsum devolutum fore cognovimus* in Allode; in demselben Jahre wird Dietrich v. Kerkow als sein Schwiegersohn genannt. Im J. 1338 heisst er *miles campi generalis.* Im folgenden Jahre erklärt der Markgraf aus Gnaden den *filius nobilis viri Joh. de Buch capitanei nostri generalis, impubes et minor annis,* für volljährig. Eine Urkunde Ludwigs von 1340 bestätigt ein Lehnsleibgeding, welches Johann seiner Ehefrau Mechthild auf seinem *castrum Buch coram Ottone duce Brunsvicensi* bestellt habe. Zugleich ergiebt sich aus ihr dass er mehrere Ritter zu Lehnsleuten hatte. In demselben Jahre nimmt der Markgraf ihn *cum castro et opido Buch* in seinen Schutz gegen alle *invasores* und bedingt sich dagegen das Oeffnungsrecht. Nach der Abtretung der Mark an Ludwig den Römer 1351 erscheint er noch in den J. 1352 und 1355 am Hofe. Der neue Markgraf sucht ihn, der in seinem Vermögen herabgekommen zu sein scheint, wegen mancherlei Forderungen zu befriedigen. Später verlautet nichts mehr von ihm, sein Ende wird also wohl in die nächsten Jahre zu setzen sein.

Diese Urkunden ergeben zwar keine verwandtschaftliche Beziehung des jüngern Johanns zu Nicolaus oder den übrigen in jener Stammtafel genannten von Buch, und Klöden lässt seine Bezeichnung des Johann als eines Sohnes von Nicolaus (S. 245) ohne Belag; aber jene Lebensumstände machen doch höchst glaublich, dass wir nur in diesem Johann den Verf. der Glosse und des Richtsteiges zu sehen haben.

1. Die Jahre seiner Wirksamkeit 1321—1355 schliessen vollkommen die Zeit ein, in welcher die Abfassung des Richtsteiges fallen muss.

2. Die Urkunde v. J. 1334 (*Gerken Cod.* VIII. 754), durch welche sich in Stendal Städte und Ritterschaft zur Sicherheit des Landes verbinden, nennt ihn zusammen mit Conrad v. Buch, und zwar vor ihm. Das steht doch einer Annahme, dass Conrad der Vaterbruder sei, nicht entgegen; der Neffe war schon damals ein sehr bedeutender Mann.

3. Dass Johann im Besitz des Stammgutes Buch ist — oder doch der Hälfte, denn das *quam* der Urkunde kann auf *villa* oder auf *medietas* gehen — und es ererbt hat, stimmt dazu, dass er von Johann dem Aelteren durch dessen Erstgebornen Nicolaus abstammte.

4. Johann lebt und wirkt gleich dem Glossator in der Mark. Insbesondre, das *castrum* Buch und andere Besitzungen des Ritters (Klöden 274) liegen an der Elbe; den Glossator aber zu II. 32 heimelt die Elbe an; er meint, wer *anderwilen oderisch luft rokende, deme dede de elf luft durna de bat.*

5. Johann steht zu dem Gönner des Glossators, dem auch im Richtsteige genannten Otto dem Milden in vielfachen Beziehungen. Er hat Güter von ihm zu Lehn, löst ein ihm verpfändetes Gebiet ein, wird von ihm als Zeuge zugezogen, und sieht ihn auf seiner Stammburg Buch, wo er vor ihm seiner Frau das Leibgedinge bestellt. Die Ausdrücke, in denen der Glossenprolog 164—166 die Pflichten des Vfs. gegen den Herzog schildert: *primo subsum domino, cui me sic adstringebam, ut ei quod est utilius constringar persuadere, si me nolo infelicius periurio punire*, rechtfertigen sich schon aus dem Lehnsbande, vgl. Ssp. II. 2 S. 373, 374. Und es kann dahin gestellt bleiben, ob Johann v. Buch, etwa ehe er *consiliarius* des Markgrafen Ludwig wurde, eine ähnliche Stellung zum Herzog eingenommen.

6. Johann muss als Hofrichter im Rechte wohl erfahren gewesen sein; insbesondre, da doch die Urkunde für Jerichow als

sein Werk zu betrachten, ist er Kenner und Verehrer des Sachsenspiegels, den er gleich dem Glossator als Privilegium bezeichnet, vgl. Homeyer Glossenprolog 23.

7. Die ausgedehnte geschäftliche Thätigkeit Johanns in Krieg und Frieden entspricht ganz der Schilderung im Glossenprolog 243—246

Nunc expeditionibus	*Dorch der herverte burde*
et tutelis [illegible]	*und [illegible],*
et responsionibus	*sorge unde antworde*
et curis conquassatus,	*dicke mi den sin tu sleit;*
quia in rebus publicis	*up dat der gemeinheit dinge*
saepe fui fessus	*ik dicke vormudet bin*
atque potentum placitis	*unde grote dedinge*
saepius perplexus.	*mi dicke bewerren den sin.*

Endlich steht er

8. in genauer Verbindung zu den v. Kerkows, u. a. zu einem Gerhard (Gerke), während der Glossator zu I. 23 erzählt, dass Gerke v. Kerkow ihn zum Vormund seines Sohnes gesetzt habe.

Ueberhaupt wäre in der bezeichneten Zeit und Gegend kein andrer v. Buch aufzufinden, dessen Stellung auch nur annähernd gleich der Johanns auf den Autor jener Werke hinwiese.

Es treten aber noch ausdrückliche Bekundungen ein. Freilich geben drei verschiedene Glossen drei verschiedene Namen für den Verfasser an.

1. In einem Görlitzer Codex aus dem Ende des 14. Jahrh. (Rb. Nr. 251) sagt die Glosse zum Weichbild C. 10 ausdrücklich: ***Gerke von Kertow u. Johan von Buch machtin den richtsteig.*** S. näher Ssp. II. 1 S. 384. Also ein directes Zeugniss aus demselben Jahrhundert mit einer Modification, von der noch unten zu reden ist.

2. Die Glosse Landrechts im Berleburger Codex (Rb. N. 213) aus dem $\frac{14}{15}$. Jahrh. beginnt das dritte Buch mit ***Hirna steit de bedudinge heren Heinrichs van Boich uff das dritte boech.*** Auch diese Nachricht lässt sich zu Gunsten des bisherigen Ergebnisses wenden. Klöden S. 255 weist nach, dass Henning zuweilen für Johann gebraucht wird; selbst eine unserm Ritter v. Buch beizulegende Urkunde, deren Siegel die Umschrift ***Johannis de Buch*** trägt, ist mit dem Namen ***Henningus de Buch*** ausgestellt (Kl. 287). Regelmässig aber gilt Henning als Abän-

derung von Heinrich. Es liegt also nahe, dass der Schreiber jener Glosse den ihm als Henning von Buch genannten Vf. in Heinrich umsetzte.

3. Die Glosse des 1451 verstorbenen Brand von Tzerstedt (*Kraut de codd. Luneb. p.* 4 N. 2) in der Lüneburger Hdschr. v. 1442 (Nr. 422) erzählt: *de erwerdige lerer Her Nicolaus van Bock heft dit sassenrecht mit den glosen besprenget. — Ok heft de sulve Her Nicolaus de richtestige — — geleret u. gegeven;* Spangenb. S. 113. Also auch in dieser spätern Notiz noch eine Bestätigung, dass beide Werke denselben Autor und zwar in einem v. Buch haben, aber eine Abweichung im Vornamen. Ich möchte sie einem Missverständnisse jener Erwähnung einer Rechtsansicht des Claus von Buck in der *glossa vulgata* zuschreiben; ähnlich pflegten noch Neuere alle diejenigen Personen, deren Meinungen die Glosse z. B. zu III. 65 §. 1 anführt, als eben so viele Glossatoren aufzufassen.

Nach allen diesen auf Johann von Buch zusammentreffenden Umständen und Zeugnissen steht dann nicht weiter zu beachten, einmal die Meinung Senkenbergs *praef. ad C. Jur. Germ.* I. 1 §. 104, welche Bruns in den Beitr. 153 zu theilen scheint, dass der erste Grund zum Richtsteige in Friedrichs I. Zeiten gelegt worden, er aber seine jetzige Gestalt durch Herman v. Oesfeld erhalten. Sie beruht darauf, dass man die Arbeiten Premis und Cautela, welche dieses Hermans gedenken, nach ihrer Stellung in den Hdss. als Vorreden des Richtsteiges betrachtet hat, vgl. Ssp. II. 1 S. 386. Noch weniger annehmlich ist die u. a. von *Heineccius elem. L.* III. §. 134 gebilligte Erzählung der gewöhnlichen Weichbildsglosse zu Art. 10: Burchard Mangelfeld, Lehrer der heiligen Schrift und Doctor des geistlichen und weltlichen Rechts habe auf Geheiss Kaisers Otto des Rothen den Sachsenspiegel commentisirt, *unde also wart ouch dyfse kegenwertige freiheit* (das Weichbild) *von om gesaczt mit der glosen u. saczte ouch den richtstig,* oder nach einem besondern Richtsteigprolog in der Hdssclasse *E.*, s. Anhang *D.*: *dez machte dominus burchardus von mangilvelt dise sechs constitucien in burgerlicher clage.* *)

*) Die Gelehrtengeschichte weiss von diesem Mangelfeld nichts weiter als was die Weichbildsglosse fabelt. Jöcher setzt ihn in den Anfang des 13. Jahrh., Rotermund IV. 565 erzählt nach *Kirchner de ducibus etc. Marb.* 1608, er habe um das Jahr 974 das

Dagegen darf die Frage nach einer Theilnahme Gerkes v. Kerkow nicht umgangen werden. Die Weichbildglosse in Nr. 251 nennt ihn als Mitarbeiter Johanns v. Buch; gewöhnlich fährt sie nach obigen Worten über Mangelfeld fort: *abir Gerke von Kertaw der vollenbracht (volwortet) den richtestig.*

Ueber das ritterliche Geschlecht der v. Kerkow finden sich die näheren Nachweisungen für das 13te und 14te Jahrh. bei Klöden 249, 251, 256, 257, 266, 270, bei Wohlbrück II. 261—264. In einer altmärkischen Linie desselben kommt der Name Gerhard, diminutive Gerke, ein Jahrhundert hindurch von 1240 bis 1344 und zwar in häufigen Beziehungen zu denen v. Buch vor. Auf wie viele Träger ist nun der Name zu vertheilen? Den ersten Gerhard setzt Klöden in die J. 1240—1279, Wohlbrück N. 1005 richtiger wohl nur bis 1260. Einen zweiten findet Klöden v. 1281—1295, Wohlbrück N. 1013, 1014 von 1272 bis 1295; er wird u. a. im J. 1285 mit dem ältern Joh. v. Buch genannt. Ein dritter steht seit 1300 in den Urkunden, Wohlbrück N. 1016, und zwar 1300, 1301, 1310 meist unmittelbar mit Nicolaus v. Buch zusammen (Lenz Brand. Urk. S. 158, 161, 189). Für denselben ist noch derjenige Gerke zu halten, der in der Urk. v. 1321 (Lenz 220) zusammen mit Henning v. Buch, aber weit vor ihm, und dann 1324 (Lenz 225) unter den ersten Rittern genannt wird. Dagegen kann es nicht mehr dieser, sondern nur ein vierter Gerhard sein, von dem es 1331 und 1344 heisst, dass eine Verleihung mit gesammter Hand geschieht *dem vesten manne Joh. von Buch und Gerhard v. Kyrchow*, und eine Verpfändung gewisser Hebungen *nobili viro Joh. de Buch, Gerkino de Kerkowe fidelibus nostris* (*Ludewig* VII. 13, 119), also beidemale mit Voranstellung des Joh. v. Buch. Bestellte nun nach der Glosse zu I. 23 ein Gerke v. Kerkow den Verfasser zum Vormund seines Sohnes, so ist dies nach allen Umständen etwa im 3ten Jahrzehnt des 14ten Jahrh. von dem dritten der Gerharde, dem Genossen zugleich von Nicolaus und Johann v. Buch und wohl für den vierten Gerhard geschehen, den wir als einen gleichnamigen Sohn des vorigen betrachten dürfen. *)

Sachsenrecht commentirt, und 978 mit Graf Bruno v. Querfurt den K. Otto von Böhmen, der zu Altstädt vom K. Otto die Lehn empfangen, nach Hause geleitet!

*) Wenn Klöden nur drei Gerharde scheidet, und S. 251 als den, welcher den Vormund gesetzt habe, den bis 1295 vorkommenden

Nach eben diesen Zeitverhältnissen hätten wir den Theilnehmer an der Arbeit nicht sowohl in dem nur bis 1324 genannten Gerke, als in dessen Sohn, dem ehemaligen Mündel Buchs, der fortdauernd ihm nahe verbunden geblieben, zu suchen. Und auch die Theilnahme selber, die doch nicht so gar lange nach dem Leben der beiden Genossen bezeugt wird, hat nichts an sich befremdendes, sei es nun, dass v. Buch sich von dem jüngeren Freunde bei der Arbeit helfen liess, oder dass dieser sie später einer Durchsicht und Approbation unterwarf. Doch beziehe ich auf diese Theilnahme nicht das *wi* im Texte, 1. §. 1, 14. §. 5, 21. §. 5, 27. §. 5, 41. §. 10, so wie im Epiloge, und das *dit sulve kundegeden uns* in der Vorrede; denn im Epiloge wird der *vedder* angeredet, wie doch nicht Gerke v. Kerkow sprechen konnte, und im Texte wechselt das *wi* beständig mit dem *ic*, so z. B. 14. §. 5 in einem Athem. Man wird also das *wi* für den Autorplural, man wird ferner nur einen Haupturheber in Johann v. Buch anzunehmen haben.

Es handelt sich nun um die genauere Bestimmung der Zeit der Abfassung. Dabei lässt sich erwägen, dass der Richtsteig später als die Glosse, die ihrerseits nach 1325 fällt, geschrieben wurde, und zwar bei Lebzeiten wenigstens eines Oheims, in reiferen Jahren, von einem auch in öffentlichen Dingen viel beschäftigten Manne, bei noch dauerndem Verbande mit Herzog Otto. Allein das alles lässt doch nur eine ungefähre Schätzung zu. Conrad v. Buch wird noch 1335 genannt; 1337 hat Johann schon eine Tochter verheirathet; seit 1333 ist er dem Markgrafen Ludwig nahe verbunden und rasch häufen sich auf ihn Aemter und Würden; die letzte sichre Beziehung zu Otto von Braunschweig, welcher 1345 starb, kommt 1334 vor, denn wann vor ihm das Leibgeding gegeben wurde, erhellt nicht. Ich habe früher Ssp. II. 1 S. 78 als Zeit der Abfassung das J. 1340 vermuthet wegen des *lassatus expeditionibus*; doch lässt sich das Wort nicht bloss auf eine Erschöpfung am Schlusse eines thatenreichen Lebens, sondern auch auf ein Müdesein zwischen den Geschäften beziehen, und nach jenen Umständen möchte ich jetzt

---

Gerhard, als den Mündel aber, den seit 1321 genannten, über welchen bis dahin die Vormundschaft gedauert habe, ansieht, so stimmt dies weder recht in sich, noch mit den Lebensverhältnissen Johanns v. Buch, noch mit seiner Stellung zu den verschiedenen Gerhards in den Urkunden.

etwas weiter in das vierte Decennium zurückgehen, wenn auch nicht mit Klöden, S. 247 bis 1325—1328. Die Zeit um 1335 dürfte sich von der wahren nicht weit entfernen.

Die Gegend der Abfassung ergiebt sich aus dem obigen; wir haben an die Altmark und insbesondre an das Stammhaus Bnch zu denken.

Als die ursprüngliche Mundart ist die niedersächsische anzunehmen; sie ist die deutsche Schriftsprache der Altmark bis ins 16te Jahrhundert; sie darf insbesondre als diejenige gelten, in welcher Johann v. Buch die Glosse zum Landrecht schrieb, Glossenprolog S. 13, 14.

Bei dem Richtsteig selber tritt der niederdeutche Ursprung aus dem Verhältniss der Hdss., s. oben S. 22, nicht so entschieden wie bei der Glosse hervor; aber er zeigt sich doch in einer Reihe von Stellen, wo niederdeutsche Ausdrücke bei der Uebertragung ins mitteldeutsche nicht verstanden worden sind, vergl. C. 1 N. 21 *dingslete*, 2 N. 12 *twiden*, 12 N. 3 *bisterliken*, 28 N. 11 *wete*, 34 N. 96 *ticht*, 35 N. 52 *er*, 44 N. 18 *deger*, 46 N. 11 *rede* (bereit).

§. 4. Die Beschaffenheit des Rechtsbuchs.

Der Name. Unser Rechtsbuch nennt sich in Ueberschriften, Columnentiteln, Eingängen meist ***Richtstich***, ***Richtsteig*** (entstellt in Nr. 8 ***Rechtsteiger***), deutlicher ***des richtes stich***, d. i. da *richte* auch für Gericht steht, der Weg des Gerichtes, vergl. Ssp. II. 1 S. 380. Dem entsprechen auch die ausführlichen Titel *dy lere u. der weg des gerichtes; die handlung des rechtes; proceſs u. ordinatie des gerichtes; dy lere wye sick cyn itlick man vor gerichte halden sal*, und der lateinische Name *processus iudicii, processus iudiciarius, via iuris* (Rb. 306). Zu eng ist die Bezeichnung *buch von dem richter u. von dem kleger u. antwortter*, s. z. B. oben Nr. 16 S. 5.

Ausser allen diesen für sich klaren Benennungen findet sich aber, sei es mit jenen verbunden oder allein, eine andre Bezeichnung westlicher Hdss. in mehrfachen Abänderungen: *scheveclot*,*)

*) Zu ihr ist auch das *steinencloet*, *stenencloet* des holländ. Ssp. zu rechnen, welches sicherlich *sceiuen cloet* gelesen werden muss. In der Sache bedeutet das Wort hier aber nicht den Richtsteig, sondern das Sächs. Landrecht und dessen Glosse, denn nur hierauf passen, wenn gleich mit einigen Correcturen, die Citate,

schedenclot, schepenclot, welche einer befriedigenden Erklärung sich fast entzieht. An der ersten dieser Formen in fünf Hdss. (*Amstel.* und *Havn. scheueklot, Colon. scheyve cloit, Eyben. scheven cloet, Schwarz. scheue clod in dat lantrecht*) haben sich die Ausleger am meisten versucht, meines Bedünkens ohne allen Erfolg. Der Uebersetzer des Richtsteiges *Grashof* in *Senckenb. C. jur. p.* 129, Senckenberg selber in den *visiones p.* 73, Dreyer Beitr. z. Lit. 119, *Biener Comm.* II. 1 *p.* 315 und viele Neuere nehmen das Wort für *glossa scabinorum*, Schöffenglosse. Das wäre sachlich sehr gezwungen, denn der Richtsteig hat durchaus nichts glossenartiges; sprachlich aber ist es unmöglich. Der *scaphio*, Schöffe, Schöppe von *skapan* lautet niederd. *schepe, scepe* und kann nimmermehr *scheve* heissen; die mittelaltrige „*glosa*" bleibt niederd. *glose* und kann sich nicht in *klot* wandeln; uns Niedersachsen geht weder das anlautende *g* in *k* noch das einfache *s* in *t* über. Dagegen erklärt Grupen Vorr. zum holl. Ssp. S. 5 mit Recht, der erste Theil der Zusammensetzung bedeute schief, der zweite Kugel, daher würde das Wort *in compositione* so viel sagen, als *obliquus sive transversus orbis.* *) Und das *compositum* kann nicht nur nach seinen beiden Stämmen dies bedeuten, sondern kommt wirklich auch in diesem Sinne vor.

Nach Lüntzel Hildesheim. Stiftsfehde 1846 S. 220, 221, 230 wurde im J. 1520 zu Hildesheim ein Fastnachtsspiel *de scheve-kloth* aufgeführt. Einer der Schauspieler liess *den schevenklod* laufen, das wird erklärt: *den sch. werp man over eine stangen u. hadden einen faden daran, damit sie es regierten, das der zulief dem er sollte. Diesen scheven klod brachten sie einem v. Steinberg zwischen die beine.* Aehnlich S. 213 *den bossel klod driven,* 256 V. 26 *den kufsel mit enem driven.* Lüntzel nimmt es für Schiebekugel, aber schieben heisst nieders. *schuven*, und J. Grimm in der Anzeige des Werks GGA. 1850 S. 763 deutet gewiss mit Recht auch hier: schiefe Kugel. Näher ist wohl an eine gewisse kugelförmige Art von Kreisel, plattd. Küsel zu denken, welcher mit einem Bande ausgeworfen wird und gross genug ist, den zu belästigen gegen dessen Beine man ihn schleu-

---

*) Vgl. für *klot* Brem. Ns. Wörterb. II. 809; Schütz Idiot. II. 281. Grimm Wörterb. II. 270 *boitkloit*, Ehrentraut fris. Archiv 2 S. 54, 1854. Besonders geläufig ist noch den Holländern *kloot*, den Schweden *klot* für Kugel.

dert. Ob der Beiname von der Figur oder von der Weise wie die Kugel sich dreht hergenommen, lasse ich unentschieden.

Wie kommt aber ein solcher *scheveklot* zum Richtsteige? Das weiss ich eben so wenig zu sagen wie Grupen a. a. O. und halte es für müssig, hier irgend eine weit hergeholte und künstliche Vermuthung zu geben.

Die zweite Form lautet näher *schedeklot* in den Hdss. Nr. 0, 58, 59, [illegible] in Nr. [illegible], [illegible] in Nr. 66 und im Cölner Druck. *Schede* gleich *schedinge* kann auch Entscheidung, Urtheil bedeuten, daher *schedeboeck*, d. i. *liber decisionum*, s. Bremer Wörterb. IV. 620, 622, weshalb auch Bruns Beitr. 138 unser Wort mit *decisionum cautela* erklärt. Und dieser Sinn möchte für ein Buch, in welchem fortwährend Urtheile gefragt und gefunden werden, wohl sich eignen, wenn nur mit dem *klot* etwas schickliches anzufangen wäre; denn obgleich das Wort auch für einen Haufen gebraucht wird, Schütze a. a. O., so doch nicht in dem Sinne für Menge, sondern als runde Gestalt.

Die dritte Form *schepencloit* endlich begegnet nur einmal im *Cod. Cliv.* Nr. 14, scheint mir aber die einzig annehmliche. Das holländische scheidet *kloot* Kugel, und *kloet* Stange, besonders Schifferstange; das plattdeutsche hat, wenigstens im Holsteinischen, *kloot* für beide Begriffe; nach Schütze a. a. O. ist *kloot* auch ein Springstock, mit dem man sich über die Marschen hilft. Darf man nun sehr wohl Stange und Stock für Stütze und Hülfe nehmen — einem die Stange halten, d. i. ihm secundiren —, so ist *schepenclot* etwa ein Hülfsbuch für Schöffen. Dazu hatte auch Joh. v. Buch seinen Richtsteig mit bestimmt, als welcher seine Oheime auch die Weise lehren soll *wu se sik in dem gerichte halden scholden, of se richter weren*. Bedenken erregt nur die Seltenheit der ganzen Form *schepenklot* sowohl, als auch dieses andern Gebrauchs des Wortes *klot*; Bedenken die jedoch, wie mir scheint, dem sachlichen Vorzuge dieser Form vor den übrigen weichen müssen. Folgeweise wäre *schevenklot* als eine, vielleicht scherzhafte Entstellung des *schepenklot*, und *schedenklot* wiederum als aus jenem erwachsen zu denken. Unbemerkt darf jedoch bei dem ganzen Erklärungsversuche nicht bleiben, dass schon der *Cod. Havn.*, die älteste der datirten Hdss. von 1359, *scheueklot* hat.

Aeussere Einrichtung. Das Ganze zerfällt in Vorrede, Hauptstück, Nachreden. Von der Vorrede in ihren verschiedenen Gestalten ist schon oben gehandelt worden. Der Nachreden sind zweie, so dass die Hdss. bald die eine bald die andre, selten (Nr. 1, 32, 44, 46) beide haben, der Mehrzahl aber beide fehlen. Die eine, in etwa 17 Hdss., giebt eine kurze Anrede des Vfs. an den *vedder* über Zweck der Arbeit, ihre Quelle nebst Anweisung zu ihrer Benutzung. Die andre rhythmische, in etwa 8 Hdss., enthält ein allgemeines Gebet um Rechtfertigung und kann gleichfalls von dem Verfasser herrühren. Das Hauptstück ist in Capitel getheilt, deren Zahl auch bei vollständigem Werke zwischen 47 und 51 schwankt. Geringere Zahlen beruhen auf Mängeln des Inhalts. Einige Hdss. fassen die Capp. in drei Bücher zusammen, innerhalb deren sie von neuem zählen. Andrerseits kommen, z. B. in Nr. 19, 45, 48, 71, weitere Abtheilungen in Paragraphen oder sonst bezeichnete Absätze vor.

Die Capitel haben meist Rubriken oder Summarien, doch in grosser Mannigfaltigkeit nach freiestem Belieben der Schreiber. Meist fassen sie den Inhalt des ganzen Capitels zusammen, seltener, wie in den Hdss. Ag, Bd, Cl gehen sie auf die einzelnen Paragraphen. Die vorangeschickten Register dieser Ueberschriften stimmen in Zahl und Jnhalt nicht immer genau zu denen im Texte, zuweilen so wenig, dass Register und Text aus verschiedenen Handss. entnommen sein müssen. Nur eine Hdsch. Nr. 8 hat ein alphabetisches Remissorium über gewisse Hauptsätze, gleich den kürzern Arbeiten dieser Art zum Sachsenspiegel.

Allegate. Der Prolog spricht von einer *bewisinge* der Lehre aus *unseme rechte*, und der erste Epilog bemerkt, dass der *vedder* das Sachsenrecht, woraus die Arbeit geschöpft sei, in der *talwise* finden werde, und wohl darauf achten möge, dass die Zahlen nicht verkehrt würden. Dem gemäss finden sich auch in der Mehrzahl der Hdss. fortwährende Allegate des Sachsenspiegels zur Belegung der ausgesprochenen Urtheile, und zwar meist im Texte selber, seltener am Rande. Es lässt sich aber auch abgesehen von jenen Angaben die Ursprünglichkeit dieser Allegate glaublich machen, und daraus wieder die Glaubwürdigkeit der Vor- und Nachreden stärken. Denn einerseits knüpfen sich die Citate äusserlich wie innerlich eng an den Text an. Eine gewisse Entscheidung wird für die richtige erklärt, mit einem *Dat vintme ut supra* (Citat) oder mit einem *das hast du nu gar*; *das vindest du alles*; *alse du hefst*; *alse he leret* (vgl. 11,

§. 4, 21 §. 6, 32 §. 5, 43 §§. 4, 8, 45 §. 6, oder (in Nr. 61) *als geschriben stet.* Auch die Hdss., denen die Allegate fehlen, haben stets *Dat vintme,* zuweilen gar eine Phrase der andern Art; nach dieser letztern ist das Citát schon äusserlich unentbehrlich, aber auch bei jener ersten darf es der Sache nach nicht füglich fehlen, indem anderweitig der Rechtssatz, auf den sich das Urtheil gründet, regelmässig nicht angegeben wird. Auch erklärt sich ein Weglassen der Belegstellen sehr leicht aus der Bequemlichkeit der Schreiber, zumal wenn es darauf ankam, die vorgefundenen Citate nach der Recension des Sachsenspiegels in demselben Codex zu revidiren und zu ändern. Die Hdsch. 59 giebt zuerst Allegate, später bleiben sie fort.

Allegirt wird regelmässig nur der Text des s. Landrechts; einmal zu Cap. 32 auch die Glosse desselben. Die Berufungen einzelner Hdss. auf Lehnrechtsstellen sind wohl später hinzugefügt. Nach den verschiedenen Gestalten des Ssp. weichen natürlich auch die Citate ab, doch zählen sie stets nach Buch und Artikel. Die Nr. 61 citirt sonderbarerweise das Landrecht meist als *willkur.*

Bemerkenswerth ist nun, dass eine ganze Zahl von zusätzlichen Stellen des Ssp., die namentlich noch dem C. Quedlinb. abgehen, angezogen werden, wie I. 2 §. 4, 6 §. 3, 8 §. 3, 13, 14, 15, 16 §. 1, 50 §. 1, 52 §§. 2 u. 4, 62 §. 4, 65 §. 4, 68 §§. 2—5, 69; II. 4 §. 2, 10 §. 1, 12 §§. 7 u. 14, 18 § 2, 44 §. 2; III. 4 §. 1, 28 §. 2, 83 §. 3; dagegen von den Zusätzen nicht III. 9 §. 2 zn Cap. 41 §. 9, III. 88 §. 5 zu C. 8 a. E., III. 89 zu C. 40 a. E., obwohl diese Allegate hier gut gepasst hätten. Doch nur ungefähre Schlüsse über die von Joh. v. Buch benutzte Recension lassen sich hieraus ziehen, da wir weder die ursprüngliche Gestalt der Allegate, noch den Grad der Sorgfalt des Vfs. beim Allegiren genau ermessen mögen. Ebenso gelangen wir zu ganz scharfen Ergebnissen nicht, wenn wir untersuchen, welchen Lesarten des Ssp. er folgte. Denn auch der Richtsteig liest verschieden, und zwar oft nach den Scheidungen in jener seiner Grundlage. Nur folgendes lässt sich hier ermitteln: *a.* In C. 4 §. 1 liest der Richtsteig insgemein *ordel schelden,* welches im Ssp. I. 62 §. 11 nur ***A*** hat. *b.* Die Lesart in C. 8 §. 3 *dat scolen si . . . . vor secgen etc.* scheint auf der irrigen Lesart von ***ADEP*** Ssp. III. 88 §. 5 (obwohl die Stelle in den Hdss. des Richtst. nicht citirt wird) zu beruhen. *c.* C. 11 §. 2 *wi tugen se selven* gründet sich wohl auf Ssp. I. 15 §. 1 nach der Lesart *siner intucht BCEKP* Note *f*. *d*. In C. 35 §. 4 haben die meisten *bi namen* wie *KP* in Ssp. I. 66 §. 3. *e*. Zu C. 41 §. 9 findet sich die zu vermissende Belagstelle aus III. 9 §. 2 auch im Texte *P* nicht. Also möchte die benutzte Handschrift des Ssp. etwa die Gestalt von *KP* gezeigt haben, d. i. diejenige, welche uns jetzt u. a. im Cöllner Druck von 1480, und in der letzten Zobelschen Ausgabe von 1614 aus einem „alten Manuscript" erhalten ist. So viel ergiebt sich doch aus dem bisherigen, dass der Vf. einen Sachsenspiegel als den ächten zum Grunde legte, der in Bücher getheilt war und der von den Vermehrungen des 13. Jahrh. manche schon aufgenommen hatte, andrer aber noch entbehrte, also einen Text der dritten Classe nach Ssp. I. Vorr. xxxııı. Und das ist ganz dem sonst bekannten Standpunkte Johanns v. Buch gemäss, s. „Prolog zur Glosse" S. 19, 20.

Anordnung, vergl. *Heineccii elem. L. III.* §. 134 ff. Der Verf. ist um ein Zusammenordnen des Stoffes und eine klare Gliederung im Gegensatz der „Zerstreutheit" des Sachsenspiegels bemüht. Den Mittelpunkt der Darstellung bilden die Klagen, getheilt in bürgerliche, peinliche und vermengte; voran geht ihnen noch die Lehre von den im Gericht thätigen Personen; nach ihnen folgt zum Schlusse die Weise des Urtheils. Die genauere Anordnung ist regelmässig und bei einer Eintheilung in 50 Capitel folgende:

I. Die Personen im Gerichte.
- *A*. Richter und Urtheilfinder . . . . C. 1.
- *B*. Der Vorsprecher.
  1. Wie wird er gewonnen . . . . 2.
  2. Sein Benehmen beim Antritt . . . . 3.
  3. Vorsichtsregeln für ihn . . . . 4.

II. Die Klagen. Eintheilung in bürgerliche, peinliche, gemischte . . . . 5.
- *A*. Bürgerliche Klagen, vier Gründe. *) . . . . . 6.

*) Bei den bürgerlichen bis C. 27 abgehandelten Klagen giebt sich eine zwiefache Gliederung kund. Nach dem Cap. 5 handelt es sich bei bürgerlichen Sachen um Schuld, Gut, Anfang, und der Eingang des Cap. 6 der von Schuld spricht, könnte glauben lassen, die weitere Eintheilung solle nach diesen drei Fällen geschehen. Im folgenden jedoch werden sämmtliche bürgerlichen Klagen unter Schuld gebracht, nach deren vier Gründen: Verborgen, Bürgschaft, Vererbung und Innehaben eines fremden

---

Gutes. Schuld ist hier im weitern Sinne als im C. 5 für jeden Civilanspruch, wenn „einer dem andern zu etwas verpflichtet ist," genommen. Die drei ersten Gründe gehen auf die Schuld im Sinne des C. 5; der vierte umfasst die Klagen auf Gut (C. 11 bis 27) und dabei wird im C. 11 und 17 zugleich der Eigenthümlichkeit der Klage mit Anfang gedacht.

Der Ordnungssinn des Vfs. will auch dem Leser stets den Zusammenhang vor Augen erhalten; I. wird mit II. durch eine Bemerkung im Anf. des C. 5, II. mit III. a. E. des C. 27 in Verbindung gesetzt; im Haupttheil II. gehen jedem Abschnitte Uebersichten (C. 5, 6, 11, 18, 22, 28, 30, 36, 41) voran; ausserdem wird häufig auf früheres (37 §. 3, 39 §. 1 etc.) und späteres (38 §. 5, 47 §. 4 etc.) hingewiesen. Nur um ein geringes versäumt der Vf. diese Sorgfalt, wenn er C. 36 nicht die einzelnen Fälle der bürgerlich-peinlichen und peinlich-bürgerlichen Klagen angiebt, und den Abschnitt über die unrechten vermengten Klagen nicht besonders ankündigt.

Inhalt und Character. Nach den Prologen soll der Richtsteig gegenüber der Glosse sich nur auf das heimische Recht stützen. Nun erinnert zwar die Gliederung im zweiten Haupttheil, nach ihrem Vorbilde in der Glosse zum Landr. I. 67, 68, an die römische Eintheilung der Klagen in *actiones civiles*, *poenales* und *mixtas*. Allein der Verfasser führt diesen Gegensatz gar nicht in römischem Sinne durch, vgl. Anm. zu Cap. 5 §. 1. Bei seiner bürgerlichen Klage ist doch nicht Busse an den Gegner und Gewedde an den Richter, also eine Privat- und eine fiskalische Strafe ausgeschlossen; die peinliche setzt eine wahre Pein, eine Strafe an Hals und Leben, Ehre, Recht und Frieden voraus C. 20, und gemischte Klagen sind ihm nicht diejenigen, welche beide Zwecke umfassen, sondern solche, welche im Laufe des Rechtsstreites ihre Natur verändern, z. B. bürgerlich angesetzt werden aber mit peinlicher Strafe enden. Auch im übrigen bleibt der Verf. jenem Vorhaben treu, und führt es näher in folgender Weise aus.

Es soll nicht etwa nur die Form des gerichtlichen Verfahrens, sondern das materielle Recht in seiner Geltendmachung vor Gericht dargestellt werden. Doch beschränkt sich dies auf das im Landgericht zu handhabende Recht, auf das Landrecht; für das Lehnrecht bestimmte der Vf. ein besondres Buch, s. Ssp. II. 1 S. 384, und wenn gleich auch von Klage auf Lehngut C. 18 ff. gehandelt wird, so doch nur, insoweit die Sache vor den Landrichter gehört. Das sächsische Landrecht aber zeigt hier schon einige Umbildung der Gestalt, welche ihm Eike hundert Jahre früher gegeben. Daher manche zum Theil bewusste Abweichungen 40 §. 3, oder Sätze die doch so nicht ausdrücklich im Sachsenspiegel stehen, mögen sie nun in ihm noch einen gewissen Halt finden, oder sich lediglich auf die Uebung stützen. Daher erhärten die Citate nicht immer gradezu die fragliche Entscheidung, sondern liefern ihr zuweilen nur eine Analogie. Daher wird neben oder statt der Verweisung auf den Ssp. die Entscheidung noch besonders gerechtfertigt, z. B. 20 §. 4, 35 §. 6, 35 §. 7, 46 §. 2, selbst mit Hinstellung eines eigenen Rechtssatzes 32 §. 6, 17 §. 4 *weme de kost vromet, de gilt se bilken.*

Zur Erreichung seines Zweckes setzt der Verf. nicht einen ganz concreten Rechtsfall, der nur in dieser festen Gestalt durchgeführt würde; er will vielmehr die Gattungen der Klagen anschaulich machen und dabei möglichst viele Sätze des Ssp. zur Anwendung bringen. Er wendet daher den angenommenen Fall in mannigfacher Weise (z. B. 15 §§. 1 u. 2, 16 §§. 2 u. 3, 23), geht die verschiedenen möglichen Einreden durch, wonach denn auch die Entscheidung verschieden ausfällt, und bringt dabei bald diesen bald jenen allgemeinen Punkt z. B. von den Fristen 21 §. 4, von der *contumacia* 23 §. 2 zur Erörterung. Für die Personen werden selten Namen, 16 §. 1 *peter*, 39 §. 1 *clawes*, gebraucht, etwas öfter das *N*, meist aber nur das er (*he*), so dass der häufige Subjectwechsel sich zuweilen verhüllt und leicht verkannt werden kann.

Der dabei regelmässig befolgte Gang einer Frage der Parteien oder des Richters an die Urtheiler, und eines Findens der Urtheile durch diese, gehört nicht einer Einkleidung des Verfs., sondern der Form des geschilderten Verfahrens selber an. Doch findet sich auch, wo die Wiederholung dieser Form zu umständlich gedünkt haben mag, zuweilen die Rechtsregel gradezu dogmatisch hingestellt, 10 §. 3, 13 §. 2, 33 §§. 4, 5, 9, 46 §. 4.

Das meiste der eignen Zuthaten des Verfs. zeigt sich natürlich im gerichtlichen Verfahren selber, in der Angabe der üblichen Formeln bei den Reden der Parteien, der Formalitäten bei den Handlungen, in den Anweisungen für die Vorsprecher über die Treue, die sie der Partei bis zum Tode schuldig, 35 a. E., über gewandtes Benehmen, in dem Unterricht namentlich über die „Behendigkeiten," 2 §. 2 ff., 11 §. 1, 32 §. 6, 32 §. 8 und die Kunst, den Kniffen der Gegner zu begegnen, 3 §. 4, 26 §. 2, 45 ff.

Zur Behandlungsweise gehört ferner noch, dass der Vf. auf die Wichtigkeit einiger Punkte besonders aufmerksam macht, 16 §. 3, fremde Ansichten widerlegt 11 §. 4, das Verfahren mancher Richter, Vorsprecher, Urtheilfinder 32 §. 4, 38 §. 4. 40 §. 6 tadelt, einzelne Gewohnheiten 3 §. 4, 40 §. 5 und gemeine Meinungen verwirft 11 §. 1, 16 §. 7, 32 §. 10. Dabei tritt er, seiner ansehnlichen Stellung gemäss, mit grosser Zuversicht auf und ermahnt, sich frei und dreist auf ihn zu berufen, 38 §§. 4, 5, 47 §. 4 a. E.

Benutzung von Vorgängern. Als Johann v. Buch seinen Richtsteig unternahm, gab es längst für den römisch-canonischen Process ähnliche Darstellungen.*) Haben sie, wenn auch

*) Vergl. die neuesten Untersuchungen von Kunstmann, kritische Ueberschau II. 17, und von Rockinger, über einen *ordo iudiciarius*, München 1855.

nicht im Stoffe, doch in der Art der Behandlung auf den Richtsteig eingewirkt?

Zur Beantwortung kann eine Vergleichung mit denen dieser Arbeiten genügen, die als die berühmtesten vorzugsweise unserm Vf. bekannt sein konnten und welche zugleich mit seinem Werke einigermassen zusammentreffen. Das sind der *ordo iudiciarius* des Tancred, der unter dem Namen des Johannes Andreä weit verbreitete *processus iuris* und des Wilhelm Durandis *speculum iudiciale*.

Tancreds Werk, zuletzt 1234 umgearbeitet, viel später ins deutsche übersetzt,*) handelt Th. I. von dem Richter und den Wortführern, Th. II., III. von dem Rechtsstreit vor und nach der Einlassung, Th. IV. von Urtheil und Appellation. Das ist auch das allgemeine Schema des Richtsteiges. Aber gleich der Eingang: *Judiciorum siquidem ordo — in his consistit praecipue, ut primo iudex competens adeatur etc.* weicht ab. Noch mehr die Behandlung. Tancred stellt in II. und III. die einzelnen gerichtlichen Handlungen: Angehen des Richters, Ladung, Einreden, Angriff in Strafsachen, Bürgschaft, Einlassung, Beweis u. s. w. nach einander dar; Johann v. Buch sondert die Gattungen und Arten der Ansprüche und führt für jeden das Verfahren von der Klage bis zum Endurtheil durch. Der Italiener verfährt durchaus dogmatisch, der Deutsche lässt dramatisch die Parteien auftreten, verhandeln, obsiegen oder verlieren und giebt die Lehre nur zur Rechtfertigung der Entscheidung. — Der *processus iuris*, nach Rockinger schon im 13ten Jahrh. und in Deutschland verfasst, jedenfalls schon im ersten Viertel des 14ten den Deutschen zugänglich, schlägt in seinen 12 Capp. (1. Gerichtspersonen, 2—10. gerichtliche Handlungen bis zum Urkundenbeweis, 11. Urtheil, 12. Appellation) denselben Weg wie Tancred mit gleicher Methode ein. Doch kommt der Eingang *Antequam dicatur de processu iudicii notandum est, quod sit judicium .... et quae sint personae, quae debent consistere in iudicio. Judicium est actus trium personarum, scil. iudicis actoris et rei* allerdings dem des Richtsteiges näher. — Das *speculum* endlich, um 1272

*) Die von Gottsched 1750 beschriebene Hdschr., jetzt auf der K. Bibl. zu Dresden M. 64, aus dem 15. oder 16. Jahrh., verräth in der Sprache nach der von *Bergmann*: *Pillii, Tancredi etc. libri* 1842 p. VII Note gegebenen Proben kein höheres Alter der Uebersetzung selber.

geschrieben, 1287—1291 revidirt, handelt I. wieder von den Personen, II. vom Civilprocess, III. vom Criminalprocess, und giebt dann IV. nach der Titelfolge der Decretalen für eine Reihe einzelner Fälle die Form der Klage, Vertheidigung u. s. w. an. Der Anfang lautet: *Quoniam parum esset nosse iura fore prodita, nisi personae quarum causa sunt prodita, notae essent, et quia prius persona quam ratio est quaerenda. Ideo nobis de iudiciis tractaturis prius in hac prima parte necesse est videre de personis .... quae quidem generaliter sunt haec, scil. iudex, actor, reus.* Hienach zeigt sich das *speculum* mehr als der *processus iuris* unserm Richtsteige in der Behandlung verwandt. Gleich diesem scheidet es bürgerliche und peinliche Klagen und macht die praktische Anwendung auf die einzelnen Rechtsverhältnisse. Selbst der Eingang v. Buchs erinnert mehr an Durantis.

Hienach halte ich einen Einfluss der fremden Processualisten allerdings für möglich, des Durantis selbst für wahrscheinlich. Doch erscheint er nicht erheblich genug, um unserm Verf. das Verdienst selbstständiger Thätigkeit zu schmälern.

Verbindung mit andern Rechtsbüchern. Dem geschichtlichen und sachlichen Verhältnisse des Richtsteiges zu dem sächsischen Landrechte ist es angemessen, dass beide zusammenstehen und dabei der Richtsteig dem Landrechte folge, wie er denn das letztere regelmässig mit einem *ut supra* citirt. Diese natürliche Stellung findet sich auch noch in der Mehrzahl der uns erhaltenen Hdss. Deren 38 enthalten oder enthielten (Nr. 7) zugleich Landrecht und Richtsteig Landrechts, und meist in dieser Ordnung; darunter haben 18 (Nr. 1, 3, 4, 5, 8, 12, 18, 19, 29, 33, 38, 39, 46, 47, 49, 52, 55, 59) das Landrecht mit der Glosse. Dass der Richsteig Lehnrechts seltner, nur achtmal, mit unserm Richtsteige zusammensteht, ist Ssp. II. 1 S. 315 angegeben und erklärt.

Ausserdem sind dem Richtsteige zuweilen andre Arbeiten als Theile desselben vorgesetzt oder angehängt worden, so: Cautela und Premis, das Stück vom Mustheil, der sogen. zweite Theil des Richtsteiges, wie sich näher bei den einzelnen Classen der Hdss. ergeben wird.

§. 5. Gestaltung des Richtsteiges.

Die Arbeit fand eine Zustimmung und Verbreitung, welche nur der der Spiegel weicht. Das zeigt die Zahl der Handschriften und der alten Drucke, die Uebertragung aus der niedersächsischen in die verschiedenen deutschen Hauptmundarten, endlich die Verzweigung in verschiedene bestimmt ausgebildete Gestalten Diese Ausbildung ist bald erfolgt, [illegible] den zwei Recensionen, drei andre fallen auch noch in das vierzehnte Jahrhundert. Zugleich sind diese besondern Formen so ziemlich einem bestimmten Länderbereiche eigen. Man mag die erste der folgenden Classen als niedersächsische, die zweite als obersächsische, die dritte als rheinisch-hessische, die vierte als vorwiegend süddeutsche, die fünfte als schlesische bezeichnen.

Bei der nähern Darstellung dieser Verzweigung kommen 70 Handschriften in Betracht, denn die übrigen viere Nr. 10, 54, 63, 72 sind verschollen und zugleich nicht näher bekannt, dazu noch vier Primär-Drucke, welche weder auf eine jener Hdss., noch auf andre Drucke zurückzuführen sind, zusammen 74 Texte. Bei dem folgenden Verzeichniss ist der Classe, so wie ihren einzelnen Gliedern gleich die Bezeichnung beigefügt, welche sie in der Angabe der Varianten tragen.

Erte Classe. (*A*)

Ihr gehören zwanzig handschriftliche Texte an.

1. Amsterdam. *An*
2. Berlin 1369. *Ai*
4. Berlin Ms. 285. *Ac*
5. Berlin 1382. *Ab*
6. Berlin-Hoffmann. *Af*
8. Berlin-Sprickmann. *Aq*
12. Breslau II. F. 6. *Au*
20. Essen.
28. Giessen Nr. 962.
31. Göttingen 1454. *Ap*
33. Göttweih. *Ao*
34. Greifswald. *As*
47. Lüneburg. *Ad*
50. Meiningen kl. 4. *Ak*
57. Münster Folio. *Ag*
59. Münster 1449. *Ah*
60. Nordkirchen. *Ae*
64. Quedlinburg Gymn. *Al*
66. Riga. *Am*
68. Schwarz. *Ar*

Von ihnen kommt Nr. 28 als blosse Abschrift eines Druckes nicht in weitere Rücksicht.

Der allgemeine unterscheidende Character der Classe liegt in einem gleichmässigen Fernbleiben von verschiedenen Abänderungen der übrigen Recensionen, namentlich von der Breite der Classe ***B***, von der Verkehrung der Ordnung und Verwischung aller märkischen Beziehungen in der Classe *C*, und von den Zuthaten welche *D* und *E* jede für sich auszeichnen.

Zu diesen Merkmalen, welche vereint die Classe *A* von den übrigen scheiden, kommt noch das gemeinsame, wenn auch nicht auszeichnende, dass ihre sämmtlichen 20 Hdss. niederdeutsch geschrieben sind.

Ihr vornemlich ferner gehört der Prolog vor dem Texte, s. oben S. 30 an, den ausserdem nur noch die Magdeburger Nr. 48 aufgenommen hat. Der eine der beiden Epiloge *Dit hebbe wi* bleibt der Recension, mit Ausnahme der Nr. 1, fremd. Die vollständigen Hdss. zählen 49 oder 50 Capp., je nachdem Capp. 32 und 33, oder auch 36 und 37 verbunden oder getrennt stehen. Die Hdss. 2 u. 33 schliessen schon mit C. 32, durchaus mangelhaft, denn hier ist kein schicklicher Abschnitt. Beide stimmen auch sonst, selbst in der bei Nr. 2 erwähnten Versetzung, vgl. C. 25 Note 41 *a*, die auf einer Blattverwechselung im Vorbilde der Hdschr. von 1369 beruht.

Innerhalb dieser Recension lassen sich bequem drei Gruppen scheiden. Eine erste hat den Prolog, ferner am Ende des C. 3 den auf Rudolf von Ronstedt bezüglichen Vorgang in der Mark, endlich den Epilog *Got de dar is.* Sie zählt die sieben Hdss. 1, 2, 33, 50, 57, 64, 68 (*Agkilnor*).

Eine zweite, aus den Hdss. 4, 5, 12, 34 (*Aabcs*) bestehend, theilt diese Eigenheiten, giebt aber ein sonst nicht vorkommendes Capitel *Als N hir bescheiden*, in Nr. 4, 12, 34 nach C. 20, in Nr. 5 nach C. 21. Es ist klärlich eingeschoben. Die Behandlung ist eine ungewöhnliche; das sonstige *Dat vintme* fehlt selbst am Schlusse; die Belagstellen treffen nicht zu und das ganze Cap. passt nicht in die angekündigte Ordnung.

Die dritte Gruppe der acht Hdss. 6, 8, 20, 31, 47, 59, 60, 66 (*Adefhmpq*) gehört dem eigentlichen Sachsen (Ost- und Westphalen), gegenüber der Mark an. Sie gedenkt weder Ronstedts, noch hat sie den Prolog, noch, mit Ausnahme von Nr. 8, einen der Epiloge. Nur in Nr. 31 und 47 finden sich Allegate. Im Texte ist gleichfalls eine kürzende Behandlung bemerkbar.

Vier Glieder der dritten Gruppe Nr. 31, 59, 60, 66 theilen mit den Nr. 50, 68 (s. Spangenb. 73) aus der ersten einen eigenthümlichen Anhang, das Stück vom Mustheil, s. D. Rechtsbücher S. 9, welches sonst nur noch die Nr. 58 der Classe *C* (im Register) und der Cöllner Druck aufgenommen haben.

Einige Glieder der ersten und dritten Gruppe Nr. 31, 57, 59, 60 sind es auch, die mit den peinlichen Klagen ein 2tes, mit den gemischten ein 3tes Buch beginnen, eine Anordnung, die wieder im Cöllner Druck und dann in der Classe *E* begegnet.

Als Eigenschaften einzelner Hdss. zeichne ich noch aus. Die Breslauer Nr. 12 giebt zuweilen eine neuere Praxis an. Die Münstersche Nr. 59 neigt in den Lesarten bis C. 26 sich häufig zur [illegible] der dritten Classe hin, und theilt namentlich mit ihr einen charakteristischen Irrthum im Cap. 14, s. Note 42; späterhin nähert sie sich dem Cöllnischen Drucke. Die Berliner-Sprickmannsche Nr. 8 und noch mehr die Berliner-Hoffmannsche Nr. 6 bieten nicht nur in den Lesarten, sondern auch in der Anordnung einen Uebergang zur dritten Classe, wie dort näher anzugeben.

Zum Drucke gelangte aus dieser ersten Classe schon im J. 1516 (s. oben S. 26 Nr. 10) die Breslauer Hdschr. 12, ein Druck welcher wieder den obersächsischen Ausgaben von 1517 u. 1528 und der Ludovicischen zum Grunde liegt. Schon der erste von 1516 hat einige Fehler, namentlich C. 15 §. 3 *met is* st. *med icht*, C. 16 §. 5 *iennegen* st. *iennegerhande*, C. 26 §. 1 *sechst* st. *secht*, §. 2 f. *mines*, C. 34 §. 10 *der* st. *bederver*. Ferner lässt er aus: C. 6 §. 1 *edder wat schuldich*; C. 31 §. 2 *de richter . . . . So spreke he*; C. 33 §. 7 *so scolen se de vestinge . . . . darmede*; C. 34 §. 5 *dar nicht en si . . . . de cleger*; C. 41 §. 8 *tügen med deme richter . . . . so scultu id*; C. 44 §. 1 *borgelik wert eft si*. Die spätern Drucke theilen die Hauptfehler (doch bessert 1517 das *der* C. 34 §. 10 in *vromer*); der Ludovicische mehrt sie noch mit Auslassung folgender Stellen: 32 §. 4 *so vintme vor sin wergelt . . . scolest los sin*; 38 §. 4 *mark min . . . . to rechte twintich*; 47 §. 4 *stolinge . . . dat du it*.

Zweite Classe. (*B*)

Sie begreift als die am weitesten verbreitete ein und dreissig Handschriften:

Nr. 3.	Berlin 1473.	*Be*
- 7.	Berlin-Dieck.	*Bh*
- 9.	Berlin-Joach.	*Bi*
- 11.	Breslau II. Q. 4.	*Bt*
- 13.	Breslau Bernh.	*Bg*
- 17.	Dessau.	
Nr. 18.	Dresden 26.	*Bβ*
- 19.	Dresden 27.	*Bd*
- 21.	Fürstenstein.	*Bφ*
- 22.	Gaupp.	*Bp*
- 27.	Giessen Günder.	*Bs*
- 32.	Göttingen 1474.	*Bc*

Nr. 35. Grimma.
- 38. Jena. *By*
- 41. Leipzig II. 20. *Bz*
- 42. Leipzig IV. 9. *Bu*
- 43. Leipzig IV. 5.
- 45. Leipzig 947. *Bl*
- 48. Magdeburg. *Ba*
- 49. Mainz. *Bγ*
- 51. Meiningen Mbr. *Bm*
- 52. Meiningen Pap. *Bx*

Nr. 53. Merseburg. *Bf*
- 55. München 517. *Bw*
- 61. Nürnberg. *Bv*
- 62. Oschatz. *Bo*
- 65. Quedlinburg. *Bq*
- 67. Roedenbeck. *Br*
- 69. Schweidnitz. *Bü*
- 70. Stelzer.
- 74. Waltershausen.

Ausserdem gehören dahin von Drucken, die auf eine bestimmte Hdschr. nicht zurückzuführen sind:

1. Die Gruppe der Nr. 2, 8, 9, von 1474, 1496, 1501, *Bb.*
2. Der Cöllner von 1480 Nr. 3, *Bk.*
3. Die Gruppe der Nr. 4, 5, 6 von 1481, 1482, 1484, *Ba.*
4. Der Leipziger von 1488, Nr. 7, *Bn.*

Die Classe hat mit der ersten den Inhalt, die Ordnung und im Wesentlichen die Eintheilung gemein. Sie scheidet sich am sichersten von ihr durch eine umständlichere, häufende, ausfüllende Redeweise. Diese thut sich gleich in Cap. 1 §. 1 kund. Statt des einfachen *wert* heisst es, Note 3, *werden sal*, meist noch mit einem weitern Zusatz und mit Bildung zweier Perioden aus der ersten; zu *en richtere* wird pleonastisch *jegenwardich*, Note 8, eingeschaltet. Vgl. noch im Cap. 1 die N. 15, 21 (*unding*) 22, 24. Namentlich liebt diese Classe es, statt des blossen *Dat vint me* noch den Urtheilsatz, der schon in der Frage liegt, zu wiederholen. Dass diese übrigens in den einzelnen Gliedern abgestufte Breite des Ausdrucks einer späteren Hand beizulegen, ergiebt sich aus einzelnen dabei vorkommenden Irrthümern, Missverständnissen oder doch offenbaren Tautologien. Vergl. C. 3 N. 10, 11, 29; C. 28 N. 18, C. 34 N. 96, C. 35 N. 52, C. 45 N. 60, C. 47 N. 20.

Die Handschriften sind, nur mit Ausnahme der drei niedersächsischen Nr. 9, 48, 51, in mitteldeutschen Mundarten verfasst, Nr. 32 insbesondre verräth zu C. 46 N. 4 fränkischen Ursprung; von den Drucken ist der Cöllner niederrheinisch.

Allegate sind mit Ausnahme der Nr. 27 vorhanden. Der Prolog findet sich nur in der Magdeb. Nr. 48; der Epilog *Got de dar is* nur in der Göttinger Nr. 32; den Epilog *Dit hebbe wi* dagegen hat fast die Hälfte (Nr. 7, 9, 13, 17, 18, 22, 27, 32, 49, 51,

65, 67, 69 und der Druck von 1488). Die Capp. 32 und 33 sind meist verbunden.

Eine eigne Gruppe bilden die Hdss. Nr. 18, 38, 41, 49, 62 und die Drucke der Baseler Gruppe und von Cölln durch die Verbindung mit Cautela und Premis, welche sich ausser dieser Classe nur noch in der Göttinger Nr. 30 der dritten Classe findet.

Was insbesondre die Drucke anbelangt, so steht 1) der Cöllner allen andern gegenüber durch seine Büchereintheilung, durch die niederdeutsche Mundart und durch seine Lesarten, welche theils Verbindungen nach der ersten und dritten Classe hin anknüpfen, dort namentlich mit Nr. 59, hier mit Nr. 26 in Capp. 11, 12, 26, theils zu Combinationen schreiten, überhaupt im Pleonasmus besonders weit gehen. Unter den übrigen sondert sich 2) der Leipziger Druck von 1488 mehr ab, theils durch die Eintheilung in 48 Capp., theils durch die Lesung, welche auch im sächs. Landrecht von den übrigen Drucken abweicht, hier sich häufig zu *Bd* hinneigt (C. 1 N. 53, 18 N. 7, 20 N. 2, 32 N. 64, 50 N. 51), auch wohl Eigenheiten zeigt (z. B. 9 N. 25, 25 *a*, 42 N. 3). 3) Die beiden letzten einander näher stehenden Gruppen *Bb* und *Ba* scheiden sich doch durch den Titel *processus iudiciarius* in *Bb, Hie vacht an die handlung des rechtes* in *Ba*, und durch kleine Abweichungen in den Lesarten (z. B. Cap. 1 §. 2 *mufse* oder *müfs Bb*, *müg Ba*; Cap. 2 §. 3 *behaget Bb*, *gefellet Ba*, §. 4 *magen Bb*, *freund Ba*). 4) Innerhalb der Gruppe *Bb* trennen sich die Augsburger Drucke von dem Basler noch durch die lateinische Rubrik des Cap. 2 *petitio referendarii sequitur* und §. 1 durch die Lesart *gezwingen* oder *zwingen* st. *gezcwigen* Basel. Endlich weichen 5) innerhalb der Gruppe *Ba* von dem Drucke von 1481 die Ausgaben 1482, 1484, ausser durch klein Folio, einspaltige Columnen auch durch Weglassung der Paragraphenzeichen ab.

Dritte Classe. (*C*)

Sie zählt die elf Handschriften:

Nr. 14. Cleve. *Ch*
- 15. Cölln. *Ck*
- 24. Giessen-Berleburg. *Cp*
- 25. Giessen-Cölln. *Cf*
- 26. Giessen-Eyben. *Ca*
- 30. Göttingen 1408. *Ci*

Nr. 36. Halberstadt 1393. *Cb*
- 37. Halberstadt 1437. *Cd*
- 40. Kopenhagen. *Cc*
- 58. Münster kl. 4. *Ce*
- 71. Stüve. *Cl*

Aus Nr. 26 ist Senkenbergs Grundtext bis C. 43, aus Nr. 24 derselbe in den C. 46 — 52 entnommen.

Im Gegensatz zur zweiten Classe ist diese dritte gleich der letzten Gruppe der Classe *A* im Ausdruck eher kürzend als mehrend; ausserdem bricht sie auch dem Rechtsstoffe einiges ab, besonders aber verstellt sie die Ordnung. Bei der nähern Angabe ist noch von der Kopenhagener Nr. 40, welche für sich zu betrachten, abzusehen.

A. Ein bedeutendes Stück aus der Mitte, die Capp. 29—33, auch 34 wenn dieses vorhanden, wird ans Ende versetzt und dort in eigner Weise getheilt und verbunden. Dabei treten noch Abweichungen der verschiedenen Handss. hervor, wie dies der Hauptsache nach die umstehende Tabelle veranschaulicht, während andre Einzelheiten nur in den Variantennoten zu bemerken waren. Die Tabelle nimmt auch mit auf *a*) den Senkenbergschen Druck, weil er wegen seiner Benutzung zweier Hdss. eigenthümlich zählt, namentlich die Capitelnummern 44 u. 45 überschlägt, *b*) die Günderoder Hdschr. Nr. 27, welche einen Uebergang aus der zweiten Classe in die dritte bildet.

Es hält nicht schwer zu zeigen, dass in dieser Eigenheit eine Verkehrung der ursprünglichen Ordnung liegt. Sie lässt auf die Uebersicht der peinlichen Klagen im C. 28 sofort den letzten der dort angekündigten Fälle derselben, C. 35 folgen, geht zu den vermengten Klagen über, liefert Bruchstücke aus der Lehre von den Urtheilen, und kehrt dann erst zu den übrigen peinlichen Klagen C. 29 — 34 zurück. Somit passt hier weder die Hinweisung a. E. des C. 28 auf den Inhalt des C. 29, ***des richters wise***, als das was sofort folgen soll, noch im C. 30 die Aufzählung der kommenden vier Klagen, indem die vierte schon längst vorwegsteht. Die Versetzung erklärt sich wohl daraus, dass im Urcodex dieser Classe eine Reihe von Blättern verheftet worden. Einen ähnlichen Missstand, mit dem Versuche des Schreibers die abgeschnittenen Fäden wieder anzuknüpfen, zeigen schon die Nr. 2 u. 33 der ersten Classe. Noch näher liegt der Fall der Günderodeschen Nr. 27 der zweiten Classe. Hier sind zwar nicht C. 29—34, aber das Ende des C. 30 u. C. 31 bis 35 dergestalt verschoben, dass sie nach C. 47 folgen, wobei jenes Ende des C. 30 ***das also ist das eyn man nicht gelewkin mag obir den etc.*** an die Worte des §. 3 C. 47 ***ich vorstal is ym ny*** mit einem ***wenne abir*** angeschlossen wird. Die Versetzung ist in dem Falle der dritten Classe nur deshalb nicht ganz so auffällig, weil sie mit einem ganzen Capitel anhebt.

Classe *A*.	Nr. 14	Nr. 15	Nr. 24	Nr. 25	Nr. 26	Nr. 30	Nr. 36	Nr. 37	Nr. 58	Nr. 71	Senkenb	Günderode
28	28	26	28	26	28	27	.	.	29	.	28	27
29	44 }	41	45	12	11	40	45	44	45	44	46	28
30	45 }		10	10	15	41	46	45	46	45	47	{40 {41
31		.		.	.	.	.	.	.	.		42
32 §§. 1–5	}46	42	}47	}44	46	42	47	46	47	46}	48}	43
32 §. 6 ff.			48	.	.	.	.	.	.	.	49}	
33	47	43	49 50	45	.	43	48	47	48	47	50 51	44
34	.	.	51	.	.	44	49	48	.	48	52	45
35	29	27	29	27	29	28	26	26	30	25	29	46
36	30	28	30	28	30	29	.	.	31	.	30	30
37	31	29	31	29	31	30	27	27	32	26	31	31
38	32	30	32	30	32	31	28	28	33	27	32	32
39	}33	31	33	31	33	32	36	36	34	35	33	33
40												34
41	34	32	34	32	34	33	40	40	35	39	34	35
42	35	33	35	33	35	34	41	41	36	40	35	36
43	36	34	36	34	36	35	29	29	37	28	36	37
44	37	35	37	35	37	36	30	30	38	29	37	38
45	38	36	38	36	38	37	31	31	39	30	38	39
46	39	37	39	37	39	38	32	32	40	31	39	40
47	40	38	40	38	40	39	33	33	41	32	40	41
48	.	.	.	.	.	.	{39 {34	39 34	.	38 33		
49	{41 {42	39 40	41 42	39 40	41 42	.	35 44	35 43	42 43	34 43	41 42	
50	{41 {43 {44	39 41	41 43 44	39 41	41 43 44	.	43	.	42 44	42	41 43	

B. Die sechs letzten Capitel, besonders C. 48, 49, 50, werden in einer eigenthümlichen Weise mit ferneren Besonderheiten der einzelnen Glieder behandelt.

1. Die Enden von Cap. 45, 46, 47 werden abgebrochen. 2. Cap. 48 ist nur in den Nr. 36, 37, 71 vorhanden, aber auch hier zertheilt an verschiedenen Stellen; in der Göttinger Nr. 30 fehlen auch noch C. 49, 50. 3. C. 49 §. 7 wird als ein besonderes Capitel behandelt, und steht in der Halberstädter Gruppe (36, 37, 71) ganz getrennt von §§. 1—6. 4. Vom Cap. 50 fehlt ein erstes Stück bis in den §. 3 hinein ganz, ein zweites ist in das C. 49 geschoben; das Endstück von der Stelle der Note 103 an wird als neues Capitel gegeben, noch mit Eigenheiten der Halberst. Gruppe, s. C. 49 N. 50, 51, C. 50 N. 1, 24, 99 und *b*.

Auch in diesem Verfahren ist ein Verkürzen und Verschieben des ursprünglichen Stoffes nicht zu verkennen. So macht z. B. das Fehlen a. E. des C. 45 die Widerlegung des unrechten Verfahrens unvollständig. Die Behandlung des Cap. 50 kommt darauf hinaus, dass der Schilderung des Verfahrens in der Mark vor dem Markgrafen hier, durch Weglassen der §§. 1, 2, durch Anknüpfen des §. 3 an C. 49 §. 5 und durch einige spätere Aenderungen eine Beziehung auf den Rechtsgang vor dem Könige gegeben wird. Dass der Autor als märkischer Ritter und Richter von dem eigenthümlichen Rechtszuge in der Mark besonders handelte, war ganz in der Ordnung; eben so erklärt sich aber auch, dass man in dem alten Sachsenlande dies besondre Märkische wegliess oder umänderte, was nicht ohne Geschick, jedoch — zum fernern Beweise einer Aenderung — in den einzelnen Gruppen der Classe auf etwas verschiedene Weise geschehn ist. Folgerecht fehlt denn auch die Stelle über Ronstedt im C. 3.

C. Ausser den Kürzungen in den letzten Capiteln treten gruppenweise noch Auslassungen ganzer Capitel ein. Die Nr. 14, 15, 25, 26, 58 ermangeln des Cap. 34, welches vielleicht bei jenem Verheften ganz verloren gegangen war und in den übrigen Hdss. nur anderweitig wieder ergänzt wurde. Des Cap. 18 entbehren die Nr. 15, 24, 25, 30, der Capp. 11, 12 die Nr. 15, 25. — Die Halberstädter Gruppe lässt C. 28 und 36 fort, giebt den C. 39, 40 eine andre Stellung (s. die Tabelle) und lässt von C. 24—27 folgende Verschiebung eintreten:

Cl. *A*.	Nr. 36	Nr. 37	Nr. 71
C. 23	C. 23	C. 23	C. 21, 22.
24	37	37	36
25	24	24	23
26	25	25	24
26 §. 3	42	42	41
27	38	38	37

Es bedarf keines nähern Nachweises, dass diese Auslassungen und Verschiebungen mit der Ankündigung in den auch hier vorhandenen Uebersichtscapiteln sich nicht reimen.

D. In andern Beziehungen ist noch hervorzuheben:

Alle Texte ermangeln des Prologs, der Epiloge, und der Allegate.

Die Sprache geht von Ostphalen (Nr 36, 37, 40, 71), durch Westphalen (Nr. 58) und Hessen (Nr. [illegible], [illegible], 14, s. Cap. 46 N. 4) nach dem Niederrhein (Nr. 15, 24), wo die niederdeutsche Lautverschiebung schon weicht, doch an dem auslautenden *t* (*dat* u. s. w.) noch festhält. Vgl. Bernhardi Sprachkarte S. 108, und Grimm Weisthümer II. 646, 647, 665. Die Göttinger Nr. 30 ist entschieden mitteldeutsch.

Das Cap. 26 wird mit Ausnahme von Nr. 14, 25, 26 bei §. 3 getheilt.

Die Eigenheit der Lesarten zeigt sich vorwiegend seit dem C. 29, wo die Versetzung beginnt. Einige characteristische finden sich C. 29 N. 1, 31 N. 1, 33 N. 5—7, 38 N. 1, 39 N. 1, 5, 17, 21, C. 43 N. 84, 89, 44 N. 51, 46 N. 34. Besonders stehen darin zusammen die Halberst. Gruppe, ferner die Nr. 14 u. 26 und wiederum Nr. 24, 25, 58.

E. Eine besondre Betrachtung fordert der *Cod. Havn.* Nr. 40 in verschiedener Hinsicht, um so mehr da er mit seinem Datum 1359 der Abfassungszeit so nahe kommt. Der Schreiber oder gar dessen Vorbild hat sichtlich zwei Texte aus den verschiedenen Recensionen *A* und *C* vor sich gehabt und sie abwechselnd benutzt. Die Ordnung ist im Ganzen die regelmässige der Cl. *A*, nur dass die C. 29 u. 30 umgestellt, und die C. 36 u. 37 verbunden werden. In der Lesung stimmt die Hdschr. mit der ersten Cl. bis C. 24 incl., und später in den C. 31, 32, 35—38; dagegen mit der dritten und namentlich mit der Halberst. Gruppe in C. 25—30, 33, 34, 39 ff. Das C. 40 ist doppelt da, zuerst nach *C*, dann nach *A*; ein Fehler, der wohl so zu erklären, dass in *C* das C. 40 dem C. 39 angehängt war und dass der Schreiber bei seiner auswählenden Benutzung in dem C. 40 *A* ein neues Cap. zu finden glaubte. Im C. 42 N. 11 bemerkt man eine verfehlte Verbindung der Lesarten beider Recensionen. Die Endcapitel werden so behandelt: nach 47 folgt das Endstück von 48 (s. C. 48 Note *a*), dann das zweite Stück von 49, dann noch einmal das ganze C. 49, endlich Stücke aus C. 50 (s. daselbst N. 1, 99).

Der Kopenh. Hdschr. nähern sich noch zwei andre, welche ich oben zur Classe *A* gestellt habe. Die Berliner-Hoffm. Nr. 6 stimmt in den Lesarten vielfach mit *Cod. Havn.*, geht gleich ihm mit C. 25 zur dritten Classe über, folgt auch seiner Umstellung, doppelten Benutzung und der Behandlung der letzten Capp., giebt aber schliesslich das ganze C. 50 vollständig. Zweifelhaft bleibt immer, ob *C. Havn.* das Vorbild gegeben; nicht nur liest Nr. 6 zuweilen in eigenthümlicher Weise, z. B. C. 1 N. 17, 9 N. 9, 14 N. 29, sondern sie füllt auch dort vorhandene Lücken aus, C. 37 N. 34. — Die Berlin-Sprickmannsche Nr. 8 hat zwar die regelmässige Ordnung, theilt aber viele Lesarten mit Classe *C*, und folgt ihrer Anordnung am Schlusse des C. 49, um dann noch das C. 50 vollständig nach der Recension der Cl. *B* zu geben.

Bleiben auch manche Fragen über das Erwachsen der Eigenheiten dieser Classe unaufgelöst, so darf sie doch sicherlich der ersten Classe gegenüber als die spätere angesehen werden.

Vierte Classe. (*D*)

Sie zählt nur die fünf Handschriften:

Nr. 16 Darmstadt. ***Db***	Nr. 56 München 507. ***Dc***
- 23 Giessen 974. ***Da***	- 73 Wien. ***Dd***
- 39 Königsberg. ***De***	

Ihre gemeinsamen Eigenheiten sind:

1. Sie fügen dem gewöhnlichen Richtsteige noch einen zweiten Theil in 25 Capp. hinzu; die Nr. 16, 39, 73 geben ihn vollständig; die defecte Nr. 23 bricht im Cap. 25 ab; Nr. 56 hat nur die vier ersten Capp. Mit Ausnahme der letzten Hdschr. wird diese Zuthat ausdrücklieh als ein zweites Buch bei der ersten Rubrik so bezeichnet *Wie ains mannes weyb vnd kind nach tod ain man beschuldigen sol. Das erste capitel in dem andren buoche.* Ich habe schon im Ssp. I. Vorr. LII. Note* bemerkt, dass dieses Machwerk dem Character des ächten Richtsteiges fremd ist; es beantwortet einzelne aufgeworfne Fragen aus dem Ssp., besonders aus dessen Glosse, mit einigen Aenderungen und mit Weglassung der Citate des fremden Rechts. Zwischen den einzelnen Capiteln ist kein Zusammenhang. Man vergleiche

Cap. 1 mit S. Landr. I. 68.	Cap. 4 mit S. Landr. II. 29.
- 3 - - - II. 34.	- 5 - - - II. 30.

Cap. 6	mit S. Landr.	I. 35.	Cap. 15	mit S. Landr.	I. 40.
- 7	- - -	II. 57.	- 16	- - -	I. 33.
- 8	- - -	I. 20, 21.	- 17	- - -	I. 27.
- 9	- - -	II. 37.	- 18	- - -	II. 23.
- 10	- - -	II. 60.	- 19	- - -	I. 37.
- 11	- - Lehnr.	3 Gl.	- 20—22	- -	III. 44.
- 12	- - Landr.	II. 31.	- 23	- - -	III. 00.
- 13	[illegible]	II. 6	- 24	[illegible]	I. 5 a. E.
- 14	- - -	II. 32.	- 25	- - -	III. 45.

Nur die Entwicklung im Cap. 2 zu S. Landr. I. 23 über das Vorrecht der gekornen Vormünder, und einen Theil des Cap. 10 finde ich im Ssp. nicht.

2. Der eigentliche Richtsteig macht sich in dieser Recension kenntlich

a) schon durch Eingang und Schluss. Die Ueberschrift nennt ihn ein Buch von dem Richter, von dem Kläger und von dem Antworter. Am Ende wird ein Satz *Schilt auch einer ein urtheil — als ich dich hievor gelert habe*, s. C. 50 N. 115 angehängt.

b) Eine Reihe von Lesarten sind der Classe eigenthümlich, vgl. z. B. im Cap. 1 die Noten 28*a*, 30, 52, 63, 65, 74. Die allgemeine Richtung geht dabei, wie in der Classe ***B*** auf breitern Ausdruck; auch fehlt es nicht an Missdeutungen des niederdeutschen Vorbildes (C. 31 N. 4; 43 N. 58), ohne dass doch das einzelne mit der zweiten Recension stimmte.

c) Die Rubriken, wenn sie vorkommen, weichen ganz von den sonstigen ab.

d) Die Capp. 3 und 4, dann 32 und 33 bis §. 9 incl., endlich 36, 37, 38 werden zusammengefasst, und die vermengten Klagen anders gezählt, vgl. die Rubriken und Anfänge der C. 42, 43, 44.

3. Noch ist der Classe gemeinsam, dass die niederdeutsche Mundart ihr ganz fremd bleibt, und dass ihr Allegate, Vorrede und Epiloge fehlen.

4. Innerhalb der Classe treten die vier Nr. 16, 23, 56, 73 näher zusammen und zwar dergestalt, dass sie sich von den übrigen Classen noch weit bestimmter trennen, als die Königsberger Nr. 39, welche zwischen dieser vierten und der ersten Cl. steht.

a) Jene sind oberdeutsch und in der zweiten Hälfte des 15ten Jahrh. (1473, 1472, 1458, 1482) geschrieben; die Nr. 39

aber zeigt obersächsische Mundart und kann noch ins 14. Jahrh. fallen.

b) Jene enthalten vor dem Richtsteige ein sehr umfangreiches alphabetisches Werk, aus dem Sachsenspiegel nebst Glosse, dem Schwabenspiegel und den sächs. Distinctionen zusammen gearbeitet, s. Rechtsbücher S. 60 Nr. 10, ferner die goldene Bulle, Schreiben des Kostnitzer Concils und Kaisergesetze; während die Königsb. Handschr. ausser dem Richtsteige nur das glossirte S. Landrecht giebt.

c) Insbesondre theilen jene viere eine grosse Anzahl häufig verderbter Lesarten, von denen Nr. 39 sich frei hält, vergl. im Cap. 1 die Noten 20 *a*, 30, 35, 51, 78. Die Note 37 zu Cap. 12 giebt ein Beispiel, wie die eigenthümliche aber verständliche Lesart des *C. Regim. iz bereytit werde* st. *it ut kome* durch das *er in bereitet wolle* sinnlos geworden. Ein äusserliches Kennzeichen jener Gruppe liegt gleich in dem ersten Worte des Textes *Seyttemal* (*Sytemal etc.*).

Die Darmstädter Nr. 16 ist der Cod. IV. bei Senkenberg, der aus ihm spärliche Varianten zum eigentlichen Richtsteig und zum sog. zweiten Theil giebt.

Fünfte Classe. (*E*)

Dahin zählen:

Nr. 29 Görlitz. *Ea*
- 44 Leipzig 906. *Eb*
- 46 Liegnitz. *Ec*

A. Das ihnen gemeinsam eigne ist:

1. Sie bringen nicht nur, wie einige Texte der Classen *A* und *B*, das Werk in drei Abtheilungen, sondern versehen auch die erste und zweite Abtheilung mit besondern Vorreden. Vor der ersten steht ein Prolog *Deus iudex iustus fortis et patiens etc.* Vor der zweiten eine Umarbeitung des sonstigen Prologs, welche darauf hinausgeht, das Stück von den bürgerlichen Klagen Otto dem Rothen, das von den peinlichen aber dem Kaiser Friedrich beizulegen, s. die Beigabe *D*.

2. Der Text folgt zwar im Ganzen der Manier der zweiten Classe, aber er unterliegt zugleich in der Abth. 1 einer durchgreifenden Erweiterung kraft Einflickens des fremden Rechts, Herbeiziehung der Glosse, doctrineller Ausführung und Dehnung der Vorträge der Vorsprecher. Auch ausser dieser Umarbeitung

fehlt es nicht an eigenthümlichen Lesarten, vergl. z. B. C. 31 N. 21, C. 38 N. 12.

3. Die Capitel werden auch als Distinctionen bezeichnet.

Im übrigen sind, wie in Classe *B*, die Allegate vorhanden.

B. Im Besondern stehen die Görlitzer und die Liegnitzer Hdss. *Eac* zusammen der Leipziger *Eb* gegenüber.

1. *Eac* zählen in der 2ten und 3ten Abtheil. besonders 8 und 15 Capp., und beginnen die letzten [illegible], *Eb* zählt in denselben durch von 1—23, so dass 9 *distt.* auf die 2te kommen, und es dann nur heisst *Nu sich umme vermengite clagen u. wy dy sein d. Xma.*

2. Jene Bearbeitung der ersten Abth. ist in *Eb* wenn auch mit gleicher Richtung doch anders durchgeführt. So weicht schon der Eingang und Cap. 1 ab, und der Schluss lautet statt der Nachrede in *Eac* *Diese vorgesprochenen constituciones habe wir gesaczt etc.* hier kurz *Hy endit sich das irschte buch im richtstige in burglicher clage u. hebit sich an das andir in peinlicher clage.*

3. In der zweiten und dritten Abtheil. giebt sich *Eb* einer kürzenden Behandlung hin, vgl. die Eingänge zu C. 39, 43, 44; ja a. E. des C. 40 N. 37 steht eine förmliche, die Auslassungen motivirende Bemerkung. *Eac* meiden nicht nur diese Kürzungen, vgl. C. 41 N. 58, 59, sondern geben selbst noch lange Zwischensätze in den C. 32, 33.

4. *Eb* beruft sich mehrmals ausdrücklich auf das Weichbildrecht (C. 20 N. 25, 50 N. 4), auf den Weichfrieden (33 N. 35), auf seines Herrn Stadtrecht (33 N. 27), auf das Magdeburgische Recht (46 N. 4, 47 N. 49) als auf das geltende.

5. *Eac* citiren den Ssp. in umständlicherer Weise mit den Anfängen der Artt. und §§.

C. Die Verschiedenheiten zwischen *Ea* und *Ec* sind unbedeutend. In der Beigabe *D* sind einige Abweichungen in den Lesarten zum Eingange, Cap. 1 und Schluss der ersten Abtheil. angemerkt. Ferner hat *Ec* vor jeder der 3 Abth. ein besondres Register, während es in *Ea* für alle zusammen auf den vorne ausgeschnittenen Blättern stehen mochte. Endlich giebt *Ec* gleich *Eb* die beiden Epiloge, *Ea* nur den in Cl. *B* häufigsten „Dies haben wir."

Kleine Lücken in beiden sind verschieden; also stammt nicht die eine Hdschr. aus der andern, sondern beide sind wohl aus einem Handexemplar des Verfassers abgeschrieben oder dictirt. Als den Urheber aber dieser Bearbeitung des Richtsteiges betrachte ich unbedenklich den Nicolaus Wurm. Von seiner ausgedehnten Thätigkeit wird bei der Blume des Sachsenspiegels, Beigabe *C* zu handeln sein, die er im Auftrage des Herzogs Ruprecht von Liegnitz verfasste. Nun hat aber auch unser, zugleich das s. Landr. enthaltende *Cod. Lign.* a. E. des 2. Buches *sub umbra . . . domini Ruperti ducis legnicensis.* Die Hdschr. sodann stimmt mit der in Görlitz, wohin Wurm Rechtsbücher lieferte, auch im Aeusserlichen durchaus überein. Die Bearbeitung des Richtsteiges ferner in *Eac* hat eigenthümliche Stellen, die in der Blume wiederkehren, s. Beigabe *D*. Endlich ist auch die Weise der Bearbeitung ganz in Wurms wortreicher, einen vorgefundenen Stoff mit fremder Gelehrsamkeit verbrämenden Manier.

Wie ist aber das geschichtliche Verhältniss der Gestalt des Richtsteiges in *Eb* zu dieser Wurmschen Arbeit zu fassen? Neben dem übereinstimmenden ist in jeder derselben des eigenthümlichen und selbstständigen so viel, dass schwer zu sagen, ob die eine und welche zum Vorbilde für die andere gedient. Und auch eine dritte gemeinsame, der beiderseitigen Eigenheiten entkleidete Quelle lässt sich nicht wohl denken, weil das gemeinsame zu einem wesentlichen Theile in einer blossen Richtung liegt. Vielleicht hat man der sonst schon ungemeinen Thätigkeit Wurms noch das zuzumuthen, dass er selber zu zweien Malen den Richtsteig bearbeitete. Was irgend besondres, locales im *Cod. Lips.* sich findet, widerspricht dieser Annahme nicht. Die „Stadt meines Herrn" kann wieder Liegnitz sein, der Herr der Herzog Ruprecht; das Magdeburgische Recht hält Wurm in allen seinen Werken fest, und auch in *Eac* gedenkt das Cap. 1 desselben. Soll aber eine der beiden Gestalten als Nachbild gelten, so entscheide ich mich für die des *Cod. Lips.*, theils nach dem jüngern Alter der Hdschr., theils nach den absichtlichen Kürzungen in den spätern Capiteln.

Aus den geschilderten Eigenheiten der einzelnen Classen lässt sich die Geschichte der Entwickelung des Rechtsbuches in folgender Weise zusammenfassen.

In der ersten Classe erster Gruppe, welche mit der niederdeutschen Sprache und der rechten Ordnung den Prolog, die Bemerkung a. E. des C. 3 giebt und zwischen weitschweifiger und gedrängter Rede eine gewisse Mitte hält, zeigt sich die der ursprünglichen Gestalt am nächsten kommende Form. Denn was die 2te Gruppe im Cap. 20 *A* mehr hat ist offenbarer Zusatz. Und gegen die 3te Gruppe entscheidet, dass ihr die doch wesentlichen Allegate fehlen, ein Umstand, der den ohnehin bedenklichen Mangel des Prologs, Epilogs und der Stelle über Ronstedt noch mehr verdächtigt, und der selbst die grössere Bündigkeit des Ausdrucks als ein Zusammenziehen erscheinen lässt. Mit der Gestalt dieser Gruppe ist das Buch von seiner märkischen Heimath schon in das alte sächsische Stammland gewandert. Innerhalb der ersten Gruppe zeichnet sich noch die leider verlorne Schwarzische Nr. 68 durch die ächte Form des Prologs und die Amsterdamer Nr. 1 dadurch aus, dass sie beide, wohl unverdächtige Epiloge giebt.

Aus dieser ersten Gruppe der ersten Classe ist durch Dehnung des Ausdrucks die zweite Classe erwachsen. Ihre breite gemächliche Form gewann bald durch die Uebertragung in eine mitteldeutsche Mundart eine ausgedehnte Geltung in der Lausitz, Meissen, Schlesien, Thüringen bis Franken.

Andrerseits sondert sich von der altsächsischen Gruppe der Classe *A* die dritte Classe durch noch weitere Beseitigung der märkischen Beziehungen und durch seltsame Umstellung des Inhalts aus. Damit wird zugleich Hessen und Rheinland erreicht.

Aus derselben Gruppe stammt wohl eine andre Uebertragung in das obersächsische, mit welcher sich die Hinzufügung eines zweiten Theils verbindet, Cl. *D*. In dieser Gestalt, aber mit neuen Entstellungen, erlangt der Richtsteig im 15ten Jahrh. noch einige Geltung in Süddeutschland.

Noch geringere Verbreitung findet eine schon früher in Schlesien versuchte durchgreifende Umarbeitung (Cl. *E*), welcher, wie es scheint, die erste Gruppe der ersten Classe nebst der zweiten Classe vorlag.

§. 6. Verwandte Arbeiten.

Unter dieser allgemeinen Bezeichnung führe ich

I. Arbeiten auf, welche unsern Richtsteig nicht nur vor Augen haben, sondern ihn auch in verschiedenem Maasse wiedergeben und nutzen. Dahin gehört

1. die schon bei der Classe *E* geschilderte Gestalt unsers Rechtsbuches in Bezug auf die erste Abtheilung desselben.

2. Das von Fidicin, in den hist. dipl. Beitr. zur Gesch. v. Berlin Th. I. 1837, herausgegebene Berliner Schöffenbuch aus dem Ende des 14. Jahrh. legt, wie in seinen andern Theilen den Sachsenspiegel, so S. 156—166 den Richtsteig von C. 31 an zum Grunde. Fast wörtlich werden wiedergegeben C. 32 §. 1 bis 3 S. 156, 157, C. 49 S. 162; verkürzt werden C. 37 S. 157, 158, C. 45 S. 161, 162; umschrieben C. 31 §. 3 S. 156; umgearbeitet C. 43 §. 4 ff., C. 44 S. 158—161 und in besonders lehrreicher Weise C. 50 S. 163—166.

3. Die Berlin-Steinbecksche Hdschr. *Ms. germ. f.* 631 enthält das Weichbild von der Mitte des Art. 10 an, mit einer durchaus eigenthümlichen Glosse. Der Form nach fasst sie oft eine Reihe von Artt. zusammen und ist dann wieder unter besondre Nummern geordnet; zuweilen nimmt sie nicht das Weichbild sondern eine Stelle des Ssp. zum Text, oder geht gar in eine freie Darstellung ohne Text über. Der Sache nach steht ein bedeutender Theil in einer gewissen doch mannigfaltigen Beziehung zum Richtsteige, auf den auch wohl die Worte zum Art. 54 gehen: *Articulen alz wir gefunden haben, wi si geglosirt sint mit clagen u. mit antworten u. mit rechtin u. vernunftigin urteil von der schepfen munde von Magdeburg geteilt.* Bald nimmt der Verf. einzelne Capp. fast wörtlich auf, bald bearbeitet er sie in freier Weise, bald behandelt er ein im Richtsteige nicht vorkommendes Thema doch nach dessen Weise. So giebt er z. B. zu seinem Art. 22 *Wy man gericht heget zu Magdeburg* (Zobel Art. 16) in Nr. 1 und 2 eine Umarbeitung des Richtst. C. 1 und 2 für städtische Gerichte; Nr. 3 und 4 wiederholen ziemlich genau die C. 3 u. 4; Nr. 5 u. 6 behandeln in der Art des Richtsteiges mit Fragen, Urtheilfinden und Belegen aus dem Ssp., die Lehre von falschen Vorsprechern und vom Frohnboten nebst Vorladung. Auf fremdes Recht nimmt diese Glosse nirgends Bezug. Die Beigabe *F* liefert Proben.

4. Das Vemrechtsbuch (Rechtsb. S. 24 *a*) ist insoweit hieher zu ziehen, als es am Ende das Cap. 49 des Richtsteiges mit unbedeutenden Aenderungen aufnimmt. Wobei bemerkt werden mag, dass die Nürnberger Nr. 61, welche ihrem sonstigen Inhalte nach wohl für die Vemgerichte bestimmt war, den Richtsteig voranstellt.

II. Werke, die gleich dem Richtsteige das Verfahren vor Gericht veranschaulichen wollen, ohne ihn jedoch auszuziehen. Der Art ist

1. vor allem der Richtsteig Lehnrechts, den unser Vf. zwar a. E. des Cap. 21 verheisst, den aber erst ein Späterer nach dem Vorbilde des R. Landrechts verfasste, s. Ssp. II. 1 S. 382 ff.

2. Das oben gedachte Vemrechtsbuch wenn es, nach einer Einleitung über die Eigenschaften der Freigrafen, das Verfahren vor dem offnen Gericht und in der heimlichen Acht in der Form von Fragen eines Freigrafen und Antworten eines Freischöffen oder Freifrohnen (Tross S. 29—43) darlegt.

3. Die Gerichtsformeln der Joachimsthaler Hdschr. Nr. 9 (Beigabe *A*).

4. und 5. die Cautela und Premis (Beigabe *D*).

6. Die Blume des Sachsenspiegels (Beigabe *C*).

7. Die Blume des Magdeburgischen Rechts (Beigabe *B*), ihrer Haupttendenz nach.

Die Stücke 3 bis 7 sollen in den Beigaben näher besprochen und vollständig (3, 4, 5) oder auszugsweise (6 und 7) mitgetheilt werden.

8. Die Darstellung des Verfahrens in peinlichen Sachen vor dem Bamberger Zentgericht aus dem 15ten Jahrh., in Frag und Antwort, gedruckt in Zöpfl, das alte Bamberger Recht 1839, Anhang S. 129—136.

9. Das Verfahren in Todschlagssachen, u. d. T. *dat ankomen ant recht van den heymaell* mit Erläuterungen gedruckt in den *Verhandelingen der Genootschap pro excol. j. patrio*, I. Groningen 1773 S. 380 ff.

10. Des Rigischen Rechtsgelehrten Dionysius Fabri (aus Pommern) im Jahre 1538 beendigte ausführliche Arbeit, welche Oelrichs, Rigisches Ritterrecht S. 153—242 u. d. T. *Formulare procuratorum proces und rechtes ordeninge rechter art u. wise der Ridderrechte in Lifflandt* hat drucken lassen. Sie war auf 6 Bücher berechnet; fünfe nur sind ausgeführt, und handeln I. von den Gerichtspersonen, Ladung, Klage und Antwort, II. insbesondre von dem Verfahren vor dem niedern Gericht und der Appellation, III. von dem Verfahren im höhern Gericht, IV. von der Execution, V. von der Bekreuzigung (Arrest), immer mit Rücksicht auf die besondern Gewohnheiten der einzelnen Gebiete. Des späten Alters ungeachtet verdient sie Beachtung wegen der

niederdeutschen Ausdrücke und der Verbindung des neuen schriftlichen mit dem alten mündlichen Verfahren.

Der sogen. zweite Theil des Richtsteiges s. oben S. 63 gehört nur dem Namen nach hieher.

III. Einige Rechtsbücher, obwohl sie der Hauptsache nach andre Zwecke verfolgen, gerathen doch beiläufig in die Richtung und Weise des Richtsteiges. So

1. das Sächsische Weichbild im Art. 41 (Zobel) bei der Darstellung der Klage über handhafte That; noch mehr

2. die gewöhnliche Glosse zum Weichbilde, wenn sie zu Art. 23 einen Anspruch auf Gerade (Druck v. 1557 Bl. 45 C. 3), zu Art. 41 das Erbitten eines Vorsprechers (Bl. 71 C. 1) nach jener Weise behandelt, und zu Art. 90 (Bl. 96 C. 1) Eidesformeln giebt.

3. Die sächsischen Distinctionen IV. C. 6 D. 6—8, Ortloff S. 188—193 und die IX Bücher der Distinctionen VI. Art. 7 schildern unabhängig vom Richtsteig, wie man einen Mörder vor Gericht bringt.

Nur in Bausch und Bogen nenne ich

IV. noch die Formeln für einzelne Gerichtshandlungen, wie sie hie und da in Stadtrechten, z. B. in der Leobschützer Willkühr B. I. (Böhmes dipl. Beitr. II. S. 4—7, 11) für Klage und Eid, dann in der Soester Gerichtsform (*Emminghaus Memorab.* 395—426) T. 3 bei Klagen um Wunden, T. 4 bei Einhegung eines Sterbhausgerichtes, T. 13 eines Nothgerichts begegnen, ferner die häufigen Hegungsformeln, welche die Weisthümer bei J. Grimm in grosser Zahl, so wie die Ordnungen für die Landgerichte, selbst noch des 17ten und 18ten Jahrh., s. Seestern-Pauly Neumünstersche Kirchspielsgebräuche, 1824, S. 6 ff., und Ztschr. f. D. Recht XI. 85, enthalten.

Die Darstellungen des römisch-canonischen Processes habe ich, so weit sie hier einschlagen, schon oben S. 52 berührt. Dieser Processform sind auch die, Rechtsb. Nr. 61 u. 485*m* angeführten niederdeutschen Gerichtsformeln beizuzählen, wenn gleich der Stoff aus dem deutschen Rechte entnommen ist.

III. Die Ausgabe.

Vor Angabe des eignen Plans sind

§. 7. die früheren Leistungen

zu erörtern.

Es ist §. 2 gezeigt worden, wie die Druckerkunst schon in ihren ersten Decennien den Richtsteig Landrechts gleich den Spiegeln häufig vervielfältigte. Es folgen nach dem Drucke *s. l. e. a.* einander rasch die Ausgaben von 1474, 1480, 1481, 1482, 1484, 1488, 1496, 1501, 1516, 1517, 1528, sämmtlich in Verbindung mit dem glossirten Landrecht, aber gleich wie in verschiedenen Druckstätten, so auch nach verschiedenen Handschriften und in verschiedenen Mundarten besorgt. Zuerst bis 1501 werden Hdss. der verbreitetsten zweiten oder obersächsischen Classe aber verschiedener Gruppen, s. oben S. 28, benutzt; dann folgt im J. 1516 auch eine niederdeutsche der ersten Classe, welche mit einer Uebertragung ins Hochdeutsche noch 1517 und 1528 aufgelegt wird.

Damit war, als zumal der römisch-canonische Process gleich dem fremden Civilrecht eine allgemeinere Anwendung fand, als eine grosse Zahl von Landesgerichtsordnungen das Gerichtsverfahren neu regelten, dem so verringerten practischen Bedürfniss völlig genügt. Zobel erklärt gleich in der ersten seiner so beliebt und herrschend gewordenen Ausgaben des sächs. Landrechts 1535: *Nachdem hiebeuor bei dem* ***Sachssenspiegel*** *. . . . auch der* ***Richtsteig*** *vber* ***Landt*** *vnd* ***Lehenrecht*** *gedruckt, welches . . . nicht vil zu ytziger zeit in vbung vnd offtmals . . . denyenigen so des* ***Richtbrauchs*** *vnerfaren, die zeit vnd vleis mit lesen darüber vorgeblich hinbracht . . . .* ***Derwegen*** *ist auff difsmal solcher* ***Richtsteig*** *gar nach oder ausgelassen.* Die sonstigen Herausgeber des Sachsenspiegels im 16ten und 17ten Jahrh. sind gleicher Meinung gewesen. So trat das Rechtsbuch mehr und mehr in Verborgenheit, bis Jac. Friedr. Ludovici, Professor zu Halle, beide Richtsteige im Anhange seiner Einleitung zum Lehnsprocess 1718 nach einem „alten" ihm von Thomasius mitgetheilten „Codex" wiedergab. Ludovici meint damit den Druck von 1516; er wiederholt das Epiphonem dieses Druckes am Schlusse des R. Lehnrechts und erklärt sogar den „Buchführer Renmann von Oringen" für den Autor, von dessen Person er bisher keine *specialia* finden können, Vorrede §. IX. Er hofft

„es werde dem Leser um so lieber sein, diese Alterthümer von neuem gedruckt zu sehen, je rarer sie bisher geworden," und bemerkt §. X, wenn gleich von dem Inhalt der Richtsteige nicht alles mehr im Gebrauche sei, dürfe man doch die alten Rechte nicht ganz wegwerfen. Ludovici traf also zufällig auf die beste Form des Rechtsbuches; doch weicht dieser weitere Abdruck von der im J. 1516 benutzten Handschrift nun schon durch empfindliche Lücken und sonstige Fehler ab, s. oben S. 56.

Der in diesen Dingen unendlich tüchtigere Grupen, welchem 9 Hdss. und 5 Drucke bekannt waren, wollte in seinem grossen *Corpus juris Saxonici veteris* den Richtsteig plattdeutsch aus der Lüneburger Nr. 47, hochdeutsch aus der Mainzer Nr. 49 geben, vielleicht auch die Berliner Nr. 2 von 1369 wegen ihres hohen Alters beidrucken, s. Spangenberg S. 67, 99 ff., 106. Während Grupens Vorhaben scheiterte, besorgte der viel leichter daher fahrende H. Chr. Senckenberg durch Grashof die Ausgabe Nr. 14 im *Corpus iuris Germanici*. Er nahm was ihm an Hdss. grade zur Hand war, ohne Streben, sich eine weitere Uebersicht der vorhandenen zu schaffen. Seine Grundlage bildet die sonst leidliche aber am Schlusse defecte Eybener Hdschr. Nr. 26 aus der dritten die Anordnung verkehrenden Classe; unter den drei andern, unzulänglich verglichenen Codices gehören zwei eben dieser Classe, der letzte gar der im Texte unzuverlässigen und auch wenig gangbaren vierten Classe an. Von den Drucken ist die im Jahre 1517 erschienene Uebertragung des niederdeutschen Textes von 1516 dann und wann benutzt. Also von der ersten Classe ist sehr weniges, von der vulgaten zweiten gar nichts bei Senkenberg zu finden. Der Hauptwerth seiner Ausgabe liegt im Abdruck des *Cod. Eyben.*, doch ist dabei so handwerksmässig verfahren, dass das Versehen des Schreibers, der im C. 14 noch einmal in das Cap. 11 geräth und ein Stück davon wiederholt, gar nicht gespürt worden; die Wiederholung wird p. 145 ruhig mit abgedruckt und nur in den Varianten bemerkt *quae sequuntur, in reliquis Codd. aliter posita sunt*; desgleichen wird die Stelle, welche 5 Seiten zuvor beim C. 11 ins lateinische übersetzt war, von neuem und in abweichender Weise übersetzt. Aus dem *Cod. Gunderod.* ist die Verstellung des Inhalts, s. oben S. 59, gar nicht angemerkt. Beim sogen. zweiten Theile des Richtsteiges wird, wiewohl hier wesentlich die Glosse des Ssp. vorliegt, die Mühe einer lateinischen Uebersetzung nicht gespart.

So blieb bis in unsre Zeiten bei dem Gebrauch des Richtsteiges nur die Wahl zwischen einem der alten schwer zugänglichen Drucke, dem Abdruck eines derselben bei Ludovici, und dem das Ganze in schiefer Gestalt zeigenden Senkenbergschen Text. Am gerathensten war es, sich an die Ausgabe v. 1516, wie Planck, Ztschr. f. D. Recht X. 205 ff. und, Lehre vom Beweisurtheil 1848, vgl. S. 7 N. 3 gethan, oder bei ihrer Seltenheit sich an Ludovici zu halten.

Unger, der die Mängel der Ausgabe Senkenbergs vollkommen einsieht und auch die Ursprünglichkeit des niedersächsischen Textes anerkennt, hat durch seine Arbeit 1847, oben S. 27, doch nur dem augenblicklichen Bedürfniss durch den treuen lesbaren Abdruck einer Handschrift, unter Vergleichung der bisherigen Drucke, abhelfen wollen. Diese Vergleichung ist sorgfältig gemacht und schätzbar; auch lässt sich für den Zweck wohl billigen, dass der Grundtext aus einer Handschrift der zweiten, gewöhnlichsten, seit 1501 im Druck nicht vertretenen Classe mit obersächsischer gemeinverständlicherer Mundart genommen wurde; nur gehört die Handschrift selber, Nr. 32 von 1474, nach Zeit und Correctheit zu den geringeren dieser reichen Classe. *).

Einen weit umfassenderen Plan hegte seit dem Jahre 1849 ein jüngerer Mann, der Auscultator Leissring zu Halle. Nach seinen damaligen Mittheilungen wollte er die von ihm aus dem Dieckschen Nachlasse erworbene Hdschr. Nr. 7, also einen guten Text der zweiten Classe, zum Grunde legen und mit ihm die Drucke nebst einer möglichst grossen Zahl von Hdss. vergleichen. Nach den von seinen Angehörigen mir gefälligst zur Einsicht gegebenen Vorarbeiten hatte er die Vergleichung mit der Leipziger Ausgabe von 1528, mit Ludovici, Senkenberg, Unger und sechs Hdss. begonnen, aber nur mit der Halberstädter Nr. 37 durchgeführt, als schon im Jahre 1852 ein früher Tod seinem tüchtigen Streben ein Ziel setzte.

§. 8. Der eigene Plan

ist nun in folgender Weise gefasst und ausgeführt worden.

Der Grundtext war nach der oben S. 68 dargelegten Stellung der Textesclassen und ihrer Gruppen zunächst in einer

*) Ihre schlechte Lesart *linden* st. *klinken* im Cap. 50 z. B. hat Sachsse, Beweisverfahren S. 85 zu sehr künstlichen Ansichten über den Gerichtszug in der Mark geführt.

Handschr. der Classe *A* und hier in einer der beiden, als märkische bezeichneten Gruppen zu suchen. Aus diesen habe ich, mit Rücksicht auf Vollständigkeit, beglaubigtes Alter und stete Zugänglichkeit, die Berliner Hdschr. Nr. 5 v. J. 1382 gewählt. Sie bietet noch den Nebenvorzug, dass ihr Text dem aus der ersten Classe bisher bekannt gewesenen, im Drucke v. J. 1516 sehr nahe tritt. Die sonst so vorzügliche Nr. 2 v. J. 1369, welche ich bei den Ausgaben des s. Land- und Lehnrechts zum Grunde gelegt, giebt den Richtsteig in mangelhafter Gestalt. Die älteste unter allen datirten Hdss., die Kopenhagener v. 1359 gehört einer Classe mit verstellter Ordnung an.

Es schien mir dienlich, neben diesem Texte noch einen andern — wie auch beim Lehnrechte und Richtsteig Lehnrechts geschehen — und zwar aus der Classe *B* vollständig abdrucken zu lassen. Einmal, weil diese Recension in ausgedehntem Gebrauche gewesen und ihre ganze Eigenthümlichkeit doch nicht in Varianten sich darstellen lässt. Sodann, weil die neuern Ausgaben sie entweder, wie Ludovici und Senkenberg, gar nicht, oder wie Unger aus einer minder guten Handschr. vorführen. Endlich, weil manchem Leser das Obersächsische beim Verständniss des Niedersächsischen zu Hülfe kommen muss. Unter den vielen Texten, die hier zur Auswahl vorlagen, habe ich den der Oschatzer Handschr. Nr. 62 genommen, die das älteste Datum, gleichfalls von 1382 trägt, und zugleich zu den correcteren gehört.

Zur Vergleichung sind ausser dem obengenannten Oschatzer Text noch vollständig durchgegangen worden 32 Texte, nemlich aus Classe *A* die Nr. 2, 4, 6, 8, 12, 47, 50, 57, 59, 60, 64, aus *B* die Nr. 3, 7, 9, 13, 19, 22, 45, 48, 51 und die Ausgaben zu Basel, Cölln und von Unger, aus *C* die Nr. 25, 26, 36, 37, 40, 58, aus *D* die Nr. 23, aus *E* die Nr. 29, 44. Dagegen sind nur für einzelne Stellen, namentlich für das Cap. 1 verglichen die übrigen der 70 classificirten Hdss., mit Ausnahme der Nr. 17, 20, 28, 32, 35, 43, 70, 73 *), und, mittelst der von Unger gegebnen Varianten, die Drucke von 1482, 1488. Für die Drucke von 1516, von Ludovici und Senkenberg lagen die Hdss. selbst vor. Ueberhaupt sind also benutzt 62 handschriftliche und 5 gedruckte

*) Die Nr. 20, 70 sind nicht mehr aufzufinden, die Nr. 28, 43 unbedeutend; Nr. 32 ist mittelbar durch den Ungerschen Abdruck benutzt; Nr. 17, 35, 73 wurden mir zu spät bekannt.

Texte. Bei den unvollständig verglichenen ist aus dem blossen Mangel einer Variantenangabe noch nicht auf Uebereinstimmung mit dem Grundtexte zu schliessen.

Der Grundtext ist nicht buchstäblich wiedergegeben. Ausser der Besserung blosser Schreiberversehen habe ich auch gesucht, allenthalben wo der Sinn in Frage steht, zur ächten Lesart zu gelangen, welche jedoch mit seltenen Ausnahmen noch innerhalb der Classe zu finden war. Wo es nöthig schien, rechtfertigen die Noten dies Verfahren. An der Schreibung habe ich wenig geändert; dagegen die Trennungszeichen neu gegeben. Im Nebentext sind eben so die Trennungszeichen geändert, sinnentstellende Lücken in Klammern ausgefüllt, die Citate weggelassen.

Bei der Auswahl der Varianten aus der übergrossen Zahl der vorkommenden Abweichungen sind früher dargelegte Grundsätze, Ssp. I. S. XLV wieder befolgt worden. Beim ersten Capitel bin ich, wie in der Zahl der zugezogenen Texte so in Mittheilung ihrer Eigenheiten etwas weiter als sonst gegangen, damit bei der Auffindung neuer Hdss. ihr Character möglichst schon durch Vergleichung dieses Capitels festgestellt werden könne. Die bloss mundartlichen in einem Codex wiederkehrenden Abweichungen sind in das Glossar verwiesen. Bei der Handschriftenclasse *E*, s. oben S. 65, konnten die grösseren Einschiebsel und Umarbeitungen in den Varianten gar nicht mehr dargestellt, sondern nur Proben derselben in den Beigaben geliefert werden.

Die verglichenen Texte sind nach den obigen fünf Classen geordnet, welche auch, mit wenigen Ausnahmen anomaler oder eclectisch verfahrender Glieder, sich in der Lesung scheiden. Die Classen sind in dieser Beziehung mit ***A***, ***B***, ***C***, ***D***, ***E*** bezeichnet; die einzelnen Glieder tragen daneben ihren besondern kleinen Buchstaben, s. den letzten §. der Einleitung.

Statt der Eintheilung der Capitel in Paragraphen, welche hie und da, doch nicht im Grundtexte vorkommt, habe ich eine eigne Paragraphirung der bessern Uebersicht des Inhalts und des leichtern Anführens halber gesetzt, und diese auch dem Nebentexte a. R. beigefügt. Bei der Capitelzahl steht, wenn abweichend, auch unter ***S*** die Zahl der so oft gebrauchten Senkenbergischen Ausgabe. Ausserdem sind dem Texte noch vergleichende Uebersichten der Capitelzählung gewisser Haupthandschriften nachgeschickt.

Die Summarien kommen theils als Capitelüberschriften, theils in den Registern in grosser Mannigfaltigkeit und Weitläuftigkeit vor, und geben doch zur Erläuterung eine verhältnissmässig geringe Ausbeute. Ich habe deshalb mich darauf beschränkt, als Varianten zu den Rubriken des Grundtextes nur die gewöhnlichsten Abweichungen anzumerken, und ausserdem eine Probe sämmtlicher Besonderheiten für einzelne Capitel in der Beigabe *G* mitzutheilen. Dagegen erschien eine eigne Uebersicht des Inhalts der Paragraphen erforderlich, um den Gedankengang des Vfs., namentlich die Stellung, welche er den Parteien in den einzelnen Sätzen anweist, besser ins Klare zu setzen.

Bei den Allegaten, oben S. 45, bedurfte es nicht nur einer Zurückführung auf meinen Text des s. Landrechts, sondern auch eines Besserns der verdorbenen, eines Ausscheidens der ganz irrigen und eines Hinzuthuns anderer passender Stellen. So stimmen die hier gegebenen weder mit denen des Grundtextes noch denen einer andren Hdschr. ganz überein, und erhielten sie als eigne Arbeit ihren Platz am schicklichsten bei den Uebersichten, wo sie zugleich weniger stören.

Vor den Capiteln sind auch Parallelstellen andrer Quellen und Erläuterungen der Schriftsteller angeführt, falls sie grade den besondern Ausspruch des Richtsteiges, nicht den Rechtssatz, das Institut überhaupt betreffen.

Die Bemerkungen nach den Capiteln suchen theils schwierigere Stellen des Textes zu deuten — wenn nicht schon ein Paar Worte in den Variantennoten dazu genügten —, theils weisen sie darauf hin, wo der Richtsteig das materielle Recht des Ssp. erklärt, erweitert, abändert, während dem auf das Gerichtswesen bezüglichen Inhalte des Richtsteiges eine besondere Darstellung am Schlusse des Ganzen gewidmet ist.

Für die eigentliche Worterklärung dient das Glossar, welches den Text des Richtsteiges, die Varianten und die anhangsweise gegebenen Quellen umfassen soll.

§. 9. Erläuterungen.

I. Schlüssel für die Bezeichnungen der Texte in den Varianten, vgl. S. 76. Die gesperrt gedruckten sind die vollständig verglichenen, s. oben S. 75.

Classe *A*, oben S. 54.

Aa	bezeichnet	die	Handschrift	Breslau II. F. 6 . .	Nr. 12
Ab	-	-	-	Berlin 1382	- 5
Ac	-	-	-	Berlin *Ms. f.* 285 . .	- 4
Ad	-	-	-	Lüneburg	- 47
Ae	-	-	-	Nordkirchen	- 60
Af	-	-	-	Berlin-Hoffmann .	- 6
Ag	-	-	-	Münster .	- 57
Ah	-	-	-	Münster 1449	- 59
Ai	-	-	-	Berlin 1369	- 2
Ak	-	-	-	Meiningen kl. 4. . . .	- 50
Al	-	-	-	Quedlinburg Gymn.	- 64
Am	-	-	-	Riga	- 66
An	-	-	-	Amsterdam	- 1
Ao	-	-	-	Göttweih	- 33
Ap	-	-	-	Göttingen 1454 . . .	- 31
Aq	-	-	-	Berlin-Sprickmann	- 8
Ar	-	-	-	Schwarz	- 68
As	-	-	-	Greifswald	- 34

Classe *B*, oben S. 56.

Ba	bezeichnet	die	Handschrift	Magdeburg	Nr. 48
Bb	-	-	Ausgabe	Basel 1474	
Bc	-	-	-	Unger 1847	(Nr. 32)
Bd	-	-	Handschrift	Dresden M. 27	- 19
Be	-	-	-	Berlin 1473	- 3
Bf	-	-	-	Merseburg	- 53
Bg	-	-	-	Breslau Bernh.	- 13
Bh	-	-	-	Berlin-Dieck.	- 7
Bi	-	-	-	Berlin-Joachimsthal	- 9
Bk	-	-	Ausgabe	Cölln 1480.	
Bl	-	-	Handschrift	Leipzig Nr. 947 . . .	- 45
Bm	-	-	-	Meiningen Mbr. . . .	- 51
Bn	-	-	Ausgabe	Leipzig 1488.	
Bo	-	-	Handschrift	Oschatz	- 62
Bp	-	-	-	Gaupp	- 22
Bq	-	-	-	Quedlinburg	- 65
Br	-	-	-	Roedenbeck	- 67
Bs	-	-	-	Giessen-Günderode .	- 27
Bt	-	-	-	Breslau II. *Q* 4 . . .	- 11

Bu	bezeichnet die Handschrift	Leipzig IV. 9 . . .	Nr. 42
Bü	- - -	Schweidnitz	- 69
Bv	- - -	Nürnberg	- 61
Bw	- - -	München 517 . . .	- 55
Bx	- - -	Meiningen Pap. . . .	- 52
By	- - -	Jena	- 38
Bz	- - -	Leipzig II. 20 . . .	- 41
Bα	- - Ausgaben	Augsburg 1481 etc.	
Bβ	- - Handschrift	Dresden M. 26 . . .	- 18
Bγ	- - -	Mainz	- 49
Bφ	- - -	Fürstenstein	- 21

Classe *C*, oben S. 58.

Ca	bezeichnet die Handschrift	Giessen-Eyben . .	Nr. 26
Cb	- - -	Halberstadt 1393 .	- 36
Cc	- - -	Kopenhagen . . .	- 40
Cd	- - -	Halberstadt 1437 .	- 37
Ce	- - -	Münster kl. 4. . . .	- 58
Cf	- - -	Giessen-Cölln . .	- 25
Cg	- - -	Giessen-Berleburg . .	- 24
Ch	- - -	Cleve	- 14
Ci	- - -	Göttingen 1408 . . .	- 30
Ck	- - -	Cölln	- 15
Cl	- - -	Stüve	- 71

Classe *D*, oben S. 63.

Da	bezeichnet die Handschrift	Giessen 974 . . .	Nr. 23
Db	- - -	Darmstadt	- 16
Dc	- - -	München 507 . . .	- 56
Dd	- - -	Wien	- 74
De	- - -	Königsberg	- 39

Classe *E*. oben S. 65.

Ea	bezeichnet die Handschrift	Görlitz	Nr. 29
Eb	- - -	Leipzig 906 . . .	- 44
Ec	- - -	Liegnitz	- 46

Stimmten sämmtliche verglichene Texte einer Classe, so ist nur der grosse Classenbuchstabe gesetzt, sonst sind die einzelnen Glieder mit ihren besondern Buchstaben alphabetisch nach dem Classenbuchstaben angegeben, falls nicht wegen der geringern Erheblichkeit der Abweichung ein „Viele" oder „Andre" genügte.

II. Sonstige Erläuterungen zu den Varianten.

1. Folgt die Variante gleich nach der Notenzahl, so bezieht sie sich nur auf das eine Wort des Grundtextes, bei welchem die Zahl befindlich. Soll die Variante mehrere Worte betreffen, so sind diese noch in der Note mit] oder, wenn die Note mehrere Sätze umfasst, die späteren mit ||] eingeklammert. War ein Satz als Variante mehrerer Texte anzuführen und fanden unter ihnen wieder bemerkenswerthe Abweichungen statt, so sind diese durch Klammern ( ) kenntlich gemacht, z. B. Cap. 1 Note 22, 30.

2. Die verschiedene Eigenschaft der Variante ist so bezeichnet:

a) Fehlt etwas in dem verglichenen Text, so steht vor seinem Buchstaben ein *f.*, welches also fehlt in zu deuten ist.

b) Setzt der Text etwas hinzu, so steht ein *fh.* nach dem Buchstaben.

c) Setzt er etwas anderes in die Stelle, so folgt dieses andere ohne weiteres nach dem Buchstaben.

III. Abkürzungen der nach den Summarien angeführten Quellen und Schriftsteller.

Berliner Stadtb. — Stadtbuch in Fidicin, Beitr. z. Gesch. v. Berlin, 1837 I.

Blume MR. — das Magdeburgischen Rechts, in der Beigabe *B.*

Brackenhöft — juristische Gewere in der Ztschr. f. D. Recht Bd. V.

Joach. — die Gerichtsformeln in der Hdschr. Nr. 9 s. Beigabe *A.*

Kopp — von der Verfassung der geistl. u. Civilgerichte in Hessen-Cassel, 2 Thle. 1769, 1772. 4.

Planck Bewf. — Recht zur Beweisführung in der Ztschr. f. D. R. Bd. X.

Planck BU. — die Lehre vom Beweisurtheil 1848.

Weichb. Gl. — die Glosse zum Weichbilde in der Hdschr. Rb. Nr. 47, s. Beigabe *F.*

Der Richtsteig Landrechts.

Ueberschriften und Eingänge.

Aa Hir hevet sik an de richtstich. *Ab* De richtestich bin ic genant, alle rechte unde clage sint mi bekant. *Aio* Hir begint die richtstich des rechten in deme buke der Sassen spegel. *Aq* Hir beghint de text des schedeklotes anders gheheten des rechtsteigers. *Ar* De vorrede van der settinge desses bokes gheheten de richtestijch edder de Scheueclod in dat lantrecht.

Bh Incipit processus iudiciarius. *Bf* Hir beginnet de lere wye sich eyn itlich man vor gerichte halden sal nach rechte. *Bk* Hir begynnet nu dat proces unde ordinatie des gerichtes. *Blß* Hie begynnet der Richtestig. *Boφ (auch Waltershausen)* Hy begynnet dy lere und der weg des gerichtes (*Bo fh.* und des richtstiges). *Brswz* Hie hebit sich an der Richtstig, (*Bs* Riteschig). *Bu* Von dem richtstige. *Bü* Hier hebt sich an das begin des gerichtis von deme richter. *Bα* Hienach vahet an die handlung des rechtens. *Dessau* Daz is der richtestyg u. beginnet an daz gerichte.

Ca Hier geet an die scheven cloet. *Cf* Dyt ys scheidecloet. *Ch* Hier beghint dat spigel van sassen off de scheepen cloet. *Ck* Dit is die scheyve cloet.

Dabce Diss puch das (*Dce* Liber talis) haisst das puch von dem richter vnd dem clager vnd von dem antwurtter.

Eac Incipit processus iudicii in foro civili, Richtsteig.

Prolog.[1]

De sosten settinge na Koning Karls rechte an deme ende des Sassenspeigels de dar beginnet: Buchses wat ghord de richter etc., ut Li. III ar. LXXXVII §. XI, und de andern veer settinge de darna volgen wente an den ende des Sassenspeigels,[2] de satte keyser Frederik von Stouff na godes bort dusent jar und anderhalf hundert jar in deme achteden[3] jar und in deme drudden jare sines rikes in deme[4] pingst dage to Meylán in deme palaze; und quam also to, dat de geistliken und wertliken fursten deme keisere kundigeden, dat vele[5] unschuldiger lude to unrechte[6] gedodet worden und vele schuldiger lude[7] los worden dorch de sake,[8] dat de richter nicht en wisten, wu se richten scholden[9] und, wo se de[10] wise des gerichtes[11] holden scholden,[12] ute deme[13] Sassenspeigele

---

1) *Der Prolog findet sich in den Handschriften Aabcgiklno rsBa vor dem Ganzen, in Eabc vor der zweiten Abtheilung, s. oben S.* 65. 2) De sosten — Sassenspeigels] *So Ar; die übrigen außer Aa* Desse settinge unde de vire (*Ag* desse v., *Ab* d. werre, *Ac* d. werren, *E* dise lere und were und rede; u. d. v. *f. Al*) de hir na volgen (*E fh.* di sint in peinlicher clage); *Aa* Desse settinge genomet de richtstich. 3) *Alle außer Ar* achtentwintegesten. 4) *Ag fh.* hilighen. 5) unschuldeger — vele] *f. AabciE; Aa hat jedoch noch* loz worden: unde de unschuldigen in gerichte verordelt worden. 6) *Ar fh.* beschedigt und. 7) s. l.] *E* misteter. 8) *Aa fh.* dat se de wise vor gerichte nicht kunden, darumme si sik to ereme rechte und noden nicht behelpen mochten. Unde ok. 9) *Ar fh.* ut deme Sassenspeigele. 10) *Aa fh.* rechte. 11) *Ba* rechtes, *E fh.* in peinlicher clage. 12) und wo — scholden] *f. An. Das folgende bis* strouwet *is f. Aa.* 13) u. d.] *AinBa* ut der, *Ag* und des ute der, *Ao* und ut der, *Ak* de ut der, *Al* dy sey ut der; *AbcE* unde si der (*E* den). *Ar fh.* sulven.

nicht geleren konden, dorch dat[14] to deme richte[15] so vele horet,[16] dat[17] in deme rechte[18] to strouwet is.[19]

[20]Dit[21] schelet[22] ok noch vil mennigen[23] wisen mannen, de[24] lange in deme[25] privilegio gestuderet hebben,[26] und clagen dat se sik[27] to eren noden nicht behelpen[28] mogen, dorch[29] dat se der wise vor gerichte nicht en weten.[30]

[31]Dit sulve kundegeden uns[32] ok de erbaren lude[32a] her Curd[33] und her Syverd[34] van Boek,[35] des wunderliken hern Janes[36] kinder[37] van Boek,[38] dat wi[39] dorch erer leve[40] willen en wolden eine slichte wise leren,[41] wu se sik in dem gerichte holden scholden [42]of se richter weren, und wo se don scholden eft se dar clegere efte antworder weren.[43] Und se beden, dat wi en dar nene bewisinge mer up en setten, wen de in unseme

---

14) d. d.] *Ag* dor dat dat, *E* darum d., *Acn* dar d., *Aiko Ba* dat. 15) *Abc* rechte. 16) dat — horet] *f. Eb.* 17) so vele horet, dat] *AbcgklnBa* horet, also vele; *Aio* hort, wen he also vele; *Eac* also vil gehoret und iz. 18) i. d. r.] *E* in deme sachsenspiegel also weite. 19) t. st. i.] *E* gestrowet stet. 20) *Der Absatz f. Aa.* 21) *Ac* Dy. *E* Und daz. 22) *E* irret. 23) *f. AoE.* 24) *E fh.* ioch gar. 25) *E* der sachsin spigel. 26) *E fh.* und daz selbige privilegium nicht wol vornomin habin. 27) *Ab* dit. 28) *ArE fh.* konnen edder (*E* noch). 29) *E* unde, *Ag* dar unde, *f. Abc.* 30) der — — weten] *Alle außer ArE* de — kunnen. 31) Dit — bewisinge genuch] *f. Aa. Ai hat ein §zeichen.* 32) *Acgn* mi, *AikloBa* eme. 32*a*) e. l.] *Ec* ere warleute. 33) *Ab* Cunrad. 34) Syvart, Zyverd, Seifried, *Al* Deynhart. 35) Buk, Buke, Buch, Buche. 36) *Ag* Jonas. 37) *AbcE* sone, ‖ des — k.] *Al* die des — k. weren. 38) *E fh.* und uns baten. 39) *E fh.* durch got und durch der gemeine nucz und durch ere und durch fromen und durch des rechten wille und. 40) *Ai fh.* und dorch eren. 41) w. l.] *Ar* lere geven; *Eab fh.* und beschribin. 42) of — don scholden] *f. AbcE.* 43) *E fh.* in burgerlicher clage alz wir hir vor gesaczt und in pinlicher clage als wir nu seczin wollin.

rechte stunde[44] und seden en[45] wur se id[46] darinne[47] vinden scholden,[48] und spreken, se hedden[49] in deme apparate der glosen, de wi darover[50] gesat hebben, des keiseres[51] und des geistliken rechtes bewisinge genuch.[52] Wente wi se denne[52a] van[53] herten lef hebben,[54] so moge wi noch en konnen en des nicht vorseggen,[55] und willen[56] gode unde siner moderliken maget marien[57] [illegible]

44) de i. u. r. st.] *Ab* i. u. r., *Ak* de i. u. r.; *E* i. u. r. st., *Ar* de in deme texte der Sassenspegele stunden. 45) s. e.] *Ar* bewiseden en, *f. AbcE.* 46) s. i.] *E* man daz. 47) *AgnoBa* in unseme rechte; *f. AbciklE.* 48) *E fh.* von articulo czu ar. von §o czu §o. 49) u. spr. s. h.] So *Ar*; *AbE* na der wise de s. h. (*E* alz man hatte), *Ac* de wise de s. h.; *AgiknoBa* Wi seden se hedden se dar (*Ai* so sie hedden dar), *Al* so hadden sy. 50) d. gl. d. w. d.] So *Ar*. *E* odir privilegio in der glosin alz wirs; *die Uebrigen* dat wi dar. 51) *Ar* Romeschen keys. rechtes. 52) gesat — bewisinge genuch] *E* besaczt und beweisit habin mit der beweisunge legum daz ist keiserrechtis und mit der beweisunge canonum und decretalium daz ist dez geistlichen rechtis. *Ab hat a. E.* bewisinge. Noch. *In Ac ist nicht deutlich, ob das* noch *a. E. als „genug" zu diesem, oder als „noch" zum folgenden Satze gehört. Nach den Noten* 49 *und* 52 *ist der Sinn in Alr der, dafs die Herren von Buch Beläge aus dem kaiserlichen und geistlichen Rechte, die sie in der Glosse zur Genüge hätten, hier nicht wünschen. Und das stimmt ganz dazu, dafs sie vorher sich eine „schlichte Weise" und nur eine Beweisung aus „unserm Rechte" mit Citaten erbitten. Dagegen wäre es nach AgiknoBa der Autor, der die Bittenden auf seine Glosse verwiese, und nach AbcE würden die Vaterbrüder gradezu solche Beweisung wie in der Glosse wünschen; beides passt weder zu dem Vorhergehenden noch zu der wirklichen Gestalt des Richtsteiges, welcher einfache Verweisungen auf den Sachsenspiegel giebt.* 52*a*) W. w. s. d.] *E* sint w. s. noch; *vgl. N.* 52. 53) *Ac fh.* rechten. 54) *E fh.* und ubirein mussin mit einander tragen. 55) *Ar* geweigern noch v.; *E* geweigern di uns dez gebetin habin. 56) Wente — willen] *Au* Dorch dersulven sake willen so heft de ergenante keyser. — *Ar fh.* uns bearbeiden. 57) m. m.

unde der werlde[58] to gemake und en[59] to leve[60] und den guden to fromen[61] und den bosen to schaden[62] uns[63] erwegen des arbeides und ok der[64] vordechtnisse und der achtersprake [65]der unrechten und ores hates.[66] Wen se haten uns[67] bilken,[68] wente wi wolden oft[69] wi mochten en[70] afspreken und afschriven[71] liff gud und ere.[72] Und dat wi en to ener bekantnisse[73] dribolde[74] mochten scheren[75] und se mit eime heten[76] iserne mochten dorch de[77] tene[78] bernen, uppe dat me de guden bekande,[79]

---

m.] *Aa* moder m. m.; *Al* benedidcn muder; *Ar* leven moder der reynen m. m.; *E* keuschin u. reinen muter u. m. m. 58) *E fh.* und den guten. 59) *f. Aaio.* 60) *An* love. 61) en — fromen] *E* czu fromen u. czu nucze. 62) *E fh.* czu lastir (*Eb* smaheit) u. czu schandin. — *Ab fh.* unde, *Ar fh.* und willen. — ***Statt*** uns ***bis zum Ende hat Aa:*** desse iegenwardige settinge gesat, dar men des klarliken mede in kunde kamen mach, dat de richter in gerichte unde de kleger unde de antwerder weten wo se sik met einanderen na deme rechten holden scholen, dat se nemanne vorunrechten unde sik sulven met deme rechten beschermen mogen vor ereme schaden. 63) *f. Aino.* 64) o. d.] *E* bosir lute. 65) der — hates] *f. Eb.* 66) *Ar fh.* und ene korte lere dar van schriven. 67) ***Gewöhnlich*** mi, ***und so auch im folgenden*** ic ***statt*** wi. 68) Wen — b.] *Ar* Und — b. darumme; *E* W. se mich b. h. und billich tun des acht ich nicht. 69) ***Gewöhnlich*** dat. 70) wi wolden — en] *Ac* ic wolde en in deme gerichte; *E* kunde ich unde mochte in. 71) u. a.] *Ar* u. schriven; *f. AbcE.* 72) u. e.] *f. Aio.* 73) bekentnisse, kentnisse, *Ac* liknisse. 74) *Ag* enen drybolt. 75) Und — scheren] *E* und mochte (*Eb* konde) ich sy beczeichen allen fromen luten (*Eb* gemercken das sy von allin fr. l. erkant wurden) und mocht ich sy bescheren gleich den toren (*Eb* oren) als man pflit czu tun den rechten toren. 76) *E* gluenden; *f. AbciklnoBa.* 77) *Ar* ere. 78) *Eb* backen. 79) uppe — bekande] *AgiknBa* uppe (*AiBa* um) dat sie de guden bekenten; *E* daz sy mochtin frome lute irkennen und sich vor in (*Eb* den busen) hutin; *f. Abco.*

dar wolde wi mit willen[80] tein jar deste er umme sterven.[81]

---

80) m. w.] ***Ar*** m. gudeme w.; *f.* ***Abc.*** || dar — w.] ***E*** ich wolde gerne di sunde busen und gerne. 81) tein — sterven] ***Eb*** ein — st.; ***Eac*** lebin eins iarz destu myur. ***E*** *fh.* so mochte man sich vor in (*Eh* sy) huten

Capitel 1.

§. 1. Das Gericht besteht aus dem Richter, dem Kläger und dem Antworter. §. 2. Der Richter eröffnet das Gericht, indem er sich setzt und, nach Urtheilsfrage an den Unterrichter, Ungebühr verbietet und das Recht erlaubt, I. 59 §. 2. §. 3. Er stellt die Dingpflicht fest, I. 2 §§. 2, 3. (III. 61 §. 4), das Recht des Bauermeisters die Ausgebliebenen anzuzeigen I. 2 §. 4, deren Gewedde, II. 6 §. 3 (I. 53 §. 1), dessen Zahlung II. 5 §. 2, und die Haftung des unbeweglichen Gutes dafür, II. 41 §. 1 (I. 53 §. 3). Ausreden der echten Noth II, 7 und des Erlasses der Pflicht, III. 56 §. 3 a. E. §. 4. Umfang der Rüge des Bauermeisters.

Weichb. Glosse 22 §. 1.

Wo sik dat gerichte beginnet. Wente denne[1] §. 1.
en gerichte[2] wert[3] van dren personen,[4] dat is[5] von deme richtere unde van deme clegere unde van deme antwerdere — wente[6] nen man in deme gerichte clagen edder

1) W. d.] *So Aabino; gewöhnlich* Sint dat; *Ae* Waer dat, 1.
Aq Wente, *Al* Alse, *Ap* W. dat, *Cgk* Sint, *E* sint denne, *BtD abcd* Sintemal das, *Bk* Na dem male dat. 2) *Ag* richte, *Abq* recht, *Bkxα* recht gerichte. 3) *So ACByβD*; *Ea* wirt daz wirt, *Br* werden sal, *Bcghqü* werden sal daz wirt, *Babdilmovxzαφ* werden sal dat sal (mut) werden, *Bk* wesen sal unde sal werden, *Bt* geschyt, *Ae fh.* dat wert ton mynnesten; *Cf fh.* geheiget. 4) *Bp fh.* adir luten. 5) d. i.] *Bt* alzo. *BabfghiloxzüαEa fh.* van erst, *Bk fh.* dei erste. 6) *AgBc* unde w., *Af* wante dan, *Ap* wante dar, *BadghilruvxwφCh* w. denne, *Aa* w. ock denne, *AnBmoyüβ* wenne denne, *Bz* wenne das.

1. Sint das eyn gerichte werden sal das sal werden von 1.
dren personen, das ist von erst von dem richtere von dem kleger vnde von dem antwertere. Wenne denne nymant yn dem gerichte geklagen en mag ader geantwerten en mag, da en si

antwerden[7] ne mach, dar ne si en richtere[8] — darumme
§. 2. wil wi[9] alder erst[10] van deme richtere secgen.[10a] De richtere scal sic tum ersten[11] setten,[12] unde [13]is in der stede[14] en under richtere[15] den scal he[16] vragen, oft[17] he dar en ding hegen[18] mute,[19] [20]unde darna, oft he icht

---

[illegible] *Babfghiklmoruuvxzaφ Eu* e. jegenwardich r., *Bu* deme der r. do kegenwortig, *Be* e. cleger und eyn. || wente — r.] *f. Bt.* 9) *Ab* ic; *AacdhknpBewyCbhl fh.* di. 10) a. e.] *Bm* to deme irsten, *Bu* vor das erste, *Ao* allir nest; *Aq* ersten. 10*a*) wil — secgen] *Bt* mercke von dem judice. 11) *Ab fh.* selven, *Ac fh.* tho richtende, *Aa fh.* sulven to richtende. 12) sic — setten] *Bh* siczen. 13) is — — scal he] *Cah* sal. 14) i. d. st.] *f. AhkpqBadmCbe.* || unde — stede] *Cg* wa men gericht heget is da. 15) u. r.] *Aacdfhiklnopq BβCbcil* u. r. under eme; *D* u. r. der vntter jm ist; *Badefghilmnoruüvwxzφ* ander r. under ym, *Bbka* ander under ym *Bc* obrer. *Af fh.* eder vronebode. 16) *Cg* de richter zum irsten. 17) *Af fh.* des dach vnd tijd zy dat. 18) *CfkDabcd* haven (gehabin). 19) *BewyβCk fh.* so (das) vynt hei (man) dat he moiss, *Eb fh.* so spricht ienir yo, *Af fh.* So vind men yt zij. 20) u. d.] *Eb* so frage er. || unde — — vorbiden scun] *Ci* dornach sal her fragen ab er icht vreen muste. Do vint man dingslicht und unlust; *Af* Darna zo vraghe de richtere wat he vorbeden moghe. So vynd men eme to rechte scheltwort vnd vnlust, zunder achte, nymant zin wort züluen to sprekene, he en do dat myt enen vorspreken, nemande van danne tho schedene der dar zathafftich ys er dat gerichte ghesleten ys, it en zij myt orleue des richterss. Slitinghe mach he ok vorbeden. || unde — — — — unrecht] *BeywβCfgk* so sal he fragen wat he da vorbeden moge, so vint men unlost unde dingslete; wante he dat verboden het.

---

eyn keginwertig richter, darvmme wolle wir allererst von dem
2. richtere sagen. Der richter sal sich zu dem ersten seczczen, vnde ist yn der stat eyn ander richter vnder ym, den sal her fragen ab her eyn ding da hegin musze, vnd darnach ab her icht vorbiten musze vnding vnde vnlust. So sal der vnder-

[20a]vorbiden mute dincslete[21] unde unlust. [22]So scal de dat ordel vint sus spreken: here her richter, wil gi horen dat recht?[23] So secge de richtere ja.[24] So secge jene: ic vinde iu[25] tu rechte dat gi dat[26] vorbiden scun.[27] So spreke he:[28] alse mi[28a] tu rechte gevunden is, so vorbidic dingslete[29] unde unlust,[30] unde orlove recht unde

---

20a) v. — unlust] *Da* v. m. ding schlecht und verluset, *Db* verbutnüss ding slecht u. verlussit, *Dc* verpietnüss geding slicht verlwsst. 21) *Ac* dingslyten, *Ah* dinckslite, *Aa* dingslichen, *Aq-CefkDe* dingslechte, *Ci* dingslicht, *Bd* dingislern, *AkpCah* dingsate, *Cg* dincksete, *Cd* dingplicht, *Bbfghklmorsuüvxzq* undink, *Bc* ungedinge, *Bi* undat. 22) So — spreken] *So AdeCce. Aap* de dat ordel vint scal sus spreken, *Ca* So sc. die gene spr. d. d. vynt, *Cl* So sch. de it vint spr., *Agion* So scal dy dy dat ordel vint sus spr., *Ab* So sc. he it ordel vinden, so sprek, *Ak* So sc. he dan spr., *Ah* So sc. he dye dat vurspreken, *Aq* So s. als he dat vint spr., *Eb* So spreche der vndirrichter; *Babcdfghiklmo-üvxzuq* So schal de vnderrichter (richter) dat ordel vinden unde spreken alsus. 23) *BdfimpEb* ordel. 24) *B* ich hore ys gerne. 25) secge j. i. v. iu] *Bdfghiklmouüvxzuq* vinde ik iu, *Ce* vinde he eme, *Aq* vint he. 26) *Eb* dingslete u. vnczucht oder vnlust u. vndingk. 27) gi d. v. sc.] *Aq* he d. v. moghe, *Cah* hier een dingh heghen moegen ende verbieden dingsate ende onlust, *Bp* irs wol thun moget. || So secge de — scun] *Cd* ic vorbedet se on. 28) *AfgqBabfhiklmouüvzuCbdhl* der richter; *f. AkBcCe.* 28a) *D* vor. 29) *Ab* dingslichen, *Ahp* dynkslite, *Ac* dingslyten, *Ae* dingslichte, *AkqBbuCdeDe* dinkslechte, *Bk* dingschelde, *Bh-oüq* slechte ding, *Dabcd* ding schlecht, *Blu* unslechte ding, *Bm* scheldewort, *Bcg* unding, *Eb* unding v. dingslete, *Bi* unrecht. 30) *D* onsleht (*De* unlust) vnde alle obir pracht (*De* obir bracht); *Ci fh.* und alliz geschreye. || so — unlust] *Af* dat vorbede ik.

---

richter das vrteil vinden vnde sprechen also, herre her richter wolt ir das recht horen. So spricht der richter ich hore ys gerne. So vinde ich uch zcu rechte das irs vorbuten sullet. So spricht der richter, also mirs zcu rechte gevunden ist also vorbite ich schlechte ding vnde vnlust vnde irloube recht vnde

§. 3. vorbide islikem manne[31] unrecht.[32] Dunket di[33] denne dat de dar nicht ne sint, de dar[34] dincplichtich[35] sin, so vrage enen[36] sus: N[37] ic vrage iu[38] enes rechtes, we hir tu rechte tu me dinge sin scolen. So spreke: ic vinde iu[39] tu rechte, we[40] hir[41] inme richte erve unde eigen heft. So vrage[42] vort,[43] we se tu rechte wrugen[44] scole. Ic vinde iu[45] tu rechte, de burmester.[46] So vrage vort

31) i. m.] *f. AehklqCdehEb.* 32) *Aio* unlust. || unde — unrecht] ***Bi*** eynem isliken manne. — ***Bz*** *fh.* u. vorbiete das nymant sal reden, er thu is danne mit des richters loube. ***Eb*** *fh.* u. das nymant clage noch antworte er thu es mit loube, wer das breche mit den worten dem gehe es an sin gelt, wer es breche mit den wercken dem gehe es an den leip v. wircke dem dinge frede. Hy vor ehir er sin ding also gehegit hat, sal der burgermeister vfftreten u. sal gebitten dy ruge. Wenn dy ruge eingebrocht ist, so vroge er dy gemeyne ab sy vnder der willkur bleiben wollen, da sy von aldir vndir gelegen habin. Dy willkur sal nymande schedelich sein. Dy sullen leiden dy wilkur alleyne, dy do mete begriffen sein. 33) ***BEb*** dem richter, *AgCy* eme. 34) *Cd fh.* schullen wesen de. 35) d. d.] ***Dabcd*** dingschlechtig zu suchen. 36) *Aq* de richter, *Aabd* eme (en), *Cc fh.* de dar si, ***B*** he eines rechten; *f. Ailop.* 37) *Aadilo* her richter, *Cc* herman, ***Bv*** Nickel. 38) enen — iu] *f. ByCa.* 39) So — iu] So *AdCc*; *Aa* So segge . . . iu, *Abfip* ic vinde iu, *AnDae* ic vinde, *AekqBabcdefghikmoüxuqCae* So vint man (her) em, ***Blu*** So vint der, *BvyβCg* So vint man. 40) ***Bi*** alle dy jenen dy. 41) *f. in Manchen.* 42) ***Bc*** hore. 43) ***Bd*** *fh.* eyn andern eyns rechten. 44) *AkpBcCacd* vragen, ***Db*** vermelden, *Ac* vorbeden, *Cf* vorlegen, ***Bdimp*** laden. 45) I. v. i.] ***Die meisten hier und in der Folge*** So vint me. 46) *Ahk* burrichtere, *AcqBcgCgh* borgermeister.

---

3. vorbite vnrecht eyme iczlichen manne. Dunket denne dem richter das dy da nicht en sint dy da dingphlichtig syn, so frage her eynes rechten also. N ich frage uch eynes rechten wer hy zcu rechte zcu dinge sulle syn. So vint her zcu rechte wer yn dem gerichte erbe vnde eygin habe. So frage vort wer si zu rechte rugen sulle. So vint man zcu rechte der burmeister. So vrage vort eynen eynes rechten was her brechende si yenre

enes rechtes, wat er broke si[47] der,[48] de dar nicht[49] ne sint.[50] Ic vinde tu rechte, ir gewedde.[51] So vrage vort wat ir gewedde si. Dat vintme na deme dat du richtere sist.[52] So vrage wen se dat[53] bereiden[54] scolen. Ic vinde tu rechte, over[55] ses weken. So vrage wor[56] dus[57] tu rechte up warden[58] scolest. Ic vinde tu rechte, up sin erve.[59] [60]Dit mogen se untreden,[61] oft se echt not erret,[62]

---

47) e. b. s.] *Bc* ir gebrechen sey, *Bg* broches si eyner vorfallen, *Bm* he vorbaret hebbe, *Babdfhiklnouüxzαφ* her brechende si, *Eb* der breche, *Bv* jenner brechen sey. 48) *Aan* der yennen; *f. in Vielen*. 49) *Bacgkoüφ fh.* to gerichte, *Bl fh.* czu rechte, *BdmEb fh.* to dem dinge. 50) *BdEb* kumpt. 51) *Dabcd* busse. 52) d. d. d. r. s.] *So Abeghp*; *AacinEb* deme dat der r. s., *Bewy* der gewonheit, *AdfqBβCbcdefgl* gewonheit dines (des) gerichtes (*Cd* rechten), *Cah* deme das die r. is ende na gewoenten der steden off der dorpen, *Ci* deme alz du r. bist alz man dir wettet uñ gewonheit, *D* dem rechten (*f. De*) als der r. is. Also nympt man die busse (*De* gewette) nach gewonheit; *Bm* des richters gnade, *Babcdfghiklouüvxzαφ* deme das ym der r. gnade (*Ba* gnedeliken) tun (*Bx* beweysin) wil. *Abn fh.* alse du hefst, *Ahp fh.* wat du hevest. 53) *BaCah fh.* wedde. 54) *D* bereit sin, *BckzαEb* betalen, *Bio* vordern, *Cah* bereiden off betaelen, *Ci* leisten, *AgBfghluvxφ* wedirredin. 55) *Einige* bi. 56) *Bc* weme ader wo. 57) *Andre* er des, *Aa* des de richter. 58) *BewyβCfg* sehin, *Bi* vorderen. 59) *Ci* guten. *Af fh.* is he auer eyn eghenman vp zin gud offte he werlast (verlust?) yd. 60) Dit — untreden] *Cb* Dat si auer affgheredet, *AdCl* Doet ze aver mit reden witlik. || Dit — bescheidenliken] *Bm* Hir wedder is, dat oft id eme echte nod beneme, ok eft sy des richters willen hebbe, so bescheide. 61) *Bguφ* undir redten (reden, reiten), *Bfho* undirtreten, *Bbklvxzα* wederreden, *BdpCdDc* wedersprechen, *Cah* antworden off entreden. 62) *AeCfi* hindert, *Bk* e. off hindert, *Eb* benympt. || se —

---

der da nicht zcu gerichte en ist. So vint man czu rechte syn gewette. So vrage vort was syn gewette si. So vint man nach dem das ym der richter gnade tun wil. So vrage wenne her ys vordern sulle. So vint man obir sechs wochen. So frage wo du ys zcu rechte warten sullist. So vint man zcu rechte vf syme erbe. Dys mogen si abir vndir tretin ab sy rechte not ir-

edder oft se mit des vronen boden willen tu hus[63] gebleven sint,[64] also bescheidenliken, deste he[65] nen bur-
§. 4. mester ne si edder[66] nicht[67] beclaget ne were.[68] Ist aver en echte[69] ding, so [70]spric: ic vrage iu, [71]oft icht en islik burmester wrugen[72] scole, [73]wat in sime dorpe gescin is.[74] Ic vinde iu tu rechte, he scole wrugen. So vrage, wat he[75] tu rechte wrugen scole. Ic vinde tu

---

e.] ***Cah*** oen dat rechte noet beneemt dat sy dair toe dinge nyet komen en kunnen. Dat is toe weten dat vier saken syn jn den rechten die rechte noet heyten gelyck die spiegel van sassen dat verclaret. (***Ch hat den letzten Satz erst nach N.*** 64.) 63) t. h.] ***BpDabe*** do heyme. 64) mit — sint] ***Babdfghklnoüvxzαφ*** des richters bode (***Bk*** gewedde) mit willen to huse (do heyme) gelaten hedde, ***Bc*** se m. d. richters w. es gelassen hetten, ***Bi*** des richters wille het bi hus gelaten. ***Ce fh.*** sunder de burmester ind de dar beclaget werdet. 65) b. d. h.] ***AdfghpqBewyβCbcdefgl*** b. dat de dar to huse blivet, ***CkD*** wer do heyme blibit das (***Ck*** der sal), ***Aio*** b. d. or, ***Bacfghiklouüvzαφ*** b. ob der, (erer, von den, von den ir, denne, dan von orer, dann von den jr, under one, ***Bz*** von den yter) 66) ***Bm fh.*** sunderliken. 67) ***Bghlioüvxzαφ*** ir keyn under yn. 68) nicht — were] ***Bc*** keiner unter den die beclagt weren, ***Da*** kein klager sy. || also b. — were] ***f. Cah.*** 69) ***Bbkvxzα*** slecht, ***Eb*** nicht recht. 70) ***Bcdfghiklovzα*** spreket de richter. || sprik — iu] ***Bm*** vrage de richter umme ein recht. 71) oft icht e. i. b. wrugen] ***AbBhD*** o. ic e. isliken b. vragen, ***BmpwyβCfg*** was e. i. b. w. 72) ***Cabepq*** vragen, ***Ck*** sagen, ***Bd*** geczeugen. 73) wat — wrugen sc.] ***f. BpyβCfg.*** || wat — — tu rechte] ***Bm*** So vint men he scole wrogen oft in synem dorpe hebbe vernomen. 74) ***D fh.*** das findet man. So frag (***Dc*** antwort) N. 75) w. h.] ***Al*** wu hey dat.

---

ret, ader ab si des richters bote mit willen zcu huze gelassen habe, also bescheidenlich ab von der ir keyn burmeister si,
4. ader ir keyn vnder en beklaget si. Ist ys aber eyn recht ding so spricht der richter, N ich frage uch ab icht eyn iczlicher burmeister rugen sulle was yn syme dorfe geschen si. So vint man zcu rechte her sulle rugen zceter geschreye vnde geruchte,

rechte,[76] gescriede[77] ruchte[78] unde blut[79] wunden, getogen swert,[80] unde we dar under sinen buren nicht ne sin.[81]

Capitel 2.

§ 1. *Wer klagen will, bitte um einen Vorsprecher überhaupt, was der Richter gewähren muss, sodann um einen bestimmten, I.* 60 §. 2. §. 2. *Er erbitte ihn bei Zeiten, um seiner vor andern gewifs zu sein, I.* 60 §. 2, *I.* 61 §. 2. §. 3. *Er lasse den Vorsprecher reden, um, wenn der Richter fragt ob er sich zu des Vorsprechers Rede bekenne, dieselbe bessern zu können, I.* 62 §. 11, *III.* 14 §. 1 (*vgl. Gl. dazu*). §. 4. *Wer kann das Vorsprecheramt eidlich ausschlagen, I.* 60 §. 2; *wer darf nicht Vorsprecher sein, I.* 61 §. 4, *II.* 63 §§. 1, 2 (*und keinen haben, Gl. zu I.* 48 §. 1, *III.* 16 §. 2).

Weichb.Gl. 22 §. 2. §. 1. *Planck BewU.* 28. §. 4 *Ebd.* 29.

Wo men vorspreken cricht. Hir na clage[1] §. 1.
wene wat werre.[2] Swene denne wat werre, de[3] heve

---

76) he scole — — rechte] *f. AehnpqBemwCbcdeD.* || So vrage — rechte] *f. AdBabcdfghiklouüvxzaφCahiEb.* 77) *AgCb* ghescreyhe, *Cl* gheschreide, *Ai* scriende, *Be* geschrey, *Bm* ropen, *BabcdfghlosüvzaφCiEb* zetergeschreye unde, *Bi* tu jodute. 78) g. r.] *Dabcd* geschriben recht. 79) *AdqBaglouCbclEb* blödende, (blutene), *Dd* plietigen, *Bc* blutrunstige, *Cd* openne. 80) *Bm* gewapen metzer edder swerd. *BkCahp fh.* op eens anderen mans schaden. 81) n. n. s.] *Andre* n. n. si (ist), *Aa* to dinge nicht en sin; *Bm* dar to deme dinge n. n. s., *Bchiü* n. da were; *Eb* czu dinge nicht kompt, *Dc* nicht offenwart. *Ad fh.* unde alle ungerichte dat an liff unde an hant gha.

1) *Cd* spreke, *Bp fh.* eyn ichlich man, *Eb fh.* mit des richters loube, *Dc fh.* wer zu clagen hat. 2) w. w.] *Cb* wat sy, *AlBm* wes (*Bm* weme des) not sy, *Bd* denne icht werrens sey, *Bc* ichts gebreche ader gewerre, *Bp* dar icht not thue. || w. w. w.] *Ci* waz ym not sy, *Aq* de rechte cleger. 3) Swene — de] *AlqBemCcefg* unde; *AhpCah* en wie wat clagen wil de. *Bdp fh.* clage u. 2.

---

gezcogene swert vnde blutene wunden vnd wer vnder synen geburen da nicht en ist.

2. Wy man vorsprechen ir krigen moge. Hy nach 1.
klage weme icht werre. Weme darnach icht werre der hebe syne

sin dinc[4] sus an, he spreke:[5] here her richtere, ic bidde enes mannes, de min wort spreke.[6] Hir wete[7] wor[8] ic sette[9] dat wort: ic bidde;[10] wilme di[11] nicht twiden,[12] so vrage jo enes rechtes, oft it de richter dorch recht icht dun scole. So secht he:[13] ic gan iu des wol. [14]So sprek: ic bidde N, unde nome wene du wilt, enkede[15] bi sinen
§. 2. bekenden[16] namen.[17] Hir wete[18] drierleie behendicheit.[19]

4) *AgBacghkmoCd* clage, *Bdp* rede. 5) heve — spreke] *BewCfEb* spreche also. || h. spr.] *f. BadipCc.* 6) mannes — spr.] *Ah* vorspreken. 7) *Bdmp* vornem, *BiklEb* merke, *Aq* merke sunderlike, *De* her wizze. 8) *AeCabf* wur umme, *Af* dat. 9) *Aef* segge. 10) wor — bidde] *Aq* wor dyt wort steit ic b., *Bm* vornym tuy recht u. hore na miner lere. Wan du alsus einen vorspreken biddest; *Babcdghiklo* was ich dir sage u. vornim rechte (u. v. r. *f. Bi*) das wort salt du bitten (*Bc* vornim mich recht d. w. zu sprechen soltu viel pieten). 11) w. d.] *Ai* Wil mik die richter. *Bc fh.* des fursprechen, *Bbgko fh.* is, *Aq fh.* dar. 12) *BknCd* getwiden, *Aq* uptwiden, *Bep* geczwiden, *Bwy* gezwidigen, *Bbgko* gezwien, *Bhl* geczwigen, *Eb* angeczwigen, *Bg* geczweigen, *C* twyen, *Bs* swigen, *Bd* geweren ader geczeigen, *Dab* erhoeren, *Dc* verhören, *De* zwiden, *BcEa* erlauben. 13) S. s. h.] *AlqDac* So spreke de richter, *Af* zecghet dan de richter, *BemwCaf* So vintme me schole, spreke he denne, *BabcdghikloEb* so mus hers von rechtis wegen tun u. mus sprechin. 14) So — nome] *Cd* du macht beten umme eyn. 15) *Ad* entekede, *Ak* enclike, *Ah* entliken, *Ca* eyntliken, *BbghoE* eigentlichen, *Bm* muntliken; *f. De.* 16) *AghikBghx* bekentliken, *Ae* kentliken, *Ad* betekenden, *Cd* beschedelken, *Eb* cristen, *Bbk* rechten. 17) wene — namen] *Bcd* en bey (*Bi fh.* seinem) namen bekentlich u. eigentlich; *Bp* en bey namen u. bekentlich. 18) *Bi* merke, *Bk fh.* egentliken. 19) *BxDa* d. besceidenheit, *Bc* was yderley behendicheit sey,

klage also an. Herre her richter ich bitte eynes mannes der myn wort spreche. Hyr wisse was ich dir sage vnde vornym rechte, das wort salt du bitten, wil man dich ys denne nicht gezcwien, so frage eynes rechten ab ys der richter icht durch recht ader von rechtis wegin tun sulle. So mus hers von rechtis wegen tun vnde mus sprechin, ich gan ys uch wol. So bitte vnde sprich, N bitte ich vnde nenne en by syme rechten
2. namyn wen du wilt eigentlichen. Hy wisse drierleye behendikeit

Tume ersten, were dar en vorspreke den du gerne heddest,[20] bort[21] di wol tu antwerdende edder tu clagende, tret gud tid[22] tume richtere[23] unde biddene,[24] so en mach en di darna neman untbidden;[25] wen, we en[26] erst biddet, den mut men tu rechte geven.[27] Tume anderen, §. 3.
wen du enen vorspreken hefst,[28] wultu weten, wo men di dit dinc[29] vinden wolde,[29a] lates dinen vorspreken vragen; alse met vint,[30] behaget it di nicht, so je[31] an sin wort[32]

20) *AdBe* betest. 21) *Cc* vor, *Bd* gebeutit man. 22) t. g. t.] *Af* ganck g. t., *Cf* t. zytligen, *Aab* t. gutliken, *Ac* t. gut tit gutliken, *BabcdghikloE* sprich yn (*Bc* bey, *Bk* to) cziten. *AdCbc fh.* dar. 23) *Af fh.* wan he irst zitten gheyt. 24) tret — b.] *Aq* den bidde ghud tijt to voren van den r., *Bm* so sprik h. r. ik bidde des mannes u. nome ene den du gerne heddest. *Bdp fh.* czu vorsprechen, *AfCa fh.* om den voirspreke, *Bc fh.* umb yn, *AiBx fh.* darumme, *BeCf fh.* wen du wollest. 25) *BeCf* entbiten, *Ba* untwenden, *Da* abebitten, *AlqCe* nemen, *BbcghkoEb* genemen noch entwenden, *Bd* enpfremden noch genemen, *Ea* genemen noch intpfremden. || dar entb.] *Ad* dar na nemant umme bidden, *Bm* men dik des nicht weigeren. 26) w. e.] *AgkCa* w. eme ene, *Bk* wene men, *Bghio* umme wen her, *Bc* warumb, umb wenne er, *Bp* welchen vorsprechen eyn man. 27) m. t. r. g.] *Be* her von erst g. *Bk fh.* u. laten. 28) *Eb fh.* der betedinge dir v. nu wandel und holunge als du hyrnach in der nehisten dist. wol vernemen wirscht. 29) d. d.] *Ab* dit, *Ae* dijn dynck, *Da* das dingen, *BeCa* een ygelik dingh, *Bd* das orteil, *Aa* icht en ordel. 29a) *Andre* solle. 30) a. m. v.] *Bm* Wen denne die vorsprake alsus vraget u. ene dat ordel gevunden wert. 31) *Aefgh* gu, *AiqBbgikoCcde* ge *oder* ga, *Al* segge, *Bs* glowbe, *BemDb* volborde. 32) je — wort] *Cg* enwillkores, *Cf* voulge yem, *Cb* secghe an sine wort en kere ek mek.

by. Czu dem ersten, ab da eyn vorsprreche si den du gerne hettist, geboret dir wol zu antwertene ader zcu clagene so sprich yn zeiten zcu dem richter vnde bette den, so en mag en dir nymandt genemyn noch entwenden, wenne vmme wen her betet den mus man im gebin zcu rechte. Czu dem andern male, 3.
wenne du eynen vorsprechin hast, wiltu denne wissen wy man dir das ding vinden sulle, las ys dynen vorsprechin fragen; als man dir ys denue vindet, behait ys dir denne nicht, so ge an

nicht, wen den blivestu noch[33] ane scaden.[34] Bistu aver[35] richter, so beware di[36] unde ne vrage nenes ordeles, du ne vragest[37] jo den sakeweldegen,[38] oft sin wort also si.[39] Secht he ja, so ne mach hes[40] nicht wedderspre-
§. 4. ken.[41] Tum drudden, wil he[42] din wort nicht spreken, so vrage wo hes di weigeren[43] moge, so vintme tu rechte,[44] he sculet uppen hilgen sweren[45] dat hes nicht ne kone, edder it si[45a] dat it ga[46] an sines heren edder mannes edder mages[47] lif edder gesunt edder ere.[48] Wete

33) w. d. b. noch] *Cc* noch b., *Cd* darna b., *AhlBdgi* dennoch so b., *Cf* so bistu, *Ak* dennoch so bist du, *Af* so blift du, *Be* w. d. bestehist du. 34) *Bc* wandel. 35) B. a.] *Bc* keufestu aber den. 36) *AbiBo* dit. 37) unde — vragest] *AdfBewCbcdf* wen ein mit vorspreken (*Bw* sachwalden) clage (*Cd* wan eyn vorspreke clage claget) so vrage. 38) *Bm fh.* dat is des clegers. 39) vragest — si] *Al* wetest erst dat sakewolden wort. || sin — si] *Dac* er (es) an sines fursprechen eyt ich, *De* her an s. v. yen. 40) *Manche fh.* dar nach *oder* sint; *Aq fh.* di, *Bg fh.* denne dorch recht. 41) Secht — w.] *Cd* So mot he segen ya eder neyn u. so enkan er sin nicht wederkomen. || hes n. w.] *Af* he dar na zin wort nicht vorbeteren. 42) *Ca* die vorspreke den du alsoe yrste gebeden heves. 43) *Bk* vorseggen, *Dac* gewern, *Bcho fh.* ader versagen. 44) *Bl fh.* he en moge odir. 45) *AqB* behalden. 45a) i. s.] *Bm* er bewise. 46) i. g.] *Cf* i. treffe; *Bp* die sache anghe adir antrid. 47) *Af fh.* gud eder. 48) *Dae fh.* das im der keym dem er wort spreche sinne heymlicken (*De* syne heymelicheyt) um die sache vorgeseit habn. *AdefhqByCDe* (*Badghiklmopü a. E. des Capitels*) *fh.* Ok wete dat unechte (*Ca* onrechte) lude u. rechtelose lude (u. r. l. *f. AdBughiklopü*) ne scullet nene vorspreken hebben. *Cbef fh. ferner:* Des wete ok dat

syn wort nicht, dennoch blibistu ys ane schaden. Bistu aber richter so beware dys vnd en frage keynes orteils, du en fragest denne den sachwalden ab ouch syn wort also si. Spricht her
4. denne jo, so en mag hers dar nach nicht widersprechin. Czu dem dritten male, en wil her dyn wort nicht sprechin, so frage wy her dirs wegern ader vorsagen moge. So vint man zcu rechte, her musze ys vf den heiligen behalden das her ys nicht en kunne. Adir ys en si das ys ge an synes herren ader mannes ader mages lip ader gesunt ader ere. Wisset ouch das pfaffen

ok dat papen, joden,[49] wif,[50] rechtlose lude[51] nene vorspreken sin muten.[52]

Capitel 3.

§. 1. *Der Vorsprecher bitte um Erlaubniss zur Vertretung, bedinge sich Schadloshaltung aus, und lasse den Mann die Sicherheit dafür* (**I.** 61 §. 1) *dem* **Richter** *geloben, um durch dessen Billigung von der eignen Verhaftung* **I.** 61 §. 4, **III.** 39 §. 1, *frei zu werden.* §. 2. *Umfang der Vertretung* **I.** 61 §. 5. §. 3. *Die Parthei mag der Rede des Vorsprechers widersprechen* **I.** 60 §. 1, **III.** 14 §. 1, *statt des schädlichen Vorsprechers einen andern nehmen* **I.** 61 §. 3, *und Gespräche haben* **I.** 62 §§. 9, 11. §. 4. *Die Hinzunahme eines besondern Helfers auch in grossen Sachen ist verwerflich.*

§. 1. *Planck BewU.* 29, *Kopp, Beil. zu Stück* 3 *S.* 234 *ff.* §. 4. *Kopp S.* 236.

Wo de vorsprake sic bewaren scal. [1]So spreke de vorspreke: here her richter, [2]gunne gi mi, §. 1.

---

papen u. wif u. rechtlose lude scullen n. v. hebben. 49) *f. AfghpqBbcdghikmosyCD.* 50) *f. BiCd.* — *AbDa fh.* unechte lude, *Bp fh.* echtelose lude. *Cd fh.* u. de unrecht geboren sint u. banhafte lude. 51) r. l.] *f. AqCah.* 52) Wete — muten] *Eb* Du salt wissen das allirhande lutte ane pfaffen u. monche weip u. meyde u. acoliti u. unmündige kinder u. rechtloze lute keyne vorspreche gesein mogen. Noch saltu wissin, is sein sunderliche sachen da disse vorgenanten luthe wol vorsprechin gesein mögen. Ouch wisse (das) meneydes u. rechtlose lute keyne vorspreche gehabin mogen.

1) So — — queme] *BewyCfg* Wen du solt eynes wort sprechin, so solt du dich also bewarn u. fragen den richter ab es sin wille sy. So frage dan fort eyns rechten, ab du des in schaden kemest das du sein vorspreche bist. 2) gunne — richter] *f. AhkqCaeh.* 3.

---

vnde wip vnde rechtlose lute keyne vorsprechin gesyn en mogen. Ouch wisset das vneliche lute keyne vorsprechin gehabin en mogen.

3. Wy sich der vorspreche bewaren sal. So spreche der vorspreche, herre her richter gunnet ir mir das ich N. wort 1.

dat ic N wort spreke.[3] So spreke he vort: her richter, ic bidde enes ordeles, oft ic des vorsprekens[4] in scaden queme, we is mi afnemen[5] scolde. So scal men vinden, dorch den[6] du in scaden kumst. So vrage vort, uppe wene du des sen[7] scolest. So vint me, de man scole it di vorwissen.[8] So rade ic, dat du[9] deme richtere loven latest unde sprekest: her richter, wen iu nuget vor[10] mi, so nuget oc mi.[11] Dit is dar tu gut, oftu wedde vorborst edder bute,[12] dattu[13] des denne nicht vorborgen ne der-

3) w. s.] *BgCc* vorspreke, *Aac* vorsprake sy. *Af fh.* ja. *AagEb fh.* So spreke he (*AgEb* de richter) ia. *Cd fh.* so spreker he gans wol. *AdBl fh.* So sprikt de richter ik gan is dy (uch) wol. *Al fh.* Dat vindet man ome. *Eb fh. ferner:* So spreche der vorspreche ich dinge ym u. mir an mynen worte holunge u. wandelunge u. bitte eynes urtels wy dicke ichs gehabin moge. So v. m. ym czwir noch dem irschten. 4) d. v.] *AdCd* des wordes, *Bbgho* d. wort sprechens, *Ai* von des wegen des vorspreke ik bin. 5) *Aal* benemen, *Bd* ausnemen, *Cf* intheven. 6) d. d.] *Ab* d. das, *Cc* d. des willen, *Bbdeghikno* von deme (weme), *Bc* vor weme, *Ba* wor van, *Bm* van des wegen, *AaCa* de yene d. d., *AcqCe* de yene dar du van. 7) *Dae* warten. 8) de — v.] *Bg fh.* lazin. *AbgkqCe* di vorwissent, *Ac* di uppe vorwissen, *Aa* dy up wissheit u. borgetocht, *Ai* dat du die latest v., *BeCf* uf den sachwalden der sulle (*Cf* der sachewalt soell) ez dir vorwissen. *Cd* he schulle vor hen dek bewisen. 9) *Einige fh.* dit, et. 10) *BEb* an. 11) *BEb fh.* an uch. 12) w. v. e. b.] *BkCa* w. off banne off boete verboers (*Bk fh.* eder vorweddest), *Aq* weddehaftig wordest eder bote geven soldes, *Bc* verwurckest ader verlewsest, *BadghlopEb* vorwettest odir vorbussest. 13) *Aa fh.* deme richtere.

spreche. So spreche her vort, herre her richter, ich bitte eynes orteil, ab ich des wort sprechens yn keynen schaden queme, wer mich des abe nemyn sulle. So vint man dir von dem du yn schaden komest. So vrage vort vf wen du das sehen sullest. So vint man dir man musze dirs vorwissen. So rate ich dir das du ys dem richter lasist globen vnde sprichst, herre her richter sint uch genuget an mir so genuget mir ouch an uch. Das ist dir da zcu gut, ab du vorbusest ader wettist das du is nicht

vest, [14]unde oc dattu nicht gespannen[14a] ne werst [15]oftu nenen borgen ne heddest. So vrage vort, oft he icht §. 2.
mute vor eme antwerden unde vor eme spreken jegen alle de, de uppe en clagen, unde up al de he beclagen wil. Dat scal me denne[16] vinden. So vrage vort, oftu §. 3.
di vorsprekest dor[17] dine dorheit, oft het[18] icht ane scaden wedderspreken moge. Dat vintme, he moget dun. So vrage vort, oftu en nicht bewaren konest an sime rechte, oft he sic icht mit enem anderen vorhalen moge. Dat vint me. So vrage vort, oft he sik icht[19] bespreken mute unde nemen dartu[20] de eme nutte sin, unde wo dicke he sik umme islike rede[21] bespreken moge, unde wo lange he in sime gespreke wesen mute. So vint me di dat.[22]
Hir[23] wete dat [24]etlike vorspreken den sede[25] hebben, dat §. 4.

14) unde — werst] *Eb* das du von dem richter umbehabit blibest. 14*a*) *Ca fh.* off getueft. 15) oftu — heddest] *f. AfhkqCabef.* 16) s. m. d.] *Af* laet dy. 17) *Be fh.* din unwissen adir. 18) *Aa* it din mundel. 19) *AdCd fh.* mit eneme andern. 20) *Bdp* in sein gespreche. 21) *AehBbekoCaef* sache. 22) d. d.] *B* dir alles, *Cce* dir, *Aab* wente he drie mit rechte ingeladen werde, *Br* allis, dach wenne her von des botin munde gerufen wirt dreystund, her sal inkomen mit seynem gespreche. — *Der Rest des Cap. f. Cah. Er hat statt dessen nur:* nu wisse das ein itzlich vorspreche sulche gewonheit habin sal. 23) *Bchio* Nun, *Cc* Ok. 24) etlike — dat se] *Cd* de vorspreke schal stedes. || etlike — hebben] *Babcdghko* eyn iczlich — habin sal. 25) *Bcdho-Eb* gewonheit, gewonde, *Dk fh.* off alsulken gewonheit.

vorburgen en darfst, vnde ouch das du nicht gespannen en werdist ab du nicht burgen gehabin en machst. So vrage her vort, 2.
ab her nicht musze vor en antwerten vnde vor en sprechin keyn allen den dy vf en klagen vnde vf alle dy her beklagen wil. Das sal man dir vinden. So vrage ab du dich versprechist 3.
durch dyne torheit, ab du ys icht ane schaden widersprechin mogist. So vint man her moge ys wol. So frage vort, ab du en nicht bewaren mochtist an synen rechte, ab her sich icht irholen moge mit eyme andern. Das vint man. So frage, ab her sich icht besprechin moge vnd musze dar zcu nemyn dy ym nucze sint, vnd wi dicke her sich vmme iczliche sache besprechin musze, vnde wy lange her yn syme gespreche syn musze. Das vint man dir alles. Nu wisse das eyn iczlich vorspreche 4.

se vragen, sint de saken[26] grot sin, oft men en icht scole hulpe[27] geven.[28] Alse en dat gevunden wert, so vragen se, wo[29] sin hulpe wesen scole. So vintme binnen[30] stille unde buten[31] lut.[32] Dit is dul,[33] wen me darf sus neman tu hulpe krigen,[34] na deme al[35] enes mannes vrunt eme[36] wol helpen muten.[37] Weddervart di dit,[38] so vrage dar jegen, na deme dat he einen hulper gekoren hett, oft he icht sik tu rechte daranne[39] scole mügen laten.[40] [41]Hir mede[42] toch sic[43] uppe not[44] her[45] Ruleve[46] van Ron-

---

26) v. s. d. s.] *BghiloCc* vragende sin of d. s., *Bc* fragen sullen der sachen ab. 27) *Aai* ene hulpe, *Af* enen helpen, *AcBe* einen hulper, *Cc* enen hulpen; *Eb fh.* und rath. 28) *Bacdhko fh.* Dan vindet man ome is sey grot so sal man ome helpe geven. 29) *AfiBbdgh* wer. 30) *Bk fh.* deme gerichte. 31) *Bg* busene (*daraus Bh* posune). *Cg fh.* berayt. 32) binnen — lut] *Dae* er solle runen (*Da* ruchen) u. nit uffenbar sprechen. 33) *Ba* dulheit, *Ak* dult, *BbcdghiklmosDaeEb* torlich (aver dorlike). 34) *AalCc* bringen, *Af* eme gheven, *Aehk* dregen, *Bg* twingen. || wen ...... krigen] *BeCfg* das helfen en is dir nett not. 35) n. d. a.] *BbghoEb* noch dem andern, also, *Bk* eynen na dem andern, alse, *Bai* n. d. andern, wente, *Bc* nach dem andrenn zu schaden, als. 36) e. m. v. e.] *Cd* sine v. e., *Da* lute e., *Bacio* ein vrunt dem andern. 37) na — muten] *Bm* wen ein vrunt mach wol deme anderen to hulpe komen, alse uale alse me eyner achte biddet. 38) *BeCfg fh.* dat eyn man alsodan helfer neme, *Aacl fh.* wultu. 39) d. a.] an deme, *AiBg* an dem einen. 40) *AfgCcDe fh.* Dat vintme, *Bm fh.* Dat vintme darumme so is dat nicht witlik. *Cg fh.* So vintme he sulle. 41) Hir — brachte] *f. AdefhpqBemwyCDae.* 42) H. m.] *Ea* Mit sotanr frage. 43) *So AaBgo, gewöhnlich* ik. 44) t. i. u. n.] *Bs* quam in noit, *Bd* t. i. u. den foit. 45) *BbcioEab* hern. 46) *Die mei-*

---

sulche gewonheit habin sal, das ist das si fragende sint dy sache ab si groz si, ab men im icht sulle hulfe gebin. So vintman ym, ys si gros so sal man ym (*Lücke*) das gefunden wirt. So frage wer syne hulfe syn sulle. So vint man bynnen stille vnde buzen luthe. Dys ist abir torlich, wen neman en darf keyme zcu hulfe krigen noch dem andern, als eyn frunt dem andirn wol helfen mag. Wider fure das also so vrage, nach deme sint her eynen hulfer gekoren hat, ab her sich nu icht an eyme sulle zcu rechte lassen

stede[47] vor[48] deme hertogen van Brunswik, de desse vrage[49] in der marke[50] up brachte.

Zu Cap. 3 *setzt Aa am Rande, und die Augsburger Ausgabe von* 1516 *Bl.* 200 *nach dem Texte:*

Practica modernorum procuratorum extracta in parte de presenti. Her richter erbar leve here: sint gi mutich, gunne gi mi dat ik en wort spreke als he mi hir vor iu unde vor deme richte bi namen gebeden heft. So vrage ik vort umme en, eft ik denne icht moge vor N klagen antwerden unde spreken iegen alle de, de he to dessem bescheiden utgelegeden richtdage beklagen wil unde de up en klagen, unde en vordedingen hoge unde side alles rechtes, als em not unde behuf is to sime rechte. So vrage ik vort umme en recht. Eft ik mi vorsprike unde N an sinen rechte nicht vorwaren konde, eft N dat icht ane schaden wedderspreken moge unde sik vorhalen met sik selves, edder met einen anderen bet sprekende manne, wat dar an geschut dat dar jo recht an schee. Her richter leve here, so vrage ik vort umme ein recht. Eft ik mi umme iewelke rede bespreken moge unde to deme gespreke bidden alle de jene de N unde mi van sinen worden dar nutte to sin. So bidde ik vort umme ein recht. Eft N unde ik van sinen worden icht moge ane schaden dries gespreke umme iewelke rede, run unde rat, halinge unde wandelinge hebben, so dicke als N des behuf is to sinen rechte. So vrage ik vort umme ein recht. Eft N unde ik van siner wegen dorch des willen icht moge vor iu unde vor iuwe richte gan unde stan, vorwert unde to rügge, nedderwart unde upwart, af unde to sunder var so vake als N des not is to sinen rechte. So bidde ik vort umme ein recht. Eft gi N unde mi van sinen worden icht vororloven unde gunnen scholen der gebeden stucke unde dar to al, des uns de beschreven rechte irloven. Manet de schepen umme dat recht wat dar ane schüt, dat dar jo recht ane schee. So begere wi dat gi uns dat also irloven. Leve richter sint gi denne mutich dat gi N klage horen willen, so steit he al hir unde ik van sinen worden unde klage over N in sulker wise etc. Her richter vraget N eft sin wort also si, alse ik hir vor em gesproken hebbe.

§. 4. Hir mede etc. *Ueber die Ursprünglichkeit dieser Erzählung vgl. oben S.* 50, 61. *Lesart und Sinn sind zweifelhaft.* Hir mede quam in not her etc., *wie Kopp Hess. Ger. I. Beil. S.* 236 *gelesen, entbehrt der gehörigen Autorität.* H. m. toch ik *und nachher* her, *wie gewöhnlich steht ist unzulässig; bei der Wahl zwischen* ik . . hern *und* sic . . her *ziehe ich das letztere vor. Was heisst aber* sic up not tien? *In der Glosse zum s. Ldr. II*

---

sten Rudolfe, *Acg* Rolove. 47) *AgBk* renstende, *AlBa* runstede, *Ba* rensteten. 48) *Bcs* von. 49) *Bdps fh.* von ersten. 50) i. d. m.] *f. Bbdkp.*

---

genugen. Hir mete zcouch sich vf not herren Rudolfe von Ronstede vor dem herzcoge von brunswig der disse frage vf brachte yn der marke.

14 *ist es: sich auf Nothwehr berufen, um der peinlichen Anklage wegen Todschlags zu entgehen. Führt man diesen Sinn hier ein, so würde das* hir mede, *also das Mittel durch welches man zu dieser Einrede gelangte, eher in dem eignen Zuziehen eines ausserordentlichen Helfers als in der Abwehr eines solchen Zuziehens durch den Gegner zu suchen sein. Doch ist vielleicht der Ausdruck schon allgemeiner zu nehmen für: zum äussersten Vertheidigungsmittel greifen, und dann wäre das* hir mede *passender auf die zuletzt erwähnte Gegenfrage zu beziehen. Liest man* toch ik u. n. hern B., *so wird, nach den sonstigen mannigfachen Bedeutungen von* nôt, *s. Glossar zum Ssp., zu verstehen sein: brachte ich in Bedrängniss, Verlegenheit. — Als die von dem neuen Regenten der Altmark Otto v. Braunschweig, oben S. 34, in der Mark aufgebrachte Frage betrachte ich das Institut des Helfers überhaupt.*

Capitel 4.

Der Vorsprecher** ermahne* 1) *seinen **Mündel** zum Anstande* (*I.* 53 §. 1 untucht), 2) *dafs er ungefragt nicht spreche* ***I. 62 §. 11, ***III.*** 30 §. 1, *pflege auch selber **Raths**,* 3) *sage **seinen Rath** zuletzt,* 4) *frage, ob die **Zeugen** gewifs seien,* 5) *mache dem **Mündel nicht zu grofse Hoffnung**,* 6) *erzürne sich nicht, aber den **Gegner**,* 7) *zanke nicht,* 8) *erzürne nicht den **Richter**,* 9) *frage **Urtheils** möglichst nach dem **Gegner**,* 10) *vertrete lieber den **Beklagten** als den **Kläger**,* 11) *nur eine gerechte Sache,* 12) *spreche vernehmlich,* 13) *erwehre vor allem den **Beklagten** der Antwort* ***III.*** 30 §. 1 (***III.*** 25 §. 3).

Joach. 22. *Zu* 2, *Blume MR. IV.* 4. *Zu* 13, *Planck BU.* 43.

Von des vorspreken wisheit.[a] Wenne de vorspreke mit sime mundel[1] utgat,[2] so scal he ne leren, wo he sik vor gerichte halden[3] scole. To dem ersten dat he

---

4. *a*) ***Die meisten*** lere. 1) *Ae* mundeler, ***AdCd*** vmdele, ***Ak*** middele, ***Cc*** vindele, ***B*** sakewalden, ***AlBk*** mundelynne off sackwolde, ***Eb*** heuptmanne. || s. m.] ***BewyCfg*** dem manne — dem her vorspricht (***Cf*** des vursprecher hie is), ***Dabe*** dem des wort er sprechin sol. 2) ***ByCfg*** in dy achte ged. ***Af fh.*** in zyn gespreke, ***Eb fh.*** u. gespreche gebeten hat von deme richter. 3) ***Ak*** waren, ***Cb*** bewaren, ***Cd*** geweren, ***Bk*** hebben; ***De fh.*** unde huten.

---

4. Von des vorsprechin lere. Wen der vorspreche vz get mit syme sachwalden so sal her en leren wy her sich vor gerichte halden sulle. Zcu dem ersten das her gezcogen si. Czu

getogen[4] si. Tum anderen dat he mit nichte[5] spreke; wen vraget en de richter, oft sin wort so si, he mut wol spreken ja edder nein edder gesprekes bidden[6] edder ordel scelden. [7]So si oc selven des wis dattu di dicke besprekest, unde du na rade, so blift de scult[8] dine nicht oft it missered.[9] Tum drudden hore[9a] erer aller rat[10] er du dinen sechst. Tum virden, drepet sic[11] de sake tu betugende,[12] so vrage em, oft he de tuge hebbe gewisse.[13] Tom veften missetrose[14] dinen mundelin[15] lever wen du en sere[16] trostest;[17] wint he danne, he wetes di beteren danc.[18] Tum sesten hüt di vor torn unde torne

4) *BkCfgDabe* tuchtig, züchtig, *Ca* voir oghen. *Be fh.* in sin worten. 5) m. n.] *Cc* nicht en; *AghilBghil fh.* nicht en, *Bc fh.* nichts. 6) e. g. b.] *f. Babehos; Dc* oder den fürsprechen piten. 7) So si] *Cf* Bistu vorspreche so biss; *Ea fh.* ein vorspreche. ‖ So . . . . wis] *Ba* Halt ok desse wise. *Dc* so sich auch gepürt, *De* so sich ouch. 8) *Cd* schade. 9) *Ai* missetrede, *Aq* misvelt, *AegBdiklo* misseget, *Cc* misseginge, *AkCa* vormisset, *Bp* misselinget, *Ah* versumet wort, *Dae* vbel get. *Viele schicken* dir *vorher.* 9a) *Aq fh.* nouwelike. 10) *Cbd* wort u. rat. *Ba fh.* de bi dik sint. 11) d. s.] *Bdm* geit; *Bl* griffen (*mit Plural*). 12) t. b.] *Ag* uppe b. *Die meisten* an b. (ghetughen, tuge, getzewge). 13) oft he d. t. h. g.] *AfhlBcCcd* o. h. se hebben (gehalden) moge g. *Dc* ob er sein getzewgen bereit gehaben möge, *Aq* dat de tuge wislike sta. 14) *B* strafe, *Bk* mistroste of strafe. 15) *Viele* sachwalden, *Cf* man, *De* den des wort du sprichist. 16) *AhCa* to sere; *f. De.* 17) missetr. — trostest] *Ab* troste dinen mundelin. 18) b. d.] *Ab* guden d., *BabceghlopEb* grossirn d.

dem andern das her mit nichte spreche; wen fraget en der richter ab ys syn wort sy, so mag her wol sprechin ja ader neyn ader eyn orteil schelden. So bys ouch des selbir wise das du dich dicke besprechest vnde du nach rate, so blibet dy schult dyn nicht ab ys dir misse get. Czu dem dritten hore ir aller rat, er du dynen rat sagest. Czu dem virden trift sich dy sache an gezcugen, so frage ab her si gewys habin moge. Czu dem fvmften male so strafe dynen sachwalden liber wenne du en sere trostist, gewynnet her so saget her dirs grosirn dank wenne von ersten. Czu dem sechsten so hute dich vor zcorne vnde irczorne dinen weddersaten,[19] wen torn dullet den man.[20] Tom seveden hüt di vor kif,[21] wen din gewin lecht[22] an redeliken worden unde nicht[23] an smeleken worden.[24] Tum achten hüt di, dat tu den richtere nicht vortornest, wen [25]it is swerlik tu krigen[26] vor einen ungewegen[27] richtere. Tum negeden wes wis[28] so [29]dat tu, oft dat ummer sin mach, jo horest jenes ordel, er du dines vragest; wen dar bi machstu prüven[30] wor he henne wil, unde machst dar ut nemen[31] wat di even kumt.[32] Tom tenden sprek

---

Bbgho fh. wenne von ersten, *Bc fh.* wenne suenst, *Eb. fh.* wenne vore. 19) *Afgq* wederzacken, *Cf* wederpart, *Bcgh fh.* wo du magst; *Ai fh.* nicht. *Statt* u. t. d. w. *hat Da nach* den man: und zorne nit wider dinen widersachen den erzorn auch nit. 20) d. d. m.] *BbdeghoDae* thoret (betorit, vortorit) d. m., *Aq* verdullet enen alto ser, *Bc* verderbt d. m., *Ba* maket manigen m. unvornumfftich, *Bm* hindert mengen m. dat he sic vorsprikt. *Cfg* bereucket (*Cf* bricht) die sinne. *Dc fh.* und czürne nicht wider deinen widertheil und ertzürne jn auch nicht. 21) kefelen, *Bcl* kriege, *Eb* krige u. vur schaden, *Dce* scheltwortten. 22) d. g. l.] *Aq* en wint lichte, *Ce* du gewinnst lichte. 23) *Bk fh.* an kyve eder. 24) s. w.] *Da* scheltworten. || worden .... w.] *AfCc* dinghen u. worden, *Dc* s. sachen. 25) it — richtere] *Cc* dar is swar t. k. wore de r., ungnedich is. 26) *Bdmp* dedingen, *Cf* kyven. 27) *Ai* ungewene, *AclqBabcdegmosCeg* ungnedigen, *Bn* ungelungen. 28) w. w.] *Cf* raide ich. 29) dat — ordel] *Ab* oft d. u. s. mach. Jo hore yenes o. *BEb* das du horest liber von erst dynes widersachen ortel (*Bi* wort oder ordel), ob das ummer (*f. Bcgki*) sein mach, *AfCc* dat tu iumber h. i. ordel. 30) *BdCef* merken. 31) u. n.] *Begh* nach n., *Bc* nach pruffen unde furnemen, *Ah* u. vernemen, *Bd* u. kisen unde n. 32) *BdCd* is unde bekomet (*Cd fh.* dek wol), *Da* bequemlich ist.

---

dinen widersachen wo du machst, wenne der zcorn toret manchen man. Czu dem sebinden hute dich vor kyfe, wen der gewin lyt an redelichen worten vnde nicht an smelichen worten. Czu dem achten hute dich das du den richter icht irczornest, wen ys ist swerlich zcu krigene vor eyme vngnedigen richter. Czu dem nunden bys wyse, so das du horest liber von erst dynes widersachen orteil ab ys gesyn mag er du dynes gefragest, wenne darby machstu prufen, wo her hen wil vnde machst darnach nemyn das dir ebene komet. Czu dem zcenden so sprich jo liber des ant-

du jo lever des antwerders wort wen des clegers, wen deme manne is beter tu helpende dat he untga, wen men des gehelpen mach, dat he enen anderen overga. Tum elften wes wis, so dat tu jo recht vordegedingest, so winstu; wen we unrecht vordegedingt de vorliset allerdickst, wo vele he oc[33] rechtes kan, wen unrecht kan[34] neman mit rechte weren.[35] Tum twelften wes wis, so dat tu besceideleke unde lancsom unde vornemliken[36] unde lude nuch[37] sprekest, wen it is also nütte, dat de mit dem ordel utgan[38] dat ordel wol vornomen[39] hebben, alse it um den is,[40] deme des ordels gevraget wert.[41] Tum drudteinden wes wis, oft tu bist des antwerders vorspreke, dat tu erer wort antwerde[42] werest[43] de wile du machst,

33) *Bc* halt. 34) *BEb fh.* sik. 35) *AhBdkpCaEb verwechseln* unrecht *und* recht. || wen unr. — weren] *Aa* unde we unrecht hefft den kan men nicht mit rechte helpen. || wen we — weren], *Aq* wente wu vele rechtes dat een weet, doch so verlost unrecht to verdegedingen. 36) *Aab* metliken, *Ac* mercklіken. 37) u. l. n.] *Cf* dedings ind, *Aq* u. to mate l. 38) *AdCbd* ummegan. || dat .... utgan] *AaeBabgoCae* den (den genen) de ... utgan dat si. — *Ab fh.* unde, *Cc fh.* de. 39) *Bgho* vornemen u. vornomen, *Cef* vorstan. 40) a. i. u. d. is] *Cefg* so mogen sey dat ordel (*Cg* ere antwert) recht vinden so wol als, *Ae* alse de ghene. 41) mit dem ordel — w.] *Bm* ordel vinder dine ordel u. clage vornemen. 42) e. w. a] *AaceghiCbc* ore w. (*Ai fh.* er) der antworde (*Ah* antwordere). *Ca* e. w. mit der a., *Dae* der antworter w., *Bk* om siner wort der a., *Babcdghimos* ym (io) sin wort und (adir) syne a., *Bewy* yo das wort vor syne a., *Cefg* diner wedersaten w., *Eb* nu syne a. 43) dat —

werters wort wenne des klegers, wenne dem manne ist bessir zcu helfen das her entge, wen man eynen gehelfen mag das her eynen andern obir winde. Czu dem eilften bys so wise, das du io recht vortegdingest, so gewynnest du; wer aber vnrecht vorteidinget der vorlust aller meist wy vil her ouch rechtis kan, wen vnrechtis kan sich nymant irweren mit rechte. Czu dem zcwelften male bys des wise, das du bescheidelichen vnde langsam vnde vornemelichen vnde lute genoch redest ader sprechest, wenne ys ist also nucze das dy mit dem orteil vzgen das si das orteil vornemyn oder vornomyn habin, als ys vmme den ist deme das orteil gefraget ist ader gefraget wert. Czu dem drizcenden

wen de wile[44] bliven se[45] in der were[46] unde vorlisen oc nicht.[47]

Capitel 5.

§. 1. *Die Klagen sind, vgl. Gl. zu I.* 68 §. 11, *a) bürgerliche, z. B. Rückforderung einer ausgethanon I.* 15 §. 1, *einer wider Willen verlorenen II.* 36, *einer dem Diebe oder Räuber durch Dritte abgenommenen Habe II.* 37, *einer Leibzucht nach der Wittwe Tode I.* 32; *Klage auf Schuld und Gut überhaupt, I.* 70 §§. 1, 2; §. 2. *b) peinliche, wie wegen handhafter That I.* 66, *wegen allerlei mit Pein bedrohter Verbrechen, II.* 13; §. 3. *c) vermischte, wegen Verwundungen I.* 68 §§. 2—4, *Klage mit Anfang II.* 36.

§. 1. *Planck Bewf.* 239 *N.* 69.

Wo vele clagen sin unde war af se eren
§. 1. namen hebben.[a] Swen ic di nicht leren ne kan rechte[1] der vorspreken ansprake[2] unde antwerde, it ne si dat tu wetest de clage, dar se tu antwerden scolen,[3] dar umme wete dat alle clagen sin drierleie. De erste

---

werest] *Aq* so were den antworder. *Der Sinn ist: dass du ihrem, der Beklagten, Worte die Antwort (d. i. die Einlassung) abwehrst. Verwerflich ist daher statt* werest: *AbCeg* wetest, *Ac* vragest, *Da* wisest, *Db* wistest, *Dc* wissest, *De* weist. 44) *B fh.* du is werest by de wile. 45) b. s.] *BmCi* blivestu, *Bbk* ist er, *BacdghioüwyCefg* bleibet her (*Cefg fh.* des wort du sprekest) *u. s. f. im Singular*; *Eb* bleibistu u. er. 46) wen . . . . . . were] *Cc* de wile se in der were sint. 47) u. v. o. n.] *Cefg* u. he kan nicht vorlesen; *f. CiDaceEb.* || wen de — nicht] *f. Aaciln.*

a) Wo — hebben] *Gewöhnlich* Van underscheide der clagen.
5. 1) *Sonst* rechtes, rechter, rechteres, *Aa* vul. 2) *BaEb* anklage, *Dc* sprach. 3) se — scolen] *Ccd* du — scalt.

---

male bis des wise ab du bist des antwerters vorspreche, das du jo syn wort vnde syn antwerte werest dy wile du machst, wenne dy wile du ys werest by der wile blibet her yn der were vnde en vorluset nicht.

1. 5. Wenne ich dich nicht rechte leren kan der vorsprechen ansprache vnd antwerte, is en si das du wissest dy klage da si zcu antwerten sullen, darvmme wisse das alle klagen synt drier-

clage is borgerlik[4] unde het dar umme also, dat de cleger mit dem[5] antwerder vor der sake unde na der sake[6] borgen[7] bliven, unde dat erer nen dem anderen vlüchtich werden ne darf, dat is alse[8] umme scult unde umme gut unde umme anevanc. De ander is pinlik §. 2.
unde het dar umme so dat de cleger nichtes begert, wen dat me den anderen pinege umme sine broke.[9] De §. 3.
drudde clage het en vormischede[10] clage unde het dar umme so dat se vormenget sin, so,[11] oft me se borgeliken ansettet[12] dat se mogen pinlik werden, unde oft men se pinlik ansat dat se mogen borgelik werden.[13] Des wete wat in dessen saken behendes[14] is, dat wert di geleret[15] in siner stad.[16]

---

4) *AaBo* borgelich, *Dc* prüderlich, *Bgh* vorburgelich, *Bc* purgenlich. 5) mit dem] *Viele* unde de. 6) unde na der sake] *f. AaclBbcghi.* 7) *AbBmCbc* borger, *Al* vorborget, *Ah* vurborgen, *Bp* bye burgen. 8) *B* alles. 9) *Eb* missetad vor sine busse. 10) *Die meisten* vormengede. 11) *Andre* also. 12) oft m. s. b. ansettet] *Agil* o. m. s. an borgeliker sake a., *Cf* o. m. burgerliche sachen deit, *AdehBkCabe* dat (*Ah* off) m. se doet (*Ae* tuyt) an borgelichen klagen (*Ae* sache), *Bdip* oft si (*Bdp* dy sachen) sint borgelik, *Bucghlo* ap sy synt an burgerlicher sache (*Bc* clage). 13) unde oft — w.] *f. AdeghBCaf-De.* 14) *AfBcegilopü* behendicheit, *Ca* voel beheyndicheits, *AoCef* dat behendeste, *Ba* bescedenheyt, *Ai* dat bescedenste, *Eb* nutges, *Leipz.* 1520 listigkeit. 15) *Die meisten* utgelecht, *Bm* utgerichtet, *Cg* wisselich. || d. w. d. g.] *Cah* als gij nacmals hoeren sullen. — *CiDac fh.* an etzlichen stucken. 16) Des — stad] *f. AlCd.* || dat w. d. g. i. s. stad] *Eb* des saltu wol ynnen leye.

Dy erste klage ist borgelich vnde heiset darvmme borgelich, also das der kleger vnde der antwerter vor der sach vnde nach der sache burgen bliben, vnde das ir keyn dem andern vorfluchtig werden darf; das ist alles vmme schult vnde vmme gut vnde vmme aneuang. Dy andere ist pinlich, vnde heiset 2.
darvmme pinlich das der kleger nichtes mer begert, wenne das man den andern pynige vmme syne bruche. Dy dritte klage 3.
heiset vormenget, sint also ab si sint an burgelicher sache das si mogen pynlich werden. Nu wisse das yn desin klagen behendikeit si, das wert dir denne vz geleget an syner stat.

§. 1. *Die „bürgerliche Klage" kann nach dem Gegensatz zur peinlichen und gemischten doch nur* a. civilis *bedeuten; die hier gegebene Erläuterung des Ausdrucks ist schief und dazu in sich schwankend. Die Glosse spricht von der b. Kl. mehreremal, zu Ssp. I.* 67, 68, *III.* 9, 31, 35. *Zu III.* 9, *der von der Bürgschaft handelt, erklärt sie:* b. klage, di heitet darumme so, dat beide kleger u. antwerder borge bliven in der klage u. darna. *Dagegen heisst es zu I.* 68, *die peinlich angesetzte Klage werde bürgerlich, wenn der Beklagte mit Geld wedde und büsse, denn* so dart he nicht rumen u. bliver borger u. gebur. *Und solcher Ableitung aus dem Bürgerrecht folgt auch die Gl. zum Lehnr. C.* 12. *Unser Richtsteig deutet neben der ersten Erklärung* darumme — borgen bliven *auch noch die zweite in dem* dat erernen etc. *an; wollte man statt* borgen *mit einigen Hdss.* borger *lesen, so läge überhaupt nur diese zweite Ableitung vor.*

Capitel 6.

*Die bürgerliche Klage gründet sich entweder auf ein Verborgen **I.** 7, oder auf Versprechen namentlich Bürgschaft **I.** 7, oder auf Erbrecht **I.** 6 §. 2, oder auf Vorenthaltung eines Gutes **I.** 70 §. 1, **II** 36. Der Kläger mufs einen dieser vier Gründe angeben **III.** 41 §. 4.*

Blume MR. I. 150. — *„Erbrecht" Siegel Erbrecht* 177.

War af scult kumt. [1]Scult het,[2] dat en dem anderen wat plichtich is edder wat sculdich[3] tu donde[4] is. [5]Dat en dem anderen wat plichtich tu donde wert, dat kumt tu virleie wis. Tom ersten van borgende,

---

werden in itczlichir der clagen stad, da wir sundirlich von iren nutcz u. behendikeit setczen wollen.

6. 1) *Eb erörtert ausführlich die Begründung der Obligationen* re, verbis, litteris, consensu *und kürzt dann den eigentlichen Inhalt des Cap., unter Verweisung auf Cap.* 7. 2) *Aiq* is, *Bc fh.* darumb, *Badghkoü fh.* darumme scult. 3) plichtich i. e. w. sculdich] *AklBabkmo haben nur* sculdich, *Cc nur* plichtich, *BcdeghiüyCa vertauschen.* pl. *u.* sc. 4) *Ad* geldende edder t. d.; *De* gebende adir t. d., *Da fh.* oder zu gelten oder zu leisten. 5) Dat — wert] *f. AqCcdgBcghiy.*

---

6. Von burgelicher klage wy dy zcu kumpt von schult. Schult heyset darvm schult, das eynre dem andern icht schuldig ist; das eynre dem andern zcu tunde icht pflichtig wert, das komit zcu virleye wys. Czu dem ersten kumpt ys zcu von

also eft me eneme sulven[6] wat tu borge dut. Tum anderen male van gelovede, [6a]dat is alse en des anderen[7] borge wert. Dat drudde is van erves wegene, alse wen me den erven[8] sculdeget umme des doden scult.[9]. Tum virden kumt it tu van underwindinge, alse oft sik des en[10] underwint, dat en ander secht he si[11] eme des plichtich tu rumende.[12] Des wete, we den anderen[13] besculdeget umme benomet[14] gelt, vragestus, he mut bi plicht secgen,[15] van welken saken under dessen viren he it eme sculdich si.[16]

Nach Ssp. III. 41 §. 4 soll der Kläger seine Geldforderung entweder auf Versprechen oder auf Erbe, das der Beklagte empfangen hat, stützen. Von den vier Gründen des Richtsteiges zerlegen

---

6) m. e. s.] *Ab* m. e., *Bahio* ymand (en) dem andern s. 6*a*) *Aq läfst hier und im folgenden die Erläuterungen mit* also *weg.* 7) e. d. a.] *Cc* he enes. 8) m. d. e.] *Bcghios* m. das erbe, *Cg* eyn den andern. 9) u. d. d. s.] *Dbe* u. d. erbes s., *Eb* noch todir hant. 10) d. e.] *Cc* ein des andern wes. 11) en a. s. h. si] *Babcdghio* e. a. seet (*Bc* auzsteet, *Bi* sik tusecht) so ist her; *Bm* e. a. beseith haddc dat is he; *By* eines andern ist. So ist er. 12) *Aa* nomene, *Da* nemen, *Ce* donde eder to r., *Bs fh.* u. widder czu gebin. || si e. d. p. t. r.] *Ah* hedde dat bilxt (*d. i.* billikst) die is een plichtich to nomene. 13) d. a.] *Ab* di. 14) *Cef* bescheden eder b. 15) b. p. s.] *Bm* des ene berichten, *Bdiy* is en (*Bi* di) berichten u. muss s.; *Babcgo* dich ys durch (*Ba* van) rechte berichten u. s. 16) he . . . si] *Subjektwechsel, wie im Ssp. III.* 41 §. 4. *AghkBabklop* he it sch. si. *Bcghiü* di s. s., *Cb* he mi s. s.; *Ab* du it imc s. sist, *Dae* he (*De fh.* dich) schuldige, — *Ci fh.* do her dich umme beschuldiget.

---

borgene, also ab ymant dem andern icht selber zcu borge tut. Czu dem andern kumpt ys zcu von globde, das ist also das eynre des andern burge wert. Dy dritte ist von erbis wegin, also wenne man das erbe beschuldiget vmme des toden schult. Czu dem virden kumpt ys zcu von vnderwindungen, also ab sich eyner vnderwint das eyn ander seet, so ist her ym phlichtig zcu rumene. Nu wisse wer den andern beschuldiget vmme eyn bemumet gelt, fragistu ys en, her mus dich ys durch recht berichten vnd sagen, von welchen vnder diesen viren her is schuldig si.

1 *und* 2 *den ersten des Ssp.; 3 giebt den zweiten wieder; 4 d. i. die Verpflichtung eine fremde Sache zurückzugeben tritt als Erweiterung hinzu, so dass* Schuld *hier überhaupt für eine bürgerlich zu verfolgende Sache steht, s. oben S.* 47 *Note.*

Capitel 7.

§. 1. *A klagt auf eine Geldsumme. B zur Antwort aufgefordert ist nicht zugegen, und wird, weil er nicht dingpflichtig, über 14 Nächte geladen I.* 67 §. 1, *I.* 70 §. 2. §. 2. *A klagt zum zweiten Male, erhält darüber ein Anerkenntnifs und B wird von neuem geladen.* §. 3. *Er bleibt auch zum dritten Male aus, wird sachfällig (III.* 39 §. 3.), *und bei Klage auf Schuld gepfändet I.* 70 §. 2; *bei Klage auf Gut wird A eingewiesen I.* 70 §. 1.

§. 1. Oft gi *Planck BU.* 30.

§. 1. Wo man claget[a] uppe vorborget gut. [1]Wil de, des wort du spreken scalt,[2] clagen umme dat he vorborget heft,[3] wen du ut deme spreke[4] kumst, so spreke alsus: here her richter, wil gi N wort horen?[5] Ja. So claget N over N,[6] dat he em si sculdich tein[7] marc unde

---

7. a) W. m. cl.] *Die meisten* Van clage. 1) *Eb hat einen weitläuftigen Eingang.* Wil — clagen] *AhBkCah* Wes wort du spreken sc. u. clagen, *Bcghioüy* Wie du d. w. spr. solt der clagen wil. *Aq* De wort de du spr. s. to clagen. 2) s. s.] *Al* heldest. 3) dat h. v. h.] *Bdmp* gut dat eme afgeborget is. 4) u. d. spr.] *So u. a. AabiCd. Die meisten* in dat gespreke (*Ca* bespreken, *Bcm* wort, *Af* ghorichte, *Cg* berait). *Zu* spreke, gespreke *pafst nur* ut dem; *zu* wort, gerichte *freilich* in dat. 5) *Eb fh.* u. mich an seinem worte. *AdBadgkoyCdEb fh.* So spreket (*Ad* secht) hey. 6) *Einige setzen Eigennamen* Johann, Hans, Henning *statt des ersten,* Hans, Hinrik *statt des zweiten* N. 7) *AfCc* vier, *Bk* eyne, *Badey* zwanzig; *Ad fh.* edder wo vele der schult is.

---

1. 7. Von klage vmme vorborget gut. Wy du des wort sprechin salt, der klagen wil vmme das her vorborget hat. Wenne du denne yn das gespreche kumpst, so sprich also, herre her richter wolt ir N wort horen. So spricht her ia. So klaget N obir I das her ym sy schuldig x marg, vnde betet eynes orteils

biddet enes ordels, oft gi icht ene tur antwerde biden scolen. Dat vint me.[8] Is he dar nicht, so vrage, na deme dat he dar nicht ne si, [9]wat dar nu rechtes umme si.[10] So vint me, me scolet[11] dachen over virteinnacht unde de richter scole ene beboden,[12] oft he dar nicht en[13] dingplichtich si.[14] Is et[15] aver de andere clage,[16] §. 2.
so spreke: here her richter, wil gi N wort[17] horen. Ja. So biddet he ener kentnisse unde ic van siner wegen, oft it sin andere clage si. Wen he des bekant so spreke: des is[18] hir N unde claget noch alse he do dede.[19] So

8) D. v. m.] *AfCcd* So v. m. he sculle (*AfCd fh.* dat don), *Aaceghkl Baceghiko Cabe* So v. m. he scole ene to der antwerde beden, *Bm* So latene eschen to der antwerde. 9) wat — dingpl. si] *Aa* eft he icht ene klage up en gewunnen hebbe. D. v. m. 10) *Eb fh.* So vrage wy lange er sein do warten sulle. S. v. m. im dy weile ding wert. Kompt er denn czu antwert nicht zcu dem dinge, so sprich: herre er richter, N begert u. ich an synem worte jn dem rechten zcu erfaren, noch deme das N gewart als ym recht u. urteil gegebin hat, u. er nicht gekomen sie sich zu verantwerten, noch syner sinneboten kein syne not zcu entschuldigen dy weile ding wert. *Auch der Rest des Cap. ist ganz umgearbeitet, mit der materiellen Änderung, dafs noch ein vierter Tag gegeben wird.* 11) *Acei Bacghmo Cad* schole en. 12) *Ah* bekonden. 13) n. e.] *So Acefghk Cabe (nach Ssp. I. 70 §. 2); f. in den übrigen; vgl. Note* 14. 14) *B fh.* oder nicht; *Bm* isset dat he in dem richte nicht wonaftich is, dat he sik vorantwerde. 15) I. e.] *Bgh* Bescheydit man im, *Bac* Geschicht. 16) d. a. c.] *Ba* de clage tom anderen male. 17) N w.] *Bk* min wort, *Bb* mich fort. 18) *Bacgo* stet. 19) h. d. d.] *AaDe* h. erst d., *AfCc* h. io d., *Aq* h. vor d., *Bc* als vor, *Babdegho*

ab ir ym icht zcu der antwert gebiten sullet. So vint man her sulle ym zcu der antwerte gebiten. Ist her aber dar nicht so frage, nachdem das her da nicht en si, was dar nu rechtis vmme si. So vint man ym, man sulle ym tag gebin ober virzcennacht, vnd der richter sal ys ym gebiten, ab her da dinges phlichtig si ader nicht. Geschit aber dy andere klage, so sprich, herre 2.
her richter wolt ir N wort horen, so bitte ich eyns bekenntnisse von syner wegin, ab dys syne andere klage si. Wenne her des bekennet, so sprich, des stet hy N vnde klaget noch als her

§. 3. daget men et[20] over virteinnacht. So du oc[21] tur drudden, unde[22] vrage, na deme dat he[23] nicht vor ne kumt, wat dar nu rechtes umme si. So vint me, men scolen dar vor panden unde mede varen.[24] Sus is et oc[25] umme alle sculde unde oc[26] umme gut, wen dat men dar einen[27] to der drudden clage inwiset.[28]

Capitel 8.

§. 1. B ist zugegen; er leugnet entweder 1, die Schuld eidlich ab I. 7, 18 §. 2, oder beweist 2, selbdritte die Zahlung II. 6 §. 2, oder behauptet 3, Erlafs, welchen A eidlich leugnen darf, (I. 7, 18 §. 2). §. 2. B erbittet sich zum Schwur einen Eidstaber und nachdem er auf den Heiligen geschworen, ein Urtheil über die wirksame Ableistung. §. 3. Beeidigung der Zeugen. Die nicht gegenwärtigen werden befristet I. 62 §. 6; sie sollen ihr Zeugnifs nicht anbieten III. 37 §. 2, ehe sie über Gegenstand und Grund desselben — auf Antrag des Gegners — befragt worden (III. 83 §. 5 Note y).

§. 1. *Planck Bewf.* 219, 240. §. 2. *Joach.* §. 23—33.

---

h. vor klagede, *Bi* h. er geclaged het, *Bm* h. gik er geclaged het is dar nicht. 20) *AadkBacdeghikoCab* en. 21) *Cd* et also vor. 22) *AcefghCc* so. || So . . . . unde] *Af* unde ouer verteynacht. Tome dridden so. *B* kumpt her zcu dem dritten dinge nicht so. *Da* kompt er dan nicht so. 23) *Cef fh.* dries gedaget si u. 24) u. m. v.] *So oder* dar m. v. *AabciBu, wobei* „ut *I.* 70 §. 2" *zu ergänzen. Ag* u. vortvaren, *Bcgho* mit der vare *Bc* war); *f. in den übrigen. — Aac. fh.* als recht is. 25) S. i.. et ok] *Bbghklo* S. heischet man o., *Bi* S. helpet man o., *Aagil* Dit is also sulves. 26) umme . . . oc] *Aagil* u. a. sch. sus isset oc; *f. in den meisten.* 27) *Ba* yo, *Bbghoü* eynen (*Bb* eynez) yo, *Bp* den cleger. 28) *Ab* anwiset, *Bdmp* in daz ghut wiset.

---

3. vor klagete. So taget man en aber virczentage. Kumpt her zcu dem dritten dinge nicht, so frage, nach dem das her nicht vor en kumpt, was dar nu rechtis vmme si. So vint man man sulle en da vor pfenden mit der vare. Also heischet man ouch vmme gut, wenne das man da eynen jo zcu der dritten klage yn wiset.

Van der antwerde umme scult.[a] Is de beclagede man dar,[1] so spreke sin vorspreke sus: her richter wil gi N wort[2] horen? Ja.[3] Unsculdich secht he sic[4] des men ene tiet[5] unde biddet enes ordels, oft hes icht neger tu untgande si[6] wen jene em overtugande.[7] Dat vint me.[8] Sprikt he aver, he hebbet vorgulden, dat mut he sulf drudde[9] bewisen. Sprikt he aver, jene hebben loz gelaten, des wert he loz[10] mit sime ede.[11] [12]So sprek vort: her richter he biddet unde ic[13] van siner wegen der hilgen unde enes steveres.[14] So sprikt de

§. 1. (line 1)
§. 2. (line 8)

---

a) *AqBabfhioszacp fh.* dy vorburgit ist. 1) ***B** fh.* iegenwardich. || Is — dar] *Cd* Wan de bekleger vorkomet. 2) ***Bc*** antwort, *f. Cc.* 3) *AqBh* So sprichet her jo, (***Bh** fh.* So sprich her richter), *Bc* Das wirt im erlaubt. 4) ***AelCb*** dat he si, ***Ahq*** dat he des (*Ah fh.* yo) sy. || Unsc. — sik] ***Af*** So unschuldiget he zyck dat he u. zy, *Cc* Entschuldeget he sik denne dat he si des u., *Bacghio* Her sprichet her sie u. 5) d. m. e. t.] ***Cd*** dat on dar schuldiget, *Aag* dat he N (*Ag* hinrik) icht schuldig sy (*Ag fh.* ofte zo hinrikes vorsprake up ene klaget). 6) ***Bbcdghklo** fh.* des men yn czihet (*Bc* beschuldigt). 7) j. e. o.] ***BCe*** i. en obirwinden (*Ce* overgan) moge, *Bm* i. ene aver tu bringen, ***Al*** hei dat up on herhalden moge. 8) ***Die meisten** fh.* he sy is negher to untgande. *Bl fh. ferner* des men in czieget. 9) ***Bbk*** sibende. 10) *AqBk* quyt, *AfCefDac* unschuldig, ***Bp*** entgeit em yenes. ***Das Subject** wechselt.* 11) m. s. e] ***Cm*** m. sinen eden, ***Babcdghlmo*** m. s. rechte, ***Cf*** up den heilgen. 12) S. s. v.] ***Cef*** Weret dat dy dit geschege, so spreke din vorspreke. 13) ***Al** fh.* mane. 14) eidstavers, eydes, des stabes, *Bc* aydsgebers.

---

8. Von antwert vmme schult dy vorborget ist. Ist der bèklagete man dar keynwertig, so spreche der vorspreche also, herre her richter woltir N wort horen. Ja. Her spricht her sy vnschuldig des en N zciet vnde bittet eyns ortetls, ab her icht nehir si zcu entgende des man en zciet, wenne man ys en oberwinden moge. So vint man ym her sy ys nehir zcu entgende. Spricht her aber her habe ym vorgulden, das mus her selb dritte bewisen. Spricht her aber yenre habe en loz gelasen, das wert yenre los mit syme rechte. So sprich vort, herre her richter nu betet N vnde ich von syner wegin der heiligen vnd eynes stebers. So spreche der richter ich gan ys uch wol. So

richter: ic gans em[15] wol. So spreke de stevere: here her richter, gunne gi mi dat ic N stave[16] sinen ed,[17] so biddet he, dat gi eme[18] orloven tu dunde wat tu dem ede[19] hore.[20] So sprikt he: ic orloves eme, he se dat he rechte du.[21] So vrage, wo dat sin ed tu rechte gan[22] scole. So vint me: der ticht,[23] der N eme tiet,[24] dat he der unsculdich si,[25] edder dat he de scult vorgulden hebbe,[26] dat eme god so helpe unde de hilgen. Wen he sus gesworen heft unde mit orlove[27] afgenomen heft unde upgestan is, so vrage, oft he vullenkomen si mit
§. 3. sime rechte.[28] So vintme he si.[29] Alsus du oc umme sinen tuch, [30]oft he ne rede heft. Heft hes aver nicht,

15) *Andre* uch. 16) *Bdp* vorthu. 17) gunne — ed.] *Aq* sal ik eme den eet staven. *Ah fh.* ja. 18) *Cd fh.* on antwordet unde. 19) t. d. e.] *Ab* dar tu, *Al* recht sy u. wat wat t. d e. 20) *Bei* geboret. 21) r. d.] *AqBbk* ym r. d., *Al* do wat recht ys. *AfCc* r. swere. 22) *AhkqBkCab* luden, *Da* sin. 23) *Af* züge, *BacdeghimDae* schult, *Cd* dat. 24) *BaCag* schuldiget, *Cs* schult gebit, *Bbcdeghmo fh.* oder schult giebt. 25) dat — si] *So AahBakCadegDa; f. sonst.* 26) *Cd fh.* de he om schuldich was. *Babcdghlmops fh.* der si her unschuldich. 27) *De* orteyle, *BkCg fh.* sine hant. 28) *Cd* getuge ader met s. rechte also dat mans an der sake icht billichen genete. 29) *Bc fh.* volkomen. 30) oft h. n. r. heft] *Aabc* o. h. n. h., *Da* ab er zu geratte hat. || oft — Heft hes] *Bc* ob die da sind u. ir recht auch sollen thun. Sind sie da; *Bm* of se recht scole dun. Sint se dar, *Babdeghio* ob her si da heiset zugen (*Bi* tu tugen, *Bh* zcu gehin)

spreche der steber, herre her richter gunnet ir mirs das ich N synen eyt stabe, so bittet her das irs ym irloubet zcu tunde was zcu dem eyde gehoret. So spricht her ich irloube ys ym, her se das her recht tu. So frage wy syn eyt zcu rechte gen sulle. So vint man des ym N zciet ader schult gibet, ader das her dy schult vorgulden habe, der si her vnschuldig das ym got so helfe vnde dy heiligen. Wenne her denne alsus gesworn hat vnde mit orlobe abe genomyn hat vnde vf gestanden ist, so frage
3. ab her volkomyn si mit syme rechte. So vint man her si. Also tu ouch vmme syne gezcuge, ab her si da heiset zcu gen vnde ouch sullen tun ire recht. Vnd en sint si da nicht, so frage

so vrage he, wenne he ne[31] tu rechte bringen scole. So vintme tu hant edder[32] over ses weken. Lere oc[33] de tuge, dat se [34]vor gerichte sic nicht tu tuge ne biden,[34a] se ne werdens na rechte gevraget,[35] edder man vorlecht se.[36] Disse vrage kumpt sus tu:[37] wen de tuge wedder den dinen[38] tugen willen, so sprik: her richter, ic bidde enes ordels, oft se icht secgen scolen, wat se tugen willen unde war[39] van it en witlik[40] si. Dat scun se in dessen saken[41] vor secgen unde sweren na.[42]

---

u. ouch sullen tun ire recht, u. en sint si da. 31) *Einige* se. 32) *Cd fh.* to deme negesten dinge noch der stad sede ader des landes. *Dae fh.* zu dem nehsten dinge. Ist er uss eim andern gerichte so finde man uber III tage u. 33) L. o.] *Bdm* So lere, *Cc* Ok scaltu leren, *Aa* L. o. tovoren, *Ab* Si ok, *Ac* Vorbide oc. 34) *AdefhlBCabcd fh.* umme (in) de sake (*AhBkCa fh.* der sy tuych willen sijn). 34*a*) Lere — biden] *Aq* Wer ok sake dat de tuge sik boden vor gerichte to tugene. 35) se — gevraget] *Bcghi* wenne werden si na r. g. 36) e. m. v. s.] *Aq* so enmogen se nicht tugen, *Bacdeghinp* hebben si sik denne vor geboden, so muten si bekennen van rechte man vorlet (ir lezst) en des nicht, *Bbo fügen dies nach* vorlecht si *hinzu*. *Cc fh.* unde vordelt si, *Af fh.* van ghetughe. 37) Disse — tu] *Cf* Ouch salstu wissen. 38) d. d.] *Babcghlnoy* d. dyeben (deven), *Bp* d. sybben; *De* dich. 39) *Bdmp fh.* tu voren, *Bcy fh.* vore, *Bghi fh.* vor ware. 40) *Af* kundich. 41) Dat — saken] *Bi* di sake muten si. 42) *Einige fh.* to den hilligen.

---

wenne her si zcu rechte brengen sulle. So sal man ym vinden zcu hant ader ober sechs wochen. Lere auch dy gezcuge das si sich nicht vmme dy sache vor gerichte zcu gezcuge irbiten, si en werden nach rechte gefraget, ader man vorlegit sy. Habin sie sich vor irboten so muszen si bekennen von rechte, man irlezst si ys nicht. Dyse frage kumpt also zcu, wen dy gezcuge keyn den diben gezcugen wollen, so sprich herre her richter, ich bitte eyn orteils, ab si icht sagen sullen was sie gezcugen wollen vnde wo von ys en wissentlich si. Das sullen si en yn desin sachen vorsagen vnde denne darnach sweren.

Capitel 9.

Wer wegen Bürgschaft belangt wird hat, wenn er nicht schlechtweg leugnet ***I*** 6 §. 5, *achterlei Einreden:* 1, *der Vorausklage gegen den gegenwärtigen Hauptschuldner;* 2, *der Theilung* ***III*** 85 §. 1 manlik also vele; 3, *des Nachweises des Hauptschuldners;* 4, *der neuen Übereinkunft des Hauptschuldners;* 5, *der unvollkommenen Verburgung;* 6, *der Befriedigung des Hauptgläubigers* ***III*** 85 §. 2; 7, *der Verweisung auf Pfand;* 8, *der Minderung durch Zahlung des Hauptschuldners oder Mitbürgen* ***III.*** 85 §. 1 die wile it unvergulden is.

Van borchtucht.[a] Beclaget men enen des wort tu sprekest umme borchtuch, hir is bekennen edder[1] vorsaken slicht.[2] Hir is aver[3] achterleie wedderrede.[4] Tume ersten vrage, na deme dat de sakweldiche jegenwardich si, oft me den icht bilken[5] allererst beclagen scole. Tum andernmale vrage, oft me N icht hoger wen umme sinen

---

9. *a*) v. b.] *Viele* Wy men borgen beclaget. 1) *AghqCbc* unde. 2) hir — slicht] *Aal* er he bekenne edder vorsake (*Aa fh.* slicht), *Aio* is dat he nicht bekennet u. versaket. *B* nu (*Bc* und) wisse h. i. (*Bghio fh.* zu, *Bd fh.* gleich zu) b. edder slechtlich (slechte, *Bp* gliche) zu versachen. *Bm* des wete dat he mach bekennen slicht vorsake, *De* daz her bekennen eder loukene sl. *Da* das er bekennet oder leuckenet oder bewere es schlecht hiess nit. *Das* slicht *ist nur auf das Leugnen zu beziehen, wie auch B deutlicher hat. Dann folgen die Einreden, welche den Fall des Bekennens voraussetzen; daher sind die Lesarten von Aalio nicht zu billigen.* 3) H. i. a.] *Aa* so sind hir, *Aq* echter wal, *Cg* merke hir an. 4) *AdekqByCdeg* rede, *Cf* reden, *De* rede weder, *B* rede bey (*Bk fh.* eder vrage); *Ah* vrage, *AfCbc* sake, *Ca* sake toe vragen. 5) *Af* mogheliken; *f. in Manchen.*

---

9. Von burgen zcu beklagen. Beklaget man eynen des wort du sprechest vmme burgezcog, nu wisse das hy ist zcu bekennen ader slechtlich zcu loukene. Hy sint aber achtirleye rede by. Czu dem ersten frage, nach deme das der sachwaldige da keynwertig si, ab man den icht billich alrest beklagen sulle. Czu dem andern frage, ab man N icht hoer beklagen moge,

antal[6] beclagen moge, er an sinen kumpanen[7] broc[8] werde. Tùm drudden male, na deme dat [9]he den, vor den he lovede ene bereidinge,[10] bewisen mach, oft he tu rechte icht loz si. Tum virden, na deme dat id lovede met dachen met borgen met vorwandelunge[11] vorniet[12] si, oft he tu rechte icht loz si. Tum veften, na deme dat de benomeden borgen nicht vul gesat[13] sin, oft he na rechte icht borge si. Tum sesten, na deme dat it mit dem sakweldichen untrichtet si, oft [14]he von dem untfengere[15] icht loz si. To me seveden, na deme dat he tu[16] pande

6) *Bdeginp* antwerte, *Cf* arfdeile. 7) *BcCaEb* gesellen, *Af* zamborgen, *Da* kuntbarn. 8) an s. k. broc] *Aq* id van s. gesellen bereidet; *BcdghiklpEp* is an s. k. bracht. 9) he den vor den he] *So AbehBk*; *Aq* h. d. dar he vor, *beides mit dem richtigen Sinne: dafs er den Hauptschuldner nachweisen mag*, *Cc* wor he. *Die meisten* he (*Ai* die) vor den he *d. i. dafs der Hauptschuldner eine Zahlung beweisen möge.* 10) e. b.] *Ai* nene b., *B* e. betalinge; *Aq* eder e. b.; *Bcghmo fh.* dy her, *Cc fh.* unde de. 11) m. v.] *Aa* edder met ander v., *Ak* unde underwandelinge, *Ca* unde m. onder v., *Cc fh.* nu. 12) *Al* vortogen. ‖ m. v. v.] *Bi* unvorwandelt u. unvornyet. *Bh* m. unvorwandelnge unvornuwit. 13) vulsat, vullensat, vullen gesatzt, volsaczt, *Bd* wellen besaczt, *BabceiloCa* vorsaczt, *Bk* vorsacht, *CbDa* vulbrocht, *Cg* ungichtich, *Be* genzlich angenommen. 14) h. v. d. u.] *Af* he dan to rechte, *Bm* de borgen ok. 15) *f. AdBeCd.* — *AagilBghoEb* mede untfengere (*Aa Plural*), *Cef* de de lovede entfangen hadde, *Cbc* untsecghere. 16) *Viele fh.* deme *oder* einem.

wenne vmme syne anzcal, er ys an synen kumpan bruch wirt. Czu dem dritten, nach dem das her vor den globet hat eyne bezcalunge dy her bewisen mag, ab her denne icht los si zcu rechte. Czu dem virden, nach dem das das globde mit tagen mit burgen mit vorwandelunge vornuwet si, ab her icht zcu rechte los si. Czu dem fvmftenmale, nach dem das dy benumeten burgen nicht vorsaczt sint, ab her noch icht von rechte moge eyn burge gesyn. Czu dem sechsten, nachdem das ys mit dem sachwalden entrichtet si, ab her von dem mit vntpfenger icht zcu rechte loz si. Czu dem sebinden, nachdem das her lovede, oft me dat[17] icht tum irsten[18] na sime werde[19] eme[20] afslan[21] scole. Tum achteden, wat des geldes van deme sakeweldichen edder van den borgen bereit si,[22] eft sin deil deste minre icht si. Dit[23] scal me di al vinden.[24]

Von den **a c h t** *Einreden gründen sich nur* 2, 6, 8 *auf den Ssp. Ueber die einzelnen ist zu bemerken.* 1 *u.* 3. *Der Bürge hat also* [illegible] *wenn der Hauptschuldner zur Stelle ist oder nachgewiesen werden kann. Vergl. über diese Einrede überhaupt Stobbe D. Vertragsrecht* 1855 *S.* 124. — *Zu* 2. *vgl. noch Ssp. III.* 9 §. 1 *N.* e. *aus der Hdschr.* X tu glikem gelde, *III.* 9 §. 2 *N.* h *aus* W to geldene gelike, *die Gl. zu III.* 85 §. 1 dat ein ysslik . . schole dy schult gelden ganz, also . . oft sine kumpane nicht it geldent vormogen etc., *und Stobbe* 143 *ff.* 161 *ff.* — 4. *Der Einrede der* novatio *der Hauptschuld gedenkt die Gl. zu III.* 9 wert ok ein gelovede vorwandelt, de borgen sin los *mit Berufung auf das röm. Recht; die Gl. im Druck v.* 1516 *zu III.* 85 . . . edder wandelinge des lovedes sunder ere vulbort; *Blume des* M.R. *III.* 98; *vgl. Stobbe* 167. — *Die* 5*te Einrede scheint aus dem Mangel der gehörigen Form, nemlich eines wirklichen* **S e t z e n s** *der Bürgen — wozu ich aber keinen weitern Belag finde — hergenommen.* — 6. *Der Fall ist der, dass einer der* **M i t e m p f ä n g e r** *des Versprechens klagt, nachdem der Hauptgläubiger schon befriedigt worden.* — 8. *Vgl. die Gl. in* 1516 de borgen werden los, konen se bewisen bereidinge eres (kumpanen) edder des sakeweldigen, *und das Schöffenurtheil bei Böhme dipl. Beitr. VI.* 127.

Capitel 10.

§. 1. ***Der Anspruch nach todter Hand (gegen des Schuldners Erben) ist mit*** 72 ***Männern darzuthun I.*** 6 §. 2, §. 2. ***wenn nicht der Erbe um seine Wissenschaft geschuldigt wird I.*** 6 §. 3. §. 3. ***Der Erbe haftet für die Schuld nur, falls er dafür Ver-***

---

17) ***AhBk fh.*** pant. 18) ***AhBkCa fh.*** voruteren unde. 19) ***Bc fh.*** ader gute. 20) me — eme] ***Bm*** me icht sinen antal nach der pande gude, ***Aq*** he. 21) ***Bn*** avelaten. 22) b. s.] ***B*** betalt si, ***Aq*** boret. 23) ***Ca fh.*** dat is van desen acht vragen vorgenant. 24) ***Bk fh.*** vor recht, ***Cah fh.*** in siinre stat, ***Af fh.*** zo verre alz du des vragest.

---

zcu dem pfande gelobete, ab man das zcu dem ersten ym nach syme werde icht sulle abe slan. Czu dem achten, was des geldis von dem sachwaldigen adir von dem burgen bezcalt si, ab syn teil echt deste mynre si. Das sal man dir alles vinden.

geltung in der Erbschaft findet; auch nur mit der fahrenden Habe I. 6 §. 2, *nicht mit dem Eigen I.* 52 §. 1, *und dem Lehn* (*I.* 9 §. 2).

Van der antwerde umme erve na enes minschen dode.[a] Claget men up enen des wort du sprikst,[1] §. 1.
dat he si N sculdich von N wegen, des erve he genamen heft, so sprek tu:[1a] her richter, N de biddet enes ordels, na deme dat he sculde vorderet uppe N na doder hant,[2] oft he se eme icht scole bewisen. Dat vintme. So vrage, wo het scole bewisen. So scalme vinden mit twen unde seventich scepenbaren vrien mannen edder echterbornen
laten.[3] Sculdeget men den[4] umme sine witscap, is it §. 2.
em umme de sculde witlik, der[5] mut he bekennen edder
vorsaken. So vrage vort, welkerleie[6] sculde he gelden §. 3.
scole. So vintme, der he wederstadinge heft. So vrage, wo verne he de witlike[7] scult gelden scole. So vintme, alse dat erve waret[8] na[9] varender have. Metme eigen darf he nene sculde gelden, wen he maches ane siner

a) Van — dode] *Die meisten* Van der (des) erven antworde. 10.
1) d. w. d. s.] *Af* des vorsprake du bist, *Cc* den du vorsprikst. 1*a*) *Aq* weder van sinre weghene. 2) n. d. h.] *Abc* dode hant, *Ak* n. godes h. 3) *Ad* lossen, *AcklqBbceiklps* leuden, luden. 4) em, ene, *B* eynen, ouch eynen. 5) *Andre* des. 6) *Ae* wat der leye, *Cf* wat kunne. 7) *Bk* bewisclicken, *Eb* bewisete. 8) *AgiBabceghio* wert (werdich) is. 9) *AalBdkm* an.

10. Von des erbis antwerte. Klaget man vf den des 1.
wort du sprichest, das her si N schuldig von J wegin, des erbe her genomyn hat, so spreche her zcu dem richter, here her richter, N der bittet eyns orteils, nach dem das her schult vordirt vf J nach toter hant ab her si ym icht bewisen sulle. So vint man her sulle ym bewisen. So frage wy her ys bewisen sulle. So vint man mit zcwen vnd sebinzcig schephenbaren
vrien mannen adir elich geborenen laten. Beschuldiget man einen 2.
vmme syne wissenschaft, vnde ist ym vmme dy schult wissent-
lich, der mus bekennen ader louken. So frage vort welchirleye 3.
schult her gelden sulle. So vint man wo von her widerstatunge hat. So frage vort wy vil her der wislichen schult gelden sulle. So vint man also vil als das erbe wert ist noch varender habe. Mit dem eygene endarf her keyne schult gelden, wenne her ys

erven gelof[10] nicht laten.[11] He ne darf des ok van deme lene nicht gelden, wen he ne maches ane sines heren willen neman laten.[12]

§. 3. *Den letzten Satz drückt das s. Lehnr. dadurch aus, dass es die Belehnung des neuen Erwerbers in des Herrn Belieben stellt, s. Ssp. II. 2 S. 426. — Die übrigens richtige Folgerung aus dem beschränkten Veräusserungsrecht auf das beschränkte Verschuldungsrecht ist dem Richtsteige eigen.*

Capitel 11.

§. 1. *Die Klage um Gut geht entweder auf fahrende Habe* ***I.*** 15 §. 1, *oder auf Lehn* ***I.*** 14, ***II.*** 42, *oder auf Eigen* ***I.*** 52 §. 1, ***II.*** 43. §. 2. *Für die Antwort auf die erste Klage beachte, dafs fahrende Habe durch Fund* ***II.*** 37, *Kauf* ***III.*** 4 §. 1, *Austhun* ***III.*** 5, *Abjagen* ***II.*** 37, *Ererbung* ***I.*** 15 §. 1 *oder unmittelbaren Erwerb* ***II.*** 36 §. 3 *an uns kommen mag.* §. 3. *Der Form nach lautet die Klage* 1) *schlicht: du hast meine Sache* ***I.*** 15 §. 2. *Will* B *ihr eidlich entgehn* ***I.*** 15 §. 2, *so mag* A *ihm den Eid durch Berufung auf den Augenschein abschneiden* ***I.*** 15 §. 2, ***I.*** 13 §. 1 *a. E.*, ***I.*** 22 §. 4 *a. E.*, *oder den* B *schwören lassen und doch* 2) *mit Anfang klagen* ***II.*** 36. §. 4. *Dieser zweiten Form, s. Kap.* 17, *kann man sich immer, wo man seine Sache unter einem andern findet, bedienen* ***III.*** 22 §. 3, ***III.*** 6 §. 1 (***III.*** 89).

§. 1. *Brackenhöft* 141 *N.* 30, 143 *N.* 2, 163 *N.* 2. §. 2. Budde de rei vind. 1837 p. 11 sq. *Delbrück in der Ztschr. XIV.* 234. §. 3. *Blume M.R. I.* 80—84. *Albrecht Gewere* 90 *ff. Planck Bewf.* 264, 299. §. 4. Budde p. 46 sq. *Brackenh.* 149 *N.* 23. *Platner histor. Entwickelung des D. R.* 1854 *II.* 315.

§. 1. War af de borgeliken clagen komen.[a] De verde borgelike clage[1] kumt dar van, dat de cleger cla-

---

10) ***Aa fh.*** wille edder. 11) ***Bk*** halden. || wen — laten] ***Bm*** it were denne mit des erven gelove. 12) ***Cg*** noch vergeven noch versetzen noch vergelden.

11. *a*) War — komen] *Die meisten* Von clage umme schult. 1) v. b. c.] ***Aabc*** borgeliken clagen, ***Dac*** v. kuntliche c.

---

ane synes erben globde nicht gelaszen en mag. Her endarf auch von dem lene nicht gelden, wenne her en mag des ane synes heren willen nymande lasen.

1. 11. Von klage vmme schult. Dy virde burgeliche klage dy kumpt zcu da von das der kleger klaget, das N vndir ym hat

get dat N under sic hebbe dat he bilker hedde wen he.[2] Des wete, dat alle gut darme uns umme beclaget is drierleie. Tum irsten is it varende have. Tum anderen ist len. Tum drudden ist eigen edder erve. Uppe dit drierleie gut sin drierleie clage unde drierleie wedderrede[3] unde dar tu mengerleie behendicheit,[4] de di nütte is tu wetende. Des se[5] tum ersten, wo di varende have §. 2.
ankumpt, dar na machstu dome clegere antwerden unde tu[6] der antwerde machstu pruven,[7] wer du it mit rechte beholden edder vorlisen machst. Des wete, dat varende have kumpt us tu[8] sesleie wis. Entwer[9] wi vinden se, edder wi kopen se, edder se wert us gedan,[10] edder wi afjagen se diven edder roveren,[11] edder se wert us geervet, edder wi tugen[12] se selven.[13] Dit mach de cleger §. 3.

2) w. h.] *f. AcefghlqCbcdeDae.* 3) *Ah* weder rait, *Bp* rede, *Bm* antwerde, *Bc* rede antwort. 4) *Ai* bescedenheit, *Ag fh.* unde beschedenheyd. 5) D. s.] *So AagCacc; Cb* D. is; *Ae* Su wo; *Babegi* wisse nu, *Bk* Des wete, *Da* Das sage er, *De* Dez sege; *f. in den Uebrigen.* 6) *Andre* bi. 7) *BdimpDae* merken. *Als der prüfende ist wieder der Kläger zu denken.* 8) *Andre* an. *Das* tu *oder* an *gehört zu* kumpt; *die* sesleie wis *bedarf dessen nicht.* 9) *B* Czum ersten kumpt si do von (czu). 10) *BCbDa* gegeven; *Af fh.* to holdene. 11) d. e. r.] *AbhiqCa* d., *Bb* den r.; *Cg* unsern vienden. 12) *So Aabi; AcBbeDe* tien, *Adefgh-BacdghilmopCbce* teen se edder tugen. *Diese Hdss. unterscheiden also, wie noch bestimmter Eb Note 13, durch Ziehen und*

das her billicher hette wen her. Nu wisse das allerleye gut da man vmme klaget ist drierleye. Czu dem ersten ist ys varende habe. Czu dem andern ist ys len gut. Czum dritten ist is eigen ader erbe. Vf dise drierleye gut sint drierleye klage vnde drierleye widerrede, vnde dazcu mancherhande behendikeit, dy dir nucze zcu wissende sint. Wisse nu zcu dem ersten wy varende habe 2.
ankumpt, darnach machtu dem kleger antwerten, vnde by der antwerte machtu prufen, wedir du ys mit rechte behalden adir vorlisen macht. Nu wisse das dy varende habe kumpt vns von sechserleye wys. Czu dem ersten kumpt si dar von, entwedir wir vinden si, ader koufen si, ader si wert vns gegebin, ader wir jagen si abe den diben ader den roubern, ader si wirt an vns geerbet, adir wir zcyn si adir wir zcugen si selber. Dyse 3.

anspreken twierleie wis. He mach it anspreken mit ener slichten clage, edder he mach it anvan. [b]Spricstu sin wort in slichter clage so sprik alsus: her richter, N claget gode unde iu, dat N des sines[14] hebbe unde biddet, dat gi en tur antwerde biden. Sprikt denne de antwerder: her richter unsculdich bin ic, dat ic des sines icht hebbe; wen he sus mit dem ede wil van di komen,[15] so hefstu twier kor.[16] Wultu bewaren[17] dat he nicht sweren ne moge, so vrag sus: her richter, ic bidde ens ordels, na deme dat wit under eme bewisen mogen, oft hes[18] mit sime ede vorsaken moge, dat hes nicht ne hebbe edder wat en recht si. So vintme he ne moge. Wultu aver ene scenden,[19] so lat ene den ed don, unde aneva[20] dar

Zeugen die beiden in II. 36 §. 3 *angegebenen Fälle des unmittelbaren Erwerbes. Ssp. I.* 15 *scheint dagegen unter* intucht, *s. Note g daselbst, beides zu begreifen.* 13) edder si — selven] ***Eb*** Czu dem funften mole czihen wir sy selbir uff in unserem stalle. Czu dem sechsten m. so czugen wir sy selbir von andir unsir habe. *b*) ***Ea*** *hat ein neues Kap. unter:* Wi man uf varende habe clagin sol in slechter clage. 14) d. s.] ***Aa*** sin N (*darunter* pert), ***Cc*** dat sin, ***Ag*** sin gut, ***B*** sine have, ***Bi*** sin gut oder sine have. ***Bbo*** *fh.* under ene, ***Badeghilmp*** *fh.* under ene u. in siner gewalt. 15) v. d. k.] ***Bg*** dovon k., ***Bae*** volkomen, ***Ag*** v. d. ghaen, ***Bm*** v. d. scheiden. 16) ***B*** wilkore; ***Aq*** *fh.* macht. 17) ***Acghl-BCadeDe*** du bewarest (***Bghio*** *fh.* dat wol). 18) ***Einige*** *fh.* uns. 19) ***B*** to schande (***Bk*** den schanden, ***Bagio*** schaden) maken (***Bk*** bereiden). ***De*** schuldigen. 20) ***Bc*** wende.

habe mag der kleger an sprechin zcweyerleye wys. Czu dem ersten mag her si an sprechin mit eyner slechten klage, ader mag si anevangen. Sprichstu syn wort an slechter klage so sprich also, herre her richter N der klaget gote vnd uch das N syne habe vndir ym habe vnde bittet das ir ym zcu der antwerte gebitet. Spricht denne der antwerter, her richter ich byn syn vnschuldig das ich des synen icht habe, wil her denne mit syme eyde also von ym komyn, so hastu zcwierleye willekor. Wiltu bewarest wol das her dir nicht gesweren mag, so frage also, herre her richter ich bitte eyns orteils, nach dem das ich ys vnder ym bewisen mag, ab her ys mit syme eyde entgen moge das her ys nicht en habe, ader was eyn recht darvmme si. So vint man her en moge. Wiltu en abir zcu schaden machen, so

na din ding,[21] so helpet em sin ed nichtes nicht unde du crigest[22] dat dine wedder. Wete aver dat itlike §. 4.
secgen, dat anevank an neneme dinge tu rechte gescin moge, wen an deme dat vorstolen odder genomen si.[23] Des is nicht,[24] den en islik mut sic des sinen wol mit rechte underwinden[25] war het süt.[26] Tom anderen male mach me varende have mit anevange beclagen. Sprikstu desser clagen wort, so du alse he leret.[27]

Unter den sechs Weisen durch welche fahrende Habe rechtmässig in unsre Hände kommt ist die eine, wenn sie uns gethan wird, ein blosser Besitztitel; die übrigen sind Eigenthumstitel, jedoch das Finden und Abjagen nur unter gewissen Umständen und quotenweise. Diese beiden letzteren nebst dem Erzeugen kommen nur bei der fahrenden Habe vor. Der Erwerb durch Zufliessen Ssp. II. 29 ist hier nicht genannt, doch wenden R. 12 §. 3 und 15 §. 2 die Analogie des Zugeflossenen auf das Gefundene und Abgejagte rücksichtlich des heimlichen Haltens an.

Capitel 12.

§. 1. *B behauptet unverholenen Fund, ist zur Rückgabe bereit und erlangt die Urtheile, dafs A sich selbdritte zur Sache ziehe*

---

21) ***BaceghiDa*** gud. || aneva — ding] ***AhBkCa*** unde hale ene darna to gedingen (***Ah*** dem dinge). 22) ***BdDa*** gewinnst. 23) g. si] ***BbopCd*** geroubet wert, ***Ba*** an rovedem gude. 24) ***Bbceghimo fh.*** war. 25) sic — underw.] ***Bm*** dat sine m. r. anevangen. 26) ***BacdeioDae*** ankompt, ***Bgh*** ouch ankumpt, ***Bm*** bekumet, ***Cd*** hetet. ***Bk fh.*** off war hey dat ankomet. 27) a. h. l.] ***Aal*** a. di geleret is (***Aa fh.*** in siner stede), ***Aino*** alse dic leret (*mit dem Citat **II.** 36*). ***B*** a. dik wert (***K fh.*** hir) geleret, ***Bi*** so du des werdest geleret. ***AdefhpqCDe*** dar na, ***Da*** als dir gesagt is, ***Dc*** dar nach als dir gesagt ist. || so — leret] ***Bl*** das vindestu *mit dem Citat.*

---

las en den eyt tun, vnde aneuange deyn gut, darnach en hilfet en syn eit nichtes nicht vnd du irkrigest das dyne wol. Wisse 4.
aber das iczliche lute sagen das aneuang an keyme dinge geschen moge von rechte, wenne an dem das gestolen ader geroubet ist. Das en ist nicht war, wenne eyn iczlich man mag sich des synen wol mit rechte vndirwinden wo hers an kumpt. Czu dem andern male mag man varende habe mit anuange beklagen. Sprichstu diser klage wort so tu als dichs wert gelart.

und ihm die Kosten erstatte, II. 37 §. 1. §. 2. *Will* B *den Fund als einen fruchtlos aufgebotenen behalten II.* 37 §. 3, *so ist das Aufgebot selbdritte* (ex anal. II. 22 §. 1, III. 4 §. 1 etc.) *zu bezeugen II.* 37 §. 1. §. 3. *Hat* B *das Gut verheimlicht, so verwirkt er durch dieses diebliche Behalten II.* 37 §. 1 *zwar nicht Leib und Ehre, aber doch Busse und Gewedde II.* 29. §. 4. *Höhe der Busse III.* 45, *des Geweddes III.* 64; *Zeit der Zahlung II.* 5 §. 2, *Hülfsvollstreckung dabei I.* 53 §. 3.

§. 2. *Planck Bewf.* 252. §. 3. *Ebend.* 264 *N.* 141.

Van der antwerde umme gevunden gut.

§. 1. Sprikstu enes wort, de umme gevunden gud beclaget wert, so sprik alsus: her richter wil gi N wort[1] horen; hir steit N unde secht,[2] he vunde bisterliken[3] sodan gut[4] also N eschet;[5] dat hebbe he[6] unvorholen[7] behalden wen tu her; dat wil he[8] gerne tu rechte beholden,[9] oft sic ieman dar tu ten wil,[10] unde biddet enes ordels, wo me sic tu rechte dartu ten scal. So vintme tu rechte: jene sulf drudde uppen hilgen.[11] So vrag vort: her richter

12. 1) N wort] *Bc* ein antwort. 2) hir — secht] *AhBkCa* die hier steet. Ja. So seget hie. 3) *f. B; Da* kurtzlich. 4) *AcdefiqCabce* ding, *Ab* g. u. sodan ding, *Bbcegho* habe ader gut, *Bd* have u. sodan ding, *Bi* gut oder have. 5) *AhCab* seget, *Ad* hetet, *Bm* anspricht, *AaB* van eme e. 6) *Al fh.* gefunden u. 7) *Bdp* unvorton, *Bc* unverlaugent. 8) wen t. h. dat wil he] *AfCbc* of sik iemant dar to te, wente he dat wel, *was sonst erst zu Note* 10 *folgt.* 9) *Ab fh.* wedder genen. *Eb* widergebin *st.* beholden. 10) t. w.] *Ab* de wile ty. *Bk fh.* mit rechte. *B* (*ausser Bk*), *Ab* (*am Rande*), *Eb fh.* unde (eder) en warteken secge. 11) *AfCc fh.* sculle sweren (*Af fh. noch* dat et zin zij), *Bc fh.* zu behalden.

1. 12. Von der antwert vmme gefunden gut. Sprichstu des wort der vmme gefunden gut beklaget wert, so sprich also, herre her richter woltir N wort horen, hy stet N vnd spricht her habe gefunden so getane habe ader gut als N von ym heyschet, das habe her vnuorholen gehalden bys her, vnde wil das gerne zcu rechte halden, ab sich dar zcu ymant zcyn wil ader eyn wort zceichen sagen, vnde bittet nu eynes orteiles, wy man sich zcu rechte dar zcu zcyn sulle. So vint man zcu rechte yenre selb dritte vf den heiligen. So frage vort, herre her richter

nu biddet N vort ens rechtes, na deme dat sic N mit rechte tu desseme gude getogen heft, oft he icht scole sine kost[12] na guder[13] lude werdinge[14] irlegen.[15] So vintme he scole. Wultu aver dat gevunden[16] gut weren, §. 2.
so sprek sus: her richter, N biddet ens ordels, na deme dat he den vunt upbot[17] tur kerken unde vor gerichte,[18] wo lange he ene em tu rechte na halden scole. So vint me[19] ses weken. So vrage, wo hes vullenkomen scole, dat het upgeboden hebbe unde[20] halden als he tu rechte scole. So vintme mit twen bedderven mannen.[21] Mach §. 3.
hes aver nicht vullenkomen unde heft des lichte vorsaket unde gehut,[22] so vrage des clegers vorsprake, na

12) *Bb fh.* u. czerunge; *Bd fh.* dy her domete geton hat. 13) *B* vromer (*Bi* bedderver). 14) *Babceghilo* rathe, *Bk* seggen, *Bdp* besagunge, *Bn* besettinge. 15) *Ac* irlegeren, *Ai* legen, *CeDa* wedderleggen, *AfqBiCc* gelden, *Babcdegho* ablegin u. gelden, *Bk* aflegen u. betalen, *AhCa* erstaden. *Af fh.* de eme de have gekostet hevet. || he — — irlegen] *Cd* om — — gelegt werden. 16) *BabeghioEb* benumete; *Bc fh.* ader benent. 17) *Bk fh.* u. dede dat kunt. 18) *Eb fh.* u. er damitte alle recht begangen hat. 19) *Dabc fh.* drey tage u. *Cc fh.* to rechte. 20) *Babceghkloeb fh.* unvorborgen, *Bdip fh.* unvorholen, *Bs fh.* unduyfflik. 21) m. t. b. m.] *Af* zelff derde up de hilligen. 22) *Ag* gehot, *BaCe* gehult, *Af* vorholen, *Aq* hevet dat ok lichte wal verholen, *BcgehmDae* behalden, *Bd* alzo gehalden, *Bi* heymelike geholden, *Eb* vorholin gehalden, *Bk* behalden u. gehut.

nu bit N vort eynes rechtin, nach dem das sich N zu desin gute mit rechte gezcogen hat, ab her ym icht syne kost noch fromer lute rate abe legin vnde gelden sulle. So vint man her sulle. Wiltu abir das genumete gut weren so sprich also. Herre her 2.
richter N der bittet eynes orteils, nachdem das her den funt vf boit yn kirchen vnde vor gerichte, wy lange her ys ym zcu rechte nach sulle halden. So vint man ober sechs wochen. So frage vort, wy her ys volkomyn sulle das her ys vf geboten habe vnd vnvorborgen gehalden habe, als her zcu rechte solde. So vint man mit zcwen biderben mannen. Mag her ys abir nicht vol- 3.
komyn, vnde hat her lichte des gutes vorloukent (und also gehalden, so vrage des clegers vorspreche, nach deme das her das

deme dat hes vorsaket hebbe,[23] oft it icht tu rechte en dufte[24] si. Dat vintme.[25] Hir vrage du denne wedder,[26] oft de antwerder mit der düve lif[26a] edder ere vorwerken moge, de he ut jenes[27] weren nocht duftliken nocht rofliken ne brachte.[28] So vintme, it ne scade en noch tu me live noch tu der ere. So vrage des clegers vorspreke, wat he an der duve eddor an dem vunde[29] unde an dem vorsakeden gude[30] gebroken hebbe. So vintme, he scole deme richtere wedden unde deme clegere bute
§. 4. geven. So vrag wat sin bute si. So vintme na des clegeres gebort.[31] [32]So vrag wat he deme richtere

23) *AdfghiB* (*außer Bi*) *CabcdDe fh.* unde den vunt (id) dufliken (*Bm* vorholen) gehalden hebbe. *Unsre Lesart stimmt mit Ssp. II.* 29. 24) it . . . . en dufte] *Bc* er . . . . ein diep. 25) D. v.] *AgiB* So vintme es (*Bc* er) sy ein dube (*Bc* diep). *Eb fh.* So sprich vort, ich danke dem urteil gerne u. besetze das mit euch herre er richter u. mit gehegitter bangk u. bete euch des czu gedencken. 26) *AacilB fh.* sint dit (*Bc* er) wol en duve (*Bc* diep) sy (gesien, geheissen mag). 26*a*) *De fh.* gut. 27) *Cgh* keynes mannes. 28) n. b.] *Af* genomen ne hebbe, *Ci* genomen het oder gebracht het. 29) e. a. d. v.] *f. AacilBbcdeghioEb.* 30) d. v. g.] *Bi* d. v. haue, *BabcdeghloEb* der vorloukenunge, *Ag* den vorzekene, *Cd* deme vorsachene, *De* deme loukene, *Da* dem gelubde. || edder — gude] *Bk* unn des gevundenen gudes vorsakinge. || duve — gude] *Bm* vorholinge. 31) *Af fh.* alze de bote hevet, *Cbcde fh.* als it bote heft, *AhCa fh.* alsoe de hevet, *Ae fh.* als du hest, *Baceghil fh.* als ez der richter heysset, *Dae fh.* also du vor hast (*Da fh.* vernomen). 32) So —

vorloukent) hat vnd den funt dublich gehalden hat, ab ys icht eyne dube mag geseyn. So vint man ys si eyne dube. So frage denne da wider, sint ys wol eyne dube geheisen mag, ab der antwerter mit der dube lip ader ere vorwirken moge, dy her vz yenis mannes geweren ny wider dublich noch rouplich en brachte. So vint man is en schade ym wider zcu dem libe noch zcu den eren. So frage des klegers vorspreche was her an der dube vnd an der vorloukenunge gebrochen habe. So vint man her sulle dem richtere wetten vnd dem klegere syne
4. buze gebin. So frage was syne buze si. So vint man nach des klegers gebort. So frage was her dem richter wetten sulle. So

wedde. So vintme dat dar na de richter si.[33] So vrage wen it scole bereit sin.[34] So vintme, is de bute er gewunnen,[35] so scoleme se over ses weken[36] bereiden unde it gewedde dar na over virteinnacht. So vrag wes eme helpen scole dat it ut kome.[37] So vintme de richter edder de vronebode.

Capitel 13.

§. 1. B *behauptet Kauf,* I. *von dem Kläger* A; *er mag den Kauf eher selbdritte bezeugen als* A *ihn leugnen III.* 4 §. 1. §. 2. II. *von einem Andern. Nennt er* 1) *auf des Klägers Verlangen den Verkäufer nebst Ort des Verkaufes und schwört er, dafs er auf den rechten Geweren ziehe, so mufs* A *ihm zu dem Geweren* C *folgen II.* 36 §. 5. *Stellt* B *den* C *nicht, so büfst und weddet er II.* 36 §. 5. *Während des Streites behält* B *die Sache II.* 36 §. 8. §. 3. *Kommt* C *und bekennt die Gewährspflicht, so führt* A *mit ihm den Streit fort II.* 36 §. 5 Wirt, *und* B *ist frei.* §. 4. *Bekennt* C *den Verkauf, so darf er seine Gewährspflicht nicht bestreiten III.* 4 §. 2. §. 5. B *beruft sich* 2) *eidlich auf einen Marktkauf von einem Unbekannten II.* 36 §. 4. A *zieht sich selbdritte zur Sache und braucht dem* B *das Kaufgeld nicht zu erstatten II.* 36 §. 4. §. 6. *Die Pflicht des Geweren dauert so lange die Sache vorhanden III.*

---

richter si] *f. AqCacBiDae; steht in Bbk u. E. des Kapitels.* 33) *Babgho* ime gnade tun wil, *Eb* ist u. gnade thut; *Ab fh. u. R.* unde ghenade dun wil. 34) i. s. b. s.] *Au* he s. dat bereiden, *Ai* he s. b. s., *B* he dat betalen s. 35) is gewunnen] *BEb* nach (von, in) der czit als dy buze is gewonnen (*Bgho* gefunden, *Bk* genomet). 36) *B fh.* darnach. 37) i. u. k.] *Baeghü* hers u. k., *Bl* herz bekome, *Bdp* her is von eme bekome, *Bi* he dat ut vordere, *Bk* it ut gemanet werde, *By* ers gebin mus, *De* iz bereytet werde, *Da* er in bereitet wolle.

---

vint man nach dem das ym der richter gnade tun wil. So frage wenne her ys sulle bezcalen. So vint man, nach der zcit als dy buze gefunden wert so sal man si darnach gebin obir sechs wochen vnde das gewette also obir virzcennacht. So frage wer ys ym helfen sulle das ys vz kome. So vint man der richter adir der frone bote.

83 §. 3. §. 7. *Ein Jude darf der Regel nach nicht als Gewere benannt werden III.* 7 §. 1.

§. 1. *Planck Bewf.* 236, 257, 294. §§. 3—5. *Ebd.* 255 *N.* 113 *bis* 115. §. 6. *Unterholzner Verjährung II.* 306 *N.* 727.

§. 1. Van der antwerde umme gekofte have. But men di tur antwerde umme gekofte have[1] unde sprekt se de selve an de se di vorkofte, so spreke din vorspreke sus: her richter wil gi N wort horen,[2] he secht, desse have si sine unde hebbe se jegen[3] N selve gekoft. So spreke jene: her richter, ic bins unsculdich dat ic se[4] vorkofte unde bidde ens ordels, oft ic is eme icht neger tu untgande si, wen hes mi overgan moge.[5] So vrag du, na deme dat du rechtleke[6] unde redeliken[7] eme dat afgekoft[8] hefst, wedder du icht neger tu behaldende binst dines kopes unde dines gekoften gudes, wen hes mit sime ede di tu untfurnde si.[9] Dat vintme du sistes

---

13. 1) g. h.] *AqCafghDe* vorkofte h., *Bacdegioüy* gud (*Bi* have) odir umme habe (*Bi* gut) dy du gekouft hast, *Bh fh.* odir umme gud. || di — have] *Cg* demė zur a. de u. v. h. zo gerichte geladen is. 2) *AchlCaDac fh.* ja; *Aa fh.* so segge. 3) *Andre* weder, von, to. 4) *AaeilBaCfDe fh.* ye, *AhCce fh.* ju, *BghioCd fh.* ym, *Ad* id eme gi. 5) m. o. m.] *Bd* m. obirczeugen m.; *Bm* over mik to bringende, *Bhk* mek overtogande. 6) *Dac* wissentlich rechte. 7) r. u. r.] *Cd* mit redeliken worden. 8) *Cf* affgegoulden. 9) t. u. s.] *AefhkqCae* t. untwerende si, *Cc* t. untvernende si, *Bacegh* t. (*Bg* zu rechte) entwendene si; *Bbdiknos* entwenden moge, *De* enczihen moge.

---

1. 13. Von der antwerte vmme gekoufte habe. Gebutet man dir zcu antwerten vmme gut ader vmme habe dy du gekouft hast, vnde spricht si dir der selbe an der si dir vorkoufte, so spreche deyn vorspreche also: herre her richter wolt ir N wort horen, her spricht dyse habe ader dys gut si syn, vnd habe si keyn N selbin gekouft. So spricht yenre, ich bin syn unschuldig das ich si ym vorkoufte, vnde bitte eyns rechten orteils, ab ich ys nicht ner zcu entgende si, wenne michs her ober gen moge. So frage du, nach dem das du ys ym redelichen vnd rechtlichen abe gekouft hast, ab du ys icht ner zcu behaldene syest dynes koufes vnde dynes gekouften gutes, wenne her ys dir mit syme eyde entwenden moge. So vint man du

neger.[10] So vrag wo dut tu rechte behalden scalt. So vintme di self drudde vulkomer lude an irme rechte.[11] Sprikt it aver en ander an unde heft hes geweren,[12] so §. 2. antwerde he sus: her richter ic hebbe have gekoft[13] rechtliken unde redeliken. So secge jene:[14] her richter N biddet ens ordels, oft N den icht benomen scole, de se eme vorkofte. Dat vintme.[15] [16]So vrage he vort, oft he de stede[17] icht benomen scole.[18] Dat vintme. So vrage oft he sin recht icht dartu dun scole, dat hes uppe den rechten geweren tie. Dat vintme. So vrage wo lange he eme volgen scole. So vintme virteinnacht, ane over sceprike watere.[19] We vorlust de mut wedde geven unde bute.[20] So vrag we desse have de wile hol-

10) *AlBaceghikoCc fh.* to behaldende. 11) i. r.] *Bp* eren eren. 12) h. g.] *d. i. hat der angegriffne Käufer einen Gewährsmann, Aa* he der gewere, *Cd* er de g., *AegBaceghioCaDe* her g., *Ab* he't in g., *AfCc* hes nenen g. 13) h. g.] *Bghl* gud daz habe ich g., *Ah* die g., *Ai* it eme avekoft. 14) *B fh.* da jegen (wedir). 15) *Cc fh.* he sculle, *Bdghio fh.* h. s. en benomen, *Bae fh.* h. s. e. b. de se eme vorkofte. 16) So — vintme] *f. Acdghq-BhCacfDe, steht in Bk später.* 17) *Bd fh.* nicht ouch, *Aa fh.* der kopinge oc, *AlBbeghio fh.* da her sie koufte; *Ab fh.* unde stunde. 18) *BadkAi fh.* dar he sie (id) kofte. 19) s. w.] *AeBg* schiffunge wassirz, *Aq* schepede w., *Bc* uberschiffung s. w., *Dae fh.* uber zu farn. 20) w. g. u. b.] *Da* zweierlei busse geben.

siest ys ner zcu behaldene. So frage wy du ys behalden sullest. So vint man dir selb dritte volkomener lute an irme rechte. Spricht ys abir eyn andir man an vnde hat her geweren, so 2. antwerte her also, herre her richter ich habe gut gekouft redelichen vnde rechtlichen. So spricht yenre da keyn, her richter N der bittet eyns rechten orteils, ab J den icht benumen sulle, der si ym vorkoufte. So vint man her musze en benumen. So frage her vort ab her dy stat benumen sulle, da her si koufte. Daz vint man. So frage ab her icht syn recht darzcu tun sulle, das her sich vf den rechten geweren zcyn sulle. Das vint man. So frage wy lange her ym volgen sulle. So vint man virzcennacht, ane ober schifriche waszer. Wer denne vorluset der mus wetten vnde buze gebin. So frage wer dese habe dy wile halden

§. 3. den[21] scal. So vint me de se in geweren heft. Kumpt he tu dem geweren[22] unde bekent he,[23] so vrage desse oft he tu rechte icht loz si. Dat vintme. So ga beide de clegere[24] unde jene de is bekant vort an[25] als hir vor
§. 4. gesecht is.[26] Bekant aver jene des kopes unde secht, he ne scoles nicht geweren,[27] so vrag na deme dat he des kopes bekent, oft he eme tu rechte icht geweren scole. Dat vintme, it ne were denne buten benumet.[28]
§. 5. Sprikt aver de antwerder, he hebbet gekoft up den vrien[29] markede, he ne wete wedder wene, so vrag oft he den marct icht benomen scole. Dat vintme. So vrag na

21) *AdBmCde* bewaren, *Bh* habin. 22) h. t. d. g.] *Bc* er dann mit dem g.; *BbdghioEb* denne der gewere. 23) *Bdehim fh.* des, *AhBkCa fh.* des kopes, *Af fh.* eme des kopes, *Da fh.* oder sie ab er mer ist. 24) S. g. b. d. c.] *So Aagi (der Streit gehe in oben erwähnter Weise nun zwischen dem Kläger und dem Gewährsmann fort), AbcCa* So bidde d. c., *AeqCc* So beide d. c., *AdCbe* Nu beide d. c.; *Dae* Of sie beide d. c., *BEb* Du salt aber beiten (*Bek* bidden, *Bmnp* von irst bidden) des klegers. *Bd* Dis saltu abir von erst bethen des clegers vorspreche. 25) v. a.] *BaceghikoEb* von erst. 26) vort — is] *Dae* gegenwertig (keyn werdes) sin; *f. AdefhqCacc.* 27) ghewaren, waren. 28) b. b.] *B* von irst (ersten, *Bdp* von ersten anders) b.; *Aq* vorbescheden, *AalCf* b. bescheiden, *Af* b. gescheyden, *Cd* utgenomen, *Dae* uss gescheiden. *Bg fh.* a. R. und vor awsgenomen wissintlich den lynkoffs lewthin. || it — benumet] *Bm* alse verne alse dat an deme kope nicht besundern utgesceiden sy. 29) *BdpDe* gemeinen; *f. AdeghilqBaeghiloCcdef.*

3. sulle. So vint man der si yn geweren hat. Kumpt denne der gewere vnd bekennet her, so frage deser ab her icht zcu rechte los si. So vint man her si los. Du salt aber beiten des klegers vnde`yenre der ys bekennet von erst, als hy vor gesaget ist.
4. Bekennet abir yenre des koufes vnde saget her en sulles nicht geweren, so frage, nach dem das her des koufes bekennet, ab her en icht zcu rechte geweren sulle. Das vint man, is en werde
5. denne von erst benvmet. Spricht aber der antwerter, her habe ys gekouft vf dem markte her en wisse wider wen, so frage ab her den markt icht benvmen sulle. Das vint man. So frage,

deme dat hene benomet heft, oft het mit sime ede icht bewéren[30] scole dat it so si.[31] Dat vintme. So vrage wo sic de clegere tu der have ten scole. So vintme he sulven mit twen[32] bedderven mannen. Wen he sic dartu getogen heft, so vrage, na deme dat he sin rechte gut mit rechte behalden heft, oft he jenen um dat gelt dar het umme kofte icht tu rechte antwerden dorve. So vintme he ne dorve. Sprikt aver de gewere:[33] her §. 6.
richter ic bidde ens ordels,[33a] na deme dat het in sinen geweren heft gehat[34] wol twintich[35] jar sint der tid dat ic it em vorkofte, oft ic it em icht vul[36] geweret hebbe, edder wat dar rechtes umme si. So secge jene:[37] her richter, des tie ic[38] an iu dat he mi des kopes bekant unde bidde ens ordels, oft hes mi[39] icht tu rechte geweren scole, de wile de have levet.[40] Dat vintme. Tüt §. 7.

30) *AbDae* bewisen, *BCfEb* behalden, *Ac* beteren. 31) i. s. s.] *Bm* he en den markt benomet hebbe. 32) *Bk* seven, *Cg* tein. 33) *Bm* antwerder, *Cd* werer. 33 *a*) *Ab fh.* odder eines rechtes. 34) *Baghko* behalden. 35) *Bd* zehn, *Eb* drizcig. 36) *Einige* wol. 37) *Ahi* du; *B* dar weder. 38) *Einige fh.* mi. 39) h. m.] *Bk* hey my der have oder gudes. 40) d. h. l.] *Aa* d. h. unde he l.; *Cf* dat hie leve; *BemDae* d. h. weret; *CdEb fh.* u. weret.

nach dem das hers benvmet hat, ab hers icht mit syme eyde behalden sulle das ys also si. Das vint man. So frage wy der kleger sich zcu der habe zcyn sulle, so vint man her selben mit zcwen biderben mannen. Wen her sich also darzcu gezcogen hat, so frage, nachdem das her syn rechte gut mit rechte behalden habe, ab her ym vmme das gelt da her ys vmme koufte icht zcu rechte antwerten dorfe. So vint man her en dorfe. Spricht aber der gewere, here her richter, ich bitte eyns orteils, 6.
nachdem das hers yn synen geweren hat behalden zcwenzcig iar sind der zcit das ichs ym vorkoufte, ab ich en nicht wol geweret habe, ader was da rechtis vmme si. So sprich da wider, herre her richter, des zci ich mich an uch das her mir des koufes bekant hat vnde bitte eyns orteils, ab her mich icht zcu rechte sulle geweren dy wile dise habe lebet. Czut her sich 7.

ok jene up enen joden, so vrag oft en jode moge enes kersten[41] gewere sin. Dat vint me[42] he en moge.[43]

Einige Stellen des Ssp. II. 36 *werden durch den R. noch etwas klarer; das* sine penninge *im* §. 4 *durch unsern* §. 5; *II.* 36 §. 5 Wirt he's gewere *durch* §. 3 So ga beide; *II.* 36 §. 8 *durch das* de wile *im* §. 2. — §. 6. *Wenn hier statt S. Ldr. III.* 83 §. 2 do wile he (*der Verkäufer*) levet *gesagt wird* d. w. de have l., *so soll damit die Dauer der Gewährspflicht wohl nicht abgeändert, sondern* [illegible]

Capitel 14.

§. 1. *Erwiedert* B, *die Sache sei ihm zu behalten gethan, so findet man, er könne sie den Deponenten nicht verlieren machen II.* 31 §. 3. §. 2. A *wird daher an den Deponenten gewiesen und dieser vom Gericht durch den Depositar und zwei Zeugen zur Antwort geladen III.* 5 §. 1 Dries. §. 3. *Kommt er zur dritten Klage nicht, so wird* A *eingewältigt III.* 5 §. 1 *und ihm Friede gewirkt, wenn nicht echte Noth vorliegt II.* 7. §. 4. B *kann sich durch sofortige Rückgabe an den Deponenten in Gegenwart des* A *von aller aufsergerichtlichen und gerichtlichen Ansprache losmachen III.* 5 §. 2. §. 5. *Ueber den Fall, dafs der angebliche Deponent die Sache nicht will s. Kap.* 39, *und dafs* B *flüchtig ist, Kap.* 47. §. 6. *Zieht sich* B *auf einen Geweren in einem andern Gerichte II.* 36 §. 5, *so mufs er den* A, *für den Fall dafs der Gewere die Vertretung nicht übernimmt, sichern II.* 5 §. 1, *dafs er ihm vor dem ersten Gericht Rechtens pflegen wolle. Doch wird* B *frei, sobald der Gewere vor dem andern Gerichte die Veräufserung bekennt III.* 4 §. 2, *II.* 36 §. 5 Wirt. §. 7. C *leugnet die Gewährschaft und ist näher sich derselben zu erwehren, als* B *ihn zu überzeugen III.* 4 §. 1 Mit.

§. 3. *Joach.* 43. §§. 3, 4. *Planck Bewf.* 258 *N.* 121, 122.

---

41) e. k.] *So AdegBadegkmpwCadefEab* (*nach Ssp. III.* 7 §. 1); *AfhilnoqBbhioüCbc* enes, *Dac* e. mannes, *Bl* einen (*es folgt* geweren), *Bc* ein; *f. Aubc.* 42) *AfhCc fh.* di. 43) he e. m.] *AafhqCc.* || dat — moge] *f. Dace.* — *Caefgh fh.* hie en wil dan antworden in cristen mans stat. *Aa hat dies schon nach* gewere sin.

---

auch an eynen juden, so frage ab keyn jude eyns gewere moge gesyn. So vint man her en moge.

Van der antwerde umme gut dat eime[a] gedan is. But me di tur antwerde umme gut, dat di §. 1.
en ander gedan heft,[1] so spreke din vorspreke sus: her richter, N spreket dat N hebbe desse have eme gedan, des is se noch[2] unde sine[3] nicht,[4] unde biddet ens ordels, oft he tu rechte vor enes anderen mannes gut antwerden scole, [5]dar he enes anderen mannes gut mit vorlisen edder vorwerken ne[5a] moge. So vintme he ne dorve.[6]
So vrage de clegere,[7] na deme dat he sin gut dar ge- §. 2.
vunden heft[8] bi deme, dar he bliven wil mit rechte, we dar vor[9] antwerden scole.[10] So vintme de it utgedan hebbe.[11] So vrage he vort, wen hes warden[11a] scole.

---

a) *Die meisten* di (dir). 1) e. a. g. h.] *AekqCe* ghedan is 14.
van enem anderen; *B* getan ist zcu behaldene (*Bdp fh.* von eyme andern manne); *Bm fh.* to bewaren, *Begoü fh.* zcu haldene. 2) d. i. s. n.] *Andre* unde is sine noch *oder* u. i. sine (ienis); *Cc* de is sin noch, *De* d. i. sin n.; *f. Aab.* 3) *Bdp* jenis. 4) *Cf fh.* des wort ick sprechen. 5) dar — — mit] *Bbceghko* dor von, *Bi* oft, *Aa* edder eft, *Af* so dat he, *Ai* sint dat, *Ce* winte, *De* vnde ab, *AeglCbcd* dat (sint) — weder. 5*a*) *f. oft.* 6) *Bbka fh.* keyn fromde gut verantworten, dass er von andir luthe wegen ynne hat und sein nicht enist. 7) d. c.] *Einige* jene. 8) d. g. h.] *Bae* undir ome habe. 9) w. d. v.] *Bgh* w. daz v., *BiDe* w. eme d. v., *AadlBlop* w. eme denne, *Babdek* w. ym das denne v., *Ae* w. em dan to rechte, *Cc* w. ome dat to rechte, *AfCd* w. om denne to rechte dar vor; *AkCa* woe men d. v., *Ah* woe men eme dat to rechte. 10) a. s.] *Al* helpen wille a. 11) u. h.] *Bd* em czu behalden gab, *Bp* in geweren hat. 11*a*) *De* vor antwerden.

---

14. Von der antwerte vmme gut das dir getan ist. Gebutet man dir zcu der antwerte vmme gut das dir getan ist 1.
zcu behaldene, so spreche dyn vorspreche also: herre her richter N der sprict, das ym N habe dise habe getan, dy si syn vnde syn nicht, vnde bettet eyns rechten orteils, ab er her zcu rechte vor eyns andirn mannis gut sulle antwerten da von her eynes andern gut verlisen moge ader vorwirken. So vint man her en
dorfe. So frage jenre, nach dem das her syn gut funden habe 2.
by dem her bliben wolle mit rechte, wer ym denne das vor antwerten sulle zcu rechte. So vint man yenre der is vz getan hat. So frage her vort wene hers warten sulle. So vint man

So vintme over virteinnacht, unde echt also unde aver also. So vrage we en tur antwerde beboden[12] scole. So vintme de richter. So vrage de richter we de bode sin scole. So vintme de dat gut under sic hebbe. So vrage[13] wo het[14] em kundegen scole. So vintme[15] mit orkunde twier manne.[16] So vrag[17] oft me siner nicht ne vinde, weme met denne kundegen[18] scole. So vintme
§. 3. deme gesinde[19] siner herberge. Kumpt den jene tu der drudden clage nicht vor, so vrag, na deme dat he dries vorgeladen[20] si to antwerdende sinem anevange[21] unde nicht ne kumt, wat dar rechtes umme si. So vintme me scoles eme weldegen.[22] So vrag vort, oft men di icht scole enen vrede[23] werken[24] vor jenes ansprake.
§. 4. So vintme me scole,[25] it ne beneme em echte not. Wil

12) *AkqCa* halden. 13) *Cf fh.* den boiden. 14) w. h.] *AdCb* we de were ok. 15) *Aab fh.* tu siner herberge; *Af fh.* de vronebode. 16) m. o. t. m.] *f. AaclCd.* 17) *Ce fh.* de bode aver. 18) *Ab* sculdegen. 19) *Viele fh.* in. 20) he d. vorgeladen] *Bc* im d. furgehalden. 21) s. a.] *f. Ab. Bdm* umme sines gudes anevanginge. || a. s. a.] *De* rechter antwert vmme synen anevang. 22) e. w.] *AiBi* e. untweldigen, *Ah* weldich sijn, *Da* in gewaltig nemen, *De* en gewaldig tun, *Cb* e. vorordelen. *Bk fh.* off siner geweldich syn, *Bc fh.* und unterthan machen. *Cef fh.* des he angefangen habe. 23) *Bd* orfede. *De fh.* dar vbir. 24) *B fh.* adir irwerben. 25) m. s.] *Badeghio* man moge is (du mogest ez) wol tun.

ober virzcennacht vnde aber obir virzcennacht vnde aber also. So frage wer en zcu der antwerte beboten sulle. So vint man der richter. So frage der richter wer der bote syn sulle. So vint man der das gut vndir ym hat. So frage wy her ys ym kundigen sulle. So vint man mit orkunde zcweyer manne. So frage her abir ab er syn nicht funde, weme her ys denne kundigen
3. solde. So vint man dem gesinde yn syner herberge. Kumpt yenre (nicht czu der dritten clage, so vrage yenre) nach dem das her driens vorgeladen si zcu antwertene synre aneuangunge vnde nicht en kumpt, was dar nu rechtis vmme si. So vint man man sulles ym gewaldigen. Dys hastu nu gar (*Citat*). So vrage vort, ab man ym nicht sulle eynen fride wirken ader irwerben vor yenes ansprache. So vint man, man moge ys wol tun, ys en be-
4. neme yme rechte not. Wil aber der deme sulch gut getan ist sich

aver jene deme it gut gedan is sic al des untwerren[26]
sven men em erst tusprikt, so du het jeme wedder de
it eme dede, dar it de cleger si,[26a] unde si los.[27] Sprekt
me aver em tume ersten[28] tu vor gerichte,[29] so vrage
he ens ordels, na deme dat it eme[30] gedan si,[31] oft het
eme wedder geve[32] dar it de clegere sige,[33] oft he[34] icht
los si. Dat vintme. Weret denne dat is jene nicht[35] §. 5.
ne wolde unde vorsakede des dat it sine si, odder oft
de, under dem dat gut angesproken worde, vorvluchtig
worde,[36] wo men den dun scole, dat wil ic di hir na
secgen, dar wi setten[37] van den vormengeden clagen.[37a]

---

26) ***AiDe*** untweren, ***B*** untwerken, ***Bc*** entschuldigen, ***Af*** vorantworden, ***Cc*** antwerden. || s. a. d. u.] ***Bm*** allis dinges anich wesen. 26*a*) ***d. i. sehe.*** 27) u. s. l.] ***Ab*** u. s. loset, ***Dae*** u. er sie ledig; ***B*** so is he (***Bhiko fh.*** darna) aller clage (***Bk fh.*** van deme gude) unde alles dinges (***Bbm fh.*** ledich u.) los. 28) t. e.] ***B*** anderweide, anderwerff! ***Das Gewicht im Gegensatz zu dem vorigen Falle liegt auf dem*** vor gerichte. 29) ***Af fh.*** umme dat guet, er he it den genen weder do, de it eme dede. 30) ***Bghi fh.*** zcu gute. 31) ***B fh.*** to behaldene (bewaren), unde. 32) ***B-imCef fh.*** de dat eme hadde gedan (dede). 33) ***Andre*** anze, sach. 34) ***Aef fh.*** to rechte, ***B fh.*** von im *oder* t. r. von im. 35) ***Da fh.*** widern. 36) v. w.] ***AehCaDuc*** des versakede (leuckente), ***Bc*** und verlaugent wurde. || under — w.] ***Aq*** vluchtich worde dor des gudes willen under der ansprake. 37) ***Bdp*** s. unde schreiben, ***CcDa*** secghet, ***De*** dich vorlern. 37*a*) wo men — cl.] ***Aq*** dat steit in der v. clage.

---

des alles entwirken, wenne man ym zcu dem ersten zcu spricht,
so tu her ys deme wider der ys ym getan hat, das ys der kleger
se. So ist her darnach aller dinge vnd aller klage los. Spricht
man ym denne abir anderweide vor gerichte zcu, so frage her
eynes orteils, nach dem das ym das gut getan si zcu behalden,
vnd her das gut wider gebin habe das ys der kleger an sach,
ab her denne icht von ym los si. So vint man her si loz.
Wer denne, das ys yenre nicht welde vnde vorsachte des vnde 5.
spreche ys en were syn nicht. Adir ab der vnder dem dys
gut angesprochen were vorfluchtig wurde, wy man deme tun
sulle, das wolle wir dir sagen da wir sagen von den vormen-

§. 6. Nu machstu oc dat[38] wol[39] bewaren, also wen en enes angesprokens gudes[40] up enen anderen[41] tüt in eime anderen gerichte, so vrag, oft eme de gewere up den he toge nicht vor deme richte geweren ne wolde als it enes geweren recht si,[42] oft he icht mit deme clegere wedder scole komen in dat gerichte unde plegen rechtes,[43] unde oft het icht vorborgen scole. Dat vintme, it ne si dat he der eigens also vele hebbe[44] alse sin wergelt gut si. So vrage desse, oft sin gewere eme vor jeme richter des kopes edder der gave[45] in deme hegeden dinge bekende, oft he denne icht tu rechte loz were, wus oc

§. 7. vort ginge.[46] Dat vintme.[47] Weret aver dat he der[48]

38) N. m. o. d.] *AfCc* Dat m. o. *Andre* Du machst ok. 39) *So oder* allis wol *AbcBEa, Bm* alle wol vor; *f. AfCc; AadehiqCabdefg* vlegent, vleyen, flen, vlent, vlien, flihen, *d. i. das Flüchtigwerden, Ag* vleen *mit* wol *darüber, Al* vele. 40) e. e. a. g.] *Ca* als he e. a. g., *AdfCbcef* en angesproken is gudes (umme guet) unde, *Eb* man sich e. a. g., *Bi* eyn angesproken gud, *Bn* einer auspreke gud, *Bp* e. e. ansprache gud, *Ai* en ansprake dut, *AgBd* e. ansprake enes gudes unde, *Baegh* e. angesprochin (*Bgh* ansprechende) gut unde; *Bm* du ansprekest gut dat eyn bi sik heft unde; *Bbklo* du eynen ansprichst umme gut unde der sik, *Bc* wer ein angesprochen gute. 41) *BbDae* geweren. 42) *AhCah wiederholen statt des Restes des Capitels das Ende des Cap.* 11 *von* sprikt denne de antwerder *im* §. 3 *an.* 43) p. r.] *Dae* stan im da zu rechte. 44) *Bdp fh.* in dem gerichte. 45) *BbcegioCd* habe. 46) w. o. v.] *f. AdefgqBmCbcdefDae.* 47) D. v.] *f. AegqCcDae. Bacgio fh.* er sei lose. 48) h. d.] *AafCc* de,

6. geten klagen. Du macht ouch das alles wol bewaren also wenne du eynen ansprichst vmme gut, vnde der sich vf eynen zcuth yn eyme andern gerichte (so vrage ab in der gewere) geweren sulle als eynes geweren recht si, vnde ab her icht mit deme klegere wider komyn sulle yn das gerichte vnde rechtis pflegen, vnde ab her das icht vorborgen sulle. Das vint man, is en si das her eigens als vil habe als syn wergelt gut si. So frage diser, ab syn gewere vor gerichte ym des koufes adir der habe yn eyme gehegeten dinge bekente, ab her denne icht zcu rechte los sulle syn, wy ys ouch vort ginge. Daz vint man her si loz.

gewere vorsakede, so muchte jene vragen: her richter, na deme dat he mi dit gut vorkoft heft, als ic des vullenkomen mach mit minen hulpluden[49] unde mit vele bedderver lude, so bidic des ens ordels, oft hes mi tu rechte icht weren scole.[50] So vrag dar wedder, na deme dat tu dat wult bewisen wo du tu rechte scalt,[51] dat tu em nicht vorkoft hefst, wedder hes di neger tu vortugende si unde di mit sime tuge tu geweren crigen moge,[52] odder dus em neger tu untgande sist mit diner unscult. So vintme du sistes neger di der werscap[53] tu werende, wen he si, mit sime getuge di tu werende[54] tu crigene.[55]

§. 1 *leitet aus dem Princip des Ssp. II.* 31 §. 3 *ab, dass gegen den Depositar die Eigenthumsfrage nicht entschieden werden könne;*

Bademp des de, *Bbikl* di de. *Im Text wird* gewere *für Gewährschaft, in den Varianten für Gewährsmann genommen.* 49) *AacflpBkCbcdefDae* kopluden, *BabcdeghioEab* nakeburen (nockwern), *Bm* winkopesluden edder mit mynen neyberen. 50) w. s.] *Al* weddergheven s., *Bl fh.* daz ich bewisen wil wi ich czu rechte sol, daz her mirs vorkoifte. D. v. m. Wer da koifes bekennet der muz durch recht gewere sin. 51) *Bci fh.* los werden. ‖ w. d. t. r. s.] *Bl* als dyr es recht urtel teilet. 52) unde di — moge] *Baehin* unde dich iz mit dem getzuge u. dem geweren obirczugen (overgan) moge; *Bd* wenne dich mit deinem geczeugen u. mit dem geweren obirgeen m., *Bbko* mit syme geczuge u. geweren. *Af* wen der gewere gekrigen moge. ‖ hes — moge] *De* her des koufes myt synen gezcugen ner uf dich zu erzugende sy. 53) *Bl* were, *Bdp* sache. 54) *AaefyCde* gewcren, *Cf* eynem gewairen, *Cc* were. 55) di der — crigene] *Aq* to ent-

---

Were aber das her der gewere loukente, so frage also: herre her richter, nachdem das her mir das gut vorkouft hat als ichs wol volkomyn wil, vnde mag mit mynen nakeburen vnde ouch mit vil biderben luten das wol irwisen, nu bitte ich eynes orteils, ab her michs zcu rechte sulle geweren. So frage dawider, nachdem das du das wilt bewisen wy du zcu rechte salt, das du ys ym nicht vorkouft en hast, ab her dich ner zcu oberzcugene si mit syme gezcuge vnde geweren, ader du ys ym ner syest zcu entgende mit dyner vnschult. So vint man, du siest dich ner der wereschaft zcu irweren, wenne her dichs si mit syme gezcuge den her zcu geweren hat obirgen moge. 7.

§. 4 erläutert den Ssp. III. 5 §. 2 über das Losmachen des Depositars von dem Streite; §. 6 belehrt über das Forum, wenn im Fall des Ziehens auf einen Geweren die Gewerschaft fehl schlägt.

Capitel 15.

§. 1. B *hat das Gut einem Diebe oder Räuber abgejagt und begehrt, falls* A *und* B *aus demselben Gerichte sind, Kostenerstattung vor der Rückgabe II.* 37 §. 1, *falls sie verschiedenen Gerichten angehören, ein Lohndrittel II.* 37 §. 2. §. 2. A *befreiet sich von der Erstattung, indem er* 1) *den Mangel des Aufgebots rügt II.* 37 §. 1, *wobei* B *wegen seiner Verheimlichung Bufse und Gewedde verschuldet II.* 29 (*vgl. Cap.* 12), §. 3. 2) *behauptet, das Abjagen sei in Folge seines Gerüchtes geschehen* (*II.* 71 §§. 3—5). §. 4. *In allen Fällen zieht* A *sich noch selbdritte zur Suche II.* 37 §. 1.

§. 4. *Planck Bewf.* 252 *N.* 110.

Van der antwerde umme gut dat me diven
§. 1. odder roveren afjaget. But me di tur antwerde umme gut, dat tu diven edder roveren[1] afgejaget hefst, so spreke din vorspreke edder du sulven[2] aldus: her richter N sprekt, dat gut dat N angevangen heft, dat queme so an ene,[3] dat het diven edder roveren afjagede in aventure sines lives unde sines gudes[4] unde hebbet

---

gande, *Bm* ene to entgande wen he it dik over to bringen. Sprikt he dik mit tugen an, so must du ene mit tugen entgan. || si mit — crigene] *B* den her czu geweren hat obirgen moge; *Dace* s. m. geczugen kauffes oder gebendes overzugen moge.

15. 1) *Ch* mordenaeren. 2) e. d. s.] *f. AegiBademCdfDe.* 3) a. e.] *Bky* an sine hant, *BabcdeghioCg* in sine hant unde a. e. 4) *Eb fh.* ane sine u. andir luthe ebenturliche hulffe in eime freyen u. offen orlouge.

---

15. Von der antwert vmme gut das man diben ader
1. roubern abe iaget. Gebutet man dir zcu antwerte vmme gut das (du) dyben ader roubern abe geiaget hast, so spreche dyn vorspreche ader du selber also: herre here·richter, N der spricht das gut das N anevanget hat das quam also an syne hant vnde an en, das hers dyben ader roubern hat abe geiaget yn ebinture synes libes vnde gutes, vnde hat sich bekostiget vnde bittet

sint bekosteget unde biddet enes ordels, oft he eme sine koste icht irlegeren[5] scole, er het eme wedder antwerde. Dat vintme.[6] Dit is oft se beide sint ut eme richte.[7] Is aver he[8] ut eme anderen richte,[9] so vrage de dat afjagede,[10] wat he des[11] vor sin arbeit[12] hebben[13] scole. So vintme[14] den drudden del. Nu se[15] jene, oft he §. 2.
hir icht jegen spreken moge. Were dat hes nicht upgeboden hedde,[16] so vrage de cleger sus: her richter ic bidde ens ordels, do N dit den roveren avejagede, oft hes ieht scolde tu rechte vor den buren[17] upbiden.[18] Dat vintme. So vrag, oft he des de bure scole tu tüge hebben. Dat vintme.[19] So vrag na deme dat he der[20] nicht en

5) *AlqBbco* gelden. 6) D. v.] *Die meisten* So vintme he scole se gelden (betalen, wederleggen, lecgen, legeren, beleggen). 7) *Cfg* dorpe. || u. e. r.] *Bk* in e. r. beseten. 8) *CcDe* iene, *AailBgh* en, *Ah* de eyne, *Bblo* ir eyner, *Ak* de andere. 9) *Bghilo fh.* daz sie nicht beide uz eime gerichte sint. 10) d. d. a.] *B* sint er is dyben ader roubern abe geiaget hat. 11) *Manche fh.* to rechte, *Af fh.* afgheiageden gudes t. r. 12) *Bm* koste u. vor sin aventure. *AdehkqBabcdeghikoCabcdfDae fh.* unde vor sine kost. 13) *AfglBaghioCbdeDae* behalden. 14) *Viele fh.* he scole behalden. 15) *Babccgko* prufe, *Bimp* merke. 16) h. n. u. h.] *Bghi* dat nicht were u. gewest, *Eb* das sin recht da mitte nicht begangen were. 17) *Eb fh.* in der kirche u. vor gerichte. 18) *BDaeEb* upgeboden hebben. 19) So — vintme] *f. AdekCDe.* 20) *B fh.* geczugen.

eynes orteils, ab man ym icht syne koste gelden sulle er her dy habe ymande antwerte. So vint man, man sulle sy ym gelden. Das ist ab si beide vz eyme gerichte sint. Ist aber ir eyner vz eyme andern gerichte, vnde der andere vz eyme andern gerichte, also das sy nicht beide vz eyme gerichte syn, so frage, sint das hers diben ader roubern hat abe geiaget, ab her icht zcu rechte vor syne arbeit sulle behalden vnde vor sine kost. So vint man her sulle behalden das dritte teil. Nu prufe yenre 2.
ab her icht da wider moge gesprechin. Were das ys nicht vf geboten were gewest, so frage der kleger also: herre her richter so bitte ich eines orteils, sint das N den roub hat abe gejaget, ab her en icht zcu rechte solde vor den geburin habin vf geboten. Das vint man. So frage ab her dy geburn icht zcu gezcuge sulle habin. Das vint man. So frage, nach dem das der

heft,[21] oft tu eme ienige kost gelden dorvest, de he heft dar up gedragen[22] heimlichen.[23] So vintme du en dorvest.[24] So vrag, na deme dat tu dor sines helendes[25] willen dat dine nicht ankomen kundest, unde dar umme nicht na quemest tu rechter tit, unde het sint mitme richter deilede,[26] oft di dat an dime gude[27] icht hinderen moge. So vintme it ne moge.[28] So vrag na bute unde
§ 3. na wedde also hir vor geleret is.[29] Wert ok dat din gut den roveren afjaget were dorch dines geruchtes[30] willen, so vrag oft met di icht scole wedder geven. Dat
§. 4. vintme. So vrag wu du di dar mit rechte tu ten scolest. So vintme self drudde bedderver lude.

§. 4 *lehrt, dass zu dem Falle des Ssp. II.* 37 *nicht das Abjagen in Folge eines Gerüchtes des Eigenthümers gehört.*

---

21) der — heft] *AcghqCDa* des — heft gedan. 22) *Ag* gedreven, *AdfhBdkpCad* gedan. 23) *Andere* halinges, helinges, holinge, vorholinge, vorholens, *Af* in helender wyze; *f. AdBdkCaDae.* 24) So — dorvest] *f. AacdeghkqBCcdDae.* 25) vorholens, verheln, vorholnen, verholendes. 26) *Bbo* sich nicht entrichtet. || het — deilede] *Bac* darnach nicht dorstest. — || unde dar umme — — deilede] *Badeghilmn* darnach dich mit dem r. nicht entrichtest (*Bm* berichten kundest). 27) a. d. g.[*Bi* dat vorduffte gut, *Bgh* ane dube gut. 28) So — moge] *f. Abk.* 29) oft di dat — — geleret is] *Eb* ab nu das gutt ane dube gesin muge. S. v. m. iz en muge. 30) *Bceghinp* roubes, rawbens.

---

der gezcuge nicht en hat, ab du yn denne keynerleye kost gelden dorfest dy her dar vf getragen hat heymelichen. So frage da wider, nach dem das du durch synes vorhelens willen das dyne nicht an komen en kondest noch en mochtest, vnde darvmme nicht nach en quemist zcu rechter zcit, vnde sint her sich mit dem richtere nicht entrichtet, ab dir ouch das an dyme gute icht gehindern moge. So vint man ys en moge. So frage nach der buze vnde nach dem gewette als hy vor gesaczt ist. Dys
3. hastu nu gar (*Citat*). Were ouch das dyn gut den roubern abe geiaget were, (so vrage ob man dir daz czu rechte icht) wider gebin
4. sulle. So vint man man sulles wider gebin. So frage wy du dich mit rechte dar zcu zcyn sullest. So vint man selb dritte biderber manne.

Capitel 16.

§. 1. B, *um die seinem Erblasser gethane Sache angesprochen* **II.** 60 §. 2, *leugnet dafs er sie habe, kommt aber nicht zum Eide, wenn* A *sich auf den Augenschein beruft* **I.** 15 §. 2, **I.** 22 §. 4 *a. E.* §. 2. *Beruft sich* B *auf blofses Ererben, so mag* A *eher das Austhun bezeugen, als* B *durch alleinigen Eid die Sache behalten* **I.** 15 §. 1 Sve. §. 3. *Doch kann* B *eher auf Grund seiner Gewere das Recht seiner Vorfahren an der Sache bezeugen* **I.** 15 §. 1 Mach, *stellt er nur die Frage hierauf statt jener* (§. 2) *vor seinem Gegner* **I.** 62 §. 8, *oder doch als Gegenfrage, ehe dem* A *auf seine Frage das Zeugnifs zuerkannt wurde* **II.** 6 §. 4 (**I.** 62 §. 7). §. 4. *Wer zum Zeugnifs verstattet worden, beweist selbdritte* **I.** 15 §. 1 *in sechs Wochen* **I.** 62 §. 6. §. 5. *Der unterliegende Kläger weddet und büfst* **II.** 36 §. 5 *a. E.*; *doch nicht, wenn er sich der Sache nicht unterwand (nicht mit Anfang klagte)* **I.** 53 §. 2. §. 6. *Wird der Anfang mit Gericht dargethan* **I.** 7, *so mufs, wenn man in dem Nöthigen des Gegners zum Zeugenbeweise (nach* **II.** 22 §. 5) *noch eine besondre Rechtsverletzung, aufser dem Unterwinden* **II.** 36 §. 5, *sehen will, auf doppelte Bufse, trotz* **I.** 53 §. 4 *erkannt werden.* §. 7. *Beim Herausgeben der Sache erstattet der Erbe, der nicht Rechtens geweigert hat, auch keine Früchte* **II.** 44 §. 2 (**III.** 86 *Note x*).

§. 1. *Blume MR.* II. 7. §. 2. *Blume MR.* II. 4. *Planck Bewf.* 249, 250, *BewU.* 52. §. 3. *Blume MR.* II. 3, 5. *Planck Bewf.* 251, 261, *BewU.* 34—37, 54, 55. §. 4. *Brackenhöft* 133 *N.* 27. §. 7. *Siegel Erbrecht* 187.

Van der antwerde der geerveden hant.[a]
Sprikstu an varende have,[1] de du deme doden dedest,[2] §. 1.

---

a) So AabcoBozφ. Die meisten have. 1) v. h.] *So Aabn.* 16. *AdefghkpqBkCabcefghi* ervede (ervende) h.; *CdDae* erve h., *Bhiloü* eyn erbe h., *Bcg* eyn erbe, *BaewDc* eyn erbe adir habe, *Bb* eynem erbe adir habe, *Bdn* eyn erbe an ader eyn ander gut, *Bm* eines erve edder ein gut. *Der Sinn bleibt derselbe, doch erscheint nach s. Ldr.* **II.** 60 §. 1, §. 2 varende h. *als das ursprünglichere.* 2) d. d. d. d. d.] *AhpBkCah* na enes (*Ch fh.* mans) dode

---

16. Von der antwerte der geerbetin hant. Sprichstu 1.
eyn erbe habe an, dy du dem toten tatist ader dy en also an

edder de eme so ankomen is dat du dar up clagen wult, so sprek: her richter ic clage gode unde iu, dat peter mi vorholt mine have[3] de ic dede N des erve he nimt[4] unde bidde dat gi en tur antwerde biden.[5] Sprikt denne de jene: her richter, ic en hebbe siner have nicht,[6] so vrag, sint tu se under em bewisen machst, oft he di dar vor sweren[7] moge. So vintme he ne moge.[8] So bewiset
§ 2 he dat gut. Sprikt denne de erve:[9] her richter, dit gut is min angestorven erve,[10] unde wente it mi angestorven[11] is, so bidic ens ordels, [11a]oft ic eme odder ieman dar icht umme tu antwerdende hebbe, sint ic it mit mime rechte behalden wil, wedder ic it icht neger tu behaldende si, wen hes mi ave tu winnende si.[12] Dar vrage jene wedder, sint dat de have de he dar bewiset heft

de du eme by sinem (*Ch fh.* levendigen) live d. *Cd fh.* to beholdene eder to getruwer hant. 3) *B fh.* und mein gut. 4) *B* nuczet *oder* nuczt u. besiczit. 5) bidde — biden] *Bd* gere seiner a. 6) *Af fh.* unde wil des unschuldig werden, wo ik tho rechte zal. 7) d. v. s.] *Ac* dat vorsaken, *Bd* ir vorsachen. 8) So — moge] *f. AdefhklqBbghnCabcdf.* 9) d. e.] *B* iene de dat e. hevet (*Ba fh.* under ome, *Bc fh.* innen), *Bi* i. d. d. e. ansprekt. 10) m. a. e.] *AdeghkCabceDe* mi a., *B* m. a. unde angeervet. 11) *Die meisten* geervet *oder* angheervet. 11*a*) oft *nehme ich nicht für ob, sondern für falls, so daſs der Satz noch zur Motivirung der Frage gehört.* 12) *Cg fh.* Dat vint men, he si des neer to behalden durch der were willen.

komyn ist, das du dar vf klagen wilt, so sprich also: herre her richter, ich klage gote vnd uch das N mir vorhelt myne habe vnde myn gut dy ich N tete des erbe her nuczt vnde besiczit, vnde bitte das ir ym zcu der antwerte gebitet. Spricht denne yenre, her richter ich habe syn habe nicht, so frage sint daz du si vnder ym bewisen macht ab her dir da vor icht gesweren moge. So vint man her en moge. So bewiset her das gut.
2. Spricht denne yenre der das erbe hat, herre her richter das gut ist mir an gestorben vnde an geerbet, wenne ys mir denne an geerbit ist, so bitte ich euch ab ich ym ader ymande darvmme zcu antwertene habe, sint ichs also mit myme rechte behalden wil, vnde ab ichs ner zcu behaldene si, wenne her mirs abe zcu gewynnen si. Da frage yenre wider, sint das dy habe dy her

sine si, unde des ni ne wart[13] des erve he nimpt,[14] mer[15] dat ic se em[16] gedan hebbe als ic bewisen mach mit hulpenden[17] tugen, wer ic is mit getuge icht neger tu behaldende si, wens jene allene[17a] tu winnende si. Vraget dar neman wedder, so vintme, de cleger sis mit getuge neger tu behaldende, wen is em jene allene vor tu behaldende[18] si. Vraget aver de erve tum ersten, na §. 3.
deme dat het in geweren hedde unde sines vorvaren[19] geweset were,[20] unde wolde dat bewisen[21] als recht were,[22] so vintme he weres neger. Merke hir rechte, [23]hedde de erve tum ersten desses ordels gevraget, so hedde me eme dat[24] gedeilet;[25] wolde hes aver na vra-

---

13) d. n. n. w.] *Af* de ghene dar nicht an ne hadde. 14) sine si — nimpt] *B* ny syn erbe (*Ba* angeervet) worde, (*Bc fh.* unde er mirs nympt). 15) *Bk* mer ik segge, *Bb* unde ich sage, *Baegho* u. her mir saget (*wohl* versaget), *Bdn* u. her spricht. 16) mer — em] *Bi* wente ik si synem vorvaren, *Cf* want hie yme dat. 17) *AfCc* hulpe der, *Bk* beholpeliken, *Cf* behelpeden. 17*a*) *Mehrere fh.* mi af *oder* af. 18) v. t. b.] *AcBiCbDe* aff tu winnende. 19) *Cd fh.* ader sines frundes. 20) *Cg fh.* ane alle anklage. 21) *Da fh.* mit hulff die da zugen, *De fh.* myt gehelfende zugen. 22) unde — were] *Cd* uch er dat sine bilken behilde. *Bblo fh.* ab hers icht ner zu behaldene (bewisene) were wenne yenre. 23) hedde — gevraget] *Ab* biddet. 24) m. e. d.] *AdegilBaceghioCc* he mit ome, (!) *Eb* der erbe mit im. 25) *Aa* gevunden, *Aq* to gedelet in der bewisinge, *Cefg* gefunden, dat he is naer zo behaldene were. || m. e. d. g.] *Dae* er das rechte behalden.

---

da bewiset hat ny syn erbe wurde, vnde her mir saget das ichs ym getan habe, vnde als ichs bewisen mag mit helfenden gezcugen, wider ichs mit gezcugen icht ner zcu behaldene sy, wenne mirs yenre alleyne abe zcu gewynnende si. Fraget aber hir nymant wider, so vint man der kleger si ys ner zcu behaldene, wenne ys yenre denne alleyne zcu behaldene si. Fragete 3.
aber der erbe zcu deme ersten, nach dem das hers yn geweren hatte vnde ys syns voruarn gewest were vnde wolde das bewisen als recht were, ab hers icht ner zcu behaldene were wenne yenre, so vint man her sy ys ner. Merke hy nu zcu rechte, hette der erbe dys orteil zcu dem ersten gefraget, so hette her mit ym geteilt; wolde her aber darnach fragen, als her eynes

gen, also he eines anderen vor vraget hedde, da de cleger oc eines jegen[26] vraget hedde,[27] dat mach eme sin weddersate[28] weren unde spreken sus: her richter ic bidde ens ordels, oft men tu rechte de ordel icht erst vinden scole de tum irsten gevraget werden, edder wat dar rechtes umme si. Dat vintme. Aldus denne[28a] dat ordel vunden wert, dat is de cleger mit getuge neger were,[29] wolde den noch de erve sines ordels vragen, so vrage de cleger,[30] na deme dat di dat gevunden si, dat tu is mit dime tuge neger tu behalden sist unde hes don nicht wedder ne sprac, oft het nu wedder spreken moge. So vintme he ne moge. Dit wert so bewart dorch des[31] dat de erve desses ordeles nicht[32] erst[33] edder jegen dat ordel,[34] dar de cleger sinen tuch in[35] bot, vragede,[36]

---

26) *Aa* tgegen (*d. i. gegen, der Druck fälschlich* tügen), *Cb* ordels vor, *AgqCc* rechtes, *Bbeiko* andern, *Ba* anderen rechtes, *Ce* da tuschen. || also — iegen] *Af* wan man urdele dar eyn tusschen. 27) also he — hedde] *Dae* als es sin widersache erst ein recht urteil gefraget so enhilfft es jn nit. || dar — hedde] *f. AdeilBghkCaDa.* 28) s. w.] *Af* de cleger. 28*a*) A. d.] *Aac* Als aver. 29) dat — were] *Ab* dar — der were; *Aq fh.* als hir gesecht is; *De fh.* zu behaldene. 30) d. c.] *AfklBbdgkCbc* du, *Au* du cleger, *Bi* dar weder, *f. AhBahlop.* 31) d. d.] *fehlt in Vielen.* 32) *f. AefhklqBabcdeghklmopCacefDa.* 33) *Andre* van erst. *AehkBcgkoCe fh.* vraget. || n. e.] *Cb* erst swech. 34) *BiCb fh.* nicht en sprak. 35) *Bhk* umbe. 36) *AehkBc* vraget, *Cc* vrage, *Aac* let vragen, *Cb* vraghe man; *BabeghikoEb* Darnach vrage.

---

andern vor gefraget hette vnd der kleger ouch eynes andern gefraget hette, das mag ym syn widersache weren vnd sprechen also: herre her richter ich bitte eyns orteils, ab man zcu rechte dys orteil icht von erst vinden sulle des ir von erst gefraget syth. Das vint man. Also denne das orteil gefunden ist, das syn der kleger mit gezcuge ner were, wolde denne der erbe nach synes orteils fragen, so frage, nach deme das dir das gefunden si, das du ys mit dem gezcuge ner zcu behalden syest vnde her ys do nicht widersprach, ab hers nu icht widersprechin moge. So vint man her en moge. Das wirt also bewart, das der erbe dises orteils von ersten fraget, ader wider das orteil da der kleger syne gezcuge ynne bot. Darnach frage wenne dy

er[37] de were gedeilet wart. So vrag[38] wo it de cleger[39] §. 4.
behalden scole. So vintme sulf drudde. So vrag wenne he sinen tuch bringen scole. So vintme over ses weken.
Wint de erve,[40] so vrage[41] he wat sin broke si, dat he §. 5.
sic siner have underwant, edder dar umme dat he mit sime tuge nicht vullen quam,[42] des he sic vormat.[43] So vintme, he scole dem richtere wedden unde deme antwerdere[44] bute geven. Vraget de erve des, unde heddes sic jene nicht underwunden wen dat he dar up clagede, so vrag[45] ens ordels, sint ic is mi nicht mit anverdinge underwunden[46] hebbe unde nicht wen min ding mit

37) *So AaCd*, *mit ähnlichem Sinne Abc* unde; *AdhkBi* wen, *Aq* wan dan eme, *Bn* wen denne, *Babdeghko* wenne, *Ca* want wen, *AglBcCcE* weme, *Cef* wante weme. 38) S. v.] *AglCaef* De v., *AaBbegmo* S. v. he. 39) i. d. c.] *Viele* he it *oder* her sie. 40) *Bcghio* erbman, *Eb* antwerter. 41) Wint d. e. s. vrage] *Ae* Wan d. e. vraghet, *Cd* Went d. e. s. vraghet is, s. v., *Caf* Weert dat d. e. myt synen getuge niet en volquam des he sic vormat s. v. 42) *B* volkomen ist. 43) *Bdmp fh.* vor gerichte. 44) *Ab* anderen, *Cf* clegere, *Eb* widirsachin. 45) *Bcghio fh.* he here her richter ik bidde. 46) mi n. m. a. u.] *Bm* n. anverdiget, *Ae* n. an en verdegede noch my es u., *Ahkq* nu (*Ak* my) nicht anverdegede noch my es u., *Ce* hauen nyet an en verdige ende noch my der nicht u., *De* m. n. u. habe denne myt vorderunge; *BadghCb* m. n. m. anewerte (*Ba* eyner antwerde, *Bg* keyner antwertunge, *Bd* yener antwortunge, *Bh* eyn ander mit eyner antwertunge) u.; *AaBbco* mi n. wen mit antwerde (*Bbco* wen mit eyner antwertunge) u., *Cd* mi n. mit anderen dingen u., *Afi* mi n. u.

gewere geteilet worde. So frage her denne wy her dy behalden 4.
sulle. So vint man selb dritte. So frage wenne her sy brengen sulle. So vint man aber sechs wochen. Gewynnet aber der erb- 5.
man so frage was syn bruche si, das her sich syner habe vndirwant, adir darvmme das her mit gezcugen nicht volkomyn ist, als her sich vormas. So vint man her sulle dem richtere wetten vnd dem antwertere buze geben. Fraget denne der erbe dieses vnd enhette sich ys yenre nicht vnderwunden, wenne das her darvf geklaget hat, so frage: herre her richter ich bitte eynes orteils, sint ich michs nicht wenne mit eyner antwertunge vnderwunden habe, vnde myn ding nicht wenne mit dem rechten ge-

rechte[47] gevorderet hebbe, oft ic dar umme ienegen scaden liden dorve. So vintme he ne dorve. Heft he it

§. 6. aver vor gerichte angevangen, so vrag,[48] na deme dat tu is mit deme hegeden dinge vullenkamen machst,[49] oft he des vorsaken moge. So vintme he ne moge. Also du den de bute hefst,[50] so vrag, na deme dat tu em des mit getuge[51] vorwunnen hefst, dat he dat ding angevangen heft, oft he di dar umme ienege sunderlike bute geven[52] scole. Dat vintme. Vraget denne jene, oft he tu rechte umme ene sake twies wedden dorve, na deme dat he den anevank vorbutet[53] hebbe, oft he denne umme dat vortugent[54] dat em tur bute[55] brachte oc bute geven scole, dar vrage jene wedder, oft it en broke si, dat en man[56] dut, unde des wedder[57] vorsaket went mes em overtugen

47) *Eb* slechter clage. 48) Heft he — vrag] *AhCa* Heddestu — vrage de erve. 49) v. m.] *Cd* gedan hast. 50) *Cd* heischest, *De* gewunnen h. 51) *Cef* gericht, *Cg* dem gehegeden gericht, *Bd fh.* vor gerichte. 52) *AhqBkDae* don. 53) *AgilCb* vorboden, *Cc* gheboden, *Cd* borget, *Aq* gebetert, *Ce* vorbetert. 54) d. v.] dy geczeuge, dey tuge, den tuych. 55) d. e. t. b.] *Ah* de dy der bote. 56) *AdBadeghiklop fh.* ein ding. 57) dut u. d. w.] *Bi* d. u. des, *Cf* do ind dan des eynen, *Ca* enen wat, *Bchlop* t. u. denn (*Bc* der) das (*Bp fh.* widder), *Eb* d. der dez widir, *Ce* d. u. der dait, *Aa* d. u. echt dar he der dat; *Ad* d. u. vort des, *Cd* to unde vorder, *Cc* d. u. vordere unde des, *Af Cb* d. u. vort der dat, *Aq* di wat entforet u. d., *De* dube entfurt, *Ag* duve untvort unde der, *Ae* dij wat entferet u. d. wed-

fordirt habe, ab ich darvmme keynen schaden liden dorfe. So

6. vint man her en dorfe. Hette her ys aber vor gerichte geaneuanget, so frage nach dem das du ys mit eyme gehegeten dinge volkomen macht, ab her dirs von rechte geloukenen moge. So vint man her en moge. Als du denne dy buze hast, so frage, nach dem das du en des mit gezcuge oberwunden hast das her das dyne geanevanget hat, ab her dir darvmme keyne sunderliche buze gebin sulle. So vint man her sulle. Fraget denne yenre, ab her vmme eyne sache zcu rechte zcwiens dorfe wetten, nach dem das her den anevang gebuzet hat, ab her denne vmme dy gezcuge dy en zcu der buze gebracht habin auch sulle buze gebin. Dar frage keyn, ab das icht eyn bruch moge gesyn, das

mut.[58] Is it en broke, so vintme eme mit eneme wedde loz.[59] Vindet[60] met aver vor twe broke, so mut he twies buten; it is aver ok nicht wen en. Vorlust aver de §. 7.
erve,[61] vraget denne de cleger,[62] na deme dat de erve

---

der, *Ah* eme wat on fort u. des; *Bk* dut off wal eyme entbrechte u. d. wedder. 58) went — mut] *Bk* also lange winte yt ome overtuget wert; *Bbeghilp* Ist das er is on obirczugen muss und; *Eb* und das man en das mit wissenschaft eyner gehegitten bangk vbirwinden muss. 59) e. m. e. w. l.] *Aug* e. m. e. w. unde bute l., *B* mit eyme (*f. Bdm*) gewette, *AbDae* e. weddeloz, *AfCc* e. weddehaft. || Is — loz] *Eb* ab er des icht mit eyme gewette los werde. D. v. m. 60) *Au* nymmet. 61) it is a. o. n. wen en. Vorlust a. d. erve] *d. i.* ***Es ist aber in der That nur eine Sache. Verliert u. s. w.*** *AfqCcef* id en is (*Af* were) aver nicht wenne ein vorlust. Vorlore d. e.; *Cbd* is et a. nicht dann eyn (*Cb* wen) vorlust. So vorlore d. e.; *AegDc* id en is over men eyn verlues; *Aa* it i. a. n. w. ein vorlust over dem erve. *Ad* so is id en v. dem erven. *AhCa* It en is aver mer een Wonestu (*l.* winnestu) den erven aff die have, so. *B* Is aver des nicht, so is dat ein vorlust. (*Bk fh.* Wynnestu den erven aff die have, so). *Ea* Ir sult wissin, hot der vorderer seine sache nicht besaczt do mit er in buzvellig machin wolle sotanr weise und er nurt eine sache besaczt hatte, so mochte er in nurt die eine sache ubirczugen, und dorum so were daz nurt eine buse. Wenne worum, wurde woll einr buzwellig u. vorhort iz sein widersache u. wirt urteil doruber gefrogit, sint mag ers vor keine buze vorderen. Hette erz abir czwir besaczt u. umb itliche sache urteilz gefragit alz hir do er spricht, noch dem mol daz er sich geczug vormessin hot do mit er nicht volkomen ist, bite ich in einem rechten urteil czu irvarene waz er dorum vorvallen sij. Die ander sache, noch dem mol daz er mir mein gut geanvangit hot umbillichen, daz ich mit allim rechte gewert habe, daz sint czwu sachen; dorum teilt man in billich wettehaft czwir. 62) Vindet — cleger] *Eb* Gewunne abir der clegir so muchte syn vorspreche vragen.

---

eyn man eyn ding tut, vnde denne des vorloukent. Is das her ys en denne (*Lücke*) eyn bruch, so vint man mit eyme gewette. Vint man ys abir vor zcwenen bruche, so mus her ys zcwyens buzen. Ist aber des nicht so ist ys eyne vorlust. Fraget denne der 7.
kleger, nach deme das der erbe dy habe genuczt hat vnd der

de have genüttet unde der penninge genoten hebbe,[63] oft he der nut[64] em tu rechte icht scole wedder keren. Dar vrage jene[65] wedder, na deme dat it eme geervet si unde he dar af ni rechtes en weigerde, oft he ienege nut dorve wedder keren, edder wat dar rechtes umme si. So vintme he ne dorve.

§. 6. S. Ldr. II. 22 §. 5 spricht zunächst nur von der Bussfälligkeit des [illegible], welche unterliegt, nachdem die Sache auf ihren Eid gestellt worden; ein Fall der hier nicht vorliegt. Nur aus dem allgemein gehaltnen Schluss der Stelle liesse sich etwa herleiten, dass jeder bussfällig sei, der durch sein Leugnen den Gegner zu einem Zeugenbeweise genöthigt habe, eine Folgerung welche jedoch unser Verfasser selber nach dem Schlusse des § nicht zu ziehen scheint.

Capitel 17.

§. 1. *Wer sein Gut unter jemanden antrifft, fordre gütliche Rückgabe oder Mitgehn vor Gericht und behandele den sich weigernden als einen Dieb* ***II.*** **36 §. 2.** §. 2. ***Der Besitzer bezeugt selbdritte eher, dafs er die Sache auferzogen oder verfertigt habe, als*** **A**, ***dafs sie ihm gestohlen sei II.*** **36 §. 3.** §. 3. ***Kann*** A ***dagegen bezeugen, ihm sei doch der Stoff gestohlen, so gewinnt er die Sache ohne Ersatz der Arbeitskosten II.*** **36 §. 4;** §. 4. ***falls nicht*** **B** ***das Unverholne des Besitzes und dafs er kein Recht geweigert II.*** **44 §. 2,** ***geltend macht; denn der trägt billig die Ausgabe, welchem sie frommt (I.*** **12** ***i. A., II.*** **29,** ***II.*** **37 §. 1).**

Sandhaas Germ. Abhdl. 154. §. 1. *Blume MR. I.* 80—83. Budde de rei vind. 64. *Planck Bewf.* 245 *N.* 93. §. 2. *Blume MR. I.* 84. *Planck* 235 *N.* 63.

Van varender have unde wo me anevanc

---

63) u. d. p. g h.] *f. AbcdhqCadf.* 64) d. n.] *Viele* de. 65) *AhBk* de erve.

---

phennynge habe genossen, ab her ym dy icht wider keren sulle. So frage yenre da wider, nach dem das ys an en geerbet si vnde ym ny rechtis dar abe gewegirte ab her ym keynen nucz darfe wider keren, adir was dar rechtis vmme si. So vint man her en dorfe.

17. Von der antwerte vmme varende habe dy man

dun sal. Des si[1] tum ersten,[2] wo du enen anevank §. 1.
dun scalt. Wenne du wult enen anevanc dun enes dinges, dat di dunket dat di vorstolen edder afgerovet si, under weme dut vindest, to deme[3] sprek sus: N do ic dit N[4] lest sach, do was it mine, wil gi it mi wedder geven, ic nemet gerne,[5] wen[6] du must it wol wedder nemen, wil gis mi aver nicht wedder geven, so bid ic iu dat gi mit mi vor gerichte gan, wen ic wil it mit rechte winnen edder mit rechte laten.[7] Wil he den vor gerichte,[8] so du als hir vore geset[9] is. Wil he aver vor gerichte nicht, so scrie din geruchte unde gripen[10] an vor dinen dif unde du[11] als wi in pinliken clagen hir na secgen.[12] Wert di sus anevangen have de du selven §. 2.
getogen hefst, so kum in dat dink[13] unde sprek: her richter, desse have heb ic sulven getogen edder werken

1) *Adl* wete. 2) Des — ersten] *D* wiltu wissen. 3) t. d.] 17.
f. Ab. 4) *Andre* gut *oder* ding; *Cd* pert ader wat et is. 5) *f. AdegilCc*; *Cd* unde welde uch gerne dancken. 6) *BbceghikoE* wil hers dir denne (*E* williglich) wider gebin. 7) *BEDe* vorlisen, *Ah* vorleysen u. laten. 8) *Ai fh.* mit di; *Bghio fh.* gan. 9) *AefCac* gesecht, *BdCef* gelart. 10) *Da* val in. 11) gripen — du] *Cd* rop on a. v. d. d. ader vor dinen rouer vnde grif on an. 12) *Badeghio* dich leren wollen. 13) d. d.] *Bae* dat geheyte ding; *Cc* din gerichte.

bezcuget hat. Des sich zcu dem ersten wy du aneuang tun 1.
salt. Wenne du aneuang wilt tun eynes dinges, des dir dunket das dir vorstolen si ader abe geroubet, vnder weme du dys vindest zcu dem sprich also: N do ich dys gut zcu leczzcit sach do was ys myn, weldit ir mir das wider gebin ich nemys gerne. Wil her dirs denne wider gebin, du macht ys wol wider nemyn. Wolt ir mirs aber nicht wider gebin, so bitte ich uch, das ir mit mir vor gerichte get, so wil ichs mit rechte gewynnen ader mit rechte vorlisen. Wil her denne vor gerichte gen, so tu als hy vor gesaget ist; en wil her vor gerichte aber nicht, so schry dyn geruchte vnde gryf en an vor dynen dip, vnd tu als wir dich hy nach yn pynlicher klage leren. Wirt dir abir selber 2.
aneuanget dyne habe dy du selber hast gezcogen, so kum yn das ding vnde sprich: herre her richter, dyse habe vnde dys gut habe ich selber gezcogen adir habe si selber wirken ader

edder maken laten,[14] unde wil dat bewisen wo ic tu rechte scal unde bidde ens ordels, oft ic mit miner bewisinge icht neger mine have tu behaldende si de ic in miner gewere hebbe, wen se mi ieman af to winnende si. [15]Dar vrage jene wedder, na deme dat eme de have vorstolen si, dat he bewisen wil, oft he icht mit beterme rechte sin vorstolen gut wedder tu crigen si, wen it eme jene vor tu behaldende si. So vintme he sin neger[16] de it in geweren heft.[17] So vrag wo dut behalden sco-
§. 3. lest. So vintme self drudde.[18] Als du sprekest, du hebbestet werken[19] laten unde betugest dat; oft jene dat denne betugen muchte,[20] dat de wulle[21] dar it[22] af gewracht si eme vorstolen were, so vrage he, na deme

14) w. e. m. l.] *AkCc* ik hebbe se sulven gewracht eder maket l., ***De*** gezcugit. 15) Dar — vorstolen si] *Bg* a. R.: So spricht iener, er richter wen ich meyne abegeroubite ader vorstolne habe mit rechte geanfanget habe. 16) *Manche fh.* czu behaldene, ***De*** *fh.* myt gezuge zu behaldene. 17) de — heft] *Ah* dorch dattu — heuest. ***Dabe*** *fh.* Item spricht es aber der cleger mit gezugen an, und widerspricht es der antwurter mit keinem gezuge, so vindet man der cleger sei es neher zu behalten. 18) *Bg fh.* a. R. etwa selb siebende nach der lande gewonheit. 19) *Cc* gewracht, *Ahq* maken, *B fh.* edder maken. 20) betugest — muchte] *Bm* the mik up den de mik dat gemaket het, wet nu. 21) *Bm* *fh.* edder dat tuch, *Cd fh.* ader dat garn. 22) ***Bbdghio*** das tuch, ***Bae*** daz gud.

machen lassen, vnde wil das bewisen als ich zcu rechte sal, vnde bitte eyns rechten orteils, ab ich mit myner bewisunge icht ner si mynem gute zcu rechte zcu behaldene das ich yn myner gewere habe, wenne ys mir ymant abe zcu gewynnene si. So frage yenre da wider, nach dem das ym dy habe gestolen si das her bewisen wil, ab her denne icht mit bessirme rechte syn vorstoln gut wider zcu irkrigene si, wenne ys ym yenre vor behalden moge. So vint man, der si ys ner zcu behaldene der ys yn geweren hat. So frage wy du ys behalden sullest. So vint man
3. selb dritte. Als du denne sprichst du habist si wirken ader machen lazen vnde gezcugest das, ab denne yenre das gezcugen mochte, das dy wolle dar abe das tuch gemacht adir geworcht were ym vorstolen were, so frage her, nach dem das her syne

dat he sine vorstolene have under di gevunden hebbe,[23] der du nenen weren hefst,[24] oft he sic icht der underwinden mote[25] sunder wedderstadinge des du dar angelecht heddest.[26] Sprikt me hir nicht wedder, so vintme he moge. Vraget aver jene sus dar wedder: her richter, §. 4.
ic vrage na deme dat ic desse have vor mine hadde, unde unhelinge gehalden hebbe unde ni rechtes af geweigeret ne hebbe, unde hebbe se mit mime gelde vorbetert, als[27] ic se vor mine have hadde, oft he icht mi min gelt[28] scole vorstaden[29] als vele alse he se beter unde nütter[30] vint.[31] So vintme he scole,[32] went weme de kost vromet[33] de gelt se bilke.[34]

§. 4 *bespricht die Stellung des Besitzers im guten Glauben gegen den obsiegenden Vindicanten, welche der Ssp. II. §. 2, III. 86 Note x nur hinsichtlich der Früchte entscheidet, auch hinsicht-*

---

23) g. h.] *AhCa* betugen mochte. 24) d. d. n. w. h.] *Ab* d. d. nine gewere h., *Bg* d. her keine were h., *Bm* unde het dat an sinen weren, *Bc* u. die er in keiner gewere habe. 25) der du — mote] *AhCa* weder du de eme icht weder antworden sullest. 26) du — heddest] *AbDa* he — heft. 27) *B fh.* ik to rechte solde u. als. || ic — hadde] *Af* offt it myn were. 28) *Bm* koste. 29) *Andre* wedergeven, widerlegin, *Bm* nach were bedderver lude wedderdun; *Aq* wedergeven des ik des to schaden hebbe. *Cd fh.* u. wederkeren. 30) u. n.] *f. AehklqBdCa.* 31) *Bagy* von den hat. || alse — vint] *Bk* alse hey sei gebetert hebbe, *Bm* unde ok de beteringe. 32) *B fh.* is (se) ime gelden. 33) *Da* bruchet. 34) *AfCf* mogelychen. || weme — bilke] *Aq* id is sin vrome.

---

vorstolne habe vnder ym gefunden habe, der her keynen geweren en hat, ab her sich der vnderwinden moge sunder widerstatunge das her daran geleget hat. Spricht man aber hir nicht wider, so vint man her moge. Fraget aber yenre da wider also, herre 4.
her richter ich frage, nach dem das ich dise habe vor myne habe hatte vnde vnvorholen gehalden habe, vnd davon ny rechtis habe gewegirt, vnd habe si mit myme gelde gebessirt als ich si zcu rechte solde, vnd als ich si vor myne habe habe gehabit, ab her nu mir myn gelt icht sulle irstaten als vil als her si bessir vnd nuczer gefunden hat. So vint man her sullis ym gelden, wenne weme dy kost fromet der gilt si billich.

lich der aufgewendeten Kosten. Sein allgemeiner Schlusssatz stützt sich auf I. 12, dass ein allen Genossen frommender Aufwand des einzelnen von allen zu tragen sei, und auf II. 29, 37 §. 1, dass der Vindicant einer zugeflossenen oder abgejagten Sache dem Inhaber die Kosten erstatte.

Capitel 18.

Um Lehn klagt man vor dem Landgericht 1) wenn der Verkäufer ein vom Erblasser des Klägers erkauftes Lehn nicht übergiebt I. 9 §. 2; 2) wenn der Lehnserbe das Lehn nicht in die Erbtheilung bringt I. 14; 3) wenn zweie als mit dem Zins beliehen den Zinspflichtigen pfänden II. 42.

Van clage uppe lengut. Dat ander gut darme uns umme[1] beclaget dat is len, unde dat me umme len tu lantrechte claget, dat kumpt tu drierleie wis.[2] Tum irsten kumpt it tu, oft it eme, des erve du[3] nimpst, edder di vorkoft were[4] umme dine penninge, unde nicht si upgelaten.[5] Tum anderen kumpt it tu, oft din bruder din

18. 1) *AfCc fh.* sculdeget eder. 2) t. d. w.] *Badghioy* van (umb) d. sachen. 3) it . . . du] *AdfCbc* it eyns (des) is d. e. d., *Aq* it de d. e. d., *Babcdeghiko* du einem das erbe, *Bm* du eines erve, *Bc* du es dem des erbe du, *Da* eyn̄ des erben du. 4) d. v. w.] *So, oder* d. v. is (si) *lesen nach dem folgenden Cap. richtig AadefgiqCbcDa. Ab* de it di vorkofte, *Bdmp* oft he it di vorkofte, *Be* id di vorkofte, *AckBbhko* di vorkofte, *Bg* der vorkofte, *Bc* kauffest, *Bi* dat vorkoftest, *Bs* du vorkawfest, *Eb* lehen vorkoufft adir nu zcu lozen globit were. || du — were] *Ah* id is dy v. hevet. 5) unde n. s. u.] *So Aacd; Ab* n. s. u.; *AflCbcde* u. wert nicht gehalden, *Aq* u. di nicht beholden en mach, *Dac* u. dir nicht gehalden wurde, *AeghkBk* u. dy des nicht holden mag; *Badehimo* u. denne (*Bhio* deme) nicht (*Bhio* nye nicht) geholden hest, *Bbg* u. deme nicht geholden hest, *Bc* u. nye nicht hast

18. Von klage vmme lengut. Das andere gut da man vmme klaget das ist lengut, vnde wy man vmme lengut ym lantrechte klaget das kumpt zcu von dryerleye sache. Czu dem ersten kumpt ys zcu, ab du eyme das erbe nymmest, ader dir vor koufte vmme dyne phennynge, vnde dem ny nicht hast gehalden. Czu dem andern komit ys zcu, ab dyn bruder dyn erbe

erve mit di delen wille unde sin len nicht mit di deilen.[6] Hirna tum dridden kumpt it tu, criechstu[7] mit eme umme len dat gi beide[8] pandeden edder iuwer[9] en den anderen af dreve;[10] wen du dit deme richter klagedest,[11] so muste me[12] aller erst[13] umme dat len untrichten, so muchte de richter[14] pruven[15] we unrecht hedde, unde dar umme[16] mach he dessen twen gebiden, dat en islik sin recht bewise.

Capitel 19.

§. 1. *Der Kläger beweist seine Erbeneigenschaft, falls sie dem Richter nicht wissentlich ist, selbsiebente* (ex anal. III. 28 §§. 1, 2; I. 8 §. 1). §. 2. B *mag einwenden,* A *könne als Unfreier*

---

vergolten. *Aabc fh.* dat leret me tu hant in der negesten rubriken (*Aa* capitel). 6) din erve — deilen] *Eb* lehen vor entpfangen hette u. welde dennoch glichin teil in sines vatir gute nemen. *Aabc fh.* Dat leret me in der anderen rubrike (*Aa* capitel hir na). 7) *AdBaegCbc* oft du lichte krighest, *Agq* o. d. l. twiedest (*Aq* twigest), *AefhkBkCa* o. d. l. kyvedest, *Bdnp* o. d. l. teidingest. || cr. — pandeden] *Aac* efft ein met dem anderen len hedde da sie beide dar in p.; *Bbo* ap du lichte mit eyme anderen umbe lehne adir umbe gut das uwer beide ist pfendest (*Al* a. d. l. m. e. a. u. l. beide pandeden); *Bm* oft tvene spreken umme ein len u. dar beide umme p. 8) d. g. b.] *Cd* dar g. b. up. 9) *Aa* erer, *Bcdgmo* dat, *Bc* da, *Bi* di. 10) a. d.] *Dae* drowe de. — *Abc fh.* Dar van leret he in der dridden rubrike hirna. 11) du — kl.] *Andre* he, *oder* men klagede. 12) *Ce* de richter. *Einige fh.* sik. 13) *Aa fh.* dat gewerre. 14) s. m. d. r.] *Cc* u. moste denne. 15) *AfBdnDae* merken. 16) *Beghioüy* nach.

---

mit dir teilen welde (und sin len mit dir nicht wolde teilen). Czu dem dritten kumpt ys zcu, ab du lichte mit eyme andern vmme len vmme gut daz ir beider ist phendist, ader das eynre den andern abe tribet. Wenne man das denne deme richtere klaget, so mus man sich alrest vmme dy len entrichten. So muste denne der richter prufen wer unrecht hette, darnach mochte her denne disen zcwen gebiten, das eyn iczlicher syn recht bewyzste.

nicht Erbe sein I. 51 §. 1 se ne tveien, *aber nicht*, A *sei seinem Vater nicht ebenbürtig I.* 9 §. 2 he si. §. 3. B *mufs dem* A *das seinem Erblasser gegen Draufzahlung gegebene Versprechen, das Lehn aufzulassen, halten I.* 9 §. 1 (*I.* 6 §. 4). §. 4. *Doch kann* B *zuvor die volle Zahlung fordern; geht wegen Mangels derselben der Vertrag zurück, so mufs er das darauf empfangene wiedergeben I.* 9 §. 2 *a. E.*

Van des erven clage umme gut dat sin vor-
§. 1. vare bekosteget hadde. Wiltu clagen uppe den de dines vorvaren gelt[1] upnam, dat he eme len[2] uplaten scolde, so[2a] kum an[3] enen vorspreken als hir vor geleret is unde de spreke alsus: her richter, N de biddet ener bekennisse[4] van iu unde van deme gehegeden[5] dinge, oft he N recht[6] erve si. Bekant di des de richtere nicht, so vrage na deme dat it dem[7] richter nicht witlik en is, wo he it eme witlik tu rechte maken[8] scole. So vintme
§. 2. he scolet bewisen self sevende.[9] Sprikt ok de antwerder: her richter he is ein eigen, des biddic ens ordels,

---

19. 1) *AkpCa* gut, *AgCdB* (*aufser Bc*) *fh.* eder gut. 2) *AfCc* gut. 2a) kum — alsus] *Aq* vraghe din vorsprake. 3) k. a.] *Bacdeghikoy* nem. 4) *Ai* betüchnisse. 5) *Bc* gegenwertigen. 6) he N recht] *So AaCbc, Abd* N. recht, *Aq* N to rechte, *AhCa* he to rechte N, *Ak* he en to rechte, *Bk* he N eyn rechte, *Bbghio* is (dat) N r., *Baem* ez (*Bm* dat gut) N, *Bd* das gut. *Die Classe B nimmt also* erve *für Grundstück. Auch Eb denkt an ein Grundstück, und macht die Einrede, dafs über Eigen nur da wo es liege zu richten sei.* 7) *Bi fh.* gehegedem dinge oder deme. 8) w. t. r. m.] *Cf* bewisen. 9) *Bk* derde.

---

19. Von der erbin klage vmme gut das ir voruarne
1. bekostiget hat. Wiltu klagen vf den, der dynes voruarn gelt ader gut uf nam, das her en len vf lasen solde, so nym eynen vorsprechin als hy vor geleret ist vnd der spreche also: herre her richter N der bittet eynes bekentnisse von uch vnd von deme gehegeten dinge, ab ys N rechte erbe si. Bekennet ys denne der richter nicht, so frage, nach dem das ys dem richtere nicht wissentlich, wy her ys ym denne zcu rechte wiszlich sulle machen. So vint man her sulles bewisen selb sebinde.
2. Spricht auch der antwerter, herre her richter is ist eyn eygen,

oft ic eme icht tu antwerdende hebbe, na deme dat nen eigen erve[10] sin mach.[11] Sprike aver jene,[12] he ne were sime vader nicht evenbordich, so vrag, oft he darmede des moge over sin,[13] dat hes di[14] nicht en late.[15] So vintme he ne moge.[16] Geit aver dat al af[17] so sprik: §. 3
her richter, [18]ic clage dat N mines vorvaren gelt dar umme hebbe upgeboret,[19] dat he eme sin[20] len laten scolde, unde lovede eme dat, unde bidde dat gi eme tur antwerde biden.[21] Sprikt denne jene: her richter, ic en hebbe em nicht gelovet, wen mi de sculdeget, deme ic lovede, deme wil ic halden,[22] so bidde ens ordels, na deme dat het dinen vorvaren des erve du bist lovede,[23] oft hes di tu rechte

10) n. e. e.] *AlBbcdegh* is kein erbeigen (*Bh* eygen erbe, *Bc* erbe). 11) s. m.] *Cd* gesynnen noch gevernen m. — *BCe fh.* Dat vintme, *was in den übrigen als selbverständlich zu ergänzen.* 12) a. j.] *AhBkCa* ok de antwerder. — *B fh.* do widder. 13) o. s.] *B* oberig s., *Acl* erve s., *Af* loes s., *Aq* qwit s., *Cg* anich s., *Dab* dir genemen, *De* dir geweygeren. 14) *Einige fh.* oc; *Bk fh.* dor dat. 15) *Ai* verlate, *AeBacde* irlate, *Af fh.* volgen, *Da fh.* entfuren. 16) he darmede — moge] *Bm* du en icht darmede mogest vorleggen. Dat vintme. 17) Geit — af] *Bm* Is dat aver al nicht. *C* G. d. zo maile af. 18) ic — mines] *Andre* N claghet dat N sines. 19) *BblEb* uffgehaben, *AlBcCfDae* up genomen, *Bdgmp* genomen, *Cd* upgebreyt. 20) *AcikB* sulk, alsulk. 21) t. a. b.] *Bd* gerichtet unde gert siner antwort. 22) *Dae* gerne antworten. 23) *Cc* lovedes bekant.

ich bitte eyns orteils ab ich ym zcu antwertene habe, nach dem das keyn eygin erbe gesyn en mag. So vint man. Spricht abir yenre da wider, her en si syme vatir nicht ebinbortig, so frage, ab her damitte moge des oberig gesyn, das her dichs nicht irlaze. So vint man her en moge. Get abir dys alles abe, so 3.
spricht her: herre her richter so klage ich uch, das N synes vorvarn gelt darvmme habe vf gebort, das her ym sulle lazen sulche len vnd globde ym das, vnd bittet das ir im darvmme zcu der antwerte gebitet. Spricht denne yenre, herre richter ich en habe ym nicht globit, wenne mich der beschuldiget deme ich globit habe, dem wil ich halden, (so sprich hin widder) herre her richter so bitte ich eyns orteil, nach dem das her myme voruarn globte des erbe ich bin, ab her mir ouch icht

icht halden scole, als he jeneme[24] dun scolde.[25] So vint-
§. 4. me he scole. So vrage de antwerder, oft he eme dat gelt icht vul gelden[26] scole, er het[27] eme uplaten dorve. Dat vintme. So vrage he, na deme dat hes nicht vulgelden mach, oft he eme sin gelt icht scole weddergeven.[28] Dat vintme.

§. 2. *Dass der Unfreie den Freien nicht beerbt, sagt S. Ldr. I. 11 §. 1 nicht ausdrücklich, denn das se ne tvelen lässt auch eine engere Deutung auf den Fall zu, da Erblasser und Erbe nicht* ***denselben*** *Herrn haben, s. unten* 24 §. 1, *vgl. Budde Rechtlosigkeit* 112. *Der Satz findet sich dagegen in* Bertholdi Zwifalt. Chron. (Monum. XII. 118 l. 3): Hiltifuns frater eius uterinus sed non heres legitimus, quia erat servus, *ferner im Goslarschen Recht, Göschen S.* 14 *Z.* 25 *ff., für den Fall dass ein unfreier Fremder einen Bürger beerben will, und im Braunschweiger R.* Leibnitz Scr. Rer. Brunsv. III. 437. *Bemerkenswertherweise fasst unser* §. 2 *ihn nicht als Anwendung des allgemeinen Erfordernisses, dass der Erbe dem Erblasser ebenbürtig sei, auf, sondern scheidet den Fall der Unebenburt ausdrücklich von dem der Unfreiheit des Erben, und gründet auf die Unebenburt keinen Einwand des Beklagten; während* 24 §. 2 *dem Bekl. den Einwand der Unebenburt des Klägers gestattet, und zwar auch in der Weise, dass der Unfreie dem Freien nicht ebenbürtig sei. Es scheint, als wenn bei dem Eignen auch noch die ursprüngliche* ***absolute*** *Erbunfähigkeit mit durchblickt, und dass auf diese sich jeder Dritte gründen kann, während den Mangel wegen blosser Unebenburt nur der wahre Erbe geltend machen darf.*

§§. 3, 4. *Der Ssp. I.* 9 §. 2 *sagt, der Empfänger des Geldes* B *müsse das dagegen versprochene Gut dem Erben* A *geben, falls dieser voll bezahlt, oder müsse ihm wiedergeben, was er schon empfangen; er scheint dem* B *die Wahl zwischen Erfüllung und Auf-*

---

24) ***B*** wolde dat me (ik) eme. 25) als — scolde.] ***Dae*** das er dinen vorvarenden gelobt habe. ***Ca fh.*** off hie gelauet hadde. ***Aehkq fh.*** of (***Ae*** als) he levet (gelevet) hadde. 26) v. g.] ***Bbceg-Cf*** vorgelden, ***BiDe*** vulgeven, ***Bk*** betalen. 27) ***BbdegikoCf*** her die (daz) len, ***Bh*** her ymandis len. 28) ***AhpBkCah fh.*** dat dine vorvaren ome gegeven (***Bk*** geleent) hebben; ***Af fh.*** dat geboret ys; ***Eb*** ***fh.*** das doruff gegeben was.

---

zcu rechte halden sulle, als her wolde das ich ym solde tun.
4. So vint man her sulle. So vrage der antwerter, ab her ym icht das gelt zcu rechte volgelden sulle, er her ym dy len vf lazen dorfe. So vint man her sulle. So frage, nach dem das her dir ys nicht volgelden en mag, ab du ym icht syn gelt sullest wider gebin. Das vint man.

lösung des Vertrages zu geben. Nach dem R. dagegen kann B von dem Vertrage nur abgehen, wenn A nicht voll zu bezahlen vermag.

Capitel 20.

§. 1. *Behauptet bei einem Erbstreit unter Brüdern B, der Kläger sei bei des Vaters Leben abgetheilt II.* 19 §. 1, *und habe sich der Erbschaft verziehen, so kann der Kläger einen gerichtlichen Verzicht nicht leugnen.* §. 2. *Der nicht verzichtende A mufs das Vorempfangene eidlich einbringen I.* 13 §. 1; *doch darf B das Einzubringende durch den Nachweis, dafs A noch mehr Gut bekommen habe, erhöhen I.* 13 §. 1 *a. E.* (*I.* 15 §. 2). §. 3. *Auch das empfangene Lehn mufs der zum Landrecht klagende A mit einbringen I.* 14 §§. 1, 2. §. 4. *A braucht gewisse bewegliche Sachen I.* 10 *und das Eingebrachte seiner Frau I.* 12 *nicht mit einzubringen, und ist das Gut der Frau in das gemeine Gut der Brüder gekommen, so giebt der Schwager bei der Theilung die Hälfte wieder heraus.* §. 5. *Von dem Empfangnen wird der ohne Schuld des Einbringenden erwachsene Schade abgezogen I.* 12.

§. 1. *Blume MR. I.* 90. *Planck Bewf.* 276, *BU.* 30. *Siegel Erbrecht* 198, 199 *N.* 824.

Van deme eft din bruder dat erve[a] deilen wil unde dat len to voren beholden. Sprikt din §. 1.
bruder up sines[1] vaders erve odder muder erve unde hedde het vorlovet,[2] so vrag oft din vader icht en siner

---

a) *Viele fh.* mit di. 1) *AcdfqBdCcdef* dines. 2) u. h. h. v.] 20.
Aq dat he hevet gelost, *Bacdehinpy* also oft he dat (*Bc* in) vor (vorwart) hadde vorsaket (vorlobit) vor sines vader dode; *Bbkl* also her die ansprache des gutis vor vorlobite v. s. v. t.; *Bo* als ab her anspreche vorlobit vor synes vatir tode dy vorwart des gutis; *Bm* de vor des vaders eder moder dode hedde afgedeilet, *Eb* als ob er us gesatzt were u. abe gesundirt bie sines vaters libe, *Bg* alzo ab her vor abegeteilit ist von seyns vatir adir seyner mutir gute vor ir beidir tode unde vorloubit hot unde jm

---

20. Spricht dyn bruder vf synes vatir erbe ader dyner muter, 1.
also als ab her anspreche vorlobit vor synes vatir tode dy vorwart des gutes, so frage ab dyn vatir icht eynen dyner bru-

kindere[3] muchte afdeilen mit sime gude,[4] dar em do[5] an genügede. Dat vintme. So vrag, na deme dat he do afgedeilet wart unde vorlovede sin ervedel,[6] oft he[7] eme nu mede dorve deilen,[8] edder wat dar recht umme si. Dat vintme he ne dorve,[9] deste hes nicht vorsake.[10] So vrage, oft hes vorsaken wil,[11] na deme dat het vor gerichte vorlovet[12] hebbe, oft hes vorsaken moge. So vintme he ne moge.
§. 2. Ist aver vor gerichte nicht gescin unde vorsakede des din bruder,[13] so vrag oft he tu rechte icht scole inbringen, dat em din[14] vader gegeven hadde.[14a] Dat vintme. So vrag wo het inbringen scole. So vintme

---

czu der czeit wol genugitte das her noch jrem tode nicht fordern welde. 3) s. k.] *Babdeghiklop* deiner bruder. 4) s. g.] *Af* s. erve; *Cef* eime deile sines gudes. 5) *BuceghioDe* wol. 6) *Babceg fh.* eder vortoch es, *Bho* unde vorczeich sichs; *Cg fh.* vur gericht. 7) *Cbc Plural, Ad fh.* ere erve. 8) *Af* erffdeilen. || eme — deilen] *Bm* en nu erfdel were plichtich, *Aq* e. n. m. delens plichtich sy. 9) h. n. d.] *AdCbc* se ne dorven. 10) Dat — vorsake] *BabcdeghikoEb* So vint man wes he sik vortegen hefft (*Bk* of hey des vorsaket hevet vor gerichte, *Bb fh.* vor gerichte) dat en darf he nicht met em delen. || deste — vorsake] *Cefg* des nicht doin wo he des bekennen wil, *Dae* leuckent aber din bruder din verzeyunge. 11) So — wil] *Cef* wil he aver v. so vrage, *AhCa* Vorsaket hiis oick u. ist vor gericht geschiet, so vrage. 12) *Aq* verloren, *Bacdeghilop* sichs vorczegen, *Bk* lichte vorsaket. 13) d. b.] *f. Ab.* 14) *AaBkCc* de, *AeBcdeghioCef* sin. 14*a*) dat — hadde] *De* da her myte abe geteylt sy.

---

der mochte abe geteilen mit syme gute, dar an ym wol genugete. Das vint man. So vrage, nach dem das her denne abe geteilet wart vnd vorlobete syn erbteil vnd vorzceich sich, ab her ym nu icht mit teilen sulle, ader was da rechtis vmme si. So vint man, wes her sichs vorzcegin hat, des endarf her ym nicht mitte teilen. So frage, ab her des loukenen wil, nach dem das her sichs vor gerichte vorzcegin hat, ab her des nu
2. loukenen moge. So vint man her en moge. En ist is abir vor gerichte geschen vnd loukent dir denne das dyn bruder, so frage, ab her zcu rechte icht sulle yn brengen das ym syn vatir gegebin hatte. Das vint man. So vrage wy her ys yn brengin

bi sime ede. Als de ed unde de inbringinge[15] scin is,
so vrag, na deme dat[16] he mer gudes utbracht hebbe[17]
dat[18] bewislik gud[19] is, oft he dat icht scole inbringen,
edder hes sic mit eden losen[20] moge. So vintme he
scolet ane unscult[21] inbringen. Wen het denne inbrin- §. 3.
get, so vrag na deme dat he erve nemen[22] wille, oft he
icht dat len dat he heft also bilke mit eme deilen scole,
als he mit eme sin erve.[23] Dat vintme. Vraget denne
jene, na deme dat he dat len van sime heren heft, oft
eme dat ieman avewinnen moge, wen vor sime heren.
So vrag dar wedder, na deme dat he uppe erve gesproken
hebbe unde[24] nemen wil, oft he dat icht na lantrechte[25]
nemen[26] scole. Dat vintme. Scaltu denne alle §. 4.
gut[27] inbringen, so vrag wat tu vor behalden[28] mogest.

15) u. d. i.] *f. AaCe.* 16) *Cc* de ed ghedan is unde. 17) u. h.] ***Bk*** ut unseme gude gebracht hevet. 18) ***AhkqCa*** wan (dan) dar; ***AeDae*** wan dat. 19) b. g.] ***AehkqCaDae*** bewisedes gudes, ***Ab*** witlik, ***Eb*** besehin, ***BuceghioEa*** bewiset u. besen, ***Bbd*** besehen u. bewiset, ***Bk*** to beseynde u. to bewijsende, ***Bm*** der bewisen wil u. besen. 20) sic — losen] ***CcdDa*** ledeghen. 21) ***AachBaeisCb*** schult! 22) ***Af*** upnemen, ***Cf*** manen. 23) ***AacdB*** ***fh.*** deilen schole (wil adir sal). ***AlBk*** ***fh.*** du — d. sollest. 24) ***AglBadkCae*** ***fh.*** dat, ***BeEb*** ***fh.*** erve. 25) ***E*** ***fh.*** adir noch wigbilde recht. 26) ***Bm*** wedder inbringen. || dat — nemen] ***Ca*** du — antwerden. 27) a. g.] ***Bacdeghiklo*** dat g. altomalen. 28) ***Ad*** nemen, ***Cb*** afnemen.

sulle. So vint man by synem eyde. Als der eyt vnd dy en
yn brengunge geschen si, so frage du, nachdem das her mer gutes
vz gebracht hat das bewiset vnd besen ist, ab her des icht sulle
yn brengen adir sich mit eiden losen. So vint man her sullis
ane vnschult yn brengen. Wenne her ys denne yn brengit, so 3.
frage, nach dem das her erbe nemyn wil, ab her icht das len
das her hat also billichen mit ym teilen sulle, als her mit ym
das erbe teilen wil ader sulle. Das vint man. Fraget denne
yenre, nach dem das her dy len von syme herren habe, ab ym
ymant das abe gewynnen moge wenne vor syme heren, so frage,
nach dem das her vf erbe gesprochen hat vnd nemyn wil, ab
her das icht nach lantrechte nemyn sulle. Das vint man. Saltu 4.
denne das gut alzcu male yn brengen, so frage, was du zcu

So vintme wat tu mit dime wive nemest,[29] unde wat di din vader[30] von orsen[31] perden wapen[32] cledern gegeven heft. Is it aver int gemeine gut[33] dines bruder wives gut[34] gekomen, so vrag, oft tu icht darvest[35] wedder keren wen di helfte.[36] Dat vintme, wen di andere helfte
§. 5. is in sine egene[37] nut gekomen. So vrag, na deme dat din bruder des vromen van deme erve wil wardende sin, oft he des scaden icht warden[38] scole. Dat vintme. Dar jegen vrag, of hes wat vorgeven, vorguftet,[39] vordobelet[40] hedde, oft hes icht scole den scaden allene[41] hebben. Dat vintme.

29) tu — nemest] *AlDeEb* dik mit d. w. wart (*Eb* worden ist), *Bi* di met d. w. worden u. gegeven is, *Bc* dir zw d. w. worden ist; *Bbdon* du — genomen (gewonnen) hast unde mit ir geben ist. — *Baghms fh.* u. wat dik mit er gegeven si. 30) d. d. v.] *Cc* do din was. 31) *De* rossen, *AhlBbceghiko* ossen! *f. AfqBpDaEb.* 32) *AfEa* harnassche. 33) i. g. g.] *Af* i. g. nut, *Ai* in dat medegut, *Dabe* in eweren nutz beider (*Dab fh.* seit). 34) *f. AeikqBaeghisCd*; || w. g.] *f. AhCaE.* || Is — gut] *AlBbdkmoDa* Is aver d. b. w. g. int gemeine g. g. 35) tu i. darvest] *Bch* du es i. d.; *Bms* me dik dat icht scole. 36) w. d. h.] *BE* wenne man zu teilene begynnet (*Bk* to deylinge kompt dan dei helfte, *Bb* zu teilunge kompt), *Bi* wen tu dynem deile begynnet. 37) *f. BaegiCc* || s. e.] *Ad* de menen. 38) *Aq* weder wachten, *Bdeg* wartende sin, *Cb* bewaren, *Bm* liden, *Cfg* iet (mit) gelden, *Bl* mite tragen. 39) *So AfBcgiCc*; *Aq* vergastelt, *AehkCadfh* vergiftet, vergiftiget, *Ab* vorkoft, *Bd* vorspelit, *Ce* vortuschet; *Bcgioü fh.* verkaufft. 40) *AfCc* vordelghet, *AeCd* vurdelet. 41) *f. Ab.*

voren behalden mogest. So vint man, was du mit dynem wibe genomyn hast vnd mit ir gebin ist, vnd ouch was dir dyn vatir von ochsen von pherden von kleidern vnd von waphene gegebin hat. Ist abir dynes bruder wipes gut gekomyn yn das gemeyne gut, so frage, ab du icht darfest wider keren wenne man zcu teilene begynnet, wenne das andere halbe theil ist an synen
5. eygenen nucz gekomyn. Das vint man. So frage, nach dem das dyn bruder des fromyn von dem erbe wil wartende syn, (ob her des schaden ouch icht wartin sulle). Das vint man. Da kegin frage, ab her etwas des gutes hette vor gebin adir vorkeuft ader vorguft ader vor topilt, ab her icht den schaden alleyne sulle habin. Das vint man.

§. 2. *Der Satz des Ssp. I. 13 §. 1, dass gegen das Einbringen andern Gutes (als fahrender Habe), welches unter dem Einbringenden nachzuweisen steht, sein Eid nicht schützt, wird hier durch das blosse mehr Gut verallgemeinert; auch lässt der Sprachgebrauch des R. einen Zweifel, ob sein* bewislik gut *sich auf das leiblich nachzuweisende beschränke.*

Der §. 4 wendet den Satz Ssp. I. 12, dass in die Gütergemeinschaft der Brüder nicht das Eingebrachte der Ehefrau eines Bruders falle, a) *ziemlich überflüssiger Weise auch auf die Bildung der Erbtheilungsmasse an, und verpflichtet* b) *wenn dennoch das Eingebrachte gemeinsames Gut geworden sein sollte, den Schwager, die ihm zu Gute gekommene Hälfte bei der Theilung wieder auszukehren.*

Capitel 20 A.[1]

§. 1. ***Erbietet*** B, ***um Gut vorgeladen, sich dreimal zu Recht*** (ex anal. III. 39 §. 3), ***ohne dafs*** A ***seine Klage vorbringt, so wird er von der Ansprache frei*** (ex an. II. 8), ***und mag dem Gute einen Frieden wirken lassen*** (ex an. II. 4 §. 1, III. 20 §. 3, III. 56 §. 3). §. 2. ***Der Beklagte fordert die Benennung des Gutes und will mit der rechten Inhaberschaft und mit dem Bekenntnifs seines Herrn näher zum Behalten sein.***

§. 2. *Planck Bewf.* 279, 282 *N.* 175.

Wo me sic vorbiden sal umme gut vor gerichte. Also N hir besceiden is, also vorbut he sic §. 1. vor dit richte umme sin gut: wolde en odder sin gut iennich man besculdegen, dar wolde he tu antwerden als en recht is unde bidden ens ordels tu vragen, wo dicke he sic vorbiden scole, dar he recht an do. So vintme dries.[2] N biddet aver umme en recht tu vragende, nademale dat he hir besceiden is umme sin benomede gut, unde de hir jegenwardich stan de up dat gut gesaket hebben unde nicht en spreken, wedder he unde sin gut erer ansprake icht scal loz sin. Dat vintme. So biddet N umme enen vrede to werkende mit rechte over sin gut, dat he hir vor gerichte gewunnen heft. N bid- §. 2 det ok umme en ordel tu vragende, oft me met rechte dat gut icht benumen scole, dar he hir an beiden siden

1) ***Das Capitel steht nur in Aabcs****, in Ab nach C.* 21, *s. oben S.* 55. 2) *Aa fh.* so sprek vort. 20 A.

umme an gedegedinget is. N biddet aver umme en recht tu vragende, oft he dat benande gut, dat he[3] in rechter hebbende were heft, oft hes icht neger tu behaldende si mit siner rechten hebbenden were unde mit rechter kantnisse siner heren, wan it em ennich ave tu winnende si mit iengerhande ansprake edder bisprake.[4]

Capitel 21.

§. 1. *Ein Pächter klagt, er sei von zweien um den Pachtzins gepfändet II.* 54 §. 4. *Behaupten beide ihre Befugnifs dazu, so braucht jener doch nicht mehr Zins als bisher I.* 54 §. 1 (*Lehnr.* 65 §. 7), *und bevor sie unter sich den Streit ausgemacht, ihn ihrer keinem zu geben.* §. 2. *Berufen sich beide für ihr Recht am Zinse auf verschiedene Herren, so soll jeder zum nächsten Dinge II.* 42 §. 1, *bei Verlust des Gutes, mit Bufse und Gewedde* (*II.* 36 §. 5) *seinen Herrn vorbringen, dieser sei denn ein Fürst II.* 42 §. 3. §. 3. *Ziehen sie sich auf denselben Herrn, so weist der Richter sie an diesen und sendet zwei Boten mit II.* 42 §. 4. §. 4. *Wer eine Gewere am Gute hat, und nicht geladen war, bittet um Frist II.* 3 §. 1, *und macht aus der Lehnsgewere den Vorzug im Beweise geltend II.* 42 §. 2. §. 5. *Welcher vor dem Herrn verliert* (*Richtst. Lehnr.* 29) *zahlt Bufse und weddet dem Richter II.* 42 §. 4. *Verweisung auf einen künftigen Richtsteig Lehnrechts.*

§. 4. *Planck Bewf.* 282 *N.* 175.

Van deme oft twe secgen dat en ein gud gelegen si.[a]
§. 1. Sittestu[1] uppe pachtgude[2] unde komen

---

3) tu vr. — dat he] *Au* na deme dat he d. b. g. 4) e. b.] *f. Aac.*

21. *a*) Van — si] *Ab* Wo me anspraket gut untwerren sal. 1) *AfnCbc* Sistu, *Cd* Sigestu, *AbqBm* Bistu. || S. u.] *AhkmpCah* Hevestu. 2) *BbcghilopqrtuüzδCdEa* phantgut, *BdfCiDEb* czinsgut, *Bs* eime gute.

---

21. Ab zcwene man sagen das das eyn gut gelegen sy.
1. Secztu vf phant gut vnd komyn zcwene vnd phenden dich,

twene unde panden di, er[3] islik vor de pacht,[4] so kum[5] vor den lantrichtere unde sprik: her richter ic clage[6] iu dat N unde N mi beide gepandet hebben umme[7] twevalde pacht,[8] unde bidde dat gi se tur antwerde biden. Komen se den nicht, so du als hir vor gesecht is. Komen se aver, so sprcken se lichte beide, se hebben dar recht tu. So vrag oft tu to rechte ienegen groteren pacht[9] geven[10] scolest, wen din gut[11] er[12] gegeven hebbe.[13] Dat vintme du en scolest.[14] So vrag, weme du en tu rechte geven scalt under den twen. So vintme erer nenem, it en werde di untworren.[15] So vrag oft it en de richtere icht

3) *Ab* en, *Cc* eder. 4) v. d. p.] *Cd* vor sin pant, *Dae* fur den zinss, *B* nimt ein pant na siner lust, (n. s. l. *f. Be*), *Bc* mit einem pfande. 5) *AqBaeghikoδ* ga, *Eb* kome der czins gelde. 6) *BbdghioδCbDe fh.* gote und. 7) *Ab* von me, *Andre* vor. 8) t. p.] *Bbo* z. phandunge, *Cd* t. pant, *Bm* pacht u. twigleie pandunge, *Badeghinpδ* iren (*Be* einen) czins mit czweierlei pfendunge, *Bc* einerley pfendung, *Eb* einen versessen czins umme einerley pfendunge. 9) *BabdeghioδCdE* phant. 10) *E* lidin. 11) d. g.] *Cd* du din gelt. 12) vore, hir vore, hie bevoren, ie er vore, ye bet her to. 13) gut — hebbe] *Bmn* vorvare. 14) d. e. s.] *f. AefghilCbcDe. Aq* neen. *Baeghiko fh.* keine groter (*Baegk fh.* pacht, pfand) geven. 15) i. e. w. d. u.] *Cbd* se ne werden (*Cd fh.* vor) u. *AlBabdeiklopδ* i. e. w. (*Bbk fh.* im) denne (*Bd fh.* anders) entscheiden (*Ba* entrichtet), *Bc* es werd dann bericht, *Cg* si en sin darover verscheiden, *BmCef* ere se vorscheden sin (werden enscheiden).

ir iczlicher nympt eyn phant noch syner lust, so ge vor den lantrichter vnd sprich also, herre her richter, ich klage gote vnd uch das N vnd ouch N mich gepfant habin, beide vmme zcwerleye phandunge, vnd bitte das ir en mir zcu der antwerte gebitet. En komyn si nicht, so tu als hy vor gesaget ist; komyn si aber vor, so sprechen si lichte, si habin recht darzcu. So frage, ab du zcu rechte keyne grosere phant geben sullest, wenne ys dyn gut gegebin habe. Das vint, du en sullest keyn grosers gebin. So frage darnach, weme du ys zcu rechte gebin sullest vnder den zcwen. So vint man ir keyme vnder den zcwen, is en were denne entscheiden. So frage, ab ys en der richter icht

untbiden scole, dat se sic na rechte untsceiden.[16] Dat
§. 2. vintme. Sprikt den erer en:[17] her richter de pacht[18] is min unde hebbe se van minem heren, unde sprikt de andere oc also unde tüt up enen anderen heren, so vrage de richtere unde secge sus: N ic vrage iu, na deme dat se hir beide stan unde spreken gut an, unde en islik sic vormet sines[19] heren de des ome bekant,[20] oft se den[21] icht bringen scolen.[22] So vintme se scolen. So vrag wen se se[23] bringen scolen. So vintme tume ersten[24] dinge. So vrag wat de vorlüst,[25] de sines nicht en bringet.[26] So vintme, he mote dat gut mit bute unde gewedde laten. Tut erer en up enen vorsten, de bidde ens ordels, na deme dat sin here ein vorste si unde unvormogelik[27] tu vorende,[28] oft he[29] icht mit sinen[30] bri-

---

16) entrichten, *Dae* entweren, *Bd* entschichten sullen, *Cef fh.* laten. 17) *Aa fh.* effte beide besünderen. 18) *BabcdeioδE* zins, *Cd* pant. 19) s. v. s.] *AflBmCefEb* tut up sinen, *Dae* zucht sich an einen besundern. 20) *Cb* bekennich is. 21) *Andre* di, *Af* er heren, *Cc* malk sinen heren, *Dabe* dy heren. 22) *Viele fh.* adder was ein recht dorumb sie. 23) *AaghklCab* ene. 24) *A-efilBcdghikoδ Cbdef* negesten, *f. AhqCc.* 25) *Bm* broke, *Bdδ* vorbussit, *Bbcghko* v. adir vorbusse, *Bae* vorbore a. vorbusse, *Bi* vorboret odir vorlore. 26) de — bringet] *Cefg* des gewere (warent) nicht en kume zu dem dinge. 27) *Bd* ome u. en; *Bbcko-Eb* unmogenlich unde unczemlich; *Baegh* ome unmogelich u.

---

gebiten sulle, das si sich nach rechte entscheiden. Das vint man.
2. Spricht denne ir eyne, her richter, der zcins ist meyn vnd habin von myme herren, vnd spricht denne der andere ouch also, vnde zcuth sich denne vf eynen andern herren, so frage der richter eynes orteils vnd spreche also, N ich frage uch, nach dem das si hy beide sten vnd sprechin gut an, vnd eyn iczlicher sich vormist synes herren, der ys ym bekennet, ab si dy icht brengen sullen, adir was eyn recht darvmme si. So vint man si sullen sy brengen. So frage wenne sy dy brengen sullen. So vint man zcu dem nehestin dinge. So frage, was der verlore adir vorbuzce der synen herren nicht en brechte. So vint man her muste das gut mit gewette vnde mit busze laszen. Czuth sich abir eyner vf eynen fursten der bitte eynes orteils, nach dem das syn herre eyn furste si, vnd ym vnmogelich vnde vnzcemelich si (zcu) vurende, ab hér en icht mit synen brifen vnde mit synen yn-

ven unde mit sinen ingebornen[31] denest mannen gewe-
ren[32] moge. Dat vintme. Ten se aver beide up enen §. 3.
heren, so vrage de richter, wor he se den to rechte wi-
sen scole. So vintme, he scole se wisen vor den[33] he-
ren,[34] unde scole siner boden twene mede senden.[35]
[36]Als [37]van dem meiere[38] gesecht is als clage desser
en[39] oft is eme not si. Hedde aver ir en dar an ene §. 4.
gewere,[40] de spreke sus: her richter, mi is dar umme
hir[41] nicht gedegedinget, ic bidde ens ordels, oft gi mi
icht scolen dach[42] geven wen tu deme negesten dinge.
Dat vintme. Alzo dat ding kumpt, so sprek: her richter
ic bid noch enes dinges, wen ic mi noch nicht bedacht
hebbe unde bid ens ordels, oft gi mi icht tu rechte den

---

unczemlich on. 28) t. v.] *Bdδ* dar czu brengen, *Cg* vurzobrengen, *Dbe* zu forderen, *Ca* toe den gerichte t. v.; *AgCef* to bringene unde t. v. 29) *Manche fh.* one. 30) *BbdklmpδCg fh.* besegelden. 31) *Bc* ingesessen. 32) unde — geweren] *Bm* edder mit sine vogeden vulstan. 33) *Bdmδ fh.* sulven, *Cf* eren reichten. 34) *AhBkCa fh.* dair se beide op tyen. 35) *AhlCb* geven. 36) Als — not si] *Caef* We da recht beheldet den blyvet de pacht mit rechte unde de dar vorluset de mot dat gud mit bote u. mit wedde laten. 37) *Begk fh.* nu hir, *Bm fh.* hir vor. 38) *Nemlich oben* §. 1 *von dem Pächter.* *Bae* gewere, *Bc* mancherley! *Bi* intgnde (?), *Da* eigen. 39) *Einige fh.* vort. 40) e. g.] *AbBcghioδ* enen geweren, *Cb* enen anderen gheweren, *Bdδ fh.* des gutis. 41) *Aa* erer; *f. in Vielen.* 42) *BEb* vrist (*Bk* vrist off dach).

---

gebornen dinstmannen geweren moge. Das vint man. Czyn si 3.
sich aber beide vf eynen herren, so frage der richter, wo her
si denne zcu rechte wisen sulle. So vint man, her sulle si wisen
vor den herren, vnd sulle syner boten zcwene mit en senden.
Als hy nu von dem meyere gesaget ist, also klage dyser eyner
vort ab ys ym not ist. Hette aber ir eyn eynen geweren vnder 4.
en daran, der spreche also, herre her richter mir en ist nicht
getedinget, darvmme bitte ich eynes orteils, ab ir mir icht frist
sullit gebin bys zcume nestin dinge. Das vint man. Als denne
das ding kumpt so spreche her, herre her richter ich bitte nach
eyns dinges, wenne ich mich nach nicht bedacht habe, vnd bitte

dach geven[43] scolen. Dat vintme. Wenne dat ding denne kumpt, so bidde desses ordels: na deme dat tu desses gudes enen bekanden heren[44] hefst, de is di na siner lenware[45] gewert heft jar unde dach, oft tu is icht neger tu beholdende sist, wen is en ander[46] di af tu
§. 5. winnende, de der were darvet. Dat vintme.[47] Komen so aver beide vor den heren, we dar vorlust, dat scolen de boden[48] betugen.[49] De denne wint, de vrage wat jenes[50] broke si. So vintme he scole deme richtere wedden unde sime jegenere[51] bute geven.[52] Wo me denne len[53] vor den heren wint edder vorlust, unde wo me lenes gewere betugen scal, [54]des wil wi di[55] wil got[56] up des lenrechtes gerichte besceiden.[57]

---

43) d. d. g.] *Ab* is gunnen. 44) b. h.] *Ce* bekennenden h.; *BmE* b. weren, *Bd* b. man. 45) s. l.] *AklCa* dyner l., *Ba* der l.; *Da* dyner lehunge, *Cf* s. waire, *Be* s. len, *Eb* s. lenunge, *Bgs* seime len vor war, *Bh* siner len vorfar, *Ba* len vore, *Cg* s. haven. 46) e. a.] *Aeh* de ghene, *Ai* yeman, *Bi* man, *Cc* he. 47) *Cacfg fh.* du syst des neger, *BadghinoDa fh.* d. s. d. n. to beholdene. *Der Rest des Kap. f. Cfgi.* 48) d. b.] *Ai* sie beide, *Aq* de bur. 49) dat — betugen] *Bm* de mut geven. 50) *Bcm* seines widersachen, *Bk fh.* dei verloren hevet. 51) *Ae* entegener, *Cc* ieghenuerde, *Cd* kinharte; *BdeghikoδCe* wedersaken. 52) *Das übrige f. Aa.* 53) d. l.] *Cc* ok l., *Bm* dat l. 54) des — besceiden] *Dace* das wollen wir in dem lantrecht sachn; *Eb* das wirt dyr in des lantrechts (*so*) wise wol entscheiden, *AhpBkCah*

---

eynes orteils, ab ir mir icht zcu rechte den tag sullet gebin. Das vint. Wenne denne das ding kumpt so bitte dises orteils, nachdem das du des eynen bekanten herren hast, der dirs nach syner len ware gewert hat iar vnde tag, ab du des icht ner zcu behaldene syst, wenne man dirs abe zcu gewynnene si yenre der der gewere darbet. So vint man du syst ys ner zcu behalden.
5. Komyn si aber beide vor den herren, wer denne da vorlusit, das sullen dy boten bezcugen. Wer denne gewinnet, der frage was yens broche si. So vint man, her sulle dem richtere wetten vnde syme widersachen buze gebin. Wy man denne len vor dem herren gewynnen sal vnd vorlisen, vnd wy man lenes gewere gezcugen sal, das wolle wir dir, ab vns got gibit synne vnd wiçzzen, yn des lenrechtis gerichte wisen vnd bescheiden.

§. 1. *Dass der Pächter während des Streites über das Recht auf den Zins keinem der Streitenden zahlen solle, ist sehr natürlich, aber im Ssp. nicht ausdrücklich gesagt.* — §. 2. *Unter dem* gut — *woraus die Rubrik* ein gut macht — *braucht nicht gerade das Pachtgut selber, sondern kann auch der Pachtzins als Vermögensstück verstanden werden.*

Capitel 22.

Klagen auf Eigen: 1, *auf Theilung einer Erbschaft gegen den Miterben;* 2, *auf deren Herausgabe gegen einen unebenbürtigen Verwandten I.* 17 §. 1. *a. E., I.* 51 §. 1; 3, *auf Herausgabe eines ohne Erben Laub veräufserten Gutes I.* 52 §. 1. 4, *Anspruch bei beiderseitiger Gewere II.* 43 §. 2, *III.* 21; 5, *wenn der eine Eigen, der andre Lehn behauptet II.* 43 §. 1.

Wor af kumpt clage uppe eigen. Clage up eigen[1] de kumpt tu vifleie wis. De erste is dar umme, dat en erve nicht also drade[2] kumpt als de andere kumpt; so wil de erste[3] dem lesten nicht mede[4] deilen. De andere is, dat underwilen[5] de negeste[6] nicht evenbordich

---

dat vindestu in dem boke van dem lenrechte (*Cah fh.* in den spigel van sassen u. in den keyserrechten); *AqCe* dat steit hirna. 55) *Babcdegmyδ fh.* sagen (*Ba* hirna secgen). 56) w. g.] *AilCd* eft id got wil, *AdefgnBcCbc* of id (uns) got gift; *B* (*aufser Bckm*) ab uns got gibit synne u. witze (*Be* dy vornunft); *f. BmDe.* 57) up — besceiden] *BEa* up (in) lenes recht (lenrechtes gerichte) dik wisen unde (*Bbvz fh.* beczeigen adir) bescheiden (entscheiden, dirscheiden). *Vgl. über diese Verweisung, Sachsenspiegel Th. II.* 1 *S.* 384.

1) u. e.] *Aa* u. erfeigen; *Bbdeghiklopδ* die umbe eigene gescheen. 2) *Bely* schire, *Af* snel, *Ea* schir o. snelle, *Cf* balde. || e. e. n. a. d.] *Eb* eyner ehir czu dem erbe. 3) *AhCc fh.* des; *B fh.* dem andern und. 4) *Aehk* weder. 5) *f. Ab.* 6) *So AaciBcmE und Ab ursprünglich, in Übereinstimmung mit Kap.* 24; *Babdeghilopδ* neste geborne; *AhklBkCa* erste; *Ae* andere; *AbdCbcDe* leste. 22.

---

22. Von klage vmme eigyn. Klagen dy vmme eygin geschen dy komyn zcu fvmfleye wyz. Dy erste ist darvmme, das eyn erbe nicht also drate als der andere kumpt. So wil der erste dem andern vnd dem leczten nicht mete teilen. Dy andere ist, das vnderwilen der neste geborne nicht ebinbortig en

is unde dat eigen[7] deme anderen nicht rumen ne wil. De dridde is dar van, dat itlik sin eigen ut sinen geweren let[8] ane erven gelof. [9]Tom virden kumpt it to,[10] dat twe uppe en egen[11] spreken, so dat en islik secht it si sin. [12]Tum veften kumpt it dar van, dat de ene secht, en gud[13] si sin eigen, unde de andere secht it si sin len.[14]

Capitel 25.

§. 1. A *beweist sein Erbrecht und fordert seinen Erbtheil von* B, *der ihn an sich genommen.* §. 2. *Antwortet* B *auf dreimalige Aufforderung nicht, so weddet er, und nach dreimaligem (Klagen und) Wedden gewinnt* A *seine Klage III.* 39 §. 3. §. 3. B *erwehrt sich der Antwort. Er bittet* 1, *um Verfristung nach II.* 3 §. 1, *die ihm aber ohne Besitz von Jahr und Tag nicht gebührt III.* 38 §. 1. §. 4. *Er macht* 2, *den Gerichtsstand der belegenen Sache geltend III.* 33 §. 4, §. 5. §. 5. *Kommt* B *zum dritten Dinge nicht, so ist seine Gewere gebrochen, II.* 24 §. 1, (*er habe denn echte Noth*), *und* A *erlangt Einweisung in das Gut I.* 70 §. 1. §. 6. B *schützt seine Verwandtschaft mit dem Erblasser vor,* 1, *er sei dessen Tochter Kind und* A *nur Bruder; dann geht B vor I.* 17 §. 1 Doch; 2, *er sei Vollbrudersohn und* A *Halbbruder; dann theilen sie, II.* 20 §. 1; 3, *er sei Vaterbruder und* A *Mutterbruder; auch dann sind sie gleich nahe I.* 17 §. 1 Sven. §. 7. *Beruft sich* B *auf ruhigen Besitz von* 30 *Jahren, so erwiedert* A, *dafs* 31 *Jahre*

Af fh. dem anderen, *Ce fh.* dem ersten. 7) *BciCdDe* einer, *Cf* deser. 8) *Bdp* sezt. 9) Tom — to] *Bacdeghd* de verde clage is dat (*Bh* davon), *AhBioDe* De (dat) verde is. 10) *Einige* so to. 11) *Aab* erve, *Ag* gut. 12) T. v. k i.] *Bacdeikoy* De vefte clage k. 13) e. g.] *Andre* id. 14) *Cf fh.* und yem geleent.

---

ist, vnde das eigen dem andern nicht rumen en wil. Dy dritte ist da von, das eyn iczlicher syn eigen vz synen geweren lest ane erben globde.; Dy virde ist, da zcwene vf eyn eigen sprechin, so das eyn iczlicher spricht ys sy syn. Dy fvmfte klage komet da von, das eyner spricht eyn gut si syn eygin vnd der andere spricht ys si syn len.

und 6 Wochen erfordert werden I. 29. §. 8. *Kürrecht des jüngsten bei der Theilung III.* 29 §. 2.

§§. 1, 3. *Plank BewU.* 29. §§. 3, 4. *Plank Bewf.* 262, 263. §. 6. *Blume MR. I.* 92. *Siegel Erbr.* 63. §. 7. *Unterholzner Verj. I.* 88.

Wo me erve vorderen scole.[a] Ist dat en ster- §. 1.
vet[1] des[2] erve du bist,[3] so kum vor gerichte mit eme[4] vorspreken, de secge[4a] so: her richter, N biddet dat gi bekennen edder eme gunnen, dat he dat bewisen mute, dat he N rechte erve si.[5] So secge he vort: her richter so claget he[6] iu, dat N si gekomen unde heft sic sines deles[7] underwunden unde biddet dat gi en tur antwerde biden. So bede en de richter dries tur antwerde. Is §. 2.
he den dar unde antwerdet[8] nicht, so vrag[9] wat nu dar rechtes umme si. So vintme he scole[10] wedden. Also vintme tum anderen unde tum dridden male. So vrag,

---

a) Wo — scole] *Die meisten* Ab ein erbe uf den anderen 23.
claget umme eigin. 1) e. st.] *AhpCah* eigen op dy verstervet van enen. 2) *BCg fh.* rechte. 3) *Ag* nympst, *Dae* nemen solt. 4) m. e.] *AehiBeghyCcdDa* an einen; *Cef* ind neme eynen. 4*a*) kum — secge] *Aq* segge din vorsprake. 5) *Af fh.* Ja. *Bbdgmδ fh.* Des mut ene der richter gunnen. *Baehiko fh.* So moet hey ys ome gunnen (*Bac* benumen). 6) *AhBkCa fh.* gode u. 7) *BcdmEb* ervedeles, *Cg* rechten ervedeils, *Babeghiosδ* gutes oder (*f. Bδ*) erbeteiles, *AhBkCa* eygens. 8) *Aabil fh.* tu dem dridden male. 9) *Abail fh.* na deme dat he dric tur antwerde geboden si unde nicht en antwerdet (*Ai* antwerden wil). 10) *B fh.* dem richtere.

---

23. Ab eyn erbe vf den andern klaget vmme eigin.
Is das eyner stirbet des rechte erbe du bist, so kom zcu ge- 1.
richte mit eyme vorsprechin der spreche also, herre her richter, N der bittet das ir bekennet, ader ym gunnet das her bewisen musze, das her N recht erbe si. So mus hers ym gunnen. So vraget her vort, herre her richter, so klaget her uch das N si komyn vnd habe sich synes gutes ader erbeteiles vndirwunden, vnd bittet das ir ym zcu der antwerte gebitet. So gebite ym der richter zcu der antwerte, das tu her driens. Ist her denne 2.
dar vnd antwertet her nicht, so frage was da nu rechtis vmme si. So vint man her sulle dem richtere wetten. Also vint man ym ouch zcu deme andern male vnde zcu dem dritten male.

na deme dat he dries geweddet[11] heft unde nicht antwerden ne wil, wat dar rechtes umme si. So vintme du
§. 3. hebbest dine clage gewunnen. Wultu aver der antwerde di[12] weren, so sprik:[13] her richter, mi is hir umme[14] nicht gedinget, ik gere des nesten dinges unde bidde ens ordels, oft gis mi tu rechte[15] gunnen scolen.[16] Wen dat ding kummet, so bidde aver des anderen, dat gift me di. Heft he aver dat egen noch nicht beseten jar unde dach,[17] so vrag, na deme dat hes noch nicht jar noch dach beseten heft, oft he dar icht tu hant vor antwerden scole unde sunder[18] toch.[19] Dat vintme.
§. 4. Beclaget men di ok[20] umme din egen in eme anderen richte dar it nicht inne licht, so vrag oftu ergen[21] umme din egen dorvest antwerden, wen in deme[22] gerichte dar it in licht. So vintme du ne dorvest, al weret ok vorme

---

11) d. g.] *Bc* dein erbe. 12) W. a. d. a. d.] *CcDe* W. a. de antwerde; *Bacdghioδ* Welde sich a. der antworter. 13) s. s.] *Cef* dat mach he don of he (*Cf* ind) sprecke. 14) *Aa fh.* eer, *Bb fh.* her. 15) *Viele fh.* icht. 16) *AaBadeghikmoδCefDae fh.* Dat vintmc. 17) j. u. d.] *f. Cbc.* 18) *BEb fh.* allerleie, allen. 19) *Bbegho* geczog, *AaefghkqBkEb* vortoch, *Bc* vertzuge, *Cd* uptoch; *Bdns* geczeug. || u. s. t.) *f. AlBmδCefDae.* 20) m. d. o.] *Ab* di en. 21) *BbcdgioδE* an keyner stat (*Bi* in enger stede) mer, *Be* in keyme gerichte, *Ba* anderwegene, *Da* yenert. 22) *Cbc* dineme.

So frage nach dem das her driens gewettet hat vnd nicht antwertin wil, was da nu rechtis vmme si. So vint man du habist
3. dyne klage gewunnen. Wolde sich abir der antwerter weren so spreche her, herre her richter, mir en ist hir vmme nicht geteidinget, ich begere des nestin dinges vnd bitte eynes orteils, ab ir mirs icht zcu rechte sullet gunnen. Das vint man. Wenne das ding denne kumpt, so bitte des andern dinges. Das gibet man dir. Hette her aber das eygen nicht besessin iar vnd tag, so frage, nach dem das hers noch nicht besessin hat iar vnd tag, ab her da vor icht antwerten sulle zcu hant an allerleye
4. gezcog. Das vint man. Beklaget man dich denne ouch vmme dyn eygin yn eyme andirn gerichte, da das eygin nicht ynne lyt, so frage, ab du an keyner stat mer dorfest antwerten vmme dyn eygin, wenne yn dem gerichte da ys ynne lyt. So vint man

rike. Kumpt he aver tume drudden dinge nicht, so §. 5.
vrag,[23] na deme dat tu dries geclaget hefst up din erf-
eigen, unde he[24] dorch dine clage dries gedaget si unde
nicht vor ne kumpt, oft em sine were mit rechte icht
gebroken si. Dat vintme, it beneme em echt not.[25] So
vrag, na deme dat em de were mit rechte vorlecht[26] si,
oft me di icht[27] in dat gut wisen scole. Dat vintme.
Kumpt aver jene vor unde sprikt: her richter, dat eigen §. 6.
is mine, wen ic bin N dochter[28] kint unde N de up mi
claget de is sin bruder[29] odder sin vader,[30] unde bidde
ens ordels, oft ic deme erve[31] icht neger si wen he, edder wat dar rechtes umme si. So vintme, dat kindes kint si neger. Werstu aver des doden vulle[32] broder sone unde were jene sin half bruder, so [33]vrag, oft tu icht also na sist dines vullen vedderen erve[34] als sin

23) s. v.] *Cef* de aldus umme egen beclaget were, bistu cleger, so sprek aldus, her richter ik bidde eynes ordels. 24) *Cc* dat. 25) *B fh.* de he bewisen moge. 26) ***BaboDabe*** gebrochen, ***Bk*** gebroken off vorleget, ***AaBdδCd*** vordeilet, ***Bm*** afgedeilet, ***AfBceghisE*** versaget, ***Bn*** vorordet. 27) ***Manche fh.*** von (czu, mit) rechte. 28) ***Bc*** tichter. 29) ***Bdmnδ*** halfbruder. 30) ***Richtig nach Ssp. I.*** 17 §. 1. ***BabcdeghkmosδDab*** vedder. || o. s. v.] *f.* ***AafqCcEb.*** 31) ***Bdi*** eigen, ***AaegklqBukoδCcdfDe*** erve eigen. 32) ***Aq*** dochter, ***BE*** ganze. 33) vrag — vintme] ***Aa*** vintme se sint like na. 34) v. e.] ***AdegBeCbcdefDe*** v. egen, ***Bk*** v. erff-

du en dorfest vnd were ys ouch vor dem riche. Kumpt her 5.
abir zcu dem dritten dinge nicht so frage, nach dem das du driens geklaget vf dyn erbe eygen, vnd durch dyner klage willen driens getaget si vnd nicht vor en kumpt, ab ym syn gewere icht zcu rechte gebrochen si. So vint man si sy, is en beneme yn denne echte (not) dy her bewisen mochte. So frage, nach dem das yn syne gewere mit rechte gebrochen si, ab man dich
icht yn das gut sulle wisen mit rechte. Das vint man. Kumpt 6.
ab yenre vor vnd spricht, herre her richter, das eygin das ist myn, wenne ich bin N tochter kint, vnd N der vf mich klaget der ys syn bruder vnd syn vetter, vnd bete eynes orteiles, ab ich dem erben eygin icht ner si wenne her, adir was dar rechtis vmme sy. So vint man des kindes kint sy ner. Werstu du aber des toden gancze bruder son vnd wer yenre syn halbe bruder, so frage, ab du icht also na dynes vollen vnd ganzcen vettern

halfbruder.[35] Dat vintme.[36] Spreke aver de antwerder: her richter, ic was N vedder, unde he was sin om,[37] des bidic ens ordels, oft ic deme eigen icht neger si, na deme dat ic dar tu van swerthalven[38] hore,[39] wen N si de dar tu van spilhalven horet; dar vrag jegen, na deme dat dat erve vorsusteret unde vorbruderet si, dat is dat[40] dar nen suster noch broder en si,[41] oft de like na icht deme erve[42] sin,[43] de like na der sibbe sin.[44]

§. 7. Dat vintme. Sprikt aver he:[45] her richter, ic bidde ens ordels, na deme dat ic dat eigen hebbe beseten drittich jar ane weddersprake,[46] oft ic dar nu iemande umme

---

eygens, *Bi* vedderen sone eigen, *Ak* broderen eghen, *Bc* u. gantzen vettern eigen erbe, *Babdgo* u. ganzen vetter sones eigen (*Bb* erpeigen) zu nemen (*Bg* behalden). 35) s. h.] *Ab* he sines halfbruderen erve, *Bbk* sines vater h. 36) D. v.] *Cg* So v. du sut (sist?), *B* So v. de vedder si is neger. 37) w. s. o.] *Da* ist jm nicht so nach. 38) *Aef* swert siden. 39) *BeiCefE* geboren bin. 40) d. i. d.] *Babdemo* dat, *Cbcde* unde. 41) dat is — si] *f.* *AbcBcghpδDaE.* 42) *Einige* eigen. 43) oft — sin] *BE* ab dir di icht das gut raumen sullen (*Bm* he — — sole) die in dem eigene sint (die — sint *f.* *BbcE*, *Bm* deme dat eigen sictet). 44) de . . . . sin] *AchBkC* d. l. n. d. bort sin; *Bbcdeghilopδ* di (*Bghilpδ* *fh.* lichtliches) nach dir geboren sint (*Bg* noch dem geborge s.), *Ba* di bilker nach der bort zint, *Da* die do glich nach erben sint; *AdfCbcefg* de sik gelike na darto (*Ad* to der zibbe) gestippen (*Cc* then) mogen, *Cd* de sek gelik syppen dar to mogen. 45) *B* *fh.* da weder. 46) *Ak* bisprake, *Bbhioδ* ansprache, *AhBk* rechte bisprake, *Ca* rechte toesprake, *Bc* rechtlich

---

sones eygene sist zcu nemen, als syn halbe bruder. So vint man der vettere si ys ner. Spricht aber der antwerter, her richter ich was N vetter vnde her was syn oheme, des bitte ich eynes orteils, ab ich dem eygenen icht ner si, sint ich von swert halben darzcu gehore, wenne N der von spillen halben dazcu gehoret. Da frage keyn, nachdem das das erbe vorswestert vnd vorbrudert si, das da wider swester nach bruder si, ab dir dy icht das gut rumen sullen, dy yn dem eigene sint dy nach dir ge-

7. boren sint. Das vint man. Spricht her abir da wider, her richter ich bitte eyns orteils, nach dem das ich das eygen habe besessen drisig iar ane ansprache, ab ich nu darumme ymande

antwerden dorve.[47] So vrag,[48] oftu di binnen[49] ses weken unde en unde drittich jare an dime erfeigen icht vorswigen[50] mogest. So vintme du ne mogest. Wen he §. 8.
denne mit di[50a] deilen mut, so vrag wo gi deilen scolen.[51] So vintme de oldeste scal deilen unde de jungeste scal kisen.[52]

Capitel 24.

§. 1. ***Des Verstorbenen Bruder begehrt Erbschaftsgut von dessen Sohne* B, *und behauptet, als dieser sich auf nähere Verwandtschaft,* I. 17 §. 1, *stützt, die Unebenburt des Sohnes* I. 17 §. 1 *u.* E; *namentlich, dafs er unehelich* I. 16 §. 2, III. 72, *oder unfrei sei, oder dafs er einem andern Herrn* I. 51 §. 1 se ne tveien *oder Dienstherrn als der Erblasser angehöre* III. 81 §. 2.** §. 2. B ***ist näher zum Bezeugen seiner Freiheit* III. 32 §. 5, *der Echtheit,* III. 28 §. 1 Doch, *wenn er nicht vor Gericht in die nachtheilige Stellung gekommen ist* I. 38 §. 2, III. 28 §. 2, III. 32 §. 2 *a.* E., I. 8 §. 1.** §. 3. B ***behauptet Freilassung* I. 6 §. 1 Sunder, III. 80 §. 2, *oder dafs seine Eltern durch Tausch unter einen Herrn gelangt seien* I. 52 §. 1 Doch.** §. 4. B ***wird als unebenburtig ausgewiesen* II. 24 §§. 1, 2, *und der Kläger eingewiesen* (I. 70 §. 1).**

§. 1. *Blume MR. I.* 91; se ne tveien *II.* 33.

---

ansprach. 47) drittich — dorve] *Eb* iar unde tag o. w. dy mit mir zcu strassin u. zcu kirchin u. zcu marckte vor ydermanne u. nykeyme rechtis davon gewegirt habe, ab mirs nu icht ymant nehir angewynnen si adir ich nehir zcu behalden sey. 48) *Eb fh.* dar entgegen sint das er nicht inheymisch gewest is. 49) *AclDe* over, *Ab* umme. 50) *AfqCbc* vorsumen. 50*a*) *Bo fh.* teilen wil u. 51) g. d. s.] *AbBbi* he d. scole. 52) *Dc* dy wal haben, *Da fh.* oder welen.

---

antwerten dorfe. So frage, ab du icht bynnen eyn vnd drisig jaren vnde sechs wochen dich ane dyme erben eygin vorswigen mogest. So vint man du en mogest. Wenne her mit dir teilen 8.
wil vnd teilen mus, so frage wy ir teilen sullet. So vint man der eldeste sal teilen vnd der jungeste sal kysen.

Van erfdeilinge twier brudere de nicht even-
§. 1. bordich sin.[a] Hestu enes broderes sone, de dines bruder egen na sime dode helt,[1] de dime bruder nicht evenbordich is, alse du darumme clagest, so vraget he lichte, oft he icht neger si sines vader erve unde egens wen [2]du, sint he sone si unde du bruder. Dat vintme, it ne si dat tu dar jegen vragest,[3] oft en des anderen erve nemen moge, de deme nicht evenbordich ne si. So vintme he ne moge. So vrag dar na[4] dat de unevenbort gelegen is,[5] oft ennich unechte kint moge an gude[6] sines vader recht behalden edder sin erve.[7] So vintme he ne moge. Edder vrag, oft ennich eigen eme vrien evenbordich si. So vintme he ne si. Edder de dar nicht eigen is dar sin vader eigen si.[8] So vintme

---

24. *a*) Van — sin] *Viele* Von clage umme eigen das der hat, der dir nicht ebenburtig ist. 1) *AhCahDa* behelt, *AfCbcdef* nimpt, *Ag* nemen wil, *B* besesse, beseczte. 2) du — bruder] *AfCbcd* sin veddere. 3) it ne — vragest] *Cbcde* he si. Dar vraghe iegen (*Cc* iene). 4) S. v. d. n.] *Ai* So mach darna iene vragen. 5) dat — is] *d. i. je nachdem es sich mit der Unebenbürtigkeit verhält. Ab* di unechte bort g. i.; *Aegq* wo id umme de unevenbort g. i.; *AdfhkBkCac* wo (*BkCa* also, *Ah* also as) id umme de evenbort g. i.; *Da* wie er unebenburtig g. i., *Al* na deme dat hei dek nicht evenbordich is; *Bb* ap die unebene gebort geliche ist; *f. BmCef.* 6) a. g.] *f. AbcBm.* 7) s. e.] *Al* s. erve recht behalden, *Cb* s. e. nemen, *Af* an zinen erue, *Aq* an erve, *AeBcCf* sin erve siin. 8) So vintme — eigen si]

---

24. Von klage vmme eigin der nicht ebinbortig ist.
1. Hettistu eynes bruder son, der dynes bruder eygin nach syme tode beseczte, der dyme bruder nicht ebinbortig enwere, als du darumme klagetist, so fraget her lichte, ab her icht ner sy synes vatir erbe vnd eygens wenne du, sint her son si vnd du bruder. Das vint. Is das du denne da keyn fragest, ab eyn man moge des andirn erbe genemyn deme der yn nicht ebinbortig en ist, so vint her en moge. So frage darnach das dy vnebene gebort gelegin ist, ab keyn vnelich kint an gute moge synes (vatir) recht behalden ader syn erbe. So vint man ys en moge. Adir frage ab keyn vrie eyme eygenen ebinbortig si. So vint man her en si. So frage, ab her eynes dinst mannes eygen nemyn

he ne si. Edder vrag, oft ieman enes dinstmannes eigen nemen moge de dar nicht dinstman nis, dar de[9] dinstman was, des eigen he eischet.[10] So vintme he ne moge.[11] Machstu aver din vri[12] edder din echt[13] bewisen, so vrag, §. 2.
na deme dat tu din vri bewisen wult unde din echt, oft tus[14] icht neger tu behaldende sist mit dime tuge, wen is di ieman af tu winnende[15] mit sime tuge. Dat vintme.[16] Hir vrag wedder, na deme dat it vor gerichte gescin si, als oft he lichte in [17]overachte gedan were unde also unecht[18] were worden, [19]edder oft he sic vor gerichte tu egen gegeven hedde, wedder dus eme icht

---

So Aa. — *AeDe* S. v. h. e. s. Eder vrage of yemant enen eghen euenbordich sy de dar nicht egen sy, (*De fh.* wan syn vater eygen waz). *Aq* S. v. h. e. s. ofte en vrye den eghenen. *Ai* Eder vrage of ome yemant evenbordich si, di dar nicht egen is dar sin vader egen is. *Abg* di dar nicht eigen is (*Ag fh.* de sin vader is); *f. in den Übrigen.* 9) d. d.] *AgBagh* der do, *Bd* ader eyn, *Bm* unde dar ein. 10) e. h. e.] *Dae* erbe er besitzet. 11) *Bk fh.* Eder vrage of einich man dey nyt egen en is eyme egen evenbordich si. D. v. m. he en si. 12) vryg, *AdBacdegikoδCfEa* vriheit, *Da* fryenden. 13) e, ehe, eichte, *De* echtekeyt, *Eb* elichheit. 14) *Bbk* du des gudes, *Cg* d. dan din erve, *Bemo* d. des gudes u. des erven, *Badghnδ* d. das erbe u. das gut (*Bdδ* eigen). 15) a. t. w.] *Bd* angewinnen, *Cb* over to ghande, *Adgik-BabegikoCe* t. krighene, erkrigene. 16) *Die meisten* S. v. m. du sistes neger, *manche fh.* to beholdende. 17) overachte — worden) *Bm* overtal is. 18) *Bgho* geunecht, *Bc* geunert, *AgilBb* unrecht (*Ag darüber noch* rechtlos) *Bdenδ* vornuwet, vernyet. 19) edder — hedde] *stellen Cbcd schon nach* gescin si.

---

moge, der da dinstman nicht en ist da der dinstman was, des eygen her heischet. So vint man her (en) moge. Macht du aber dyne friheit adir dine E bewisen, so frage, nach dem das du dyne fryheit bewisen wilt vnd dyne E, ab du das erbe und das gut icht ner syst zcu behaldene mit dynen gezcugen, wen ys dir ymant abe zcu irkrigende si mit synen gezcugen. So vint man du sist ys ner zcu behaldene. Hy frage keyn, nach dem das ys vor gerichte geschen si, also ab her lichte yn dy oberen achte getan were, vnd also ab her lichte gevnecht were wurden. Adir ab her sich vor gerichte zcu eygene gegebin hette.

neger sist over tu gande, wen hes tu vorsakende si.[20]
§. 3. Dat vintme.[21] Was aver din vader vri[21a] unde du[22] eigen unde bist vri gelaten, so vrag, na deme dat tu vri gelaten bist, oftu icht hebbest vrier lantseten recht. Dat vintme. Edder vrag, na dem dat din muder gewiszelt si to dines vader heren,[23] unde du de wederweszle[24] getugen machst, oftu den dar[25] dinstman sist,[26]
§. 4 dar[27] din vader dinstman was. Dat vintme. Ist aver dat tu en nicht evenbordich[28] bewisen machst,[29] so bidde,[30] oft em de richter tu rechte sine were icht vordelen scole, na deme dat [31]se eme in sine jegenwarde vorwunnen si. Dat vintme. So vrag, oft me di tu rechte icht scole inwisen[32] unde en dar ut.[33] Dat vintme.[34]

---

20) t. v. s.] *Al* dek untgan moge. 21) *BadeghikoδCef fh.* du sist des neger. 21*a*) *De* eygen. 22) *Bd* deyne muter. 23) *AabcCd* eren, *Cg* ere gefriihct. 24) *AbCf* weszle. 25) *Bbgo* dar abe, *f. Ab.* 26) *Bc* magst geheissen. 27) *Bbgo* dar abe, *Bc* so, *Bi* dun. 28) n. e.] *Aai* unevenbordich, *Badeglopδ* dir n. e.; *AcghkBkCabdeDa* evenbordich, *Aq* di e., *De* dich eme e., *AeflCc* evenbort (*Cc a. R.* unevenbort), *Cg* eygen geburt. 29) Ist — machst] *Bm* Mach he dik aver sin evenbordich nicht bewisen. || b. m.) *Ah* makes. 30) *Viele* vrage. 31) se eme — si] *Ab* he — si; *Bgh* sie yn — han; *Bb* er in — hab; *AdqBdoδ* du en — hast. 32) *Dae* in setzen. 33) *Einige fh.* wisen. 34) D. v.] *Cg* S. v. m. men sulle in zo hant usswisen.

So frag, ab du ys en icht ner sist zcu obir gende, wenne yenre
3. dirs sy zcu loukene. So vint man du siest ys ner. Was aber dyn vatir vry vnde du eygin vnde bistu nu vry gelazen, so frage, nach dem das du vry gelasen bist, (ob du icht habest) vrier lantsessin recht. So vint man du habist. Adir frage, nach dem das dyn muter gewechsilt si zcu dynes vater herrin, vnde du dy widerwechsil bezcugen machst, ab du denne dar abe ich eyn dinstman mogist gesyn, da dyn vatir eyn dinstman abe was.
4. Das vint man. Ist abir das du en dir nicht ebinbortig bewisen macht, so frage ab ym der richter zcu rechte syne gewere icht sulle vorteilen, nachdem das du si yn syne keynwerte antwerte obir wunden habist. Das vint man. So frage, ab man dich icht zcu rechte yn wisen sulle vnd en dar vz. Das vint man.

Capitel 25.

§. 1. B *soll Eigen ohne Erlaubnifs des Erben des Veräufserers gekauft haben und verbleibt ungehorsam, s. Cap.* 7. §. 2. *Er erscheint und zieht sich auf den Veräufserer als Gewährsmann* ***III.*** 83 §. 3 (***III.*** 4 §. 2). *Kommt dieser aber nicht, so zwingt* A *durch ein Urtheil, dafs er sich an den Käufer halten könne* ***I.*** 52 §. 4 Gift, *den* B *zum Vorbringen des Geweren.* §. 3. *Erscheint der Gewere und bekennt bei Übernahme der Gewährspflicht zugleich die Veräufserung seines Eigens, so unterwindet der Erbe sich des Gutes als eines mit Unrecht vergebenen und deshalb ihm angefallenen* ***I.*** 52 §. 1, *falls er nicht die Auflassung ohne Widerspruch hat geschehen lassen* ***II.*** 6 §. 4. §. 4. *Veräufsert eine Frau ihre Leibzucht und vermag sie nicht Eigenthum daran mit sechs Schöffenbaren zu bezeugen* ***II.*** 44 §. 3, *so verliert sie auch ihr Leibzuchtsrecht* ***I.*** 32.

§. 1. *Siegel Erbrecht* 118, 119.

Oft we eigen let, dat an di sterven mach.[a] Let[1] en sin egen ut den weren[2] ane dinen willen, dat §. 1.
uppe di sterven mach, so secge din vorspreke:[3] her richter, N de claget dat N sic underwunden hebbe sines eigens des he wardende was[4] na N dode, unde biddet dat gi ene tur antwerde darumme beden. Is he dar nicht, odder wil he nicht antwerden,[5] so du als hir vor

a) Oft — mach] *Meist* Wy man eigen anspricht das uss den geweren kumt (gelassen ist). 1) *ApBi* Settet. 2) *Dae fh.* des erbe du bist. 3) *AfCbc fh.* Her richter, N biddet enes ordels, of iemant erfeghen vorkopen (*Cb* erve eder eyghen kopen) moghe, des he de neiste si unde recht erve si unde weder sinen willen. Dat vintmen. So sprek. 4) *Andre* si. 5) *Bm* komen, *AhCa* daerom tur antwerde komen. 25.

25. Wy man eigin anspricht das us den geweren gelaszen ist. Lesit eyner syn eygin vz den geweren ane dynen 1.
willen, das vf dich sterbin mag, so spreche dyn vorspreche, herre her richter, N der klaget, das sich N vnderwunden habe synes eygens des her wartende was noch N tode, vnd bittet das yr ym darvmme zcu der antwerte gebitet. Ist her denne da nicht ader en wil her nicht antwertin, so tu als hy vor geleret

§. 2. geleret is. Kumpt aver jene unde secht:[6] her richter, ic bidde ens ordels, na dem dat he[7] noch levet de it mi vorkofte,[8] oft ic dar[9] umme tu antwerdende hebbe.[10] Dar jegen vrag, oft he den icht nomen scole de it eme vorkofte. Dat vintme. So vrag na deme dat dut anspriksl, oft hes[11] eme de it eme vorkofte icht scole waren laten.[12] Dat vintme. [13]Kumpt jene nicht de em weren[14] scole so vrag, oftu mit rechte icht mutest wedder vorderen, dat an dime egene[15] mit unrechte[16] vorgeven si, [17]up den dem it[18] gegeven is.[19] Dat vintme. Wen dat
§. 3. gevunden is, so mut jene sinen weren bringen. [20]Als he kumpt, wil he eme denne geweren[21] darmede dat he

6) Kumt — secht] *AfCbcd* Sprikt denne iene. 7) *AfCbcd* min gewere. 8) *Bi fh.* di myn gewere is. 9) *Einige fh.* iemande. 10) dar — hebbe] *Bdmpδ* dat icht to recht behalden moge. 11) *Viele fh.* sik. 12) hes — laten] *AfCbcd* he sinen weren icht vore bringhen sculle dat hed (*Cd* de ot om) vorkoft hebbe. *Aq* ofte de gene d. i. v. gicht waren scole. *Bm* he dar icht scole en eine were dun dat he id eme hebbe vorkoft. 13) Kumpt — — weren bringen] *AfCbcd* Ne kumpt denne din ghewere nicht, so scal de r. di wisen in din gut mit rechte. 14) e. w.] *Bk* it ome bewaren 15) *Da fh.* off gegebin habe oder du dich es erholn mugest das. 16) *Bk fh.* eyme andern vorkofft eder. 17) up d. d. i. g. i.] *Cf* u. d. des it gewesen sy; *Bbdδ* eyme andern, *Begho* und eyme andern ufgegeben ist. 18) *Ah-Bk fh.* verkoft of. 19) vorgeven — is] *Bi* eyme andern upgelaten is. 20) Als — dat he] *AfCbcd* kumpt aver sin ghewere unde. 21) *Bk fh.* des kopes eder gyfte.

2. ist. Kumpt abir yenre vnde spricht, herre her richter, ich bitte uch eyns orteils, nach dem das her noch lebit der mirs vorkoufte. Da keyn frage, ab her den icht nennen sulle der ys ym vorkoufte. Das vint man. So frage, nachdem das her ys an spricht, ab her sich denne icht des sulle lasen geweren der ys ym vorkoufte. Das vint man. Kumpt aber yenre nicht der en geweren sal, so frage, ab du mit rechte icht musest vordirn, das an dyme eygene vorgebin ist mit vnrechte vnd eyme andern gegeben ist. Das vint man. Wenne denne das gefunden ist, so mus yenre
3. denne synen geweren brengen. Als her denne kumpt, wil her en denne geweren da mite das her spricht, herre her richter,

spricht: her richter dat egen is min recht egen,[22] dat hebic N vorkoft unde wils [23]em geweren darmede, unde bekennes[24] unde bidde ens ordels, oft ic it eme vorkopen unde laten moge. Dar vrage jene wedder unde spreke: her richter, [25]des te ic an iu, dat he des bekant dat it sin egen si, unde darna[26] dat it sin egen si so[27] biddic ens ordels, oft het[28] vorgeven edder[29] vorkopen[30] moge ane minen gelof,[31] sint ic sin[32] erve bin. So vintme he ne moge. So vrag, na deme dat he des[33] vor gerichte bekente dat het vorgeven hedde,[34] oft ic is mi icht underwinden mute, als oft he dot were, na deme dat het gaf als het nicht geven[35] ne muchte. Dat vintme.[36] [37]Weret aver

22) *Bdm* erfeigen. 23) em — unde spreke] *AfCbcdef* sin rechte were sin. 24) u. b.] *f. AhlBdegikδCa.* 25) des — iu] *Eb* N der beseczt das mit euch u. mit gehegitter bangk. || des — dat he] *Da* das bitte ich uch das ir. 26) wente, wil (*weil*), na dem male; *Baio* darna wene (*Ba* wone) ik ok, *Bd* ich wil is ouch. 27) darna — so] *f. AcfghBbceghoδCbcdef.* 28) *Bhi fh.* nu met rechte. 29) v. e.] *f. AflCbcdf.* 30) *AhBk fh.* eder vorlaten. 31) orloff, lobe, willen. 32) *Cc* des, *Cf* des eyn, *AeCd* sin rechte, *AlBdδ* eyn rechte. 33) *AcBegiDae fh.* er, erst. 34) v. h.] *AciBdioδ* upgegeven h., *AgBae* ufgelassen h., *AhBk* gelaten vorkoft eder vorgeven h. || he des — hedde] *AfCbcdef* hed upghelaten hebbe weder recht. 35) gaf — geven] *AfCbcdefg* vorkofte und nicht weren. 36) *AfCbcdeg fh.* du motest wol mit rechte (gerichte). *Cd fh. noch* don. 37) Were — moge] *AfCbcd* Were aver eyn erve de den kop eder gave horde eder seghe,

das eygin ist myn rechte eygin, das habe ich N verkouft vnde wil en geweren da mite, vnde bekenne vnde bitte eyns orteils, ab ichs ym icht vorkoufen vnd lasen moge. Da wider vrage vnd sprich also, herre her richter, des zcy ich mich an uch, das her das bekante vor uch das ys syn eygin si, vnd dar nach wenne ich ouch das ys syn eygin si. Nu bitte ich auch eynes orteils, ab her ys nu mit rechte vorgebin ader vorkoufen moge ane myne lobe, sint ich erbe byn. So vint man her en moge. So frage, nach dem das hers vor gerichte bekante das hers vf gegebin habe, ob ich ys mich icht vnderwinden moge mit rechte, also als her tot were, nachdem das her ys vorgab also als hers nicht vorgebin mochte. Das vint man. Wenne aber der erbe

dat de erve de upgift sach unde do nicht wedder ne sprak do it gescach,[38] oft he se nu wedderspreken moge,[39]
§. 4. so vintme he ne moge.[40] Weret[41] aver dat it mit dinen willen ener vrowen gegeven[41a] were tu lifgedinge, unde lite se it[42] edder sprike it were er[43] egen, unde hedde se it in erer gewere,[44] so vrag, wo se edder ere nakomelinge[45] des vulkomen scolen, dat it ir egen si.

---

de ne mochtet na nicht wederspreken. *Cef* Were aver dat de erve den koep geseen oder gehort hedde efte de ghave, de ne mochte is darna nicht wedderspreken, wen he it vorsvegen hedde. || Were — sach] *AhCa* W. a. d. tu den koep giffte off dat oplaten seges. *Aq* W. a. d. d. e. den koep eder ghave horde u. seghe do id schach. *Ae* So vraghe dar teghen offt de erve d. u. geseen hadde do se schach. *Bk* Wanner aver dey erve dy dat gut gevet off hei den kop gifte eder oplaet sach. *BabcdeghioδE* Wenne aber der erbe daz ufgibet (*Bi* di dat gevet) u. saget man dir denne die sache (*E* das geschichte; *Bcghioδ fh.* u. die geschicht). *Dae* Dą wider frage nach dem als der da gegenwertig was da du daz erbe vergebt. 38) unde do — gescach] *Aagi* do se geschach, so vrage na deme dat he de gave sach (*Agi fh.* do ze schach) u. do nicht weder en sprak. *Babdeghi* u. en weddersprichstu is denne nicht, *Boδ* u. sprichest du dawider nicht. 39) he — moge] *Babdeghioδ* du denne dornoch is w. weldest. 40) h. n. m.] *Babcdeghioδ* du en mogest. 41) *Baghioδ* Geschyt it. 41*a*) *Aio gehen hier mit* hedde. denne he hebbet in gelde u. secgest tu ok *in C.* 26 §. 6 *über, folgen dann der Ordnung bis C.* 28 §. 1, *wo sie nach* sevede settinge na der *das Ende des C.* 25 *und C.* 26 *mit dem Schlusse von C.* 28, *statt des schon gegebenen Endes von C.* 26, *setzen. S. oben S.* 2 *Nr.* 2. 42) u. l. s. i.] *f. AeBabdeghikonδ. Bc* u. leidet sie es. *AqCbcef fh.* ut orer were. 43) i. w. e.] *AhCa* sijt weder an vor. 44) unde — g.] *f. AfopCbcdef.* 45) e. e. n.] *f. AfCbcdef.*

---

daz vf gibet vnd saget man dir denne dy sache vnd dy geschicht, vnde en sprechistu da wider nicht, ab du si denne dar-
4. nach widersprechin woldest, so vint man du en mogist. Geschit ys aber, das ys mit dynem willen eyner frouwen wirt gegebin zcu lipgedinge, vnd spricht si ys sy ir eygin vnd hat si ys yn iren geweren, so frage, wy si adir ire nachkomelinge des volkomyn

So vintme, se scolens mit ses scepenbaren vrien mannen vullenkomen. [46]Kan se des nicht gedon, so vrag, oft se icht an deme eigene beide liftucht unde egen scole vorboret hebben.[47] Dat vintme.[48]

Capitel 26.

§. 1. Es wird wegen Entziehung von Eigen geklagt; beide sagen sich die Gewere zu. §. 2. B leugnet eidlich, dafs er des A Gut genommen habe und will damit zugleich sein Recht am Gute dargethan haben. A aber fafst in dieser Entschuldigung das Nichtnehmen auf, und erbietet sich jeglichem wegen des Gutes zur Antwort, um nach dreimaligem Erbieten es als unangefochtenes zu behalten (II. 8). §. 3. Wer den andern laden liefs, sucht durch Erbieten zu Recht (vgl. C. 20a) den Gegner in die Stellung des Klägers zu bringen und spricht dann den Vortheil der Gewere an, indem jener durch seine Klage sich als Nichtbesitzer kund gebe. §. 4. A beruft sich auf das Innehaben, um den Beweis der Gewere zu erlangen; B entgegnet, A müsse zuvor den Grund seines Besitzes angeben (II. 18 §. 2). §. 5. Wer sich auf Erbeigen gründet, geht dem vor, welcher Kaufeigen behauptet II. 43 §. 2. §. 6. Zur wahren Gewere werden Nutzen und Einkünfte vom Gute erfordert (II. 57, Lehnr. 14 §. 1). Bei gleichen Behauptungen hierüber entscheidet die Mehrheit der Umgesessenen; zuletzt tritt auf den Schwur beider Parteien eine Theilung ein III. 21.

Delbrück, Ztschr. XIV. 226 *ff.* §. 4. *Planck Bewf.* 239 *N.* 67. §. 5. *Blume MR. I.* 122. *Planck ebd.* 290. — §. 6. *Planck* 291.

---

46) ***Das übrige f. Bwy.*** 47) v. h.] *Andre* vorloren h., vorliesen. 48) ***AfCc fh.*** se sculle, ***Cbe fh.*** se hebbe, ***Ci fh.*** sy habe ez vorlorn.

---

sullen das ys ir eygin si. So vint man, si sullens mit sechs schephenbaren vrien manneu volkomyn. En mag si abir das nicht getun, so frage, ab si icht an dem eygine beide lipgedinge vnd eygin sulle vorlisen. Das vint man.

Oft twe ene gewere anspreken an eime gude.

§. 1. Ercricht[1] en din gut unde clagestu dat unde sechst du hebbest it in gewèren, unde secht jene he hebbet oc[2] in geweren, so sculdege en dat he sik hebbe dines gudes edder[3] egens underwunden unde nümet[4] unde bidde dat

§. 2. men tur antwerde bide.[5] An desser antwerde[6] hebben etleke[7] vorsproken sunderleke behendichheit.[8] Underwilen so antwerden se sus: her richter, N secht,[9] he si unsculdich des dat he N sines gudes icht neme;[10] so ordelt he[11] vort tum edewart[12] unde wenet,[13] also he dat[14] gesworen hebbe, dat he N nicht genomen hebbe dat sin were,[15] dat he denne der clage loz si.[16] Alse he dit

---

26. 1) *BdmpδDc* Gewinnet, *AfCbcdefgi* Weret di. 2) h. h. o.] *Bd* du host is nicht. 3) g. e.] *f. in Manchen.* 4) u. n.] *f. AfCcdef. AhCa* u. angenomen. *B fh.* en, ienen, *Ae fh.* en dem richtere. 5) *Babeghikoδ* gebieten lasse, *Cf* stelle off gebeide. 6) *AhCa* clage, *Bk* clage u. a. 7) h. e.] *Badegh* habe eyn iglich. 8) v. s. b.] *Bb* sunderliche vorsprechen u. ir iczlicher sunderlich gebruche dicke gespreches, dorvmbe bedarff man behendickeit so das man dester bas antwert. *AiBa* v. s. bescedenheit, *AhBk fh.* to antworden. 9) N secht] *AailBabcdeghimoδ* wil gy N wort horen, he sprekt. 10) *Ab* hebbe genomen, *AhkCaDe* hebbe, *Aac* hebbe edder n. 11) o. h.] *Bbdghimoδ* o. man ene, *Bk* stellet men one. 12) t. e.] *AdBacdeghkδCbcdefDae* zcu dem eide, *AhBbmo* to den eden, *Ag* na dem e., *Bi* in den e. 13) *Aa* weret, *AeCf* ment, *Ccd* wonet. *B hat* u. wenet (meinet) *vor* dat he denne. 14) *Andre* dan, denne; *Ai* also, *Cc* iu. 15) dat he — were] *f. Ccdef.* || d. s. w.] *f. AfCab, Aq* dan dat

---

26. Von dem ab zcwene geweren sprechin vf eyn

1. gut. Irkriget eynre dyn gut, vnd klagistu das vnd sprichstu du habistis yn dynen geweren, vnd spricht yenre da wider her habe ys (in) synen geweren ouch, so beschuldige yenen, das her sich habe dynes eygins vnderwunden ader gutes vnde benume

2. yenen, vnd bitte das her ym czu der antwerte gebiten laze. An desir antwerte habe eyn iczlich vorspreche sunderliche behendikeit. Vnderwilen so antwertin si also, herre her richter woltir N wort horen, her spricht her si syn vnschuldig des das her N syn gut icht neme, so teilt man ym zcu dem eyde. Wenne her denne gesworn hat, das her N nicht genomyn hat das syn were, vnd wennet her denne das her der klage los si, als her denne

gesworen heft, so bejegene[17] eme sus unde sprik:[18] her richter, na dem dat he sin recht dar tu gedan heft, dat he des mines nicht genomen heft, so sta ic nu[19] unde bide mi eme vort vor iu tu rechte[20] unde iewelken manne[21] umme dat vorbenomede gut, unde bede dar vor tu antwerdene.[22] Also do tom anderen unde tom dridden male.[23] So vrag, sint dat du di dries[24] voreboden hefst,[25] oftu enge not mer dar umme liden dorvest. So vintmet di.[26]
[27]Ir ander kunst[28] is, oft se enen wol tu dache laden, §. 3.
alse he kumpt, so vorbut sic jene[29] unde wil, dat me up

sine, *Bd* sin were. *Bhind* dat is denne s. w.; *Bk* u. dat syn syne gewaren. 16) *Aacgil fh.* u. dat he denne dar met bewiset hebbe dat dat gut syne sy. 17) *AdBadeghiod* antworte. 18) Alse — sprik] *AfCbcd* So sprek denne. ‖ so — sprik] *Cuef* dat hie dii dit nijt genomen en hevet so spr. 19) *AeflBaghioCc* hir. 20) *B-abdeghikod fh.* czu stehende. 21) u. i. m.] *f. AfCbcdef.* 22) b. d. v. t. a.] *AfCabc* wille d. v. a., *B* ener (*Bbm* em) antwerde dar umme. 23) *Abc fh.* Wome sic scal vorbiden dat vindestu hen achter u. begint: also N. 24) *BdmdCc fh.* vor gerichte to rechte, *AhBkCa fh.* ter antworden. 25) di — hefst] *Cd* driens vor gerichte sist gewest. 26) *Viele fh.* du en dorvest. 27) Ir — clage] *AfCbcdef mit einem neuen Cap.*, (*in Cc mit der Rubrik* Van behendichkeit uppe clage u. antwerde): Dar tvene man eyn gut anspreket unde de ghewere to like anspreket dar hebben itlike lude behendicheit an, wanne se vor gherichte komen so willen se dat men uppe se klage. 28) *Bi* behendicheit, *Ca fh.* off behendicheit. 29) v. s. j.] *Bm* beidet j., *Bu* erkennet s. j. *Eb* verbergen sie sich.

gesworen hat so antwerte ym vnd sprich also, herre her richter, nach dem das her syn recht darzcu getan hat das her das myne nicht genomyn habe, so ste ich hy vnd bitte vort mer, vnd bete my vor uch zcu stende zcu rechte vnd eyme iczlichen manne vmme das vorgenumete gut, vnd bitte eyner antwerte darvmme; also tu zcu dem andern male vnd zcu dem dritten male. So frage, sint das du dich driens vorgeboten hast, ab du keyne not darvmme mer liden dorfest. So vint man du en dorfest.
Ire andere kunst ist, ab si eynen wol zcu tagen laden, als her 3.
denne kumpt, so erbvit sich yenre vnd wil das man vf en

en clage [30]unde wilt dar vor hebben, dat [30a]me jo deme de were deile de dar antwerdet,[31] unde secht, hebbe gi
§. 4. de were, wes clage gi denne. Clagestu denne[32] so vraget he: her richter, ic bidde[33] ens ordels, na deme dat ic dat gut in minen hebbenden[34] weren hebbe, oft ic mine were[35] icht neger tu behaldende si, wen he se mi af tu winnende.[36] Hir vrage jene wedder, oft he icht tu rechte scole seggen,[37] wo dat gut in sine were komen si, [38]er me eme de were deilen scole odder wo
§. 5. he de were tugen scole. Dat vintme.[39] Secht he denne he hebbet gekoft,[40] dar vrage,[41] na dem dat het gekoft het unde di geervet is,[42] wedder dus icht neger sist tu

30) u. w. d. v. h.] *Ca* wil, *Cf* meynet, *AfCbde* wenet. || unde — secht] *Cc* unde secghen alsus. 30*a*) me — denne] *De* her dy gewere do mete behalde. 31) d. d. a.] *AfCbdef* uppe den me claget, *Ca* d. d. claget, *Bd* d. d. nicht a.; *Bc* d. d. entwert ist. 32) C. d.] *AfCbcdef* Bistu clegere. 33) her — bidde] *AfCbcdef* lichte. 34) *f. BbdkoDe.* || ic — hebbenden] *AfCcdf* he gut hebbe in hebbender. 35) m. w.] *AfCc* des. 36) h. s. m. a. t. w.] *Cbcde* ment ome afkrighen moge (*Cd* solle). *AfCf* it eme de andere afkrigen moge; *Cc fh.* Da vintme he sy; *Caf fh.* So vintme du siidste (*Cf* hie sy) des naerre. 37) *AfCbcdef* benomen, *E* beweisin. 38) er — deilen scole] *f. AiBbdeilopδE*; *Bgh* irme keyme. || er — tugen scole] *f. AflBmCbcdef.* 39) D. v.] *Ae* So vynt men, he sole de were tughen myt enen gehegeden dynghe offt myt seis schepenbaren vryen mannen offt warachtigen beruen vryen mannen. 40) *Cf* utgegulden. 41) *Viele fh.* jegen, entegen, wedir. 42) dar — is] *Af* unde du sprekes id zy dy gheervet.

klage, vnd wil ys da vor haben das man jo dem dy were teile der da entwertet, vnde spricht, habit yr dy gewere was klaget
4. ir denne. Klagestu denne so frage her denne, herre her richter ich bitte eyns orteils, nach dem das ich das gut yn mynen geweren habe, ab ich myner gewere icht ner si zcu behaldene, wenne yenre si mir abe zcugewynnen si. Hy frage keyn, ab her zcu rechte icht er sulle sagen, wy das gut yn syne gewere komyn si, adir wy her dy gewere bezcugen sulle. Das vint man.
5. Spricht her denne her habis gekouft, da frage keyn, nach dem das hers gekouft habe vnd ys dir geerbit si, ab du icht ner

behaldende din erfeigen edder he sines koften gudes. So vintme du sistes neger.[43] Sprikt aver jene: her §. 6. richter, ic hebbet in minen geweren, unde sechstu[44] du hebbest in dinen weren, so vrag we an deme gude tu rechte[45] were hebbe.[46] So vintme, de it in nut[47] unde in gelde hebbe.[48] Secht jene he hebbet in gelde unde sechst dut ok,[49] so vrage oft [50]gi des tu rechte icht uppe de[51] ummesaten scolen gan.[52] Dat vintme. So vrag, oft icht de tu rechte dat gut scole behalden de denne mer tuge[53] hebbe. [54]Dat vintme. So vrag, oft des iu de ummesaten nicht untrichten ne[55] kunden, wat dar

43) *Badeghod fh.* zcu behaldene dines erbeeigens. 44) *Manche fh.* ok *hier oder nach* hebbest. 45) t. r.] *AiBbkmoCb* de r., *AalCa* t. r. de. 46) we — hebbe] *Bacdeghiod* wie einer an eime gude die r. g. habin sulle. 47) *Bg fh.* und en erbe. 48) de — hebbe] *Cf* wem dar guit aff geschie ind die it in syner nut haue. 49) Secht jene — ok] *Bi* Spreke aver jene here her richter, ik hebbe dat ok in gelde. *Ccdef* Spreke gi denne beide, gi hebben dat gut in nut u. in ghelde. || sechst d. o.] *Baghod* der ander (*Ba* desse) spricht her habe sye ouch in gelde. *Bek fh.* hei hebbe dat in gelde. 50) gi — sc. gan] *AiBai* he — scole. *Bm* du is icht neger sist tu beholden wenne iene dik ane to winnen. D. v. m. 51) u. d.] *Bucegikod* tu den, *Ae* bij den, *Aq* u. d. negesten. 52) *Ae* blyven, *CbDa* ten. *BE fh.* dy uch (sy) entrichten (entscheiden) wer bessir recht darzcu habe. 53) d. m. t.] *Andre* den mereren tuch. *CafDae* die meisten u. erbersten (*Da* obersten) kuntschaft. 54) *Das übrige f. Bm.* 55) *Babdeghikoyd fh.* welden noch.

siest zcu behaldene dynes erbe eygens, denne yenre synes gekouften eygens. So vint man du siest ys ner zcu behaldene. Spricht abir yenre, herre her richter, ich habe ys yn mynen ge- 6. weren, vnd saget yenre her habis ouch yn synen geweren, so frage, wy eynre an eyme gute dy rechte gewere habin sulle. So vint man der sy yn nucze vnd yn gelde habe. Saget denne yenre, her habis yn gelde vnd der andere spricht her habis ouch yn gelde, so frage ab ir des icht zcu rechte czu den vmmesessin luten sullet, dy ouch entrichten wer bessir recht darzcu habe. Das vint man. So (frage), ab der das gut icht zcu rechte behalden sulle der meyst gezcuge habe. Das vint man.

denne recht umme si. So vintme dat gi[56] dat under iu[57] like deilen, dar gi[58] beide up sweren.[59]

§. 6. *In Übereinstimmung mit Lehnr.* 14 §. 1 *wird beim Streit über die Gewere für denjenigen entschieden, der die Einkünfte von dem Gute zieht. Vgl. Ssp. II.* 2 *S.* 403, 404.

Capitel 27.

§. 1. *Sprechen beide ein Gut ohne Gewere an, A als Eigen, B als Lehn, so beweist A eher sein Eigen mit zwei (drei) Schöffen II.* 43 §. 1. §. 2. B *beruft sich für sein Lehn auf unangefochtenen Besitz von Jahr und Tag II.* 44 §. 1. *Erwidert* A, *er habe noch nicht* 30 *Jahre geschwiegen, so macht* B *geltend, dafs so langes Schweigen nur bei Erbeigen gegen Erben und Richter I.* 29, *nicht bei Lehn gefordert werde II.* 42 §§. 1, 2. §. 3. A *mag mit dem Richter und zwei Schöffen I.* 7 *a. E. die Hülfrede darthun, er habe durch jährliches Klagen* (*Lehnr.* 22 §. 4) *die Gewere des* B *unterbrochen II.* 44. §. 1, *oder durch Eineid, dafs echte Noth, II.* 7, *ihn am Widerspruch gehindert habe.* §. 4. *B behält beim Herausgeben des Gutes die gezogenen Früchte II.* 44 §. 2. §. 5. *Schlufs der bürgerlichen Klagen.*

§. 1. *Planck Bewf.* 288, 289. §. 2. *Unterholzner Verj. I.* 92, *N.* 99. *Planck* 282 *N.* 175. §. 3. *Planck* 280.

Van der clage umme gut dat en secht it si
§. 1. sin eigen, de andere it si sin len. Claget en
uppe gut unde secht it si sin len, de ander secht it si

56) *Andre* si *u. s. f.* 57) g. d. u. i.] *Cbef* sole men under sei (one). 58) *AhBkCa fh.* gelike. 59) dat gi dat — sweren] *Dae* das sie beide zu dem gute schwern sullen das es ir beider sei und wo sy sullen glich beide zu schweren do sullent sy beid glichen teil nemen. Aber wo ir keyner (*d. i. einer*) zu schwert und der ander nicht schwern wil das ist sin zu vor.

So frage ab ys uch dy vmmesessin luten nicht enrichten wolden noch en konden, was dar denne rechtis vmme si. So vint man si sullens glich teilen da si beide vf sweren.

27. Klaget eyner vf eyn gut vnde spricht ys si syn
1. eygin vnde eyn ander spricht is si sin len. Klaget eyner
vf gut vnd spricht ys si syn len, vnd spricht denne eyn ander

sin[1] egen, unde hebbe gi beide nene gewere daranne, so vrag, wedder du icht neger tu behaldende sist dines egenes an deme gude, edder it jene tu lene neger tu behaldende si. So vintme du sistes neger.[2] So vrag wo du dat[3] eigen behalden scolest. So vintme mit drier[4] scepen tuge. Heddestu it aver beseten jar unde dach §. 2.
ane weddersprake,[5] so vrag,[6] oftu dar icht ene rechte were ane hebbest. Dat vintme. Vraget he denne, na deme dat he noch nicht druttich[7] jar swegen[8] hebbe, oft het noch icht anspreken moge.[9] So vrage, na deme dat[10] erfeigens recht jegen de erven unde jegen den richter si, dat me sic binnen[11] druttich[12] jaren nicht vorswigen moge, na dem dat it nen erfeigen is unde is din[13] len, oft dus denne icht neger mit diner were unde

1) de ander — sin] *AaefhBkC* und du sechst id si din. 27.
2) *Bacdeghioδ fh.* zcu behaldene dines eygens. 3) *f. Ab*; *A-ail fh.* to. 4) *AaBbiklo* twier. 5) *Bg* wedderrede u. ansprake; *De* rechte anesprache. 6) *AailBbcdehkmoδ fh.* na deme dat du dat gut hebbest beseten yar u. dach (*Bd fh.* ane alle ansprache, *Bho fh.* ane wedderrede odir ane ansprache). 7) *Bdpδ* XXXI, *Ba* XX, *Dae fh.* und eins, *Eb fh.* u. darnoch jar u. tagk. 8) he — — swegen] *AfCc* hed — vorsweghen, *AdehkqBkCa* he — ute wesen. 9) a. m.] *AfCcef* wederspreken m., *Cb* weren m., *Cd* weder gevorderen m. *Cef fh.* S. v. m. he moige. 10) *Einige fh.* dat. 11) *Ab* buten, *Bc* bey. 12) *wie zu Note* 7. 13) u. i. d.]

ys si syn eigin, vnd en haben si beide keyne gewere dar an, so frage, ab du icht ner siest zcu behaldene dynes eygens an deme gute, ader ys yenre zcu lehene zcu rechte behaldene si. So vint man du siest ner zcu behaldene dynes eigens. So frage wi du das eygin behalden salt. So vint man mit zcweier schepphen gezcuge. Hastu ys abir besessin iar vnd tag, so frage, 2.
nach dem das du das gut hast besessin iar vnde tag ane widerrede ader ansprache, ab du icht dar an eyne rechte gewere hast. Das vint man. Fraget her denne, nach dem das her noch nicht drisig iar geswigen habe, ab her ys icht ansprechin moge, so frage du, nachdem daz daz erbe eygens recht keyn dy erbin ader keyn dem richtere si, das man sich binnen drisig iaren nicht vorswigen moge, nachdem das dys keyn eygin en ist vnd dyn len si, ab du icht ner mit dyner gewere vnd mit

mit[14] tugen unde mit dime heren tu behaldende sist.[15]
§. 3. Dat vintme.[15a] Hefstu[16] denne hulperede[17] de sette[18] unde vrage,[19] na deme dat dut under eme alle jarlikes[20] beclaget hefst vor gerichte unde dat betugen machst,[21] oft he de wile[22] ienege were daran krigen[23] muchte. So vintme he no muchte. So vrag wo dut betugen[24] scalt. So vintme, mit deme richter unde mit twen mannen.[25] Under vrage, na deme dat it di[26] not benam, dat dus binnen der rechten tit nicht weddersprikest, oft dut[27] de wile vorsümen[28] mogest oder nicht.[29] So vintme du ne mogest. So vrag wo dut[30] bewisen scolest. So vint-
§. 4. me[31] uppen hilgen. Wordet di denne wol afgewunnen,

Ac u. si sin, *Au* sunder yt sy syn, *AehkCa* mer id is een. 14) *Viele fh.* dinen. ‖ tugen — heren] *Bdmnδ* dines heren getüch. 15) *Ad fh.* wenne he, *BdmpδCa fh.* wen he (*Ca* ein ander) dik des ane winne. 15*a*) *De fh.* vnde mit dynen gezugen vnde mit dynen herren. 16) *AfCbcde* Hevet iene (*Cb* he). 17) *AqBk* hulper, *Ai* hulpere die, *Ak* rede, *AfCabcefg* sine tughe rede, *Cd* sinen getuch. 18) *Viele* segge. 19) d. s. u. v.] *AfCcdef* u. vraget. 20) a. j.] *AfBsCbcde* a. iar, *Cf* binnen iare, *Cf* iar u. dach, *BacdegoδEb* a. iar glich, *AeBhkDa* a. iar yerliken. 21) d. b. m.] *Eb* des dyne boten hast. *AfCbcdef fh.* alse recht si. 22) d. w.] *Bko* darunder, *Bdδ* nu, *AfCbcdef* under der (*Af* ziner) klaghe. 23) *Bi* getugen, *Da* gehaben. 24) *Bae* behalden, *Da* bewisen. 25) *BEb* schepen, *Af* bederven m. 26) *Einige fh.* echte, rechte, erhaft. 27) *Einige* du di, du di daran. 28) *AfBeCbcdefEb* vorswigen. 29) o. n.] *f. CcfDae*; *Bdm* o. wat dar recht umme si. 30) *BkCa* du de echte (rechte) not; *AhCf* du die noit. 31) *Da fh.* mit dem richter nicht sunder.

dynen gezcugen vnd mit dyme herren ys sist zcu behalden zcu
3. rechte. Das vint man. Hastu hulfe rede dy sage vnd frage, nachdem das du ys alle iar glich vnder en beklaget hast vor gerichte, und das wol bezcugen machst, ab her darvnder eyne gewere irkrigen moge. So vint man her en moge. So frage wy du ys bezcugen salt. So vint man mit dem richter vnde mit zcwen schepphen. Adir frage, nach dem das ys dir not benam das du ys bynnen der rechten zcit nicht widerreden mochtest, ab du ys dywile vorsumen mochtist ader nicht. So vint man du en mochtest. So frage wy du das bewisen sullest.
4. So vint man vf den heiligen. Wurde ys dir denne nach wol

so vrag, na deme dattu dar ni rechtes af ne weigerdest,[32] unde it nemen nomen hefst, oft du icht behalden mutest, dat du dar ut geboret hefst.[33] Dat vintme.[34]
Dit hebbe wi[35] tur licnisse[36] unde tur lere[36a] gesat, dat tu §. 5.
wetest[37] wo me in deme gerichte[38] vort varen[39] scal in borgerliken clagen, unde hir up spreken de ersten ses[40] constituciones.[41]

Der §. 2 *erläutert den Ssp. I.* 29 *dahin, dass die lange Vertheidigungsfrist von* 30 *Jahren nur bei ererbtem Eigen gegen Miterben und Richter laufe, bei Lehn aber überhaupt nicht, vgl. Gl. zu I.* 70 isset aver len etc.

Capitel 28.[1]

§. 1. ***Die Einführung und Natur der peinlichen Klagen.*** §. 2. ***Die Pein trifft*** 1, ***das Leben II.*** 13 §§. 1, 4—7, ***II.*** 16 §. 2, ***I.*** 68 §. 5; 2, ***die Glieder II.*** 16 §. 2; 3, ***das Recht I.*** 38; 4, ***die Ehre I.*** 40, ***II.*** 13 §. 1; 5, ***den Frieden I.*** 68, ***II.*** 4, ***III.*** 63 §. 3.

---

32) ***Bcdghi*** vorsakedest. 33) d. u. g. h.] ***Ael*** d. u. gevoret h., ***Cg*** d. u. genomen h., ***Cef*** es genoten h., ***Dae*** darumb uss gegebn h. (***De*** *fh.* vnde ab her daz icht weder geben sulle.) || behalden — hefst] ***Babcdeghioδ Eb*** wedernemen mussest was dir darvon geburet czu rechte. 34) ***BeCbcdefi*** *fh.* du motest (***Cd*** *fh.* ot beholden). — ***Der Rest*** *f.* ***Cbdefgi.*** 35) ***Viele*** *fh.* di. 36) t. l.] ***Cc*** dorch bekentnisse willen, ***Dae*** czu eyner bekentnisse. 36*a*) ***Babcdeghoδ*** *fh.* gesait u. 37) d. w.] ***Cc*** men wete. || Dit — w.] ***Aq*** Hir bi prove. 38) d. g.] ***AeBgCa*** den rechten, ***Cc*** deme rechte. 39) v. v.] ***Baeghioy*** vulvaren, ***Bdmnδ*** gebaren, geberen. 40) ***Cf*** vier; *f.* ***B.*** 41) ***Bs*** gesaczten rechte, ***Al*** settinge, ***Ba*** settinge up, ***Aa*** *fh.* i. settinge, ***Da*** *fh.* oder settinge, ***Eb*** *fh.* die keiser otto satzte.
1) *f.* ***Cbdl.*** 28.

---

abe gewunnen, so frage, nach dem das dir dar abe rechtis vorsaget ist, vnde ouch das nymande genomyn habist, ab du das icht widernemyn sullest was dir da von geboret zcu rechte. Das vint man. Das habe wir dir zcu eyme gleichnisse vnde zcu lere 5.
gesait vnd gesaczit, das du das wissest wy man yn dem rechtin yn borgelicher klage volvaren sal, vnd hy vf sprechen dy ersten constituciones.

(Vgl. die Stellen im Register zum Sachsenspiegel unter Leben, Leben und Hand, Leib und Leben, Recht, Ehre, Verfestung.)

§. 1. *Blume MR. I.* 148.

Hir beginnen sic de pinliken clagen. Wat
§. 1. de pinliken clagen dun. [2]Sint dat in den[3] ses settingen hir vor untrichtet sin de wisen[4] der borgerliken saken,[5] don[6] sette keiser vrederik desse seven[7] settinge, na den[8] he wil dat me des rechten wise[9] holden scal in pinliken saken. Pinlike clagen heten darumme pinlik, dat de beclagede man pineget[10] wert dor der clage willen
§. 2. oft he vorwunnen wert. Des wete dat dit recht[11] geft vifleie pine. Tum ersten pineget it[12] so, dat it deme brochaften nimpt[12a] sin lif. Tum anderen nimpt it sin ge-

2) Sint — — pinliken saken] *Cefgi* Hier wil ich dir sagen van pijnlicher clage. *Dc* Seint — sechs wochen. *E* Sint daz hir vor (*Eb fh.* in dem irsten buche des richtsteigis) gesaczt ist in den sechs saczungen di keiser otto der rote u. kuning otte sein son gesaczt habin von der weise in burgerlicher clage, u. wy man sich doryn haldin sulle. 3) *AfhCc* dessen, *Bk* dussen ersten. 4) *BdnδDae* weisunge, *Dae* meinunge. 5) *AcdefgkBabcdeghikoδCac* clagen. 6) *AfCc* des, *Akl* so, *BE* nu. 7) *So u. a. AabBglop. AefhkqBabcdeimδCacDae* seveden, *Eu* acht, *Bh* selbin, *Eb* keygenwertigen. *Ich ziehe* seven *vor, weil in der That sieben Capp. der peinlichen Klagen den sechs Capp. der Klagen um Eigen folgen.* 8) *AefqBadegδCc* dem, *Bci* der. 9) d. r. w.] *AhkCa* desse w.; *Bm* in gerichte sich. 10) *Dae* hat bruchlich *st.* piinlik *und* bruchafft wirt *st.* pineget. 11) Des — recht] *Aq* Und dijt r. *B* das ist das her wettet u. des gewettes recht ist das das ys. 12) p. i.] *Bacdghioδ* ist dy peyn. 12*a*) pineget —

1. 28. Von erst von pynlicher klage. Sint das yn sechs seczcungen hir vor entrichten sint dy wise der burgelichen klage, nu hat gesaczt keiser friderich dy sebin seczzcungen nach den her wil, das man des gerichtis wise halden sulle yn pinlicher klagen. Pinliche klagen heisen darvmme pinlich, das der beklagete man gepineget wirt durch der klage wille, ab her obirwunden wirt, das ist das her wettet, vnd des gewettes recht ist
2. das das ys gibet fumfirleye pyne. Czu dem erstin ist dy pyne also das si dem bruchhaftigen nympt synen lip. Czu dem an-

sunt. Tume drudden benimpt it[13] sin recht. Tum virden sine ere. [14]Tum veften benimpt it eme den gemeinen vreden. Des[15] se tum ersten in dessem rechte[16] des richters[17] wise.[18]

Es ergiebt sich, dass Vermögensverlust keine selbständige Strafe, sondern nur Folge einer andern, des Verlustes des Rechtes, ist. — Der gemeine Friede (5) wird durch die Verfestung verwirkt. — Die Strafe zu Haut und Haar steckt unter 2. Vgl. Ssp. I. S. 325.

Capitel 29. (*S.* 46).*

Bei peinlicher Klage aufser den ordentlichen Gerichtstagen beruft der Richter erst die Urtheilsfinder und hegt dann das peinliche Gericht ein I. 59 §. 1.

Oft en richtere umme recht gebeden wert, wo he dun scal.[a] Vallen desse clagen[1] buten den

---

nimpt] *Caef* nemet den beclageden man. 13) *Manche fh.* dem brochaftigen. 14) Tum — vreden] *Eb* Die funfte pine ist das der bruchaftige verlust beide ere lip u. gut u. sin recht. 15) *B* Nu prufe (*Bdδ* merke) u. 16) *Einige* gerichte. 17) *AkBkCg* gerichtes, *De* richtes, *AhBmDab* rechtes, *Cah* riikes. 18) Des — wise] *f. Afp, in AqEb als Eingang zum nächsten Capitel. BEa fh.* unde sin gelesse (gelese, geleze, gelaze, geleyse, gelose, geleczt, *Bd* gekese, *Bk* gelech, *Bp* geleyde, *Bu* gesesse, *Bm* lere, *Ea* geberde).

*) *Von Cap.* 29 *bis* 34 *hat Senckenberg in seinen Capp.* 46 29.
bis 51 *statt Cod. Eyben. den Cod. Berleb. zum Grunde gelegt und nunmehr Varianten aus Eyben. unter Cod. II. angeführt.*

a) Oft — scal] *Meist* Wy sich der richter in pinlicher klage halden sal. 1) *AfCbcdef* V. pinlike cl., *Cg* V. pinliche sachen u. clagent; *Badghipδ* V. d. ding ader cl. (*Ba* dingclagen, *Bdpδ* adir claget man). *Ch* Van allen pinliken cl., *Ca* Von allen pyn-

---

dem nympt si ym synen gesunt. Czu dem dritten nymet sy ym syn recht. Czu dem virden nympt si ym syne ere. Czu dem fumften nympt si ym den gemeynen fride. Nu prufe vnd sich zcu dem ersten yn deseme gerichte des (richters) wise vnd syn geleze.

29. Wy sich der richter yn pinlicher klage halden sal. Geuallen dise sachen vzwendig rechten dingen, so lade

echten dingen,[2] so lade[3] de richter[4] sine dingplichten mit sime tekene[5] edder[6] de scepen mit irme[7] boden,[8] unde toge[9] gutliken den cleger[10] unde berope en mit nichte unde spreke: unthalt di,[11] bet se[12] komen de[13] de ordel vinden, so wil ic di[14] en recht[15] richter sin. Wenne[16] he denne dat ding hegen wil, so sette he sic unde legge sin swort over sinen scot unde secge:[17] N ic vrage iu,[18] na deme dat me[19] not clagen wil,[20] oft ic [illegible] en ding hegen moge. So vintmet. So heget he en ding, alse hir vor geleret is.[21]

---

lichen sachen u. clagen. *Bewy* In allen dissen dingclagen. 2) e. d.] *BmE* rechten dinkdagen. 3) *BmEb* besende, *BachioyδEa fh.* unde (oder) besende. 4) d. r.] *Beiy* den r. und. 5) m. s. t.] *Bm* m. s. knechte; *f. AfCbcdefg.* 6) *Bbdg fh.* besende. 7) *AadeklqBkDe* sime, *Ccde* deme, *Bi* eyme. 8) *Cef* vronen, *AfBkCcdg* vronenboden, *Baeghioδ* sendeboten, *Ea* boten. *BEa fh.* unde beide (beyte) also lange bet dat se komen. 9) *Aad* togere, *Al* they, *Ae* segghe, *Cg* toen, *Aq* nige, *B* berichte (*Bdm fh.* under des), *De* halde uf. 10) *BEb fh.* u. holt (*Eb fh.* trostlichen) en up med guden worden (*Bhoδ* rede). 11) u. di] *Ae* holt dy wol, *Ah* halt, *Bm* warde, *Cg* dat sy verhalden. 12) *Cg* die scepen off dingplechter. 13) *AhCg* unde mi; *AegBcdegikoδDaeEa fh.* mi. 14) *Baeghik* gerne. 15) *Aa* gnedich, *Bdnδ* gut. 16) *E fh.* denne de schepfen komen u. 17) *BE fh.* also zu eyme scheffen. 18) unde toge — — — iu] *AfCabcdf* Wanne se denne ghekomen sint unde he dat dingh heghen wille, so vrage de richter enes rechtes. 19) *Einige fh.* mi. 20) m. n. c. w.] *Cef* et umme noit clage willen si, *Bboδ* m. mir not clage (n. claget u.) c. w. 21) g. i.] *Dae* geschreben stet.

---

adir besende der richter da dingphlichten syn mit syme zceichene vnd dy schephen mit irme sende boten, vnd beite also lange bys das si komyn vnd berichte den kleger gutlichen vnd halt en vf mit guter rede, vnd beruf syn nicht vnd sage ym, enthalt dich bys das si komyn dy mir das orteil vinden, so wil ich gerne eyn recht richter syn. Wenne her denne das ding hegin wil, so seczce her sich nyder vnd lege syn swert vor sich vf synen schoz vnd spreche also zcu eyme schepphen: N ich frage dich, nach dem das man mir not klaget vnd klagen wil, ab ich nun darvmme eyn ding hegen musze. Das vint man. So hege eyn ding als hy vor geleret ist.

Capitel 30. (S. 47.)

§. 1. *Peinlich wird geklagt* 1) *gegen einen in handhafter That gefangenen II.* 64 §§. 1—4; 2) *wegen übernächtiger That II.* 13 §. 2; 3) *gegen einen der ungefangen vor Gericht kommt II.* 14 §. 1; 4) *gegen einen Flüchtigen.* §. 2. *Die handhafte That II.* 35, *geht ans Leben* (*III.* 36 §. 2).

Wo menneger wis men clagen mach.[a] Der clegere clage valt[1] virleie wis. Tum ersten claget se[2] ene hanthafte dat over jenen de[3] gevangen is in der dat.[4] Tum anderen clagen se [5]overnachtige clagen. [6]Tum dridden clagen se over einen de ungevangen dar tu antwerde is.[7] Tum virden clagen se over [8]einen de vorvluchtich is. [9]Dat het en hanthaftich dat, [10]de eime manne so tu heftit[11] is, als oft it eme tu der hant cleve, §. 1. §. 2.

a) cl. m.] *Aa* pinliken claget. || Wo — mach] *Meist* Von pinlicher klage underscheide. 1) *Bi* kumpt tu. || Der — valt] *Ab* De cleger claget, *Cb* de pinlike klage v. 2) *Einige fh.* umme. 3) o. j. d.] *B* das ist als ob einer (iener), *De* daz ist also ober eynen. 4) *BbCd* stad. || gevangen — dat] *Bm* begrepen worde mit der openbaren schult. 5) o. cl.] *By* uber u. sachen. 6) *AdBadmEb vertauschen den dritten und vierten Fall. Bbceghikovwyδ Ea stellen den dritten Fall ganz ans Ende des Cap. als vierten.* 7) t. a. i.] *Cce* t. a. gekomen is, *B* vor gerichte (*Bhio fh.* t. a.) komet. 8) einen — het] *f. Af.* 9) *Der Rest f. in Eb.* 10) de — v. mach] *AfCbcdeg* der eyn nicht vorsaken ne mach unde in der vlucht begrepen wert. || de — tu heftit is] *Bo* ab einer also gehaftig ist, *Bae* di e. m. s. t. haftet; *f. AlBbCf.* 11) geheftet, ghehectic, gehaftig, heftig, *Ah* geheghet, *Bi* geschaffet, *Da* geclebet. 30.

30. Von pinlicher klage vnderscheide. Des klegers klage geuellit vireley wys. Czu dem ersten klaget her vmme eyne hanthafte (tat), das ist ab eyner geuangen ist als an der tat. Zcu dem andern klagen si obir obernechtige sache. Czu dem dritten klagen si obir eynen der vorfluchtig ist wurden. Das heiset eyne hanthafte tat, ab eyner also gehaftig ist, also ab ys eyme zcu der hant klebete. Das ist also das ys eyn man nicht vorloukenen mag, ober den geth dy erste pyne, dy geth ym an 1. 2.

dat is also dat des en[12] nicht vorsaken mach.[12a] Over desse[13] geit de erste[14] pine, dat geit an[15] dat lif.[16]

Capitel 31. (*S.* 48).

§. 1. ***Wer peinlich klagen will nimmt einen Vorsprecher.*** ***Dem von diesem erbetenen Urtheil gemäſs wird*** B ***mit Gerüchte und Bolgen vorgeführt u. Cd. §§ 1—4.*** §. 2. A ***erlangt wieder das Wort und dann ein Urtheil, daſs er den*** B ***gehörig vorgebracht habe und gegen ihn peinlich klagen möge, mit der Warnung sich vorzusehen*** (arg. III. 16 §. 1, III. 30 §. 2, II. 13 §. 8). §. 3. A ***bezeichnet in der Klage das Verbrechen und bietet den Beweis an;*** B ***wird dreimal zur Antwort aufgefordert III.*** 39 §. 3 (*vgl. Cap.* 23 §. 2).

§. 1. *WeichbGl.* 54 §. 1. §. 3. *Blume MR. I.* 76, 77. *Berliner Stadtb.* 156. *Joach.* 5, 6.

Wo de clegere vor gerichte komen scal
§. 1. wen he pinliken claget.[a] [1]Wan dat dink geheget[2] is, so [3]late de cleger den brochaften buten deme dinge

---

12) a. d. d. e.] *AgiBacdeghod* a. d. ez ein man, *Ak* so eyn man, *Bk* a. d. dey gene, *Ea* daz ir keiner. 12*a*) *De fh.* daz heyset an der hant geklebit. 13) *Andre* den. 14) *AfCc fh.* pinlike claghe u. de erste. 15) d. g. a.] *Cabchi* dat is, *Bego* de g. ome an. 16) dat — lif] *Cg* irs lives, *f. Aln.*

31. *a*) Wo — claget] *Meist* Wy man clagen sal obir einen der in hanthafter tat begriffen ist. 1) Wan — vorspreke] *Cabdefghi* Wan eyn man vor gerichte clagen wille over einen de en gewundet effte gerovet hebbe eder gemordet efte genottoget, hedde he den in hanthafftiger dait begrepen, de neme einen vorspreken ind spreke aldus. (hedde — begrepen *f. Cd.*) 2) *Af* geleget, *Dc* gesetzt. 3) late — dinge] *Dac* sullen die clegere den br. zu den gehegtn dingen bringen. || late — buten] *AfCc* lade d. c. d. b. man (*Cc* boden) to; *AhBk* lade d. c. d. b. mit deme vroneboden to.

---

den lip. Czu dem virden klagen si obir eynen, der vngeuangen vor gerichte zcu der antwerte kumpt.

31. Wy man klagen sal obir eynen der yn hant-
1. hafter tat begriffen ist. Wenne das ding geheget ist, so lasze der kleger den bruchhaftigen man vzwendig dem dinge,

unde kome otmutlike[4] unde druflike[5] unde spreke: eia here her richter, ic bidde dorch got eines mannes de min wort spreke.[6] Wen denne jene[7] an sin wort komen is, so spreke de vorspreke: her richter, N de biddet [8]dat he bringen mute vor iu in dat richte enen, den he des bereden[9] wil, dat he sin morder[10] sin dif[11] sin rovere [12]sin woldenere[13] en nottogere[14] sin vorveste man[15] si, unde den he in der hanthaften dat begrepen heft, de noch is scinbar unde he selve[16] wisen wil. So vrag vort, wo du en tu rechte vor den richter in dat hegede ding[17]

---

4) *Andre* demutiglichen, *De* ouch mutiklichen. 5) ***BEa*** bermelichen, ***Bi*** *fh.* vor den richter. || o. u. d.] ***Bm*** den mit sachten mute. || deme dinge — druflike] ***Bn*** u. heimlike vor den richter bringen. 6) ***E*** *fh.* den sal man im geben. 7) ***Bbk*** *fh.* den er haben wil. 8) dat he — — — bringen scalt.] ***Cabdefg*** eines ordels wo he einen in dat gehegede ding bringen sole, de en gerovet eder gewunt hebbe, den he in der hanthaften dat begrepen hebbe dat he bewisen wil. 9) ***BE*** obirreden (***Bad*** obirwinden, ***Bm*** overkomen). 10) ***Bb*** mortborner; ***Ak*** *fh.* eder sy eyn overhurer. 11) ***AhBak*** *fh.* eyn overhorer. 12) sin — si] ***Bm*** s. w. edder wat dat si, ***Badδ*** s. w. ader wy der bruch ist, ***Bi*** s. overechter si oder welkerleie broke dat si, ***Bk*** eyn mortberner eder welker broke dat it si, ***Bbegho*** ader was bruch ys si. 13) ***BdmpδEa*** woldenberger, ***Bn*** wandelbaringhe. 14) ***Af*** ernotigher. ***Ea*** *fh.* ab der cleger ein weip sij odir man von ireutwegen odir vatir odir der richter selbir, ab sij so vornunftig nicht ist, ab sij der magen nicht hot. 15) v. m.] *f.* ***AdkBek***; ***AefilqBc*** overhurer, ***Cc*** behorere. ***AagEa*** sin overhurer sin v. m., ***Dae*** oder verhurere (obir hurere) oder wie die not sij die an jm geschehen. ***Bc*** *fh.* ader was pruchs es. 16) *f. in Einigen.* 17) h.

---

vnde kome demutiklichen vnd bermelichen vnde spreche also, eya herre her richter, ich bitte durch got eynes mannes der myn wort spreche. Wenne denne yenre an syn wort komyn ist, so spreche der vorspreche, herre her richter, N der bittet das her brengen musze vor uch yn das gerichte eynen, deme her des obirreden wil, das her syn morder ader sin dip, ader synen rouber ader was bruch ys si, vnd den an der hanthaften tat begriffen hat, vnd dy tat noch schinbar ist als er bewisen wil. So frage vort, wy du en zcu rechte vor den richter yn das ge-

bringen scalt. So vintme mit dime[18] geruchte [19]unde mit diner bewisinge,[20] dar du ene mede vorwinnen wult.[21] So vure ene vor gerichte unde scrie uppe dem wege[22] to iodute[23] over minen morder[24] edder wo de broke si,
§. 2. unde over des landes rechte[25] morder. Wen he den[26] heft in dat ding gebracht so stille se de vrone bode.[27] So sproke de vorspreke: her richter, [28]wil gi dor god unde des rechtes willen N wort horen. So spreke de richter, ic hort,[29] he se dat he rechte du. So sprek: her richter, he wet it vor war unde werliker[30] wen em lif is, dat he em rechte dut unde biddet enes ordels, oft

---

d.] *Ab* richte unde h. d.; *Al* dingbank. 18) *Andre* deme, eyme. 19) unde — — vronebode] *Cabdefg* so schrye he dat gerochte over en (*Cg* sine reufen ader morden) u. bringe en also vor gerichte. Wan he dat gedan hevet. 20) d. b.] *Bbk* der hanthaftigen tad (*Bk fh.* d. b.) 21) *Ea fh.* So furen vor gerichte und froge den richter ab er schrien muge. So frogit der richter einen schepfen. Der vint er muge. 22) u. d. w.] *BEa* obir den schuldigen, *Da* ober den. 23) t. i.] *BabcdghoδE* zcethir, *Be* zcuyoter, *Ak* thiodute, *Afg* wapen yo, *Aq* wapen, *Ah* iodute dat is wapen, *Bk* tyodute oder wapen, *Da* wie man dan pflicht zu ruffen, *De* zcu iodutio adir w. m. d. p. z. r. 24) o. m. m.] *Dae* und nenne die not, ist es ein m. (*De fh.* so schrie obir dinen morder). 25) *f. AdilBghioCcDe.* 26) *Badeghioδ fh.* schuldigen man. 27) stille — bode] *BE* hete de botel dat volk (*Baehko fh.* stille) swigen. *Ah* stille d. vr. dijn gerochte. 28) wil — — rechte dut unde] *f. Cabdefg.* 29) *BE fh.* gerne. 30) *Bm* bet.

---

hegete ding brengen salt. So vint man mit dem geruchte vnd mit bewisvnge, da mite du en obirwinden wilt. So fure en vor den richter vnd schry obir den schuldigen zcether obir mynen morder vnd ober des landes morder, ader wy der bruch geschen
2. ist. Wenne her denne den schuldigen man yn das gehegete ding hat gebracht, so heise der botil das volk stille swigen. So spreche denne der vorspreche, herre her richter, wolt ir durch got vnde durch des rechten willen N wort horen. So spricht der richter ich hore ys gerne, her se das her recht tu. So spreche der vorspreche, herre her richter, her weis ys vor war vnd werlichen wen ym lip ist das her ym recht tut, vnde bittet eynes orteils,

he N so mit sime geruchte[31] unde mit der hanthaften dat vor gerichte hebbe gebracht, alse he sine clage wedder em stellen moge.[32] So vintme he hebbe,[33] he se[34] dat he rechte du.[35] So sprek vort: her richter, so steit hir N[36] unde claget [37]unseme heren gode unde iu in godes stede, dat N [38]si komen wedder god unde wedder recht unde hebbe em jammerliken afgemordet sinen liven vrunt,[39] edder he hebbe eme waldinges[40] afgerovet N, edder he hebbe helinges[41] vorstolen N;[42] wel he des §. 3.

31) *AhqCc* rechte. 32) s. m.] *Bd* bestellen m., *Bδ* gestellen m., *Cabdefg* erheven m., *Ai fh.* to rechte, oder wat dar rechtes umme. 33) *AlBbeghoDaEa* mochte (muge), *Cf* moiss. *Ad fh.* gebracht, *AfCc fh.* one so gebracht. 34) *BbcdeghoδEa* warte. 35) he se — du] *f. Cabdefg.* 36) *Aq* herman; *Babeghioδ fh.* und ich von syner wegen. *Ea fh.* und ich an seinem worte. 37) u. h.] *f. AlBade*; || u. — stede] *f. Cabdefg.* 38) si — recht unde] *f. Cabdefg.* 39) l. v.] *Cc* l. v. N., *Ab* l. N., *Ca* l. maich, *Cbdef* broder; *Aq fh.* broder eder suster. *Bd fh.* u. von dem leben czum tode brocht. 40) *Ag* mit welde. 41) *AiBaceghiDae* heymlichen, *AefkCc* honlike, *Cbd* des sines wat. 42) *Ag* dinck, *Aa* sin pert, *AhBk* sin gut. || he hebbe eme — N] *Bbo* wy dy sache stet, *Ac* h. h. em vel gudes a. N, *Cg* abe genoitzucht N sine nichte ader abe geraufft ader gestolen sine haue. || em jammerliken — N] *E* im gestolin duplichin by slafinder dijt dez nachtis und by gerochinem furc u. beslossener tur odir er habe in beraubit geweldiclichin uf dez koningis strate odir er hab im sinen (*st.* odir er habe in — sinen *Eb*: dise habe die er noch bey ym hat. So clage ouch umme das er dyr dynen) libin frunt gemort u. von dem lebinde czu dem tode gebracht. — *Dae fh.* oder wie er die not an im gethan hatt.

ab her N also mit geruchte vnde mit der hanthaften tat vor gerichte habe gebracht, als her nu syne klage keyn ym stellen moge. So vint man her moge, her warte das her recht tu. So sprich vort, herre her richter, so steht hy N vnd ich von syner wegin vnd klaget vnsim herren gote vnd uch an gotis stat, das N si komyn wider got vnd wider das recht, vnd habe ym gemmirlichen synen liben frunt N irmort adir wy dy sache stet, wil her N des bekennen das mag her tun, wil her ys abir lou- 3.

bekennen, dat mach he dun;[43] wil he aver vorsaken, so wil hes eme vorwinnen wo it eme tu rechte[44] gedelet wert,[45] unde biddet rechtes gerichtes over den vorbenomeden misdedigen man, unde biddet ens ordels her richter, [46]wat gi nu[47] dar tu dun scolen, dat en beiden rechte gesce. [48]So spreke de richter: N des vrage ic iu. So vintme dat he N[49] tur antwerde bide.[50] Dat vintme[51] anderwerve unde druddewerve.[52]

Capitel 32. (*S.* 48, *von* §. 6 *an S.* 49.)

§. 1. B *betheuert seine Unschuld und nimmt einen Vorsprecher* *I.* 60. §. 2. *Dieser beruft sich* 1) *bei einer Klage wegen Todschlags* a) *auf Nothwehr,* §. 3. *welche, wenn* B *sich nicht unverklagt zu Recht erboten* *II.* 14 §. 1, *nur durch Kampf zu erweisen ist* *II.* 14 §. 2, *wobei, wenn* A *für den Erschlagenen einen Kämpfer miethet, auch* B *einen solchen nehmen mag* *I.* 48 §. 3. §. 4. B *benutzt* b) *die, eigentlich unstatthafte* *II.* 9 §. 3 *Erlaubnifs des Richters, Bürgen auf Höhe seines Wergeldes* *III.* 45 *zu stellen* *II.* 10 §. 2, *III.* 9 §. 1. §. 5. *Dessen Zahlung befreiet beim Nichtvorbringen des* B *den Bürgen* *I.* 65 §§. 3, 4. §. 6. *Ist* 2) *wegen Diebstahls geklagt, so sträube sich*

43) m. h. d.] *Cbd* is ome (*Cd* mir) leef. 44) wo — rechte] *Cd* wy ichen t. r. schal unde mir. 45) *Bm fh.* over sulken misdedigen man. 46) wat — scolen] *BmCabdefg* wo he eme (*Cd* nu om, *Cb* nu umme, *BmCg* vort) don scole. || wat — gesce] *Ah* off gy ene icht ter antworde solen beyden. 47) *Ab* mi, *BcEa* im, *Bae* mir nu; *f. AfCc.* 48) So — iu] *f. Cabef.* 49) *Einige* en. 50) *Bb fh.* adir sich czu vorantwertene. 51) D. v.] *f. BgkCbef. Ai* Dar na. *Cbef fh.* ene werue, *BEa fh.* ym czu dem ersten male u. 52) *Bbkl fh.* u. czum virdenmale, *Ak fh.* veirdewerve.

kenen so wil her ys ym (vbirwinden, wy ys ym) hy zcu rechte irteilt wirt, vnde bittet eynes rechtin gerichtes obir den vor benannten missetanen man, vnd bitte eynes orteils herre her richter, was ir nu da zcu tun sullet, das en beiden recht gesche. So spreche der richter: N des frage ich uch. So vint man, das her ym gebite zcu antwertene. Das. vint man ym zcu dem ersten male vnde zcu dem andern male vnd zcu dem dritten male.

B, *wenn ausgebürgt, beim Wiedererscheinen gegen das Aufbinden des Gestohlnen, oder berufe sich, wenn so vorgebracht, darauf, dafs die Person nur mit des Richters Erlaubnifs anzugreifen sei* ***I.*** 61 §. 1. A *macht dawider das Recht gegen einen in handhafter That ergriffenen Friedebrecher geltend, welche selbsiebente zu bezeugen ist* ***II.*** 69. §. 7. *Wird der Beweis verfristet, so soll bei der Beschuldigung handhafter That* ***II.*** 35 *der Richter den* B *nicht ausbürgen lassen, sondern ihn bei sich behalten* ***I.*** 61 §. 1. §. 8. *Als Zeugen verwirft man Rechtlose* ***II.*** 36 §. 4, ***III.*** 28 §. 1, ***III.*** 70 §. 1 *Note b, und solche, die sich ungefragt zum Zeugnifs erbieten* ***III.*** 37 §. 2, *wozu* B *sie zu verlocken trachte.* §. 9. *Gelingt demnach die Ueberführung nicht, so weddet* A, *und der losgesprochene* B *mag seinerseits den* A *des Friedebruchs, worauf Enthauptung* ***II.*** 13 §. 5 *steht, beschuldigen* ***I.*** 50 §. 1, ***I.*** 69; *wiewohl der durch jenen Kunstgriff losgekommene* B *billig nur auf Bufse wegen des unrechten Anpackens* ***I.*** 51 §. 5 (***III.*** 43 §. 1) *klagt.* §. 10. *Die handhafte That wird, falls nicht* B *todt ist und ein Verwandter ihn mit Kampf vertreten will* ***I.*** 64 *a. E., selbsiebente* ***I.*** 66 §. 1, *mit Stellung der Reliquien auf das Haupt des sitzenden Beklagten bezeugt, so dafs* A *zuerst, sodann seine Zeugen schwören* ***III.*** 88 §. 3. §. 11. *Die Strafe* ***II.*** 13 *wird bei handhafter That auch in gebundener Zeit sogleich vollzogen* ***II.*** 10 §. 1. §. 12. *Kinder* ***II.*** 65 §. 1 *und Sinnlose* ***III.*** 3 *verwirken jedoch auch bei handhafter That ihr Leben nicht; Schwangre erhalten Aufschub bis zur Entbindung* ***III.*** 3; *den Eignen kann sein Herr losschwören* ***II.*** 19 §. 2.

§§. 1—3. *Berliner Stadtb.* 156, 157. §§. 7, 8. *Weichb. Gl.* 34 §§. 4, 5, 54 §. 4. §. 10. *Grupen in Spangenberg Beitr. z. d. T. RA.* 1824 *S.* 71. *Planck Bewf.* 299.

Wo de dun scal de pinlik beclaget wert.[a]

[1]So spreke de unsculdiche[2] man, oft he sus vorladen is:[3] §. 1.

---

a) Wo — wert] *Meist* Von des antwerde de unschuldig sin 32. wil. 1) So — — — umme werden *im* §. 2] *Cbd* Wanne de beklaghede man vore kumpt de neme eynen vorspreken de spreke sus (*Cd fh.* uchte ot umme dotslach sy unde der dode dar kein-

---

32. Von der antwerte wer vnschuldig syn wil. So 1. spreche der vnschuldige man ab her also vorgeladen si, herre

her richter, ic bidde [4]iu dorch god unde[5] alle de hir ummestan, dat gi neines unrechtes an mi[6] ne staden[7] unde min blut nicht tu unrechte ne giten, unde bidde ens mannes de min wort spreke; den mut he em geven.[8]

§. 2. So spreke sin vorspreke, oft it umme dotslach si unde oft de dode dar jegenwardich si: her richter, wil gi horen N wort,[9] N de biddet dat gi laten eme dar en recht ordel umme werden,[10] na deme dat he N deme vromen manne[11] ni wedder dorch hat[12] noch dorch nenerhande sake willen wen dorch rechte notwere gevellet heft,[13] dat he bewisen wil met sines selves live unde mit bed-

werdic is), her richter N de biddet eynes ordels. || So — vorladen is] *Bm* Wil he aver unschuldich sin u. were he vorgeladen so spreke sin vorspreke. 2) d. u.] *Af* du u.; *Dace* der beschuldigete, *Caefg* de beclagede. 3) oft — is] *f. Caefg.* 4) iu — wort spreke] *Caefg* eyns vursprechers. 5) *AfCc fh.* dor. 6) a. m.] *f. Ab.* 7) *Baeghko* laten st. || neines — st.] *Bm* mik mit nenen unrechten en schadet. 8) *AdgilBbekoCcDaeE fh.* so bidde he ome enes gesprekes (*Bb* vorsprechers, *Da* fursprechn oder eines ratmannes), dat scal men ome gheven (*E* gunnen). 9) *Aab fh.* ja. 10) *AdefhBkCcg* vinden. 11) *E fh.* dem got gnade. 12) *E fh.* noch durch vede, *Ce fh.* noch durch nyet. 13) g. h.] *BEa* erslagen, *Bi* em vorslagen, *Bd* leider dirslagen. *BEa fh.* unde sik sines lives (*Be fh.* not) erwerde. *Eb fh.* als ers nicht umme gehin kunde, wenn er nu synis leibis geuegit wolde habin durch synes grossin frevels willen u. er sich sein irweren muste u. er sich sein andirs nichte entsagen kunde u. er in leidir synes leibis geheniget hat in nottwere.

her richter, ich bitte uch durch got vnde alle dy hyrvmme sten, das ir keynes vnrechtin an mir lazet gestaten vnd myn blut nicht zcu vnrechte laset giszen, vnd bitte eyns mannes der myn wort spreche. Den mus man ym gebin. So bitte her ym eynes
2. gesprechis, das mus man ym gebin. So spreche syn vorspreche, ab dys vmme totslege si vnde der tode da keginwertig ist, herre her richter, woltir N wort horen, N der bittet das yr ym eyn recht orteil laset werden, nach deme das her N dem bidirben manne wider durch has noch durch keynerleye sache wille wenne durch rechtir notwere wille en irslagen hat vnd sich synes libes werte, das her bewisen wil mit synes selbis libe vnd

derven luden[14] unde wo het tu rechte bewisen scal, oft me eme dorch notwere[15] moge mort[15a] anspreken, edder wat dar en recht umme si.[16] So vrage desse,[17] na- §. 3.
deme dat de dode dar jegenwardich is,[18] wen[19] he sic tu rechte ni ne bot, er de dode vor gerichte queme, oft he icht tu rechte nu em scole antwerden vor sinen[20] hals, edder wat dar rechtes umme si. So vintme, he mote den doden mit kampe der not[21] vorwinnen, edder it ga em an den lif.[22] So vraget des clegers vorspreke, na deme dat de dode nenen vrunt heft, de dorch[23] em in kampe sinen lif wagen wille, oft he icht enen meden[24] muchte. [25]Dat vintme. [26]So vrag, na deme dat he sic selven dar tu geboden hebbe, unde di selven sunder kempen[27] angesproken hebbe, oft he di selven[28] icht wed-

14) ***Ea fh.*** alz er ir czu seim rechte bedarf. 15) ***BEa fh.*** seynes leibes. 15*a*) ***Cg*** mordes zien u. vur eynen murder, ***Aq*** vor mort. 16) ***CgEa fh.*** S. v. m. man en moge. 17) ***Ae*** daer weder, ***Bd*** dir henweder, ***Cde*** de cleger weder; ***f. AfCc.*** 18) ***B fh.*** unde he dar openbare steit; ***E fh.*** u. er in hanthafter tat gevangen is. 19) ***Manche*** unde. 20) ***Babdegho*** sines selves. — ***Al wiederholt hier das vorangehende von Cap.*** 31 §. 1 unde mit der bewisinge *an.* 21) k. d. n.] ***Aab*** k. dorch n., ***AgBabdeghimoδCdDae*** kampf, ***Bc*** durch not mit dem kampfe, ***Cb*** k. eder n., ***E*** notkampf. 22) ***BiEa*** hals. 23) ***AfBaCc*** vor. ***Ba fh.*** ene kempen wille u. vor. 24) ***Cde*** kempen miden (***Ce*** winnen). 25) D. v.] ***f. AeilB.*** 26) So — kempen dun] ***f. Cabdefg.*** 27) d. s. s. k.] ***Bhinoδ*** de sulve (***f. Bi***) kempe dat, ***Bl*** dorselb in kempff-

mit biderben luten, vnd wy her das bewisen sal zcu rechte, ab man ym durch notwere synes libes moge mort ansprechin, adir was da rechtis vmme si. So frage diser, nach dem das der tode darzcu keynwertig ist vnd offinbar da stet, vnd her sich darvmme ny irbout er der tode vor gerichte quam, ab her ym icht antwerten sulle vor synes selbis hals, ader was da rechtis vmme si. So vint man, her musse den toten mit kamphe oberwinden, ader ys get ym an den lip. So frage des klegers vorspreche, 3.
nach dem das der tote keynen frunt en hat der yn kamphe synen lip vor en wagen wil, ab her icht eynen miten sulle. So frage, nach dem das her sich selber dar zcu geboten hat, vnd der selbe kemphe das angesprochin habe, ab ys denne derselbe

der reden scole.[29] So vintme, he moget mit kempen[30]
§. 4. dun.[31] De andere were[32] is, [33]dat itleke richtere biden lude[34] tu borge,[35] de in der hantaften dat gevangen[36] sin; des scal nicht sin. Dut het aver,[37] so sprek: her richter ik wil en borgen unde bidde ens ordels,[38] oft gi mi en van rechte icht tu borge scolen dun, went gi en tu borge biden.[39] Dat vintme. Wil dit[40] denne de richter versten,[41] so vrage, wo hoge[42] du en tu rechte borgen dur-
§. 5. vest.[43] So vintme vor sin wergelt. Alse du ene inbringen[44] scalt unde du des nicht en hefst unde men von

---

lichen, *Bc* der selbig kempfer der in, *Eb* in derselbe kempfer den. 28) h. d. s.] *Bm* he des kampes, *Babcdeghko* is der selbe (*Bcho fh.* icht). 29) di — scole] *Ea* sich des weigern moge. 30) *Bbdikpδ* kampe, *Bao* kempende. 31) moget — dun] *Bm* he moge, *Bn* mote id wederreden mit kampe. 32) *Ai* wise. 33) dat i. r. b.] *Cg* umb doitslach b. i. r. 34) *f. Ab*; *Af* enen man. 35) itleke — borge] *Bbcdeghoδ* ein iczlich r. (*Bb fh.* nicht) biten sal (*Bc* plictet) l. t. b.; *Bk* itleke r. dey lude nicht beiden en sal t. b. 36) *AlqCdef* begrepen. 37) *Bbcdeghkoδ fh.* und gibit (*By* thuit ym) en czu borge; *BiE fh.* u. bidet man (*E* but er) em tu borge; *Ba fh.* hir en boven. *Ea fh. noch* wil in denne yemant auzborgen. 38) *BmE fh.* na deme dat gi ene to borge hebbe geboden. 39) *AfBEa* geboden (*Ba* gegeven) hebbet, *Aq* boden. 40) *d. i. dir es*, *die meisten* dich, dir, di, *Ah* id di. 41) *d. i. fristen* (*Ldr. II.* 9 §. 3); *AdefhkqBkCbceDae* verteen, verziehn; *Cafg* dat (*Cf* der) burgezoch verzeen, *Cd* dek des vorgetoges vortein; *Ac* vorstan, *BE* geweren. 42) *f. AkqBdkCbce.* 43) du — b. d.] *Andre* du — b. sollest, *Aq* soles ofte du is dorvest, *Ca* gy — brengen sullet. 44) *AdBdmδ* wedder i., *E* widir

---

icht wider reden sulle. So vint man her moge ys mit kemphene tun.
4. Dy andere were ist das eyn iczlich richter biten sal lute zcu borgene, dy da yn der hanthaften tat geuangen syn, des en sal nicht syn. Tut her ys aber vnd gibet en zcu borge, so sprich also: herre her richter ich wil den man borgen vnd bitte eyns orteils, ab ir mir en icht von rechte zcu borge tun sullet, sint ir en zcu borge geboten habit. Das vint man. Wil dich denne der richter geweren, so frage wy hoch du en zcu rechte borgen darfst. So vint man vor syn wergelt.
5. Als du en denne yn brengin salt ader wider stellen, vnd du

di eischet,[45] so vrag na deme dat tu siner nicht hebben machst, wo dut[46] na rechte beteren scalt. So vintme du scolest geven sin wergelt[47] unde scolest loz sin. So vrag wat sin wergelt si. So vintme, na deme dat de man si.[48] So vrag wenne dut bereiden scalt. So vintme van deme dache[49] over twelf weken.[50] *b*Wer he aver §. 6.
gevangen umme düve, wultu eme denne helpen, so borge[51] ene buten deme richte[52] unde[53] van der düve oftu[54] machst. [55]Wen du denne ene wedder antwerdest,[56] wil-

---

gestellin, *Bbciko fh.* adir widerstellen (wederinstellen, stellen). 45) unde — eischet] *Cbd* wan du darumme manet wordest; *Caefg* wan man dij dan (*Cf* den dach) dar umme manet; *f. De.* 46) *Andre* du, du en, du nu, du en nu. 47) *Cabdef fh.* des den du (*Cbd* des dat du one) borget haddest (*Cd* hast ader habes). 48) deme — si] *Cbd* deme d. d. m. geboren ist, *Cg* sine geburt; *Babceghiko* deme das der bruch gros si des mannes, und ouch darnach der man ist, ab her rich oder arm si, also vint man ys. 49) *Bdmnδ fh.* alse dat gewunnen is. 50) t. w.] *Ea* virczen w., *Bd* drey XIV tage, *Da* sechs w. oder vber zwolff w. *b*) *Neues Capitel in Cg unter:* Wo man duve daget. 51) *BbgkDa* brenge. 52) *Babcdeghioδ* gehegtin dinge. 53) *AakBadδCb* jo, *AflqCadg* unde yo, *Bbko fh.* ledige in (*Bko fh.* io), *E fh.* hilf im yo, *Bi fh.* hude di, *Dae fh.* swig io. 54) *AeCe fh.* jo, *Aq fh.* yummer, *Cb fh.* ummer io, *Bk fh.* ummer mere, *E fh.* mit ichte. 55) Wen — upbinden] *Bae* Wen du ome den dy dube weddir uf den rucke bindest. 56) *AelBgiko* antwerden willest (soldest); *Bm* instellest, *BdδEa* gestellen solt, *Cbd* inbringest.

---

denne syn nicht en hast, vnd man en denne von dir heischet, so frage, nach dem das du syn nicht gehaben macht, wy du ys zcu rechte bessirn salt adir macht. So vint man, du sullist gebin syn wergelt vnd salt damite los syn. So frage was syn wergelt si. So vint man, nachdem das der bruch gros si des mannes vnd ouch dar nach der man ist, ab her rich ader arm si, also vint man ys. So frage wenne du ys bezcalen salt. So vint man von dem tage aber zcwelf wochen. Wer her abir ge- 6.
uangen vmme dube, wiltu ym denne helfin so borge en vzwendig deme geheytin dinge, vnd ledige en io von der dube ab du macht. Wenne du en denne wider antwertin salt, wollen

len se denne em de duve up[57] binden, so scrie he denne sin geruchte over de gewalt[57a] unde kome[58] tu sime rechte. Bistu aver sin[59] vorspreke vor gehegedeme dinge unde heft he de duve up deme halse,[60] so vrag sus: her richter, N de biddet ens ordels unde ic van siner wegen, oft men ieman[61] mute in iuwen[62] richte wunden[63] edder van[64] edder binden[65] ane iuwen orlof.[66] So vintme he ne mote. [67]Wente[68] wes men sic underwinden scal, den mut de richter antwerden.[69] So vrage he, na deme dat het ane des richters orlof gedan hebbe,[70] oft he icht tu rechte antwerden scole dar umme. Dat vintme. [71]Vra-

57) *AgBkCagEa* weder uff, *BEb* weder uf den rucken, *AfCc* uppe den hals. 57*a*) d. g.] *Ca* den selffwa sachwalt. 58) *Bm* volge darmede. 59) *AeBaeghio* ane! 60) *BEb* ruggen. 61) m. i.] *Ab* en. 62) *Af* vremede. 63) *Ai* bringen, *Bm* angripen. 64) e. v.] *Bbk* morden, *Bacdghioδ* mordin vahin; *f. AbBm.* 65) e. v. e. b.] *Ai* gebunden u. gevangen. 66) *Babdehimoδ fh.* u. ane iuwir geheise. 67) Wente — scal] *f. BmCabde.* || wente — antwerden] *f. Cf.* 68) *Aeil* wen, *BEa* sunder, besunder; *Cc setzt statt dessen* aver *nach* sic; *f. AbfDe.* 69) den mut d. r. a.] *d. i. überantworten. So AeCc in Übereinstimmung mit dem vorhergehenden; Ag* d. m. ne d. r. a., *AailBblo* den m. man deme r. a., *Ab* deme m. den r. a., *AcfDe* deme m. de r. a., *Bi* di mute deme r. a., *BceghkE* des mot man deme r. a. (*Eb* kundegen, *Ea* a. unde kundegen), *AqBdnpδ* das sol man thun mit des richters urloub. 70) het — hebbe] *Cabdefg* it a. d. r. o. geschen si. 71) *Statt* Vraget — ne weigerde *hat Ea eine weitläufige Ausführung.*

si ym denne dy dube uf den rucken wider bynden, so schrye her syn geruchte ubir dy gewalt, vnd kome denne zcu syme rechte. Bistu abir ane vorsprechin vor gehegetim (dinge), vnde hette der dy dube vf dem rucken, so frage also, herre her richter, N der bittet eyns orteilz vnd ich von synen wegin, ab man eynen moge yn uwirme gerichte wunden morden vahen adir bynden ane uwern orlop vnd ane uwir geheise. So vint man man en moge, sunder wes man sich vnderwinden wil den mus man dem richter antwertin. So frage her, nach dem das hers ane des richters orlob getan habe, ab her ym icht zcu rechte antwerten sulle darvmme. Das vint man. Fraget her denne hy

get denne jene hir jegen, oft he icht mute sinen vredebreker wunden odder vangen[72] in siner vlucht,[73] so vrag dar wedder, wo he des vullenkomen scal, dat het em in der vlucht dede, na dem dat hem ni rechtes ne weigerde.[74] So vintme, he scolet betugen self sevende bedderver lude. Heft he den der tuge nicht[74a] unde bid- §. 7.
det he dages,[75] so bidde dus ordels, na dem dat de clage gedaget si,[76] ift me den vangen icht scole tu borge dun. Dat vintme,[77] it ne si dat he in der hantaften dat gevangen si.[78] So vrag wat en hantaft dat si. So vintme, dar en in der[79] dat gegrepen wert odder in der vlucht. So vrage de cleger, na deme dat it en hantafte dat[80] si, oft en de richter icht scole unvorborget[81] behalden, wente

72) w. o. v.] *AiCc* w., *BmEb* binden o. v., *Bb* obirwinden o. v., *Al* binden w. o. v., *Bk* vaen sclaen u. wunden. 73) *Bm fh.* alse he den vrede brak. *Dac fh.* oder an der tat. D. v. m. *Cbdef fh.* So vintme he mut wol. *Ca fh.* S. v. hie sulle. 74) vorsagete, loikente; *Bi fh.* noch vorsake was. || het em — w.] *Bd* her en an der flucht begriffen habe. 74a) t. n.] *De* lute nicht dy eme helfen zugen. 75) b. h. d.] *Ea* gewinnt den tag seine geczuge czu volbringen. 76) d. c. g. si] *Bm* d. tuchginge g. s., *Bbelo* d. c. obirnechtig s., *BkEb* d. c. geton si, *Da* d. c. geteidiget s., *Ea* d. c. mit rechtin urteil gefrist s., *Bc* das du dein clag gethan hast. 77) D. v.] *f. AdefkBbkCc.* 78) *AbcdBaci fh.* So vint met. 79) *Bc* warer. 80) h. d.] *Cf* hant dait, *Cc* h. sake. 81) *Andre* ungeborget, *AbBo* unvorborgen, *Bd* vorburgen, *Ca* unverdaget.

keyn, ab her musze synen fridebrecher wunden ader vahen an der flucht, so frage da wider, wy her des volkomyn sulle, das her ys an der flucht tete, nach dem das her ym ny rechtis vorsagete. So vint man, her sulle ys bezcugen selb sebinde biderber manne. Hat her denne der gezcuge nicht vnd bittet her tages, 7.
so bitte nach eynes orteils, nach dem das dy klage obirnechtig ist, ab man den gevangen icht zcu borge sulle thun. Das vint man, ys en si denne das her an der hanthaften tat geuangen si. So frage was eyne hanthafte tat si. So vint man, dar eyner an der tat ader an der flucht begriffen wart. So frage der kleger, nach dem das ys eyn hanthafte tat si, ab en der richter icht vnuorborgen behalden moge, bys das syne gezcuge zcu beschei-

sin tuch tu besceidenen dachen kome.[82] Dat vintme.

§. 8. Als he denne de tugen bringet unde se tugen willen, dat het in der hantaften dat gedan hebbe,[83] so vrag, we tu rechte en tuch wesen moge. So vintme we vulkomen an sime rechte si.[84] So si[85] we[86] rechtlos si, unde vorlecgen.[87] [87a]So du ok als do tuge gekomen sin unde[88] secge ene gemeine rede: [89]hebbe gi iuwe tuge gebracht. Secht he denne ja, so secge, se mogen sen[90] wal so tugen:

---

82) wen — kome] *Ahq* went sijn bescheyden dach k.; ***Dae*** biss uff den benanten tag also er sin gezugen bringen sol; *f. **Ca.*** 83) het — hebbe] ***Aq*** it geschen si, ***BabdeghikoCa*** he in der h. (***Bi*** vorfluchtigen) d. begrepen (***Ca** fh*. u. gevangen) si. 84) ***Ea** fh.* So froge dez clegers vorspreche, so sol ich heisen seine geczug dar gen. So spricht der richter, wiltu iz in ubirhebin. Spricht er denne nein so spricht der richter, laz dein geczug dar gen. So spreche dez clegers vorspreche, hir sten di geczug, frogit herre her richter, ab er wider di geczug icht redin wolle. 85) ***Bdδ*** merke under den eben, ***Baeghio** fh.* gar rechte, ***Da** fh.* u. merk, ***BcEb** fh.* gar eben, ***Al** fh.* evene to, ***Ea** fh.* des antworters vorspreche sich eben vor. 86) ***Cbde*** ob der tuch (er) yenich. 87) u. v.] ***BabcghoEb*** u. den (***Bh*** undir den den) vorstoss, ***Bdei*** u. den vorwirff. 87*a*) So — witlik si] ***Ca*** wanne sy tügen willen. 88) So — unde] ***Cbdefg*** wanne dan die gezuge al vor gerichte stan so, ***Af*** zegge ok als d. t. g. s. ***Ah*** So d. o. als hey den tuch brenget u. 89) hebbe — witlik si] ***Cbdefg*** zo den gezugen ir hern sehet wat ir zuge (***Cb*** tughen willen), wat (l. want) man sait, dat ich (l. is) uch nit al (***Cb*** allen) wisslichen. ***Statt*** was — wisslichen ***hat Cf*** spricht nyet dan dat vch waill witlich sy. 90) ***B** fh.* gar ebene.

---

8. denen tagen komyn. Das vint man. Als her denne dy gezcuge brenget, vnde si gezcugen wollen das her an der hanthaften tat begriffen si, so frage wer zcu rechte moge ader sulle gezcug syn. So vint man, der volkomyn sy an syme rechte. So sich gar rechte wer da rechtloz si vnder den, den vorstoz. So tu ouch als dy gezcuge komyn sint vnde sprich eyne gemeyne rede: habit ir uwere gezcuge bracht. So spricht her, si mogen sen gar ebene was si zcugen wollen, wenne mancher saget dicke das, das ym nicht gar wol wissentlich en ist, darvmme wisset, was

Wan he denne süt,[91] dat it en[92] nicht sere[93] witlik si,[94] secht den er en, it is uns jo[95] witlik,[96] wi wetent[97] darvan odder darvan,[98] so secge, des en hor ic doch van iuwen kumpanen[99] nicht. So secgen se ok lichte[100] also. So sprik: dat wil gi tugen? Secgen se denne[1] ja, so vrag, nadem dat se dar stan unde sic jegen den armen man tu tuge biden ungevraget van gerichtes wegene,[1a] oft de tu rechte jegen em[2] tugen mogen. So vintme se ne mogen. Vorlechstu denne sus odder anders sinen §. 9.
tuch,[3] so vrag, na deme dat he mit sime tuge to dem

91) W. h. d. s.] *AehklqBkCc* Wente man secht, *Af* Men zegget doch, *Da* Man singet u. saget, *De* Man seit, *BE* wen menich (*Bc* man) saget dicke (oft, underwilen). 92) *Einige* einem, *B* im. 93) *AhkBk* al to, *Bi* gar, *Viele* wol. 94) *BE fh.* Darumme wetet (*Einige fh.* even) wat ein islik (*Bl* so wizse ein itzlicher was her) tügen wil dat he rechte tüge. 95) u. j.] *Einige* mik wol, mi, *Bc* im. 96) *AdehkqBk fh.* genoch. 97) w. w.] *Bubcgmo* unde unser islik, *Bi* u. unsen isliken wi weten wol, *Bhδ* u. unserme iczlichen ouch wol wisslich, *De* adir w. w. wol. 98) o. d.] *Af* de warheyt. 99) *Bk* medegesellen, *AqBcdmpδCaefDaeE* gesellen. 100) So — lichte] *Dae* Sy sagen villicht nicht. 1) *Aq fh.* sementlike. 1a) u. v. g. w.] *AfBiCc* er si (*Cc fh.* darumme) gevraget werden van g. w. (*Cc* van deme richtere), *Ah* so vrage ik van rechtes w., *Ca* eer sy mit recht dair toe geladen werden. 2) *Cef* den armen. 3) Vorlechstu — tuch] *Bnpδ* Vorlecht man di edder ander syne tuge, *Aq* Verlost he in d. w. sin t. ofte in eer anderwies, *Aef* Vorluset he denne (*Ae fh.* aldus) eder eyn ander zin tuch; *Cc* Vorlit he denne sus eder anders nicht en tughet; *AhBk* Vorlust hey dan (*Ah fh.* aldus eder vorande-

eyn iczlicher zcugen wil das her rechte zcuge. Saget denne ir eyner, ys ist in wiszlich vnd vnser iczlichen ouch wol wiszlich, wir wiszen da von vnd da von, so spreche her denne, das en horte ich doch von uwerme kumpane nicht. So sagen si lichte ouch also. So sprich, dys wollet ir bezcugen; sagen si denne io, so frage, nach dem das si da sten vnde sich keyn dem armen man zcu gezcuge irbiten vngefraget von gerichtes wegen, ab si nu zcu rechte zcugen mogen. So vint man si en mogen. Irles- 9.
sit man si denne adir andere syne gezcuge, so frage, nach dem wes her mit synen gezcugen zcu dem vzgelegetem dinge nicht

utgelegedem dage nicht vullenkomen kan, oft he vor den tuch[3a] icht wedden scole. Dat vintme.[4] So vrag, oft de besculdegede[5] man icht leddich unde loz si, na deme dat jene in nener undat[6] em vorwinnen mach. Dat vintme.[7] So sprek: her richter, so steit hir N de bedderve man unde biddet, [8]dat gi sen[9] unde laten iu untfarmen de not unde de gewalt, de eme N tu unrechte an lecht,[10] unde wise den de beule odder de wunde,[11] unde spreke vort unde bidde ens ordels, nademe dat he em tu eme vre-

ret hey s. t. *Bbceghlo* Irlesset man sie iss oder ander seine geczeuge. *De* Vorluset der cleger s. o. a. s. t. *E* leztu iz danne an (*Eb* zcu) ander geczug. *Cabdef* Wirt he dan nedervellich (*Cb fh.* in sime rechte u.) mit (an) sime zuge. 3*a*) d. t.] *Aq* de vermetene tuginge. 4) *Ea fh.* Wenne den diz so geschijt daz der mit seinen geczugen nicht volqueme, so spreche er also. So spreche der widersache, noch dem mol daz er mit seinen geczugen nicht volkomen ist czum einen dinge u. er daz mit gewette u. mit buse gebessirt hot, bite ich in einem rechtin urteil czu irvaren ab er sich icht mit andern geczugin irholin muge, odir waz dorum recht si. So vint man er muge. Mag er di vorwerfin aber mit sotanir weise alz vorgesprochen ist, so mach in aber buzvellig u. wettehaft. Czum drittin mol tu aber also. 5) *AgBk* beschuldene, *Be* selbstschuldige, *Cbdef* beklaghede. 6) *Bdmpδ* bosen dat, *Bg* myssetad. *Ad fh.* tigen u. 7) *Cadef fh.* Wan he dan los is. 8) dat — untfarmen] *Cabdefg* und claghet. 9) *BceghioEa* ansehet, *Bbk* yn ansehit, *Badmnpδ* ansen sine rechticheit, *Da* sehent u. horent. 10) *AgB* thut u. a. hat, *CabdegEa* gedan hevet. || N t. u. a.] *Bk* angelacht is u. N t. u. doit. 11) b. o. d. w.] *B* bulen (bewlen) o. d. w., *Eb* wunden swolst adir narben. *Ea fh.* oder mit den narwen oddir swult.

komyn mochte, ab her vor dy gezcuge nicht wetten sulle. Das vint man. So frage, ab der beschuldigitte man icht ledig si vnd loz, nach dem das man en an keyner vntat obirwinden mag. So vint man her si ledig vnd loz. Darnach sprich, herre her richter, so stet hy N der biderbe man vnd bittet, das ir an seth vnd uch lazit irbarmyn dise not vnd dise gewalt, dy ym N zcu vnrechte tut vnd angeleget hat, vnd wise denne dy boulen adir dy wunden, vnd sage vort vnde bitte eynes orteils, nach dem das her en zcu eynem fredebrechere bereden wolde vnd des

debrekere bereden wolde unde des nicht gedun mach,[12] oft he den vrede[13] an em icht gebroken hebbe, odder wat en recht si. So vintme he hebbe. So vrach wat enes vredebrekeres recht si. So vintme, men scal en hoveden.[14] Ic hete di[15] aver,[15a] oftu mit behendicheit[16] der antwerde[17] deme kleger untwikest,[18] dat tu denne vragest[19] na bute der penninge unde nicht[20] der pine; wen allene dat wi[21] mit behendicheit den usen wol helpen moten,[22] wi muten[23] doch deme unsculdichen nicht

12) g. m.] *Bm* vulbringen m., *AqCg* enkan. *Einige* g. en mochte. 13) *Baegikop fh.* sulven. 14) *BcCd* kopffen. 15) h. d.] *Bm* rade dik vorspreke. 15a) *Ca* doch doen. 16) *Bch* bescheidenheit, *Bbgiko* bescheidenheit ader mit b. 17) d. a.] *AbDaEa* der antwerde, *Aac* to antwerdende, *AqBo* den antwerder. 18) *Aq* entferes, *Bgh* machst entweichen, *Agil* entruckest, *Ba* machst untrucken, *Ach* untvernest, *Af* untwerres, *Ak* untfarmest, *Bo* entwendest, *De* antwertest. || d. k. u.] *E* den cleger ubirwundest dess daz du im entweichest. || der a. — u.] *Cabdefg* eynen (den) man d. c. (*Cag fh.* alsus) entredest (*Cb* untvernest, *Cd* entwerkest, *Ce* vorvorest, *Cf* entvoires); *Bi* macht gedun dat di antwerder deme cleger entwike, *Bdpδ* magist das du salt entweichen dem cleger etczwas, *Bbkl* icht machst, dat du (*Bk fh.* dy) schickest dat dey antwerder dem kleger entwijke, *Bc* magst dein antwort gethun das du dem cleger entweichest. 19) *Bacdeghoδ fh.* lieber, *Bi fh.* met live. 20) u. n.] *Bacdeghio* den nach (*Baccgho fh.* der buzse). 21) w. a. d. w.] *Ab* w. allet d. w., *Cc* w. wete d. w., *AaceBk* wente wy, *Bcu* wen wir das alleine. 22) *Ab* dat mute wi wol don. || den — moten] *BEa* wol gethun mogen, das wir dem schuldigen (*Ba* unsen) wol uss (*BdmpδEa fh.* not) gehelffen mogen. 23) w. m.] *Ai* dar to sole we.

nicht thun en mag, ab her den fride an ym icht gebrochen habe, adir was eyn recht darvmme si. So vint man, her habe den fride selbir an ym gebrochin. So frage was yens fredebrechers recht si. So vint man, man sulle en enthoupten. Ich heise dich abir, ab du mit bescheidenheit adir mit behendikeit macht den antwerter deme kleger entwendest, vnd du denne liber fragest noch der buzse der phennynge wenne nach der buzse der pyne. Wenne wir das alleyne mit behendikeit wol tun mogen, das wir deme schuldigen vz helfen mogen, so sulle wir doch ouch tu sere scaden. Des[24] vrage, na deme dat he sic siner tu unrechte underwunden[25] heft, oft hen icht mit bute

§. 10. laten scole. Dat vintme. Is he aver sculdich unde kan he sic[26] nicht untreden, so vrage des clegeres vorspreke, na deme dat he de hantafte dat bewisen mach, oft hes em icht neger si over tu gande, wen hes em tu vorsakende. Dat vintme, des he dat[27] under em bewisen mach.[27a] So vrag wo men den hantaften dat[28] vortugen scole. So vintme self sevende.[29] Were aver dat oft desse dot were den men vorwinnen wolde, den muchtme ane kamp[30] nicht vorwinnen, oft en siner mage en mit kampe weren wolde.[31] So vrag war du[32] de hilgen scolest setten. So vintme uppe des beclageden hovet. So vrag oft gi en icht setten muten.[33] Dat vintme,[34] unde stunde he

24) *AafCcDe* unde, *AlBi* so, *Bo* nu, *Cabdefg* darumb. 25) siner — u.] *Ah* mit rechte verantwordet. 26) *B fh.* der schult. 27) d. h. d.] *Andre* sint, so, na deme h. d., *Cc* des dat he; *AafhCf* hie sy is yem nairre zo ouergain (*Aaf fh.* des) dat hey. 27*a*) Dat — m.] *De* So v. m. du sist eme ner abzcugende dan daz her vnder eme loykene mag. 28) *BacdeghioδEa fh.* bewisen u. 29) *Babdeghinoδ fh.* fromer manne. 30) *B* kemphen. 31) w. w.] *Bn* frien edder weren w., *Bc* vertreten w. *Dac fh.* daz mag her tun myt rechte, lebt er aber noch. *AhBk fh.* Wanner hey dan one overtugen sal als ome t. r. gevunden is. 32) w. d.] *Cabdeg* de cleger w. he. 33) gi — muten] *Bm* he sitten edder stan scole, *Babcdeg*-

dem vnschuldigen nicht zcu sere schaden. Nu frage, nach dem das her sich syn zcu vnrechte vnderwunden hat, ab her en icht

10. mit buzse lazen sulle. Das vint man. Is abir das her schuldig ist vnd en kan sich der schult nicht entreden, so frage des klegers vorspreche, nach dem das her dy hanthaften tat bewisen mag, ab her ys ym nicht ner si zcu loukene, so vint man her si ys ner, sint hers vnder ym bewisen mag. So frage (wy) man dy hanthaften tat bewisen vnd bezcugen sulle. So vint man selb sebinde fromer manne. Wisse ouch ab diser tot were den man obirwinden wolde, den en mochte man ane kemphen nicht obirwinden, ab en syner mage eyn mit kempfen weren wolde. So frage wo du dy heiligen seczen sullest. So vint man vf des beklageten houpt. So frage, ab man en sezzen sulle adir sulle laszen stehn. So vint man her sullen laszen siczczen, vnd stunde

wol wedder up, it en hulpe em nicht, allene wenen des dulle lude.[35] So vrag, we de irste scole sin.[36] So vintme de clegere. So vrag wo sin ed scole luden. So vintme dat he der dat sculdich si,[37] dat em got so helpe unde de hilgen.[38] So vrag wat sin recht si.[39] Dat vintme na dem broke.[40] Vragede denne noch sin[41] vorspreke, na §. 11.
deme dat it gebunden tit were, oft men icht tu rechte versten scolde,[42] so vrag dar wedder, nadem dat it en hantafte dat si, oft he tu hant sin recht icht liden scole. Dat vintme. Weret aver en kint dat der hantaften dat §. 12.
vorwunnen[43] were,[43a] so vrag of iennich kint sin lif vor-

---

hikoδ man in icht sitzen (*Bghioδ* setten) adir sten lazsen sulle. 34) *B fh.* her (me) sullen setten (laszen siczczen). 35) d. l.] *Ah-BdkmpδCacf* dumme l., *Be* torhaftige l., *BabghloDaeEa* torechte l., *Eb* dy toren. *Babdehoδ fh.* das es also sie das en ist nicht. 36) d. i. s. s.] *CabdefgDc* irst sweren sole. *Ah fh.* an den tughe. *Babcegho fh.* der da sweren sulle, *Ae fh.* an deme tuge d. d. sweren sollen. 37) s. s.] *AgkCcd* unschuldich si! *Ea* di jm S schult gibt der tat ist er schuldig. 38) he der — hilgen] *Cg* sin eit reyne si u. unmeyneidich. *Aagil fh.* So solen die tüge sveren dat sin eid si reyne u. unmeyne dat on got so helpe u. die hilgen. *Cabdef fh.* Des vraghe wu der tuge eyd luden scole. So v. m. dat sin eyd reyne si u. unmeyne. 39) *Dae fh.* zu lyden. *So weit reicht Ca.* 40) d. b.] *BCbde* sinem b., *E* daz (*Ea fh.* der bruch odir) die mistat sy. 41) *Cbdefg* des beclageden mans. 42) *Dae fh.* wenne zu ledigen tagen. *E fh.* biz czu offin tagin. 43) der — vorw.] *B* an der — begrepen u. v.; *E* an der — gevangen. 43*a*) *Aq fh. hier und nach* kint: oder een sinlos minsche.

---

her wider vf ys en hulfe en nicht, alleyne wenen torechte lute das ys also si, des en ist nicht. Nu frage dar nach, wer der erste syn sulle der da sweren sulle. So vint man der kleger. So frage wy syn eyt sulle luten. So vint man, das her der tat schuldig si, das ym got also helfe vnd dy heiligen. Dys hastu nu gar (*Citat*). So frage was syn recht si. So vint man nach 11.
syme bruche. So frage dennoch syn vorspreche, nach dem das ys gebundene zcit were, ab man en icht fristen sulle. Dar frage wider, nach dem das ys eyne hanthafte tat si, ab her icht zcu recht liden sulle. (So vint man her sulle) ys zcu hant liden. Wer 12.

werken moge, de wile it[44] sic vor dorheit[45] nicht vorsteit.[46] So vintme it ne moge. Is it ok en sinlos man, so vrag,[47] oft iennich sinlos man sin lif vorwerken moge.[48] So vintme he ne moge. Ist ok en swanger wif,[49] so vrag na deme dat de vrucht de se drecht unsculdich si, oft se wol sculdich is,[50] oft me se icht versten moge, bet de unsculdege vrucht van ir kome.[51] Dat vintme.[52] Is it oc enes heren eigen,[53] wil hine weren,[54] so vrage he, oft he wol vordelet is,[55] na deme dat he sin ingeboren

---

44) ***Be fh.*** undir sinen iaren ist und. 45) v. d.] ***Ab*** der d., ***Aa*** van d., ***Bm*** van unvornufticheit, ***BboEb*** v. kintheit. 46) ***BEb*** vorsynnen mag. || de wile — v.] *f.* ***AdehkqBkCbcdeg.*** 47) ***Ea fh.*** nach dem mol daz der nicht synnig und ein rechter tore ist u. den mort in seiner rechtin torheit begangen hot. 48) ***Aail fh.*** met hanthaftiger daet. 49) s. w.] ***Cg*** dragende w., ***Af*** besweret w., ***Cc*** wif de kint drecht. 50) vrucht — is] ***Cg*** dragende si, ***Cbdef*** vrouwe swanger si. || oft — is] *f.* ***AgiBaegiDaEb.*** — ***Ea fh.*** ab man hoer ubir sij richten muge wen czu hout u. czu har odir. 51) de — kome] ***Bb*** sie der frucht ledig wirt, ***CbcfgEb*** se der bort (***CbEb*** vrucht) genese (genesen si). 52) ***Ea*** *fügt eine förmliche Sententia hinzu.* 53) Is — eigen] ***Bdghioδ*** Is dat e. h. e. man vorschuldet hat sin leben (***Bdδ*** ungerichte). ***Babekl-Eb fh.*** u. hat er vorschuldet sein leben (***Eb*** den tot). ***Cbdef fh.*** der alsus verdeilt wer al wer he wol schuldich. ***Aq fh.*** den men mit ungerichte verschuldet heft. 54) ***Bk fh.*** off helpen; ***Cd fh.*** er wert en wol. 55) v. i.] ***BEb*** unredelich gewesen were. || oft — is] *f.* ***Cbdef.***

---

is abir eyn kint, das an der hanthaften tat begriffen were vnd obirwunden were, so frage dar nach, ab keyn kint synen lip vorwirken moge, dywile ys sich vor kintheit nicht vorsynnen en mag. So vint man ys en moge. Ist ys ouch eyn synneloz man, so frage (ob) keyn synneloz man synen lip moge vorwirken. So vint man her en moge. Ist ouch eyn wip swanger, so frage, nach dem das dy frucht dy si treit vnschuldig si, ab das wip wol schuldig ist, ab man si icht vristen sulle bys das dy vnschuldige frucht von ir kome. Das vint man. Ist ouch das eynes herren eygene man vorschuldet hat syn lebin, wil her en weren, so frage, ab her wol vnredelich gewest were, nach dem das her syn yngeboren eygen ist vnd der tat vnschuldig ist,

eigen si[56] unde der dat unsculdich si, oft he ene mit sime ede icht untsculdegen moge.[57] Dat vintme.[58]

Der §. 6 wendet das Verbot des Anpackens ohne richterliche Erlaubniss Ssp. I. 61 §. 1 auf das unrechte Vorbringen eines des Diebstahls beschuldigten mit Aufbinden des Gestohlenen an. — Die Bussfälligkeit §. 9 stützt sich auf die Analogie von I. 51 §. 5 über unrechtes Anpacken einer Sache und von III. 43 §. 1 über falsche Unterwindung eines andern zum Kampfe. — Der §. 12 erläutert den Ssp. III. 3 dahin, dass die Schwangere nur bis zur Entbindung mit der Strafe über Haut und Haar verschont wird.

Capitel 33. (*S.* 50, *von* §. 7 *an S.* 51).

§. 1. *Eine übernächtige peinliche Klage eröffnet der Kläger mit dreimaligem Gerüchte* ***II.*** 46 §. 2. §. 2. *Welchem dann die Beschuldigung selbst folgt* ***I.*** 62 §. 1. §. 3. B *wird dreimal zur Antwort aufgefordert* ***III.*** 39 §. 3 *und seine Verbürgung gestattet* ***II.*** 9 §. 3; *sodann wird er, falls er nicht dingpflichtig in dem Gerichte ist (vgl.* ***I.*** 70 §. 2), *zu 14 Nächten vorgeladen* ***I.*** 67 §. 1, *binnen welcher Zeit ihn* A *bis zur Bürgenstellung festnehmen mag* ***III.*** 13. §. 4. *Auch* A *stellt, wenn nicht im Gericht mit dem Werth seines Wergeldes angesessen, bei dieser Verfristung Bürgen* ***II.*** 9 §. 2 *oder bleibt in gerichtlichem Gewahrsam* ***I.*** 61 §. 1, ***III.*** 17 §. 2. *Die Schöffenbaren werden in eigenthümlicher Weise geladen* ***I.*** 67 §. 1, *vgl.* ***III.*** 81 §. 1. §. 5. *Bei der Klage gegen einen bösen Vormund* ***I.*** 41 *oder einen Treulosen* ***I.*** 40 *fällt das Gerüchte fort, Gl. zu* ***I.*** 40. *Gerüchtpfenning des Richters* ***I.*** 62 §§. 1, 3 (***II.*** 8). §. 6. *Den auf dritte Klage ausbleibenden* B *thun Richter und Dingpflichtige in die Verfestung* ***I.*** 67 §. 2 *mit Fingern und Zungen* ***II.*** 4 §. 1. *Wer ihn beherbergt, muſs wedden* ***III.*** 23, *und* A *mag ihn mit Schreien des Gerüchtes* (***III.*** 88 §. 2) *festhalten.* §. 7. *Den Verfesteten kann der Richter, von selbst oder auf des Kl. Antrag, selbsiebente in die höhere Verfestung vor dem höhern*

---

56) ***Ea fh.*** den ich vortretin wil alz recht ist mit meinr unschult. 57) u. m.] ***Bk*** der daet unschuldich makēn m. 58) D. v.] ***Babgδ*** So v. er en moge, ***BoCdg*** S. v. er moge, ***Ci*** S. v. sėlb sybinde.

---

ab her en icht mit syme eyde entschuldigen moge. So vint man her moge.

Richter, und dieser ihn in die Acht des Königs bringen I. 71, *III.* 34 §. 1. §. 8. *Nach Jahr und Tag trifft ihn die Reichsoberacht, welche ihm alles Recht, mit Vorbehalt der Ansprüche seiner Erben und seines Dienstherrn am Eigen, entzieht I.* 38 §. 2. §. 9. *Dem bösen Vormunde jedoch wird nur Vormundschaft und Ehre I.* 41, *dem Treulosen Ehre und Lehn abgeurtheilt I.* 40. §. 10. *Bei nicht übernächtiger Klage* (*oder deren Anmeldung beim Frohnboten I.* 70 §. 3, *oder in des Richters Hause*) *geschieht die Verfestung ohne dreimalige Klage, nach vergeblicher Aufforderung zur Antwort und Verbürgung, und nach Bezeugung der handhaften That, sofort I.* 66 §. 2, *I.* 70 §. 3. §. 11. *Folgen für den Kläger, wenn der Richter den angesetzten Tag versäumt II.* 2.

WeichbGl. 34 §. 4. §§. 1—3. *Joach.* §. 4—7. §. 6. *Joach.* §. 35.

Oft de clage vornachtet is, wo me denne
§. 1. varen scole. Is din clage[1] vornachtet[2] so hege de richter en ding[3] als hir[4] gesecht is.[5] So spreke din vorspreke[6] sus: her richter, N de biddet ens ordels wo he sine clage stellen[7] scole over enen sinen vredebreker

---

33. 1) *AmopBk fh.* unjegenwordich, *Ak fh.* ummeghenwordich. *Daraus machen Bbeghloa eine im Text stehende Rubrik:* Van deme ummegenden (*Ba* unbegunde vorbegende) vardinge (*Bg* wandinge, *Bbea* vordinge, *Bo* barding, *Bh* wartende) tytulus clage. 2) *Andre* overnachtig, *De* vornechtig. 3) hege — ding] *Eb* besetz es mit dreyn dingpflichten. 4) *Andre* hirvor. 5) so — is] *AfC* unde kumpstu (*Cf* tziestu) vor gerichte. *Aa hat hier a. R.*: In wikbelde vragit he sus na der ersten clage, her richter ik frage iu wes gi my bekennen an myner walt clage. Wanne denne de richter secht sine bekantnisse, so vragit he eft he nu moge met rechte don sine ander edder dridde clage edder vort-clagen. So vrage he wo he denne sine clage moge anstellen. 6) spr. d. v.] *AfC* nim enen vorspreken de spreke. 7) *Bcd* bestellen, *AfC* irheven.

---

33. Von deme vme genden barding Tytulus klage.
1. Ist dyne klage vornachtet, so hege der richter eyn ding als hy vor geleret ist. So spreche dyn yorspreche also, herre her richter, N der bittet eynes orteils, wy her syne klage stellen sulle obir eynen der syn fredebrecher adir rouber adir dip sy, ader

odder rovere odder dif[8] odder wo he clagen wil, dat it em[9] tu sime rechte[10] hulplik si.[11] So vintme, he scole se stellen[12] mit sime rechte, als he en vorwinnen wil.[13] So vrage he wedder, oft dat geruchte vor der clage scole gan[14] odder de clage vor deme geruchte.[15] So vintme, dat geruchte scole vorgan,[16] went it is der clage begin.[17] So bidde he, dat het scrien mute. [18]So spricт de richter, he gunnes em wol, oft is eme not si. So scrie de sacweldige selven[19] over N unde over sine unrechte vullest.[20] Also du anderwerf, druddewerf. So vrag, oft §. 2.
he sin ruchte also gerupen hebbe, dat sine clage mit rechte stan[21] moge. Dat vintme.[22] So sprek: so steit hir

8) *Dae fh.* oder waltmorder (weldenere). 9) *B* einem iczlichen. 10) t. s. r.] *Bck* t. siner clage, *f. AlBabdeghioδ*. 11) dat it — h. s.] *AlBEb* das ist — gut und h. (*Bdδ* gut u. nucze, *AlEb* nucz und h.). 12) anstellen, bestellen, *Bc* clagen. 13) he scole — wil] *AfC* mit gerochte. 14) *AfBgoδC* sin, *Bbc* geschen. 15) de — geruchte] *Cg* na, *AfCd* darna, *Cbc* na der clage; *Ae* de cl. solle vorgaen. *Bghio fh.* geschin scal. 16) *Be* vor der clage geschen, *Cc* vor der klage sin, *AlBacdghoδCg* vore geschen, *AfCbdef* erst geschen. 17) went — begin] *Bc* ee er der clag begynnet. 18) So — si.] *AfC* Dat orlovet ome de richter. 19) d. s. s.) *AfCbcd* he, *Cg* d. s. — *AhknBim fh.* to iodute (*Ak* tyodute), *Ae fh.* to jodute wapen yo, *Be fh.* zcuyother, *AlBabcdghoδE fh.* zcether, *AfC fh.* dat gerochte, *AqDa fh.* wapen, *De fh.* woffin thotherio. 20) *Aac* walt, *Bk* unlust. 21) sine — stan] *Viele* he sine — stellen (dun, bestellen u. dun) *AfC* he sine — irheven. 22) *Viele fh.* he hebbe, *Cd fh.* er mote. *Aa*

wy her klagen wil, das ist eyme iczlichen gut vnd hulflich. So vint man ym her sulle si stellen mit syme gerufte, als her en wil obirwinden. So frage ab das gerufte vor der klage sulle syn, adir dy klage vor dem gerufte geschehen sulle. So vint man das gerufte sulle vor geschen, wenne ys ist der klagen eyn begyn. So bitte her das her schrien musze. So spreche der richter, her gunne ys ym wol ab ys ym not si. So schrie der sachwalde zcether obir N vnd obir syne vnrechte volleist, also tu zcu dem andern male vnd zcu dem dritten male. So frage, ab 2.
her syn gerufte also zcu rechte gerufen habe, also her syne klage mit rechte stellen vnd tun moge. So vint man her habe. So

N unde claget gode unde iu her richter in godes stat,[23] dat de vorbenomde N si gekomen[24] unde[25] hebbe den vrede an em gebroken, unde nume[26] wat he em gedan hebbe,[27] unde biddet dat gi en tur antwerde biden.
§. 3. [28]So bide en de richter tur antwerde[29] unde spreke alsus: N di. bidic,[30] dat tu N antwerdest[31] als en recht si.[32] So vrag, na deme dat he ens tur antwerde geboden si,[33] wat dat de richter vort rechtes to dun scole.[34] So vintme, he scolen anderwerve unde druddewerve tur

---

hat a. R.: Edder he vragit vmme cyn recht, wo he scole vort clagen edder sine clage vul forderen edder vort faren dat dem cleger recht gesche und dem lyder neyn unrecht. So vintme denne, men scole en to der antwerde byden. So vraget he wy dat don scole unde wo vake. 23) gode — stat] *AgCefg* gode u. iu, *Bδ* g. u. i. h. v., *Cc* iu, *f. Cbd.* 24) *E fh.* geweldiclichen u. frevelichin. 25) dat de — unde] *C* over N de. 26) *BEa fh.* was er wolle und. 27) wat — hebbe] *Bm* de sake, *C* den broke. || unde — hebbe] *Eb* in myns herren stadt uff des koniges strasse do ein idir man gnade u. fride sulle haben synem libin brudir von dem leben czum tode bracht. 28) So — recht si] *AfC* So frage der richter, abe he is icht also gebedin si, dat he it van rechte sole doen. So vintme he si. So sprech d. r. alsus als mir hir zo recht vonden is, also beden ich N zo rechte antwerden. 29) *Aa fh.* dries. 30) d. b.] *AdegkBk* dc biddet, *Baegh* ich gebite uch adir dir wy her wil. 31) t. N. a.] *Adek* gy em antworden willen. 32) e. r. s.] *AlBacdeghoδEa* du zu r. salt, *Bi* gi zu r. dun scolen. *Ea fh.* Antwort er denne nicht. 33) *AfC fh.* und nicht en kome. *Ea fh.* und er nicht geantwort hot, noch sich der antwort mit rechte ny gewert hot. 34) w. d. — scole] *AfqCcefg* w. d. nu recht umme si. *f. Cb.*

---

sprich darnach, so stet hy N vnd klaget gote vnd uch herre her richter yn gotis stat, das der vorgenumete N si komyn vnd habe den fride an ym gebrochen, vnd nume was her wolle vnd was her ym getan habe, vnd bitte den richter das her ym zcu
3. der antwerte gebite. So gebite ym der richter denne zcu der antwerte vnd spreche also, N ich gebiete dir das du antwerdist als du zcu rechte salt. So frage, nach dem das ym zcu eynem male zcu der antwerte geboten si, was der richter nu darzcu tun sulle. So vint man, her sulle ym darnach gebiten zcu dem an-

antwerde biden.[35] [36]So vrag vort, wat dar rechtes umme si, na deme dat he dries tur antwerde geboden is unde he nicht[37] dar tu en antwerdet.[38] So vintme me scolen[39] tu borge dun,[40] also[41] anderwerf unde druddewerf.[41a] So vrag wat dar nu rechtes umme si, na deme dat he dries tur antwerde unde dries tu borge boden si.[42] So vintme he scolen beboden,[43] oft he dar nicht dingplichtich ne si, unde scolene dachen verteinnacht. So vrag oftu ene

35) So — biden] *f. Cb. Cc* Des sulven vraghe to deme anderen u. to deme dridden male, *Eb* das thu drey clagen u. also offte sal in der bottel vur heischin u. sal also sprechin: ich heische in eynen N zcu rechter antwert das er den wytfride myns h. stadt gebrochin hath u. den mort begangin hath in des koniges strasse czu eynem mole czum a. m. czum dridden m. czum virden mole. 36) So — antwerdet] *f. CcDa.* || So — druddewerff] *f. Cg.* 37) *Ce fh.* en komet noch. 38) d. t. e. a.] *Bm* en kumpt wu du vortvaren schalt, *AlBabcdeghilopδ* czu der antwerte (*Bh* darczu, *Bl* czu den antworten allen) en quam. *Ea fügt dies hinzu.* 39) *AdkqBk fh.* dries. 40) *AdefklBmCcdefDe* beden, *Cb fh.* u. beden. 41) *Ag* enewerve, *Bk* to dem ersten, *Af-Ccdef* dat sal man don, *Aa fh.* do. 41*a*) also — dr.] *f. AqBδ.* 42) tur a. — si] *Al* vorgheladen is u. driens vorgheboden is. || unde dries — si] *Ea* und getagit u. vorgeheischin ist u. er nicht gestanden ist u. im helfrede irteilt ist, der auch nicht gebrocht hot. — *Bm fh.* wo du ene vort dun schalt dat du ene rechte dust. *Aa hat a. R.:* In wicbelde vintme me scole en vorloven vnde dat scal de richter don vnde stande scal he dat don vnde scal dat don myd vingheren vnde met munde ut infra. 43) *Cb* beden, *Cd* vorbeten, *Da* verbitten, *AlBEb* besenden, *Bd* bescheiden.

dern male vnd zcu dem dritten male zcu der antwerte. So frage vort was dar rechtis vmme si, nach dem das ym driens zcu der antwerte geboten si, vnd her zcu der antwerte nicht en quam. So vint man, man sulle eñ zcu borge tun, czu dem ersten vnd zcu dem andern vnd zcu dem dritten male. So frage was da nu rechtis vmme si, nach dem das ym driens zcu der antwerte geboten si, vnd driens zcu borge. So vint man, man sulle en besenden, ab her da nicht dingpflichtig en ist, vnd sulle ym tagen virzcennacht. So frage vort, ab du en (*Lücke*) denne icht vf halden wor[44] anquemest, oftu en icht upholden mutest,[44a] bet dat he di[45] vorwisse[46] vor gerichte tu stande.[47] Dat vintme.

§. 4. Bistu denne richter so sprek: N ic vrage iu,[48] na deme dat de clage mit ordelen gevrist[49] is, oft he icht vorborgen[49a] scole, dat he sine clage vul vüre.[50] Dat vintme, it ne si, dat he als vele eigens in deme gerichte hebbe als sin wergelt gut is.[51] Unde heft he denne[52] nenen borgen, so vrage wat dar denne rechtes umme si. So vintme, he scal selven borge sin unde[53] de vrone walt[54]

44) *Bdnpδ* binnen des, *Ea* yndert, *Cd* irgent. 44*a*) *Aa fh. a. R.:* In wikbelde vor dynen vorvesten man. So vintme deste du rechte darmede varest. So vrage we di darto helpen scole. So vintme dy richter vnde dyne frunt. So vrage eftu iennige wunden an en wrochst, eftu des icht scoldest ane scaden u. not bliven. So vintme destu met rechte darmede vort varest. So vrage, eft en wy husede edder hegede efte he icht scolde gelike sculdich sin. So vintme, he hebbe denne rede de em hulpelik sin. So vrage wo verne he scole vorvestet sin. So vintme bynnen dem gerichte dar he dy walt gedan heft vnde in allen sidesten gerichten dy dar ynne horen. 45) *Ad* de claghe. 46) vorwissene, vorwissede, *Cb* vorwinne, *Da* vor bevestene, *AlBEb* vorborge (*Bh* vorborgende). 47) v. g. t. st.] *AfCcfg* dat he to rechte stan wille. 48) sprek — iu] *AfCcfg* vrage enes ordels. 49) *Bk* gevestet, *Bm* vorwisset, *Cb* ghewisnet. 49*a*) *De* vorbaz myr vorwissen. 50) vollenforen (volfordern, *Ak* vullenbrengen) wolle. *AlBEb fh.* edder mit rechte laten. || dat — v.] *Aq* siner clage to volgene. 51) g. i.] *AlBdδ* moge geseyn, *Baeghio* g. mochte syn. *Langer Zwischensatz in Ea.* 52) *AfC fh.* neyn gut an deme gerichte u. 52*a*) wat — si] *Aq* wu du volgen soles. 53) he — unde] *f. AfC.* 54) d. v. w.] *AhBk* des vroneboden gewalt, *Ccdeg* der vronebode, *AlBabcdeghmoδEb* das gerichte.

sullest bys das her dirs vorborge zcu rechte zcu stende. Das
4. vint man. Bistu denne richter, so sprich, N ich frage uch, nach dem das dy klage mit orteiln gefrist ist, ab her icht vorborgen sulle, das her syne klage vol fure adir mit rechte lasze. Das vint man, is en si, das her also vil eygens yn dem gerichte habe als syn wergelt gut moge syn. Vnd en hat her denne keynen burgen, so frage was da rechtis vmme si. So vint man, her sulle selbe burge syn vnd das gerichte sal en behalden. Wer

scole en behalden. Wer aver dit en scepenbare vri man, dem dedeme[55] alsus sulves, wen dat men en dachet[56] over ses weken unde in de hogeste dingstat,[56a] deste dit in ener grevescap were. Aldus du ok, oftu einen[57] §. 5. truelos bereden wult, sunder dat tu nen geruchte scrien scalt, unde ok oftu enen balemunden[58] woldest.[59] [60]Weret ok dat itlike richter ruchte penninge escheden, dat were unrecht, [61]wente it vorbort neman ruchte penninge, wen de sine clage nicht vulvuren[62] wil. Wen du sus §. 6. tum druddenmale clagest so secge sus: her richter, N de biddet ens ordels, nadem dat it sin dridde clage si

55) *Aad* do ock, *AcCc* do, *Cg* geschege. 56) e. d.] *De* dy clage tagen muste. *AchkBbiko fh.* jo, *AfCbcd fh.* dries iumber *Ca fh.* drüwerff. 56*a*) i. d. h.] *Bδ* czu rechter. 57) *Aa fh.* rechtlos edder. 58) *Cg* belumeden, *Dae* vervesten. 59) *Cg fh.* dem do selves so uch, *AfCbcf fh.* deme do ok also, *Cd fh.* do ok also. 60) Weret — unrecht] *Aa* W. o. dat de richter r. p. van dy e. de dede u., *Cce* Wete ok dat islike r. eschen r. p. dat is u., *Adhk* Wente i. r. eschet ok r. p. dat is u. (d. i. u. *f. Ah*), *Cg* so heisse ickelich r. geroichtes penink dat is u., *AlBEa* Ok wete dat ein i. r. pleget (*AlBaegh* pflichtig ist, *Bc* nicht pflichtig ist) ruchte penninge to esken to rechte (*BpδEa fh.* von dem geruchte, *Blo fh.* v. d. g. das ist unrecht, *Bbk fh.* von deme gerichte). 61) wente — wen] *Cf* w. it en geburt n. r. p. zo geven w., *AlBabcdeghikmnp* von deme. || wente — wil] *Ea* und dorumb mussen di daz gerufte tun pfant legen dem richter vor daz gewette. 62) *Andre* vulborden, volvordern, vulvolgen, *Bi* vordern.

aber dys eyn schepphenbar vriman, dem tete man also selbis, wenne das man ym tagete io abir sechs wochen vnd an dem hoesten dingtage, vnd ouch ab dys yn eyner greueschaft were. Also tu ab du eynen truweloz obir reden wilt, sunder das du 5. da keyn gerufte schrien salt. Und ouch ab du eynen vorbalemunden woldest. Wisse ouch das eyn iczlich richter phliget phennynge zcu heyschene von dem geruchte, das ist vnrecht, wen ys en vorluszet nymant keyne phennynge mit gerufte, wenne der der syne klage nicht volvorderen wil. Wenne du zcu dem 6. dritten male klagest, so frage also, herre her richter, N der bittet eynes orteils, nach dem das dys dy dritte klage, vnd nicht

unde N dries tur antwerde geboden si unde nicht antwerden wil[63] unde dries tu borge boden si,[64] wat dar nu rechtes umme si. So vintme me scole en vorloven[65]. So spreke de richter: N ic vrage iu, wo ic en vorloven[66] scal. So vintme mit vingeren unde mit tungen.[67] So vrag wo en vorloven[67a] scole. So vintme de richter unde de dingplichten.[68] So vrag, wo en seder herberge unde spise,[69] wat sin broke[70] si. So vintme he wedde,[71] it ne were, dat hes nicht en wuste, dat he vorvestet was. So vrag we di en scole helpen[72] uphalden, oftu ene ankumpst. So vintme de richter unde de dingplichten.[73]

63) u. n. a. w.] *f. AfqCDac.* 64) b. s.] *AfC* drie (*Cg* zo) verteynacht gedaget si unde he nicht en kome noch neman van siner weghene de sine ècnten not beschenege (*Cg* entrede, *Cd* scheyde, *Cef* bewyse). 65) *AhE* vorvesten, *AlB* tun in dy achte, *Ad fh.* u. in de achte don. 66) *Viele* vorachten, verechten, *Bi* vorwynnen u. vorachten. 67) *Bm fh.* So vrage oft me dat sittende edder stande dun sole. S. v. stande. 67*a*) *Bd* vorachten. 68) *BiE* schepen. *E fügt noch die Verfestungsformel hinzu. Cbcdef vereinigen die beiden Fragen und Antworten so:* So vrage de r. enes ordeles we u. wo men one vorloven sculle. S. v. m. de r. u. de dingpl. scullen one v. mit v. unde mit t. 69) h. u. sp.] *BmCd* huse u. sp., *Cg* h. u. huse, *Ea* spizete hausete odir hovete odir keinrley furderunge tet. 70) s. b.] *Ea* er vorvallen. 71) h. w.] *Andre* sin (or) gewedde, *De* en wettehaft, *AlBE fh.* beide dem richter und dem sachwalden (*Ea* cleger, *Bk fh.* boten). 72) we — helpen] *Ab* wo du en scolest. 73) *Aacdg* dar plichtich sin to deme dinge. *Ab fh.* scun dartu helpen.

antwerten wil vnde driens zcu borge geboten ist, was da nu rechtis vmme si. So vint man man sulle en tun yn dy achte. So spreche der richter, N ich frage uch wy ich en vorachten solle. So vint man mit vingern und mit zcungen. So frage wer en vorachten sulle. So vint man der richter vnd dy dingphlichten. So frage wer en sedir adir dar nach herberge ader spise, was syne bruche syn mogen. So vint man, her sulle wetten beide dem richter vnd dem sachwalden, is en were denne das hers nicht en wuste das her voruest were. So frage wer en dir sulle helfen vf halden, ab du en an komist. So vint man der richter vnd dy dingpflichten. So frage wy du si dar zcu

So vrag wo du se dartu bringen[74] scalt. So vintme mit deme[75] ruchte. [a]Bistu richter unde vorvestu enen sus[76] §. 7.
unde wil hes nicht achten so vrag, nademe dat tu N vorvestet hefst unde he des nicht en achtet, wat dar en recht umme si. So vintme, in de hogeren vestingen scal men bringen.[77] So vrag wo du dat[78] dun scalt. So vintme, du scalt dine vestinge[79] dem marcgreven tugen odder deme greven. [80]Is it aver desser wille, so scolen se se[80a] deme koninge tugen; darmede scolen se en in ere[81] achte nemen.[82] So vragen se, mit wo mennegen manne[83] du se tugen[84] scalt. So vintme self sevende

74) *AfCcdEb* laden. 75) *Andre* deinem. *a*) *In Cg ein neues Capitel unter:* Omme vestingen. 76) *BabCbcegEb* man. 77) *Cc fh.* als in dey hanthafftige vorvestinge. 78) *Ccdg* dem. 79) *AlBE fh.* mit, *Ccdfg fh.* vor, *Dae fh.* dem hertzogen oder. 80) Is it.— nemen] *Dafür haben AfC nach* ordel vinden: Wil denne de greve eder de marcgreve sine vestinge tugen vor deme koninge, he bringe one in des rikes achte. || Is it — tugen] *AlBEa* So mach erer ein under en dat (*Bd* der mag is thun unde sal is, *Baegδ* So mach es thun under den czwen eyner welcher wil der sal ez denne, *Al* So vragest du under den eynen welk or it wil dy schal id denne, *Bc* es sey unter des einen welcher der sey der sol es) deme koninge kundigen u. scal dat mit eme betugen. 80*a*) *Einige* it; *AaDe* de vestinge. 81) *AlBEa* eine (de) andere, *Bd* eine hoer. 82) *Bm* brengen, *Bk* n. eder brengen, *Bnδ* bringen oder (und) n., *Bd* brengen u. bey dem namen nennen. 83) m. w. m. m.] *C* wo. 84) s. t.] *AahBkEa* dey vorvestunge t., *BamCabc* it t., *AlBbcdeghoδ* en obirczugen.

brengen salt. So vint man mit dem gerufte. Bistu aber richter 7.
vnd voruest eynen vnd en wil her ys nicht achten, so frage nach dem das du N voruest hast vnd her des nicht achten wil, was da nu rechtes vmme si. So vint man her sulle en yn eyne hoer uestunge brengen. So frage wy du das tun sullest. So vint man, du sullest dyne voruestunge mit dem marcgreuen bezcugen adir mit eyme greuen, so mag ys wol tun vnder der eyn welchir ys wil, der sal ys dem konige kundigen vnd mit ym bezcugen, da mite sullen si en yn eyne andere achte nemyn. So frage mit wy mangeme manne du en salt obir zcugen. So vint man selb sebinde der dy das orteil sullen vinden. Dys mag der rich-

der, de de[85] ordel vinden.[86] Dit mach de richter dun ane des clegeres willen;[87] he mut des ok nicht vorsec
§. 8. gen[88] oft it de cleger wil.[89] Is he sus jar unde dach in des rikes[89a] achte,[90] so vrage de richter, odder de clegere de en dar in brachte vor deme koninge, odder de koning selven oft he wil ane desse alle,[91] wat dar nu rechtes umme si, seder he dristleken[92] stan hebbe[93] jar unde dach in des rikes achte. So vint me, he si recht los[94] unde sin len si dem heren ledich unde dat eigen deme rike; it ne si dat it de erve ut tie,[95] odder it ne
§. 9. si en dinstman, so wert it sime heren.[96] Wert aver en balemundet,[97] dat kumpt[98] nicht hoger, wen als me dessen vorvestet, alse verdelet men eme[99] alle vormuntscap unde sin ere.[100] De ok trueloz beredet wert, dem

---

85) *AaBbm* dar, *Bc* do; *Andre* das. 86) *Cd fh.* u. dine vorvestunge gehort haven. 87) *AhBk fh.* of hey wil. 88) *AefCEb* weigeren. 89) *CDae* eschet, *E* begert. 89a) *BagδDe* richters. 90) *AfC fh.* gewesen. 91) oft — alle] *f. AfqBemC.* ‖ a. d. a.] *Ae* alle desse, *Ad* al ane desse, *Bdδ* obir das alles; *Dc* ane dez vorgenanten; *f. Aac.* 92) *AfCEa* vreveliken, *AlBabcdeghioδEb* frevelichen u. wissentlichen, *Bm* mit vrevel u. mit witscop. 93) s. h.] *AfBδCcfg* si gewesen. 94) *Der Druck von* 1516 *fh.* u. echtlos. 95) *AfC fh.* binnen iar u. daghe. 96) *AflBC fh.* ledich. 97) e. b.] *Da* herre fluchtig beredet, *De* her vluchtig vere dyz. 98) *AfC* geit. 99) a. v. m. e.] *AfC* unde dat m. e. v. 100) *AdBcdδ fh.* u. sein erbe. *E hat den Satz* Wert — ere] *nach* len *und fh.* czu der dritten clage.

---

ter ane des klegers willen tun; her en mag ys ouch nicht vor-
8. sagen, ab ys der kleger wil. Is her denne also iar vnd tag yn des riches achte, so frage der richter adir der kleger der en dar yn brachte vor dem konige, ader der konig selbir ab her wil ane disze alle, was da nu rechtis vmme si, sint her freuelichen vnd wissentlichen gestanden habe yn des riches achte iar vnde tag. So vint man, her si rechtlos vnde syne len syn ledig den herren vnd das eygin dem riche, is en si das ys dy erben vz zcyn, ader her sy eyn dinstman so wirt ys syme herren ledig.
9. Wirt abir eynre vorbalemundet, das en kumpt nicht hoer, wen als man desin voruest, also vorteilet man ym alle vormundeschaft vnde syne ere. Der ouch truweloz beredet wirt, dem vor-

vorlecht[1] me tur drudden clage sin ere unde sin len. Clagestu aver over enen,[2] er it overnachtich wert,[3] wen §. 10. he di[4] tur antwerde unde tu borge boden[5] wert na dime ruchte,[6] so vrag wat dar denne rechtes umme si. So vintme, du scolest de hantafte dat tugen self sevende[7] unde me scal en tu hant vorvesten.[8] Was aver de richter dar nicht tu hus[9] dem du it clagedest,[10] unde kundegest du it[11] deme vroneboden[12] odder in des richteres hus mit getuge, is it wol vornachtet als de richter[13] kumpt, so vrag, na deme dat tu it[14] gerne[15] claget heddest oft[16] dar de richter[17] weset were, unde dut dem vronen boden kundegedest odder in des richteres hus oft dar nen vrone

1) *Viele* verdelt. 2) *BkCa fh.* fredebrecher. 3) *AfC fh.* mit gerochte. 4) *f. in einigen. C* dries (*nach I.* 70 §. 3 *nicht richtig*). 5) *Baei* gethan. 6) d. r.] *AaBabegk* deme r., *Agk* r., *AefqCDae* rechte. 7) *AlBEa fh.* vromer (bederver, erbar) man. 8) *Ah fh.* dat is vurborghen. 9) t. h.] *BdδDae* doheyme, *Ea* nicht inheimisch. 10) *C* klaghen scoldest. 11) u. k. d. i.] *Al* so kundighe du; *Aq* so do id d. vr. witlik; *Cf* u. kundich dedes so kundige it mit, *Cd* u. klagestu ot, *AdehkBk* so do it witlik. 12) *AfCbcdg fh.* in des richteres stat. 13) *Bbdδ fh.* heym, *Bo fh.* wider heym, *AlBaegh fh.* zcu huss, *Bc fh.* zu hawsz u. zu gericht. 14) *Cbdefg* dine not, *Cc* one vor dem richtere, *Eb* nechten. 15) *AdklqBbhko fh.* er, c. 16) *B* glicherweiss als (ab). 17) *AfBkCcdefg fh.* to hus, *Cb fh.* tho weren, *Babcdeghiop fh.* kegenwertig, *Bδ fh.* czu kegenwort, *Bl fh.* da heime.

teilet man zcu der dritten klagen syne ere vnd syn len. Klagestu abir obir eynen er her obirnechtig wirt, wenne her denne dir zcu der antwerte vnd zcu borge geboten ist nach dyme gerufte, so frage was da denne rechtis vmme si. So vint man, du sullest dy hanthafte tat bewisen selb sebinde biderber manne. So sal man en zcu hant voruesten. Were abir der richter daheyme nicht, dem du dys klagetist, vnd klagest du ys deme froneboten adir yn des richters huse mit gezcuge, ist das ys wol obirnechtig ist, als der richter wider heym kumpt, so frage, nach dem das du ys gerne er geklaget hettest glicher wys als her da keginwertig gewest were, vnd du is deme fronenboten hattist gekundiget adir yn des richters huse, vnde ab da yoch keyn fronebote enwere, ab der richter icht zcu rechte richten 10.

bode nis, oft di de richter icht richten scole, als oft it[18] ni vornachtet were, unde oft he en tu hant vorvesten
§. 11. scole. Dat vintme. Queme ok de richter tu eme utgelegeden dache[19] nicht, den dach vorlust de dar claget[20] allene unde mut niwe virteinacht clagen.[21] Worde dar aver[22] mer vorsumet, so mut man van nies[23] an clagen.[24]

§. 9. Der Ssp. I. 41 gedenkt nicht des [illegible] *den bösen Vormund.*

Capitel 34. (S. 52.) *

§. 1. Der Verfestete kommt ungefangen mit II. 4 §. 1 oder ohne Geleit vor das Gericht, wo es sei III. 17 §. 1, um sich durch bloſse eidliche Erklärung (bei schon geschehener Ladung mit Beweis der echten Noth, Lehnr. 24 §. 8) von der Verfestung zu befreien, worauf der Richter, bei Verlust seines Gerichtes (II. 13 §. 8), ihn daraus entlassen muſs II. 4 §. 1. §. 2. B hat nun zu verbürgen, daſs er dem Kl. antworte II. 4 §. 1, widrigenfalls er in Haft bleibt III. 17 §. 2, und daſs er in den näch-

18) o. i.] *AfCcdefg* de clage, *Cb* de cleghere. 19) u. d.] *Cg* gehegeden d., *BkCd* dinge, *Bd* u. dingetage. 20) d. d. c.] *Andre* der cleger. || den — claget] *Aa* to deme dage v. me de klage. 21) u. m. n. v. c.] *Aa* u. men mod id v. dagen, *Cg* so muss he in up n. v. dagen, *AdBdδ* u. ne darff nicht clagen noch clagens warten, *Bhi* u. en darff doch nicht v. clagen (*Bi fh.* warten), *AlBabcegko* u. en darf doch nicht (*Bc* muss nicht) wanne (*Ba* over, *Bk* dan over, *Bc* in den) virczen tage klagen noch kl. warten, *E* u. m. virczen tage noch der clage wartin. 22) d. a.] *AfCbcefg* a. der dage. 23) *AfCcefg* vören. 24) *Viele* beginnen, *Bc* anheben zu clagen. || Worde — cl.] *Cd* W. aver de clage overnechtich ader vorsumet so mut er die clage dar van beginnen.
34. * *f. Caefhk.*

sulle als ab ys nicht obernechtig were, vnde ouch ab man en
11. icht zcu hant voruesten sulle. Das vint man. En queme ouch der richter zcu eyme vz geleyten dinge nicht, so vorluszet der kleger den tag alleyne, vnd endarf doch nicht virzcen tage klagen noch klage warten; wurde aber mer vorsumet, so muste man von nuwens klagen.

sten drei Dingen erscheine ***II.*** 4 §. 1, *wobei nicht über dreifsig ihn begleiten mögen* ***II.*** 67. §. 3. ***Der Richter*** *mahnt mit Urtheil die Bürgen zum Vorbringen des ausgeblieben* B. ***Behaupten*** *sie echte* ***Noth*** *des* B, *so müssen* ***sie***, *nicht der* ***Bote*** *des* B, *dieselbe auf den Heiligen darthun* ***II.*** 4 §. 3. §. 4. ***Können*** *sie ihn nicht vorbringen, so lösen sie sich, alle zusammen, mit seinem Wergelde* ***I.*** 65 §. 3, *welches über* 12 *Wochen* ***I.*** 65 §. 4 *dem* A ***III.*** 9 §. 1, *falls dieser bei der Ausbürgung zugegen war, sonst dem Richter der ihn wieder verfestet* ***II.*** 4 §. 2 *zu zahlen ist.* §. 5. *Die Bürgen bringen den* B *vor und erlangen Frieden für ihn; er erbietet sich, wenn* A *nicht zugegen, an dreien Dingen zu Recht* ***II.*** 4 §. 1; *macht durch sein Erscheinen seine Bürgen* ***III.*** 9 §. 3 *und durch das Erbieten sich selbst frei* ***II.*** 8. *Auch wird er frei* ***II.*** 4 §. 1 *a. E.*, ***II.*** 8 *und erhält Bufse, wie der Richter sein Gewedde* ***II.*** 8, ***I.*** 53 §. 1, *wenn der gegenwärtige* A *nicht klagt.* §. 6. ***Ist*** A *da und klagt wie gegen einen Verfesteten, so erlangt* B *ein Urtheil, dafs ihm die Verfestung nicht schade* ***I.*** 68 §. 5, ***II.*** 4 §. 1, *wenn er den Auszug beweist.* §. 7. *Den Auszug bezeugen Richter und Finder* (***II.*** 4 §. 1) *je nach der Verschiedenheit des Gerichtes* ***III.*** 18 §§. 1, 2, ***III.*** 88 §. 1 (***III.*** 56 §. 1); *wobei der Wechsel des Richters zwischen dem Auszuge und dem Zeugnifs nicht schadet* ***III.*** 25 §. 1. *Auszug aus der Reichsacht* ***III.*** 34 §. 1. §. 8. *Beweist* B *den Auszug nicht, so braucht* A *die Verfestung nicht zu bezeugen* ***III.*** 18 §. 1. §. 9. *Wird er bewiesen und klagt nun* A, *so entgeht ihm* B *mit seinem Eide* ***I.*** 18 §. 2. §. 10. *Der wegen Verbrechen rechtlose* B *wehrt sich, desselben Vergehens beschuldigt, mit Gottesurtheil* ***I.*** 39. §. 11. *Die abgeleugnete Rechtlosigkeit beweist* A *mit demjenigen Gericht* ***I.*** 8 §. 1, *vor welchem* B *rechtlos ward* ***I.*** 38 §. 1. *Der jetzige Richter sendet Boten an dasselbe zum Anhören des Zeugnisses* ***III.*** 82 §. 1. §. 12. A *zahlt wenn er nicht durchdringt doch keine Bufse, weil er den* B *nicht zum Kampfe gefordert hat* ***I.*** 62 §. 4, ***II.*** 8 *a. E.*

§. 1. *Joach.* §. 36. §. 5. *Weichb. Gl.* 34 §. 8. §. 4. *Planck Bew. U.* 51 *N.* 1. §. 10. *Planck Bewf.* 297 *N.* 207. §. 11. *Planck* 299 *N.* 228.

Of en vorvest wert, dem it not benam dat he

---

34. Von klage ab eyner da keginwertik ist. Von 1.

nicht vore quam.[a] §. 1. Sven en vorvestet wert,[1] heddet em not benomen[2] dat he nicht tur antwerde en quam, unde wolde noch gerne antwerden, so sende he tu deme richter unde bidde umme geleide. Dat schal em de richter geven; wil des de richter nicht don,[3] so vinde he welken wech he moge, dat he tome[4] richter kome, war he on unde de[5] dingplichten[6] hebben moge,[7] it si wort si.[8] So spreke he: herre richter, ic bin vor iu tu unrechte vorclaget unde vorvestet, dar en wil ic nicht lenger inne wesen,[9] dat mi god so helpe unde de hilgen. Dut he sus, he is ut[10] aller vestinge. So vrag oft he di icht ut-

34. *a*) Of — quam] *Viele* Von klage obir einen kegenwertigen. 1) Swen e. v. wert] *AfCcd* Wert e. man v., *Ad* S. e. v. man yegenwardich is, *AehkBkDe* Waer (*Ae* Wan) e. v. man is. *AlnB* (*meist als Rubrik*): Von clage obir eynen kegenwertigen man (*Bb* eynen der do unkegenwertig ist) den man (wer en) vorvestet hat. 2) heddet e. n. b.] *AfCc* deme dat echte not benam; *f. Aghl.* 3) wil — don] *B* Wolt es im d. r. nicht geben, *AfCcd* weigert ome des d. r. 4) welken — tome] *AfCc* weghe wo he vor den. 5) e. u. de] *So Aabc. AfBkmCbcdg* tvene, *AdghklBabdeoE* e. u. tvene, *Bcghiδ* den richter u. zcwene, *Ae* en wete u. twene, *Dae* in wisse das er zweyn. *Der Ssp. kennt* (II. 4 §. 1) *nicht ein Ausziehn aus der Verfestung vor zwei Dingpflichtigen, sondern* (III. 18) *nur einen Beweis des Ausziehens durch den Richter selbdritte.* 6) *Bn* dingscheppen. 7) h. m.] *Bi* vinden m., *AfCbcdg* bi sik hebbe. 8) it — si] *f. AfBgCbcdg. Bacdghimpδ fh.* u. kome vor den richter. 9) *Cd* stan noch sin. 10) is ut] *AflBCbcdgEb* ist (wert) los (ledig, los u. ledig, *Ba* los u. quiet).

klage obir eynen keginwertigen man wer en voruest hat, ys das ys ym not benomyn hat das her nicht zcu der antwerte en quam, vnd wolde her noch gerne antwerten, so sende her zcu deme richtere vnd bitte en vmme geleite, das sal ym der richter gebin. Welde ys ym denne der richter nicht gebin, so vinde her welchen weg her moge, das her zcu dem richtere kome, wo her en vnde zcwene dingpflichten gehaben moge, ys si ouch wo ys sie, vnd spreche herre her richter, ich bin zcu vnrechte vor uch beklait vnd voruest, da en wil ich nicht lengir ynne syn, das mir got so helfe vnd dy heiligen. Tut her also, her ist aller voruestunge ledig. So frage ab man dich icht vz der achte sulle

laten scole.[11] Dat vintme. Weigeret di des de richter,[12] so claget dem hogeren richter unde suket vor em.[13] Kanstus denne vulkomen,[14] dat hes geweigeret[15] heft jene richter,[16] so vordelet me eme sin richte.[17] Werestu aver vorbodet unde over virteinacht gedachet,[17a] so mustu[18] echte not bewisen.[19] Tut sic en sus ut, so vrage de §. 2.
richter ens ordels, na deme dat he sic utgetogen hebbe, oft he icht vorborgen scole dat he vorkome unde antwerde.[20] Dat vintme. So vrag, wen he tu rechte vorkomen scole.[21] So vintme tu den negesten dren dagen.[22] So vrag wo stark he tu richte komen scole. So vintme,

11) So — scole] *AfCbcdg* Uch sal he fragen eyns ordels abe in der richter icht uss der vestinge laten s. 12) *B fh.* u. wolde des nicht thun. 13) suket v. e.] *So Aac; Ab* seget v. e., *AfCcg* tuge dat vor em, *Cd* vortuge on, *Cb* vortughede he one vor dem hogeren richtere denne; *AekqBkDa* thu dich vor deme ut, *AdhlBDeEa* czie sich (*Bmo* dik, *Bi* sik des) vor (*Bg* an) den (*AhlBadegDeEa fh.* aus). 14) K. d. v.] *f. Cbcdg*; *Bc* und kan er dem nachkomen; *Badeghi fh.* u. volfüren. 15) *Badeghipδ fh.* u. vorsait. 16) hes — r.] *AfCcdg* ome de nedere richter rechtes (des) g. hebbe. 17) *Ab* recht. 17*a*) u. o. v. g.] *Bδ* u. were ys v. gevristet. 18) *AfCbcdg fh.* vore komen u. dine. 19) *Ea fh.* daz du nicht vorquemest alz man dich getaget hatte, *Eb fh.* das er nicht vorquam. 20) v. u. a.] *AfCbcdg* to a. kome, *AqDae* kome zu rechter antwurte. *AlBabcdeghkoE fh.* was men ime schult gebe. *Bimδ fh.* warum (was) me ene schuldigen wille. 21) Dat — scole] *f. AkBabdegiklmop.* 22) *Die meisten* dingen. || d. d.] *BiCdEb* dinge.

lasen. So vint man, man sulle. Weygerte dir des der richter vnd en welde ys nicht tun, so klage hers eyme hoern richtere vnd zci sich vor den, vnde kan her denne des volkomyn das ys ym yenre richter gewegirt hat, so vorteilt man ym syn gerichte. Werstu bebotet vnd obir virzcennacht getaget were gewest, so mustu rechte not bewisen. Czuth sich yenre also vz, so frage 2.
der richter eyns orteils, nach dem das her sich vzgezcogen hat, ab her icht das vorborgen sulle das her wider vorkome, vnd antwerte was man ym schult gebin wil. Das vint man zcu den nesten dren dingen. So frage wy stark her zcu gerichte komyn sulle, so vint man nicht wenne selb drisigiste, vnd dy en sollen

he scal nicht wen sulf druddegeste komen unde scolen
§. 3. nene wapen hebben wen swert.[23] En heft he nenen borgen, so vrage de richter, oft me en icht sulven beholden scole.[24] Dat vintme. Vorborget he[24a] aver unde kumpt he nicht vor, so vrage de richter, oft he icht moge manen N[25] unde[26] N, de en[27] gelovet hebben vortubringende. Dat vintme. So spreke he denne: als mi gevunden is, so mane ik se,[28] dat se en vorbringen.[29] Hebben se denne siner nicht, so spreken se[30] odder ere vorspreke:[31] her richter, it benimpt em echte not, dat wil sin bode bewisen als én recht is, [32]unde biddet ens ordels, oft wi[33] dar tu rechte icht mogen mede dach krigen.[34]

23) So vrag — swert] *f. AfCbdg.* 24) *Ea fh.* sint daz er nicht besessen ist. 24*a*) *Einige fh.* is. 25) *Bcdghi fh.* oder wie her heisset (*Bi* is). 26) *AcgBbo*ϑ umme. 27) d. e.] *Cc* de mi N, *AcgEb* den he, *AhlqBabeghio*ϑ den se, *AekBck* umme N (*Bc* uber H) den se, *Da* fur den den sy, *De* umme N vor den sie. 28) *B* de vorgenanten (*Bdmp*ϑ *fh.* borgen). 29) als — v.] *AfCbc* N uude C ik mane iu dat gi se to deme antwerde bringhen. *Cg* A und B ich mane uch dat ir na yrer geloifften hir zo antwerden komet, enkomet si dar neit ader. 30) s. s.] *Cg* spreche de burge. 31) s. o. e. v.] *AfCbc* se, *AlBadeghio* e. v. 32) unde — — tiegen] *AfCbcdg* So vrage de richter. 33) *AlBbkp* he, *Ag* se. 34) dar — krigen] *Bm* dat mit useme rechte beholden scholen; *AlBadeghilno*ϑ damit icht unse recht behalden sullen (*AlBaglo fh.* unde darwider (*Ba* dat, *Bl* das damit wider) erkrigen mogen); *Bbp* damit icht sein recht behalden solle u. is dormethe irkrigen solle ader moge. *Bk fh.* unn of he damit icht sein recht behalden solle.

3. keyn waphen mer habin wenne swerte. Vnd en hat her keyne burgen, so frage der richter, ab man en icht selbir sulle behalden. Das vint man. Vorburget her ys abir vnd en kumpt her nicht vor, so frage der richter, ab her icht N musse manen vmme N den si globit habin vor zcu brengene. Das vint man. So spreche her, als mirs gefunden ist so mane ich si dy vorgenanten, das si en vorbrengen. En habin si syn denne nicht, so spreche ir vorspreche, herre her richter ys benympt ym rechte not, dy wil syn bote bewisen als recht ist, vnd bitte eynes orteils, ab wir damit icht vnse recht behalden sullen vnd darwider

Dar vrag tiegen, na deme dat se sine borgen sint, oft den de echte not ieman bewisen moge wen se.[35] So vintme, it ne moge.[36] So vrag wo set bewisen scullen. So vintme up den hilgen. Secgen se[37] aver: her rich- §. 4.
ter, wi bekennens[38] unde mogen aver siner nicht hebben,[39] so vrage de richter wat dar er broke umme si. So vintme, se scolen jenes[40] wergelt geven.[41] [42]So vrage de richter wat sin wergelt si. Dat vintme.[43] So vrage he wen set bereiden scolen. So vintme over twelf weken. So vrag, wert[43a] deme clegere odder deme richtere bore.[44] So vintme it bore deme richter, deste he

35) *AfCcdgDe fh.* sulven, *Cb fh.* sulven, wer men iemende dar boven besweren moge; *Bhko fh.* sint dat sey borge synt. || oft den — se] *Bc* ab su icht mogelichen vor on antwurtin mussin, *Bc* ab ymant d. e. n. beweisen wil. 36) i. n. m.] *Bc* sie mogen beweisen wol ir ehafft not; *De* si sollen. *AlB fh.* anders neymant dun (*Al* sin) dan sey. 37) *AfBkCbcdg* de borghen. 38) *AfCbcdg* bekennen des lovedes. 39) b. u. m. a. s. n. h.] *AlBacdeghopδEa* bekennen das wir (*Ea fh.* in ausgeborgit haben u.) s. n. h. mogen. 40) *AfCbcdg* des beclageden mannes. 41) *Bk fh.* dar sey vorgelovet hebben. 42) So — — weken] *f. AlBadeghimpδ.* 43) *AfCbcdy und der Druck v.* 1516 *fh.* na der (siner) bort; *Ab a. R. fh.* na dem broke, *Bclo fh.* nach dem das der pruch ist, *Bk fh.* darna dat de broke grot sy, *Ea fh.* na daz di tat ist, *Dae fh.* dar nach das man ist. 43a) *Abkürzung von* wedder it *d. i. ob es.* 44) *AfCabcd* werden sole, *Bδ* sulle.

her krigen mogen. So frage da wider, nach dem das sy syne burgen sint, ab denne ymant dy rechte noit bewisen sulle wenne si, sint das si burgen sint. So vint man ys en moge andirs nymant tun wenne si. So frage wy si ys bewisen sullen. So vint man vf den heiligen. Sagen si aber, herre her richter, wir be- 4.
kennen des das wir syn nicht gehabin mogen, so frage der richter was darvmme ere bruch moge gesyn. So vint man sy sullen syn wergelt gebin. So frage der richter was syn wergelt sy. So vint man nach dem das der bruch ist. So frage wenne sy ys bezcalen sullen. So vint man obir zcwelf wochen. So frage, wider ys dem kleger adir deme richtere gebore. So vint man ys gebore dem richtere, das her yenen yn dy uestunge wider tu.

jenen wedder in de vestinge du.[45] Worde aver en[46] ut deme gerichte geborget, dar he jegenwardich were mit deme clegere,[47] so bort it dem clegere.[48] So vrag,[49] wer se icht al mit eme wergelde scolen los sin. Dat vintme.

§. 5. Hebben se ene[50] so spreken se: her richter, wi wille en gorne vorbringen unde vragen ens ordels, oft gi icht em vor walt vrede werken[51] scolen. Dat vintme. Als he denne vorkumpt, so neme he tuhant enen vorspreken, de spreke sus: her richter, hir steit N unde bit sic tu rechte vor iu enem isliken manne,[52] enewerve, so du he anderwerve unde druddewerf. So vrag vort, wat he nu tu rechte dun scole. So vintme, he scole tum anderen dinge komen. [53]So du he aver[54] aldus. So vintme, he

45) *Cg fh.* vur de si geloifft hatten. 46) *B* yenner. 47) geborget — c.] *AfCbcdg* g. d. de clegere i. were, *Dae* gefurt mit gewalt da der richter u. d. cl. und die burgen gegenwertig weren. 48) s. b. i. d. cl.] *So u. a. AdBbcdekmoEa*; *Bδ* s. solde daz wergelt d. c.; *f. in Vielen*; *Eb* u. ist yr vil die vor in globen; *Ea fh.* unde nicht dem richtere. 49) *Cg fh.* der cleger, *AfCbc fh.* de richter, *Bm fh.* de borge, *AlB* vragen sy dornoch, *Ea fh.* noch dem mol daz unser me den czweie mit einander gelobit habin ein gnant wergelt. 50) H. s. e.] *AfCbcdg* Mogen se aver one hebben, *AhBk* H. de borgen den man (ene) ok. 51) v. w.] *AlB* v. schaffen, *Aq* vreden. 52) i. e. i. m.] *So BbcoEa.* — *Aabc* e. i. m., *AfhkCbcdgEb* iuch; *Bdmδ* i. iegen e. i. m., *AclBaeghikDe* i. und e. i. m. 53) So — aldus] *Bcδ* So thw recht als vor, *Babdeghiko* und (*Bd fh.* czum andern dinge) tun rechte als vor. || So — — dinge]

Wurde abir eynre vz dem klage (*so*) geborget, so gebort ys dem kleger, do her keginwertig were mit dem kleger. So fragen si darnach, ab si nicht alle mit eyme wergelde los gesyn mogen. Das
5. vint man. Haben sy yenen, so sprechen si, herre her richter, wir wollen yenen gerne vorbrengen vnd bitten eyns orteils, ab ir ym icht vor gewalt vride schaffen sullet. Das vint man. Als her denne vorkumpt, so neme her zcu hant eynen vorsprechen, der spreche also, herre her richter, hy stet N vnd bvit sich zcu rechte vor uch eyme iczlichem manne czu dem ersten male vnd zcu dem (andern) male vnd zcu dem dritten male. So frage her vort was her nu zcu rechte tun sulle. So vint man, her sulle zcu dem andern dinge vorkomen vnd tun rechte als vor. So

scole sic tum dridden dinge[55] vorbiden, na deme dat de cleger nicht dar si. Were aver de cleger dar,[56] so vrag, na dem dat de cleger jegenwardich si unde up ene nicht en claget, oft he[57] icht leddich unde los si. Dat vintme. [58]So vrag oft he icht eme sine bute geven scole. Dat vintme. So vrage de richter, na deme dat he jenem[59] sine bute geven heft,[59a] oft he em icht wedden scole. Dat vintme. Kumpstu tu dem drudden dinge, so vrag, na dem dat tu dar sist, als dine borgen[60] gelovet hebben, oft dine borgen icht scolen los wesen. Dat vintme. So vorbide di[61] als hir vor gesecht is. Darna so vrag oftu icht loz sist.[62] Dat vintme. [63]Bistu aver dar unde §. 6.

Al unde dar na vint man om to deme dredden dinge vor to komen u. schal on denne. 54) *AegCb* echt. 55) t. d. d.] *Bdm* aver to rechte. 56) *Einige fh.* keginwortig, czu kegenwort, *AfCcg fh.* unde ne clagede nicht. 57) *Al fh.* denne von ome, *Bm fh.* nu von der clage, *Bδ fh.* nv von rechte. 58) So — wedden scole. D. v.] *AfCbcg* Des vrage wat iener broke si de mit unrechte N (eynen) verklaghet. So vintme he scole deme richtere wedden u. N bote gheven. 59) h. j.] *Einige* yenne. 59*a*) he — heft] *De* uf ienen si buze irteilit. 60) *AlB fh.* vor dich· 61) v. di] *Cc* vorhôde di, *BabceghkoE* buit dich vor, *Bdδ* beut dich czu rechte, *Cg* vorvrede he dich, *Cb* vorbede ik di, *Ah* verbeyde wij dij und heiten dij. 62) *Eb fh.* mit yn, *Ea fh.* mit samment dinen burgen. 63) Bistu — sprik] *AfCbcdg* Kumt aver de clegere u. wil clagen so spreke he sus, *Ah* Is auer dey cleger daer u. wil hey cl. — sprik.

---

vint man, her sulle sich zcu dem dritten dinge vorgebiten, nach dem das der kleger da nicht en si. Were abir der kleger da keginwertig, so frage, sint das der kleger da keginwertig si vnde vf en nicht klagen en wil, ab her denne icht ledig vnde los sulle syn. Das vint man. So frage ab her ym icht syne buze gebin sulle. Das vint man. So frage der richter, nach dem das yenre syne buze gegebin hat, ab her ym ouch icht wetten sulle. Das vint man. Komistu zcu dem dritten dinge, so frage, nach dem das du da siest als dyne burgen vor dich globit habin, ab dyne burgen nu icht zcu rechte loz syn. Das vint man. So bvit dich vor als hy vor geleret ist. Darnach frage also ab du icht los sullest syn. Das vint man. Bistu abir da keynwertig vnd wiltu klagen, so irhebe dyne klage 6.

wult clagen, so erheve dine clage unde sprik: her richter ic bidde ens ordels, oft gi mi icht to rechte ener[64] vestinge rechtes[65] helpen scolen over [66]den man, den ic vor iu[67] vorvestet hebbe unde den ic vor iuweme richte angekomen bin.[68] Dar vrage jene tiegen: her richter ic bidde[69] ons ordels, oft mi de vestinge tu ennegen scaden komon scole tu rechte, dar he mi tu unrechte hadde ingebracht, unde dar ic mi mit rechte hebbe utgetogen.[70] So vintme se en scade en nicht, deste he des uttendes vullenkomen mach[71] mit deme richter, [72]odder mit deme sculten odder mit deme vronen boden in des richteres stat, unde mit twen dingplichten odder[73] twen scepen oft
§. 7. is under koninges banne si. So vrag wo er tuge gan[74] scole. So vintme, des richters scole gan:[75] N quam vor mi unde toch sic ut[76] als he van rechte scolde, dat spreke

64) *AfCbcdg* miner. 65) *f. AfglBagCbcdgDe.* 66) den — hebbe] ***Eb*** meynen echter u. des landes echter. 67) v. i.] ***Af-Cbcdg*** mit rechte v. i. in iuweme gerichte. 68) ***AfCbcdg fh.*** So v. he sculle. 69) h. r. i. b.] *f.* ***AfCbcdg.*** 70) unde — u.] *f.* ***AlBadeghimpδ.*** 71) ***AfCbcdgDe fh.*** als recht is; ***AdehklBDe fh.*** So vrage wo he dat bewisen (vulkomen) sole. So vintme. 72) o. m. d. — si.] *f.* ***Bdmδ.*** || odder — stat] *f.* ***AfCbcdg.*** 73) t. d. o.] *f.* ***AabcBgk.*** 74) e. t. g.] ***AhBk*** e. t. luden, ***AfCbcdg*** des tughe ed luden, ***AlBE*** hers (man is) geczugen, ***De*** sprechen. 75) d. r. s. g.] ***AlBCbcdDaeE*** de richter sole also tügen (***CbcDae*** spreken), ***Aq*** d. r. segge, ***Cg*** d. r. eid s. luden. 76) ***Die meisten fh.*** der vestinge.

vnd sprich also, herre her richter ich bitte eynes orteils, ab ir mir icht zcu rechte eyner voruestunge rechtis sullet helfen ober den man, den ich vor uch voruest habe vnd den ich vor uwirm gerichte an komyn byn. So frage yenre dawider, ab mir dy voruestunge zcu keym schaden komyn mochte zcu rechte vnd dar vz ich mich mit rechte gezcogen habe, da her mich mit vnrechte yngebracht hat. So vint man ys en schade ym nicht, ab her der vzzcyunge volkomyn mag. So frage her wy her ys volkomyn sulle. So vint man mit dem richter vnd dem schultheisen, ader mit dem fronen boten an des richters stat, vnd mit den schepphen vnde mit zcwen dingpflichten, ab ys vnder koniges banne
7. ist. So frage her wy hers bezcugen sulle. So vint man, der richter sulle zcugen also, das N quam vor mich vnd zcouch

ic bi des rikes hulden,[77] odder dat mi god so helpe unde al sine hilgen, ofte he lichte deme rike nicht gehuldeget ne hebbe. [78]Also de richter sprekt, also spreke ok de vronebode bi deme ede den he deme rike[79] gesworen hebbe. Alsus dun oc de scepen bi dem ede den se tur banc gesworen hebben. De dincplichten scolen tugen[80] bi erme ede. Were den dar de richter nicht, de dar[81] was[82] don du di uttogest, unde heddest tu de dinkplichten,[83] so vrag, na deme dat de dingplichten dar stan, den dat witlik is, dat tu di vor des richteres vorvaren[84] uttogest, oft desse richter tu rechte icht scole en tuch sin, likerwis oft it vor em gescin were. Dat vintme. [85]Was he aver in des rikes achte, so mut he des uttendes[86] hebben tu tuge des [87]rikes brif. Vulkumpt he sus nicht, so vrage, na §. 8.

77) *Bk fh.* dei ik deme rike gedan hebbe. 78) Also — vroneb.] *AfCbcdg* de vr. sal spreken. || Also d. r. spr.] *f. Alq. B* A. d. r. den (*Bi* lichte) gesprochen hat. 79) *So AlBdkmδ und wohl richtig nach Ssp. III.* 56 §. 1. *AabcDe* richte, gerichte, *AfghBbeghlopqCbcgE* richtere, *Bc* rechten. 80) *Ab* tu gan, *Bgh* zcu gehin, *Eb* dorczu gehin, *Ba* dar gan, *Ag* zeggen. 81) *AlBacghioδ fh.* vor, *Bel fh.* vor richter. 82) *AhBk fh.* to der tyd. 83) *CcE fh.* to tughe. 84) d. r. v.] *Bk* dem vronen u. richter. 85) Was — — — neger tu untgande (§. 9)] *f. Aac.* 86) h. t. t.] *B* geczugen haben unde. 87) *Baegi* richteres, *Bm* r. besegelden; *Bd* mit des r. ingesegil u. mit des r. || r. b.] *Bpδ* r. b. und ingesigel.

sich vz der uestunge als her zcu rechte solde. Das spreche her by des riches hulden, adir das ym got so helfe vnd dy heiligen, ab her dem riche denne nicht gehuldet en habe. Als denne der richter gesprochen habe, als spreche denne der frone bote by dem eyde den her deme richtere gesworen hat, also tun ouch dy schepphen by dem eyde den si zcu der bang getan haben, dy dingpflichten sullen gezcugen by irme eyde. Were der richter denne da nicht, der da vor was do du dich vz zcogest, vnd hettest du (*Lücke*) dingpflichten da keynwertig sten, den das wissentlich ist das du dich vor desim voruarn richter vz der uestunge gezcogen hast, ab dir nu der richter icht zcu rechte sulle eyn gezcug syn glicher wys als ys vor ym geschen were. Das vint man. Were her abir yn des riches achte, so muste her des vzczoges gezcug habin vnd des riches brief. Volkumpt her alsus nicht, so frage- 8.

deme dat he der vestinge bekant heft unde vormat sic,[88] dat he der vestinge uttuch bewisen wolde unde[88a] des nicht bewisen[89] kan, oftu ienger vestinge mer bedarfst.[90]
§. 9. Dat vintme. Vulkumpt he aver,[91] so stelle[92] dine clage du cleger als du vor dedest.[93] Wenme di den tur antwerde büt,[94] so nim enen vorspreken de spreke: her richter, N de biddet ens rechtes, nadem dat he hir steit ungevangen unde ungebunden unde nener undat[95] bi sic ne heft, oft he icht neger si tu untgande desser ticht,[96] wen is eme N overgan sculle.[97] So vintme he sis neger tu untgande. So vrag wo hes untgan scole. So vintme
§. 10. mit sines enes[98] hant up den hilgen. Were aver de clage umme düve odder umme rof, unde hedde desse sin

---

88) v. s.] *Ah* vorsegede; *Bi* hir steit unde v. s. 88*a*) dat — unde] *Aq* uetteindes. 89) *Viele* gedon. 90) *BpδDae* gezugen durffest, *AfCbcdg* up one irtugen dorvest, *Bm* over en bringen dorvest. 91) *AfCbcdg fh.* des uttendes.' 92) *Einige* bestelle, *AfCbcdg* irheve. 93) dine — dedest] *AfCbcdgBi* de cl. sine cl. alse he — dede. 94) Wenme — büt] *AfCbcdg* Werstu aldus beclaghet u. (*Cd fh.* wert dek) to dem antworde geboden (*Cg* zo antwerden vonden). 95) n. u.] *Abg* nicht van u., *Bδ* keyne tat. 96) d. t.] *Cg* der zuginge, *Cc* der tichte, *Cd* der tid, *AlBDaeE* czu desir (der) zceit; *f. Bδ.* 97) o. s.] *AlBadegio* obirwinden (obirczeugen) moge. ‖ wen . . . . s.] *Cbcd* eder dat N one bat vortughen moge. 98) s. e.] *Aegh* siner eynen, *AkDa* siner eghenen, *AdCc* sines eghens, *Bk* sinen rechten, *AfBCgEa* sines sulves.

---

nach dem das her der voruestunge bekant hat, vnd vormazz sich des das her der voruestunge eynen vszcog bewisen wolde vnd des nicht kan getun, ab du keyner uestunge mer bedarfst. So vint
9. man du en dorfest. Volkumpt her aber, so stelle dyne klage vnde klage als du vor tetist. Wenne man dir denne zcu der antwerte gebut, so nym eynen vorsprechin der spreche also, herre her richter N der bittet eynes rechtin, nachdem das her hy stet vngefangen vnde vngebunden vnde keyne vntat by ym en hat, ab her icht ner zcu entgende si zcu desir zcit, wenne ys en N obirwinden moge. So vint man her si ys ner zcu entgende. So frage wy hers entgen sulle. So vint man mit synes selbis hant
10. vf den heiligen. Were aber dy klage vmme dube adir vmme roub, vnd hette diser vor syn recht vorlorn, so frage, nach dem

recht darmede vor[99] vorloren, so vrag, na deme dat he vor sin recht[100] vorlorn hadde[1] unde du em des aver tiest,[2] oft he tu bedderver lude recht komen moge, odder wat dar rechtes umme si. So vintme he ne moge. So vrag, wo he sic denne untsculdegen scole. Dat vintme.[3]
Vorsaket he des, dat he sin recht nicht vorloren §. 11.
hebbe,[4] so vrag, na deme dattu it mit dem richter bewisen[5] machst, vor deme he dufte odder rof sonde,[6] oft tu em icht sist neger overtugande mit deme hegeden dinge,[7] wen hes[8] tu vorsakende si. Dat vintme.[9] So vrag, of de richter icht scole sine boden mede senden mit di vor den[10] richter an den dus tüst, de dat horen

99) d. v.] *Ab* d., *Cd* darvor, *AlBEa* vor, *Aq* war mede. 100) *Bb* hochrecht. 1) *AfCbcdg fh.* mit duve eder met rove. 2) d. a. t.] *d. i. dessen wiederum zeihest, vgl. Ssp. I.* 39. *Cc* a. nu one des tyest, *Adehk* a. des selven tigest, *Eb* d. cziest; *Aabq* d. overgeist, *AlBaceghCg* d. obirczugest, *AfBbdklo𝔡* d. obirczugen wilt (*AfB𝔡* machst), *Cd* d. vortugen wollest, *Eb* mit dissir tad begeist. 3) D. v.] *f. AabkqBc. BkCbcdgDaeEa fh.* he sculle dat hete ysern dragen eder in enen wallenden ketel gripen wente to deme elenboghen eder deme kempe sik to weren. 4) *Aac fh.* so vintme met sines eines hant uppe den hilgen. 5) *Bd* volkomen, *Bg* beczugen. 6) *Ah* losede, *Bm* bekant hebbe, *Da* volbracht habn, *De* vorbuset habe. 7) m. d. h. d.] *f. AfqCbcdg.* 8) w. h.] *AlB fh.* alleyne; *Cbc* eder he is bat, *Cd* eder ucht ot bat. 9) *Manche fh.* du siest is neger, *AfCbcdg fh.* du sist is ome neger over to ghande wat vor gerichte sy geschen. 10) *AlDabeghio𝔡 fh.* andern.

das her syn recht vorlorn habe vnde du en des obirzcugen wilt, ab der denne zcu biderber lute rechte komyn moge, adir was da rechtis vmme si. So vint man her en moge. So frage wy her sich denne entschuldigen moge. Das vint man. Louckent 11.
her denne des vnd saget das her syn recht nicht vorlorn habe, so frage, nach dem das du ys mit dem richter bewisen macht, vor dem her dube ader roub vorsunet habe, ab du ys ym icht siest ner zcu obirwindene mit eynem gehegeten dinge, wen her ys alleyne vorloukenen moge. So vint man du siest ys ner. So frage, ab der richter icht synen boten mitte sulle senden, an den du dichs zcust an den andern richter, das si horen ab du des

§. 12. oft tus[11] vulkomen machst. Dat vintme.[12] Kumpstu aver mit deme richte[13] van em,[14] so vrag, na deme dat he di an dinen vrien hals gesproken hebbe unde undat di getegen[15] hebbe,[16] oft he di icht scole dine bute geven.[17] Dar vrage jene jegen, na deme dat he sin ding mit rechte gevorderet heft unde ene ni kempliken mit worden noch mit[18] werken vore geladen en hebbe,[19] oft he jenegen scaden darumme liden scole to rechte. So vintme he ne dorve.

Capitel 35. (*S.* 29.)

§. 1. A *hält den im Gerichtsbezirk betroffnen Verfesteten mit Gerüchte, dem die Dingpflichtigen folgen I.* 53 §. 1, *II.* 71 §. 3, *fest I.* 68 §. 5, *führt ihn vor Gericht I.* 66 §. 2, *II.* 71 §. 5 *a. E.*

---

11) *Cbcg fh.* mit ome. 12) *AfCbcdg fh.* Vulkumstu denne mit deme richtere u. mit den dingplichten, so vrage wo he sik nu des roves eder der duve ledegen sculle. Dat vintmen alse hir vore bescreven is. 13) *B* rechte, *Al* gerichte, *AacBh* richtere. 14) Kumpstu — em] *Aq* Vullenkumpstu over mit dinen rechte an deme richter, *AfCbcdg* Werestu sus beclaget u. quemestu van deme klegere mit rechte, *Dae* Enkan er dich denne mit dem richter nicht obirzugen. || d. r. v. e.] *AehkBk* mit eme (*AhBk* dy) van deme richte (*Ae* richter, *Bk* gerichte). 15) *Einige* getogen, angetogen. 16) u. d. g. h.] *B* dich bozheit u. schande geczegin (*Bi* getuget) hat u. des nicht volkomin mag, *Bc* dich poslich getzogen hab, *Bm* dik betichteget u. des nicht vulkomen mach. 17) di — geven] *Ea* daz billich habe getan. 18) k. m. w. n. m.] *Viele* mit k. worden edder. 19) u. ene ni — hebbe] *f. AabcBcCd.*

---

12. volkomyn mogest. Das vint man. Kumpstu aber mit dem rechte dar abe, so frage nachdem das her dyr an dynen vrien hals gesprochen habe vnd dich bozheit vnd schande gezcegin hat, vnd des nicht volkomyn mag, ab her dir icht busze gebin sulle. Da frage keyn, nachdem das du dyn ding mit rechte gefordirt hast, vnde du en ny mit kemphlichen worten adir werken vorgeladen hast, ab du darvmme keynen schaden liden dorfest zcu rechte. So vint man du endorfest.

und bittet um Zeugnifs über die Verfestung. §. 2. B *erlangt durch den genommenen Vorsprecher das Urtheil, dafs eine Verfestung nur bei Klage auf Hals und Hand stattfinde* **I.** 68 §. 1. *Er wendet, wenn* A *diebliche oder raubliche Entziehung einer dem* B *geliehenen Sache behauptet, ein, dafs die nicht auf Entfremdung aus der Gewere lautende Beschuldigung auch nicht an Leib und Leben gehe* **III.** 22 §. 2 (**II.** 29). §. 3. B *wendet ein, die Verfestung sei in einem (andern oder) niedern Gerichte* **III.** 24 §. 1 *oder in einem höhern Gerichte geschehen, welche für das niedere nur wirkt, falls der Unterrichter sie statt des höhern bezeugt* **III.** 24 §. 2. §. 4. *Einwand, bei der Verfestung sei der Name nicht genannt* **I.** 66 §. 3, *oder es sei jetzt gebundene Zeit* **II.** 10 §. 1. §. 5. *Mangeln die Einreden, so mag* A *den* B, *seines Leugnens ungeachtet, überführen* **I.** 7; 18 §. 2; *und zwar zunächst der Verfestung mit dem Gericht* **III.** 88 §. 2. §. 6. *Sodann des Verbrechens selber, wobei dem sitzenden* B *die Heiligen auf das Haupt gesetzt werden, und* A *die Schuld vor dem Eide nennt, welchen er zuerst, die sechs Zeugen* **I.** 66 §. 2 *hernach schwören* **III.** 88 §. 3. §. 7. *Der so überführte* B *wird zur Enthauptung verurtheilt* **I.** 68 §. 5 (**II.** 13 §. 5). §. 8. *Der Vorsprecher erwirkt dem Leichnam Frieden und den Kirchhof, den auch die Geistlichkeit, falls* B *nicht im Banne war, gewähren mufs. Gleiches Verfahren bei handhafter That* **I.** 66 §§. 1, 2, **III.** 88 §. 4.

§. 2. *Brackenhöft* 170. §. 6. *Planck Bewf.* 212.

Wo men upholden scal enen vorvesten man.[a]

[1]Wultu clagen over dinen vorvesten man, als du ene an- §. 1.
kumpst an deme richte, dar he inne vorvestet is, als du

---

a) Wo — man] *AeghknBβCe* Wo men enen mit ener ve- 35.
stinge jegenwordichliken ansprikt, *AqBbcdfhiozδφEac* Von klage umme einen vorvesten man (*Eac fh.* der kegenwertig ist). 1) *AlBEa schicken aufser der Rubrik voran:* Wo man einen man mit einer vorvestunge gegenwertiglich anspricht. || Wultu — — helpen muten] *Cabdfghi* Woltu uphalden dinen vervesteden man in dem gerichte wur he vervestet is, dat do (*Ag* saltu don) mit geruchte.

---

35. Von klage vmme eynen voruesten man. [1]Wy man 1.
eynen mit eyner voruestunge keginwertiklichen anspricht, wiltu

en uphalden wilt, so rup tu iodute[2] over dinen vorvesten man unde des landes vorvesten man.[3] Dit is di dartu gut, dat di dat richte[4] unde de dingplichten volgen unde helpen[5] muten.[6] So vure en tu hant[7] vor gerichte mit deme ruchte unde nim enen vorspreken de spreke alsus: hcr richter, hir steit N unde biddet ener bekentnisse[8] van iu unde van den dingplichten,[9] oft he N[10] mit ordele unde mit rechte in eine vestinge gebracht[11] hebbe.[12] So spreke de richter: der vestinge bekenne wi, set gı dat ıt so sı,[13]
§. 2. dar gi ene in de vestinge umme bracht hebben.[14] So

2) t. i.] *Bc* zcuyothir, *Aq* wapen, *Af* wapen yo, *De* zcu ioducio, *BabcdghmoδE* din geruchte (*Bgh fh.* u. ruf czethir, *Bδ-Eb fh.* czetir, *Bc fh.* an u. schrey zetter, *Bi fh.* u. rup tu iodute). 3) v. m.] *Bc* schedlichen m., *Bhko* vorfester, *Ea* echter. 4) *Einige* der richter. 5) v. u. h.] *AdehkqCcDae* v., *Bδ* h. 6) *Ah fh.* Also du ene dan krigest. 7) v. e. t. h.] *Cc* volge e. t. h., *Cd* do on so, *Cef* bringe en so. 8) e. b.] *Bm* eines ordels bekenne. 9) u. v. d. d.] *f. Cabdef.* 10) *Cbd fh.* de hir steit vor gik. ‖ o. h. N.] obir N daz her den. 11) ordele — g.] *Cabdef* rechte vervestet. 12) So — br. hebben] *f. Aac.* 13) set — so si] *Aq* set — recht si, *Cabde* s. aver, *Al* s. gi to, *Bm* sich even to, *BbdehiknoδEa* seth ir gar rechte (*Bnδ* even, *BbdkEa* ebene vor), *De* sagit yr d. i. a. si, *Eb* und er wisse gar ebin. 14) dar — hebben] *AlBEa* worumme ir (*Bcm* du) e. i. d. v. br. h., *Af* dat g. e. i. d. v. umme rechte zake gebr. h., *Cc* dat g. e. unde worumme i. d. v. br. h., *Cade* dat g. e. met rechte vervestet h., *Cb* dat he mit rechter scult vorvestet sy.

denne klagen ober dynen voruesten man, als du en denne an komist yn dem gerichte da her ynne voruest ist, als du en vf halden wilt, so ruf dyn gerufte vnde ruf zcether obir dynen voruesten man vnde obir des lands voruester. Dys ist dir dar zcu gut, das dir das gerichte vnd dy dingphlichten volgen vnd helfen mussen. So fure en zcu hant vor gerichte mit dyme gerufte. So nym eynen vorsprechin der spreche also, herre her richter, hy stet N vnd bittet eynes bekentnisses von uch vnd von den dingphlichten, ab her N mit orteiln vnd mit rechte yn eyne uestunge gebracht habe. So spreche der richter, der uestunge bekenne wir, seth ir gar rechte worvmme ir en yn dy uestunge
2. gebracht habit. So spreche der voruesfe man, herre her richter

spreke [15]de vorveste man: her richter, dat wart ni so,[16] unde bidde enes mannes de sin[16a] wort spreke. Den scal men geven. So spreke sin vorspreke: hir steit N[17] unde biddet ens rechtens unde ic van siner wegen, oft me ienegen man[18] vorvesten mach, ane um den broke de dar geit an den hals unde an de hant. So vintme men ne moge. So vrag oft he de dat icht nomen scole, dar he ene[19] umme vorvestede. Dat vintme. Secget he denne, he untforde mi min[20] gut duftliken[21] nachtslapender diet,[22] dat ic eme gelegen hadde, so vrag, na deme dat he dat ding[23] ni duftlike odder roflike ut sinen weren brachte,[24]

15) de — — sin vorspreke] *Cabdef* des vorvesten mans vorspr., *Cc* de v. man. 16) d. w. n. s.] *Aq* ik en wart nu alzo, *De* d. w. n. war, *AlBE* ik (*Ba fh.* bekenne dat ik) bin der dat unsculdich unde wart ny war des he mi het getegen (d. h. m. h. g. *f. E*). 16*a*) *Aab* min, *wo dann vor* bidde *ein* ik *zu ergänzen wäre.* 17) h. st. N.] *AkCabdef* N die en bekent des nyet. 18) i. m.] *Cef* i. umbesprokenen m., *Bd* frome leude. 19) *AkCaef* dinen vrient. 20) h. u. m. m.] *AhBk* her richter N secht dat N dey dar steit hebbe entbracht sin; *Bi* h. het my affhendich gebracht min. 21) *AdehkBkCc fh.* u. stelende (stolinge, *Bk* stilleke), *BiEb* heymeliken; *Cd fh.* ader roveliken, *Da fh.* u. schackerlichen; *De fh.* u. schelklichen; *AlBEa fh.* edder roflik edder heymelik. 22) n. d.] *Vgl. Glossar unter* diet; *Aa* in n. tyt, *Ad* by n. ded, *De* bi n. dyet; *AgqBCabdfEa* by (binnen) slapender tiet (*Bopδ* diet), *Cc* an sl. det, *Ae* na sl. dait, *Da* nacht schlaffende des volkes. *Ea fh.* und berochenem feure. 23) d. d.] *Andre* d. gut, d. sine, it. 24) dat he d. d. — brachte] *Cabdef* dat d. d. dair hie op claget — komen en si (*Cbd* queme).

ich bin der tat vnschuldig, vnde en wart ny war des her mich gezcegin hat, vnd bitte eyns mannes der myn wort spreche. Den sal man ym gebin. So spreche der vorspreche, herre her richter, hy stet N vnd bittet eyns rechten vnd ich von synen weyn, ab man keynen man voruesten mag ane vmme eynen sulchen bruch, der an den hals ader an dy hant get. So vint man man en moge. So frage, ab her dirs icht benumen sulle, da her en vmme voruest hat. Das vint man. Saget her denne, herre her richter, her entfurte mir myn gut dublich adir roublichen ader heymelichen by slafener dyt das ich ym gelegin hatte, so frage,

als he dessen dink[25] selven tum ersten[26] bekant, oft he dar seder[27] ienege dufte odder rof an dun muchte, dar-mede he sine sunt[28] vorwerken muchte. So vintme he
§. 3. ne mochte. Wer he oc hir[29] upgeholden unde were he in deme nederen[30] gerichte vorvestet, so vrag oft men mit der vestinge vorwinnen moge in dem hogesten richte, de in dem sidesten[31] gescen si.[32] So vintme me ne moge. Wer he oc in dem hogesten richte[33] vorvestet, so vrag of de nedder richter des hogesten vestinge richten moge. So vintme he ne moge, he ne wille erer selven in jenes[34]

25) a. h. d. d.] *d. h. wohl, wie er in diesem Gericht*; *Ag* a. h. dessen, *Ah* a. du, *Cabf* des he, *AlBaiδEb* a. he; *Adefkq-BbcdeghoCce* a. desse (dessen). 26) t. e.] *f. AaBmCadefEb; steht in AbdCc schon nach* brachte, *in Bcgh nach* bekant. 27) *f. Aa*; *Ab* mede (*a. R.* seder); *Aq* nu. 28) *De* lip, *AhqBbcko fh.* eder liep. 29) *AhBk* in dem hogesten gerichte, *Cf* in desem gerichte, *Ca* in desen gerichte off in enen gerichte. 30) d. n.] *AabDa* dat negeste (*AaDa* nedderste) richte odder in eneme andern, *AklBcghmCad* enem andern, *Bbo* d. andern da benyden, *Biδ* d. andern nederen, *CfDe* d. nedern gerichte off andern. 31) *AlBkδCadefDe* neddersten, *BadeghoEa* nyderen, *AfBbmDa* anderen. *De fh.* adir in der vestenunge dye in deme andern gerichte gesessin ist. 32) g. s.] *Ea* vorvest is, *De* gesessen ist. ‖ hogesten — si] *Bi* anderen hogeren gerichte sint dat he dar nicht vorwunnen were. — *AdehklBacdeglopδCabeEu fh.*e der mit der vestinge de in eme andern richte schen is; *Aq fh.* oder in eme andern. 33) *Bgh fh.* odir in einem andern hochern gerichte. 34) *Cabdef* des hogesten.

nach dem das her das gut ny wider dublich noch rouplich vz synen geweren en brachte, als dirre alrest bekante, ab her da sider keyne dube ader roup an getun mochte, da mite her sy-nen gesunt ader synen lip vorlisen mochte. So vint man her en
3. mochte. Were her ouch vf gehalden vnde were her ouch yn eyme andern gerichte voruest da benyden, so frage, ab man en mit der voruestunge gewynnen moge yn eyme hoern gerichte, dy yn dem nyderen gerichte geschen ist, adir mit der voruestunge dy yn eyme andern gerichte geschen were. So vint man her en moge. So frage, ab der nydere richter des obirsten richters uestunge gerichten moge. So vint man her en moge, her en

richters stede tuch sin. Wer he oc unbenomet vorvestet,[35] alse mit unrechter vullest,[36] so vrag, oft iengerleie vestinge dem manne it lif nemen[36a] moge, dar he nicht bi namen[37] ingebracht si. So vintme it ne moge. Is it oc in gebundenen dagen,[38] so vrag, oft he wol vorvestet si,[39] oft me icht over em scole ungerichtet laten wen tu ungebundenen dagen. Dat vintme.[40] Sprikt[41] aver jene[42] redelike scult,[43] unde is dat desse wedder nein sprikt de antwerder,[44] he si unsculdich,[45] so vrage des clegers vorspreke,[46] na deme dat he dor de sake de §. 4. §. 5.

35) u. v.] *Aab* umme homot v., *Ag* umme noet v., *Da* unbekant v., *Bae* benumet. 36) *Bc* tat, *Cb* vulbort. 36*a*) dem — nemen] *Aq* enen entliven. 37) b. n.] *AhBckCdDe* by sime namen, *AgBiδ* mit namen. 38) *Baghilo* tyd oder dagen. 39) so — si] *Bk* unn hey der vorvestinge in den dagen vorwunnen wert, so vrag. 40) *Cabef fh.* me scole wachten. 41) *Bbdhoδ* Siet, *Bg* Czyet. 42) S. a. j.] *Cabdef* Benennet aver den (*Cef* de) cleger, *Ah* Segestu a., *Al* Biddet hey over ienen. 43) *AhBk fh.* dar hey umme vorvestet si. *Caef fh.* woneer hie euer voir gerichte komet. 44) is dat d. w. n. spr. d. a.] *Aa* i. d. d. w. n. spr. unde secht, *Af* i. d. d. w. n. spr., *Cc* dat d. w. n. spr. de antwerder spricht, *Aek* i. d. de antwerdere w. n. spr. unde secht (*Ae fh.* he), *AdBclEa* i. d. der antworter widerspricht nein, *BaghioδEb* i. d. der a. do weder spricht, *Ag* is da d. antw. weder men sprekt he, *Bd* wederspricht da der antw., *AlBe* spr. da d. a., *Cd* d. a. spr., *Ah* segest hijr weder, *Cef* seget d. a., *Cb* antwordede he. 45) *Dae fh.* und der clager spricht er sey schuldig. 46) d. c. v.] *Caef* d. saickwalde, *Cb* de cleger.

wolle denne selber yn eyns richters stat gezcug syn. Wer her ouch vnuoruest benomet als mit vnrechter volleist, so frage, ab keynerleye vestunge eynem manne den lip genemyn moge, da her by namyn nicht yn gebracht en si. So vint man si en moge. Ist ys ouch yn gebundener zcit ader tagen, so frage, ab her wol voruest si, ab man icht von rechte ober en vngerichtet sulle lazen bys zcu vngebundenen tagen. Das vint man. Siet her abir redeliche schult, vnd ist das der antwerter da widerspricht her si vnschuldig, so frage des klegers vorspreche, nach dem das her der sache voruestunge geliden habe, ob her denne der sache 4. 5.

vestinge[47] geleden hebbe,[48] oft he em de sake icht si neger overtugande, wen her[48a] em tu untgande. Dat vintme.[49] So vrag he wedder, oft he de vestinge icht[50] tugen[51] scole odder de dat er tugen.[52] So vintme de vestinge.[53] Hir scal de richter unde de dingplichten eren tuch tu dun, alse hir vor geleret is. So vrag he vort, oft he de vestinge so getuget hebbe, dat he de dat[54] mit
§. 6. rechte tugen moge.[55] Dat vintme. So vrage he, [illegible] der de besculdegede man[56] sinen tuch[57] liden scole stande odder sittende. So vintme, he scole sitten.[58] So biddet

---

47) d. d. s. d. v.] *AlBadegmpδCdEa* de sake der v., *Bh* der sache adir der v., *Bbclo* der sache v., *Eb* dy ochte vreveliken. 48) na deme — hebbe] *f. AabcBi.* 48a) *d. i. er ihrer.* 49) *AlBCabdefDa fh.* hey (*Cabdef* de clegere) si is negher, *AlBcdghioDa fh. ferner* czu obirwinden (ubergende). 50) *AeCcDe* er, ir, *Cef* irst. 51) de v. i. t.] *Bucgiklo* yne der v. i. overtugen. 52) d. d. e. t.] *d. i. die That der Satzung eher z., Ldr. III.* 88 §. 2. *Ab* he de dar (l. dat) ir t., *Aag* di dat t. schulle, *Cg* di scholt eer t. s., *Ac* he de tugen, *Ea* in genr neher czu uberzugen, *Eb* er dich ubirczugen. || odder — tugen] *f. AklBCabdef.* 53) d. v.] *AlBbkoCbd* her sulle (*Bk fh.* it don), *BcghiEb* h. s. di (*Bc* man sol in der) vorfestunge (*Bi* si) obirczugen. *Cg fh.* irst, *De fh.* er. 54) d. dat, *vgl. Note* 52] *Abc* di, *Bc* diesz da. 55) dat he — moge] *Aa* alse he sy m. r. t. scholde, *Aq* als he t. r. sal, *Ah* dattu — moghest; *Baehpδ* dass her dir das m. r. geczugit habe, *Af* dat he ene m. r. krigen moghe, *Bi* als he van rechte dun scal, *Bbo* als recht si, *Al* mit rechte, *Ea* als em hulfflich sy czu seim rechte; *f. BdgEb.* 56) he wedder d. b. man] *AkBk* he wu d. b. m., *Bgho* wider d. b. m. ab her, *AabBi* h. w. d. b. man oft he. 57) s. t.] *AlBabdehioδEa* seine obirczugunge. 58)

---

icht ner zcu obirwindene si, wenne her ys zcu entgende si. So vint man, her si ys en ner zcu obirwindene. So frage her, ab her yn der uoruestunge icht obirzcugen sulle. So vint man her sulle. Hy sal der richter vnd dy dingphlichten ir gezcugniss tun als hy vor geleret ist. So frage her vort, ab her dy vor-
6. uestunge also gezcuget habe als recht si. Das vint man. So frage, wider der beschuldigete man ab her syne obirzcugunge sulle lyden siczzcende adir stende. So vint man her sulle si liden siczzcende. So bitte das her en seczen musze. Das ir-

he dat he ene setten mote. Des orlovet de richter. Wen he gesat is, stunde he wedder up, it ne hulpe em nicht, wen cricht[58a] he wol dat stant wedder, he ne cricht darmede nicht wedder sin unscult.[59] So vrag, wedder du de scult vor dem ede kundegen[60] scolest odder dar na. So vintme du scolest se vor secgen.[61] So vrag, war du de hilgen setten scolest.[62] So vintme up sin hovet. So secge den broke[63] unde svere na, dat desse sake[64] so was, dat mi god so helpe unde de hilgen. [65]Du unde din tuch scolen to den hilgen[66] unde dar van komen, alse hir vor in borgeliken clagen geleret is. So vrag, wo der tuch ed gan[67] scole. So vintme dat sin ed reine unde unmeine si.[68] So vrag, wo vele he der tuge tu

AlBacghioδ sy leydin siczende, *AehCc fh.* dar to, *Eb fh.* dorczu antwerten. 58*a*) *Bδ* gewynnet. 59) *Bi fh.* van deme eide. || it ne hulpe — u.] *Cabef* dair mede en worde hie nyet unsculdich (*Ca* onstanich). 60) *Bm* seggen, *Cabdf* benomen, *CeE* tun. 61) *Bδ* kundigen. *Dae fh.* und nach swern. 62) du d. h. s. scolest] *Be* d. h. sullin sten, *Bghipδ* d. h. scolen stan oder du si sc. setten. 63) s. d. b.] *AlBacdeghioδ* kundige den sinen br., *BmE* kundige ene de sake. 64) d. s.] *Bm* di schult. 65) Du — is] *f. AqCabdef.* 66) *Bc fh.* sweren. 67) *BkCdE* luden, *Bδ* syn. 68) u. u. si] *Bce* u. nicht meyneyde si, *BbCd* u. unmeineide si; *AlBgmδ* si dat mik got so helpe u. sine hilgen. *Babdeko fügen dies nach* u. u. si *hinzu*, *Bc fh.* so mir got helff.

loubit der richter. Wenne her denne gesaczt ist, stunde her wol wider vf, ys en hulfe ym nicht, wenne her irkriget wol das sten wider, her en irkriget nicht damitte wider syne vnschult. So frage, wider du dy schult vor dem eyde kundigen sullest adir darnach. So vint man her sulle si vor kundigen. So frage wo du dy heiligen seczen sullest. So vint man vf syn houpt. So kundige synen bruch vnd swere denne darnach, das dy sache also si das dir got also helfe vnd dy heiligen. Du vnde dyne gezcuge sullen zcu den heiligen (vnd) da von komyn, als hy vor yn den burgelichen klagen geleret ist. So frage wy der gezcuge eyt sulle gen. So vint man, das syn eyt reyne si vnd vnmeine, das en got also helfe vnd dy heiligen. So frage wy vil zcuge du zcu rechte habin salt. So vint man

rechte hebben scal.[69] So vintme sevene mit di.[70] So se des antwerders vorspreke, oft he ienegen vorwerpen[71]
§. 7. moge. Wen se gesworen hebben so vrag, oft tu en der vestinge unde der sake vorwunnen hebbest, alse du tu rechte scalt. Dat vintme. So vrag wat enes vorvesten mannes recht si. So vintme, me scal[72] en hoveden, [73]wen al vorvestede lude holt me vor woldenere,[74] dorch dat dat se vrevelliken[75] in der vestinge stunden. So vrage dennoch sin vorspreke, na deme dat em sin vordinde[76] pine geordelet is, oft men eme ienege ander pine mute
§. 8. andun.[77] So vintme me ne mote. Wen he de geleden hebbe, so bidde eme enes vreden. Den scalme eme werken, up dat me deme doden lichame nen laster mer en bide.[78] So bidde em sin vorspreke[79] den kerchof[80] tu

69) he d. t. t. r. h. scal] *Aa* he ör to tuge h. s., *Ab* her t. r. h. s., *Begk* du — scolest, *AeghkBcDa* du ir t. r. h. scolest, *AqCabdf* der (*Aq* erer) tuge sin sulle. 70) s. m. d.] *AlBbmo* sulf sevende, *Caef* sesse, *Cb* sulf dridde m. d. 71) *Aq* ut werpen, *Bdm* tuch vorleggen, *BkCabef* der tughe (*Bk* tugeslude) v. (*Cb* vorfestin, *Ce* wedderspreken). 72) m. s.] *Ab* he scal, *Cc* du scalt. 73) wen — — stunden] *f. Cabdef.* 74) *Bdδ* geweldiger, *Bk* gewaltdryver, *BipE* waldinberger, *Bc* wandelber. 75) *Ac* unredeliken, *Bc* vorheftiglich, *Bδ* vorbillich. 76) *Cabdef* rechte, *f. Aq.* 77) *Die meisten* anleggen. 78) *AlBEb* anlegge, *DeEa* angelegin moge, *Ag* do. 79) *Augsb. v.* 1516 *fh.* den licham u. 80) *Al* vrydhoff.

selb sebinde. So se des antwerters vorspreche zcu, ab her key-
7. nen vorwerfen moge. Wenne sie gesworn habin, so frage denne darnach, ab du yn der voruestunge vnd der sache obirwunden hast als du zcu rechte salt. Das vint man. So frage denne was eynes voruesten mannes recht si. So vint man man sulle en enthoupten, wenne alle vorueste lute helt man vor waldenere, vnde vor das das si voreuelichen yn der vestunge sten. So frage dennoch syn vorspreche, nach dem das ym syne vordynete pyne irteilet si, ab man ym keyne andere an legin sulle. So vint man
8. man en sulle. Wenne her dy geledin hat, so bitte ym eyns frides, den sal man ym geben, vf das das man dem toden licham keyn ander laster an lege. So bitte der vorspreche ym den kirch-

deme werliken[81] richter. Des scolen[82] em de papen[83] staden,[84] it ne si dat he tu banne si, unde de werlike richter scalles dem vorspreken twiden.[85] Sus scal eme de vorspreke truwe bewisen[85a] an dem dode als an dem levende in deme he mach.[86] [87]Aldus holdet[88] oc umme hantafte dat, [89]wente dat vorwinnent unde dit[90] is al enes.

Capitel 36. (S. 30.)

Die vermengten Klagen sind ihrem Grunde nach entweder bürgerliche, die wegen Ungehorsams des Beklagten zur peinlichen

81) *Augsb. v.* 1516 *fh.* u. geistliken. 82) D. s.] *AlB* Den scal ene de richter (*Al* men ene) geven u., *Bk* unn des sal dey richter deme vorspreken twiden u. 83) *Bdmδ* papheit, *Bp* pfaffschaft, *Ab* prester. 84) *Eb* gebin u. bestatin in; *AlB fh.* dat man ene begrave; *Bc fh.* u. getzewgen d. m. i. b. 85) *Bacdghpδ Cc* staden u. twiden (geczwigen, geczwiden, *Bc* geczewgen), *Eb* irlouben, *Ea* geczweigen u. geweren czu rechte, ab der misseteter ein geloubig ende habe und reuwe umb sein sunde. || unde — tw.] *f. Bbiklo.* 85*a*) t. b.] *Aq* nutte sin an truwe. 86) Sus — mach] *f. Cabdefh.* || i. d. h. m.] *f. AlqBacdeghimoδ CcE.* 87) Aldus — enes] *Caefh* A. sal men oick die hantdedige lude (*Ce* den hantdeedigen) verwinnen. *Cbd* So scal men den ok vorwinnen de in der hanthaften dat begrepen wert. *Cg* A. sal men uch dem verwonnen der h. d. doen de dar ane gefangen wirt. 88) *Andre* holde (helt) men id. 89) wente — enes] *AlB* de darmede (daran) wert overwunnen, dusse (sulche) klage sint alle gelik; *Ak* w. d. v. is al dijt, *Af* we dar werd vorwunnen mede unde dyt ys alleyns, *Bk* wente sulleke clage sint alleyns; *Dac* wenne das (*Dc* sy) vber wunden ist (*Dc* werden) wenne dis ist alles einss; *E* wer daran obirwunden wert das ist alliz einz. 90) u. d.] *f. Cc.*

hof zcu dem wertlichen gerichte, den sal ym der richter gebin vnd dy phaffen gestaten das man en begrabe, ys en were denne das her yn den ban getan were. Alsus sal ym der vorspreche truwe bewisen an dem tode als yn deme lebene. Also halde mans ouch vmme hanthaftige tat, wer dar an obirwunden wirt, sulche klagen dy sint alle glich.

*Strafe führen, oder peinliche, die wegen gesetzlicher Begünstigung ohne Strafe bleiben **II.** 65 §. 1, **III.** 3.*

Blume MR. I. 153.

Hyr beginnen sic de vormengden clagen; wor af de vormengde clage kumpt unde also het. **De** drudde clage de vor gerichte valt[1] de het en vormenget clage unde het dar umme sus, oft me se borgeliken an[illegible],[2] dat se mach pinlik werden, unde sat me se pinliken an, dat se mach borgerlik werden. Dit kumpt van twier like sake. Is it dat de borgerlike clage[3] pinlik wert, dat kumpt darvan tu,[4] dat dat recht wil pinegen des brochaften unhorsamicheit. [5]Is it aver dat se borgelik wert, wen se pinlik wert angesat, dat kumpt dor dat dat recht dut[6] gnade der dorheit.[7]

Capitel 37. (*S.* 31.)

§. 1. A *klagt wegen trockner Schläge oder Hautwunden über Friedensbruch mit Augenschein **I.** 68 §. 2.* §. 2. *Wird die Sache, weil der zur Antwort geforderte* B *nicht zugegen ist, ver-*

36. 1) De drudde — valt] *Dae* D. erst — geschicht. 2) *Ae* anseit, *AlB* anspricht (*Bk* utsprecket). 3) *Einige* sake, *Bi* clage oder sake. 4) Is it — tu] *Ca* In den yrsten dair om. || dat . . tu] *Ba* to dem ersten. || van tw. — tu] *Aq* van ses stukken. 5) *Ca fh.* tome andern male. 6) d. r. d.] *Bacdegimδ* de richter ader d. r. d., *AlBho* ein richter r. d. ader, *Bb* ein richter guttickeit d. a., *Bk* de richter ader d. r. guetliken doet eder. 7) d. d.] *Bm* dem lider dorch siner d., *AlBEa* durch dorheit willen (*Ea fh.* odir durch notwere wille). || d. g. d. d.] *Cah* doer genade ende mit genaden wil pynigen des broeckaftigen d.

36. Von klage dy pinlich wirt. Dy dritte klage dy vor gerichte geuellet dy heiset eyne vormenigete klage, vnd heiset darvmme also, ab man dy klage burgelichen an sprichet, das si mag werden pinlich. Spricht man si abir pinlich an, das si mag werden borgelich. Dys kumpt zcu zcweierleye sache. Ist das dy burgeliche sache pinlich wirt, das komet zcu da von, das das recht wil pinegen eyns bruchhaftigen vngehorsamkeit. Ist ys aber das si borgelich mag werdeu ab si pinlich an gesprochen ist, das kumbt da von, das eyn richter recht tut ader gnade durch torheit wille.

fristet, so schadet die zum nächsten Gerichtstage erfolgte Heilung der besehenen Wunde dem Kläger nicht, arg. *I*. 63 §. 1, *I*. 68 §. 3. §. 3. *Auf die dritte vergebliche Ladung I*. 67 §. 1 *und wiederholte Friedensbruchsklage wird* B *verfestet I*. 67 §. 2, *I*. 68 §. 2. §. 4. *Der später ergriffene Verfestete wendet nach I*. 68 §. 1 (*s. Cap*. 35 §. 2) *ein, dafs man ohne Fleischwunden und Lähmung II*. 16 §§. 2, 6, *III*. 37 §. 1 *seine Hand nicht verwirke*, §. 5. *worauf* A *antworten darf, dafs die Verfestung, als wegen Ungehorsams erkannt, ans Leben gehe I*. 68 §. 5.

Berliner Stadtb. 157, 158. §. 1. *WeichbGl*. 63 §. 1. §§. 2, 3. *WeichbGl*. 63 §. 2.

[a]An dem brun unde blau gewracht is. Spricstu §. 1.
des wort an deme brun[1] odder blaw gewarcht is odder swulst,[2] odder de dor de hut[3] gecrasset is,[4] wen dat ding geheget is unde du tu vorspreken gegeven bist alse hir vor geleret is,[5] so sprik:[6] her richter, hir steit N unde claget gode unde iu, dat N [7]si komen mit gewaldichliker hant unde hebbe den meinen vrede an em gebroken, unde biddet dat gi de gewalt de an em gewarcht is besen willen.[8] Went it besen is so sprik: her richter, so biddet §. 2.

---

a) An — is] *Meist* Von klage umme slege. 1) *BcdghimδEa* 37.
fh. swarcz. 2) an deme — swulst] *Viele* de (deme, an deme) — sw. geslagen is; *Cabdefgh* die geslagen is. || o. swulst] *f*. *AabqBckDe*; *Ae* o. swel, *Ah* o. swelt, *AfCc* oder de gheswillet is. || Sprikstu — sw.] *Eb* Ob eyner geslagen wurde dem dy slege czu swullen wern u. mit blutte undirlouffen dy brun blaw adir welcher gevar dy swulst gestalt u. erhaben ist. 3) *BbdgCaEa* hand, *Da* hendt. 4) g. i.] *Bm* geseregct is, *Cef* thoretén is. || odder — is] *f*. *Cdfh*; *Cg* ader gehauwen. 5) wen dat — is] *f*. *Cabdefg*. 6) *Ea fh*. here her richter, gunnit ir mir daz ich rede mit laube. Rede dar. 7) si — hant unde] *f*. *Cabef*. 8) *B fh*. laten.

---

37. Von klage vmme slege wy dy zcu komyn. 1.
Sprichstu des wort deme brunblaw adir swlst geslagen ist, ader der durch dy hut gekraczet ist, wenne denne das ding geheget ist, vnd du zcu eyme vorsprechin gegebin bist als hy vor geleret ist, so sprich: herre her richter, hy stet N vnd klaget gote vnd uch, das N si komyn mit gewaldiger hant, vnd habe den gemeynen fride an ym gebrochen, vnd bittet, das ir dy gewalt dy an ym geschen ist wollet laszen besen. Wenne si 2.

N ens ordels, oft gi en tu rechte tur antwerde icht bieden scolen.[9] Als he den dries tur antwerde geboden is, is he denne dar nicht,[10] so vrag denne wat dar rechtes umme si. So vintme, me scolen dagen virteinacht.[11] So vrag, na deme dat tu dine not dem richter in verscher dat[12] bewisct hefst, oft se hir untwischen[13] vorwendet worde,[14] oft di dat in diner clage[15] icht hinderen[16] moge.
§ 3. So vint me it ne moge. Kumpt he in dem drudden male[17] nicht vor, so sprek: her richter, hir steit N unde biddet dat gi em bekennen, oft it sin drudde clage si; [18]so sprek vort, des steit N unde claget noch als he iu

---

9) *Die meisten fh.* Dat vintme, *Ce fh.* So vintme he scole. 10) *Babceghikoδ fh.* zcu der antwerte. || is . . . nicht] *Cadf* komet he danne nicht vor, *Bf* und nicht en kummet. 11) *BCabEa* over v., *Da* over v. und tage. *AhBk fh.* unde also anderwerve, driddewerve. 12) v. d.] *B* nuwer (nyger) d., *Cf* der vrischeit. 13) h. u.] *Aq* hir under, *B* under des (*Bmδ* binnen des, *Bk* hit en tuschen), *Caf* hier en binnen, *Da* in diser zeit. 14) se — v. w.] *AcfkCc* he — v. w., *AhBk* dey noet — v. w. (*Bk fh.* eder gehelt worde), *Bchi* si — geheilet w., *AqBabdefgmoδ* he — geheilet (*Bm* heil, *Ba* gelet) w., *Ca* se — heilden, *Cf* se — erwendet, *E* se — vorheilde, *Dae* se dir — vergienge, *Cbd* he — vorvluchtig (*Cd* vorvestet) w. 15) d. c.] *Cabe* dinen rechten, *Cdf* syme rechte. 16) *BhCbDae* scaden, *Ea* schedlichin sin. 17) d. d. m.] *Babcefghilo* der d. clage, *Bdpδ* der d. entwert. 18) so — — — erdelet wert] *Cabdef* Woeneer hie des bekent, so vrage woe hie oen volgen sal.

---

denne besen ist so spreche her, herre her richter, so bittet her abir eyns orteils, ab ir deme icht zcu antwertene sullet gebiten. Das vint man. Als ym denne zcu der antwerte geboten ist driens, ist her denne dar nicht zcu der antwerte, so frage was da rechtis vmme si. So vint man, man sulle ym tagen obir virzcennacht. So frage, nach dem das du dyne not dem richter yn nuwer tat bewiset hast, ab her vnder des geheilet wurde, ab ym das an syner klage icht gehindern mochte. So vint man ys en moge.
3. Kumpt her denne zcu der dritten klagen nicht vor, so sprich, herre her richter, hy stet N vnde bittet das ir ym bekennet, das das syn dritte klage si. So sprich vort, herre her richter so stet hir N vnd klaget noch, als her uch vor zcwiens geklaget hat,

twies geclaget heft, dat N an em den vrede gebroken heft; wil hes em bekennen dat is em lif, wil hes aver vorsaken, so wil hes em mit sic selven unde mit alme rechte vorreden unde vorwinnen, [19]dat eme erdelet wert. [20]Is he denne dar tu antwerde nicht, so vrag, na deme dat [21]he noch in sime homude steit,[22] so dat he nicht vorkomen en wil noch sic untreden ne wil[23] unde dar umme dries vorclaget[24] si,[25] wat dar rechtes umme si. So vintme me scolen vorvesten. [26]Wo me en vorvesten scal unde wo men vorveste lude uphalden scal unde vorwinnen unde weren scal, dat is hir al vorgesecht. Wil §. 4.
en aver en vorspreke[27] weren,[28] oftu ene na der vestinge anquemest,[29] dat he vragede:[30] her richter, ic bidde ens

19) dat — wert] *AqBf* alse dat recht is, *B* alse id eme ein recht utwiset (erteilt, togedeilt). 20) Is — vorclaget si] *Cadef* Woeneer he driewerff gedaget (*Cd* vorgeladen) sii ende nyet voir en komet syne broeke to beteren; *Cb* went he dries gheladet sy. 21) he — so dat] *f. AqB* (*ausgen. Bc*). 22) s. h. st.] *BcE* s. ubirmute st., *Dae* siner heimat (*De* sime heymete) ist das ist also vil. 23) n. s. u. n. w.] *f. AqBdmp; Bf* u. na rechte gebetert is, *AeBabcegkoEa* n. na rechte betern wil (*was Adghk-Dae hinzufügen*). 24) *Viele* gedaget. 25) *Dae fh.* und er nicht furkomen sy. 26) *Aab fh.* So vrag. || Wo — — vorgesecht] *f. AqCabdef.* 27) e. v.] *BbcghikoδEa* syn v., *Bae* der v., *Caf* een die des schuldigen mans vrient were, *Ce* sin vrond, *Cb* sine vrunt, *Cd* eyner siner frunde. 28) *Ca* die vestinge w.; *Ah fh.* off hey sich selben, *Bk fh.* eder vorholden eder hey sulves darmede entweren. 29) oftu — a.] *f. BfmδCabef.* 30) d. h. v.] *Af*

das N den frede an ym gebrochen hat, wil her des bekennen das ist ym lip, wil her ys aber loukenen, so wil her ys ym mit ym selber obirwinden vnd obirreden, als ym eyn recht irteilt. Ist her dennoch zcu der antwerte nicht komyn, so frage, nach dem das her nicht vorkomyn enwil wider nach rechte bessern wil vnde darvmme driens getaget si, was da nu rechtis vmme si. So vint man man sulle en voruesten. Wy man eynen voruesten sal, vnde wy man vorueste lute vf halden sal vnde vorwinden vnd weren sal, das ist hyvor gesait vnde gelart. Welde 4.
en abir syn vorspreche weren, ab du en nach der uestunge an quemest, so frage her also, herre her richter ich bitte eyns or-

ordels, oft me iemende vorvesten mote umme sodane sake, dar he sin lif odder sine hant nicht umme vorloren hedde noch vorboret,[31] so vintme me ne moge. So vrag vort,[32] oft en man ane vleschwunde unde ane lemede[33] sin lif vorwerken moge odder sine hant, [34]of he ok wol dar bi
§. 5. begrepen worde. So vintme he ne moge. Sus weret he en,[35] du ne vragest des ordels, na deme dat he [36]nicht allene umme de walt vorvestet is,[37] mer umme de undat, dat he[38] nicht vorekomen wolde unde oc[39] na recht nicht beteren wolde,[40] oft men dun[41] nicht vervesten muchte,[41a] so dat eme de vestinge moge nemen sin

---

so vrage, *B* (*außer Bc*) *Ea* so vrage her also, *Ca* die mochte spreken, *Cbd* unde spreken, *Cef* u. spreke, *Da* der spreche; *Ah fh.* u. spreke aldus. 31) n. v.] *f. Ah.* || umme . . . v.] *BEa* vorwerken noch vorbuszen mochte. 32) S. v. v.] *Ah* Hijr weder v. du aldus. 33) *Bb* andere untat, *Bk fh.* eder in ander undaet. 34) of — ne moge] *f. Ab.* || of — begr. w.] *f. AahkBfm.* 35) S. w. h. e.] *f. Bm. Ah* Aldus w. hey sich, *Aq* Sus wert h. loes, *Caf* Alsoe w. en man wael synen vrient, *Cd* Sus w. er sine frunt, *Ea* Alsus erwert man sich dem. 36) nicht — undat] *B* (*außer Bk*) *E* de gewalt an eme began (gedan, gebrochin, *Bi* betuget) hat nicht allene, sundern ouch (*BahoEb fh.* mer), *Cadef* drie werff voir gebaden (*Cf* gelaiden) weer unde. 37) v. i.] *So in unentbehrlicher Weise Aa*; *f. sonst.* 38) d. h.] *f. Bk.* 39) *Bgho fh.* mer dat he, *Dae fh.* das gericht verschmechte u. 40) unde oc — w.] *f. AhkBdm*; *Cabdef* noch nyemant van siinre wegen die siine noit bewisede. 41) *d. i. damals, Cc* to rechte, *Ea* dorum. 41*a*) d. n. v. m.] *Bbcoð* icht vorvestin sulle (moge), *als wenn die Verfestung nicht bereits erfolgt wäre.*

---

teils, ab man ymande voruesten moge vmme sulche sache, damite her wider syne hant noch synen lip vorwirken noch vorbuszen mochte. So vint man man en moge. So frage vort, ab eyn man ane fleischwunde vnde ane lemede syne hant vorwirken moge, ab her ouch da by begriffen were. So vint man her en
5. moge. Alsus geweret man en, du en fragist denne dises orteils, nachdem das her dy gewalt an ym begangen habe nicht alleyne, vnde ouch mer das her nicht vorkomyn enwolde, vnd ouch mer das her nicht bessern wolde nach rechte, ab man den icht voruesten musse, also das ym dy uestunge den lip nemyn moge.

lif. Dat vintme.[42] Dit is de erste vormengede[43] clage de pinlik wert.[44]

Capitel 38. (*S.* 32.)

§. 1. B *erscheint, spricht selber I.* 60 §. 1 *und erbietet sich, falls* A *die That erweise, zur Genugthuung.* §. 2. *Das Gericht erachtet, nach Maafsgabe von II.* 16 §. 2, *I.* 68 §. 3, *ob die That kampfwürdig sei. Sie wird dann vom Richter selbsiebente bezeugt I.* 8 §. 1. *Auf die nicht kampfwürdige That steht Bufse II.* 16 §§. 2, 8, *III.* 37 §. 1. §. 3. *Die Bufse bestimmt sich nach der Geburt II.* 16 §. 8, *falls sie nicht durch Verbrechen II.* 16 §. 3 *oder durch falsche Angabe des Geburtsstandes II.* 6 §. 1, *I.* 16 §. 1 *verwirkt worden.* §. 4. *Fordert* A *statt der Bufse, welche nie über* 30 *Schill. kommt III.* 45 §. 1, *einen bestimmten Schätzungswerth für die erlittenen Schläge, so mag* B *eidlich seine Nichtschuld betheuern.* §. 5. *Auch die Behauptung des* A, *dafs der Klage gemäfs zu antworten sei II.* 3 §. 3, *hilft ihm nicht, wenn er auf des* B *Verlangen den Grund seiner Forderung angeben mufs III.* 41 §. 4, *weil man mit Schlägen und Scheltworten nicht jenen Schätzungswerth, im Gegensatz der Bufse* (*II.* 16 §. 8, *III.* 37 §. 1, *III.* 45), *verwirkt.*

§. 2. *Planck Bewf.* 226. §§. 4, 5. *Blume MR. I.* 120.

Wo man dar tu antwerden scal. [1]Kumpstu §. 1.
aver [2]tur antwerde, so kum an[3] enen vorspreken als hir vor geleret is, odder bidde dattu selven[4] spreken motest.

---

42) *BdefioEa fh.* se moge, *Bc fh.* se mogen, *Bh fh.* sie en moge, *Cabefi fh.* he mochte, *Cg fh.* he moge in vervesten. 43) *Eb* burgliche. 44) Dit — wert] *f. AkBaCabdefghi.* || d. p. w.] *f. AdefhqBkmCc.*

1) Kumpstu — sprek sus] *C* (*aufser Cc*) Komet oick een ter 38.
antworden voir gerichte ende spreket, *Aq* K. a. t. a. so sprek. 2) *Aa fh.* in desser clage. 3) k. a.] *Ag* kese, *BEa* nym. 4) *Ah-BDe fh.* deyn wort, *Af fh.* dy vor.

So vint man si moge. Dys ist dy erste vormengete klage dy da pinlich wirt.

38. Von der antwerte yn pinlicher klage. Komestu 1.
abir zu der antwerte, so nym eynen vorsprechen als hy vor gesaget ist, adir bitte das du dyn wort selbir sprechen musest,

Des scal me di[5] gunnen. Wenme di tur antwerde bidet, so sprek sus: her richter hebic an N icht gebroken,[6] dat wil ic gerne beteren[7] na rechte unde na genaden,[8] unde bidde ens ordels, oft het icht bewisen scole wat ėm ge-
§. 2. scin si. Dat vintme. [9]So vrag vort, oft de richter icht scolo dat achten[10] mit den de de ordel vinden, oft dat[11] kampwerdich si. Dat vintme. So vrag wat kampwerdich si tu rechte. So vintme lemede unde vleesch wunde.[12] So vrag wo mennich man[13] dat van rechte tugen scal. So vintme sesse[14] tu dem richter. [15]Wen dit denne unkampwerdich[16] gedeilet wert, so vrage de cleger, wat an em vorboret si.[17] So vintme he scal eme
§. 3. sine bute gevėn. So vrag wat de bute[18] si. So vint-

5) Des .. di] *BdimpΔ* Den .. di geven eder (*BΔ fh.* sol dirs selbin. 6) *B fh.* dat is mi let. 7) *BdmpΔCb* buten. 8) u. n. g.] *f. Cabef.* 9) So vrag — — tu dem richter] *f. Cabdefg.* 10) *Bm* erkennen, *Eb* schatzin. 11) *AefghkCc* de dat (*die That*), *Bfg* dy wunde, *Bcho* dir das. 12) *E fh.* di nagils tif sein und glidis lang. 13) w. m. m.] *BEa* mit wy vil mannen man (*Bi* he, *Bl* du). 14) *BabcdefgoΔEa* mit sechsen, *Bh* mit sechczenen, *Bi* mit sesteyn mannen. 15) Wen — wert] *f. Cag*; *Cbdef* Ist danne de wunde nicht kamphwerdich. 16) *Andre* unkempflich, *BcEa* kempflich oder unkempflich. 17) v. s.] *Andre* vorbuszit si, vorwracht si, *CcEa* ghebroken si, *Da* verbrochin si. ‖ an e. v. s.] *Caef* he an yne gebroichėn haue, *Cd* du ome vorboret hast. 18) *Aa* vare.

des sal man dir gunnen. Wenne man dir zcu der antwerte gebut, so sprich also, herre her richter, habe ich an N. icht gebrochen das ist mir leit, das wil ich gerne bessern nach rechte vnd nach gnaden, vnde bitte eyns orteils, ab her icht bewisen
2. sulle was ym geschen si. Das vint man. So frage vort, ab dir der richter des icht sulle achten mit den dy ym das orteil vinden, ab dir das kampfwirdig si. (Das vint man. So frage was kampfwirdig si.) So vint man lemede vnd fleischwunden. So frage mit wy vil mannen man das bezcugen sulle. So vint man mit sechsen zcume richter. Wenne ys denne vnkemphlich geteilet wirt, so frage der kleger da wider, was an ym vorbuszet
3. si. So vint man syne buze. So frage was syne buze si; so vint man, nach dem das syne gebort si, ab her si mit dube

me na deme dat sin broke is,[19] oft he se[20] mit duve odder mit rove nicht vorwarcht[21] hebbe. Heft he se denne so vorwracht, so vintme em tu bute twe beseme[22] unde ene schere. So vrag oft he icht scole secgen, to watter bute[23] he geboren si. Dat vintme. Alse he[24] denne secht, vulkumpt he des nicht, so vrage, na deme dat he ander recht heft getuget[25] unde des nicht vulkomen ne mach, up dat em worde mer tu bute,[26] oft he icht in deme male[27] beide buten[28] vorloren hebbe. Dat vintme. [29]Weret aver dat he geclaget hedde unde de clage mit gelde §. 4.

19) d. d. s. broke is] *AaCc* d. d.˜s. bute is, *AchBceklop besser* d. d. s. bort (*Bc* gepurt oder sein gebruche) is, *AqBbdmδCabdef* siner bort, *Dae* dem das der man sey, *Eb* der tad. — *Bb fh.* d. i. noch deme das er geborn ist, *Ea fh.* und ouch noch seiner geburt. 20) *Dae* sin recht. 21) se — vorwarcht] *Bh* sich — vorunrechtit. 22) *Cf* bosseman vlesschen. 23) t. w. b.] *Aac* ut w. bord, *Ab* ut w. hege, *Bdpδ* zcu was (welchem) rechte, *Af* von wat hogher bote. 24) *Bacfo fh.* ime, *BeCcEa fh.* id, *De fh.* syne buze. 25) a. r. h. g.] *So AdehkCc*; *Aab* a. r. h. wan he tuget, *AqBbcdfghikmoδE* sich a. recht (bute) h. to getogen (angeczogit), *Bae* sik hebbe an en a. r. getogen, *Af* van hogher bote heb gheseget, *Ag* a. r. zecht wan he hevet, *Cabdef* sich en a. r. to seget dan oen to (an) gebaren si, *Dae* a. r. jm angeleit habe. *Eb fh.* durch der busse willen. 26) t. b.] *Badghioδ* b. czugeteilt, *Bf* b. czugeleit. 27) i. d. m.] *B* zcu der zcit, *Aq* dan. 28) b. b.] *Cabcf* siin bote, *Ba* bote u. wedde, *Bf* clage u. gelt u. bute, *Bck* bote u. clage, *BcghimoδEb* b. bute u. clage. || i. d. m. b. b.] *Ah* in den beyden boden. || icht — buten] *Cd* mich to dussem male icht billichen ane rede laten u. ucht er nicht to dussem male sine bote. 29) *Der Rest des Cap. f. Cbd.*

ader mit roube nicht vorworcht en habe. Hette her si denne vorwurcht, so vint man zcu buze zcwene beseme vnd eyne schere. So frage, ab her ym icht sagen sulle zcu waze buzse her geboren si. Das vint man ym. Als her ys ym denne gesaget, volkumpt her ys denne nicht, so frage, nach dem das her sich ander recht zcu gezcogen hat vnde des nicht volkomyn en mag, vf das das ym wurde me busze zcu geteilt, ab her icht zcu der zcit beide busze vnd klage vorlorn habe zcu rechte. Das vint man. Were abir das her geklaget hette vnde 4.

scattet[30] hedde, alse vele vorspreken dun dat se [31]secgen, [32]he ne wolde umme twintich marc [33]min odder mer,[34] so sprik[35] du slichtes:[36] her richter unsculdich bin ic des, daſ ic an N icht gedan hebbe, dar ic an em tu rechte twintich marc[37] vorbore odder vorboret[38] hebbe, unde bidde ens ordels, oft ic siner sculde[39] icht neger tu untgande si, wen hes mi overtugande.[40] So vintme du sistes neger.[41] So du[42] deme ede als hir vor geleret is, [43]unde swere vrilike up mi,[44] wen du heſst nicht[45] vor-

---

30) *AfBm* gewerdeget, *AqBEa* gesaczit, *Cg* gesteilet. 31) *Andre* setzen. 32) he ne w. u. t. m. m. o. mer] *Cabef* sey en wolden der slege u. t. m. eder m. e. m. (e. m. e. m. *f. Cae*) nicht liden, *Af* h. n. w. de smerte u. t. m. eder m. e. m. geleden hebben, *Ea* daz ticius sotane smaheit an seyo begangen habe mit seinen bosin wortin, wer ez mugelich, daz ein biderbman solde smaheit liden um gelt do er nicht hundirt schog um nemen wolde myn oder mer. *Ähnlich Eb.* 33) *Babcdeghioδ fh.* adir wy (*Bchiδ fh.* viele) her wil, so spreche er (s. s. e. *f. Bbcδ*). 34) *Ag fh.* eder sin halve weregelt. 35) *B* antworte. 36) *B* slechtiglich, da weder slechtlichen, *Bm* kort darwedder, *E* sicherlichen; *f. Caef.* 37) t. m.] *Eb* czehin schogk. 38) v. o. v.] *AeBdfCc* vorboret, *Bδ* vorwurcht, *Ad* gebroken, *Bceghko* verworcht o. vorbotet. || an em — v.] *Ah* sodaen gut an verwracht. || gedan — v.] *Caef* enige 20 mark gebraken. 39) *BEa* beschuldinge, *Ea fh.* mit miner unschult. 40) m. o.] *Be* mich mit sotanr clage gevellin muge. 41) *AkBacdefoDe fh.* to untgande, *Bghiδ fh.* dyner unschult tu ungande. 42) *Ah* trecke dich to, *Aac* do du, *Bk* do dich dan to; *Viele* do tu. 43) unde — — schillinge] *f. Caefg.* 44) u. m.] *Ade* u. ene, *Babcegho* ab man wil, *Bnδ* efft man id hebben wil, *Bdf* ab man is von dir haben wil, *Bi* oft

---

her dy klage mit gelde gesaczit hette, als vil vorsprechen tun, das si seczen, her en wolde vmme zcwenzig marg, adir wy her wil so spreche her mynre ad mer, so antwerte du da wider slechtlichen, herre her richter, ich bin syn vnschuldig des das ich an N icht getan habe, da ich zcwenczig mark mite vorboret habe adir vorbuszet hette, vnd bitte eynes rechtin, wider ich syner beschuldigunge icht ner zcu entgende si, wenne her michs obirzcugen moge. So vint |man du siestys ner zcu entgende. So tu denne zcu dem eyde als hy vor geleret ist, vnde swere

boret wen dine bute, unde[46] nene bute boret[47] hoger
wen uppe drittich scillinge. Sprect den de cleger, ic §. 5.
bidde ens ordels, oft me[48] icht scole antwerden na miner clage unde scole bekennen odder vorsaken. Dat vintme. Dar vrage jegen, oft he di icht scole secgen, wor van he van di dat gelt esche. Dat vintme.[49] Spreket he, dat he vordere dor der slege[50] willen, so vrag oft tu an slegen[51] dat gelt[52] vorboren muchtest. So vintme du ne mogest, [53]unde vunde me di anderes, sceldet[54] vrileken unde do du also wi di hirna leren willen.

Der Satz der §§. 4, 5 wird ausführlich in der Glosse zu I. 68 gegen die Widersacher, welche sich auf das römische Recht stützen, vertheidigt.

Capitel 39. (*S.* 33.)

§. 1. ***Wird beim Anfunge*** (*Cap.* 13) ***dem Beklagten Bruch am Gewährsmann, so kann*** A ***die Klage peinlich machen, indem***

---

man den eid van di nemen wil, *Ea* ab mans nicht inperen wil. *Bk fh.* aff du wolt. 45) w. d. h. n.] *Bcghiod* so en hastu nicht. 46) *BadefgiodE* wisse daz. 47) *So AcekCc*; *Aq* gheit, *Ab* horet, *Aa* kummet, *AhEa* lopet, *Babcfgikod* wert vorboret, *Bh* wert. 48) *AaBbEa fh.* mi. 49) *Einige fh.* her sulle iz sagen. 50) *Af-Cc* claghe; *Aac fh.* edder wort, *Ea fh.* odir smaheit. 51) a. s.] *Ag* mit den s., *Adk* van den s., *Af* van den cleghen, *Cc* dorch der claghe willen; *Aac fh.* edder an worden, *Ea fh.* odir smaheit. 52) d. g.] *Bd* sulch geld, *Bd* sulch gut, *Ca* also voel. 53) *Der Rest f. CaefghiDh.* 54) *Aa* strafe, *Eb* straffet, *B* sprich da wider, *Ea* sprich da wider u. strof das urteil.

---

vrilichen ab man wil. So hastu nicht mer vorbuzset denne dyne rechte buzse. Wisse das keyne buzse wirt hochir vorboret wenne
vf drisig schillinge. Spricht denne der kleger, ich bitte eyns 5.
orteils, ab man icht sulle antwerten nach myner klage vnde sulle bekennen adir loukenen. Das vint man. So frage dawider ab her dir icht sulle sagen, wo von her dir das gelt an heischet. So vint man her sulle ys sagen. Saget her denne her vordere ys durch slege wille, so frage ab du an den slegen das gelt verboren mochtis. So vint man du en mochtest. Vint man dirs andirs, sy sprich da wider frilich vnd tu als wir dich hyr nach leren wollen.

er zunächst den B *mit dem Gericht des Besitzes der gestohlnen Sache überführt I.* 7, *I.* 15 §. 2, *I.* 18 §. 2; §. 2. *sodann die Diebstahlsklage, mit Erbieten zum gehörigen Beweise der That, anstellt II.* 36 §. 5 unde tiet.

§. 1. *Planck Bewf.* 225 *N.* 46.

§. 1. Wo men anvange clagen scal. **De andere**[1] kumpt tu van anevange unde seit aldus.[2] Wen du hefst anevangen dat dine is,[3] it si wat it si,[4] tut hes an enen weren, so du als hir vor geleret is. [5]Vorsaket aver eme de gewere beide des kopes unde der gewere,[6] wultu den de clage pinlik[7] maken, so nim vorspreken [8]als hir gesecht is unde[9] sprek sus: her richter, Clawes de tut[10] an iu unde an dat gehegede ding, dat he sine vordufte have hir bi em[11] hebbe unde biddet ens ordels, oft N iummer[12] vorsaken moge, odder hes eme neger[13] mit deme

39. 1) D. a.] *AhkBk* D. a. vormengede, *Badeδ* D. a. clage, *AepBcE* D. a. vormengte clage, *Af* Desse clage. 2) u. sc. a.] *Bafghipδ* u. heizet a.; *AeBen* a. ‖ De andere — a.] *Cg* Die clagen die von a. gescheen, die komet alsus zo. 3) d. i.] *B* d. was; *Cc* din, *Adehkq* dink. 4) it — si] *f. BDaeEa.* 5) Vorsaket — u. d. gewere] *C* Wert ome denne borst an deme gewercn. 6) *BEa* gewerschaft, wirdeschaft. 7) *Cbdl* werlik. 8) a. h. g. i.] *f. Cacfl.* 9) *Andre* de. 10) Cl. d. t.] *Die meisten* N t. sik (sik dat, sik dit); *C* hir steit N u. t. dit (des). 11) *BbfEa* em funden, *Cac* sik. 12) *AdeghkqDa* bat, bet, *Ca* des, *BgCd* ome, *BabcdefoCbcl* ome des, *Bk* ome des bet, *Bh* von rechte, *Bi* is ome noch van rechte, *Bδ* ym nu des mit rechte. 13) *B fh.* mit der offenbaren (*Badgδ* waren, *Bhi* baren) schult u.

1. 39. Von aneuange vmme gut. **Dy andere kumpt zcu von aneuangunge vnd geschit also. Wenne du hast geaneuanget das dyn was, vnd zcut her sich des an eynen geweren, so tu als hy vor geleret ist. Loukent ym der gewere beide koufes vnde gewerschaft, wiltu denne dy klage pinlich machen, so nym eynen vorsprechin der spreche also, herre her richter, N der zcut sich an uch vnde an das gehegete ding, das her syne vordubete habe hy by ym habe, vnd bittet eynes orteils, ab ym N des von rechte loukenen moge, ader her ys ym si ner zcu obirwindene mit der offenbaren schult vnd mit deme gehegeten**

hegeden dinge si overtugande.[14] So vintme he sis em neger overtugande. So secge vort: N de danket dem §. 2. ordel[15] unde biddet dat gi sin wort vort[16] horen. So steit hir N[17] unde claget gode unde iu, dat N sulven eme hebbe N[18] vorstolen, des wil he en vorwinnen mit der scinbaren[19] scult[20] unde mit [21]sines sulves live unde mit helpenden tugen[22] wo he tu rechte scal, unde biddet dat gi en tur antwerde biden.[23]

*Capitel 40.** (S. 33.)

§. 1. *Der Beklagte leugnet den Diebstahl.* §. 2. *Beruft sich* A *auf seinen Beweis* (*Cap*. 39 §. 1), *so erwiedert* B, *derselbe gehe nur auf des* B *Besitz, nicht auf den Diebstahl, und entledigt*

---

14) neger — si o.] *C* bat — overgan moghe. *Ea fh.* wan erz unschuldig werdin muge. 15) *Bm* rechte, *BfCd* gerichte, *Ea* got unde dem rechtin. 16) *BcdefghklopDa* wollet, willen, *Ea* me wollit. 17) u. biddet — N] *f. AfC.* 18) *Aa* dat perd, *Ah* de have, *Bbkl* disse habe, *Bdm* dat selve gud, *Bi* dat, *Cabc* sin ding, *Cc* sin gud, *Cl* sin N, *Cd* dat sijn was; *De fh.* daz syne; *f. Ad-Bcgho.* || e. h. N.] *Ac* se selven hebbe dat N u. is. 19) *So Aab. AegBik* baren, *AcdfBmC* openbaren, *AhkqBabcdefghoδDabeE* waren. 20) *Ea fh.* u. mit der waren tat. 21) sines — helpenden] *f. AfqC.* 22) h. t.] *Ea* helfe u. mit geczuge fromer lute. 23) *Aq fh.* So clage darna wat di weret, *BbfikmpwδEa fh.* Dar na clage wat dyn gebrek is (*Bfim* dik schelende is, *Bpδ* dir werrende is, *Bw* dir wirret, *Ea* dir gebrochen ist alz vorgesprochen ist). *Ba-cdeghlo fh.* So mus man ym czu der antworte gebieten, darnach klage was dir gebrechens (*Ba* din gebreke, *Bde* dir not) si.

* *AfCc haben dies Capitel doppelt, zuerst im Character der Classe C, dann in dem der Classe A* (*bezeichnet mit Aff, Ccc*). 40.

---

dinge. So vint man her si ys ym ner zcu oberwindene mit der offenbaren schult. So sprich vort, N der danket dem orteile 2. vnd bittet das ir wolet syn wort horen, so stet hy N vnd klaget gote vnd uch, das N ym selbir vorstolen habe, des wil her en obirwinden mit der waren schult vnd mit synes selbis libe vnd mit helfenden gezcugen, wy her zcu rechte sal, vnd bittet das ir ym zcu der antwerte gebitet. So mus man ym zcu der antwerte gebiten, darnach klage was dir gebrechins si.

sich dieser Beschuldigung, wenn er das unverholene Halten bezeugt ***II.*** 36 §. 1. §. 3. *Ist* B *wegen Verbrechen rechtlos, so mufs er sich mit Gottesurtheil wehren* ***I.*** 39, *nach dem neuern Recht sieben Männer Eide leiden* (*Gl. zu* ***I.*** 39, *zu* ***I.*** 48 §. 3 *u.* ***I.*** 63). *Das unverholene Halten beweist* B *selbdritte* ***III.*** 4 §. 1 (*vgl.* ***II.*** 36 §. 1); *beim Mifslingen verwirkt er den Hals* ***II.*** 13 §. 1. §. 4. *Gegen die Klage auf handhafte That ist* B *geschützt, weil deren Erfordernisse* ***II.*** 35 *fehlen; er gewinnt ein Urtheil auf Entschuldigung.* §. 5. *Entgeht* B *so der Diebstahlsklage, so bleibt doch* A *ohne Schaden* ***I.*** 62 §. 4 *und fordert Bufse, so wie der Richter sein Gewedde* ***II.*** 36 §. 5 Wert. §. 6. *Jene Entschuldigung leistet* B *von Rechtswegen durch Eineshand* ***I.*** 7, ***I.*** 15 §. 2, ***I.*** 18 §. 2, ***III.*** 89, *nicht selbsiebente* (*denn* ***III.*** 28 §. 2 *pafst hier nicht*).

§. 3. *Planck Bewf.* 297. §. 4. *Ebd.* 237. §. 6. *Ebd.* 220, 293.

§. 1. Wo men antwerden scal in der andern vormengden clage. [1]Spricstu denne des antwerders wort[2] so sprik sus: her richter, wil gi N unscult[3] horen, hir steit N unde[4] secht unsculdich si he der dufte[5] unde
§. 2. aller undat[6] an desser[7] have.[8] Sprikt den jene: her

---

1) *Viele setzen noch voran:* Van der antwerde jegen de andere vormengede clage; ***Bf*** Von d. andern v. cl. wu man antwerden sal. || Spr. — wort] *f.* ***Aq.*** 2) a. w.] ***AfC*** w. de aldus beclaghet wert. 3) N. u.] ***AfkBmCabceDaeEa*** N wort, ***Cf*** eyn antwort. 4) hir — u.] ***AfCc*** de, ***Caf*** hey; ***Bk*** *fh.* ick an syme worde u. 5) ***AqB*** *fh.* unde roubes. 6) ***B*** *fh.* der en N schult gift. 7) ***Aab*** siner. 8) ***Ea*** *fh.* u. wil mein unschult beweisen wi mirz ein recht irteilt, u. bite in einem rechtin urteil czu irvaren, ab ich icht billichir u. nehir meinen leip u. mein ere u. mein gut mit meiner unscult czu vortreten sij u. czu weren, wenne er mich mit geczugen oder mit keinrhande kempflicher ansprache angewinnen muge, sint ich ungevangin u. ungebundin hir ste u. aller untat unubirwundin, oder waz dorum rechts sij.

---

1. 40. Von antwerte vmme gemengete klage. Von antwerte keyn der andern vormengeten klage. Sprichstu des antwerters wort so sprich also, herre her richter, woltir N vnschult horen, so stet hy N vnd spricht, her si vnschuldig der dube vnde roubes vnd aller vntat der ym N schult gibet an desir
2. habe. Spricht yenre denne da wider, herre her richter, ich bete

richter, ic bidde ens ordels,[8a] na dem dat mi gevunden unde gevulbort[9] is, dat he mi nicht vorsaken moge unde ic em neger si overtugande,[10] dat ic in deme hegeden dinge bewiset hebbe[11] under em,[11a] oft hes mi vorsaken[12] moge, eder wat dar rechte umme si.[13] So sprekestu sus dar wedder: [14]wat N vor gehegedem dinge bewiset heft, dat is dat N desse have bi sik heft,[15] de he[16] vor sin kofte gut hadde unde noch heft unde ni vorsakede unde

8a) Sprikt — ordels] *AfCc* So vrage. 9) *BgDe* vollbracht, *Bk* bekant. 10) *Ah fh.* mit deme, *Caf fh.* myt der haue. 11) dat — b. h.] *Caf* de — vant. 11a) Sprikt — — em] *Ea* Do frogit wider der vorderer, h. h. r. noch dem mol daz mir urteil u. recht gefundin hot u. ich daz meine under im beweisit hab an allerlei widersprache, ab er do widersprechin wolde daz ich beweisen wil mit richter u. mit schepfin uf gehegter bank, bite ich in einem rechtin urteil czu irvaren. 12) h. m. v.] *Cae* h. sich des untschuldigen; *Bd* h. m. entgeen. — *Aab fh.* wille und. 13) *Cae fh.* Dat vünt men; *Cg fh.* D. v. m. he en moge. 14) wat — — unschuldig] *Caef* her richter N de spreket, de have de N under eme bewiset hebbe, de hebbe he noch by eme u. si sin gekofte gud u. unschuldich sij he des. || wat — — vorsaket] *Ea* noch dem mol daz Seius hir stet u. sich an richter u. an schepfin czut, des spricht Titius di wolde er auch ungerne imande czuvor gebin, wenne Seius beweisunge waz, daz di habe di T. undir im hot seine were, wider der beweisunge er nicht sprach, sundern er hette sij gekouft u. lokint dez nicht u. er woldiz auch ungerne lokin. 15) b. s. h.] *B* under ym h., *Aac* bewiset h., *Ab* heft he gewiset, *Bk* under sik hadde. 16) d. h.] *B* und dyse selbe habe.

eines orteils, nachdem das mir gefunden ist vnd gefulbortet, das her mirs nicht vorloukenen mag, vnde das ichs ym si ner zcu obirwindene des, das ich yn eyme gehegeten dinge bewiset habe vnder ym, ab her mirs denne vorloukenen moge ader was da rechtis vmme si. So sprich du da wider alsus, herre her richter, was N vor gehegetem dinge bewiset hat, das ist das N dise habe vnder ym hat, vnd dise selbe habe vor syne vorkouften habe hatte vnde noch hat, vnd en loukent des noch nicht,

noch nicht vorsaket;[17] mer[18] he secht sik des unsculdich,[19] dat he N icht vorstolen hebbe,[20] unde biddet ens ordels, oft he sik der dufte icht neger tu werende si,[21] wen men en overtugande. So vintme, he si des neger sik to werende,[22] deste het hebbe unhelinges gehalden
§. 3. [23]unde en unbesproken man si. [24]So vrag, na deme dat he vor sin recht mit düve[24a] heft vorloren, oft he nu tu enes vromen mannes rechte komen moge. [25]So vintme, he en moge. So vrage, wo he sik denne untsculdegen moge. So vintme,[26] he mote dat[27] iseren dragen, odder

---

17) ni — vorsaket] *So AaffCcc; Ab* ny v. u. n. n. *Die meisten* versaket des noch nicht (ny). 18) *Adegkq fh.* dan he tom ersten dede, *indem sie wohl* mer *d. i.* „*sondern*" *für* „*mehr*" *nehmen.* 19) s. d. u.] *f. Aabc.* 20) dat — hebbe] *Cd* der duve u. aller undat. || mer — hebbe] *Ea* sundern daz im Seius schult gibin hot, daz erz im gestolin odir genomen hette, do but er sein unschult vor. 21) *Badeghimoδ fh.* und des unrechten, *Bc fh.* mit der unschuld, *Bk fh.* u. des sik to entredene. 22) t. w.] *Ea* mit czwen vingern uf den heiligen czu w. || he si — werende] *f. Aa.* 23) unde — si] *Ea* wenne im seyus keinerhande deube geczien muge. 24) *AfC schieben hier den nach* kempen weren *folgenden Satz* dar — liden *ein.* || So — he mote] *AfC* Hedde he aver vore sin recht mit düve vorloren, so ne mochte he nicht to desseme rechte komen, he moste. 24*a*) *De fh.* adir myt anderme dinge. 25) So — untsc. moge] *f. AabDa.* 26) *AhBk fh.* mit godes ordel. 27) *AfBCbcDe* en het (ein heis), *Ca* eyn heet gloyende, *E* dat gluende.

---

sunder her saget sich des unschuldig, das her si N icht vorstolen habe, vnde bittet eynes rechten, ab her sich der dube icht ner si zcu irwerene vnd des vnrechten, ader ab man ys en bas obirwinden moge. So vint man, her si ys ner zcu weren, das her ys vnuorholen gehalden habe vnd eyn vnbesprochen man si.
3. So frage, nach dem das her syn recht vor mit dube vorloren habe, ab her nu zcu eynes biderben mannes rechte komyn moge. So vint man her en moge. So frage wy her sich denne entschuldigen moge. So vint man her musze eyn heys ysen tragen, ader her musze yn eynen sydenden kessil grifen, adir mus sich eyns

he mote an enen sidegen[28] ketele wateres[29] gripen,[30] odder he mute sik deme kempen[31] weren; dar vor mut he nu[32] seven man ede liden.[33] Odder vrage,[34] wo he des vulkomen scole, dat het unhalinge geholden hebbe.[35] So vintme mit twen bedderven[36] mannen. [37]Vulkumpt he des nicht, it geit em an den hals.[38] Du machst ok §. 4.
vragen, na deme dat he de düve bi sic heft, of it icht en hantafte dat si. [39]Dar vrage jegen, oft dat ene hantafte dat si, dar du nicht begrepen werst in der dat[40] odder in der vlucht, odder in wes[41] hemeliken sloten[42]

28) *Andre* sydendén, *Bf* heiten, *BpCf* heissen seiden, *BaCccde* wallenden, *AfCc* heiten wallendighen, *Cb* warmen. 29) *f. AfBeopCc, CccDa.* 30) *AgCaf* tasten; *Ab a. R. und AfBepCacdefEa fh.* bed an sinen ellenbogen. 31) d. k.] *AhkBk* kampes, *Bg* mit kemphen, *Biδ* des met kempen, *AabBc* mit deme kampe, *Ea* des rechtin kemphin. 32) *f. AbqBci; Aa* de. 33) e. l.] *Ea* e. tun, *Ccc* tuch l. unde ede. || dar vor — l.] *f. AfBmC, vgl. N.* 24. *De fh.* en obir czugende. 34) O. v.] *AfBmC* So vrage jene. 35) wo — hebbe] *Cd* vort wi et sek entschuldigen scholde. 36) *Cade* unbesprokenen, *AfCc* unbesprokenen bederven. 37) *Statt des Restes AfC* Worde he vorwunnen (*AfCc fh.* an gherichte) men richtet over one na rechte. Irschenegede (*Ce* Irschenede, *Cdf* Erschine, *Ca* Gebe) auer (*Ca* oick) Got dat he recht hedde, men moste one laten mit bote. *Eb* Hy komen noch vil vragen dy habe ich dyr gar vor geschribin. 38) *BEa* lif. 39) Dar — dat si] *f. AacdeghkBbghkCcc.* 40) dar — dat] *AegkCcc* wan de in der dat begrepen were; *Bk* wanner hei dan in der daet n. b. en is, *Aa* wen he etc. 41) *B* dinen, *BkEa* synen, *Bδ* dem. || o. i. w.] *Ah* und dey haue nicht in synen. 42) *Aa fh.* de düfte nicht (*ist allerdings hinzuzudenken*); *Bdmpδ fh.* noch in dinen geweren.

kemphen irweren; da vor mus her nu sebin manne eyde liden. Adir frage wy her das (volkomyn sole, das her das) vnuorholen gehalden habe. So vint man mit zcwen biderben mannen. Volkumpt her denne des nicht, so get ys ym an den lip. Du macht 4.
auch fragen, nachdem das her dy dube by ym hat, ab ys icht eyne hanthafte tat si. Da frage keyn, ab das eyne hanthafte tat si, da du wider an der tat noch an der flucht begriffen wurdest, noch yn dynen heymelichen slossen gefunden wirt. So vint man

gevunden wert. So vintme it ne si. So vrag, na deme dat denne nen hantafte dat si, unde he[43] dar sta ungevangen unde ungebunden unde si en vulkomen man alles rechtes,[44] oft he sic sines[45] lives unde siner ere icht neger tu werende si, wen me se em[46] aftuwinnende si.

§. 5. Dat vintme.[47] Alse he sic der dufte untsculdeget heft,[48] vraget he[49] denne umme de bute, so vrage,[49a] na dem dat em brok wart an sinen geweren,[50] oft he icht tu recht di scole bute geven, unde oft tu icht mogest en besculdegen unde bliven ane scaden. Dat vintme. So vrage de richter na sime gewedde, als hir vor geleret is. So vrag wo du unsculdich scalt werden. So vintme mit dines sulves hant alleine,[51] odder na gewonheit.[52] So vintme, self sevende; dat is unrecht.[53]

43) *B fh.* noch an der dat noch an der vlucht gevangen ist (bist) unde. 44) a. r.] *Einige* an allem recht, an allen rechten. 45) *Bc fh.* rechtens. 46) *Ea fh.* mit sotan geczugen odir mit sotan kempflichin worten. 47) *CccDe fh.* he si, *B fh.* du siest (her sy) ez nehir czu erweren. 48) *B fh.* u. was man yn schult gibet (*Bk* tyet). 49) v. h.] *So AcehkBdCc. Andre* vrage, so vrage, so vr. her. 49*a*) vraget — vrage] *Aa* vragede denne de kleger umme de bute alsus. 50) s. g.] *Einige* sineme g., *Bk* syner gewer. 51) *f. B; Ea* ab er tar uf den heiligen. 52) *Es würde angemessener scheinen, den vollen Punkt schon nach* alleine *zu setzen; die Handss. haben ihn jedoch übereinstimmend hier.* 53) So — unr.] *f. Aq.*

ys en si. So frage, nach dem das keyne hanthafte tat en si, da du wider an tat noch an der flucht gefangen bist, vnd da steist vngeuangen vnd vngebunden vnde volkomyn siest yn allem rechte, ab du dich dynes libes vnd dyner eren icht ner siest zcu werene, ader man dir des obirwinden moge. So vint man her si sichs
5. ner zcu werene. Als her sich denne der dube entschuldiget hat vnd wes man ym schult gibet, so frage her denne nach der buze. So frage, nach deme das ym bruch wart an syme geweren, ab her dir icht zcu rechte sulle buzse gebin, vnd ab du en ouch dar zcu mogest beschuldigen vnd ane schaden bliben. Das vint man. So frage denne der richter nach syme gewette als hy vor gesaget ist. So frage wy du denne vnschuldig werden sullest. So vint man mit dynes selbis hant, adir noch der gewonheit. So vint man selb sebinde, das ist vnrecht.

Capitel 41. (*S.* 34.)

§. 1. A *klagt über den Bruch eines Versprechens I.* 7. §. 2. *Er giebt auf den Antrag des* B (*II.* 3 §. 1, *III.* 39 §. 3) *näher an III.* 41 §. 4: B *habe ihm, der eine Verletzung sühnte, Gewähr gegen Ansprüche Dritter gelobt II.* 16 §. 1; *dennoch sei* A *von dessen Verwandten zur Besserung genöthigt oder von* B *oder dessen Herrn peinlich belangt worden.* §. 3. A *darf den leugnenden* B *mit dem kleineren Gerichtszeugnifs I.* 8 §. 3 *überführen I.* 7, *I.* 18 §. 2; *und* B *ist des halben Wergeldes, der Werbufse, schuldig II.* 15 §. 1. §. 4. *Den ausbleibenden* B *mag das Gericht II.* 4 §. 1 *verfesten I.* 67 §. 2, *I.* 68 §. 1; A *kann ihn dann innerhalb des Gerichtssprengels anpacken I.* 68 §. 5, *II.* 16 §. 1, *III.* 63 §. 3 *und niemand darf ihn speisen und hausen III.* 23. §. 5. B *entgegnet, sein Herr, dessen Eigenmann er nicht sei, dürfe gar nicht wegen Verwundung des* B *klagen II.* 34 §. 1, *oder:* B *brauche ohne besondres Versprechen den* A *gegen des Herrn Ansprüche nicht zu vertreten.* §. 6. *Hat* B *einen sonderlichen Frieden für einen Andern gelobt, den dieser bricht, so zahlt er sein Wergeld III.* 9 §. 2. §. 7. *Bricht er selbst ein Versprechen, so wird er (wenn er nicht zahlt oder Sicherheit stellt) dem* A *übergeben III.* 39 §. 1; *dem nicht gegenwärtigen* B *wird, wenn er unpfandbar ist, Ehre und Lehn abgeurtheilt I.* 40. §. 8. *Soll* B *den für sich selbst gelobten Frieden gebrochen haben, so mag der Leugnende des Gelübdes nicht nur mit dem Gerichte überführt werden, sondern auch mit aufsergerichtlichen Zeugen I.* 8 §. 3; §. 9. *des Bruches aber nur, wenn dieser vor Gericht geschah I.* 8 §. 1. *Auf den Bruch steht Leibesstrafe* (*III.* 9 §. 2 Brict) *und zwar diejenige, auf welche die friedensbrecherische Klage des* B *gegen* A *gerichtet war I.* 50 §. 1, *I.* 69. §. 10. *Übersicht der bisherigen bürgerlich-peinlichen Klagen.*

§§. 1, 2. *Blume MR. I.* 155. §§. 1—3. *Weichb.Gl.* 64, 65. §. 8. *Planck Bewf.* 237, 238.

Von der vormengden clage de dar kumpt §. 1.
van lovede.[a] De drudde vormengde[1] clage kumpt van

---

a) Von — lovede] *Meist* Von der dritten vormengeden clage. 41.
1) *f. AfCbcdg*; *Eb* burgliche.

---

41. Von der dritten vormengeten klagen. Dy dritte 1.
vormengete klage dy kumpt zcu von globde. Globit dir ymant

lovede. Lovet di en wat unde ne willes he di nicht holden, so nim enen vorspreken als hir vor geleret is,[2] de spreke sus: her richter, N de[3] claget gode unde iu,[4] dat N heft eme gelovet bi sinen truwen,[5] unde biddet ens ordels, oft gi ene van rechte icht scolen tur antwerde
§. 2. biden. Dat vintme. Wen de drudde clage kumpt, kumpt he denne vor unde vraget ens ordels, oft he em icht scole seggen, wat he em gelovet hebbe, dat vintme.[6] So spreke desse: her richter, he lovede mi ene were,[7] don ic mi mit em sonde[8] vor iu, do mi dat ungelucke gescin was, dat ic N[9] den bedderven man[10] geslagen hadde,[11] odder dat ic ene selven gewert hadde.[12] Nu is komen N des doden mach,[13] den ne muchte he[14] mit

2) als — is] *f. AfCacf.* 3) *AdghBc fh.* stet hie und. 4) *Da fh.* das ich von jm vernomen hab. 5) *AdB fh.* und nome (*Bi* segge) wat he eme (*Bioδ* di) gelovet hat. *Cd fh.* ane argelist. 6) Dat vintme — vintme] *f. Adghkq.* — *Einige fh.* he mut dat seggen. 7) he — were] *AhBk* N dey seget dat hey ome gelovede vor eyne geware eder dat hei sulven solde gewaren. 8) *Cd* vorbunde. 9) *Cc* Henrike hotsacke. 10) *Caef* knecht. 11) g. h.] *AdBf* irsloch edder wundede, *Cg* doitsloch, *Eb* synes leibis enygitte. 12) odder d. ic — gewert h.] *d. h. wohl, da ich die Nothwehr gegen ihn gebraucht, oder mich seiner erwehrt hatte. Adegkq* o. d. he — g. h., *Aa* dat he sulven g. h., *AfCc* o. d. ic — geseret h., *BEb* o. d. ic — wundete, *Ea* do er mich selbir vorwunt hadde; *f. AhBkCabe.* 13) *Aq* veddere; *B fh.* oder sin vrunt. 14) *d. i. der welcher mir die Gewähr gegen Ansprüche Dritter gelobte. AegkqBabcdegmoδEa* ik.

icht vnde en wil her dirs nicht halden, so nym eynen vorsprechin als hy vor geleret ist, der spreche alsus, herre her richter, N der klaget gote vnde uch, das N globete by synen truwen, vnd nenne was her dir globet hat, vnd bitte eynes orteils dar obir, ab ir ym icht zcu der antwerte sullet gebiten. Das vint
2. man. Wenne denne dy dritte klage kumpt, vnd kumpt her denne vor vnd fraget eynes orteils, ab her ym icht sagen sulle was her ym globet habe, so vint man her musze ys sagen. So spreche diser dar nach, herre her richter, her globete mir eine gewere, do ich mich mit ym vor uch vorsunete, do mir das vngelucke geschach das ich N den biderben man irslug, ader do ich en selber wunte. Nu ist komyn N, des toden mannes mag ader syn

rechte nicht afwisen, den muste ic jeneme[15] beteren; odder[16] sin here besculdegede mi umme de wunden de ic em[17] gebeteret hebbe, odder he beclagede mi umme de sake,[18] unde nome se,[19] de ic eme vor iu vorsonde[20] unde vor deme richte,[21] unde wolde mi lifloz gemaket hebben, unde bidde, dat gi en tur antwerde biden. Sprikt denne §. 3.
de antwerder: her richter, unsculdich bin ic des, dat ic em ienege were lovede, unde bidde ens ordels, oft ic icht em des neger tu untgande si.[22] So vrage, na dem dat it vor gerichte gescin si,[23] oft dus em icht neger sist overtugande.[24] Dat vintme.[25] So vrag wo dut betugen[26]

15) *B* sinen vrunt. 16) *AhBk fh.* sprik alsus. 17) *Bl fh.* geletzt u. 18) u. d. s.] *AfCcd* wat sake dat sy; *Cabe fh.* ende wat saken dat sijn. *Babdehimoδ fh.* edder schult *oder* und umme de schult. 19) u. n. s.] *f. BDeEb.* 20) *B* berichtet (entrichtet) hebbe. 21) *Ac* hegeden dinge. || u. nome — — richter] *Ca* de benoeme; *Cbd* de benomede ek vor gik u. vor gerichte und sonede se, *Cc* de benomende de ok vor iuk unde vor gherichte vor sonede, *Cef* de benome he u. spreke her richter dit is besond vor ju. 22) *AcBk fh.* wen hes mi overtugande si, *Babdefimoδ CdEa fh.* wen he dat mik overbringen (obirwinden, obirczugen, ubirgen) moge. Dat vintme (*Baef* So v. du sist ez neher). *Bcgh fh.* oder ab er mich sein uberwinden moge. *Cabef fh.* den he ed uppe mek bringen moge. Dat vintme. 23) v. g. g. s.] *Eb* eime gehegitten dinge wissentlich is. 24) *Aq fh.* dan he, *BkCb fh.* wenne hes ome, *Bcd fh.* wenne her dich (*Bd fh.* sey), *BbghoEa fh.* wenne her dirs zcu entgende, *Biδ fh.* wen he di des untgan moge. 25) D. v.] *Manche* So v. du seist es neher. 26) d. b.] *Aghk* d. beholden, *BhikCdfEa* en obirwinden (ubirczugen).

frunt, den en mochte ich mit rechte nicht abe gewisen, do muste ich ym synen frunt bessirn, adir syn herre beschuldigete mich vmme dy wunden dy ich ym gebessirt habe, adir her beklagete mich vmme dy sache vnd vmme dy schult, dy ich vor uch vnd vor dem gerichte bericht habe, vnd wolde mich libe loz gemacht habin, vnd bitte das yr ym zcu der antwerte gebitet. Spricht 3.
denne der antwerter, her richter ich byn syn vnschuldig, das ich ym keyne gewere globete vnd bitte eyns orteils, ab ich ym icht ner zcu entgende si wenne her michs obirwinden moge, so frage, nach dem das ys vor gerichte geschen si, ab du en icht

scalt. So vintme, mit dem richter unde mit twen ordelvinderen.[27] Wen dut den betuget[28] hefst, so vrag wat nu sin broke si. So vintme he scole geven ene werbute. So vrag wat ene werbote si. So vintme, sin rechte hant[29]
§. 4. odder sin halve wergelt. Wer aver de antwerder[30] dar nicht, so vrag, oft me en to rechte icht vorvesten scole, na dem dat he sine hant vorwracht heft. Dat vintme. So vrag we en vorloven[31] scole. So vintme, de richter unde de dingplichten[32] mit vingeren unde mit tungen.[33] So vrag, oftu en tu allen tiden[33a] icht upholden mogest in deme gerichte.[34] Dat vintme. So vrag wat sin broke si, de en spise unde huse[35] witleken.[36] So vintme sin
§. 5. gewedde. Heft ene aver din herre besculdeget, so vrag, oft din here umme dine wunden iemende sculde-

27) *Aq* dingmannen, *De* dingpflichtigen da mete zcuge, *Ea* schepfen. || So vrage na dem — o.] *f. Baef.* || So vrag wo — o.] *f. Bdghmqδ.* 28) d. d. b.] *E* du in denne mit (*Ea fh.* deinen) geczugen ubirwunden. 29) r. h.] *AfhBfCabcd* vordere h., *Ah fh.* dar hey dey were mede lovede. 30) d. a.] *AhBk* he to der antworde, *BEa* her, *Cb* de andere. 31) *Die meisten* vorvesten. 32) *AdfhBC fh.* scolen one vorloven (vorvesten, *Bk* vorvesten u. vorloven). 33) *Bcg* munden. 33*a*) t. a. t.] *Aq* alweghe; *f. De.* 34) *BDae fh. nach* mogest *oder hier:* wur du ene ankommist (*Bm* vindest). 35) s. u. h.] *Ea* ezit oder trenket u. h., *Bd* s. u. herberge. 36) *AhBk* mit witschop.

ner siest zcu obirwindene, wenne her dirs zcu entgende. So vint man du siest ys ner. So frage wy du ys bezcugen salt. So vint man mit dem richter vnde mit zcwen dy orteil vinden. Wenne du denne gezcuget hast, so frage was syn bruch si. So vint man her sulle gebin eyne werebusze. So frage was eyne werebusze si. So vint man syne rechte hant ader syn halbe wergelt.
4. En were her abir da nicht, so frage ab man en icht zcu rechte voruesten sulle, nach dem das her syne hant vorworcht hat. Das vint man. So frage wer en voruesten sulle. So vint man der richter vnd dy dingpflichten, dy sullen en voruesten mit vingern vnd mit zcungen. So frage, ab du en zcu allen zciten musest vf halden yn dyme gerichte wo du en an komist. Das vint man. So frage was syn bruche sy, der en spise vnde huse wissent-
5. lichen. So vint man syne gewette. Hat en abir dyn herre beschuldiget, so frage, ab dyn herre vmme dyne wunden ymande

gen moge, des knecht du bist unde des egen du nicht en bist.[37] So vintme he ne moge, it ne were em[38] tu laster odder tu scanden gedan.[39] So vrag, oft en de here sculdeget umme dat, dat is em andript,[40] oft du en des dorvest afnemen.[41] So vintme du ne dorvest, du ne hebbest sunderliken[42] gelovet. Hefst du aver[43] vrede unde §. 6.
sone vor enen anderen gelovet,[44] so vrag, na deme dat tu vor em gelovet hefst des tu unweldich bist[45] unde an di[46] gebroken hebbe,[47] wo du dat tu rechte beteren[48] scalt.[49] So vintme, he scole sin wergelt geven.[50] So

37) unde — bist] *AfBfCc* u. nicht sin egen; *f. AehkqBoCafEb. De fh.* So vrege jener ab her deme herren umme dye stucke icht her antwerten solle. 38) *Cg fh.* zo hone. 39) sc. g.] *AacegBcmoCae* scaden g., schanden u. czu schadin g. ‖ tu l. o. t. s. g.] *Aq* up hon g. — *AdB fh.* edder oft he darvan ienigen schaden hedde genomen (*Bd* gewonnen). 40) *Andre* angienge, anroret, *De* von des knechtes wegen angetreten mag. 41) *Cg* annemen, *Ac* benemen, *Adehk* wissen. ‖ en d. d. a.] *Dae* jm davon recht richten sullest. 42) *f. AfCacdf.* 43) *BEa fh.* sunderlik. 44) Hefst du — gelovet] *Aq* Steist du. *AfCc fh.* u. wert de gebroken. 45) d. t. u. b.] *Abg* d. d. unsculdich b.; *f. AacBf.* 46) a. d.] *Aa* dy, *Ab* an de, *Ac* de, *Cc* ane di. 47) tu vor — hebbe] *Ea* Meuius daz gebrochin hot da vor ich globit hab in czu gestellin u. ich sin ungewaldich bin. ‖ d. g. h.] *Bm* der broke hest. 48) *AfBmCcDae* boten. 49) so vrag na deme — scalt] *Ca* wordt di to braken ende en machs du den nyet hebben voir den du gelavet heves, *Cbdefg* wirt de ghebroken u. machst du des nicht hebben vor den du gelovet hefst; so vraget lichte de klegere wat one gebroken si (w. o. g. s. *f. Cfg*) unde wo men eme (*Cg fh.* den friden) beteren scole (u. w. m. e. b. s. *f. Cd*). — *AfCc fügen* u. machst — beteren scole *nach* scalt *hinzu.* 50) s. w. g.] *Bio*

beschuldigen moge, des knecht du bist. So vint man her en moge, ys en were ym denne zcu lastere adir zcu schaden getan, adir ab her schaden davon genomyn hette. So frage, ab en der herre beschuldigete vmme das das en anginge, ab du en dorfest abe nemyn. So vint man du en dorfest, her en habe ym denne sunderlich glabit. Hettestu aber sunderlich glabet frede adir su- 6.
ne vor eynen andern, so frage, nach dem das du vor ym glabit hast, des du vngewaldig bist vnd an dir gebrochen habe, wy du

§. 7. vrag wat dat si. Dat vintme.[51] Heft he aver anderswat gelovet,[52] des he nicht geholden mach,[53] so vrag wat dar denne rechtes umme si. So vintme, de richter scolene vor de scult[54] antwerden bi[55] der hant. Is he aver dar nicht[55a] unde mach mes em nicht afpanden, so
§. 8. vordelet me eme sine ere unde sin lenrecht.[56] Heft he aver den vrede unde de sone[57] vor sik selven gelovet,[58] unde brikt he den unde vorsaket der sone, so vrag ens ordels,[59] wer hes neger tu vorsakende si, wen du eme overtugande sist.[60] So vintme, du sist der sone ne-

---

din w. g. || So v. — geven] *f. Cad.* — *AfCbcefg fh.* deme an deme de vrede gebroken si (*Cefg fh. ferner* u. sweren uppe den hilligen dat du siner nicht gehebben ne konnest vor den du gelovet hevest). 51) So — vintme] *f. BCEa*; *Augsb.* 1516 *fh.* na der bort. || D. v.] *Dae* So vindet man darnach der man sey fur den du gelobt hast. 52) Heft — g.] *AfC* hedde he eyn ander lovede di gedan (*Cg* hette aver eyn man geloifft) bi sinen truwen vor scult. 53) g. m.] *AfCacdf* en helde, *Cb* hebbe gegolden. 54) v. d. s.] *f. AkB.* 55) *BdEa* mit, *Bk* an. 55*a*) *De fh.* unde wil nicht antwerten. 56) e. u. s. l.] *So u. a. AefghBbkoCcf. AakCabe* erve u. sin ere u. s. l., *Ab* erve u. s. recht, *Bl* alle sin recht u. sine ere, *Bghnpδ* len u. s. erve, *Bae* erve sin ere u. s. lehin, *Ea* erve sin ere u. s. treuwe, *Bci* lehin u. s. ere, *Da* e. u. s. lantrecht. 57) *E fh.* u. orveide. 58) Heft — g.] *AfC* Hedde een (*Cc* he) dy gelovet ene zone eder orveyde gedan v. s. s. (*Af* vor zulken broke). 59) *Ea fh.* noch dem daz ich der sune gute gezcug hab di di sune gemacht habin und czwischin gesprochen habin. 60) wen — sist] *AfC* oder du one bat vortugen mogest (*Ca* gii — moget), *Bacdfghoδ* ader ab du is neher seist en czu

---

das zcu rechte bessirn salt. So vint man du sullest dyn wer-
7. gelt gebin. Hat her abir andirs icht glabit, des her nicht gehalden en mag, so frage was da denne rechtis vmme si. So vint man, der richter sulle en dir antwerten by der hant. Ist her abir do nicht vnd en mag mans ym nicht abe phenden, so vor-
8. teilt man ym syn lenrecht vnd syne ere. Hette her abir den frede ader dy sune vor sich selbir glabit, vnd bricht her den vnd loukent her der sune, so frage her eyns orteils, wider hers ner si zcu louken, adir du ys ym ner siest zcu obirwindene.

ger tu behaldene.[60a] So vrag wo du se betugen scolest. So vintme, is it vor gerichte scin, so scolestu it tugen[61] mit dem richter unde mit twen de ordel vinden.[62] Is it buten gerichte scin, so scaltu[63] self sevende tugen. [64]Vorsaket he denne, dat he dar[65] nicht gebroken hebbe §. 9.
unde vraget,[66] oft hes di icht untgan moge,[67] dat vintme, it ne si vorme hegeden dinge[68] broken.[69] Is it den vor gerichte scin, so vrag wo dus vulkomen scolest, dat he se[70] gebroken hebbe.[71] So vintme, mit deme gerichte unde mit ses ordelvinderen.[72] So vrag wat he darmede

---

obirwinden (*Bc* zu behalten seist), *Bi* oder du en neger overtugande. — *Eb fh.* mit den sunluten. 60*a*) *Bδ* geczugene. 61) *Bg* bekennen. 62) d. o. v.] *AeBcefghioδ* orteils finderen, *Aq* dingloden, *BdE* schepfin, *Cab* bederven mannen, *Cdf* mannen, *De* dingpflichtigen. 63) *AfC fh.* se (*Ca* die swone) mit den zone luden. 64) Vorsaket — ordelvinderen] *f. BdmδEb.* 65) *Aa* daran, *Aeg* der, *Bbcfgho* dir, *BaeiEa* an dir, *Cb* der sone, *AfCacDe* de zone. 66) u. v.] *BefCa* so vrage, *Ea* so froge nochdem mol daz ich mein unschult geboten hab vor di geschicht di man mir hir schult gibt. 67) hes — m.] *Caef* her sich der yet ontschuldigen m., *Ea* ich icht billichir u. ee mit meiner unschult intgen muge, wenne er mich ane gehegte bang ubirgen moge. 68) v. h. d.] *Bo* geschen v. gerichte u. vor gerichte u. geheyter bang. 69) *Ac* komen eder gebroken, *Aa* geschen eder gelovet. || dat — br.) *Ea* So v. du bist neher czu intgen mit deiner unschult ab du tarst. 70) *Bi* dat, *Bacefgho* dirs, *Cc* de zone, *Da* den son. 71) dat hebbe] *f. BkCae.* 72) s. o.] *Aq* s. dingmannen, *Cf* vj mannen, *Dae* zweyen dingpflichtigen, *Ad* twen o. Is id aver ane richte geschen zo mustu id zulf zevede tugen.

So vint man du siest der sune ner zcu behaldene. So frage wy du si bezcugen sullest. So vint man mit dem richter vnd mit zwen orteil vindern, ab ys vor gerichte ist geschen. (Ist das abir ane gerichte geschen) so saltu ys gezcugen selb sebinde. Uorloukent her denne des, das her dir nicht gebrochen enhabe, 9.
vnd fraget her denne, ab her dir icht entgen moge, das vint man, is en si denne geschen vor gerichte vnde gebrochin vor gerichte vnde geheyter bang. So frage, wy du ys volkomyn sullest das her dirs gebrochen habe, so vint man mit dem richtere vnd mit sechs orteil vindern. So frage was her damite vorbus-

vorboret hebbe.[73] So vintme sin lif. So vrag welkes dodes he vorboret hebbe.[74] So vintme, des he over je-
§. 10. nen gerede.[75] [76]Desse dri[77] clagen[78] de borgerlik unde sunder geruchte sic irheven[79] unde doch pinlik werden, de hebbe wi di tur bekantnisse sat;[80] de erste[81] pineget also dat se den gemenen vrede nimpt,[81a] dat is se[82] vorvestet, de andere nimpt dat lif, de dridde nimpt[83] dat lif edder de ere edder[84] de gesunt.[85]

§. 9. *Die Anwendung von Ldr. I. 50 §. 1, I. 69, welche die unrechte Beschuldigung des Friedebruchs mit der Friedebruchsstrafe bedrohen, rechtfertigt sich hier dadurch, dass die Beschuldigung des etwa wirklich begangenen Friedebruchs durch die dazwischen getretene Versöhnung zu einer unrechtmässigen wird.*

---

73) So — hebbe] *f. AcdeBdm.* || he d. v. h.] ***AfC*** sin broke si. 74) v. h.] ***AfCacdehi*** sterven scole. 75) des — gerede] ***Af*** welkes dodes he gert, ***Ch*** pena capitali. || So — gerede] ***Cdf*** Dat vintme, ***Ci*** So vint mans. || So vrag — g.] ***Da*** habe eines gewaldigers denne alle gewaltigen sol man enthaupten. ***De** hat dies st.* des — gerede. 76) *Der Rest f.* ***BfC*** *(aufser* ***Cc****).* 77) D. d.] ***Aac*** Wete dat d. d. vorscreven. 78) ***Aabc*** *fh.* de dar beginnen (***Aa*** *fh.* sprekestu des wort) den brun u. blau etc. sint. ***Ea*** *fh.* di sich glich antreffende sein. 79) de — i.] ***Bk*** d. s. b. in gerichte i., ***B*** sint das sie sich b. ane geruchte i. 80) t. b. s.] ***Ad*** t. ener likenisse gesat, ***Bchi*** zu bekantnus (***Bi*** bekennende) gethan, ***Bbdgoδ*** bekant gethan. 81) ***Aac*** *fügen hier und später den Anfang der betreffenden drei Capitel hinzu.* 81*a*) ***Bδ*** *fh.* und bricht. 82) ***AegkBk*** dat se, ***Bdimδ*** dat se einen, ***Aa*** dat me einen, ***Af*** dat se den man, ***Ab*** wen men sy. 83) *Einige fh.* ouch. 84) ***Bbdeghmnoδ*** unde. 85) ***Eb*** gut.

---

zet habe. So vint man synen lip. So frage welchen tot her
10. vorboret habe. So vint man des her obir yenen gerte. Dysze dry klagen, dy sint das si sich borgelich ane geruchte irhebin vnd doch pinlich werden, dy habe wir dir bekant getan. Dy erste pineget also das si den gemeinen frede nympt, das ist si voruest; dy andere nympt den lip, vnd dy dritte nympt ouch den lip vnd dy ere vnde den gesunt.

Capitel 42. (*S.* 35.)

§. 1. *A will den, der über seinen Acker fährt, pfänden, ergreift den sich wehrenden mit Gerüchte II.* 27 §. 4, *dem alle folgen müssen II.* 71 §. 3, *und führt ihn vor Gericht.* §. 2. *Er klagt über gewaltsame Abwehr der Pfändung und über den Bruch des seinem Grundstück gewirkten Friedens.* §. 3. *B verlangt, dafs der Richter den gewirkten Frieden bezeuge I.* 8 §. 3, — §. 4. *was dieser, auch wenn sein Vorgänger ihn wirkte, thun mufs II.* 22 §. 2, *III.* 25 §. 1. §. 5. *B wendet ein, nicht er habe den Weg zuerst genommen; A erwidert jedoch, damit sei die Klage über die Pfandkehrung nicht erledigt.* §. 6. *B mufs das über ihn geschriene Gerücht bessern und das Pfand durch Ersatz des Schadens und mit Pfandgeld lösen II.* 27 §. 4.

Blume MR. I. 156. §. 4. *Planck Bewf.* 228.

Dit is de irste vormengde clage de me pinliken ansettet unde doch borgerlik wert. De §. 1.
erste[1] vormengte clage de me pinlik ansat[2] unde doch borgerlik wert, dat[3] kumpt sus tu.[4] Sleit en einen[5] wech over din gewunnen lant,[6] wiltu en panden unde weret he di,[7] so rup din[8] geruchte, so muten di alle de volgen,[9] de it horen.[9a] Wen du en denne begripst, so vore en

1) D. e.] *Cc* Desse e., *AfCbd* Desse, *Dace* D. vierde. 2) *Bacdgoð* ansaget, *Ce* set. 3) unde — dat] *Einige* unde — dy, *Cd* dy; *f. Cabefgh.* 4) k. s. t.] *Af* gevellet s. 5) *Bdpð fh.* fremden. 6) g. l.] *Cg* gebude l., *Da* gebauwen l., *Bf* acker, *Bk* acker den du gewunnen hevest, *DbcdeghlmopsyðE* gearnen (gearten, erden) acker, *Ba* gravenen acker, *Bin* garden edder acker. 7) *Ah* dat, *AaBikDe* dy dat, *Bghlo* dirs, *AgBe* sich, *Ba* sik des, *Bc* sich dein, *Bð* dir daz pfand. 8) *Andre* dat. 9) *Cbd* helpen. 9*a*) wiltu — horen] *Aq* unde weigert di pandes, so make en geruchte um clage willen. 42.

42. Uon der vormengetin klage. Dy erste vormengete 1.
klage dy man pynlich ansaget vnde doch borgelich wirt, dy kvmpt alsus. Slet eynre eynen weg ober dynen geertin ackir, wiltu en denne pfenden vnde wert her dirs, so ruf dyn gerufte, so mussen dir alle dy volgen dy das gerufte horen. Wenne du en denne begrifest, so fure en vor gerichte vnd vor dynen richter, nym

vor den richter unde nim vorspreken unde vrage na dem
geruchte, oft du rupen mutest[10] als hir vor geleret is.
§. 2. So spreke de vorspreke vort: her richter des steit hir N
unde danket[11] iu unde allen vromen luden[12] de sime ge-
ruchte volget[13] hebben, unde [14]claget over N den sulven
beruchtegeden[15] man, dat he quam mit gewalt unde er-
gerde unde tredde[16] em sin sure bearbeide[17] lant mit
eme nien wege,[18] unde vorsede[19] eme ein pant unde pan-
des recht mit gewalt; alse gi eme over dat lant hebben
gewracht enen rechten vrede, den heft he[20] em gebroken
§. 3. unde biddet dar rechtes gerichtes[21] umme. Wenme di

---

10) of .. m.] *Bbfo* und ruf danne (dar), *Bh* so sal das gerufte syn, *Aq* of d. dynen screy r. m. 11) nim v. — — d.] *Cabdef* spreke ik danke. ‖ So spreke — d.] *AfCc* unde sprek denne aldus h. r. ik danke. 12) v. l.] *f. AfC.* 13) g. v.] *Da* gerichte geholffen. 14) cl. — em sin] *AfCc* claghe iu dat desse berochtede man (*Af* brochafftige man N de hir steit) mi heft gheergeret u. quam mit gewalt u. tredde min. 15) *Eb fh.* den er mit gerufte vur ouch gebrocht had. 16) *Bm fh.* en sin korn u. vordervede. 17) s. b.] *Ah* s. vorboude, *Bc* s. geertes, *AfCabc* gewunnen, *Ae fh.* wunnen. 18) m. e. n. w.] *AdeghkqCegDe* m. e. menen w., *Ca* m. e. gemeynden lande, *Aabc* m. e. w., *Da* als ein gemeyn weg. 19) u. v.] *Andre* u. entsagete, *AqBf* u. weygerde, *Bbc* u. entsaczte, *Cd* u. enttweyte, *Da* dorumb vordertte N ein pfant N der versagtte. 20) over dat — he] *Da* danne gewalt geben habent das gebew und die frucht uff den eckern zu beschirment da hat N ein gerechten friden an. 21) r. g.] *AkCb* rechtes, *Cc* enes richtes, *Af* eynes rechten, *Bk* rechtes to richtende.

---

eynen vorsprechin, vnde frage nach dem geruchte vnd ruf dar
2. als hy vor geleret ist. So spreche dyn vorspreche vort, herre
her richter, des stet hy N vnde danket uch vnde allen biderben
luten dy syme gerufte gevolget sint, vnd klaget obir N den sel-
ben berufenen man, das her quam mit gewalt vnde ergerte vnde
trette ym syn sures gearbeit lant mit eyme nuwen wege, vnde
entsagete sich ym des mit gewalt pfant vnd pfandens recht,
als man ym obir das lant eynen rechten frede hat geworcht, den
hat her ym gebrochen, vnd bittet nu rechtis gerichtes darvmme.
3. Wenne man dir denne gebut zcu antwertene, so sprich alsus,

denne tur antwerde bidet,[22] so sprek: her richter, ic bidde ens rechtes, na deme dat mi N tiet,[23] dat ic den vrede scal up sinem gude gebroken hebben, den gi em gewracht hebben,[24] oft he icht[25] mit iu des vulkomen scal, dat gi em den vrede gewracht hebben,[26] er ic dar umme antwerden scole, odder wat dar rechtes umme si. So vintme, we up den richter tüt, de scal mit dem richter vulkomen. Sprikt den de richter, it is[27] vor miner tit §. 4.
gescen, wan hir sin[28] lude under den ordelvinderen de is gedenken;[29] vraget he denne, na deme dat he up den richter tüt, oft hes icht mit deme richter vulkomen scole, dar vrag jegen, oft it den ordelvinderen witlik si, oft de richter icht scole tuch sin, wes se em berichten,[30] als oft

22) t. a. b.] *Caef* gerichtes b. || Wenme — b.] *Af* wer he my dar icht to rechte umme antwerden zole. D. v. m., *Aq* War he di d. t. a. kumpt. 23) mi N t.] *Bm* mi N to der antwerde bedet, *AfCabce* N sprikt. 24) *Baeghimpδ fh.* so (*Bδ* nu) vrage ik enes ordels (rechten). 25) *Ac fh.* hir, *AgBe fh.* er, *Bk fh.* ersten, *Bf fh.* allerersten. 26) mit iu — h.] *Cd* bewisen schulle u. met weme. 27) *Dae fh.* mir unwissentlich und. 28) w. h. s.] *B* h. s. mer. 29) d. i. g.] *Ah* d. i. licht wol denken, *Af* d. zück wal vordencket, *AcqBkCaf* den is (*AqCaf fh.* waill, *Bk fh.* lichte wol) gedenket, *B* den dat witlik (wisscnt) is; *Eb* dy es sprechen. 30) w. s. e. b.] *Ag* wan s. es b., *AfCace* wanne s. des e. b., *Ae* al des s. e. b., *Bk* alles des s. e. b. gelikest, *B* als s. e. b. dat is also si; *Ea* unde iz der richter von in geinnert wirt.

herre her richter ich bitte eynes rechtin, nachdem das N mich zciet das ich den frede vf syme gute gebrochin sulle haben, den ir ym geworcht habit, ab her das allererst mit uch sulle volkomyn das ir ym den fride geworcht habit, er ich ym darvmme antwerten dorfe, adir was da rechtis vmme si. So vint man, wer vf den richter zcut der sal mit dem richtere volkomyn. Spricht denne der richter, ys ist vor myner zcit geschen, hy 4.
sint mer lute vnder den orteil vindern, den ys wissentlich ist, fraget her denne, sint das her sichs vf den richter zcouch, ab her des icht mit dem richtere sulle volkomyn, da frage kegin, ab ys den orteilvindern wisslich si, ab der richtere denne icht sulle gezcugen als si en berichten das ys also si, als ab her ys

het selven gesen odder gehoret hedde.[31] Dat vintme.
§. 5. [32]Wultus denne vorsaken, so du alse gesecht is. Vragestu aver, na deme dat he claget heft, dat du nie wege geslagen hefst,[33] oft ieman nie wege sla wen de erst den wech vert,[34] oft dune icht slawet hefst, na deme dat dune nicht erst gevaren bist.[35] So vrag darwedder, wente du one beide umme tredent unde umme pant[36] beclaget

31) *Ea fh.* von seines ameches wegen. 32) W. — ges. is] *f. CabdefEa.* || W. d. v.] *AhBk* wil he is dan vorsaken den du beclaget hevest. 33) *Bk fh.* over dyn lant, *Ea fh.* ubir sejus acker, *Baeghpδ fh.* noch (*Bg* und) von erst gefaren hast. 34) oft — vert] *f. AacqBlmo.* 35) oft dune — bist] *AfCc* o. d. one nicht erst gheslagen ne hebbest na deme dat tu one nicht ghevaren ne hebbest (*Af fh.* off du na rechte dar yenighe noet umme liden dorvest), *Aq* des du nicht en heddes gedan noch von erst gevaren heddest, ofte de gene de ene erst sloch unde vor, nu de not gicht lyden sole. D. v. m., *Ac* unde du to deme irsten den wech nicht ne vorest eftu ene geslagen hebbest; *Cabdef* wente du one nicht erst geslagen hebbest (*Cb fh.* u. gevaren, *Cae fh.* Dat vintme); *Babefghiklo* und (*Bhi* ab) ein ander den von erst gevaren hat (vert) ab der icht sulle (*Ba fh.* von erst) di not liden. D. v. m. (*Badegi* So findt man der on von erst fert), *Bdmδ* u. du se nicht geslagen hest noch van irst gevaren (*Bdδ fh.* ab en eyner von erst verit, ab der icht dy not sulle leiden, *Bm fh.* oftu dar ienige not umme darvest liden), *Ea* noch dem mol daz ich den weg czum ersten nicht gevaren hab u. einen geslagen u. gebenten weg do gefunden dem ich gevolget hab uf rechte leisen, bite ich in einem r. u. czu irvaren, ab ich do keinrhande (*so*) dorum leiden durfe. || dat du nie — bist] *Eb* so vrage ab man nuwe wege slan muge als man aldin wegin noch vert, ab du keynen schaden dorumme lidyn durffist. 36) *Bbcegimoδ fh.* weren, *Aq fh.* weigeringe, *Eab fh.* werunge.

selber gesen vnde gehort hette. Wiltu ys denne loukenen, so
5. tu als hy vor gesaget ist. Fragistu aber, nach dem das her geklaget hat, das du nuwe wege geslagin hast, vnde eyn ander den von erst gevaren hat, ab der icht sulle dy not liden. Das vint man. So frage da wider, wenne du en beide vmme das tretten vnd vmme das phant weren beklaget hast, ab her dir

hefst, oft di icht de leste[37] also vaste[38] scole antwerden[39] unde gebroken hebben[40] alse de erste.[41] Dat vintme. So vrag, na dem dat tu en mit geruchte gevangen hefst §. 6.
unde vor gerichte hefst gebracht, wat sin recht si. So vintme, he scal dat geruchte beteren mit dren scillingen unde doch sin pant lecgen.[42] So vrach, wat di dat pant stan scole.[43] So vintme dinen scaden[44] den du bewisen machst, unde vor dat rat enen pennig. Rit he aver,[45] he geft[46] enen halven.

§. 2. *Was das Ldr. III. 20 §. 3 vom Beackern eines befriedeten Landes sagt, wird hier auf ein Darüberfahren angewendet.*

Capitel 43. (*S.* 36.)

§. 1. A *bringt ein Kind oder einen Sinnlosen wegen Tödtung seines Verwandten mit handhafter That II.* 64 §. 3 *vor.* §. 2.

---

37) d. i. d. l.] *Der Sinn ist: angebrachtermafsen mufs ein jeglicher, der das Land betreten und sich Pfandes gewehrt hat, antworten, sei er gleich nicht der erste, der den Weg einschlug. Irrig lesen daher Bbcghimoδ* he d. i. umme d. l. clage. 38) a. v.] *f. AfCacf; BEa* a. wol, *Bc* a. wol gewiesz, *Bk* a. balde. 39) *BEb fh.* darvan du scaden hest. 40) u. g. h.] *Bk* u. ok also balde g. h., *AfCabcef* umme die broke, *in Ab nach* erste; *f. AaBEa.* 41) d. e.] *BaeghiEa* zcu der (*Bghi* dem) ersten, *Bcdfoδ* umme dy erste, *De* an deme ersten. 42) *Bubk* ledigen, *Bi* legeren, *Bm* liden, *BcpδCadfDeEb* loessen, *Da* lassen. 43) wat — scole] *Aak* vor wat — sc., *AhBk* war vor — sc., *Bm* wo hogen d. p. dragen sc., *AfC* w. tu an dem pande beholden scullest. 44) d. s.] *Bm* so hoge alse d. s. sy. 45) R. h. a.] *AhpCg* Der ridende, *Bi* Were he a. gereden. 46) *Ab a. R. und BEa fh.* vor den (*Ea* itlichen) fut.

---

icht vmme dy letzten klage also wol antwerten sulle als vmme dy erste da von du schaden hast. Das vint man. So frage, 6.
nach dem das du en ouch mit geruchte geuangen hast vnde vor gerichte bracht hast, was nu syn recht darvmme si. So vint man, her sulle das geruchte bessirn mit dren schillingen, vnd sulle doch syn phant legin. So frage was dir das phant sten sulle. So vint man dynen schaden den du bewisen macht, vnd jo vor das rat eynen phennyng. Rit her abir so gibet her vor den fus jo eynen halben phenning.

Des Verklagten Vormund ist abwesend; ein Biedermann übernimmt die Vertretung (*I.* 61 §. 4), *oder der Richter giebt einen Vormund I.* 43. §. 3. *Der Vertreter verlangt Frist, damit der auf des Mündels Kosten zu ladende rechte Vormund komme I.* 42 §. 1 Sve. §. 4. *Dieser oder jener Vormund erlangt ein Urtheil, dafs* B — *und zwar das Kind bis zu* 12 *Jahren — durch die That sein Leben nicht verwirken könne II.* 65 §. 1, *III.* 3. §. 5. *Die Gegenbehauptung, dafs B nicht als wahnsinnig gelten könne, bezeugt der Richter selbsiebente* (ex anal. *I.* 8 §. 1). §. 6. B, *mit Lebensstrafe verschont, verwirkt doch das Wergeld des Getödteten III.* 45, *welches aus dem Mündelgute zu entrichten II.* 65 §. 1, *III.* 3. §. 7. *Bei dessen Mangel zahlt der rechte Vormund I.* 23 §. 1 *aus eignem Gute, falls ihn Nachlässigkeit trifft II.* 38. §. 8. *Die Hülfe wird durch Pfändung vollstreckt I.* 53 §. 3, *III.* 56 §. 3 (*II.* 41 §. 1). §. 9. *Will der Vormund mit eignem Gute für das unvermögende Kind nicht haften, so mag* A *das Kind züchtigen II.* 65 §. 2 *oder es das Wergeld abverdienen lassen III.* 39 §. 1.

§§. 4—9. *Berliner Stadtb.* 158—160. §. 5. *Planck Bewf.* 226, 295 *N.* 203. §. 7. *Kraut Vormundsch. I.* 229, 345, 346, 360. §. 9. *Ebd. I.* 360, 361.

Wome met geruchte pinlike clage ansat de
§. 1. doch borgerlik wert.[a] De ander vormengde[1] clage de me pinlik[2] mit gerüchte ansat[3] unde doch borgerlik wert,[4] de kumptu, of en kint odder oft en sinlos minsche dodet dinen vrünt. Begripstu ene, so vür ene vor gerichte unde bidde ens rechtes,[5] wo du dinen gemorden

---

43. *a*) Wome — wert] *So Ac*; *Ab* W. m. g. borgerlike clage a. pinlike. *Die meisten* Von der andern vormengeten clage. 1) *Dace* funffte. 2) *f. Cabe*; *Viele fh.* unde. 3) *Db* ansleth, *Bcefghy* anclaget, *Bbdmosδ* claget, *Bi fh.* oder claget. 4) me — w.] *Af* geschuet myt gerochte u. wert pinlik angheheven u. werdet doch borgelik. || u. d. b. w.] *f. Cabdefgh.* 5) e. r.] *Babdefghikmoδ* enes mannes de din wort spreke (*Bm fh.* de vrage, *Bfkoδ fh.*

---

1. 43. Von der andern vormengeten klage. Dy andern vormengeten klage dy man pynlich vz mit gerufte klaget vnde dy doch borgelich wirt, dy kumpt zcu, ab eyn kint ader eyn synnelos mensche dynen frunt totet. Begrifestu du ys denne, so fure ys vor den richter vnd bitte eynes mannes der dyn wort

vrünt unde sinen[6] morder mit rechte vorbringest. So vintme, mit dime[7] geruchte unde mit der hantaften dat, dar du mede en vorwinnen[8] wult. So do als hir vor geleret is, dar me claget[9] over den, de mit der hantaften dat begrepen is.[10] Wen me se[11] tur antwerde bidet,[12] §. 2.
en is er vormunder dar nicht, so vrage de richter, odder ein[13] berve barmehertich[14] man mit des richters orlove we he si,[15] unde spreke sus: her richter, ic bidde dat ic mute[16] desser[17] doren wort spreken,[18] de hir neinen vorspreken[19] hebben unde van dorheit[20] neman bidden konen. [21]Is it aver de richter selven,[22] de vrage, we de[23] tu rechte vor gerichte vorstan scole, de [24]vormunden heb-

so bitte e. r., *Bai fh.* so sprik u. bitte e. r., *Bdegh fh.* so spricht her u. betet e. r.). 6) dinen — sinen] *Dae* dines frundes m. unde dinen. 7) *AaBafioCb* deme. 8) e. v.] *Cefg* it bewisen. 9) d. m. c.] *Aab* dar mede clage, *BaceghCb* dat me claghe; *Dae* wie man richten sol. 10) den — is] *CbefgDae* de hanthaften dat. 11) *Einige* en; *AfC* dat kint ader den doren. 12) *Af* unde zijck nicht vorreden ne kunnen eder. 13) *Einige fh.* ander. 14) *Bacdegmoδ* warhaftiger, *f. AkBiCabdefE.* 15) w. h. s.] *f. AfBeC.* 16) *Af fh.* dor god. 17) *Viele setzen den Singular.* 18) *AfBCbEa fh.* edder des (diesis) kindes dat. 19) n. v.] *Bb* n. vormunden, *AfCbc* nemendes. 20) *Cf* geickheit, *AfBmp fh.* eder van kintheit. 21) Is — mutest. D. v.] *f. AfC.* 22) *AhBk fh.* dei ore wort spreket. 23) *Bceghδ* dyse (dieselbigen) toren, *Babo* denselben toren *u. s. f.* 24) v. — en hebben] *AacBiEa* nenen v. h., *Eb* sich vor torheit nicht vurantwerten kunnen.

spreche. So bitte eynes rechtin, wy du dynen irmorten frunt vnd synen morder zcu rechte vorborgen(!) sullest. So vint man mit dem gerufte vnde mit der hanthaften tat, do mite du en oberwinden wilt. So tu als hy vor geleret ist, da man klaget obir den der yn der hanthaften tat begriffen ist. Wenne man ym 2.
denne zcu der antworte gebut vnd en ist syn vormunde da nicht, so frage der richter, vnd eyn biderber warhaftiger man wer her si mit des richters orlobe, vnde spreche alsus, herre her richter ich bitte, das ich disses toren wort sprechin musse adir dises kindes, das hy keynen vormunden hat vnde vor torheit nymande gebitten en kan. Ist is aber der richter selber der frage, wer den selbin toren vorsten sulle, der eynen vormunden habin sulle

ben scolen unde er dar nicht en hebben. So vintme de richter. So vrag oftu en einen geven mutest. Dat vintme.

§. 3. De spreke denne[25] sus: her richter wil gi [26]min wort horen van erer[27] wegen, so bid ic enes rechtes, oft me en icht scole enen dach leggen,[28] dar[29] ere rechte vormunder moge tu komen odder wat dar rechtes umme si.[30] Dat vintme. So vrag we en beboden scole. So vintme de richter. So vrag we den boden lonen scole. So vintme de des vormunders bedarf.

§. 4. Kummet he denne, so spreke he,[31] kumpt he nicht, er gegevene vormunder[32] spreke: her richter ic bidde ens rechtes, na dem dat [33]it kint nŏch als junk[34] is, dat it sic van[35] dor-

---

25) D. s. d.] *Babdefghikmoδ* So spr. de (*Baef fh.* vorspreke) de eme geven is (*Bbgkm fh.* to enem vorspreken). *AfC* Wanne ome dat georlovet (*Cf* zo laissen) is, so spr. he. *E* So spr. der vormunde von gerichtis halbin. 26) min — bid ic] *AfC* horen desses doren wort he vraget (*statt* w. h. vr. *Af* edder kindes wort so biddet he dorch god unde ik van ziner weghen). 27) *Einige* der (disser, dez) toren, *Bk* des kindes of doren. 28) d. l.] *AfBCabce* d. geven, *Cd* d. ader virde geven, *Cf* rait geven. 29) *AhBdegEa* bis das, *Bk* winte, *Bchilopδ* also lange wente dat. 30) dar ere — si] *AfC* dat he sinen rechten vormunden bringen moge. 31) *Aehk* het, *Ea fh.* also, *Bdmδ fh.* sin wort, *Bf fh.* des kindes wort. || s. s. h.] *AfC* dat is gut. 32) e. g. v.] *Af* de richtere eder eyn ander barmhertig man. 33) it — — vornuft also dat he] *C* de dore van unsinne. || it — — vorstan kan] *Af* dusse dore zijner zinne berovet ys, dat he van unzynne eder dat kint van unwenicheyt ziner kintheyt unde zyner zynne sich nicht

---

vnde den synen da nicht en hat. So vint man der richter. So frage ab du ym einen gebin musest. Das vint man.

3. So spreche denne der ym gegeben ist, herre her richter woltir N wort horen, so bitte ich eynes rechten von syner wegin, ab man ym ycht sulle eynen tag gebin also lange bys syn rechte vormunde dar moge komyn, ader was da rechtis vmme si. Das vint man. So frage wer en beboten sulle. So vint man der richter. So frage wer deme boten lonen sulle. So vint man der des vormunden bedarf.

4. Kumpt her denne, so spreche (her sin wort, kummet her abir nicht so spreche) syn gegebin vorspreche, herre her richter ich bitte eyns rechtin orteils, nachdem das dys kint so jung ist,

heit nicht vorstan[36] kan arges unde gudes, odder na dem dat god N geplaget heft an sime hovede[37] unde heft eme benomen sine redeleke vornuft,[38] also dat he sic boses[39] noch gudes nicht vorstan[40] kan, oft he sin lif de wile[41] vorwerken[42] moge. So vintme se ne mogen. [43]So vrach wo junc en kint scal sin, dat siner kintheit in dessen saken geniten[44] scole. So vintme, de wile it binnen sinen jaren si, dat sin twelf jar.[45] [46]Sprikstu aver du willest §. 5.

---

bezynnen ne kan arghes eder gudes. 34) a. j.] *Bc* nicht synnig; *Ah fh.* u. nicht so alt, *Eb fh.* adir der tore also unsinnig. 35) *Ea* vor unvornunfticlicher kintheit u. 36) *BabfoCdEa* vorsinnen, *Bdeghikmpδ* vorsinnen noch vorstan. 37) *Bacghio* leybe. || gepl. — h.] *De* geschaffen hat an iaren also muz. 38) r. v.] *Aq* redelicheit u. sine vernumpst, *Bachip* r. synne u. v., *Bbgo* rechten synne u. v., *Be* vorstentliche synne u. v. || h. e. b. s. r. v.] *Bdfmδ* an sinen redeliken (*f. Bfδ*) sinnen u. an siner v. (*Bf fh.* dy om benomen is). 39) *AfCac* arges, *Cf* quades. 40) *Caef* besynnen, *AfCbcEa* vorsinnen. 41) d. w.] *f. AfCc*; *Ca* dann, *Bδ* do mete, *Bacegio* darvon icht, *Ea* in siner unvornunft, *Bk* hey so doer eder so kindes sy. 42) *B* (*aufser Bc*) *fh.* edder vorlesen. 43) So — jar] *f. AfC.* 44) *Bf* nicht engelden, *Bo* genesin. 45) t. j.] *Bb* XII iar und sechs wochen, *Bdm* druttein i., *Blo* driczen i. und sechs wochen, *Bpδ* virczen i., *Bn* XII edder XIII jar, *Ad fh.* edder na itliken verteyn yar. || d. s. t. j.] *Bk* unn underwilen nemet it also: wanneer dat it bynnen synen twelff yaren ys und ses wecken. 46) Sprikst — vrag] *AfC* spreke aver de clegere, de dore en were so dorhaftich (*Cf* geck) nicht (*Cb* her richter he is so dorich nicht), dat he dat von dorheit hebbe gedan (*Cc* dat ome dat were v. d. geschen), u. wille dat bewisen. So vrag wu he dat bewisen wille.

---

das ys sich nicht vorsynnen kan vor torheit arges noch gutes, adir das got N geplaget hat an syme libe vnde ym benomyn hat syne rechten synne vnd vornvnft, so das her sich boszes noch gutes nicht vorsten kan, ab her synen lip davon vorlisen ader vorwirken moge. So vint man her en moge. So frage wy jung eyn kint sulle syn, das ys syner kintheit an desin sachen sulle genesin. So vint man, dy wile ys bynnen synen iaren ist, das sint drizcen iar vnd sechs wochen. Sprichstu aber wider, du 5.

bewisen, dat it de unsinnige dore[47] dorch dorheit[48] nicht gedan hebbe,[49] unde so dorede[50] nicht en si, dat he sic mit dorheit icht unsculdegen moge, dar vrag[51] jegen, na dem dat en de tüginge dat he nein dore en were ginge[52] an dat lif, wo he[53] der tüginge vullenkomen scole[54] de eme an sin lif ga.[55] So vintme mit dem richter unde mit [56]sos vromen mannen; [57]wen he tuget hir nicht der

47) i. d. u. d.] *AdBbcdeghioδEa* it den mort, *De* iz dy unsinne, *Bk* dat kint eder dore den mort noch van kintheit noch. 48) *BabcdefghioδEa fh.* noch durch unsinnigkeit willen. 49) *BE fh.* sundern dorch (*Bk fh.* boisseyt u.) vrevels u. dorch unrechtes (u. d. u. *f. BcfhiEa*) gedan hebbe (g. h. *f. BbefEa*). 50) *Aehk* dore, *Aa* dan dore, *Bdmpδ* iunk; *f. BabcfghikoEa.* 51) *AhBk fh.* dey vormundere. 52) en — ginge] *AfC* de bewisinge den doren g., *BE* (*auch Ab zusätzlich*) dat he bewisen u. betügen wil dat he den mort (*Bf* dy sake, *Be fh.* ofte wunden eder wo de sake is, *Bchikoδ fh.* ader die sach wie sie ist) van dorheit nicht gedan hebbe, u. geyt en de tuchinge (*Bi* em di getuge gan, *Bk* u. geet nu dey bewisinge deme kinde eder doren). 53) *Einige fh.* der bewisinge u. 54) d. t. v. s.] *AfCabcd* dat bewisen s., *BcdhimoδEa fh.* und bewisen (betzewgen). 55) de — ga] *f. Abd, BEa* dat eme den lif (*Bk* welcher betuchnisse one dat leiff) benemen moge. 56) s. v. m.] *Bk* seventich v. m., *BmCaef* s. ordelvindern. 57) *Der Rest f. Bf*; wen — cleger hebben] *f. BmCEa.* || wen — dat] *Ae* unde eer en tughet nyn dat he der sake verlustig sie. || wen — sunder h. t.] *AdqBabcdeghioδ* Nu wete hirweder, wederredet (untredet) sik des doren vorsprake nicht, unde overtuget en desse (hy de) sakeweldige.

wilt ys bewisen, das ys den mort durch torheit noch durch vnsynnekeit willen nicht getan habe, sunder durch freuels wille vnde durch des vnrechtin wille getan habe, vnde also nicht ensi noch mit der torheit sich nicht entschuldigen moge, so frage aber da keyn, nach dem das her das bewisen vnde bezcugen wil, das ys den mort adir dy sache wy si ist durch torheit wille nicht getan en habe, und get ym denne dy bezcugunge an den lip, wy her denne dy bewisunge gezcugen vnde bewisen sulle vnd volkomyn sulle dy ym den lip nemyn moge. So vint man, mit dem richtere vnde mit sechs biderben mannen. Nu wisse, en widderredet sich hy des toden vorspreche nicht, vnde obirzcuget en hy der

dat,[58] sunder he tuget dat desse al[59] wis si, dat eme der doren recht[60] nicht helpen moge.[61] Dat geit eme an sin recht unde an sin lif,[62] darumme scalme dat alsus tugen. Mach desser wedderrede nicht de cleger hebben,[63] so §. 6.
vrage,[64] na deme dat he van dorheit[65] sin lif nicht vorwerken mach, wat he denne vorbort hebbe. So vintme sin wergelt, des de dar dod si. So vrag we dat scole untrichten. So vintme [66]de vormunder[67] van des kindes gude, odder van des doren wegene van des vormunders

58) d. d.] *So Aab, Ac* dat, *De* dorch das, *Aghk* dor d. dat he ene in der sake vorwinnen wille. 59) *Andre* alzo. 60) d. d. r.] *Adq* de dorheit, *Bacdeghlop*δ dy torheit ader (*Bl* an) d. d. r. (*Bp*δ ader thumheit). 61) dat — moge] *Aac* wente, *Bc fh.* wenn, *Bghio fh.* wete, wisse. 62) r. u. a. s. l.] *Aacq* lif, *Be* hals, *Bbcdghio*δ r. das ist an den hals (*Bc* leip). 63) Mach — hebben] *AqBabcdeghimo*δ Mach aver d. cl. des (*Aq* also) nicht vulkomen (*Bd fh.* noch en bereden, *Babceghio*δ *fh.* noch w. gehabin), *Ea* Ab d. cl. dez nicht volkomen kunde noch widerreden, *Eb* Wenne er in denne ubirczugit hath, das er dis durch torheit nicht gethan hath, vulkumpt er des nicht. 64) s. v.] *AfCbcdef* Vraghet ok de cleghere (*Cf* doirre). 65) *Af fh.* eder van kintheit. 66) de — kindes] *De* d. v. des kindes v. d. k. wegen adir. || de — v. gude] *C* des doren v. van des doren gude eder van sines selves g., *Af* des doren eder des kindes v. van zinem gude eder de vormunder van zines zelves g., *Aq* de v. des doren van des doren g. eder des gudes vormunde. 67) *AeBacdeghio*δ*Ea fh.* sulle es entrichten (geben, entrichten u. geben).

sachwalde, das der tore als wise ist das ym dy torheit ader der toren recht nicht helfen moge, wisse das ys get an syn recht, das ist an den hals, darumme sal man dys also bezcugen. Mag **6.**
aber der kleger des nicht volkomyn noch wider rede gehabin, so frage, nach dem das ys von torheit wegin nicht synen lip vorwirken moge, was ys denne vorwirken moge ader vorworcht habe. So vint man syn wergelt des der da tot si. So frage wer ys gebin ader entrichten sulle. So vint man, der vormunde sulle ys entrichten vnde gebin von des kindes gute ader des toren, ader wer vormunde ist des gutes. So frage was das wer-

gude.[68] So vrach wat dat weregelt si. Dat vintme.[69]

§. 7. Als me[70] den vormunder tu gevende but dat wergelt,[71] sprekt he denne: her richter, de dore[72] heft des gudes[73] nicht, dar he ennich wergelt af bereiden[74] mach, unde ic en wart sin vormunder ni, wen sines gudes was tu cleine, dat ic it nicht[75] vorstan en wolde. So[76] vrag, we tu rechte kindere unde unsinnegen lude vormunder scole sin. So vintme ir eldeste[77] evenbordiche swertmach. So vrag, na deme dat he van rechtes wegene scole ir vormunder sin unde nicht dorch ires gudes wille, unde des nicht gedan hebbe alse he selven dar secht hebbe,[78] unde se warlos gelaten[79] hebbe, so dat he dat kint nicht en dvunge[80] odder den unsinnegen[81] nicht bewarede, oft he

68) odder — gude] *f. Aac*; ***BmE*** eder des doren, ***Babcdeghioδ*** eder des doren eder wer vormunde is des gudes, ***Dae*** das er von irn wegen inne hat. ‖ gude — gude] ***AhBk*** off v. d. d. w. an deme gude. 69) So — vintme] *f.* ***AfBaemC***. — ***Aa*** *fh.* alse yt gesat is. 70) ***AfC*** de richter. 71) tu — d. w.] ***Adegh*** sprikt umme d. w., ***BkDae*** anspreket umme d. w. t. g., ***AfCc*** en but dat he d. w. geven sculle. 72) ***Af*** *fh.* eder dat kint. 73) ***AfqCcE*** geldes, ***Ca*** geldis off g. 74) he e. w. a. b.] ***Cd*** ek e. w. a. reken. 75) i. n.] ***E*** mich sein nicht underwinden noch. 76) ***Ea*** Das besecze der cleger u. 77) i. o.] ***AfCaef*** i. neste, ***BboCbd*** i. o. neste, ***Cc*** de negheste u. de o. 78) alse — hebbe] *f.* ***AfC***. ‖ d. s. h.] ***AeqB*** bekant h., ***Ah*** hir bekennet. 79) s. w. g.] ***Bdghip*** sich (***Bip*** dat) vorwarloset, ***De*** s. unbewart g. 80) ***Ab*** twinge, ***Cb*** dvinghen ne let, ***Cd*** toge, ***Bpδ*** *fh.* alze her czu rechte solde. 81) d. u.] ***AfCc*** d. doren, ***Bbcghio*** dat unsynnige

7. gelt si. So vint man. Als man denne dem vormunden gebutet zcu gebene das wergelt, spricht her denne, herre her richter, der tore hat des gutes nicht da von her keyn wergelt bezcalen moge, vnde ich en wart ouch syn vormunde ny, wenne synes gutes was zcu kleine das ichs nicht vorsten wolde, so frage, wer zcu rechte vnsynnyger lute ader kindere vormunde sulle syn. So vint man ir eldiste neste ebinbortige swert mag. So frage, nach dem das her von rechtis wegin sulle vormunde syn vnd nicht durch gutis willen, und des nicht getan habe als her selbir bekant hat, vnde ys vorwarlos gelasin habe, also das her das kint nicht entwang adir das unsynnyge mensche adir den toren nicht

icht scole van dem sinen[82] den scaden gelden,[83] oft hes van dem eren[84] nicht gelden ne mach, de[85] van siner warlose[86] tu komen si, odder wat dar rechtes umme si. So vintme he scalne gelden.[87] So vrag wor dus warden §. 8.
scolest. So vintme in[88] sime gude. So vrag wit ut panden scole. So vintme de vrone bode. Vraget men §. 9.
aver, oft dat kint so vele nicht en hebbe, oft it de vormunder icht geven scole van dem sinen, um dat het nicht gedwungen[89] hebbe, dar vrage jene tiegen, oft he ienegen scaden dar umme scole liden, na deme dat it[90] en islik mit ruden wol muchte dwingen.[91] So vintme he ne

---

mensche ader doren, *Badlpδ fh.* ader den doren. 82) d. s.] *AfCac* s. gude, *Cb* s. eghenen gude. 83) *Ea* legern u. g., *AqB fh.* u. de beteringe geven. 84) d. e.] *Bghi* dem sinen (*Bi fh.* licht), *Caef* des synnelosen gude, *Bpδ* genes gute, *AeCcd* dem erve, *Af* des toren eder kindes erve. 85) *Babdghoδ* wenne das, *Da* wenne der schaden, *Caef* sint id. 86) *Ca* vorsumentheit, *Cef* vorsumicheit. 87) *Af fh.* van zines zelves gude. 88) *AqBEa* up (*Be* uss) sin erve edder up. *Über* sinem gude *hat Aa* al. dyneme huse *aber irrig, denn es ist nicht von dem Orte der Zahlung* (*III.* 40 §. 1) *sondern von der Sicherheit dafür* (*II.* 4 §. 1) *die Rede.* 89) *Bc* getzogen, *De* bedingit. 90) *AaceghBmCa* dat kint. 91) it — dwingen] *AqBabcdeghikoδEb* her das kint habe mit ruten (gerten; *Bbko fh.* geslagen) und dicke (offte u. vel, dicke u. sere, dicke u. offte) mit worten getwungen, *Bk fügt dies nach* dwingen *hinzu.* *Ce* men dat kint myt roden wol gedwungen hebbe; *Caf* men dat (*Cf* eyn) kint mit roden wol gedwingen konde (*Cf* kan); *AfCcd* he dat kint mit roden (*Ccd fh.*

---

bewarte, ab her icht von dem synen sulle den schaden gelden vnde besserunge gebin, ab her von dem iren nicht gelden en mag, wenne das von syner vorwarlosunge zcu komyn si, ader was da rechtis vmme si. So vint man her sullis selbir gelden. So frage wo du ys warten sullest. So vint man vf syme erbe 8.
vnd vf syme gute. So frage wer ys vz pfenden sulle. So vint man der frone bote. Fraget man aber, ab dys nicht en hette 9.
also vil, ab ys der vormunde icht gebin sulle von dem sinen, vmme das das her ys nicht getwungen en hat, da frage wider, ab her keynen schaden darvmme liden dorfe, nach dem das her das kint habe mit gerten geslagen vnde dicke mit worten ge-

scole. [92]So vrage wat dar denne rechtes umme si. So vintme, du machst it slan[93] mit ruden,[94] odder du machst it denen laten, wente it di dat overdelede[95] wergelt[96] ave dine.[97] Du must em aver de kost geven unde must it[98] nicht[99] pinegen.[100]

§. 1 *ergänzt in wichtiger Weise die im Ssp. fehlende Angabe, wann man zu seinen Jahren komme, vgl. Kraut Vormundsch. I. 114. — §. 7 verpflichtet bestimmter als Ssp. I. 23 §. 1 den tutor legitimus zur Übernahme der Vormundschaft, indem es ihn, wenn er sie nicht übernommen, für die Handlungen des Mündels als einen Nachlässigen, nach Analogie von Ssp. II.* 38 *über die Folgen unachtsamen Schiessens etc. verantwortlich macht. — Das Berliner Stadtb. sagt, der rechte Vormund sei es von* adels, *d. i. von Geburt halber.* — §. 9. *Die Anwendung, welche von der Hingabe*

---

noch mit besmen) nicht en konde dwinghen. ***Sonach fassen die Hdss. die Hülfrede des Vormundes in dreierlei Weise auf,*** 1, ***die Classe B und Ce, dafs er das Kind in gehöriger Zucht gehalten,*** 2, ***AfCcd, dafs er das Kind mit Ruthen nicht habe zwingen können,*** 3, ***die Übrigen mit dem Grundtext, dafs der Beschädigte selber es züchtigen möge.*** 92) So — laten] ***Eb*** Hettest du is umme dy missetad mit worten u. mit ruten getwungen adir vunde man dir das, daz du gelt gebin suldest, so sal dirs dinen. 93) ***Aq fh.*** vor de missedait, ***B fh.*** vor dat dat it gedan het. 94) s. m. r.] ***AfC*** wol mit ener roden tuchtigen of he wille bescheideliken (b. *f.* ***Cbc***), ***Ea*** dorum mit ruten u. mit wortin twingen. 95) ***So Ag, d. i. das zuerkannte; Aabh*** overtellige, ***Dac*** uberige. ***B und Ab a. R.*** vordeilte, irteilte, geteilte, ***Bk*** to gedeilde, ***Bi*** vordynde, ***AfCacdef*** vorborede, ***Cbg*** vorbenomede. 96) ***De fh.*** bezcale adir. 97) du — ave d.] ***Bm*** wultu dat kind holten so lange wente dat it wergelt nement schuldich. — ***Babdeghikoδ fh.*** so en ist ys dir nymme schuldig u. ist denne (***Bbdikδ fh.*** von dir) los. ***Eben so Aq ohne*** u. — los. 98) ***Einige fh.*** de wile. 99) ***AqB fh.*** slan noch (***Bm*** edder darumme), ***Bc fh.*** slahen noch rauffen noch. 100) ***AfC fh.*** vor (umme) dine broke.

---

twungen, so vint man her en sulle. So frage was da denne rechtis vmme si. So vint man, du macht ys wol vor das das ys getan hat slan mit gerten, adir macht dirs wol dynen laszen, bys das ys dir das irteilte wergelt abe gedynet hat. So en ist ys dir nymme schuldig vnd ist denne los. Du must ym aber dy kost gebin dy wile vnde en salt syn mit nichte slan noch pinegin.

zu Hand und Halfter und von dem Züchtigungsrecht des durch ein Kind verletzten, Ssp. II. 65 §. 2 *gemacht wird, nöthigt den Vormund wenigstens moralisch, selber für den Schaden aufzukommen. Das Berliner Stadtb. S.* 160 *giebt dem Verletzten die hier gedachten Befugnisse nur, wenn das Kind so* elendich *ist, dass es keinen Vormund hatte. — Der Richtsteig bestimmt überhaupt den allgemeinen Satz Ssp. III.* 3 ire vormunde sal it gelden *etwas näher.*

Capitel 44. (*S.* 37.)

§. 1. A *klagt wegen Tödtung seines Verwandten mit scheinbarer That und mit Gerüchte II.* 64 §. 3. §. 2. B *gesteht die That* (*I.*6 §. 3) *und entschuldigt sich mit dem Mangel an Vorsatz II.*38. §. 3. *Beweist er dies selbsiebente I.* 64, *so kommt er ungeachtet seines Geständnisses und der scheinbaren That mit dem Wergelde los II.* 38 (*II.* 14 §. 1). §. 4. *Es ist in zwölf Wochen zu zahlen I.* 65 §. 4; *der Richter fordert Gewedde III.* 32 §. 10; *der nicht angesessene* B *bleibt in des Frohnboten Haft I.* 61 §. 1.

Berliner Stadtb. 160, 161. §§. 2, 3. *Blume MR. I.* 124, 125. §. 3. *Planck Bewf.* 295.

De drudde vormengde clage de me pinlik ansat unde doch borgerlik wert.[a] De drudde[1] vor- §. 1.
mengde[2] clage de borgerlik wert oft se[3] pinlik wert angesat,[4] dat is oft se mit geruchte wert angesat,[5] dat[6] kumptu oftu begripest einen, de unwitliken[7] dinen vrunt

a) De — wert] *So Aac*; *Ab* D. d. v. cl. de borgerlik wert is si pinlik ansat. *Viele* Von der dritten v. clage. 1) *Daoe* sechste. 2) *f. AfCbc.* 3) borgerlik — se] *f. Cabefgh.* 4) *Aq* angeleghet, *BabcdeghoyδEa* geklaget, *Bi* beklaget, *Bm* dargestellet. || p. w. a.] *Bf* wey p. claget. 5) *Bdeghoδ* geclait, *Ad fh.* edder claget. 6) *AfgBoδCacdefg* dy. 7) *Bm* unweringe, *Cf* unwisse, *Cg* ungeramet, *Ea fh.* u. ungerne. 44.

44. Von der dritten vormengeten klagen. Dy dritte 1.
vormengeten klagen dy da borgelich wirt ab si pinlich wirt geklaget, das ist ab si mit gerufte wirt geklaget, dy komet zcu, ab du begrifest eynen der vnwissentlichen eynen dynen frunt irschosse adir irworfe, den fure vor den richter, vnd nym eynen

schote odder worpe.[8] Den brink[9] vor gerichte unde nim vorspreke also hir vor geleret is, unde de heve alsus dine clage an:[10] her richter N de biddet ens rechtes,[11] wo he sine clage irheven scole tu rechte over sinen morder, de den gemorden man[12] bi sic heft. So vintme mit sime ge-
§. 2. ruchte. So du vort als hir vor gesecht is. Wenme di tur antwerde but unde hefstu nene betere wedderrede,[13] so spreke din vorspreke:[14] her richter hir steit N unde bekant gode unde iu[15] in godes stede, [15a]dat N sime li-

8) sch. o. w.] *Ab* stotte o. w., *Ac* steke o. w., *Cb* stocke o. w., *Cg* doitschusse o. w., *Aug* sch. o. dot w., *AefkCcefDe* sch. o. w. dot, *Bk* doet sch. o. w., *Ca* mit enen schoete off worp doot geschaten off geworpen hevet, *Bae* erschossen adir erworffen had, *Bc* erslagen hat adir e. adir e. 9) *AefhqBachioδCacefDe* vore, *Cd* lat voren. 10) unde d. h. a. d. c. an] *Bacegio* di heve d. c. a. an und spreche, *AfBδC* de spreke aldus. 11) N. — r.] *AfCacd* hir steit N u. biddet e. ordeles. 12) *AefhkBaceghiCac* fh. noch. 13) Wenme — w.] *AfqC* Scaltu ok (*oder* denne) antwerden. 14) d. v.] *AfC* aldus, *so dafs auch hinfort der Beschuldigte selber spricht.* 15) i. g. st.] *f. BdhmδCbef.* 15a) dat N — vogel schiten] *Cc* dat id mi van herten let is, wente ik ramede enes vogheles, *Cd* dat ik N sinen frunt gedodet have de mek nu leyt hat gedan wan ik r. e. v., *AfqCabe* dat ik N mynen vrient gedodet hebbe dy my nye lede en dede, dat mi van herten leet is, wente ik r. e. v. || dat — sculden] *Bf* dat N sin leve frunt dy ome ny schaden gedan het, sy von sinen schulden to deme dode komen. || dat — scade scen] *Ea* daz er Gajum seinen liben frunt leider irmort hot von rechter vorwarlosunge wegen, der im nv leit getet u. sy czu schadin gekomen. || dat — vründe] *Bdmδ* das her leider N s. l. f. getotit habe. || d. N.] *Bbcgo* d. her N.

vorsprechin als hy vor geleret ist. Der hebe dy klage also vnd spreche, herre her richter, N der bittet eynes rechtin, wy her syne klage irhebin sulle zcu rechte ober synen morder der den irmorten man by ym hat. So vint man mit syme gerufte. So
2. tu vort als hy vor geleret ist. Wenne man dir denne zcu antwerte gebut, hastu denne keyne bessere widerrede, so spreche dyn vorspreche alsus, herre her richter, hy stet N vnd bekennet gote vnd uch yn gotis stat, das her N syme liben frunde der

ven vründe, de em ni let en dede, si desse scade scen[16] leider van sinen sculden[17] unde deger[18] ane sinen willen, unde is em alse leit[19] alse ienegen siner vrunde, unde biddet genade[20] van gode unde van iu unde van sinen vrunden, wente it is em[21] gescen ane sinen willen[22] unde quam sus tu,[23] he scolde na enem vogel schiten, oder he warp na eme hunde[24] unde drapte[25] em,[26] unde willet[27] vorbuten,[28] wo it god an em unde over em [29]gebut unde dat recht.[30] Vraget denne jene ens ordels, na deme §. 3.
dat he des mordes bekant, oft he des mordes icht vorwunnen si, dat vintme. So vrage, na dem dat [31]het ane

16) s. d. s. s.] *BacdeghoδDe* unde s. to d. sch. gekomen. 17) v. s. s.] *Bm* mit unschult, *BacdeghipEa* v. s. unschulden. 18) *f. BDaEa*; *De* teger. 19) *Bd* getrewlich l.; *BEa fh.* dat got wol weit. 20) *f. Aac.* 21) *Einige fh.* leider. 22) *Da fh.* und jm also leyd ist als keinen seiner frundt. 23) *Bc fh.* der schulde. 24) *Bbceghioδ fh.* ader wy ys also geschen were, *Bk fh.* eder wat dat so were, *Dac fh.* oder nenne was es sey, *AdehCbd fh.* eder wat it (*Ah* dit so) sy. 25) *Ag* droep, *AefhBkCacf* rakede, *Cb* rekede, *Bcghoδ* traff, *Aq* rok ene van ungelucke. 26) *Bacdfgikoδ fh.* leider, *AfC fh.* van ungelucke. 27) *Bbo fh.* nu, *AehBacdhmpCb fh.* gerne, *Bgikδ fh.* nu gerne. 28) *AfC* beteren. 29) u. o. e.] *So AacBm*, *Ab* u. o. sin, *Ea* u. o. mich; *f. AehDa.* 30) wo — recht] *AfqC* gode u. sinen vrunden na rechte; *B* nach gotis gnaden (*Bcefghoδ fh.* u. nach uwern gnaden) u. wy das recht obir en gebut (*Cc* sich geburt). 31) het — komen si] *AfCc* id ane d. w. to k. si unde vore nene veide mit ome ne haddest u. van ungelucke, *CaeDe* id a. d. w. geschein sij u. van u.

ym ny leit getan en hat, vnde si leider zcu schaden komyn von synen schulden vnde ane synen willen, vnde ys ym also leit das got wol weys als keyme syme frunde, vnd bittet gnade von gote vnde von uch vnd von synen frunden, wen ys leider geschen ist ane synen willen vnd quam alsus zcu: her solde nach eyme vogele schisen ader nach eyme hunde werfen, ader wy ys also geschen were, vnde traf en leider, das wil her nu bessirn nach gotis gnaden vnd nach uwern gnaden, vnd wy das recht obir en gebut. Fraget denne yenre eyns orteils, nach dem das her 3.
des mordes bekant hat, ab her des mordes icht obirwunden si, so vint man her si. So frage da wider, nach dem das her

sinen willen[32] dede, unde van ungelucke tu komen si sunder bosen vorrat,[33] oft he icht hoger[34] gebroken hebbe wen sin[35] wergelt.[36] So vrage, na deme dat [37]de dode dar jegenwart si unde he des mordes bekant hebbe, oft he icht[38] liden scal enes morderes dod.[39] So vintme, mach he selfsevende[40] bewisen, dat[41] it van ungelucke[42] tu komen si unde [43]dat he vor nene wrake[44] mit em ne
§. 4. hadde, so scal he geven des doden wergelt. So vrage wat sin wergelt si. So vint met.[45] So vrage wen met bereiden[46] scal. So vintme over [47]twelf weken. [48]So vrage de richter, wenme wergelt odder bute vorbort, oft me denne em ok icht wedden scole.[49] Dat vintme. Heft

---

32) a. s. w.] *Ea* ungerne. 33) *Bk* opsaet, *Ad* vorezate. ‖ s. b. v.] *f. AfBcC.* 34) *AfqCace* mer. 35) *Badfioδ* an sin (din), *AfqCacde* des doden. 36) *Cg fh.* So vintme du en haves. 37) de — si unde] *f. AfBfC.* 38) *Bk* hir umme der bekentnisse icht; *Cd* icht mogelik. 39) *AagBp* recht, *Ae* recht u. doyt. 40) *Bk fh.* guder mannen. 41) *Bm fh.* he dat ungerne hebbe gedan u. 42) *Bf fh.* u. ane sinen willen. 43) dat — hadde] *Ea* seine schult ny williclichen getat. 44) *Bk* wranck, *AfqBaceghimopδC* veide (vede), *Bl* rede, *Bb* rede . . geredt, *Bd* frede, *Cg* scholt noch vede, *Ae* unmoet, *De* untat. 45) *CcEa fh.* na siner bort, *Aa fh.* na siner bort u. na gesattem rechte, *Bcefgio fh.* nach gnaden, *Dae fh.* darnach der man sy. 46) *Andre* betalen *oder* beteren. 47) t. w.] *Bd* drey XIV tage. 48) So — vintme] *f. AqCabdef; haben AfCc vor dem vorigen Satze.* 49) w. s.] *Bm* darvan boren moge. ‖ oft — scole] *BacefghioδEa* ab ym da von icht (*Ea fh.* zu rechte behort odir) gevallen sulle.

---

ys ane synen willen hat getan vnd von vngelucke zcu komyn ist sunder boszen vorrat, ab du icht hoer gebrochen habist wen an dyn wergelt. So frage, nach dem das der tode da keynwertig si vnde her des mordes bekant hat, ab her icht sulle liden eynes morderes tot. So vint man, moge er das selb sebinde bewisen das ys von vngelucke geschen si, vnd da vor keyne vede mit ym
4. gehat habe, so sulle er gebin des toden wergelt. So frage was syn wergelt si. So vint man nach gnaden. So frage wenne mans bezcalen sulle. So vint man ober zcwelf wochen. So frage der richter, wo man wergelt ader busze vorbuszet, ab ym da von icht geuallen sulle. Das vint man. Hat her denne yn dem ge-

he denne in deme richte nen gut unde heft he nene borgen, so vrage he, we en vor dat gelt beholden scal.[50] So vintme de vronewalt.[51]

§. 3. *Der Ssp. II. 38 wird näher dadurch bestimmt, dass der Beschuldigte auch beweisen muss, er habe vor der That keine Fehde mit dem Getödteten gehabt.*

Capitel 45. (*S.* 38.)

§. 1. A *klagt mit Zeugen um eine Geldschuld.* §. 2. *Will* B *mit seiner Unschuld ihm entgehn I.* 7, 18 §. 2, *so trägt* A, *weil* B *keine Zeugen habe, auf ein Gewedde an, oder will, dafs* B *sich mit Zeugen wehre* (*III.* 28 §. 1). §. 3. *Diese sind vor Gericht zu bringen I.* 62 §. 6 *und der Beweisführer hat sein Erscheinen zu verbürgen III.* 39 §. 1. *Ein bei Klage ohne Zeugen von* B *angebotener Eid I.* 7 *ist über* 14 *Nächte zu leisten II.* 10 §. 6 *und gleichfalls zu verbürgen. Den bürgelosen* B *nimmt* A *in Hand und Halfter.* §. 4. B *vertritt den Zeugenbeweis durch Beschwörung seiner Fremdheit* (s. elendes) *und seiner Unschuld, worauf* A *eine neue peinliche Klage anstellt.* §. 5. *Das dreifache Unrecht dieses ganzen Verfahrens liegt* 1) *in dem Bezeugen einer Schuld, welches, selbst nach Weichbildrecht* (*Zobel C.* 67, 101), *nur in besondern Fällen* (I. 22 §. 2 Besact, I. 6 §. 2 na doder hant, I. 8 §. 3) *eintritt;* 2) *in dem Binden der Vertheidigungsmittel an den vom Kläger angebotenen Beweis* (*denn III.* 28 §. 1 *pafst nicht*); 3) *in dem Elendenzeugnifs.*

Berl. Stadtb. 161, 162. §. 5 *zu* 1) *Planck Bewf. N.* 106, *S.* 315.

Van der ersten unrechten vormengden clage.

Alsus[1] vallen vormengde clagen to rechte. Des[2] hebben §. 1.

---

50) we — scal] *AfCbcd* wo he denne don sculle, *Caef* wen hie des wergeldes warden sole. 51) v. w.] *AafCacgh* v. bode, *Bc* fronpoten, *Cf* vrone, *BkDae* vronen boden gewalt, *AfqC fh.* sculle den man behalden went he voldo dem cleghere u. dem richtere.

1) *AuchBk fh.* so wy gesecht (*Ah* to vore gehort, *Bk* vorgeleert) hebben, so. 2) *AdhkB* Nu. 45.

---

richte keyn gut ader keynen burgen, so frage wer en vor das gelt behalden sulle. So vint man dy frone gewalt.

45. Wy man burgelich klagen pinlich machen sal. 1.
Alsus vallen vormengeten klagen zcu rechte. Nu haben boze

bose lude upgebracht,[3] dat se[4] van borgerliken clagen pinlike maken[5] tvierléie wis.[6] Tome ersten beclagen se alsus einen man:[7] her richter,[8] hir steit N unde claget gode unde iu,[9] dat em N sculdich si hundert punt,[10] des heft he hulpende tuch[11] als gut[12] alse hes tu sime rechte bedarf, unde biddet dat gi en tur antwerde biden.

§ 2. [13]Wen denne jene secht: her richter, unsculdich bin ik des unde bidde ens ordels, oft [14]ic em des icht negen tu untgande si wan hes mi overtugande si,[15] so vraget jene, na deme dat he en mit hulpenden tugen gesculdeget[16] heft [17]unde sin unscult sunder tuch sta, [18]oft he dar

---

3) *Aa fh.* met unrechte. ‖ to r. — upgebr.] *AqCbd* van bosen luden, *Caef* u. haben b. l. u. 4) to r. — dat se] *Ab* de b. l. u. hebben de. 5) *Ab fh.* unde scut, *AhBk fh.* u. dat, *Dae fh.* das kumpt zu. 6) dat se — wis] *f. AqCabdefgh.* 7) beclagen — man] *AfqCacdf* clagen se sus. 8) *BEa fh.* wolt ir N wort horen. 9) g. u. iu] *f. AfCacd.* 10) h. p.] *CaefDe* tien p., *AfCcd* twintich p., *Bd* XXX mark, *Ag* h. mark, *BδCb* twintich mark, *Dae* X lib. mynner noch mer. 11) *Ea fh.* odir ab er do widerredin wolde daz wolde er in mit erwarn fromen luten ubirweisen. 12) *f. meistens*; *AaBiDae* vele. 13) W. d. j.] *Cd* So komet eyner u. er; *Caf fh.* kompt u. ‖ W. — ic des] *AfCc* So kumpt iene u. sprict he si des unsculdich. 14) ic — — overtugande si] *Caef* hie sich ontsculdigen moege myt sinem rechte. 15) hes m. o. si] *AfqCbcd* mens up one to bringende (*Af* gande) si. D. v. m. he si. 16) *AfqC* anspraken, *Bd* beclaget. 17) *Ea fh.* und di sache burglich ist. ‖ unde — antw. scole] *AfqCbcd* of he mit tugen sik icht weren sculle. ‖ u. s. u.

---

lute vf gebracht, das si borgelich klagen pinlich machen zcweyerleye wys. Czu dem ersten beklagen si sus eynen menschen: herre her richter wolt ir N wort horen, so stet hy N vnn klaget gote vnd uch, das ym N sy schuldig hundirt phunt, vnde habe des hulfliche gezcuge als her zcu syme rechte bedarf, vnde bit-

2. tet das ir ym zcu der antwerte gebitet. Wenne denne yenre spricht, herre her richter, ich byn des vnschuldig vnd bitte eyns orteils, ab ich ym icht ner si zcu entgende wenne her michs si zcu oberwindene, so frage yenre dar wider, nach dem das her en mit helfenden gezcugen beschuldiget hat vnde syne vnschult ane gezcuge geboten hat, vnde bitte eynes orteils, ab her icht

umme icht wedden scole. Odder he vraget ens rechtes, oft he eme antwerden scole, [19]na deme dat sin clage ga. Vintme dat so vrage he vort, [20]na dem dat he mit getuge geclaget heft, oft he eme icht mit getuge antwerden scole. [21]Dat vintme. So vrage he vort, wan he §. 3.
sinen tuch[22] leden[23] scole. So vintme tome nesten[24] dinge. So vraget he, oft he eme icht dat vorborgen[25] scole, dat he[26] tu[27] dinge kome. Wentme dat vint,[28] so vraget he, na deme dat he neinen borgen heft,[29] oft he icht scole

---

s. t. sta] *Bm* u. he s. u. secht ane t.; *Caef* u. he s. u. s. t. doen mach. S. v. m. he sculle (*Ce* en moge); *BabcdeghiodEa* u. s. u. s. t. geboten (*Bacegid* gesait, *Bh* gestalt) hat. 18) *Viele, auch Ab fh.* unde vraget, *Aehk fh.* u. biddet (bidde), *AdgBadd fh.* u. biddet enes rechtes (ordels). || oft — antw. scole] *Caef* So vrage voirtt of hie syne onscholt myt tuge nemen sülle. 19) na — ga] *f. Aa*; *Ae* so he ene beclaghet, *Be* mit geczugen, *Ea* noch seiner clage zu rechte, *Eb* als er syne clage angestalt hat. *Bk fh.* umme dat. 20) na — antw. scole] *f. AafBdeC.* 21) Dat — scole] *f. Abd.* 22) *BabeghimoE* obirczugunge. 23) *So oder* leiden (*NS*) *oder* leiten (*OS*), *d. i. leiten*, *AeghkBcDe*; *Bk* beleiden; *AcBabdeghioE* liden (*NS*) *oder* leiden (*OS*), *d. i. leiden*, *Bd* laden, *AaCaDa* leisten, *BmCb* bringen, *Cef* don, *Af* voren, *Cc* volvoren, *Aq* beden. 24) *f. AacghBc*, *Cf* eirsten. 25) *Afq-Cbcd* vorwissen. 26) *AbCf fh.* em. 27) *Babdeghimod fh.* dem negesten. 28) W. d. v.] *AfC* Dat v. he scole; *B* Dat v. 29) so vraget — heft] *Caef* hedde he dan neinen borgen so vrage ghene (*Cf fh.* na deme hey ghenen burgen en have). — *E fh.* noch auch kein eigen in dem gerichte hot.

---

zcu rechte wetten sulle. Ader her frage eyns rechtin, ab her ym icht sulle antwertin nachdem als syne klage get. Vint man denne das, so frage her vort, nach dem das her denne mit geczugen geklaget hat, ab her ym icht mit gezcugen antwerten sulle. Als man dys vint, so frage her denne, wenne her denne 3.
syne obirzcugunge liden sulle. So vint man zcu dem nesten dinge. So frage ab her ys ym icht vorborgen sulle, das her zcu dem nesten dinge kome. Das vint man. So frage her vort, nach dem das her keynen borgen gehabin en mag, ab her icht

sulven borge sin. [30]Dat vintme. [31]Sus dut he ok;[32] oft he ene ane tuch[33] beclaget. Wan denne jene sinen ed bud, so vraget he wenne hene dun scole. So vintme over virteinnacht. So vraget he, oft me[34] den ed icht vorborgen scole odder scole selven borge sin.[35] So veit[36]
§. 4. he en unde stocten[37] wente tu[38] dinge. Alse he en denne in dat ding bringet, so mut de antwerder[39] vragen,[40] na deme dat he dar also elende[41] si van vrunde,[42] dat he dat sweren wil dat he nenen tüch dar hebben moge, oft he sinen elenden tüch[43] icht vor mute sweren unde sin unscult dar na. Dat vintme. So swert he drier lude[43a] ed allene. [44]Wen he sus van em gekomen is, so

30) D. v.] *f. Ab.* ***Eb fh.*** So antworte in der richter in dy vrone gewalt. 31) Sus — — wente tu dinge] ***AfqC*** Aldus behelt one de vronebode. 32) ***Bg fh.*** ***a. R.*** deme cleger ab her der burgen nichte hot unde. 33) ***Ea*** burgen. 34) ***Andre*** he, ***Bmδ fh.*** dik, ***Baegho fh.*** ime. 35) ***AdBabeghikoδ fh.*** Dat vintme. ***Bg fh.*** ***a. R.*** also thut her ouch deme clegir. 36) ***Bacdeghioδ*** neme. 37) ***AaEa*** beholt en, ***Bn*** bestedige one, ***Bm*** sette ene in gehechte. 38) ***AdBabdeklmδEa fh.*** deme negesten. 39) ***Bm*** lider. 40) m. d. a. v.] ***Ak*** m. he antworde v., ***AfqC*** vraghe he enes ordels (***AqCaef*** rechten), ***Cd fh.*** noch deme dat he kein borgen have, ucht er nicht sulven borge syn schulle. D. v. m. So vrage eyns rechten. 41) ***Andre*** enelende, ***Afq*** alleyne. 42) v. v.] ***Da*** und so fremde, ***Bdδ.*** v. vormunden, ***Cd fh.*** u. van magen. 43) s. e. t.] ***Ab*** s. e., ***Ca*** syne ellende, ***BabcoE*** sein elend (enelende), ***Bdm*** sines enelendes, ***Af*** s. e. et, ***Blδ*** sines enelendes geczug. 43*a*) ***Bδ fh.*** geczuk u. 44) ***AfCc fh.*** So veyt he one

selbir sulle burge syn. Das vint man. Also tut her ouch, ab her eynen ane gezcuge beklaget. Wenne denne yenre synen eyt but, so frage wenne her en tun sulle. So vint man ober virzcennacht. So frage, ab her ym den eyt vorborgen sulle adir icht sulle selbir burge sin. Das vint man. So neme her en
4. denne vnde stocke en bys zcu dem dinge. Als her en denne vor das ding brenget, so mus der antwerter fragen, nach dem das her so enelende si da von frunden, das her das sweren wil das her des keynen gezcug gehabin mag, ab her icht syn enelende sweren moge vnde syne vnschult dar nach. Das vint man. So sweret her dryer lute eyde alleine. Wenne her denne

claget he denne van nies[45] dufte oder[46] welke missedat he wil. Dat is al to male unrecht, wen me mach sus- §. 5.
dane sake over nemande tugen.[47] So spreken itwelke lude, it si wicbeldes[48] recht, dat me[49] scole mit tugen winnen oder weren.[50] Des is nicht.[51] Wen me ne mach in wicbelde tu[52] rechte nene scult winnen mit tugen, wen[53] na doder hant, odder[54] vif scillinge vordindes lones, [55]odder it ne were vor gerichte redet.[56] Ok scal en man antwerden tu isleker clage alse recht is unde nicht darna dat se angesat is.[57] It is ok dul[58] umme den elenden tuch;[59] wente we tuch hebben scolde, de worde nedder-

u. stocket one wente to deme (*Af fh.* nesten) dinge. || Wen — — — tugen] *f. AqCabdef.* 45) v. n.] *f. Abc; Aa* over ene. 46) *Badeghmoδ fh.* roub adir. 47) *Bg fh. a. R.* wen mit gehegtir bang. 48) *Bb* unbillich, *Bc* pillich, *Ea* fron. 49) *AefhCacefDe fh.* scholt. 50) w. o. w.] *Baeghkloδ* vorlisen adir mitgeczugen gewynnen adir geweren, *Bm* w. o. verlesen o. w., *BcEb* w. o. verliesen. 51) D. i. n.] *Badeghioδ* das ist unrecht. 52) w. t.] *AfgBkCacef* wikbildes. 53) nene — wen] *Baghioδ* schult m. geczugen gewinnen. Das mag man thun. 54) *Baghioδ* und man mach ok wol gewinnen. 55) odder — *Ende*] *f. Caefghi.* 56) *Bdδ* beredet, *Bk* beredet off bekallet, *Babeghio* vorberedet, *Bm* vorberichtet, *AfCbcE* lovet, *Bd* geschen ader gelovet. || Ok — *Ende*] *f. AqCbd.* 57) darna — is] *BabceghimloδEb* d. das (als, wenne, wan) man klaget (*Baehilmδ fh.* hat), *Bd* als eyner geclagit hat, *Ea* als der cleger geclagit hot. 58) *BDaeE* dorlik. 59) *Af* eet.

alsus da von kumpt, so klage her denne von nuwens dube adir roup, adir welchirleye missetat her wolle. Das ist alzcu male 5.
vnrecht, wenne man en mag sogetane sache obir nymande gezcugen. So sagen eczliche lute, ys si wichbilde recht, das man mit gezcugen sulle vorlisen adir mit gezcugen gewynnen ader geweren. Das ist vnrecht, wenne man mag yn wichbilde zcu rechte schult mit gezcugen gewynnen, das mag man tun noch toder hant, vnd man mag ouch wol gewynnen fumf schillinge vordyntes lones, adir ys en were vorberedet vor gerichte. Ouch sal eyn iczlich man antwertin zcu iczlicher klage als recht ist, vnd nicht darnach das man klaget. Ouch ist ys torlich vmme den enelenden gezcug, wenne wer gezcug habin wil, der warte das her icht vellig werde, vnde en hette her der gezcuge nicht,

vellich,[60] hedde hes[61] nicht, al[62] wolde he vil dicke[63] sweren dat he sines tuges nicht [64]hebben müchte.[65]

Capitel 46. (S. 39.)

§. 1. B *erlangt ein Urtheil, daſs man ihn nur mit Gerichtszeugniſs der Schuld überführen könne, widrigenfalls er ihr mit seinem Eide entgehe* I. 7, 18 §. 2. §. 2. *Den Eid mag er, außer gebundener Zeit, sogleich leisten* II. 10 §. 6; *aber auch in gebundner Zeit, wenn er keine Bürgen hat und dem* A *sein bloſses Versprechen nicht genügt.* §. 3. *Der nicht schwörende* B *wird sachfällig, verwirkt Gewedde und Buſse* II. 11 §. 1, *kann allenthalben angepackt werden* (III. 13), *und niemand braucht ihm zu Recht zu stehen* (III. 16 §. 3). §. 4. *Verbürgung für den Beklagten findet statt, wenn er Frist begehrt, für Zahlung einer erstrittenen Schuld, und in peinlichen Klagen, s. Reg. zum Ssp. unter Bürge. Über das Forum einer verbürgten Schuld s.* III. 25 §. 2, III. 87 §. 4.

Wo men antwerden scal dar me enen mit
§. 1. tuge tusprikt. Hir antwerde sus tu[1] wen he di beclaget, unde nomet he[2] hulpende[3] tuch so secge: her

---

60) w. n.] *BEb* warte (*Eb* sehe sich vor) das her (*Bk fh.* ome) icht vellich (*Bik* nedervellich) werde; *Ea* schaffe sij in ciziten u. sehe sich vor daz er icht vellich werde, wenne. 61) *Bacdeghimoy* her der geczuge, *Bkδ* hey des tüges. 62) *So Aa, Ah* al en, *Ab* also, *B* so, *Ae* wan he wolde, und, *Da* und. 63) h. v. d.] *Aac* het wol d., *Bacdemoü fh.* da vor. || a. w. h. v. d.] *Bk* wan hey wolde, wat wolde hey dan dar vake vor. 64) *B fh.* en hedde noch. 65) *Dc fh.* es wär einer oder mer das hülff jn alls nicht, *Dae fh.* das enhulffe jn nicht.

46. 1) H. a. s. t.] *f. AfqC. Bi* Di antwerde kumpt s. t., *Ea* Diz vorantwort also, *Dace* Item (*f. De*) widerfur diss dir do a. etc. 2) u. n. h.] *AfqBdyC* mit, *Bc* u. neme die, *De* u. nymet. 3) *Aa-*

---

so wolde her vil dicke da vor sweren, das her syne gezcuge nicht en hette noch gehabin mochte.

46. Vmme antwerte wenne man dich beklaget mit
1. helfenden gezcugen. Hy antwerte zcu alsus, wenne man dich beklaget vnde nymmet denne dy helfenden gezcuge, so frage

richter, ic bidde ens rechtes, na deme dat hir sessisch[4] recht is, oft me mi umme sodane scult[5] vortugen moge sunder hulpe eines gehegeden dinges.[6] So vintme, he ne moge.[7] So vrag, na dem dat hes nicht vortugen mach,[8] oft dus em icht mogest untgan[9] mit dime ede. Dat vintme.[10] So vrag, na deme dat dus rede bist tu §. 2.
dunde,[11] oft dus icht tu hant[12] dun mogest. Dat vintme, destet in ungebundenen dagen si.[13] Weret denne in gebundener tiet, so vintme, he scolne lesten[14] tume ersten ungebundenen dage.[15] Vraget denne jene, oftu em dat[16]

Buekm den helpenden (helpliken), *Ea* hülf und. 4) *Aq* sassen, *Bc* frenkisch, *Cafh* hessens, *Eb* meydeburgisch, *Due* gesatzt. 5) mi u. s. sc.] *Bk* m. u. s. sake, *AhDa* m. u. s. sachen oder schulde, *Ccd* mi, *Badeghilo* nu ymande ane (*Bi* umme) schult und (*Bi* oder) umme sust (*Bl* alsus, *Bi* sus); *Bc* er mich nun umbsitzet mit getzewgen u. ob er mich und. 6) e. g. d.] *Aq* des rechtes, *C* des richters. 7) sessisch — moge] *Af* alsullek recht ys dat men nemende overtughen mach zunder helpe des richters, wo he my nu overtughen moghe, dat ik dat liden zole. 8) So — mach] *f. Cc*, *Af* vrage. 9) *Budeghmδ* vorsaken, *Bo* geloukenen, *E* unschuldig werden. ‖ dus em — u.] *Caef* du dy — untsculdegen. 10) *AfBeCbcdefg fh.* du mogest. 11) dus — dunde] *AfBkCacef* du r. siist dinen (*BkCf* den) eed t. d.; *Babdeghinoδ Eb* du den eidt zu rechte thun salt. 12) *Ea fh.* an allerley ufschop. 13) d. i. u. d. si] *BEa* is were denne gebundene czit (*Ba* in bundenen dagen); *AfqC* oft id in ghebundenen d. nicht en sy. 14) *Ay* versten. 15) t. e. u. d.] *Eb* czu offintagen, *AfCcd* t. negesten u. d., *Bc* zu dem ersten so die u. tag auszgen. 16) *Cc* dach, *Af* den dach.

also, herre her richter ich bitte eyns rechtin nach dem das hir sechsisch recht ist, ab man nu ymande ane schult vnde vmme sust vorzcugen moge ane hulfe eynes gehegetin dinges. So vint man man en moge. So frage, nach dem das her dichs nicht vorzcugen mag, ab du ys icht geloukenen mogist mit dem eyde. Das vint man. So frage, nach deme das du den eyt zcu rechte 2.
tun salt, ab du en icht zcu hant thun sullest. So vint man du mogest en wol tun, is en were denne gebundene zit. Were ys denne yn gebundener zcit, so vint her sulle ys leisten yn den ersten vngebundenen tagen. Fraget denne yenre, ab du ym das

icht vorborgen scolest,[17] so vrage, na deme dat tu rede tu lestende sist[18] unde nenen borgen vormogest[19] unde de scult up di ungewunnen[20] si, oft he entwer den ed[21] tu hant scole nemen, odder scoles tu dime lovede sen.[22] Dat vintme.[23] [24]Wen it were [25]beter, dat me in itleker hilgen tiet enen ed dede, wen datme dar umme enen
§ 3 stockede unde vinge.[26] So vrage de clegere, oft he den ed[27] denne nicht en dede, wat dar denne rechtes umme were.[28] So vintme, de scult were up den antwerder wunnen,[29] unde he muste dem richter wedden unde

---

17) v. s.] *Ca* bewiisen s., *Cefg* vorwissen s.; *AfCbd fh.* Dat vintme. 18) rede t. l. sist] *AacEa fh.* den eed; *Ca* r. s. dynen eed toe doen, *Bm* des eides overbodich s., *Bdnpδ* recht beutist, *Babceglo* das redest czu leistene, *Bi* dat recht redest t. l. 19) *AfqC* hebbest, *Bdpδ* gehabin mogest, *Bm fh.* tu setende. 20) de s. u. d. u.] *Cae* d. s. u. d. noch nicht gewunnen, *Bd* der eyd u. d. gewunnen, *Bm* dat recht u. d. gewunnen, *Babioδ* d. s. u. d. gewunnen (*Bi* vorvolget oder g.), *AfCc* d. unscult u. d. u. (*Cc* gewunnen); *Ak* schult de u. d. vunden, *AqEb* d. s. u. d. gefunden, *AhBk* dey unscult dei dy gevunden, *Dae* ob er die schuld dy her uff dich uberwunden hat icht zu hant nemen sulle. 21) d. e.] *Aehk* de, *Bh* iz, *Bacdegoδ* ez icht. 22) t. d. l. sen *d. i. sehen*] *Ag* t. d. l. ghaen, *Da* t. d. l. stan, *Af* des edes to eme zen, *BEb* bi (an) d. gelovede (*Bm* gude) bliven (*Bc* lassen bleiben). 23) *AfCcd fh.* he scoles to ome (*Cd* dime gelovede) sen. 24) Wen — vinge] *AfqC.* 25) *So AabcgBk*, *AdehkBabcdemoδDaeE* erliker, *Bi* liker. ‖ b. d. m. i. itliker h. t.] *Bgh* irlich (*Bh* erlichin) eyner heiligen zcijt daz dorynne eyner. 26) st. u. v.] *Bm* in stocke edder in hechte hedde. 27) *Bdmδ fh.* to der loveden tid. 28) dar — were] *AfqC* syn broke sy. 29) de — w.] *AfqC* he si der scult verwunnen.

---

icht vorburgen sullest, so frage, nach dem das du das redest zcu leistene vnde du keynen burgen vormogist vnd dy schult vf dich gewunnen si, ab her ys icht zcu hant nemyn sulle, adir du sullest by dyme globde bliben. Das vint man. Wenne ys erlicher were yn eyner heiligen zcit das eynre darynne eynen
3. eit tete, wenne das man en vinge vnd stockte. So frage der kleger, ab her den eyt nicht en tete, was denne rechtis darvmme si. So vint man, di schult were vf den antwerter ge-

em[30] sine bute geven,[31] unde muste darna[32] en aller wegene[33] wol uphalden mit rechte, unde em darf de wile neman[33a] tu rechte stan. [34]Wat it recht anderes van §. 4.
vorborgen[35] secht, dat meinet it so,[36] oft it de antwerder dun wil, up dat he des dach krige,[37] [38]odder it menet in pinliker clage. Sculdeget me di ok,[39] so vrage wor [40]du tu rechte umme borgede scult[41] antwerden scolest. So vintme vor dime richtere odder dar du[42] geborget hefst,[43] odder du ne[44] hebbest[45] rechte geweigeret.

---

30) *Cabef* dem clegher, *Bm* ienem deme de eit gelovet was, *Ea* seinem widersachen. 31) *Cc fh.* unde ne moghe de wile nemende to rechte stan. 32) m. d.] *Vor* muste *ist ein* he *d. i. der Kläger zu ergänzen. Ah* mochte di dar na wail, *Ccd* men mach dar vore, *Caf* die cleger moet oen dair toe (*Cf* vore). 33) a. w.] *Ae* alweghe, *BdmnpδEa* in allen enden, *f. BciCc.* 33a) *De* nicht weder. 34) Wat — *Ende*] *f. AfqBcC. Eb hat nur den Anfang bis* dun wil. 35) *Erscheint als das richtigere, weil im folgenden nicht blofs von einer verbürgten Schuld die Rede ist. Baem* borgen, *Ea* burgczog, *Aab* v. scult, *Ac* borgen scult, *Ae* vorborgeden claghen. 36) m. i. so] *AaeBiln* m. yo, *Bk* m. hey yo, *Bae* meyne ich yo, *Bdghoδ* meyne yo, *Ak* nym an yo, *Bm* is anders nicht wen. 37) *Bp* domit gewynne, *Bδ* mag gewynnen; *Ah fh.* magis favendum est reo quam actori ubi legis. 38) odder — clage] *f. BmEa.* 39) *Ea* umb burgczog. 40) du — scolest] *Ade* men dy — scholde. 41) b. s.] *Ak* borghetucht, *Bk* borge s. 42) *Ah* men sey. || dime — du] *Bi* deme r. vor deme du dat. 43) *AdeghBbdgknoδ fh.* adir da du geklaget hast, *Ah fh.* off dar men gedaget hevet. 44) o. d. n.] *Ak* ane dar du, *AgBdo* o. du, *Bbghimnδ* o. wur (dar) du, *Ah* eyn en hebbe. 45) *AkEa fh.* ene, *AhBk fh.* dar.

---

wunnen, vnd der muste deme richter wettin vnd ym syne buze gebin, vnde mochte en dar nach alle wege wol vf halden mit rechte, vnde ym darf dy wile nymant zcu rechte sten. Was das 4.
recht von vorburgene andirs saget das meyne jo, ab ys der antwerter tvn wil, vf das her den tag irkrige. Adir ys meynet als dy schult gewunnen ist. Adir ys meynet yn pinlicher klage. Beschuldiget man dich ouch, so frage wo du zcu rechte vmme vorborgete schult antwertin salt. So vint man vor dyme richter, adir wor du geborget hast, adir du geklaget hast, adir du rechtis hast gewegert.

Capitel 47. (S. 40.)

§. 1. *A klagt gegen seinen flüchtigen Schuldner, als den der seine Sache dieblich entführt habe, peinlich und läfst ihn verfesten.* §. 2. *Da B erscheint und sich aus der Verfestung zieht* (s. *Cap.* 34), *stellt A eine schlichte Klage an, wird aber, weil er nicht bei seiner Klage geblieben, mit Bufse abgewiesen II.* 8 §. 3. *Wiederholt A seine frühere Klage, so ist B näher, eine Leihe und ein unverholnes Halten mit Zeugen darzuthun II.* 36 §. 1 (*III.* 5 §. 1) *vgl. Cap.* 40 §. 2, *als A, sein Leihen eidlich abzuleugnen.* §. 4. *Auch wenn A auf Vorenthalten der geliehenen Sache über die bestimmte Zeit sich gründet III.* 22 §. 3, *schützt sich B gegen die Diebstahlsbeschuldigung damit, dafs er doch die Sache nicht dieblich aus des Leihenden Gewahrsam gebracht habe III.* 22 §. 2 (*III.* 43 §. 2).

Blume MR. I. 159. §. 3. *Planck Bewf.* 294. §. 4. *Brackenh.* 170.

Von der anderen unrechten vormengden
§. 1. clage. De andere[1] unrechte[2] vormengde clage de dichten[3] se[4] sus. [5]Wen en, dem se wat geborget hebben,[6] vorvluchtich wert, so claget he dufte[7] up en mit geruchte umme dat he em mit willen lech[8] unde secht: her rich-

47. 1) *BenwCaefghi* funfte, *Dace* siebende. 2) *f. Badeghimnowδ Cabefgh.* 3) *Bk* bedichten, *Ba* achten, *Bδ* irtichten, *Bd* irdochten, *Caf* bedachten, *BcgwDaEa* richten. 4) *AfqBenwC* bose lude. || d. s.] *Bm* itlike bedenket het sik. 5) Wen — hebben] *AfqBenCabefgh* W. e. enigen man wat sculdich is u., *Cd* Wan wat on dey schuldig is u., *Bm* W. e. wes borge u., *Bk* W. e. deme andern icht affgeborget hevet u., *Bacgh* W. sy denne eyme icht abgeborgen, wert denne der, *Bl* W. eyme icht abgeborgen wirt denne der, *Bi* Eyner den man icht borget oder lyet wert he denne, *Eb* Borgit eynir ymande icht u. wirt er denn. 6) g. h.] *Bb* abegeburgen, *Bpδ* borgen, *Bd* burgen u. 7) c. h. d.] *Bcho* c. man d., *Bdmδ* clagen se d., *AkCd* c. h., *Caef* clagen se. 8) *AaekCbc* leth, led; *Af* dede, *Ce* gelent hadden, *Cf*

47. Von der andern vormengeten klagen dy ouch
1. pinlich wert. Dy andere vormengete klage dy tichten si alsus. Wenne si denne (*Lücke*) vorfluchtiget, so klaget man dube vf en mit geruchte vmme das das her ym mit willen leich, vnd klaget

ter wil gi N wort horen, so steit hir N unde claget[9] dat N hebbe [10]em duftliken untreden sin perd odder untvüret sin gelt tein mark[11] odder untdragen sine cleder,[12] unde ordelt[13] vort als up einen vorvesten man[14] als hir vor steit.[15] [16]Scut di dit, so [17]tie di ut der vestinge §. 2.
unde kum vor[18] alse hir vor geleret is unde vorbide di.[19] Kumpt denne jene unde besculdeget di umme slicht scult, so vrag, na deme dat he di umme ungerichte[20] beclaget hebbe unde dar du jegenwardich[21] tur antwerde nicht en

geloufft hatten, *Bm* l. edder burgede, *Bδ* leig u. tet. || umme — lech] *f. Ca.* 9) *Caf* wi klagen u., *AfCcde* ik klage. — *Badeghkoδ fh.* gode unde ju. 10) em — — cleder] *Caef* ons dat onsedieflken ontfuert bii slapender tiit. 11) t. m.] *Bae* xx m.; *f. AfqCbcd.* 12) *Af* andere have, *Bq fh.* adir seyne andere habe was das sy. 13) *Bilmnpδ* vordeilet (vororteilt) en. 14) vort — man] *AdefhkqBCbcdefE* also lange (a. l. *AfCcd* dat, *f. Cbe*) wente he ene vorvestet (*Eb* man in in dy ochte that), *Ca* v. then sii oen vervesten, *De* vorbas das her ienen vorveste. 15) a. h. v. st.] *f. AfBcghioδCc, Ac* a. h. v. bescreven st., *AdeDae* a. du hir vore wol gehort hefft, *AkBk* a. he h. v. gheleert hevet, *AhCadef* a. h. v. geleret is. 16) Scut — — numet wat is *im* §. 3] *f. Ca.* || Scut — vorbide di] *f. Cef.* 17) *Bacdghilmoδ fh.* tu alse hir vor geleret is unde, *Cg fh.* vint dich zo antwerdene unde. 18) *Af* an den richtere. 19) u. v. di] *Ag* u. buet di vor, *Bbcdegoδ-Ea* u. irbuth dich, *Bi* u. bide di up, *AfqCcd* u. but din antworde; *f. AdehBkDa.* 20) u. u.] *Richtig nach II.* 8, *BE* to unrechte, *Cb* u. unrechte sculde. 21) u. d. t. j.] *Ab* u. j. d. t., *AfBbCcdf* d. t., *Aag* uniegenwardich d. t.

denne also, herre her richter woltir N wort horen, so stet hy N vnde klaget gote vnde uch, das ym N entretin adir entfuret syn pfert adir entragen synes geldes zcen marg ader syne kleidere, vnde orteilet en also lange bys das er en voruest. Geschit 2.
dir denne dys, so tu als hy vor geleret ist, vnde zcuch dich vz der vestunge vnd kum vor als hyr vor gelerit ist vnde irbut dich. Kumpt denne yenre vnde beschuldiget dich vmme slechte schult, so frage, nach dem das her dich zcu vnrechte beschuldiget hat, vnde nicht zcu der antwerte keynwertig mochtest gesyn, vnde her nu des vnrechten nicht en klaget des her dich

werest,[22] unde he nu des ungerichtes[23] nicht en clage,[24] oft he di tu rechte icht scole bute geven. Dat vintme.[25]

§. 3. Sprikt he aver: her richter ic clage iu[26] als ic io dede,[27] dat he mi dat mine dufliken untvurt heft unde numet wat it si, so sprik:[28] her richter ic vorstal em des nicht,[29] he antwerdet mi ut[30] sinen weren mit [31]willen unde leget[32] mi.[33] So sprikt denne jene he sis unschuldich,[34] unde hes icht neger tu untgande si.[35] So vrage dat wedder,

---

22) *Bdeghopδ* mochtist gesien, *Bcl* mochtist komen, *Bak fh.* off m. gesien, *Bem fh.* des he dik to teth. 23) d. u.] *Bbdeghoδ* das unrecht. 24) he — clage] *Adek* nu (*Ad* ny) mit unrechte (*Ae* des ungerichts) beklaghedest, *Ah* di onrechte beclagede, *Ag* du — clagest; *Cc* du des u. n. e. wistest; *Eb* er nu der unrechten clage swigit. *Baghilopδ fh.* des her dich (*Bl fh.* vor, *Bpδ fh.* do) czeich. 25) oft — vintme] *AfqC* wat sin (ere) broke si. S. v. he sculle di (si solen ene *oder* dem cleger) boten u. dem richtere wedden. — *Be fh.* her sal dem cleger bussen u. dem richter wetten. 26) *AfhBcghioδCcef* noch. 27) i. i. d.] *AfCcd* i. er dede, *Aeg* i. do d., *De* i. vore d., *Bcdmδ* i. er vorgeclaget hebbe, *Baegho* i. vorclagede, *Bi* i. erclagede, *Bk* to voren. 28) s. s.] *Ca* komet dan die gene voir ende spreket. *Babdeghikoδ fh.* da wider; *AfBc fh.* der antwortter. 29) d. n.] *Af* de haue nü, *Ah* d. nü mer, *Cc* d. sines ny, *De* daz syne nywerlde. *Über den Fehler in Bs vgl. oben S.* 59. 30) *Babdghimoδ fh.* siner walt unde ut; *Bk fh.* sinem huse eder ut. 31) *AhBc fh.* gutem. 32) *d. i. lieh es,* leich ys, lendet, lenede id, legede dat, lehe das, *Ab* litet, *Bm* leth dat. 33) he — mi] *AfqBeC* he leghet mi (*Caef* se leenden my dat) mit gudeme willen. 34) h. s. u.] *BEa* ys en si also nicht, *Ca* dat sii oen des nyet geleent en hebben. — *AfCbcd fh.* u. vrage, *AhCaef fh.* u. vragen (*AhCe* bidden) eenes rechten. 35) hes — si] *B* du ene mit rechte dat machst over-

---

zceich, ab her dir icht darvmme zcu rechte sulle buze gebin.

3. Das vint man. Spricht her abir, herre her richter ich klage noch als ich vor klagete, das her mir myn gut duplich entfurte, vnd nennet was ys si gewest, so spreche her da wider, herre her richter, ich vorstal ys ym ny, wenne her antwerte mirs vz syner gewalt vnd vz synen geweren mit willen vnde leich ys mir. Spricht denne yenre, ys en si also nicht, ab du en icht macht mit rechte obirzcugen, so frage dawider, nach dem das du ys

na deme dat dus bedderve lude tu tuge hefst, den it witlik si dat het di lech, unde [36]he, wol wiste dat dut haddest unde[37] unvorholen hildest, oft tu des icht neger tu betugende sist.[38] Dat vintme.[39] Sprikt denne jene: ic §. 4.
haddet iu gelegen up enen[40] dach, darna vorde git stolinge[41] enwech na slapender diet,[42] unde bidde ens rechtes, oft git do icht stelen[43] don git stolinge[44] wech vor-

tügen, *Cef* sey des icht unschuldig werden mogen. D. v., *Ca* sy oen des onsculdigen moegen. Dat viint men sie mogen. *AfCb fh.* wen is ome de antwerdere (*Cb* ienne) overthogande. 36) h. w. w.] *B* si es wol wusten (*Bdδ* wissen). ***Diese Lesart, wonach die Zeugen gradezu das unverholne Halten des Bekl. bekunden, mufs doch wohl, weil sie aufser der Classe B nicht vorkommt, und weil sie unnöthig das*** den it witlik si ***wiederholt, hinter der des Textes zurückstehen, wonach die Zeugen über das Wissen des Klägers um jenes Halten aussagen.*** || he — haddest u.] *f. AfqC.* 37) h. u.] *f. Badeghikoδ.* 38) t. b. s.] ***BbdeghilmopδEb*** t. b. (*Bip* behalden, *Bδ* entgende, *Bm* weren) s. wen he di (*Bmp fh.* czu oberwinden, *BdhiloEb fh.* overwinnen moge, *Bbδ fh.* overtotugende). — *Ea fh.* wenn er mich mit geczuge dube ansprechen moge. 39) *BCabdfEa fh.* du sist is neger (i. n. f. *Cabdf*; *Bdpδ fh.* czu beweisen, *Ea fh.* dich czu weren). 40) u. e.] *AeqBabcegikoCbcde* wente (bis) uppe den (*Aq fh.* sunderliken), *Bdmpδ* wente up de tiit edder wente up den, *AfCa* tent u. e. bescheidenen dach. 41) *AfCc* stelende, *AhCbef* stilleken, *Ca* stille, *CdDa* stille swigene, *Ag* vorholingen, *Bacik* deffliken, *Bbcdghopδ* duplichen und vorstolen (*Bbco* vorhalen). 42) n. s. d.] *f. AqCabdef*, *Blodδ* bi sl. diet (dijt), *Ah* nachtslapender daet, *Bik* nachtslapender tijt, *Aac* to sl. tiit, *De* n. s. zeit, *AfBadeghmCc* bi (*Ba* binnen) sl. tid, *Bc* pey nechtlicher zeit. *Ea fh.* u. by berochenem fure, *Eb fh.* u. bey beslossener tor. 43) git — stelen] *BacdeghioδE* das icht vorstolen (*E* eine dube) si. 44) *Ag* stelinge,

bidirbe lute gehabin macht, den ys wiszlich ist das her dirs leich, vnde si ys wol wusten das du ys vnuorholen hast gehalden, ab du ys icht ner zcu gezcugen syst wenne her dichs. So vint man du siest ys ner. Spricht denne yenre, ich hatte ys uch gelegin 4.
bys vf den tag, darnach furte her ys dublich hin weg vnde vorholen by slafener dyet, vnd bitte eynes rechtin ,ab ys icht vorstolen si, do hers heymelich hin weg furte ane myne wissen-

den. Dar vrag jegen, na deme dat dut tum irsten unduflike[45] ut sinen weren unde[46] mit sinem willen brachtest, oftu ienege not dar umme tu rechte liden dorvest, dat dut tu dem benomeden dache nicht wedder ne brachtest.[47] So vintme du ne dorvest.[48] [49]Vintme di anders, hir nicht alleine mer in allen ordelen de ic di gesecht hebbe,[50] so scelt de ordel vrileken unde do also ic di nu negest lere.[51]

Af stelende, *AhqBkCbef* stilleken, *Ca* stille, *Cd* stille swigene, *BcCc* helinghes, *Dae* heimlich, *B* heimelik ane mine witscop. 45) t. i. u.] *f. AfC*, *Bdmδ* unvorholen, *Babeghilo* unvorstolen, *Bp* unvorholen u. unvorstolen. 46) *f. AafCac*. 47) dat — — brachtest] *f. AfqBeC*. || w. n. b.] *Bδ* vullenbrochtist. 48) So — d.] *f. Cc*. 49) Vintme — *Ende*] *f. AqCbdefgi*; *Cah* Want wat een man myt wil jn synen goede verhenget, dair en mach hie nyemants stelen an tyen. 50) Vintme di anders — g. hebbe] *Da* V. man a. dir hie — g. h., *Ab fh*. It (Item?) *vor* vintme *und* anders *f.*; *Aac haben* anders *nach* hebbe, *Af* V. d. a. icht dan alz ik vore g. h. in al mynen vorreden eder ordelen, *Ag* V. d. a. dan ik di hir g. h., *Adeh* So (*f. Ade*) v. d. a. icht mer allene dat ik dyk hire u. in a. o. g. h., *BEa* Wete dat me dik des nicht anders en vint hy alleine — g. h. (hy — g. h., *Bm* v. d. a. in a. o.), *Cc* Dat v. d. a. nicht in a. o. wenne also ik vore g. h. dat ik di g. h., *Eb* Das wisse, dass man dirs andirs nicht in vint nicht noch unseren magdeburgischin rechte, sundir in allen rechten do man vint (*l.* mit) urteiln richtit, also ich dyr gesagit habe. — *BE fh*. Vint man dirs icht andirs. 51) ic — l.] *Acf-Bacdghioδ* ich — leren wil, *Bd* wy — l. willen.

---

schaft, da frage keyn, nach dem das du ys zcu dem ersten vnvorstolen vnde mit syme willen vz synen geweren brachtist, ab du darvmme keyne not liden dorfest, sint du ys zcu dem benumetin tage nicht en brachtist. So vint man du en dorfest. Wisse das man dirs nicht andirs vint hy alleyne, sunder yn allen orteilen dy ich dir gesait habe, vint man dirs icht andirs, so schilt ys vrilichen vnde tu als ich dich hynach leren wil.

Capitel 48. (*f. S.*)*

§. 1. ***Wer um ein Urtheil gefragt es nicht finden will, weddet** (**I.** 53 §. 1), **es sei dann, daſs die Frage Leib Leben Ehre eines ihm in Treue verbundenen betrifft II.** 12 §. 1. §. 2. **Schwört er aber und eben so jeder nach ihm gefragte, er könne es nicht finden, so wird auf des Letzten Antrag das Urtheil vertagt II.** 12 §. 7 **und die Urtheilsfrage aufgeschrieben.** §. 3. **Über das eingebrachte Urtheil geschieht Umfrage, und wenn ein abweichendes gefunden wird, eine Abstimmung, wobei der in der Minderheit bleibende nichts büſst II.** 12 §. 10.*

§. 3. *Planck Bewf.* 292.

Wo me ordele manen scal. [1]Swen de richter §. 1.
enen enes ordels vraget um ene sake[2] unde vint hes nicht, so bidde den richter, dat he em[3] umme dat ordel mane. Wen he so dries gemanet is unde wil hes nicht vinden, so vrage wat sin broke si. So vintme sin gewedde. Is aver de, up den din ordel geit, din here odder mach[4] odder man,[5] so vrag oft tu up desser welk dorvest ordel vinden. So vintme du ne dorvest, oft it an eren[6] lif ere odder sunt ga. Secht he aver, he ne kones nicht vin- §. 2.

---

* *f. Caefgh*; *f. AfqCc bis* git (*Note* 20). 1) Swen — nicht] 48.
Eb Eyn ortel ist eyns itczlichin richters entscheidunge do man einen mete bint adir lozt. Als dem r. eynis orteils gefrogit wirt, u. is der r. eyme scheppfin zcu teilin gibit. 2) u. e. s.] ***Aeh-BkCblDe*** u. dine s., ***Bm*** unde e. s. anspreke. 3) ***Cbdl*** den he is gevraget heft; *f.* ***BbchoD***. 4) ***BghDa*** frunt, ***Bae*** frunt adir m. 5) ***Bk fh.*** dei dat ordel vinden solde. 6) a. e.] ***Bcghio*** irme keyme an den, ***BD*** der keinem an sinen.

---

48. Von volbort zcu sprechene. Wenne der richter 1.
eynen eyns orteils fraget vmme eyne sache vnde en vint ys yenre nicht, so bitte den richter das her vmme das orteil mane. Wenne her denne also driens gemanet ist vnde en wil hers denne nicht vinden, so frage was syn bruche si. So vint man syn gewette. Ist er aber vf den das orteil get dyn herre ader dyn mag ader dyn man, so frage, ab du obir den keyn orteil finden dorfest, ab ys ir keyme an den lip adir an syne ere adir an synen gesunt ge. Saget her aber her en kunnes nicht vinden, so frage 2.

den, so vrag wo he dat bewisen scole. So vintme[7] up den hilgen. So vrages de richter al umme.[8] Wen[9] se alle gesworen hebben[10] up den lesten,[11] so[12] vrage, na deme dat hes oc nicht en wete, oft mes em icht wen tume negesten utgelegeden dinge dach geven scole, dat hes sic bevragen[13] moge. Dat vintme. So rad ik dat du de ordel[14] scriven latest, dat it de richter unde twe
§. 3. dingplichten horen.[15] Wen he dat ordel[16] inbringet,[17] so vrage de richter:[18] wil[19] git alle dat it recht si unde vulborde git.[20] [a]Dunket di denne nicht recht[21] so sprek: her richter, ik en vulbordes[22] nicht, wen dit dunket mi

---

7) *Ea fh.* mit czwen vingern. 8) a. u.] *Bk* den ummestender des gerichtes altomalen; *Bagho fh.* und umme. 9) *Einige* wente *oder* bis das. 10) *Einige fh.* wente *oder* bis. 11) d. l.] *Ah* eynen. 12) *AeghBehkoδCdEa* der. 13) *Bc* erforschen, *Bn* bewaren, *Cd* ervaren u. bewaren. 14) d. o.] *Cdl* din recht. 15) scriven — h.] *Cbdl* bescrivest vor gerichte. Wert di en unrecht gevunden so do alse hir vore geleret (*Cd* vorscreven) is. 16) *AeghBeh fh.* wedir. 17) *AaBi setzen hier den Punkt.* 18) *Babdeghimoδ fh.* gi heren. 19) *AeBabcdehioδDae* volget, *AgkBk* volge, *Ea* volbort. 20) v. g.] *BEa* vulkomen. || Wen — git] *f. Cbdl.* *a*) *AqCbcl haben ein neues Cap.*; *Aq unter:* Van ordelen to vinden, *Cc unter:* We des ordels nicht en vulbordet de vinde eyn ander, *Cbl unter:* Oft men ordel vint u. des men nicht vulbordet. 21) Dunket — r.] *AfqCbcdl* Vintmen (*Cd* Schelt man) dy eyn ordel vor gerichte dar di an missedunket. 22) *Bc* volg sein, *Bk* vullekome des ordels.

---

wy her das bewisen sulle. So vint man vf den heiligen. So frage si der richter al vmme vnd vmme, bys das si alle gesworin habin bys an den lecztin; der frage, nach dem das her ys nicht en wisse, ab man ym icht tag sulle gebin bys zcu dem nesten vzgelegetin dinge, das her sich befragen moge. Das vint man. So rate ich, das du das orteil beschribin lasest, das ys der rich-
3. ter vnd zcwene dingpflichten horen. Wenne her denne das orteil yn brenget, so frag der richter, ir herren, volget ir ys alle das dys orteil recht si vnde volkomyn. Dunket ys denne dich nicht recht, so sprich herre her richter, ich en volbordes nicht, wenne dys dunket mich rechter, vnd sage denne dyn orteil, vnde

rechter,[23] unde sprek den dat di recht dunket.[24] So vrage de richter, wat he nu dar tu dun scole.[25] So vintme, de richter scole den dingplichten biden, dat malk spreke, mit welkeme ordel hes hebbe.[26] We den de merer volge[27] heft, de behalt dat ordel. Vraget denne de richter odder de dat ordel behalt, wat jenes broke si[28] de de vulbort vorsprak,[29] so vintme he si ane broke.[30]

Capitel 49. (*S.* 41, *von* §. 7 *an S.* 42.)*

§. 1. ***Weise des Urtheilscheltens unter Königsbann II.*** 12 §. 13. §. 2. ***Der nicht ebenbürtige Scheltende II.*** 12 §. 2 ***büfst*** 30 ***ßl. III.*** 45 §. 1 ***und weddet (I.*** 53 §. 1) 60 ***ßl. III.*** 64 §. 4. §. 3. ***Der Scheltende findet auf dem Stuhle des Schöffen II.*** 12 §. 13, ***III.*** 69 §. 3 ***ein ander Urtheil und zieht sich an den Oberhof II.***

23) dit d. m. rechter] ***Bk*** it d. m. unrecht, ***BmDe*** ez en d. m. nicht recht syn, ***AdehkBiCb*** *fh.* sin, ***Be*** *fh.* u. besser sin. 24) dat d. r. d.] ***Ack*** d. d. rechter r., ***AfCbcdl*** dl. d. gut d., ***Bk*** also, dit d. my recht u. beter syn, ***Beg*** din orteil, ***Babdhimoδ*** din orteil u. sprich das d. mi recht u. beter syn. 25) wat — scole] ***AfqCbcdl*** und de dincplichten welker ordel se vulborden, (***Cd*** gestein, ***Cb*** *fh.* scolen). 26) h. h.] ***Bk*** h. halde, ***Ag*** se es halden. || mit — h.] ***Adehk*** welker ordel dat rechte zy. || So — h.] *f.* ***AfCbcd.*** 27) m. v.] ***Baceghiloy*** grosser v., ***Bpδ*** meyste gemeine (menye), ***E*** grosse menie, ***Ah*** mereren meyne an volgende, ***Bdmn*** meiste mennige an der volge (***Bm*** volginge), ***Bk*** m. meyninge van volke. 28) ***Cd*** *fh.* noch des gerichtes lofte deme dat orteil entfallen is unde. 29) d. d. v. v.] *f.* ***BadeghipΔ.*** 30) s. a. b.] ***E*** bleip an wandel. || he — br.] ***Dc*** es sey auch ain pruch.

* ***AfCc schieben hier unter der Rubrik*** We nicht ordel schelden ne mach ***das Stück aus dem*** §. 7 Sculde — moghe ***ein, was aber auch dort bei ihnen wiederkehrt.*** 49.

sprich das dunket mich rechter vnde bessir syn. So frage der richter was her nu darzcu tun sulle. So vint man der richter sulle den dingpflichten gebiten, das eyn iczlicher sage mit welcheme orteile her ys habe. Wer denne dy grosern volge habe der behalte das orteil. Fraget denne der richter ader der das orteil behelt, was yenes bruche sy der dy vulbort vorsprach, so vint man her sy ane bruche.

12 §. 14. §. 4. *Dahin ziehen mit ihm und dem ersten Finder die Gerichtsboten nebst ihrem Gefolge II.* 12 §. 4. §. 5. *Die Kosten trägt der Unterliegende, wofür Sicherheit zu leisten ist, vgl. II.* 12 §. 5; *sobald der König ins Land kommt, ist binnen* 6 *Wochen das Urtheil wieder einzubringen II.* 12 §. 4 *u. E.* § 6. *Inzwischen wird die Sache verfristet, mit Verbürgung falls sie peinlich ist II.* 5 §. 1 (*II.* 9 §. 3, *III.* 17 § ?) §. 7. *Das Schelten des Urtheils muſs geschehen, ehe ein anderes gefragt wird II.* 6 §. 1. *Wer gefangen ist und wer einen Kampf gelobt hat, durf nicht schelten II.* 12 §. 15.

Berliner Stadtb. 162. *Vemrechtsbuch bei Tross* 52, 53.

Wo men ordel scilt under koninges banne.

§. 1. [1]Vint me di unrechte[2] under koninges banne[3] so sprik: her richter, dat ordel dat de scepe[4] N gevunden heft[5] dat bescelde ic, [6]it is unrecht unde bidde ens ordels,[7] wer ic stande odder sittende en recht[8] vinden scole. So vintme, sittende scal met dun.[9] Darna vrage, up wes stul du sitten scalt. So vintme up des[10] die it[11] ordel

---

1) *AfqCbcdfglDe haben die Rubrik im Texte:* Wanne (*Cbl* Wor, *De* Wy) men richtet (*Cf* urdell schuldiget, *De* orteil schildet) u. k. b., *Bg* Der ordel schilt u. k. b. 2) *AfCbc* dare ein unrecht ordel, *AaCadeDe* ein u. ordel, *BadCg* u. ordel, *Cf* eynich urteil. ‖ V. m. d. u.| *Ea* Do man u. schilt odir strafit. 3) *Babdeghioyδ fh.* wo das orteil gescholden (*Bi* gevunden) is. 4) *AacCa setzen den Plural.* 5) *Babdeghioyδ fh.* und nenne (*By* benieme) den (*Bi fh.* dat). 6) *AfBiCace fh.* wend. 7) *Bm fh.* oft ik icht moge en beter vinden. D. v. m. So vrage. 8) *BeδCe* rechter, *Bd* gerechters, *Cd* ander, *AqCbEb* ander ordel, *AfBkCc fh.* ordel. 9) s. s. m. d.| *Ca* hie sullet s. vinden, *Cbd-Ea* du scolest (*Ea* er sulle) sitten. 10) *Cd fh.* stole unde an der stad, *AfCcf fh.* stoell. 11) *Cf* dat eirste.

---

49. Wy man orteyl schilt vnder koniges banne.

1. Uint man dir vnrecht vnder koniges banne, wo das orteil geschulden ist, so sprich herre her richter, das orteil das der scheppher gefunden hat vnde nenne den das schelde ich, wen ys ist vnrecht, vnd bitte eynes rechtin, wider ich stende ader siczzcende eyn recht sulle vinden. So vint man her sulle ys siczzcende tun. So frage vf wes stule du siezen sullest. So vint man vf des der

vant. So vrag dar jegen,[12] oft ieman din ordel seelden mach, he ne si di evenbordich. So vintme he ne moge. [13]Is di de denne nicht evenbordich, so vrag wat sin broke[14] si. So vintme, he scole deme richter wedden unde jeme[15] sine bute geven. [16]So vrag wat sin wedde si. So vintme sestich scillinge. So vrag wat sine bute si. So vintme drittich scillinge.[17] Bistu aver em evenbordich, so vrag oft he di den stul icht rumen scole. Dat vintme. Also du di den gesettet hefst[18] so sprik:[19] her richter, dit is recht unde willit behalden[20] alse ic tu rechte[21] scal, unde tie des dar ic van rechte scal, unde bidde enes rechtes wor ic des tu rechte scal tien.[22] So §. 2. §. 3.

12) S. v. d. j.] *Caef* So vragen die scepen, *Bd* So v. der scheppe der den stul rewmen mus; *AfqCbc* Sprict aver iene de dit ordel vant, her richter ik vraghe enes rechtes. 13) Is — he scole] *AfCabce* Bistu ome denne nicht evenbordich so mostu. 14) s. b.] *Viele* s. bute, *Ab* din bute, *E* din wandel. 15) *Ba* deme scepen, *Eb* synen widirsachin, *Dae* ieneme der das urteil funden hat. 16) So — 30 sch.] *f. Cbd.* || So — 60 sch.] *f. Akq-Ea. Cc ist hier verdorben.* 17) u. jeme — sc.] *Caef* LX sch. ende den schepen des ordel du scholdes XXX sch. to boeten geven. 18) Also — hefst] *f. Caef*; *Ak* A. d. dan gesat bist, *Cb* Wenne he denne di ghesad heft, *BdmdE* A. d. den dat ordel gesproken h., *Babghko* A. du denne gesait h. 19) *Cg fh.* du dine ordel und sprich na. 20) *Babdeghikmod* vulkomen. 21) a. i. t. r.] *AfCc* mit rechte wo ik. 22) *Caef* gaen. || unde — tien] *f. AfBdekCc.*

das orteil vant. So vrage darnach, ab keyner dyn orteil schelden moge her en si dir denne ebinbortig. So vint man her en moge. Ist dir denne der nicht ebinbortig, so frage was syne bruche syn. So vint man her sulle dem richtere wetten und yeme syne buze gebin. So frage was syne buze si. So vint man drisig schillinge. So frage was syne gewette si. So vint man sechzzcig schillinge. Bistu ym abir ebinbortig, so frage ab her dir den stul icht rumen sulle. Das vint man. Als du denne gesait hast so sprich, herre her richter das ist recht vnde wil ys volkomyn als ich zcu rechte sal, vnd wil mich zcyn wo ich michs zcu rechte zcyn sal, vnd bitte eyns rechtin wo ich michs zcu rechte zcyn 2. 3.

§. 4. vintme vor dat rike. So sprik: her richter ic bidde der boden unde bidde ens ordels, oft gi mi se icht scolen tu rechte mede geven, unde gi mi unde se[23] mit minem jegenere[24] icht becostegen scolen. Dat vintme. So vrage de richter, watterleie lude de boden scolen sin. So vintme scepenbare vrie lude. So vrag wo vele ir sin scolen. So vintme, [25]dat scal sin de dat ordel scalt unde de dat ordel vant,[26] unde[27] twene knechte unde[28] twene boden mit twen[29] ridenden knechten. [30]Desse alle scolen ok hebben twe [31]knechte tu vute.[32] So vrag wo men erer plegen scole. So vintme, den heren tu deme etende

23) gi m. u. se] *AfCc* beide m. u. s., *Badeghikoδ* darnach mich, *Eb* mich mit in u., *BcEa* darnach mich mit ine u. 24) *AfBdmnCef* wedersachen, widersacher, *Cd* keinpart, *Babeko* widersachen u. dy boten, *Bghiδ* wedersachen u. mit dem boten (*Bδ* myne w. mit den b.) czu rechte, *Cb* mine knechte. || m. m. j.] *f. CcDe.* 25) d. s. s.] *f. Ca.* || dat — boden] *AfqCc* de ordelvindere tvene. 26) scalt — vant] *AabhDa* vant, *Augsb. v.* 1516 vant unde sin yegener. 27) *Einige fh.* de scal hebben, *Adehk fh.* de schal eme — mede gheven. 28) t. k. u.] *Augsb. v.* 1516 t. rydene k. u., *Ea fh.* mit czwen pferden; *f. BkCabefl!* 29) *AfCbcef* vier! 30) Desse — hebben] *AfqC* unde. *Da nach Ssp. II.* 12 §. 4, *Lehnr.* 69 §. 6 *vier reitende und zwei Fufsknechte und acht Pferde den Zug mitmachen, so ist hier zu verstehen, dafs jede der beiden Parteien und jeder der beiden Boten einen gleich ihnen berittnen Knecht mit sich führt; alle zusammen noch 2 Fufsknechte.* 31) *Bg fh. a. R.* werhaftige. 32) *Bm* perde, *Bo* vor, *Bp* der noit, *Bn* noden, *BadeghEa* noten, *Bδ* not, *Eb* nütten.

4. sulle. So vint man vor das riche. So spreche her, her richter ich bitte der boten, vnde bitte ouch vort eynes orteiles, ab ir mir si icht zcu rechte gebin sullit vnd darnach mich mit myme widersachen vnde dy boten icht zcu rechte sullet bekostigen. Das vint man. So frage der richter welchirley lute dise boten syn sullen. So vint man schepphinbare vrie lute. So frage wy vil ir syn sullen, so vint man ys sal syn der der das orteil vant vnd der ys schalt, vnd zcwene knechte vnde zcwene boten mit zcwen ritenden knechtin. Dyse alle sullen ouch habin zcwene knechte zcu vor. So frage wy man ir phlegin sulle. So vint man, man sulle dem herren gebin zcu dem essene dry gerichte

dre [33]tideche richte unde den knechten twei unde iewelkemen heren enen guden[34] beker wines,[35] brodes unde bires genuch, unde iewelkeme perde vif garven[36] under dach unde nacht.[37] So vrag we dit[38] gelden scole. So §. 5.
vintme de it ordel vorlust. So vrag wat wisheit[39] du dar vor hebben scolest.[40] So vintme, se scolen pant setten dat wisse noch si van guden luden,[41] odder dun[42] sul-

---

33) *AfCcd* gude, *Eb* tegeliche, *Ea* tegeliche unde czytliche, *f. AkBcdghikoδCbef* || t. r.] *Ae* gerichte de des daghes tydich sin. 34) *f. AdefhkqBCDE.* 35) b. w.] *Dae* napf w. — *Bdmδ fh.* to dem eten, *Andre fh.* u. darczu. 36) *Da* haber garben, *De* g. havern, *Ea* g. adir also viel habern als fumf gute garbin machin. 37) u. d. u. n.] *Baeghioδ* czu dem t. u. czu der n., *AhBdmkpδEb fh.* edder alse vele dorschenes voders (*Eb* haffers u. die acht pfert sullin sein voren beslagen; *AhBk fh.* alse sik vor dey garven bort); *Caef fh.* edder a. v. gedoerst kaerns als sich dair voir geboert. Der perde sullen achte siin die sall men voir beslaen; *Cg fh.* e. a. v. gedreschens korns als daruss vallen mach; *Ea fh.* und die acht pfert sullin sein voren beslagen und hinden sullen sij barfuz sein. 38) *AfqBCabcdEb* de kost. 39) *Aeg* wyssent, *Cg* wisunge. 40) wat — sc.] *AfqCbcd* wor mede (wo) ment vorwissen scole. 41) se — luden] *So Aabc*; van g. l. *mufs bedeuten: nach dem Urtheil guter Leute*; *Caef* s. s. vorwyssen myt borgen effte myt panden de so gnd sy als de kost lopen mach na guder lude kore; *AfqCbcd* mit panden de gude noch sin (*AfCc fh.* also ho de kost lopen moghe na guder lude kore eder bederver borghere); *Bm* s. s. dat vorpanden dat so gut si alse hoch de koste lopen moge u. ghelden nach vromer lude achtinge unde rad; || dat — luden] *Eb* d. also gutt ist, als dy kost wirdig sie ader sie sullen burgen dar vur setczen, *AdehBDaeEa* dat (dey) also gut si als dy kost gelopen moge (*Bdghpδ fh.* und gegelden) na fromer (guder) lude kore (*Bc* rat; *Bδ fh.* u. rat, *BeEa fh.* und noch oreme rathe, *AdehDae fh.*

---

vnd den knechten zcwey, vnde jo dem herren eynen bechir wynes, vnde dar zcu brotes vnde bires genug vnde iczlichim pferde fvmf garben zcu dem tage vnde zcu der nacht. So frage wer dy kost 5.
gelden sulle. So vint man wer das orteil vorlust. So frage wase gewissenheit du davor habin sullest. So vint man, si sullen phant seczen das also gut si, als dy kost geloufen mag nach fromer

ven de kost. So vrage de it ordel bescilt,[43] wen [44]he sic erheven scole unde se de mede varen scolen.[45] So vintme,[46] wen se den koning erst voreschen[47] up sessescher art.[48] [49]So vrage de richtere wanne se scolen wederkomen. So vintme, binnen ses weken of se gevorderet werden.[50]

§. 6. So vrage de richter, watme dem cleger unde dem antwerder[51] dun scole. So vintme, is de klage borgerlik[52] so scalme se dagen, is se pinlik so scolen se[53] borgen setten, oft se nen erve[54] in deme gerichte hebben. [55]Heft he nenen borgen, [56]odder is he in der hantaf-

---

edder bederver (*Dae* frummen) borgen, *Badghi fh.* u. noch erme rate adir nach bedervir borgir.) 42) *Bi* gelden, *Bk* gilden und d., *BadeghδE* tragen, *Bbco* gelden u. tragen, *Da* geben. 43) *Andre* scalt, *Ea* strafte. 44) he — scole] *Bbdehikoδ Plural.* || he — varen] *Bm* si utthen. 45) unde — sc.] *f. AfBekoδCc*; *BcEa* u. sie (*Ea* gene) mit im, *Ba* mit en ander, *Bdghp* u. mit einander (*Bh* den andern) czihen, sullen; *Ah* op den wech und sey m. v. s. 46) *Begkoδ fh.* wo unde (ader). 47) ervreschen, irforschen, irvaren, *Dae* vernemen, *Bm* hebben mogen, *Bh* sehin her varen, *Bn* drepen. 48) s. a.] *BbkloDa* s. erden, *Af* zekerer (*a. R.* zassescher) a., *Ca* duytscher a., *Cf* eyn art. 49) So — werden] *f. Aabcg.* 50) *BabdeghikoδEa fh.* Dås hast du nun gancz (*Bdδ* allis). — *Statt* So — — — behalden *haben Cbd Stellen aus Cap.* 50 *von N.* 24 *bis* 42 *und von* 93 *bis* 99; *eben so Aq statt des Restes des Cap.* 51) *Caef fh.* de wile. 52) *Caef* slecht. 53) *Babdegikmoδ fh.* beide. 54) *Ea* eigen. 55) H. h. n. b.] *f. AdeCc. Af fh.* eder eyn hedde he nyn erve in deme gerichte. || Heft — behalden] *f. Bdmpδ.* 56) odder — dat] *Caef* weer dan di dat hantaftich.

---

lute rate vnde kore, adir si sullen dy kost gelden vnde tragen. So frage der der das orteil schalt, wenne si sich sullen irheben. So vint man, wo ader wenne si den konig erst irvarn vf sechsischer erden. So frage der richter, wenne si wider komyn sullen. So vint man, yn sechs wochen ab si gefordirt mogen werden.

6. Dys hastu nu gancz (*Citat*). So frage der richter, was man deme klagere vnde dem antwerter tun sulle. So vint, ys dy klage borgelich so sal man si tagen, is si aber pinlich so sullen sy beide burgen seczen, ab si keyn erbe yn dem gerichte habin. Hat her abir keynen burgen vnd ist her yn der hanthaften tat ge-

ten dat,[57] so scal en dat gerichte behalden.[58] [59]Sculde §. 7.
oc ein en ordel, [60]also darna eines anderen twischen[61] gevraget worde, so vrage, na deme dat hes nicht tu hant ne scalt,[62] oft het nu bescelden moge. So vintme he ne moge. Were he oc gevangen vor gerichte bracht, edder hedde he enen kamp gelovet,[63] so vrag oft disse[64] ordel mogen scelden. So vintme se ne mogen.[65] Wen du vor den koning kumpst, so do als ic di hir na lere.[66]

Capitel 50. (*S.* 41, 43.)*

§. 1. *In der Mark fällt beim Urtheilschelten das Bitten des Stuhles fort; jeder Unbescholtene kann Bote sein und der Zug geht*

---

57) *AaBabcehiko fh.* gefangen, *Af fh.* begrepen, *Bg fh.* gefundin. 58) *Caef fh.* thent (wente) sie mitten ordel weder komen. 59) *Den Rest haben Cabdefghk als neues Capitel unter: Cabh* Noch van ordel to schelden, *Ce* Wan nicht sch. en mach, *Cg* Wer keyn o. sch. mach, *Cfk* Van demselven. *Dagegen schieben Caefghk einen Theil des Cap.* 50, *N.* 24 *bis* §. 9 *incl. hier ein.* 60) a. d. e. a.] *Cb* van eynes anderen wegen de dar, *Co* a. d. alse e. a. ordeles dar en, *Ccc* wenne e. a. ordel dar en, *Ce* wan e. a., *Ae* also dat dar e. a., *Ag* wan si ander da en; *Badeghiklop* na deme dat ein ander ordel. 61) *BbdoDe fh.* deme, *Bp fh.* deme orthele. 62) *Ea fh.* uf stapfinden fuze. 63) e. k. g.] *BacdeghioyδEa* sich eynes kamphes (*Bey fh.* vor gerichte) vorlobet (*Bh* vorboret, *Eb* verpflicht). 64) *BbkoCacedef* her, *Badegδ* disser; *Babdeghko fh.* keyn, *Caef fh.* dyn. 65) s. n. m.] *Viele* her en moge. 66) Wen — lere] *f. AfC.*

* *Steht in Afq, aufser den Stücken die auch Cc aufgenommen, noch einmal vollständig, s. N.* 99 (*verglichen unter Aff*). 50.
Der Anfang bis gehegede ding *incl. im* §. 3 *f. Cacdef*; §. 1 *f. Cg.*

---

uangen, so sal en das gerichte behalden. Schulde ouch eyner 7.
eyn orteil, nachdem das eyn andir orteil zcwischen deme werde gefraget, so frage, nach deme das her ys nicht zcu hant en schalt, ab her ys nu darnach geschelden moge. So vint man her en moge. Wer her ouch geuangen vor gerichte bracht, adir hette her sich eynes kamphes vorlobit, so frage ab der keyn orteil geschelden moge. So vint man her en moge. Wenne du denne vor den konig komest so tu als ich dich hynach lere.

nicht sofort an den König, §. 2. *sondern in der Neumark zunächst zur Klinke, wohin der Richter, bei Verlust seines Gerichts ja in peinlichen Sachen seines Lebens* (*II.* 13 §. 8), *Unbescholtene als Boten, II.* 12 §. 4 Geschiet, *mitgeben mufs.* §. 3. *Sodann nacheinander zur Krepe, zur Linde und zu der Kammer in Tangermünde. Jedes neue Gericht giebt neue Boten und nimmt Sicherheit für die Kosten. Das Gericht selbst bildet die Boten an die Kammer. Hier finden ritterbürtige dem Markgrafen die Urtheile* (*gegen III.* 65 §. 1, *aber gemäfs der Gl. dazu*). §. 4. *Die durch das frühere Urtheil benachtheiligte Partei nimmt einen ritterbürtigen Vorsprecher* (*gegen I.* 61 §. 4). *Der Finder und der Scheltende geben ihre Urtheile an, und das begleitende Gericht bezeugt sie.* §. 5. *Der Ritterbürtige, welcher mit den übrigen Findern hinausgehen und das entscheidende Urtheil einbringen soll, bittet um Vertagung und um das Rechtsbuch.* §. 6. *Inzwischen wird nur der Richter zur Linden selbsiebente mit dem Finder und dem Scheltenden auf Kosten des Unterliegenden II.* 12 §. 5 *unterhalten.* §. 7. *Der, dem das eingebrachte Urtheil zuwider ist, fordert, dafs man aus dem Buche ihm die Rechtmäfsigkeit beweise, oder ihm gönne die Unrechtmäfsigkeit zu beweisen. Er kann, wenn er jenen Beweis als geführt anerkennt, das Urtheil nicht weiter schelten* (*II.* 6 §. 4), *mufs wedden III.* 64 §. 7, *büfsen III.* 45 §§. 1, 4, 6, *und Kosten zahlen II.* 12 §. 5. §. 8. *Beim weitern Schelten geht der Zug an das Reich II.* 12 §. 4. *Wer hier oder auch schon früher unterliegt, weddet und ersetzt die Kosten allen Richtern, in deren Gerichten er das Urtheil schalt, und büfst den Findern II.* 12 §. 5. §. 9. *Ein Sachse mag, mit Berufung auf sein Landesrecht III.* 33 §. 2, *noch des Reiches Urtheil schelten und dasselbe auf siebenfachen*

Cb giebt in seinem Cap. 41: von ordele to scheldende *nur folgenden Auszug:* We en ordel schilt in der nyen marke de mot des ten to der klinken to brandenburch. Vint men di dár aver eyn unrecht, so te des vor de treppen an de alden marke. Darna te des to der linden. Scilt he it dar, men wiset one to der hogesten dincstat, dat is de kamere des kemerers tho anghermunde. To lesten tut he is vor den koningh. Ein iowelk richter sent sinen boden dare, wer dar vorlust de mot ghelden alle de koste unde iowelken richtere wedden unde deme sakewolden boten.

Zweikampf ziehen I. 18 §. 3, *II.* 12 §. 8. §. 10. *Wegen des von einem Schwaben gefundenen Urtheils mag ein Sachse ihn zum Kampfe fordern* (*II.* 12 §. 12, *I.* 18 §. 1 ?); *des Wenden Urtheil braucht er in der Regel nicht zu leiden III.* 70 §§. 1, 2. §. 11. *Der, dessen Urtheil gescholten wird, bleibt ohne Nachtheil wenn er schwört, er habe es nach seinem besten Wissen gefunden II.* 12 §. 9. *Doch kann er ohne Willen dessen, dem es günstig, davon nicht ablassen II.* 12 §. 14 *a. E.*

Berliner Stadtb. 163—166.

Wo men ordel scilt in der marke. [1]Scilstu en ordel in der[2] marke, so du als hir vor geleret is, mer des, dat du nicht dorvest des stules bidden, unde des dat en islik bedderve man mach bode sin,[2a] unde oc des dat we it scilt[3] nicht darf tu hant vor den koning tien, wenme tüt is in eine hogere dingstat.[4] §. 1.
[a]We in der nien[4a] marke en ordel scilt, unde biddet ens rechtes war hes tien scole, so vintme tur klinken[5] bi brandenborch. So bidde der boden unde ens rechtes, oft men se mit di §. 2.

1) S. e. o.] *AefBk* Wanneer men o. sceldet. *BoDe wiederholen die Rubrik im Anfange des Textes.* 2) *Aq fh.* nien. 2*a*) b. s.] *Ea* were s., *Aq* en ordel vinden. 3) w. i. sc.] *So Ab über dem ausgestrichenen* me hir scilt. *B* eyn islik (*Bm fh.* vrome) man mach wol ordel schelden u., *Bc* ein itlicher s., *Adefhk* man; *Aacg* dat me hir scilt dat me, *De* man des orteiles das man da schildet. 4) h. d.] *Af* andere d., *Ea fh.* und diz selbe solt du auch vornemen in fronrechte; *Eb fh.* also ist is ouch in wigbilde recht. *a*) *Ce hat ein neues Cap. unter:* Wo men in der nuwen mark ordel schilt u. dar zeen sal. 4*a*) *f. De.* 5) *Bc* linden, *Ba* gelincken.

50. Wy man orteil schilt yn der marke. Wy man orteil schilt yn der marke. Schildestu eyn orteil yn der marke, so tu als hy vor gesaget ist, sunder das du des stules nicht en darfest bitten, vnd ouch des das eyn iczlich biderbe man wol mag bote syn, vnd ouch das eyn iczlicher wol schelden mag eyn orteil vnd endarf zcu hant nicht vor den konig zcyn, wen man zcut ys zcu hocher dingstat. 1.
Wer denne yn der nuwen marke eyn orteil schilt vnd bittet eyns rechten orteils, wo her sichs hen zcyn sulle, so vint man zcu der klinken by brandenburg. So sprich herre her richter, ich bitte der boten vnd 2.

senden sole.[6] Dat vintme. So vrag watterleie lude se sin scolen. So vintme, vulkomene lude in erme rechte. Weigert di des de richter,[7] dat clage sime richter,[8] de scal em biden dat het du. En deit he denne des nicht, so vordeilet men em sin richte, unde richtede he vort[9]
§. 3. in pinliker clage, it ginge em an den hals. Kumpstu tur klinken, vintme di den noch unrecht, so du als er,[10] so wiset man di tur krepen[11] in der alden marke. Van denne wisetme di tur linden.[12] Scilt[12a] met dar ok, so bidde der boden unde ties war dus van rechte tien scalt. So vintme di in de hogeste dingstat, dat is in des kemereres kamere,[13] dat is tu tangermünde.[14] [15]Itlikes rich-

---

6) oft — scole] *Ea* ab ir mir sij icht czu rechte gebin sullit; *Af* wat lude men mede zenden zole. 7) *Dae fh.* das er des nicht volgen wolte. 8) *AfBaceghmδ* overn r., *AdehkBbdikoDae* oversten r., *Ea* ubern herren. 9) *Ak* wat, *Bi* darover, *Ea* dornoch. 10) *Af* du er dedes, *Bdδ* du (*Bdδ* hij) vore gelart bist (*Bdδ* ist). 11) *Bck* krippen, *AeBdmoδ* treppen, *Be* alden treppen, *Aq* trappen, *Af* erpe, *Bn* treppynn, *Ea* klempan, *Eb* krempow, *Da* stepinder markte; *Bbk fh.* an dy treppe (trappe). *In Bgh fehlt der Satz von* krepen *bis* tur. 11*a*) *f. De.* 12) *Aa hat darüber* by wetle (*oder* welle). 12*a*) *Ahk* Seget. 13) k. k.] *Aa* rykes k. k., *AqBbik* konigis k., *Bc* kaisers k., *Ea* rykes k. k. odir kempnate. 14) *AdefghkBacdghkpδDe* angermünde, *Bp fh.* uf der owe. 15) Itlikes — Vor dem] *Bm* Dar is dat ende, so wenne. ‖ Itl. — kert] *Bc* Do vindestu eines itlichen richters stat,

---

bitte eyns orteils, ab ir si icht mit mir senden sullet. Das vint man. So frage welcherley lute das syn sullen. So vint man volkomene lute an irme rechte. Wegirt dir aber des der richter, so klages syme obirsten richter, der sal ys ym gebiten das her ys tu, vnd en tete her ys nicht, so orteilt man ym syn gerichte, vnde richtet her vort yn pinlicher klage
3. ys get ym an den hals. Kumestu aber zcu der klinken vnd vindet man dir dennach vnrecht, so tu als vor. So wiset man dich zcu der treppen yn dy alde marke, von der wiset man dich zcu der linden. Schilt man ys denne da ouch, so bitte der boten vnd zcuch dichs da du dichs zcu rechte zcyn salt. So vint man dir yn dy hoeste dingstat, das ist yn des kemerers kameren, das ist zcu tangermunde. Da keret man eyns iczlichen

tes boden unde kost[16] kert dar dut anderwerve seilst.[17] Vor deme dut denne seilst,[18] de nimpt[19] wisheit[20] unde dut vort[21] boden unde kost.[22] So vrage we de bode seole sin. So vintme [23]it gehegede ding. [24]Wan du denne dar[25] kumpst, [26]so heget de marggreve odder de dar sit[27] in siner stede ein ding. So vrage mit weme

---

Ac Itl. — teret, *AqBubdeghiklopδDaEa* Da (Das) keret (*Bo* keret man, *Aq* endet, *BilDae* wendet, *Baegh* k. u. wendet, *Ea* k. und endet sich, *Bdpδ* wendet u. nympt ein ende) eines i. richters b. u. k. (*Bbk fh.* wider); *Eb* Da wenden eins rechten richters boten. 16) u. k.] *f. AbEa.* 17) d. d. a. s.] *Aa* wente vor den du yt ordel vorbat scheldest, *Af* d. d. antwordes s., *Ah* d. deyt antworde s., *Ak* dat dat du et antworden salt, *AqBEa* So schilt es denne anderweit; *f. Ag.* 18) Vor — seilst] *f. Aa, Ac* wente vor, *Bh* Wor d. d. s., *Af* de zolve. 19) d. n.] *AaDa* d. richter n., *Bm* dar nimm, *BabcdeghikoE* dy nym denne. || Vor — nimpt] *Ak* vor deme de dy nympt. 20) *Adeghk* wissent, wissende, *BaDa* wissenheit, *De* gewisset, *Bd* der wissenschaft, *Ea* žcu wissene, *Bi* tu getuge, *Babcdeghklod* zcu wissene (*Bk* gewijsen, *Bδ* wyssentschaft) und zcu gezcuge. 21) u. d. v.] *Aac* vor, *BabcikoEa* u. d. vor den, *Bδ* u. das tu vor den, *Bm* u. bidde der, *Da* u. gibt fürbas. 22) u. k.] *Bo* u. ouch umme die k., *f. BadeghipδEb.* 23) i. g. d.] *Dae* volkomelich lute an irem rechten. 24) Wan — — dun] *AfC* (*Vgl. Cap.* 49 *N.* 50, 59) Hevestu dat ordel geschulden (H. d. o. g. *f. AfCbcd*), wen gy dan vor den koning (*AfCbcd* dat rike) komet, so biddet iu ein ding hegen umme ein beschulden ordel. Wenne dat geschüt so bidde umme einen vorspreken. 25) *E fh.* czu tangermunde. 26) so — ding] *Bae* so sal ez der marggreve thun, ab her dar ist odir der an syne stad ist das her eyn ding hege. 27) o. d. d. s.] *Bd* o. d. d. stat; *Ade* o. we dar kumpt de zittet dar, *Bbgo* ab der da ist o. d. d. ist.

---

richters kost vnd boten. So schilt ys denne anderweide; vor den du ys denne schildest dy nym denne zcu wissene vnde zcu gezcuge, vnde tu ys vor den boten vnde ouch vmme dy kost. So frage wer dy boten denne syn sullen. So vint man das gehegete ding. Wenne du denne dar kumest, so sal der marggreue ab der dar ist adir der dar ist an syner stat eyn ding hegin. So frage her denne mit weme her dingen sulle. So vint man

he dat dingen scole, so vintme mit vulkomen[28] luden an
§. 4. herscilde. So bidde einen achtbaren man[29] de din wort spreke,[30] en ander mut des nicht dun. De spreke: her richter, hir steit N unde biddet dorch god unde dor recht, dat gi[31] willen horen um ein[32] ordel, dat eme dar gevunden wart tu unrechte, deme he mit rechte wedderston hoft,[33] unde biddet ens ordels, wo[34] dat tu rechte vinden unde scelden[35] scole.[36] So vintme, de dat ordel vant de scal secgen[37] wo he gevraget worden unde wo het vant; de it scalt de scal secgen wo het scalt unde wat he[38] vor en rechter[39] vant. Disses scolen se beide

---

28) *Badem* vromen, *Bbghoδ* v. fromen. 29) a. m.] *AkBk* erbaren m., *Bm* vromen m., *Bc* volkummen m., *Bd* a. wolgebornen m., *Babeghikmnoδ* a. (*Eb* erbaren) m. de dar wolgeboren si, *Ea* manz der erwar ist u. der ouch wolgeborn ist. 30) *Badghioδ fh.* wenne (*Bi* und) das wisse das. 31) dorch g. u. d. r. dat gi] *Ae* dat gij d. g. dat recht, *AfCc* d. g. u. d. oren. 32) *Caef fh.* bescholden. || recht — um ein] *Cb* richtes willen u. e. 33) w. h.] *De* widerstende ist, *Babdeghimoδ fh.* u. noch wil. 34) *Bdgi* we iu, *Bäehδ* w. uch nu, *Bc* w. auch, *Bm* wo he, *Bk* wo men nu. 35) we — scelden] *Aac* we iu des berichten, *Cb* wen gy dat vinden unde dat scelden to rechte secghen. || u. sc.] *f. Bgo.* 36) we — scole] *AdfCacdeDae* we iuk (*Cd* ok, *Caf* nu, *Ad* my) dat vindent unde (*Da* oder das) scheldent (*Ca* dat gescholden ordel) to rechte scull e secghen (*Ad* don, *Dae* offinbaren. 37) d. s. s.] *Bc* den sol man fragen. 38) w. h.] *Ak* wu het. 39) v. e. r.] *AackBe* v. e. recht, *AfCbc* v. recht, *Ea* v. e. recht urteil, *Bd* do weder, *Bc* v. e. recht wider, *Bimpδ* dar (*Bm* do weder) vor gerichte, *Babghmo* vor gerichte v. e. recht.

---

4. mit volkomenen fromyn luten an dem herschilde. So bitte eynen achtberen man der da wol geboren si das her dyn wort spreche; wenne wisse das, das ys eyn ander nicht getvn en mag. So spreche her denne, herre her richter hy stet N vnde bittet das ir durch got vnd durch des rechtin wille horet eyn orteil das ym zcu vnrechte gefunden ist, dem her mit rechte widerstanden hat vnde noch wil, vndc bittet eynes orteils, wer uch das nu zcu rechte vinden sulle. So vint man, der das orteil vant der sal sagen wy her ys wart gefraget vnd wy her ys vant, der ys schalt der sal sagen wy her ys schalt vnd was her da

tien an gehegede ding.[40] [41]Wenne is dat bekennet, §. 5.
[42]so spreke de richter tu einem vulkomen manne an deme herscilde: N ic bidde iu[43] bi iuwer huldeginge,[44] dat gi utgan[45] mit al den de hir sin unde bringen wedder in,[46] welk ordel under dessen twen dat rechteste[47] si. [48]So bidde jene dages[49] wen tume anderen middage,[50] unde des rechtbukes[51] ut der kameren[52] oft ses bederven.[53] Dat scalme em bi plichte dun. So vrage he, §. 6.

40) a. g. d.] *Badeo* vor daz g. d., *Aa* an de g. bank, *Bc* für das gericht in gehegtter bank; *AfqCbcd* an den richter vor demet scach; *Caef* op des gerichtes bade (*Cef* richters boden) voir den jd gescholden wart. 41) W. i. d. b.] *AacBn* W. i. d. gehegede ding b., *Adeh* W. ze des b., *Bbeo* Wo hers denne b., *Bi* W. si denne dar b., *Bk* Wanner sey des dan beide b., *AfCbcd* Wannes de b., *Caef* W. i. de bade b., *Bdmδ* W. denne dat dar bekant wert, *E* W. daz bekant ist. 42) so — — — s. recht hebben. D. v. *im* §. 9] *f. AfqCbcd.* || so — utgan] *Caef* so gebiede die coninck off siin richter eyme (*Ca* ende) des coninx manne by des coninx hulden dat he uytga. 43) *Bd fh.* von gerichtes halben u. 44) i. h.] *AacBadegikm* myner hulde, *AffBcdghoδEb* meynen holden; *Dae* uwern unde by minen hulden. 45) *Ae* upghaen, *Bk* ute dem gehegeden dinge gaen. 46) *Bk* umme van den ummestande in dat gehegede dink; *Badhipδ fh.* das orteil u. saget denne. 47) *AqBbdegiklmopδ fh.* und dat beste. 48) So — — nicht en si *im* §. 7] *f. Caef.* 49) *Bk fh.* dey dat rechteste ordel under den twen wijsen sal. 50) dages — m.] *BabcdeghioδEa* das sie is czum andern tage tagen. 51) *Bcm* rechten, *AqBdiknδ* rechten (rechtes) bidden, *Ba* rechten beiden, *Ea* rechtin biten, *Bbegho* rechtis beitin (*Bh* betin), *De* gebotis recht. 52) r. u. d. k.] *Da* gebottes rechte uss zu sprechen. — *Aff fh.* warden. 53) *Bk* behoven, *Ea* durfin.

vor gerichte vant vor eyn recht. Dises sullen si sich beide zcyn vor das gehegete ding. Wenne her ys denne bekennet, so spreche 5.
der richter zcu eyme volkomenen manne an dem herschilde, N ich gebite uch by mynen hulden das ir vz get mit allen den dy hy sint, vnd brengit wider yn dys orteil vnder desen zcwen das rechtis si vnd das beste. So bitte yenre das si ys zcu dem andern tage tagen, vnd des rechtis beiten vz der kameren ab si ys bedorfen, das sal man by phlicht tvn. So frage wen man 6.

wen men dar[54] bekostegen scole. So vintme, den[55] sulf sevende de it richte tur linden sat,[56] unde den de dat ordel vant unde den de dat scalt. So hebben de anderen orlof. So vrag we it don scole.[57] So vintme, de dat richte sat tur linden[58] von des gelde de dar vor-
§. 7. lust.[59] So gif en[60] also hir vor geleret is.[61] Des morgens[62] so bringe jene dat ordel in. So bidde jene deme it wedder is, oft me dat recht icht[63] in dem buke[64] bewisen scole.[65] So vintme, entwer[66] me scolet em[67] bewi-

54) w. m. d.] *Bcghioδ* w. m. allis (al), *AdehDe* wo manigen men d., *Ag* we dan dat. 55) *BcEa fh.* selbigen, *Babdeghnoδ fh.* richter. 56) *Bm fh.* selven unde deme de richter das vragede. 57) i. d. s.] *AacEa* sy bekostigen s., *Aff* di kost d. s., *Dae* die kost geben (*De* tun) s., *AqBabdeghimnoδ* de coste scole laten bereiden. *Bk fh.* also wey de k. sc. l. b. 58) von — vorlust] *AqBabdghkoδ* So vrage we de coste scole gelden. So vintmen de dat ordel v., *Bi* So vrage wi di scole gelden. 59) *Ba fh.* van sineme gelde; *BcdmpδE fh.* der muz di kost czu mol geldin; *AqBbeghko fh.* de scal de coste to male gelden von sinem gelde. 60) S. g. e.] *Aa* S. du he e., *AeBc* S. ghift he (*Bc* man) e., *Beghk* S. sal men ome geven; *f. Babdimnoδ.* — *Ah fh.* dey kost, *Dae fh.* futer u. spiss, *AqBEa fh.* to etene und to drinkene. 61) *Babdeghiknoδ fh.* beide des morgens und des abendis. 62) D. m.] *f. Badeghinpδ.* 63) d. r. i.] *AffhBiDe* dat icht, *Ea* icht, *Bahk* i. to rechte, *Aceg* d. it recht sy i. 64) i. d. b.] *AqBDaeEa* in (*Bo* mit) den boken (buchern). 65) *AhBachko-DeE fh.* dat is also (*De* recht, *AhBho fh.* recht) sy. 66) *Bip fh.* alse recht si. 67) *Bc* dem antwerder, *Bp* em anderweyde, *Ae fh.* yo.

allis bekostigen sulle. So vint man, den richter der das gerichte zcu der linden sas selb sebinde, vnd den der das orteil vant vnde den der das schalt. So habin dy andern denne orlob. So frage wer denne dy kost sulle lazsin bereyten. So vint man der das gerichte sas zcu der linden. So frage wer dy kost gelden sulle. So vint man, der da vorlusit der sal dy kost gelden zcu male von syme gelde. So sal man en denne gebin zcu essene vnde zcu trinkene als hy vor gesaget ist, beide des morgens vnde
7. des abendis. Des morgens so brenget yenre das orteil yn. So bitte yenre deme ys wider ist, ab man das zcu rechte icht bewisen sulle mit den buchern das ys also recht si, so vint man,

sen dat it so si, odder me scoles em gunnen dat het bewise dat it so nicht en[68] si. Wen dat denne bewiset wert,[69] so vrage de richter oft em[70] genuge; vulbordet het denne,[71] so vrage de de wint,[72] na deme dat het vulbordet[73] heft, oft hes icht mer scelden moge. So vintme he ne moge. So vrag wat sin broke si.[74] So vintme, he scole dem richter wedden unde jeme[75] bute geven unde des richters kost gelden. [76]So vrag [77]wat de bute si. So vintme, eme guderhande manne[78] drittich scillinge, eme bure[79] vefteine. So vrag wat sin wedde si. So vint me [80]des marcgreven wedde, oder des de in sine stede gesat is,[81] drittich scillinge. [82]Scilt het aver mer, §. 8.

68) n. e.] *Bae* recht. 69) d. b. w.] *Caef* ordel gevonden w., *Dae* gewisen wirt das es also sy. 70) *Bacdeghioδ fh.* dar ane, *Dae fh.* an dem urteil. 71) *Ea fh.* einz, *Bae fh.* daz es ome behait had. 72) d. d. w.] *f. AhBaek. AaffDe* d. dat vant, *Ac* d. dat vint, *Aeg* de vint, *Bcdho* vort, *Bbgimδ* he vort, *Bl* her denne vort, *Ea* genr vort; *Caef* de dair behalden hevet (*Ca fh.* dat ordel). 73) h. v.] *AdeffhqBbdghiklmopδDaeE* id ene (*E fh.* einz) behaget, *Bc* das im benugt. 74) s. b. s.] *E* er vorbart hebbe. 75) *AqBacdeghioδCaefDaeEa* syme wedirsachin. 76) *AdqBCaefE umstellen die beiden folgenden Fragen.* 77) *Caefg fh.* die dat ordel behalden (*Ca* bescholden) hevet. 78) e. g. m.] *Bm* eines gude mannes dat sin, *Caef* is hie scepenbair vrii. 79) e. b.] *Caefg* is hie een bergelde (*Ca* wergelde, *Ce* borgelde, *Cg* burger) off een plichafte off een vri lantsate. 80) des — scill.] *Cae* LX schillinge, *Ba* L sch. 81) g. i.] *AgBghl* siczet, *Do* ist. 82)

man sulle ys enczwer bewisen das ys also si, adir man sal ym gunnen das her ys bewise das ys also nicht en si. Wenne ys denne also bewiset wirt, so frage der richter, ab ym dar an genuge. Volvordirt her ys denne, (so vrage her denne) vort nach dem das ys ym behayt hat, ab her ys icht mer schelden moge. So vint man her en moge. So frage denne was syne bruche syn. So vint man, her sulle dem richtere wetten vnde syme widersachen syne buze gebin vnde des richters kost gelden. So frage was denne syn gewette si. So vint man des marcgreuen gewette ader der an syner stat ist drisig schillinge. So frage was dy buse si. So vint eyme gutirhande manne drisig schillinge, vnde eyme gebure fvnfzcen schillinge. Wil her ys abir vort adir mer schel- 8.

men wiset[83] en vor dat rike unde dut[84] als hir vor geleret is. Ne is des nicht, oder wert he[84a] vor dem rike nedervellich,[85] he mut al den richteren wedde unde kost geven,[86] in der richte[87] he ordel scilt,[88] unde bute geven
§. 9. deme de it ordel vint.[89] [90]Wil he aver he scilt it vorme rike, unde tut is[91] an sine vorderen[92] hant, unde vraget na dem dat he en sasse si, oft he vor deme rike icht scole sessesch recht hebben.[93] Dat vint me. So vrage, na deme dat em unrecht[94] uppe sessesche art[94a] gevunden si, des he an sine vorderen hant te,[95] wo he dat[96]

Scilt — — ordel vint] *f. Caef.* || Scilt — mer] ***AaE*** Sc. — vort, ***AqBacdeghioδ*** Wil hers aver mer adir vort (a. v. *f.* ***Bc***) schelden; ***Bk*** Wil hey is aver vort nicht schelden. 83) m. w.] ***Bcgo*** so wise man, ***Ab*** he wiset. 84) ***Aa*** he du, ***Bcdekmoδ*** thu. 84*a*) Ne — he] ***De*** Wert her vor desem gerichte adir. 85) ***Bc*** wider vellig, ***Bh*** vellig, ***Bδ*** abir vellig. 86) w. u. k. g.] ***Bacehilo*** gewedde gebin (***Bl*** wettin) und ore kost geldin. 87) d. r.] ***BghipδDa*** dem gerichte da, ***Bl*** deme riche. 88) o. s.] ***De*** o. geschulden hat, ***Da*** denne das verschuldet hat. 89) ***AagDe*** vant, ***BabdeghilmoδE*** winnet, ***Bc*** geformt. 90) Wil — an sine] ***Caef*** Misdunket dij aver an deme ordele dat dij vor deme koninge eder vor deme (***Ca*** synen) richter gevunden wirt so sprek aldus: her richter dat ordel beschelde ik, wente it is onrecht unde thee des an myne. || Wil — rike] ***Da*** Wil er aber des nicht warten. 91) ***Baehio*** sichs wedir. 92) ***BdDaeEb*** rechte. 93) ***AqBabdeghioδCfDe*** beholden *oder* holden. 94) e. u.] ***AfCc*** di eyn u. ordel, ***u. s. f. in zweiter Person.*** 94*a*) s. a.] ***De*** sechser erden. 95) ***BadeghioDe*** zien (sich zien) wil. ***AhBk fh.*** unde wil dat wederstan. — ***Afq-Cbcd fh.*** unde du eyn sasse sist geboren, oftu vor dem rike icht

---

den, so wise man en vor das riche, vnde tu als hy vor gesaget ist. Vnde ist ys denne nicht, adir wirt her denne nyderuellig vor dem riche, so mus her alle den richtern wetten gebin vnde dy kost gelden yn der gerichte her das orteil schalt, vnd ouch
9. buze gebin deme der das orteil gewynnet. Wil her abir her schilt ys vor deme riche, vnde zcut sich wider an syne vordere hant, vnd frage denne, nach dem das her eyn sachse si, ab her vor dem riche icht sechsisch recht sulle behalden. Das vint man. So frage, nach dem das ym eyn vnrecht dar vf sechsischer art gefunden si, des he sich an syne vordern hant zcyn wil,

wedderstan scole. So vintme, he scalt self sevende[97] wedder vechten[98] wedder ander sevene.[99] [100]Vant it §. 10.
aver en swave, so vrage, na dem dat he di unrecht vint noch dor den alden hat, oft hes di icht mit kampe bewisen scole. Dat vintme. Is it ok en went,[1] so vrag, oft iennich sasse dorve ens wendes ordel liden.[2] So vintme he ne dorve. [b]Worde en ordel[3] gevraget[4] unde §. 11.

sassesch recht hebben scullest. Dat vintmen du scullest. So vrage. 96) *Bugio* d. von rechte, *Bdδ* deme (das) czu rechte, *Dae* deme unrechte. 97) *Cae fh.* diner genoten. 98) *AhBk* staen, *Ad* stan weder to vechtende, *Aff* staen unde de to v. 99) w. a. s.] *f. AhCc.* — *Dae fh.* wie die meiste menge gesiget die haben das urteil gehalden. 100) Vant — swave] *De* Vunde dir ouch e. sw. ein unrecht orteil; *E* Wenne dirz aber swechit; *Badeghmnpδ* Wil her des dich aver swechen (*Bm* weigeren), *Bi* Wil her des aver nicht dun oder weigeren, *Aqq* Wil her es over aldus wachten eder ane stan. || Vant — he ne dorve] *AfqC* We dat ordel (d. o. *f. AfCbcd*) vorluset, de mot deme richter wedden, vor deme dat ordel irst geschulden wart (vor — wart *f. AfqCbcd*), u. sine kost gelden, he de darup gedragen (*Ca* gedaen) hevet (de — hevet *f. AfqCbcd*). *AfqCbcd fh.* u. mot on allen bote gheven de mit ome hebben gevochten u. jene heft denne sin recht behalden. *Damit schliefsen Cbcd, während Afq das ganze Cap. wiederholen (Aff u. Aqq). Cah fh.* ind een ygelick die dair verwonnen wordt moet dem richter wedden voir den he gevochten hevet; *Cefg fh.* und somelike segget, men mote deme richtere wedden vor deme he gevochten hevet (*Cf* hie gebroichen h., *Cg* si gebrochen hant) unde den bote geven mit dem he gevochten hevet. 1) *BdEa* winde, *Bk* weynt, *Db* vendt. 2) *AacffghnqBadeghikmpδDae fh.* de (*De fh.* wile he) ungefangen is. *b*) *Caefghk setzen ein neu Cap. unter Cah* Noch von ordelen, *Cek* Van ordelen, *Cf* Van deme selven, *Cg* Wo sich eyn man verwaren sal dat nyman sin ordel schelde. 3) e. o.] *Caefgh* ok eyn man eynes

wy her das von rechte widersten sulle. So vint man, her sulle selber sebinde wider andere sebene uechtin. Vant ys abir eyn 10.
swab, so frage, nachdem das her dir ys noch vnrechte vint durch den alden has, ab her dirs ich mit kampfe bewisen sulle. Das vint man. Ist ys auch eyn went, so frage, ab keyn sachse keynes wendes orteil liden sulle ader dorfe. So vint man her en dorfe.

scilt it en ander,[5] so sprek:[6] her richter ic hebbe iu vunden dat mi recht dunket[7] unde wil dar tu dun minen ed,[8] unde bidde ens rechtes oft ic ennege not dar umme liden scole. So vintme he ne scole. Is it aver vor di,[9] so vrag dar wedder, na dem dat het vor recht[10] vant[11] unde it di nütte[12] si, oft he daraf laten moge ane dinen willen, er hes afgedreven[13] werde mit rechte.[14] So vintme he ne moge.[15]

§. 7. *Die Busse der Schöffenbaren einerseits, der Biergelden und Pfleghaften andrerseits Ssp. III. 45 §§. 1, 4 wird nach dem Wandel der Standesverhältnisse hier auf die Ritterbürtigen und auf die Bauern übertragen.*

---

ordels, ***Ah*** dy eynes ordels, ***De*** du ouch eynes orteils. 4) ***Ah*** ***fh.*** u. wises du dat als dy recht dunket na dynen besten synne. 5) u. — ander] ***Caefgh*** wan he dat gevunden hedde, worde et eme beschulden. 6) ***AqBpδ fh.*** alzo ab du das orthel vunden hast. 7) d. m. r. d.] ***Dabe*** das ich nicht (***De*** keyn) rechters weiss. 8) ***BdCaeEa*** recht, ***Babeghikmoδ fh.*** wy (***Bk*** war, ***Bmδ*** oft) ik (***Be fh.*** zcu rechte) sal. 9) v. d.] ***E*** vor odir dornoch, ***AqBabdeghimoyδ*** dik vromelik, ***Dabe*** dir nutz, ***Cae fh.*** ende voir (***Ce*** were) dy nutte. 10) v. r.] ***Aac*** v. gerichte, ***Bc*** unrecht. 11) het v. r. vant] ***Ca*** hie dat ordel v. r. gewesen hevet, ***Ce*** dat ordel v. r. gevunden were, ***Bdgmoδ*** man is vor en recht funden hot (***Bgo*** vant). 12) i. d. n.] ***Bm*** dyn wille. 13) h. a.] ***Ae*** h. to rugge a., ***AqBv*** id di afgewunnen, ***Bc*** das es dir a., ***Babdeghinowyδ*** denne dirs abe gewunnen (***Biδ*** angewunnen), ***Cg*** h. affgewiset, ***De*** her . . da ane gewiset, ***Da*** er . . daran gewiset. 14) er — rechte] ***f. Ce***; ***Ea*** wenne man dich mit keinerhande sache dovon getreibin muge. 15) So — moge] ***f. Babg***; ***AeBdehiovyδ*** Dat vintme. ***D fh.*** Schilt auch einer ein urteil in eym fursten ampte odir in einer grafschaft, der ziehe es auch do er es zu

---

11. Wurde abir eyn orteil gefraget vnde schilt ys eyn andere, so sprich, herre her richter, ich habe gefunden zcu rechte das mich recht duchte, vnde wil darzcu tun mynen eyt wy ich sal, vnd bitte eynes rechtin orteils, ab ich nu darvmme keyne not liden dorfe. So vint man her en dorfe. Is dirs abir fromelich, so frage da wider, nach dem das mans vor eyn recht vant vnd is dir nuzcze sy, ab man dar abe laszen moge ane dynen willen, er ys dir abe gewunnen werde mit rechte. Das vint man.

Epiloge.

1. ***Die Handschriften Anq, Bcghimpqrsüβγδ, Eab'c haben folgenden Epilog, bei welchem Bi als Grundtext genommen worden.***

Dit[1] hebbe wi[2] di[3] live vedder[4] tu einer wisheit[5] gesat,[6] dat du unde[7] ein islik[8] sik moge deste bat vor unrecht[9] bewaren[10] unde moge sik ok deste bat in gerichte unde[10a] in rechte[11] holden[12] unde bewaren.[13] [14]Wete ok, dat wi di[15] anders nicht gesett hebben[16] wen alse wi dat[17] vor gerichte[18] vornomen hebben, unde alse wi dat selven in der sassen[19] rechte[20] gevunden[21] hebben. [22]Darumme wete,[23] dat [24]tu dat in der talwise ganz unde gar[25] vin-

---

rechte zihen sulle, das ist in die hohern dingstat uss einer in die andern und zu letzst fur das riche, und thu als ich dich hievor gelert habe.

Epiloge.

1) ***Bm fh.*** so. 2) ***Bc*** ich. 3) ***f. Bqrsβ.*** 4) l. v.] ***Bp*** lieber vrunt, ***f. Bhm.*** 5) ***AnBcEa*** lere, ***BmpEb fh.*** unde lere, ***Bghqrsüβγ*** lere u. czu einer weisheit. 6) ***So AnBi; sonst*** gesait, gesagt, ***Bm*** gesecht unde leret, ***Br*** gelart u. gesait. 7) d. d. u.] ***Bh*** u. durch daz, ***Bqrs*** daz. 8) ***Br fh.*** gut man, ***Aq-Bδ fh.*** man. 9) v. u.] ***f. Ea.*** 10) ***An*** weren. 10a) i. g. u.] ***f. Aq.*** 11) ***Bγ*** gerechte, ***Bs*** den rechten, ***Bghp*** deme rechte, ***Bβ*** unrechte. 12) ***Bs*** behalden, ***Bhp*** vorsteyn. 13) ***Bü*** varen. || gerichte — bewaren] ***Eab*** intrichtin u. in gerichte haldin u. volvaren, ***Bc*** ungericht bewaren u. in recht behalten. || unde moge — bewaren] ***Br*** u. ouch in gerichte gehalden, ***An*** u. kunne de bat in rechte in gerichte vortvaren. 14) ***E*** Des w. ***Statt des Restes hat Br*** u. haben alle dese sachen getzogen aus andern buchirn das notzte u. das beste. ***Das folgende steht in BgEb im Anfange des Epilogs.*** 15) ***f. AqBq.*** 16) g. h.] ***AnqBcgsüβγE*** gesagit h., ***Bm*** geleret h., ***Bhq*** geschribin h. in diesseme buche. 17) ***An fh.*** sulven. 18) v. g.] ***Bs*** von deme gerichte gehort unde. 19) ***Bc*** sachen, ***Bi*** saken. 20) ***Bs fh.*** und richter bucher unstrofflich. 21) ***Bβ*** vernomen, ***Bc*** vernommen u. gefunden. 22) ***Der Rest f. Bm.*** 23) ***Bhq*** sulle wir wissen; ***Bi fh.*** dat. 24) tu — vindest] ***Bhqγ*** wirs (***Bγ*** wir dirs) — vinden. 25) g. u. g.] ***f. An.***

dest, de wi di hir vor gesecht[26] hebben, [27]unde beware[28] dat de scrivere de[29] talwise nicht vorkeren.[30]

2. *Epilog der Handschriften AabcgnBcEbc,*[1] *nach Ab.*

Got de dar is de [2]rechticheit, [3]dar alle recht bi besteit,[4] de rechtverdeche us[5] also, dat us werde der gerechten[6] lon, [7]dat dat uns nicht werde untwendet, dus is dit buk geendet. Des have lof de beste, de erste unde de leste. Amen.

---

26) *An* gesat, *BpγδEab* gesatzt, *Bc* gesatzt u. gesagt, *Bhq* geschribin. 27) *Der Rest f. Bhq.* 28) *AqBcgsüβδEab* warte, *Bp* warte ouch mit vlyze. 29) *Bδ fh.* rechte. 30) *E* vorrucke. || u. beware — v.] *An* deste d. scr. d. rechten t. vorkeret ne hebbe.

1) *AnBcEc haben diesen Epilog nach dem vorigen; Eb setzt ihn zwischen dessen zweites* (Des wisse) *und erstes Stück* (Dis haben wir); *Aabcg fügen ihn dem Schlusse des Textes an.* 2) *Ag* rechtferdicheit. 3) dar — *bis zum Schlusse*] *BcEbc* der wende (*Bc* swende) unsir allir (*Ec* alle unsir, *Bc* uns all unser) leit, unde gebe uns zcu lone der (*Bc* die) gerechten krone Amen. 4) dar — besteit] *nur in Ab.* 5) *Ab fh.* allen. 6) *Ab* rechten. 7) dat — leste] *f. An.*

Uebersichten der Artikelfolgen.

A. *Vergleichung der Breslauer Hdschr.* (*Aa*), *der Classe B, des Cöllner Druckes* (*Bk*), *der Senkenbergischen Ausgabe* (*Ca und Cg*) *und der Halberstädter Hdschr. Nr.* 36 (*Cb*) *mit dieser Ausgabe. Vgl. Einleitung S.* 59, 60.

	Bresl.	*B.*	*Cölln.*	*Senkenb.*	*Halberst.*
C. 1—20	1—20	1—20	I. 1—20	1—20	1—20
20*a*	21	*f.*	*f.*	*f.*	*f.*
21	22	21	- 21	21	21
22	23	22	- 22	22	22
23		23	- 23	23	23
24	24	24	- 24	24	37
25	25	25	- 25	25	24
26 §§. 1, 2	26	26	- 26	26	25
26 §. 3 ff.					42
27	27	27	- 27	27	38
28	28	28	II. 1	28	*f.*
29	29	29	- 2	46	45
30	30	30	- 3	47	46
31	31	31	- 4	48	47
32 §§. 1—5	32	32			
32 §. 6 ff.	32	32	- 5	49	47
33 §§. 1—6	33		- 6	50	48
33 §§. 7—11	33		- 6	51	48
34	34	33	- 7	52	49
35	35	34	- 8	29	26
36	36	35	III. 1	30	*f.*
37	37	36		31	27
38	38	37	- 2	32	28
39	39	38	- 3	33	36
40	40	39	- 4		
41	41	40	- 5	34	40
42	42	41	- 6	35	41
43	43	42	- 7	36	29
44	44	43	- 8	37	30
45	45	44	- 9	38	31
46	46	45	- 10	39	32
47	47	46	- 11	40	33

	Bresl.	*B.*	*Cölln.*	*Senkenb.*	*Halberst.*
48 §§. 1, 2	48	47	III. 12	*f.*	39
48 §. 3					34
49 §§. 1—6	49	48	- 13	41	35
49 §. 7				42	44
50	50	49	- 14	41, 43	43

B. *Vergleichung dieser Ausgabe mit der Senkenbergischen.*

Senkenb.	*D. A.*	*Senkenb.*	*D. A.*
C. 1—28	1—28	40	47
29	35	41	49 §§. 1—6, 50 §§. 4—9
30	36	42	49 §. 7
31	37	43	50 §. 11
32	38	46*	29
33	39, 40	47	30
34	41	48	31, 32 §§. 1—5
35	42	49	32 §. 6 ff.
36	43	50	33 §§. 1—6
37	44	51	33 §§. 7—11
38	45	52	34.
39	46		

*) Die Nr. 44, 45 fehlen, s. oben S. 27.

Die Beigaben.

Die sechs ersten dieser Anhänge theilen die dem Richtsteige verwandten Arbeiten, welche oben S. 69 unter 1 und 3, S. 70 unter 3 bis 7 angeführt worden, mit. Theils vollständig, wie die Gerichtsformeln aus der Hdschr. Nr. 9, die Cautela und Premis, theils in Auszügen und Proben, wie die Blumen des Magdeburger Rechts und des Sachsenspiegels, die Umarbeitung des Richtsteiges in der Handschriftenclasse E und die Weichbildglosse aus der Berliner Handschrift, Rechtsb. Nr. 47. Die siebente Beigabe liefert die Varianten der Summarien für einzelne Capitel des Richtsteiges, oben S. 77.

Erste Beigabe.

Gerichtsformeln.

Die Handschrift des Joachimthalschen Gymnasii zu Berlin, oben Nr. 9, enthält nach dem im J. 1412 geschriebenen Richtsteig Landrechts und dem Richtsteig Lehnrechts statt des angekündigten Hic incipit registrum de lenrecht *auf 9½ Bl. mit etwas andrer Schrift eine Anzahl Gerichtsformeln in vier Stücken. Das erste und gröſste betrifft das Verfahren in einer peinlichen Sache ohne handhafte That nach den drei Abschnitten, Klage, Antwort mit weiterer Verhandlung, Beweis. Das zweite bezieht sich auf einen Entschädigungsanspruch wegen Verläumdung. Das dritte giebt Formeln für eine Verfestung, für das Ausziehen aus derselben, für Friedewirken und Sühne. Das letzte unter* Wilkor *lehrt die Benutzung eines gerichtlichen Versprechens, indem man darüber ein Gerichtszeugniſs und daraus die Einweisung in das Gut des Beklagten begehrt. Bei den Streitsachen in den Stücken I, II, IV werden nur die Fragen an den Richter, zuweilen mit der Bitte, die Frage an die Schöffen zu stellen, gegeben, nicht die Findungen der Schöffen.*

Die, wohl aus der Rheingegend stammenden Formeln enthalten manchen eigenthümlichen, für Einzelnes belehrenden Zug, z. B. über die rechte Stellung der Heiligen im Gericht, über die Stellung des Schwörenden, über den Ritus bei der Einweisung in das Gut etc. Der wesentliche Inhalt ist bei dem Systeme mit benutzt. Ich habe die einzelnen Stücke numerirt, eine Paragrapheneintheilung und Überschriften, wo sie fehlten, hinzugefügt, auch bei den steten Wiederholungen der Frageformeln einige für sich verständliche Abkürzungen mir erlaubt.

Der Inhalt der einzelnen Paragraphen ist folgender:

I. *Peinliche Sache bei nicht handhafter That.*

A. *Klage.*

§. 1. *Verwahrung des Vorsprechers wegen unrichtiger Namensnennung,*

§. 2. *wegen Erholung des Mündels.*

§§. 3, 4. *Vorfragen vor und bei dem Gerichte.*

§. 5. *Klageformel.*

§. 6. *Stufen der Aufforderung an den Beklagten.*

§. 7. *Antreffen des Beklagten in der Zwischenzeit.*

§. 8. *Ausbleiben des Beklagten wegen echter Noth.*

§. 9. *Schlufsdank an das Gericht.*

B. *Antwort.*

§. 10. *Eindingen des Vorsprechers.*

§. 11. *Seine Verwahrung wegen unrichtiger Benennung,*

§. 12. *wegen Holung und Gespräche.*

§. 13. *Behauptung der Unschuld des Beklagten.*

§. 14. *Beweisvorzug.*

§. 15. *Rechte Antwort.*

§. 16. *Angelobung des Unschuldsbeweises.*

§. 17. *Zeit der Entschuldigung und Gespräche darüber.*

§. 18. *Benennung der Zeugen.*

§. 19. *Versehen dabei.*

§. 20. *Ergänzungszeugen.*

§. 21. *Der letzte Tag.*

C. *Beweis.*

§. 22. *Vorfragen des Vorsprechers.*

§. 23. *Die Heiligen und der Steber.*

§. 24. *Ort und Form des Unschuldseides.*

I.

Verfahren in peinlicher Sache ohne handhafte That.

A. *Klage.*

§. 1. Her richter ik bidde eynes mannes dy myn wort spreke. Ik bidde eyns N. Her richter hir steit N unde het gebeden eyns N unde het my gebeden, gunne gy my dat ik spreke N wort, ik du dat gerne alse ik besten kan. Her richter wil gi denne horen N wort. N di biddet iu dat gi vragen umme eyn recht, wer ik · N genumet hebbe by synen rechten cristen namen, oft ik N tu allen tyden nicht en numede bi synen cristen namen, unde spreke, wil gi horen sin wort oder myn wort oder eynen andern man nente unde N doch met truwen meynde, oft

H dar tu rechte enge not umme lyden scolde mer, oder wat dar eyn recht umme si.

§. 2. Her richter wil gi vort h. N wort. N biddet iu dat gi vragen u. e. r. Sint dat ik an N wort komen byn met rechte unde met orlove, oft ik velleftich worde in N worde, oft ik N vorsumede dat he eyn gewedde lede, oft he sik icht tu rechte vorhalen moge met my oder met eynem anderen dat sprekenden [illegible] Her r. w. g. vort horen N wort. N di biddet tu vragen u. e. r. war he sik tu rechte vorhalen scole, o. w. d. r. u. s. Her r. w. g. v. h. N wort. N biddet iu dat gi vragen u. e. r. wu dicke he sik tu rechte vorhalen moge oder nicht, o. w. d. eyn r. u. s. Her r. N biddet dat he sik bespreken mute met my unde met synen vrunden.

§. 3. H. r. w. g. v. h. N wort. N biddet iu dat gi vragen den schepen umme eyn recht. Sint dat N eyn cleger werden wil unde werden mut unde wil sayen unde clagen hoger wen umme ennich gut unde geruchtes dar tu bedarff, oft dat geruchte vor di clage scole gan oder dy clage vor dem geruchte, oder wat dar an geschi dat dar jo recht an geschi. H. r. w. g. v. h. N wort. N biddet iu dat gi vragen di schepen umme eyn recht war N sin geruchte tu rechte dun scole. H. r. w. g. v. h. N wort. N biddet iu dat gi vragen dy schepen u. e. r. wu dicke he sin geruchte tu rechte dun scole. H. r. w. g. v. h. N w. N biddet dat gi vragen di schepen u. e. r., oft herman sin geruchte nicht enkunde, oft ik em dat icht leren muchte stille unde openbar, oder wat d. e. r. u. s. H. r. w. g. v. h. N w. N biddet dat gi di schepen vr. u. e. r., oft ik em sin geruchte rechte vor spreke unde he my na spreke unde myste, dat syne tunge anders ginge wen myne, oft N dar tu rechte enge not umme lyden scole oder nicht o. w. d. e. r. u. si.

§. 4. H. r. w. g. v. h. N w. N biddet dat gi vragen di schepen u. e. r., oft man em sin geruchte icht orloven scole tu dunde, o. w. d. e. r. u. s. H. r. w. g. v. h. N wort. N b. d. g. v. d. s. u. e. r. wes gi em tu rechte orloven scolen. H. r. orloue gi N sin geruchte tu dunde hir vor iu unde vor desse virscharen, alse em gedeilt is vor eyn recht. So spreke my na: tu iodute over eynen N mynen morder unde mynes heren, dat he si gekomen bynnen myns heren gerichte u. bynnen des richters, u. het an my began selff recht u. gewalt u. het my geslagen u. gemordet up der koning fryen straten, dar ik hadde gehopet frede u. genade tu hebben gelik eynem anderen bedderven manne, u. over sin unrechte vulleist. Also ok ander werve u. drudde werve. H. r. w. g. v. h. N wort. N b. i. d. g. v. d. s. u. e. r. oft N sin geruchte so rechte gedan hebbe dat he syne clage tu rechte stellen moge, oder wat daran geschi dat dar jo recht an geschi.

§. 5. H. r. w. g. v. h. N w. Her richter here, Herman claget unseme heren gode u. myneme heren u. iu her richter in godes stede over den vorbenumden man den Johan, dat he si komen bynnen mynes heren gerichte u. bynnen iuwen u. het an em began selff recht u. gewalt u. het en geslagen und gemordet, so he des nicht liden wolde umme neyn gut, mer alse umme sulk recht alse he dar an vorboret het. Weret dat Johan wolde komen u. wolde des bekennen dat he dat gedan hedde, dar wolde N sulk recht vor entfan, also gi here her richter vrageden, u. desse erhaftigen schepen deilden vor eyn recht. Vraget N oft sin recht also si.

§. 6. H. r. w. g. v. h. N w. N b. iu d. g. v. d. sch. u. e. r., eft he syne clage also gedan hebbe over den vorbenumden man Johan, dat gi en tu rechter antwerde gebiden mogen o. w. d. e. r. u. s. So ander werve so drudde werve. H. r. w. g. v. h. N w. N biddet iu tu vragen u. e. r., sint gi Jo. drye tu der antwerde geboden hebben, oft gi en tu rechte icht eischen mogen in dit ding, o. w. d. e. r. u. si. Also ander werve u. drudde werve. H. r. w. g. v. h. N wort. N b. i. dat gi vragen di sch. u. e. r., sint gi Johan geeischet hebben in dit ding, oft gi en tu rechte icht dagen scolen o. w. d. r. u. s. Also a. w. u. d. w. H. r. w. g. v. h. N wort. N b. i. d. g. v. d. sch. u. e. r., sint gi Jo. drye gedaget hebben, oft gi en icht tu rechte tu borge gebiden scolen u. w. d. r. u. s. Also a. w. u. d. w. H. r. — — u. e. r., sint gi Jo. drye tu borge geboden hebben, oft man en icht tu rechte beboden scole. H. r. — — u. e. r., war man en tu rechte beboden scole. H. r. — — u. e. r., wu dicke man en tu rechte vorboden scole. H. r. — — u. e. r., wi en tu rechte vorboden scole. H. r. — — u. e. r., sint gi Johanne drye tu rechter antwerde geboden hebben in dit ding u. drye geeischet hebben in dit ding u. drye gedaget hebben in dit ding u. drye tu borge geboden hebben in dit ding u. drye bebodet hebben also gi tu rechte scolen u. Johan nicht vor kumpt, oft man Herman nu icht tu rechte bescheiden scole over dy nacht oder over di twere nacht oder over virteynacht, oder wat dar an geschi dat dar jo recht an geschi.

§. 7. H. r. etc. sint Johan bescheiden is over virteynacht, oft herman synen morder dar bynnen an queme u. N rechtes met em plegen wolde, oft he dat tu rechte dun moge oder nicht, o. w. d. r. u. s. H. r. etc., oft N den man an queme u. rechtes met em plegen wolde, wi em tu rechte helpen scole oder nicht, o. w. d. r. u. s. H. r. etc., oft he synen morder bynnen dessen virteynnachten anqueme u. rechtes met em plegen wolde u. gebode en tu stande u. he nicht stan wolde u. em met gewalt untgan wolde, oft H also mechtich worde met vrunden u. an sik selven, dat he an synen morder sluge, oft H icht bi syner vorclage blyven muchte oder nicht, o. w. dar an geschi dat dar jo recht an geschi.

§. 8. H. r. etc., oft dat em beneme sukedage heren dinst oder echte not, di he bewisen muchte met berven luden u. met sik selven, dat H tu dessen utgelegeden dage nicht komen kunde noch en muchte also he bescheiden is, oft H darna queme des anderen dages oder des drudden, oft dat em icht hinderen scole mer wen dat dat sick vorlengede, oder wat dar an geschi dat dar jo rechte an geschi.

§. 9. H. r. H danket myneme heren u. ju here h. r. unde dessen erhaftigen schepen gut gerichtes.

B. *Antwort und weitere Verhandlung bis zum Beweise.*

§. 10. Her richter ik bidde eyns mannes di myn wort spreke. Ik bidde eynes N. Her richter hir steit H u. het gebeden eynes mannes di sin wort sal spreken u. di het eynes N gebeden u. het myns gebeden, gunnen gi des my dat ik N wort spreke.

§. 11. H. r. etc. Sint ik Hanse genumet hebbe bi synem rechten kersten namen, oft ik N tu allen tyden nicht en numede bi synem kersten namen, oft ik spreke, wil gi horen sin wort oder wil gi horen myn wort oder eynen andern man nente u. N doch met truwen meynde, oft N dar tu rechte ennige not umme liden scolde mer wen dat he jo vullenkomen si.

§. 12. H. r. etc., sint ik an sin wort komen byn met rechte u. met orlove, oft ik velleftich worde an N worde, oft sik N icht tu rechte vorhalen moge met my oder met eynem andern manne, o. w. d. r. u. s. H. r. etc., wu dicke he sik tu rechte vorhalen scole, o. w. d. r. u. si. Her richter here, N biddet dat he sik bespreken mute met my u. met synen vrunden. H. r. sint gi mutich, N het sik besproken.

§. 13. H. r. w. g. v. h. N wort. H. r. here, gunne gi des N dat he antwerden mute u. ik von syner wegen. H. r. here, N het des tuch an sik selven u. an vromen kersten bedderven luden also vele u. also genuch also N bedarff tu syme rechte; allent des em H schult geft, des is N eyn unschuldich man u. wil des unschuldich werden, also gi here her richter vragen u. desse erhaftigen schepen deilen vor eyn recht. Vraget N oft sin wort also si.

§. 14. H. r. etc. Sint N hir steit ungevangen u. ungebunden gelik eynem anderen bedderven manne u. noch neynerleie undat bi sik het noch dar ane nicht en weit, oft N icht neger si tu untgande met syme tuge u. met syner vullenkomen unschult, wen em H si overtugande met den jegenwarden mort u. met open wunden u. met den flytenden blude u. met aller ticht der em H tyget u. vort mer met alle deme dat N bescryget het met syme geruchte u. na begrepen het in syner clage, oder wat daran geschi dat dar jo recht an geschi. Her richter here, vraget N oft sin wort so si.

§. 15. H. r. etc. Oft N Johanne so geantwerdet het alse he tu rechte scole, o. w. d. e. r. u. si. H. r. etc. oft N also geantwert hebbe dat he vullenkomen si oder nicht o. w. d. r. u. s.

§. 16. H. r. w. g. v. h. N wort. Johan biddet d. g. v. d. sch. u. e. r., oft N sin unschult icht untheiten scole, o. w. d. r. u. si. Her richter gunne gi N dat he untheiten mute. Her richter gunne gi Johanne dat he untfangen mute. Her richter w. g. v. h. wat em N tu rechte untheiten hebbe, weder dryer manne eide oder vif manne oder soven manne eide, oder wat dar an geschi dat dar jo recht an geschi. H. r. etc., oft N tu rechte anders icht untheiten hebbe wen dryer manne eide o. w. d. r. u. s.

§. 17. H. r. etc., wen em N dat recht dun scole dat he em untheiten het. H. r. etc., oft gi N icht gebiden mogen, dat he kyse oft he wil tu hant dat recht dun oder tu dage. H. r. wil gi vort horen Hermans wort. N biddet dat he sik bespreken mute. H. r. gunne gi N synen vordersten dach.

§. 18. H. r. w. g. v. h. Johans wort. N b. d. g. d. sch. v. u. r., sint sik herman tuges berupen het, oft H den tuch hir icht tu rechte benumen scole oder nicht, o. w. d. e. r. u. s. H. r.

w. g. v. h. hermans wort. H b. d. g. v. u. e. r., oft N des tu rechte plichtich si, dat he synen tuch er benume er tu syme rechten dage oder nicht.

§. 19. H. r. etc. Sint herman synen tuch hir benumen scal, oft herman numde eynen namen myn oder mer, oft he dar tu rechte enge not umme lyden scole oder nicht. H. r. ik nume eynen herman u. eynen herman u. eynen Johan u. eynen Johan u. eynen hinrik u. eynen hinrik, unde dar ut tu nemende also vele u. so genuch also er herman bedarf tu syme rechte.

§. 20. H. r. w. g. h. Johans w. Jo. b. d. g. v. d. sch. u. e. r., oft herman enge tuge tu rechte furen moge, wen den he hir benumet het oder nicht. H. r. w. g. horen dar weder hermans wort. N b. d. g. v. d. sch. u. e. r., oft dat den luden beneme suke dage oder heren dinst echte not di si bewisen mogen, dat si nicht komen muchten noch en kunden u. doch umbesproken bedderve lude hebben muchte, oft H icht darmede vulkomen muchte tu syme rechte gelik der wis also oft he di hedde di he hir benumet het, oder wat dar an geschi dat dar jo recht an geschi.

§. 21. H. r. w. g. v. h. Johans wort. N b. d. g. v. d. sch. u. e. r., oft man em synen lesten dach hir icht tu rechte benumen scole oder nicht, we (wen? *wer ihn*) em tu rechte benumen scole.

C. *Unschuldsbeweis.*

§. 22. Her richter hir steit hans die het gebeden eyns mans di sin wort spreke und het eyns H gebeden u. het myns gebeden. H. r. w. g. h. hans wort. H biddet iu tu vragen u. e. r., war he sik tu rechte vorhalen scole. H. r. etc., oft he sik dar buten vorhalde dat dar bynnen behort worde, oft dat gelike stede si oder nicht, o. w. d. e. r. u. si. H. r. etc. wu dicke he sik tu rechte vorhalen scole. H. r. etc. weder ik an sin wort also komen byn, dat ik en vordedingen moge also verne also my des got gan u. ik dat kan u. he des bedarff tu syme rechte. H. r. etc. sint ik an sin wort bin komen hir vor desse virschar, oft ik em icht leren moge stille u. openbar met runen u. met rade oder wat d. e. r. u. s.

§. 23. H. r. Johan biddet der hilgen u. eynes stevers u. eynes H u. het my gebeden, gunne gi des my dat ik H sin recht steve, ik du dat gerne. H. r. Jo. het iu tu vragen u. e. r., oft he het gebeden der hilgen u. eyns stevers dar he mede vulkomen si oder nicht, o. w. d, r. u. s. H. r. w. g. v. h. H wort. H biddet iu tu vragen u. e. r., sint dat he en het gebeden alse he tu rechte scal, oft he em helpen moge tu den hilgen u. sin recht steven.

§. 24. H. r. etc. war H sin recht dun scole dat he hinrik untheiten het. H. r. etc. wu Johans recht luden scole, dar he mede unschuldich werden scole al des em H schult gift. H. r. etc. wu he dat recht dun scal weder up den hilgen oder jegen dat osten oder w. d. e. r. u. s.

§. 25. H. r. etc. wen hir die hilgen nicht en sint, wi di hilgen tu rechte irwerven scole, oder w. d. e. r. u. s. H. r. etc. weder man my des icht orloven scole. Her richter orlove gi my des denne. H. r. etc. oft di hilgen stan den virscharen tu maten also si tu rechte stan scolen oder nicht, o. w. d. r. u. si. H. r. w. g. v. h. Jo. wort. Jo. b. i. t. v. u. e. r., wen di hilgen nicht en stan alse si tu rechte stan scolen der virschar tu maten alse si tu rechte stan scolen, o. w. d. e. r. u. si. H. r. etc. oft gi em di icht orloven scolen oder nicht. H. r. orlove gi des em. H. r. etc. oft ik der hilgen nicht kunde gesetten der virschar tu maten alse si tu rechte stan scolen, oft ik si twie oder drye moge setten also dicke u. also lange dat si stan alse si tu rechte stan scolen oder nicht, o. w. d. e. r. u. si. H. r. etc. oft di hilgen nu stan den virscharen tu maten alse si tu rechte stan scolen, o. w. d. e. r. u. si.

§. 26. H. r. w. g. v. vornemen Jo. wort. Jo. b. i. t. v. u. e. r., oft gi my des icht orloven, dat ik ut den virschar ga u. hanse vort vordedingen moge alse ik begunt hebbe, o. w. d. e. r. u. si.

§. 27. H. r. etc. wu he dat recht dun scole, weder met der ganczen hant oder met twen vingeren, o. w. d. r. u. si. H. r. etc. welke twe vingere dat sin scolen, weder di neste van deme dumen oder di andere twe, o. w. d. e. r. u. si.

§. 28. H. r. wil gi vort vornemen Jo. wort. Jo. biddet iu tu vragen u. e. r., oft he tu den hilgen stan oder knylen scole o. w. d. e. r. u. s. H. r. etc. oft he scole tu den hilgen knylen met eynem beyne oder met beyden, o. w. d. e. r. u. s. H. r. etc. oft he den hilgen tu na oder tu verne knylede, oft he icht muchte rucken hinderwart oder vorwart, also dat he den hilgen tu mate sete, o. w. d. e. r. u. s.

§. 29. H. r. etc. oft gi em icht orloven scolen aff tu leggen sin overste gewant u. sine wapene, dy he tu rechte ave leggen scal u. my met em. H. r. etc. oft gi em des icht orloven scolen in dy virschar tu tredene u. my met em. H. r. orlove gi des em und my met em. H. r. etc. oft Jo. gewant oder myn gewant rurde di schepen oder di bank, oft Jo. enge not dar umme lyden scole mer dat he jo vullenkomen si, oder w. d. e. r. u. si.

§. 30. H. r. etc. oft ik Johanne sin recht stevede u. sin tunge hinkede und ginge anders wen di myne u. ik doch Johanne met gantzen truwen meynde, oft Johan darmede vulkomen si oder nicht, o. w. d. r. u. si.

§. 31. H. r. etc. oft gi Johan icht orloven scolen tu den hilgen tu gande u. ik met em; orlove gi des uns. H. r. etc. oft gi em icht orloven scolen tu den hilgen tu knylende; orlove gi des em. H. r. etc. oft gi der hilgen icht orloven scolen oder nicht. H. r. orlove gi em der hilgen. H. r. etc. of gi em icht orloven scolen sin hant van em tu dunde u. syne twe vingere up di hilgen tu leggen, also dat em vorgedeilt is tu rechte. H. r. orlove gis em.

§. 32. H. r. etc. oft gi Johanne synes rechtes icht orloven scolen oder nicht, o. w. d. e. r. u. si. H. r. orlove gis em. H. r. etc. oft gi my des icht orloven scolen, dat ik Jo. sin recht steve; orlove gi des my h. r. Allent des di Hinrick schult geft des bistu unschuldich, dat di got also helpe u. di hilgen.

§. 33. H. r. etc. oft Johan hynrike sin recht also gedan hebbe alse he tu rechte scal u. dar mede vullenkomen si o. w. d. e. r. u. si. H. r. etc. oft gi Johanne des icht orloven scolen, dat he syne twe vingere van den hilgen neme u. syne hant na em ty u. upsta u. wechga u. ut der virschare ga, u. ik met em.

II.

Klage wegen Verläumdung auf Geldentschädigung.

§. 34. H. r. ik bidde eyns mannes dy myn wort spreke. Gunne gi des my dat ik dar selven spreke. H. r. wil gi horen myn wort. H. r. ik clage unseme heren gode u iu here h. r. over eynen Johan dat he my het vorredet u. vorsproken, ik en wolde umme syner penninge viff punt. Weret dat he des bekennen wolde, dat wolde ik gerne van em horen. Weret dat he des vorsaken wolde, so hebbe ik des vulkomen kersten tuch also vele u. also genuch alse ik bedarff tu myneme rechte. H. r. ik bidde gudes gerichte dorch got u. dorch myner clage wille. H. r. wil gi vort vornemen myn wort. Ik bidde iu tu vragen u. e. r., oft ik so geclaget hebbe, dat gi en mogen tu der antwerde gebyden oder nicht, o. w. d. e. r. u. si.

III.

Verschiedene Formeln.

1. Wu man eynen vorvesten scal.

§. 35. Den vorbenumden man den vorloven wi u. vorvesten den hir u. leggen den rechtelos und fredelos in dit gerichte mynes heren u. in myns heren lant nymmer tu komen sunder sune u. rechte berichtunge.

2. Wu man eynen ut laten scal.

§. 36. Den Johan den wi hir vorlovet hadden u. vorvestet u. hadden en gelecht rechtelos u. fredelos, den weder loven wi hir u. laten en ut der vestunge in dit gerichte mynes heren u. loven en weder in dessen frede u. in dit recht gelike eynem anderen bedderven manne.

3. Wu man frede werken scal.

§. 37. So werke ich den Johan eynen freden van unses heren godes wegen u. van myns heren wegen u. van myner wegen u. van rechtes wegen, dat nymant an em nicht tu breke noch tu spreke wen gelik eynem anderen bedderven manne. Dede dar over dat ennich man, deme ga dat alse dat eynem fredebreker tu rechte gan scal.

4. Sune tu dunde.

§. 38. Di sune di hir gededinget is die wiltu holden stede und vaste in dit lant in aller lande gelik vor vader vor muder vor suster vor bruder vor geborn vor ungeborn tu dren man leven, dat di got also helpe u. alle hilgen.

IV.

Van wilkore.

§. 39. Her richter ik bidde eyns mannes dy myn wort spreke. Her richter gunne gi my dat ik dat selven spreke. H.

r. wil gi horen myn wort. H. r. hir was eyn bedderve man komen, di hadde eynen wilkore gedan hir vor iu u. vor desse scheppen. H. r. here, des bedarff ik eyner bekanntnisse u. bidde iu, desse schepen tu vragen umme eyn recht, wente ik hebbe eyner bekantnisse gebeden u. begere der weder my di tu rechte icht werden scole oder nicht, o. w. d. e. r. u. si.

§. 40. H. r. w. g. v. h. m. w. Ik bidde iu umme eyn recht tu vragen, von weme si my tu rechte werden scal. H. r. etc. wat si my tu rechte werden scole. H. r. etc. wente ik erer tu hant begerende byn, weder si my tu hant icht werden scole oder nicht, o. w. d. e. r. u. si.

§. 41. H. r. etc. wente he het gewilkoret by syme gude, weder ik tu rechte icht sin gut vorvolget hebbe oder nicht, o. w. d. e. r. u. si. H. r. etc. weder ik my synes gudes bynnen desseme gerichte icht underwinden moge oder nicht, o. w. d. e. r. u. si. H. r. etc. weder man my tu rechte an sin gut icht wisen scole oder nicht o. w. d. e. r. u. si. H. r. etc. wi my dar tu rechte an wisen scole. H. r. etc. wente ik des tu hant begerende byn, weder man my tu rechte icht tu hant dar tu wisen scal oder nicht.

§. 42. H. r. w. g. v. h. m. w., weder gi my tu rechte icht orloven scolen in dat hus tu gande oder nicht, o. w. d. e. r. u. si. H. r. etc. weder ik tu rechte den rechteren vut allerirst scole dar in setten oder den luchteren, oder wat dar jo recht an geschi. H. r. etc. weder ik icht tu rechte synen stul moge her ut setten u. mynen her in oder nicht, o. w. d. e. r. u. si.

§. 43. H. r. etc. weder man my to rechte icht frede scole werken over dit vorwilkorde gut, lyker wis also oft ik dat umme myne penninge gekoft hedde oder nicht, oder wat dar an geschi dat dar jo recht an geschie.

Zweite Beigabe.

Die Blume des Magdeburger Rechts.

Die Arbeit findet sich nur in der Handschrift der Rathsbibliothek zu Görlitz Cod. membr. Nr. 6, *D. Rb. Nr.* 251, *vgl. daselbst S.* 23. *Die Hdschr. ist in Folio, die Zahl der Blätter* 218 *mit gespaltenen Columnen; die Schrift eine hohe gedrängte Minuskel, im Text gröfser als in der Glosse. Bunte Initialen, zuweilen mit Gemälden verziert. Die Mundart schlesisch, die Zeit das Ende des* 14*ten Jahrhund., die Schrift dieselbe wie im Görlitzer Codex der Blume des Sachsenspiegels, welcher erst im J.* 1397 *vollendet wurde. Der Bürgermeister Johann Frauenburg hat am Rande die Summarien der Seiten bemerkt; seine Notiz a. E. des Weichbildes:* Anno dom. m° cccc° Lxxv peste in gorlicz grassante *bezeichnet, wann er die Durchlesung des Buches beendigte.*

Zuerst findet sich Bl. 1—168 *ohne Überschrift das Weichbild mit der Vorrede* Got geb syner syle rot (*D. Rb. S.* 29). *Unter* Cronica uf wichbilde *die Chronik, aber nur bis* keisir otto, *denn, sagt der Schreiber Bl.* 3*a:* dizse cronica wol wir lasin stehin, sy brengit nicht viel nuczis vnd wollin greifin an daz recht czue wichbilde rechte und ist magdeburgisch recht gnant.

Dem Texte, der mit Capitel 137 von der Juden wereschaft *schliefst, folgt capitelweise die Glosse, deren Capitel noch in rubricirte und gezählte Unterabschnitte zerfallen; das letzte giebt das Privilegium Ottos. Das Register Bl.* 162c *ff. bezieht sich auf Text und Glosse und schliefst* Dicz buch hot sebin und drizcic capl. vnd hundert. In den glosen sint XXIX capla vnd vierhundert. *Im Texte finden sich* 14 *Gemälde, reich mit Gold verziert, welche freilich auf den Text gehen, aber doch mehr zum Schmucke als zu dessen Erläuterung beitragen. Meist stellen sie gerichtliche Handlungen vor, wobei die Personen mit Spruchbändern versehen sind. Zu C.* 37 *Bl.* 99*a sieht man einen Zweikampf, zu C.* 89 von knuttitslegin *Bl.* 144 *eine Prügelei.*

Bl. 168 *stehen* 23 *Verse unter:* Dyze reyme sol man habin beschrebin in iclicher rat stubin, uf daz sich ein iclich ratman destu flisicher beware an seime eide.*)

---

*) *Sie erscheinen einer gelegentlichen Mittheilung wohl werth, wo-*

Bl. 169—218 *folgt unsre Blume unter* Diz buchelin ist dy Blume von Magdeburch genant. *Der Eingang beginnt:* Sint wir von gotis halbin u. dez heiligin reichis czu wichbilde recht beschirmen sullin allin steterin u. iren inwoneren u. allin den di recht czu uns suchin *etc. Weiterhin sagt der Verf., er habe das Büchlein* der gemeinen czu nucze u. czu vromen gesatzt, alz wirs von wortin czu wortin von urteil czu urteil nach clage ellir lelichen stat u. lande u. dorfern u. leutin vor ein recht geteilit haben u. vorschrebin. *Eine Blume habe ers genannt wegen der vier Eigenschaften einer Blume: Farbe, Geruch, Geschmack und Gesundheit, welche sich in diesem Buche dergestalt finden sollen, dafs Farbe sei die Klage, Geruch die Antwort, Geschmack* di czu dem rechte horin, *aus welchem auch die Gesundheit komme:* wen worum, der blumen stam ist her Ecke von Repkow, di wurczil abir sint leges daz sint keiserrecht u. canones daz sint geistliche recht. *Die Blume soll 24 Blätter haben nach dem Alphabet. Jene vier Punkte sollen nach einander gesetzt werden. Schlufsbitte, die Blume in Art einer Biene, nicht einer Wespe oder Bremse zu benutzen.*

---

bei ich nur die Ueberschriften Der erste spricht *u. s. w. fortlasse:*

1. Wir sitzin hir an gotis ocht
Dy vorchte gotis sijt bedocht.
2. Von gote hab wir dy gewalt
Ein yor, daz ist schier gezalt.
3. Halde wir, daz ist mein rat,
Eintracht in vnsirn stat.
4. Sehn wir dy gemeine nuz an
So mag dy stat mit eren bestan.
5. Wer der stat gut wil bewaren
Der sol gebin vnde sparen.
6. Gyb dem der iz uordinen kan
Spar vor den der vns uor ghan.
7. Spildikeit und ungelich teil
Machit mir dicke daz auge scheil.
8. Daz rate ich sunder wang
Halde wir recht und dorby geqwang.
9. Dy bosin sol man slahin
Den gutin daz irlahin.
10. Durch lib durch leyt durch gobe
Tretn wir nicht rechtis abe.
11. Ein weisir man der ret nicht viel
Ein tore claffit one zcil.

Von diesen Angaben weicht die Ausführung erstens in der Sache ab, denn der Autor giebt keine Urtheile, sondern nur Klage- und Antwortsformeln und Rechtssätze; ferner in den Quellen, denn vom fremden Recht ist nur wenig neben dem mit Richtsteig und Weichbild vornemlich benutzten Sachsenspiegel zu finden; endlich in der Anordnung, indem die vier Abtheilungen nicht jenen vier Eigenschaften der Blume entsprechen. Dagegen befolgen allerdings die Anfangsbuchstaben der Capitel in den drei ersten Abtheilungen die Ordnung des Alphabets, zu dessen vollständiger Vertretung denn der Autor seltsame Schreibweisen, z. B. Qwonge, Quingen, *st.* tzwonge, tzwingen, *nicht scheut. — Der Ausdruck leidet oft an Flüchtigkeit.*

I.

Die erste Abtheilung ohne besondre Ueberschrift giebt

A, *in den Capp.* 1—4 *nach Wiederholung des Gleichnisses von Farbe und actio, die Eintheilung derselben in Klage auf Gut, auf den Mann und die gemengte Klage, im Cap.* 5 *die dem Richtsteig zum Grunde liegende Scheidung in bürgerliche, peinliche und gemengte. C.* 6 *bis* 78 *zählen ohne weitere Rücksicht*

---

12. Gyrykeit unde zcorn
Habin manche stat uorlorn.

13. Ein zcornig man der macht streit
Ein gyriger haz vnde neyt.

14. Entschcide wir alle sache
Nach frede und nach gemache.

15. Wer sich dy hende fullin led
Der tut oft daz misseredt.

16. In allin vnsirin werkin
Snlle wir daz ende merkin.

17. Einz mans rede hab nu gehort
Hore wir auch dez anderen wort.

18. Wer da bricht vnsir gebot
Dem rate ich daz er vorchte got.

19. Sich, hor vnd sweig
So myd dich haz vnd neyt.

20. Hab sanfte rede und steten mut
So wirt daz ende gerne gut.

21. Wege in deinem synne
Vorlust und gewinne.

22. Was dich vbils vichtit an
Daz saltu mit rechte widerstan.

23. Warnit euch in frede
Hut euch uor uberige rede.

auf eine dieser beiden Eintheilungen eine Reihe von Ansprüchen auf, zum Theil mit Klageformeln, zum Theil nur mit dem Bemerken, dafs eine Klage stattfinde. Zuweilen tritt die Ordnung des Richtsteigs hervor; C. 7 — 12 *z. B. geben die Anfänge von Richtst. C.* 22 — 27 *wieder, C.* 75 — 78 *enthalten die Klagen mit Gerüchte.*

B, *C.* 79 *beginnt* Nu ir vornomen habit von der blumen varwe d. i. von clage, nu ir sult ir vornemen von dem roche ez ist billich daz der roch der varwen volgit, d. i. daz redelich antwort geschehe. *Es folgen denn auch bis C.* 146 *Antworten, doch keineswegcs in der Ordnung der vorhergehenden Klagen, theils mit Verweisung auf die Zahl des Cap., theils mit einem blofsen* ut supra. *Der Antwort ist zuweilen noch eine Widerrede des Klägers und Duplik des Beklagten beigefügt, z. B. Cap.* 83, 84, *wobei es heifst:* Nu sehit wi sich di farwe mancherhande weiz verwet u. der ruch sich darnach wandelt u. dorum ist iz auch nicht umbillich der smag dornach mache. So mugin si ir gesundikeit intphahin von dem rechtin, do si mit von einander gesprochin, wen worum, der blumen varwen vorgeit der deroch (*so*) der smag di gesundikeit fristit daz lebin.

C, *Cap.* 147 *bis* 153 *entwickeln den Unterschied zwischen bürgerlichen, peinlichen und vermengten Klagen. Die Cap.* 154 *bis* 159 *stellen das Verfahren in den einzelnen vermengten Sachen dar, nach Richtst.* 39 *bis* 47. *Bis zum Urtheil kommt es selten. Da inzwischen das Alphabet bis zum* X *gebracht ist, so handeln C.* 160, 161 *vom* Xenochus, *dem Vorsteher eines Krankenhauses, und dem* Xenodochium, *C.* 162 *vom* Yconomus, *dem Kirchenvorsteher, C.* 163 *vom* Ychmarthe (!), *dem Strafsenreiter, wobei gezeigt wird, dafs die Beleidigungen wegen des Standes des Beleidigten schwerer werden. Auch die C.* 164 — 166 *schliefsen sich mit ihren Anfängen* Ypotheca, Zo, Etlichs* *noch der alphabetischen Ordnung an. Das letzte C.* 167 *spricht vom* titulus possessionis *und erklärt schliefslich, nachdem von der Farbe und dem Geruch gehandelt sei, solle die Gesundheit angegriffen werden, denn es sei nicht genug* daz hy vorgesprochen ist von clage u. von antwort, man inhore denne waz der cleger nach

---

*) *Wurm lässt nemlich in seiner alphabetischen Regelsammlung (Rechtsbücher S.* 22) *auf das* Z *noch das Zeichen für* et *folgen, unter welchem die Anfangsworte der einzelnen Sätze mit* Et *beginnen.*

seinr clage wider dez antworters widerrede si. So mag man den roch u. di farwe incorporiren u. mag die blume confitiren u. si brengin czu ir gesundikeit. *Während also der Eingang unter der Gesundheit das Urtheil zu verstehen scheint, ist hier, wie zum C. 84, die Replik resp. die Duplik damit gemeint. Ein Epiphonem lautet:* Hir hot die irste particula ende der blumen von magdeburg.

Man kann diese erste Partikel als eine Arbeit aus und zu dem Richtsteige ansehen, freilich ohne dessen Systematik und ohne Durchführung der einzelnen Sachen durch ihre verschiedenen Wendungen, regelmäſsig auch ohne Entscheidung des Falles. Bald liegt der Richtsteig selber zum Grunde, bald schlieſst die Darstellung sich wenigstens bestimmten Capiteln des Richtsteigs an, bald endlich werden ganz neue Klagfälle, sei es auf Grundlage des Ssp., sei es davon unabhängig behandelt.

II.

Unter Nu hebit sich di ander particula an u. sint urteille di geteilt sein von den schepfin *folgen*

A, 100 *Capitel wiederum alphabetisch. Sie geben nicht gerichtliche Entscheidungen, sondern einfach Rechtssätze, die meist auf dem Ssp. ruhen und vornemlich das Erbrecht* 1—63, 70—95, *dazwischen die Strafgewalt gegen Kinder und Untergebene* 64 *bis* 69, *zuletzt die Vormundschaft* 96—100 *betreffen. Die Rubriken sind einigemale, z. B. C.* 2, 3, 4, 7, 11, *länger als der Text; sie sollen denn wohl die Rechtsfrage, der Text die Entscheidung vorstellen. Der Schluſs des C.* 100 *lautet:* Waz men uf vormundeschaft rechtis me bedarf daz suche man in dem wichbilde von gobe.

B, *Ohne neue Rubrik schlieſsen sich, wiederum mit Cap.* 1 *und der Initiale A beginnend,* 290 *Capitel an. Sie fahren in den Rechtssätzen fort; mehrentheils wieder auf den Ssp., seltner, wie bei der* accessio *C.* 197 *ff., auf römisches Recht bauend; einiges wie das Feuerrecht* 217—222 *ist aus städtischen Ordnungen genommen. Die Sätze gehen, nachdem die ersten* 26 *Capp. von Veräuſserungen gesprochen, ziemlich bunt durcheinander; nur hin und wieder werden einzelne Capitelreihen durch gemeinsamen Stoff oder doch durch ein Anfangswort zusammengehalten, wie* 78—90 *durch Friedensrecht,* 92—109 *durch Geloben,* 110—123 *durch Gabe,* 132—142 *durch Frauenrecht,* 291—298 *durch Unterwinden,* 245—268 *durch* Smoheit. *Der Hauptstoff ist pri-*

vatrechtlich; dazwischen eine strafrechtliche Parthie 223—268. *Auf Gerichtswesen beziehen sich C.* 33—42 *von Klagen, Antworten, Bürgenstellen,* 53—60 *von den Richterpflichten,* 187 *bis* 189 *von den Vorsprechern,* 190—196 *von Richter und Schöffen.*

III.

Nach Cap. 290 *heifst es:* Nu heben sich an dez rechtis regulen, dornoch man sich richtin sol urteil czu vinden nach meydeburgischim rechte Blumen regula. *Doch wird zugleich in der Zählung der Capitel und im Alphabet, welches bis U gediehen war, fortgefahren. Der Unterschied von dem bisherigen liegt nur darin, dafs statt der Rubrik* Regula *mit der Zahl steht, und dafs die Sätze ganz kurz gefafst sind. Sie stammen zuvörderst aus dem Sächsischen, später hie und da aus dem Römischen Recht, auch wohl wie C.* 382 *ff. gradezu aus den* regulis iuris. *Den Schlufs macht C.* 399 Dem rechte sol ein yderman rowen. *Dann* Hy enden sich di regulen. Nu hebit sich an einz daz in dem keyserrechte stet u. heist verborum significatio u. ist der worter bedutunge. *Indessen stehn in der folgenden Abtheilung*

IV.

zunächst unter fünf Rubriken einige Cautelen für die Parteien nach der Weise des Richtsteigs C. 4 *oder der Cautela und Premis; dann unter* 18 *ungezählten Rubriken peinliche Satzungen theils nach dem Ssp., theils nach dem fremden Rechte. Das letzte Cap.* Von den di iren vater odir mudir totin *giebt die römische Strafe des Säckens an.*

Schlufs Alzo besluzit sich dize blume mit den gnadin der ewygin gotheit der czu unsir selikeit geboren ist von der ewygin rosin one dorn der iuncfrawen mariam. Amen. Got gebe seiner silen rat Der diz buch getichtit hot.

Dieser „Dichter" hat sich nicht genannt, doch stehe ich nicht an, auch diese Blume dem Verfasser der Blume des Sachsenspiegels beizulegen. Das wird jedoch erst bei dem folgenden Rechtsbuche zu entwickeln sein.

Ob die Blume des Magdeburgischen Rechts wegen manches Anziehenden in Sprache, Alterthümern und rechtlichen Bestimmungen einmal ganz oder in gröfserem Umfange zu veröffentlichen sei, lasse ich noch dahingestellt. Hier gestatte ich mir nur die Mittheilung derjenigen Stücke, welche zur Erläuterung des Richtsteiges dienen mögen. Es sind I. 76, 77, 80 *bis*

84, 90—92, 120, 122, 124, 125, 148, 153, 155, 156, 159; II. 3, 4, 5, 7; III. 98; IV. 1—5.

I. 76 (*vgl. Richtst. C.* 31). Wi man ubir einen dyp clagin sol, der mit der deube vor gerichte steit. Mit gerufte sol ein man clagin, den er mit der deube in hanthaftir tat vor gerichte gebrocht hat, ubir seinen dyp und ubir dez landes, der im in seine vier pfele gebrochin hot by slafinder dyyt bi berochinem fewr by beslossener tur, und hab im daz seine deuplichin gestolin daz er noch by im hot, ob er dar wider redin wil so wil ich in des vbirwinden mit der hanthaftin tat und mit meinen schreyleutin und bitte gerichte und beger einr antwort.

I. 77. Von clage wider den der in totslage begriffin wordin. Mit gerufte unde schreyleutin sol man eynen beclagin ubir einen der in hanthaftir tat an todslage begriffin wirt. Czeter ubir einen N ubir meinen morder ubir dez landes morder, der mit seinr vnrechtin gewalt und bosir volleist meinen lyben bruder von dem lebinde czu dem tode gebrocht hot. Diz sol der cleger drystund tun und der cleger sol den totin czu den fuzin stehin alz ein recht vorstender und sol ein bar swert habin, das bedeut czum irstin mol dez vorderers swert mog, czu dem andern mol bedeutis dez morders volleist, und sol sein geschrey so loute tun daz iz der richter und dy schepfin gehorin mugin. Und wen er daz geschrey czum irstin tut, so sol er vorbaz gen vnd den totin wol czwene odir dry schrytte trogin, alzo tut er auch czum drittin mol. So sol er den richter bittin, daz er im dy schepfin lye auz gehegetir bang, dy sullin dy not besehin, nach irem bekentnisse sol er seine clage gestellin.

I. 80. Von antwort um gutis ansproche. Nach dem daz man dich beclagit, daz du eime sein pfert vorintheldest odir seinen mantel odir ander varende habe, uf sotane clage czu antwortene musstu gar ebin merkin, wy tu dich uorantwortist daz tu uolkomen. Wen worum, sprichstu du habest daz seine nicht, daz bewisistu mit deiner vnschult, dormit bistu nicht von im ledig, wen worum, er spricht dich an mit einem anevange und aneuangit daz seine uf recht. Sprichstu denne, du habist einz deinen eyt davor getan, vnd bittist in einem rechtin czu irvaren, ob du im keinrhande antwort me darum tun durfe, odir ob er dich unbillich dorum beclagin muge.

I. 81. Wiltu den antworter czu schanden machin uf daz selbe. Nu spricht der cleger, nachdem mol daz du daz deine by im vindest und tu iz vor daz deine ansprichst und alz daz deine behaldin wilt, wy dirs irteilt wirt vor ein recht, so bittistu in einem czu vorsuchin, ob tu icht billiclicher und nehir by dein gut mit allem rechte nach einz rechtin anevangis recht by czu blybin sy, wen er mirs mit seime eide intpfronden muge.

I. 82. Wy der im antwortin sol. Nu mag sich der antworter nicht geweren, er muz ieme antwortin czu seime anevange. Darum mus er sich bewarin in seiner antworte daz er damit volkome und spreche: so ein pfert hab ich odir einen mantil in meinen guten getrewen geweren, daz ist mein und wil das vortretin und behalden vor das meine, und bitte in einem rechtin czu irvaren, ob ich icht billiclychir by dem meine czu bleybin sy, wen man mirs mit keinrhande clage an gewinnen muge.

I. 83. Der cleger wy er dy antwort widerredin sol mit rechte. Nu muz der clegir wider dyz redin. Nach dem mol daz ich daz meine by im befondin habe, das ich wol beweisen wil mit dem kegin dem iz gekauft hab und meinen redelichen kauf wol beczugin mag, vnd bitte in einem rechtin urteil czu irvarin, ob ich icht billiclicher und nehir by dem meinen czu bleibin sy, wen mirs ymant vor inthaldin muge.

I. 84. Des antworters widerrede. Nach dem mol daz ich daz pfert in meinen geweldin und geweren hab, unde ichs selbir uf meinem stalle geczogin hab, daz ich wol bewisin mag wy mirs ein recht irteilt, und bitte in einem rechtin urteil zcu irvaren, nach dem daz ichs in einr geweren hab und mich an keinen geweren czihin, ob ich icht billich und nehir by dem meinen czu bleiben sy, wen mirs ymant mit kauf und mit lykaufis leutin abgeczugin muge.

I. 90. Von antwort czu vormengetin clage in burgirlicher sache. Ob man dych anspricht um erbeteylunge, so sich dich vor wer der ansprachir ist, wy na er czu dem erbe gehore nach rechtir gebort, ist er dein bruder odir dein swester, dornach machstu denkin uf antwort. Ist dein bruder odir dein swester obgesundert, und machstu dy absunderunge beczugin, daz er sich allis angeuellis vorlobit hab, daz im oder ir an irsterbin mochte von vater vnde von muter, daz sol gescheen sein vor gehegetir bang odir vor einen erbherrin dor man dy erbgenossin czu geczuge hab. So vorantwort er sich alzo. Erbe und gut ist an mir gestorbin von meinen rechtin eevatir und eemutir, das ich in geweldin vnd in geweren hab, dor auz en mein vater gesundert hot mit seime bereitin gute, domit er in auz seinem brote in sein eigin brot gebrocht hab, dor im czu dem mol wol an genugit hot, daz ich wol beweisin mag mit bryfin auz gehegetir bang, odir mit richter und mit schepfin, oder mit dem erbherrin vor den daz gut czu vorreichin behort und mit den erbgenossin, und bitte in einem rechtin czu irvarin, ob ich im keinrhande erbtheilunge pflichtig sy czu rechte, odir waz dorum recht sy.

I. 91 (*vgl. R.* 24). Von antwort uf dy clage dy uf erbe gestalt wider einen. Ab dein bruder dir nicht ebinbortig were und erbteilunge anspryche, als ob er lichte dein bruder were von unelichir geburt, so sprich alzo, ab vnelichi kind mit dem elychin in gelichir erbeteilunge tretin muge czu rechte odir waz dorum recht sy.

I. 92 (*vgl. R.* 23. §. 6). Von antwort wider den cleger der erbe vordert. Odir bistu mit deinen bruder czweiet an der geburt, alz ab er dein halbbruder were von muter halbin odir dein stifbruder were von mutir halbin, so vorantworte dich alzo: gut ist dir an irstorbin von deime rechtyn eevatir unvorgabit und unvorbundin, ab du deinem halbin brudir adir deinem stifbruder keinrhande erbeteilunge dor an gestatin durfe odir nicht. Spricht denne ienr wider, min muter hot erb und gut unde eigin und varen czu seinem vater gebrocht und in seiner gewere alz in eins rechtin elichin vormuntschaft, bitte in einem rechtin urteil czu irvaren, ob mir mein muter teil icht billiclicher volgin sulle, sint ichs mich ny vorczygin hab an keinrstatt da man sich pfleit angeuellis czu uorczien, daz ich wol bewisin wil wy mirs ein recht irteilt, wen mirs ymant vor inthaldin muge. Wider dez mag ienr, nach demol daz man und weip kein geczweyet gut czu irem leibe habln, und mein vater seine muter ubirlebit hot und daz gut by meinem vatir bestorbin ist und von meynem vater uf mich gestorbin, bitte ich in einem rechtin czu irvaren, ob er nu von mir keinrhande erbteilunge vorderen muge czu rechte, odir waz dorum recht sy.

I. 120. Von antworte, ob man einen beclagete daz er einen roufte odir mit gertin hewe oder login strofte. Roufte ein man einen by den horn oder hewen mit gertyn ader luginstrofte er einen, beclagete man ienen dorum und setzte ienr seine clage uf gelt, der vorantworte sich alzo. Ich beken daz ich in gerouft hab und wil dorum lyden waz recht ist, vnd bin dez vnschuldig daz ich sotanis an im gebrochin hab do ich sotan um vorschulden muge, und bitte in einem rechtin urteil czu irvaren, ob ich keinrley an im getan hab, da ich sotan gelt mit uorwerkin muge vnd hoer vorbuzin muge wen mit buze und mit gewette, oder was dorum recht sy. Odir vorantworte sich alzo. Ich bin unschuldig daz ich sotanis an im getan hab, do ich sotan gelt mit vorscholt hab, um daz er beweisit hab wil ich um lyden waz ein recht ist, und bitte in einem rechtin czu irvaren, ob er mich hoer beschuldigen muge wen uf buze und uf gewette czu rechte, odir was dorumme recht sy. Odir mag sich auch so verantwortin, herr her richter frogit einen schepfiin, ob ich seine clage vor eine mishandelunge vorantwortin sol oder hoer. So vint man ut s. So sprich, dez spricht er hir mich an vm czwenczig marg, vnd sint diz denne eine mishandelunge ist dy ich vorbuzin wil alz recht ist, so bitte ich in einem rechtin urteil czu irvaren, ab er denne sotan gelt billich von mir vorderin muge czu rechte, oder was dorum recht sy

I. 122 (*vgl. R.* 26 §. 5). Von antwort umme einz gutis ansprache. Spricht ein man ein eigin an daz im an irstorbin sy nach rechtir sibbeczal, das er beweisin wil wy iz im ein recht irteilt, und bittit gerichtis und einr antwort, sprichstu denne du habistis gekouft vnd wilt deynen redelichin kauf beweisin, alz dirs ein recht irteilt, und bitte in einem rechtin czu irvarin, ob ich icht billiclichir vnd ee meynen kouf mit geczuge behalden muge, wen er mir mein gekouft gut vorinthaldin muge oder angewinnen muge. Wider diz spricht ienir, sint dem mol daz diz ein eigin ist, daz kein man one erbin urlop uorgebin mag, und ich an dy stat ny komen bin, do man sich pflyt erbeigin czu uorczien, bittich in einem rechtin czu irvaren, ob ich icht billich und neher mein erbeigin mit meinen geczugin czu behaldin sy, wen er mit seinen geczugin gekauft eygin behaldin muge, odir waz dorum recht sy.

I. 124 (*vgl. R.* 44). Von antwort, ob man einen beclagete der unwerligis nach einen vogil schusse und einen menschen tryfe. Schosse ein man nach einen vogil und tryfe ein vich oder einen menschin und begriffen und beclagetin man, so vorantworte er sich: herre her richter, ich bekenne uf genade vnd bitte genade von euch und von seinen frondin, wen mir sotan geschychte leider geschen widir alle meinen willen one allirleye bosin vorsacz, und ist mir leyt, daz weis got wol alz ab mirs selbir gheschen were, und ny keins argin dorin gemeint habe und ny kein arg geschefte mit im gehabit hab, und mir daz ungelucke geschach alz ich eins vogils remete, und in leider traff wider alle meinen willen, daz ich wol beweisin mag wy mirs ein recht irteilt. So bitte ich in einem rechtin czu irvaren, ob ich doran hoer gebrochin habe wen an mein wergelt odir waz dorum recht sy. Wider diz fragit der vorderer, nach dem mol daz der tote hy keginwertig ist und er dez bekant hat, bitte ich in eynem rechtin czu irvaren, ob er im icht czu rechte eines morders recht lyden sulle oder was dorum recht sy.

I. 125. Von antwort ob einr den andern czu tode sluge in notwere. Sluge ein man den andern czu tode in notwere seines leibes, vnd torste der nicht czu gerichte czu komen durch lybs angest, den sol den richter geleitin czu der antwort. So antworte er alzo: sache ist geschen, daz er mich anlyf czu berawbin meines leibes vnd meins gesundes, dez ich mich ny intsagin konde mit lybe noch mit leide, und ich nicht genysin mochte gotis noch dez rechtin, vnd ich mich mit meinem rufte kegin ym wante, daz ich wol beweisin mag mit meynen schreymannen alzo vylin alz iz bedarf czu meinem rechtin, und ich mich sein anders nicht intslahin kunde, sunderin mit rechtir notwere alzo lange daz (ich) in vellete, und bitte in einem rechtin urteil czu irvarin, ob ich do keinrley not hoer um lyden durfe wen an mein wergelt oder waz dorum recht sy.

I. 148 (*vgl. R.* 28. §. 1). Von peinlichin clagin und warum sy peinlich heisin. Ungerichtis clagin sint peinlich genant und ist dorum peinlich genant, daz der cleger nicht me begert wen daz man den antworter peinige vm seine mistat und dy peine ist seine buze. Und sotane clagin muz man clagin in hanthaftir tat mit einem czether geschrey, dorum daz deme cleger gewalt und unrecht geschen ist, und begert seine clage mit czu kundigen, uf daz daz dez antworters mistat scheinbar wirt, und der richter vnd dy schepfin durch recht mit dem cleger mitlydunge habin sullen vnd auch im anlegin seine uordinte peine. Und dye peine ist von dem rechtin deme mistetir gesatzt vor eine buze, und dorum welchim misteter um seine mistat seine beschrebin peine angeleyt wirt, der mistat ist vor gote uorgessin und mit der peine wirt gotis czorn gesenftit.

I. 153. Von undirscheit der vormengetin clage. Daz eine vormengete clage wirt peinlich an gesatzt und doch purgelich wirt, daz kumt czu uon dez rechtis genadin, alz ob ein unsinnig mensche einen mort beginge, odir ob einer in vorwarlosunge einen totte, alz er nach einen vogil schusse, odir in notwere leybes vnd gutis. Alle dyze sachin mag man peinlichin angestellin und werden mit der antwort burgelich gemachit, vnd daz man czu burge gebin, wen worum, wo man eine sache vortzeut biz andern tag den muz man czu borge gebin.

I. 155 (*vgl. R.* 41). Wy eine burgeliche clage peinlich wirt von gelubde. Umme gelubde wirt eine burgeliche clage angestalt dy ouch peinlich wirt, als ob tu eynen hysist czu tode slahin und clagete so: herr her richter, ich clage ubir einen N daz er mir by seinen gutin trewen globit hot eine gewere um daz daz ich N wondin adir irslahin solde, davon ich leider in sundin von komin bin, daz ich vor euch von des rechtis genadin und uon ewern genadin mit fronde rate unde hulfe gebust vnd gebessirt hab, dez ich mich czy an euch und an daz gehegete ding. Nu ist komen ein N vnd hot mich auch sint angesprochin, den ich wider mit mynne noch mit rechte nicht abeweisin konde, vnd wolde mich durch seins geheisis wille leibeloz gemachit habin, und beger gerichtis und bitte einr antwort. Und sust teidingit er in in dy ochte. Auch so kumt iz so czu, ob tu einen vorwont hettist oder getotit oder vorlemit und er sturbe, man beclagete dich dorum, der uorderer tet dir eine gewere vor der antwort alzo recht ist, tu vorwergelditzt den totin alz sein recht were, ein ander queme vnd spriche dych an. Du sprichist, du hettist dich eins um den totin bericht, do were dir eine gewere vor gelobit. Jenir spriche, nach dem mol daz noch ior vnd tag nicht vorgangin ist daz er im seinen lybin frunt von dem lebinde czu dem tode gebrocht hot, vnd den ich billichir vordere nach rechter mogeschaft, daz ich wol beweisin wil wy michs ein recht irteilt, und er hir stet vnd bekant hot dez mordes, bitt ich in einem rechtin, ab ich in mit richter und mit schepfin dez mordis nehir czu ubirczugin sy, wen er czu keinrhande weiz unschult dauor getun muge, oder waz dorum recht sy. So machstu sprechin, nach dem mol daz er hy stet und sich vormist mogeschaft czu beweisin vnd ein ander dy uorderunge uf sich genomen hot auch nach rechtir mageschaft, vnd mir auch eine gewere dorum getan ist vor richter vnd uor schepfin, bitte ich in einem rechtin urteile czu irvaren, ob er icht dy beweysunge billicher und ee kegin yeme tun sulle, sint sich auch ienr czum nehestin czu der sibbe stepfen, wen daz ich im um den totslag antwortin durfe. So muz der antworter seinen geweren gestellin.

I. 156 (*vgl. R.* 42). Von der vormengetin clage dy man peinlich ansetzt vnd doch burgelich wirt. Vormengete clage dy man peinlich ansetzt und doch burgelich wirt dy kumt so czu, ob einr einen newen weg sluge ubir deinen gearen acker, weret sich der pfandrechtis, so schrey czeter ubir unrecht vnd ubir gewalt und begreyf in und brengin vor und sprich so: herre her richter, ich danke gote herre her richter und euch und den byderbin leutin, dy mir czu hulfe komen sein und meinem gerufte geuolgit habin, daz ich N czu rechte gebrocht hab der mir mit gewalt wider recht schadin wolde, und bitte in einem rechtin czu irvaren, wy ich meinen waldinberger vor gerichte brengin sulle, daz mirs hulflich sy czu meinem rechte. Alz tu daz getust, so gestelle deine clage so: ich clage gote und euch herr her richter, daz ein N wider got und wider daz recht mit seinr vnrechtin gewalt ist, hot mir einen newen weg ubir meinen new gearen acker und mir den geergert und getrettit hot, und sich pfandrechtis mit unrechter gewalt gewerit, und bitte gerichtis und beger einr antwort. Sprycht denne ienr, herre her richter vnd uorantwort sich alzo vor gesprochen ist.

I. 159 (*vgl. R.* 47). Von burgelicher clage dy peinlichen wirt. Vorbaz me sullin ir wissin, daz sy abir burgeliche sache peinlich machin mit sotanir weise. Borgin sy ymande icht und wirt der vorfluchtig, den heyschen sy alz einen vorfluchtigin dyp und clagin uf in mit gerufte vnd gestellin ir clage so: herr her richter, ich clage ubir einen N, daz er mir deuplichin mein pfert intrytin hatt, oder mir czehin marg deuplichin by slafinder dyt by berochenem fure by beslossinir tor, were er hir und welde sich uorantwortin daz were mir lip, und bitte herre her richter, daz ir in dorum heyschin lazit. So lezt in der richter mit dem frone botin heyschin. Der spricht: ich heysche einen N von rechtis wegin czu gerichte vnd czu rechtir antwort um eins P beschuldigunge, der in beschuldigit hot daz er im sein pfert intryttin hab oder im sein gelt deuplich intragen hab, czum einen mol czum andern mol czum drittin. So spricht der vorderer: herr her richter, vragit einen schepfin ob er geheischin sy alz recht ist. Daz vint man. So spricht er denne vort: herr her richter nachdemoll daz er geheischin ist und daz gemeyne urteil geteilt ist und er nicht hir ist, waz ich im wartinde sulle sein. So bescheit man czu dem andern dinge, so thu im abir alzo vnd czu dem drittin. So brengin in dy ochte. Kumt ienr so czihe der sich auz der vorvestunge alz recht ist, und thu seine slechte unschult dauor und teidynge so: nach dem mol daz ich mit meinem rechte meyn unscholt beweisit hab, und er mich czu rechte in dy ochte gebrocht hot, do ich nicht czu antwort gewest bin, bitte ich in einem rechtin czu irvaren, ob er daz billich getan habe. Wen sich abir ienir aus der achte gezogin hot und vor gerichte kumt sich czu vorantwortin, und clagit denne der cleger alzo vor, daz er im deuplichin daz seyne intragin hab, so mag der antworter so sprechin: ein pfert oder anders icht hot er mir williclychin gelygin, daz ich weder vorstolin noch vorholin ny gehaldin hab, daz ich wol beweisin mag mit byderbin leutin mit alzo vielin alz ich ir bedarf czu meinem rechtin. Bitte ich in einem rechtin urteil czu irvarin, ob ichs icht mit meynen geczeugin nehir czu beweysin sy, daz er mirs selbir gelygin hot und ichs mit seinen willen auz seinen geweren gebrocht hab, wen er mir mit geczeuge deube doran geczien muge, oder waz dorum recht sy.

II. 3. Ob ein erbname spreche, sein vorvare hettis gekouft und woldes beweisin, oder hettis geczogin uf seim stalle ob iz ein vy were oder hettis lasin werkin oder selbir machin und woldes beweissin, were der erbe mit seinr beweisunge nehir, sint ers in geweren hat, oder der ansprachir. Beweiset (l. Woldis) der erbname selb dritte alzo recht ist beweisin, daz sein vorvare gekauft oder geczugit habe, er ist nehir dor by czu blybin, den der, der der gewere doran darbit, von rechtis wegin.

II. 4. Von gute daz eime gelegin were odir czu behaldin getan were oder vorsaczt und der sturbe, der erbe woldez vortretin wider ienen, welchir were nehir. Czeut sich ein man czu seime gute, daz er eime czu behaldin getan hette, nach dez tode kegin seinen erbin, daz gut sy varende odir unvarende, der vorderer ist iz nehir czu behaldin, den im der erbe da vor gesweren muge von rechtis wegin.

II. 5. Hettis der erbe geczugit oder der tote. Der erbe ist abir in sotan sachin nehir, sein erbe czu vortretin und czu behaldin, ob er beweisin mag selb dritte, daz iz ienr gekauft oder geczugit hette der iz uf im erbete, den iz im der uorderer mit geczuge angewinnen muge von rechtis wegin.

II. 7. Ob man einen anspreche nach totir hant um beweiselich gut, ob er dar vor sweren muge oder nicht. Daz gut daz man abir undir einem anspricht nach totir hant und daz man vndir im liplichin beweisin mag, als ob iz czu pfande gesatzt were odir czu behaldin getan were, daz muz der erbname vor antwortin on unscholt.

III. 94. Von gelubde. Globin leute mit gesamptir hant und ungesundert zu bezalen ein gelt, si sint alle gelich schuldig. Welchir abir ir ein daz gelt gancz und gar beczalt, der hot dy burgen alle gelost.

III. 95. Globin vil leute mit gesamptir hant und hot ir ein daz gancze gelt gar beczalt, doch muz menlich dy beczalunge beweisin daz ienr vor sy all beczalt habe, ob man sy ansprycht.

III. 96. Globin leute mit gesamptir hant ein gelt, stirbit ir ein, dy andern mussenz leistin nach dem gelubde alz recht ist.

III. 97. Globin viel leute vor einen mit gesamptir hant, und beczalt der selb schuldige, und spricht man dy burgin dorum czu, der selb schuldige muz seine beczalunge bewisin alz recht ist und ledigit seine burgin.

III. 98. Globin leute mit gesamptir hant ein gelt uf eine genante czeit, und wirt daz gelubde vorwandelt mit briffin und mit gelubde, dy irstin burgin sint loz ob sy daz beweisin alz recht ist, sy in hettin sich denne andertweide vorbundin daz ienr bewisin mochte.

III. 99. Globin leute mit gesamptir hant, und wurde ir ein abtrunnig odir der sachewalde, dy andern mussin leistin nach dem alz sy globit hattin.

III. 100. Globtin leute mit gesamptir hand, und wurde der burgin ein vorczalt odir vorworchte er leib und gut, dy burgin mit den er gelobit hot mugin mit ir bewisunge sein gut vorsperrin und sich ir manczal doran irholen billiclicher und ee, wen sy ymant doran gehinderin muge.

IV. 1. Czu allim fleize sol ein iclich man vornemen dy rede und iclich wort besunderin seines wydersachin, wen worum, der worter behendikeit kurczt eine rede und besleust einen sin. Vornymt man denne der worter kraft nycht, so wirt betrubit der sin und betrugit den widersachin.

IV. 2. Lazit euch nicht czu ghae alz ir eine rede hort, und wegit dy nach ewerem synne vnd merkit dy wort, und irkysit, ob in den wortin icht worter sin dy me bedutunge haben.

Bevint ir dy dy clubit auz, vornymt sy ienr in einem sinnen, so wendit den syn nach ewirm fromen, und legit dorczu daz ir yeme daz wort vordempfit und im seinen vorgesacztin sin intpfromt und merkit ob er euch volgit. Volgit er euch nicht, so besprechit euch baz und umghet in mit rede und vornemit seine meinunge, wen iz geschyt oft, daz ein man anders red wen alz sine meinunge ist.

IV. 3. Wy man eine rede andertweiden sol. Andertweiden mugit ir ewirs widersachin teilung von worte czu worte in seine keginwertikeit, und grabit auz seinem herczin seine meinunge mit synem yoworte. Vint ir icht nuczis in seinr rede daz behalt; vint ir nicht, so setzt seiner meinunge ein gelichniss mit einem mittel; volbort er dor an icht daz behalt; tut er dez nicht, so nemet vor euch ein gelichniss mit eime worte daz me bedutniss hot, und vorbint dormit ewer sin. Den sin sult ir auch nicht wandelin, wen daz ir yo by der einen meinunge blybit; ewir wort mugit ir wol wandelin, ewirin sin mit czu scherfin und im seinen sin czu beslysin nach ewirin fromen.

IV. 4. Wy man ratis pflegin sol. Ratis sult ir ymr pflegin oft und euch besprechin unde mit nicht euwir rede selbir furen, wen worum, waz ir selbir red daz mugit ir czemelich nicht wol wider sprechin; waz aber ein ander an ewir stat red, fugit iz euch nicht, ir mugit iz wider sprechin.

Cautele (IV. 5). Hot ymant wider euch icht, den mugit ir anredin on gerichte; by seinr antwort mugit ir kysin gewin und vorlust, wen worum, ir tut ewir ansprache nachdem alz ir gewynnen wolt, und er seine wider so alz er gewinnen meinit. Uf seine antwort, domit er gewynnen wil, mugit ir gryfin czu eyner widerrede wider dy antwort, dy er wider ewir clage tut. Und alliz daz ir vor gerichte tut, dar czu kysit der botin dy ewer sachin geczug sein, und vormessit euch keinr geczuge, ir in wisset denne daz ir mugit volkomen.

Dritte Beigabe.

Die Blume des Sachsenspiegels.

So oder genauer di Blume ubir der sachsen spigel den wir ouch lantrecht heissen u. ubir weicbildis recht daz wir auch meideburgisch recht heissen u. statrecht, *nennt sich ein Werk, von welchem Chr. Runge die erste Nachricht in den* Analectis Silesiacis *Abth. I.* 1733 *S.* 18 *und wiederholt in seiner* Notitia historicorum etc. P. I. p. 200 *gab. Ein andres Rechtsbuch, sagt er, Schlesien angehend ist unter dem Titel der Blume über den Sachsenspiegel zum Theil* 1416, *zum Theil* 1420 *geschrieben worden und begreift zugleich einige Breslauische Statuten u. d. N. Willkor.* *) *Die Beschreibung paſst ganz auf den jetzt in der K. Bibliothek zu Berlin befindlichen Codex* Ms. Germ. fol. 120 (*Rechtsb. Nr.* 28), *dem allerdings auf später eingelegten Blättern nach S.* 239 *einige Willkühren beigefügt sind.*

In neuerer Zeit beschrieb Gaupp 1828, *Schlesisches Landrecht S.* 296, 311, 314, *drei Handschriften des Werkes mit nähern Angaben über dessen Verfasser, Zweck und Einrichtung.* **) *Weitere Nachrichten nebst Mittheilungen aus der Namslauer Hdschr. gab Geyder in Hoffmanns Monatsschrift von Schlesien* 1829 *S.* 566, *vgl. Gaupp ebd. S.* 766. *Seitdem fand die Blume auch in den Lehrbüchern über D. Rechtsgeschiehte z. B. bei Eichhorn §.* 443 *ihren Platz; Stenzel, Urkundensammlung* 1832, *S.* 216 *ff. entnahm ihr einzelne Beiträge zur Schilderung der Verfassung der Städte.*

Mein „Verzeichniſs der D. Rechtsbücher" stellte im J. 1836 *nach den inzwischen bekannt gewordenen acht Handschriften die äuſsere Einrichtung des Werkes dar; vollständiger ist dies* 1856 *in den „deutschen Rechtsbüchern des Mittelalters" geschehen und nunmehr auch die früher mit dieser Blume identificirte Blume des Magdeburger Rechts davon geschieden worden, s. da-*

*) *Weil in der* Notitia *nach* Wilkor *ohne Punkt fortgefahren wird* Theodericus de Buckensdorf . . . Remissorium . . . confecit, *so schreibt Pauli, biograph. Nachrichten, Grottkau* 1788 *S.* 14 *dem* Wilkor Theod. v. B. *die Blume über den Ssp. zu.*

**) *Vgl. die Recensionen von Homeyer, Jahrb. f. wiss. Kritik,* 1828 *Okt. S.* 563 *und von Nietzsche, (Hallische) Allgem. Lit. Z.* 1829 *S.* 16.

selbst S. 20, 23, 171. *Es ergiebt sich daraus, wie die einzelnen Hdss. gruppenweise in der Vollständigkeit der Bestandtheile und auch sonst in der Behandlung von einander abweichen. Hier darf von diesen Verschiedenheiten meist abgesehen werden, wo es nur gilt, den Character der Arbeit überhaupt, namentlich sein Verhältnifs zu dem Richtsteige darzulegen und durch Proben zu veranschaulichen.*

Als Verfasser nennt sich wiederholt Nicolaus Wurm oder Wormis aus Neuruppin, damals unter dem Grafen von Lindau, im Stifte Havelberg. Zur Zeit der Schrift stand er in Diensten des — 1367 *bis* 1409 *regierenden — Herzogs Ruprecht von Liegnitz, welchen er als den Anstifter und Gönner der Arbeit zu preisen nicht müde wird. Einmal bezeichnet er sich auch als* scolaris legum scole Bononiensis magistri mei dni Johannis de l i g n a n o dno legum ac doctore decretorum examinatus, *jenes im J.* 1383 *gestorbnen angesehenen Rechtslehrers, der u. a. seit* 1377 *päbstlicher Statthalter von Bologna war, Savigny Gesch. d. R. R. III.* §. 52, 89, 91, *VII. S.* 178, *und der im J.* 1380 *mit* Baldus *in Rom zusammentraf, um das Schisma schlichten zu helfen,* Pancirolus de claris leg. int. III. c. 25.

Aus den Lebensumständen seines merkwürdigen Schülers, unsers Wurm, habe ich ein weiteres nicht ermitteln können. Was ihn auszeichnet ist zunächst eine ungemeine Fruchtbarkeit. Aufser dieser Blume giebt sich noch ausdrücklich als von ihm verfafst an: das Liegnitzer Stadtrechtsbuch v. 1399, *Rechtsbücher S.* 37. *Ferner schreibt man ihm mit grofser Wahrscheinlichkeit zu: die Blume des Magdeb. Rechts, die Umarbeitungen der Glosse zu Land- und Lehnrecht und des Richtsteigs Landrechts, welche die Liegnitzer Hdss. v.* 1386 (*Rb.* 406, 407) *und die Görlitzer v.* 1387 (*Rb.* 250) *zeigen, Sachsensp. I. S.* xx — xxii, *II.* 1 *S.* 75, 76 *und oben S.* 67, *endlich die in Nr.* 250 *und* 407 *enthaltene Glosse zum Weichbilde und zu Albrechts Constitutionen.*

Die Gründe für solche Annahme liegen in Folgendem. Nach Köhlers Nachweisungen im N. Lausitzischen Magazin XV. S. 170, 171 *bezog Wurm u. a.* 1401 *eine Leibrente vom Rathe zu Görlitz, und im J.* 1397 *erfolgte eine Abschlagszahlung* von nicolaus wormes u. nycolaus dippoldis (*eines Pergamenthändlers*) wegen als man das lenrechtsbuch (koufte). *Hienach lieferte Wurm Rechtsbücher nach Görlitz. Die drei hier befindlichen*

Hdss., Rb. Nr. 250 *mit Richtsteig, Landrecht, Weichbild u. s. w., Nr.* 251 *mit der Blume des Magdeb. Rechts, Nr.* 253 *mit der Blume des Sachsensp. zeigen dieselbe Hand. Die in ihnen enthaltnen Rechtsbücher, namentlich Landrecht und Richtsteig stimmen in ihren characteristischen Besonderheiten genau mit denen an Wurms Wohnort, zu Liegnitz aufbewahrten überein. Für diese Liegnitzer Bücher wiederum ist ein Schützling des Herzogs Ruprecht thätig gewesen; in Nr.* 406 *heifst es a. E. des zweiten Buches des s. Landr.* sub umbra magnifici principis ac domini Ruperti ducis legnicensis, *in Nr.* 407 *am Schlusse des Weichbildes* sub umbra alarum magnifici ducis Ruperti Lygeniczensis; *und auch in der Görlitzer Nr.* 250 *am Schlusse wenigstens* sub umbra alarum principis altissimi.

Alle diese Arbeiten tragen denselben allgemeinen Character, gleiche Richtung und Manier des Verf. Ueberall finden wir ausgedehntes Wissen, gute Bekanntschaft mit dem fremden wie mit dem einheimischen Recht, das Streben, beide im Leben zu einem grofsen Ganzen zu „concordiren," dergestalt, dafs das heimische als das jüngere und besondere den Vorrang behauptet, den Hauptkern bildet, zu dem das fremde Recht die Ergänzung, den Schmuck, den ganzen wissenschaftlichen Apparat mit Definitionen, Eintheilungen und durchschlagenden Sätzen liefert. Wurm tritt hier in die Fufsstapfen des um ein halbes Jahrhundert ältern Glossators v. Buch, seines märkischen Landsmannes. — Die Darstellung ist breit und weitschweifig; gewisse Wendungen, z. B. die Frage wenne worumme *vor dem Beweise eines Satzes kehren häufig wieder.*

Das hier zu betrachtende besondere Werk, die Blume, hat wesentlich eine processualische Richtung gleich dem Richtsteige. Der Verf., obwohl er ihn nicht anführt, kennt ihn sichtlich, geht aber über seinen Vorgänger in verschiedenen Beziehungen weit hinaus. Erstens, der Richtsteig will sich lediglich auf den Sachsenspiegel stützen; die Blume nennt aufser ihm als ihre Grundlage nicht nur aus den einheimischen Quellen noch das Magdeburger Stadtrecht oder Weichbild, sondern auch das geistliche und das kaiserliche Recht; überdem entnimmt sie noch manches dem Gerichtsgebrauche oder uns nicht zugänglichen Schriftwerken. Zweitens begnügt der Autor zur Rechtfertigung der Anträge und Urtheile sich nicht lediglich wie der Richtsteig mit einem Citat der Sätze, sondern giebt diese selber in einer besondern

*Abtheilung alphabetisch geordnet dem Werke bei. Drittens werden die materiellen Sätze bei weitem specieller processualisch durchgeführt; der vorgeführte Fall wird theils concreter gesetzt, theils durch mannigfaltigere Wendungen verfolgt. Viertens ist auch die Behandlung äufserlich eine mehr dramatische, redseligere, umständlichere.**)

Daher ergiebt sich ein so bedeutender Umfang der Arbeit, dafs sie z. B. in der Görlitzer Handschrift [illegible] Bl. oder 1260 Columnen in gr. Folio füllt. Aber auch der innere Werth, wenn er gleich solchem äufsern Umfange nicht entspricht, ist doch für unsre Kenntnifs der weitern Entwickelung des materiellen Rechts wie des gerichtlichen Verfahrens nicht unerheblich.

Die nähere Durchführung der weitschichtigen Aufgabe leidet an einer gewissen Unbehülflichkeit und Unklarheit, steht gar sehr hinter der einfachen und systematischen Darstellung des Richtsteiges zurück. Das Ganze zerfällt nach einem mit dem Register verbundenen Vorworte in vier Haupttheile.

I. *Der erste, das Buch von den Klagen läfst sich noch in folgender Weise sondern:*

A. *Eine Einleitung handelt* 1) *in freier Bearbeitung des s. Landrechts I.* 1, *III.* 44, *des Weichbilds* 10, 7, 1 *und deren Glossen vom Ursprunge und den Arten des Rechts und giebt dabei den Plan des Werkes also an:* Auch heist eins ius publicum .... Von desin rechten allen welle wir nicht vil setczen, sunder wir wellins bevelen den studenten, wen worumme, is gehorit nicht zu unsirm markte. Dorumme wil ich wedir greiffen in meinen vorsacz u. vor mich nemen di blume, dorinne ich meine czu beweisin dez rechtis behendekeit. Czu dem irsten noch klage, dornoch wi man antworten sal u. eine iczliche sache practiciren, u. dornoch wil ich setczen manchirhande regulen, czusamene gelezen aws manchirhande rechte, gecziret noch der weize des Alphabeti.

2) *Entwickelung des Ursprunges und des hohen Ansehns der Magdeburger Schöffen, mit geringer Rücksicht auf die Glosse zum Weichb.* 10, 11. *Ihr Beruf, allen zu antworten wird auf die Beschwerlichkeit des Rechtsholens vom kaiserlichen Hofe ge-*

*) *Näher tritt in diesen Beziehungen unsrer Blume die Bearbeitung des Richtsteiges in der fünften Classe, s. die vierte Beigabe, ja zuweilen kehren hier dieselben Ausführungen wieder, s. die Probe unten S.* 366.

gründet, si sint gesaczt u. mit deme amechte belenet, sotanen schadin czu bewaren an des reichis stat in weicbilderechte.

3) *Dem „Büchlein" wird der Name gegeben* dy blume in meideburgischim rechte u. heist dorumme alzo durch sundirlichir togende u. behendekeit wille, dorumme daz man hir inne vindin mag des rechtis nutz mit kurczen worten .... di so gar weite in keiserrechte u. in geistlichim rechte u. in der Sachsen spigil gestrewet. *Das Gleichnifs von der Blume wird nach allen Seiten hin durchgeführt; unter ihren vier Eigenschaften wird der* ***Geschmack*** *bezeichnet als* des rechten vorweser d. i. der richter und di scheppfen, *die* ***Gesundheit*** *als das Urtheilgeben, welches dem zu Theil wird,* der in deme rechte sochte, u. deme das unrecht angesegin wolde. *Die Blume soll hier mit 27 Blättern* noch der czal des alphabeti *geziert werden. Zur Sache selber wendet sich der Autor*

B. *mit Art und Hegung der Gerichte, Klage gegen Richter und Schöffen, Benehmen der Parteien, Ladung, Stellung der Vorsprecher, theils in dogmatischer Entwicklung, theils in Durchführung von Rechtsfällen. Der um das Urtheil gefragte Schöffe leitet seine Antwort so ein* Wolt ir daz recht, herre her richter. Ich vinde vor ein recht alz mich meine kumpan gelart habin und habe is auch selbir vor ein recht. *Bei der Sentenz selber wird, wie auch in den folgenden Abschnitten, auf das Buch der Regeln verwiesen.*

In den unten mitzutheilenden Stücken gebe ich aus diesem Abschnitte B. *theils eine im Weichbild nicht vorkommende Stelle über die verschiedenen Gerichte zu Magdeburg, theils die Artikel über das Amt des Vorsprechers zur Vergleichung mit Richtsteig Cap.* 3, 4.

Der Gerichtsverfassung folgt C. *das* ***gerichtliche Verfahren***. *Hier erörtert der Verf. zunächst den Unterschied zwischen dem Magdeburgischen und dem fremden Rechte, den Grundsätzen der Glosse folgend, s. die Mittheilung unten. Dann die Lehre von den Klagen überhaupt nach den Institutionen, so dafs er bei den dinglichen zugleich von den Arten und dem Erwerbe der Sachen, bei den persönlichen von der Bürgschaft, nach römischem und deutschem Rechte handelt. Endlich gelangt er*

D. *zu den einzelnen* ***Klageformeln***, *deren er (Artt.* 70 *bis* 254) 185 *für eben so viele einzelne Fälle aufstellt. Die*

Hauptquelle ist der Sachsenspiegel. Meist wird nach dem Falle nur noch, mit dem Uebergange sic formatur actio, *der Antrag des Klägers gegeben, wegen des weitern Ganges aber auf eine* practica communis *oder* specialis *in den folgenden Büchern verwiesen, und schliefslich die* actio, *möge sie gleich auf deutschem Rechte beruhen, unter eine römische Rubrik gebracht. Die Fälle sind häufig sehr specieller Art, z. B.* ab einir eines mannes kint uff ein unsittig pfert setzte u. daz pfert schaden tete, *oder A. 100* Von clage do man einen trette in eime tornei, *oder A.* 247 ab einer den andern irrete an seinem wetteloufe. *Ich theile hieraus den Art. über die Anfangsklage mit.*

II. *und* III. *Das weitere Verfahren nach der Klage stellen die meisten Recensionen des Rechtsbuches in zwei Büchern dar, benannt* practicae communes *und* pr. speciales. *Ihr Verhältnifs giebt ein Vorwort zum Register dahin an:* das andere . . . ist ein buch dorinnen man findet gemeinlich, wy man sich vorantworten sol u. was sich nach dem gemeinen louffte doruff geboret. Das dritte . . . . ist ein buch, dorinnen man findet antwort uff itzliche clage nach des buches awswissing. *Vornemlich ist zu der Antwort das letztere dieser Bücher bestimmt, nach dessen Eingang:* Nu sullit ir vornemen den roch der blumen . . . . u. ist wol billich daz eins deme anderen dine, daz der roch u. di varbe beweise der blumen kraft, u. dorumme ist auch wol billich, daz noch einer redelichen klage redeliche antwort volge.

Die Durchführung ist jedoch nicht klar und folgerecht. Theils werden auch materielle Entwickelungen wie in dem liber actionum *eingemischt, theils wird die angedeutete Scheidung der beiden Bücher, Lehre von der Vertheidigung überhaupt und Exceptionsformeln für die einzelnen Fälle, nicht strenge festgehalten, theils endlich folgen die Specialpractiken nicht dem Inhalt und der Ordnung der einzelnen Actionen. Eine der Recensionen läfst die gemeinen Practiken ganz fort (Rechtsb. S. 23 ff.); eine andre (S. 22 I. C.) hat nach den gemeinen nur den Anfang der Specialpractiken.*

Zur Veranschaulichung des Verhältnisses zwischen den drei ersten Büchern folgt unten der Anfang des Rubrikenregisters zu jedem derselben nach den Recc. I. A. B. *(ebd. S. 20, 21).*

In dem Buche der gemeinen Practiken, welche hauptsächlich Schuld- und peinliche Sachen betreffen, ist der Fall meist vollständig von der Klage bis zum Urtheil mit verschie-

denartigem, durch die Weise der Vertheidigung bestimmten Ausgange durchgeführt. Die Specialpractiken dagegen, deren 162 *in der Rec.* I. A. *gezählt werden, beginnen regelmäfsig mit der Antwort. Die unten gegebenen Proben aus Buch* II. *erläutern die Lehre von der Haussuchung und von dem Werthe eines in der Folter abgelegten Geständnisses. Die Stellen aus Buch* III. *dienen zur Vergleichung mit der Behandlung derselben Fälle im Richtsteige.*

IV. *Das vierte Buch hat den Eingang:* Hy hebin sich an regulen u. des voregin buchis awsrichtunge in der practican, dornoch man urteil vindin mag uff iczliche sache sundirlich, noch deme als dy regeln geschreben sten in legibus ... u. auch in geistlichim rechte u. in der Sachsen spigil u. auch in meideburgischim rechte u. in der keiser satczunge, di enteil gewest sein vor gotis geburd u. auch dornoch, u. czhie mich mit desen regulen u. urteiln an di vorgerurten recht czu einer bewerunge. *Solcher belegenden Sätze sind gegen* 2400, *die unter jedem Buchstaben von vorne gezählt werden, s. Rechtsb. S.* 22, 23, 61. *Die alphabetische Ordnung bestimmt sich übrigens nicht wie in den Remissorien der Rechtsbücher nach dem Hauptgegenstande des Satzes, sondern nach dem zufälligen Anfangswort desselben. So steht unter* Z: Zo wer einen in gefengnis bringet *etc.; das Werk wurde also nur recht brauchbar durch die Beziehung, welche die früheren Bücher darauf nehmen.*

Die Beispiele unten zeigen, wie auch in diesen Regeln einheimisches und fremdes Recht zusammensteht.

Es bleibt noch übrig, was sich über die Stellung der beiden Blumen zu einander und für einen gemeinsamen Autor aus den bisherigen Angaben ergiebt, zusammenzufassen.

In beiden Werken waltet derselbe Plan, das einheimische Land- und Stadtrecht und das fremde weltliche und geistliche Recht in seiner Anwendung vor Gericht praktisch darzulegen, und zwar mit Sonderung 1) *der Klagen,* 2) *der Antworten,* 3) *der das Urtheil rechtfertigenden Sätze und Regeln. Der Name ist eigentlich der gleiche, denn auch das zweite Werk nennt sich in der Überschrift* blume vbir der sachsen spigil ... u. ubir weicbildis recht daz wir auch meydeburgisch recht heissen, *und weiterhin* dy blume in meideburgischim rechte. *Das Gleichnifs ferner mit der Blume wird in der nemlichen Weise durchgeführt, oft mit denselben Worten, vgl. die Stellen über den Geruch oben S.* 342 *und* 360. *Die für beide Arbeiten angekündigte alphabetische Ordnung nach der Zahl der Blätter tritt auch in den drei ersten Büchern der Blume des Ssp., wenn gleich nicht so deutlich wie in der ersten Arbeit hervor. Nach allem diesen lag sicherlich das eine Buch und zwar die Blume des Magdeb. R. als das weniger ausgeführte, bei der Abfassung des andern weitläuftigern vor Augen. Allein Wurm, der ausdrücklich sich als Verfasser des letztern nennt, [illegible] auch schwerlich dem frühern Werke fremd. Der einzige Codex der die Blume des Magdeb. Rechtes giebt (Rb.*251), *ist einer der Görlitzer Drillinge, welche von derselben Hand geschrieben nach dem Obligen wohl durch Wurm dorthin besorgt wurden, unter denen Nr.* 253 *die Blume des Sachsenspiegels enthält, und deren oben berührte Herkunft aus Liegnitz sich für die Nr.* 251 *noch daraus bestätigt, dafs die Bilder in ihr zum Theil dieselben sind wie in dem Liegnitzer Codex Nr.* 407. *Nicht weniger Gewicht lege ich auf die Uebereinstimmung der Manier bis in Kleinigkeiten hinein, auf denselben Wortschwall, das gleiche Spielen mit dem Alphabet, die stete Wiederkehr jener Frage* weh worumme, *eigenthümliche Wortformen wie* verbodemen (*auch in Wurms Stadtrecht*) *für versichern. Auch das verdient noch hervorgehoben zu werden, dafs die Prätension der Blume des Magdeb. Rechts, sie gebe wirklich gefällte Urtheile, oben S.* 340, *eben so in derjenigen Bearbeitung der Glosse zum s. Landr. hervortritt, welche billig dem Nicolaus Wurm beigelegt wird, s. Ssp. I. S.* XX, XXI.

Hiernach nehme ich an, dafs der allerdings sehr rührige Zögling der Schule von Bologna die beiden Blumen in wesentlich gleicher Richtung verfafste, und zwar die mit 27 *Blättern nach der* 24*blättrigen. Aber doch nicht als eine neue nur mehrende und bessernde Ausgabe. Vielmehr ist in jeder Blume das Eigene so überwiegend, dafs der Autor beide neben einander für brauchbar halten und mittheilen mochte. Es scheint selbst zuweilen, als wenn er absichtlich gemieden, sich zu wiederholen. So sind z. B. die Regeln beider Bücher unter dem Buchstaben* T *durchgängig verschiedene, und die eine, beiden gemeinsame über das Treiben fremden Viehes weicht doch, s. unten, im Ausdruck sowohl unter sich als von dem der Quelle, S. Landr. III.* 37 §. 3, *etwas ab. In gleichem Sinne hat Wurm auch in seinem letzten Werke, dem Stadtrechtsbuch von* 1399, *dieselben Lehren, z. B. die „von des Vorsprechen Vorsichtigkeit" ganz anders als in der Blume des Ssp. abgehandelt.*

Ich lasse nun die ***Proben*** *folgen.*

1. *Aus* I. B, *oben S.* 359, *nach der Berl. Hdschr. Rb. Nr.* 28.

Nr. 19. Aftirding ist, alz ab der richtir rȩchte dingetag gehabt hette u. beschide daz czu deme andirn tage, alz ab is were um schulde adir um eide adir um andir sachin, di man czu deme einen tage nicht wol geendin mochte.

Vgl. die Stellen bei Haltaus S. 17 *unter* Afterding *und die Ordnung des Probsteihofes zu Frankfurt bei* Senkenb. C. Jur. Germ. I. 2 p. 17.

Nr. 21. Pording ist, daz man awssen rechten dingetagen hegit, alzo um gabe adir um schult einem wegevertegin gaste adir czu einer andirn weize.

Pording *ist ohne Zweifel nur eine andre Form für* burding, bauerding, burgerding. *Nach dem Magd.-Breslauer Recht von* 1261 §§. 2, 3, *und danach im Weichbilde A.* 42 *ist* burding *das Gericht der* ***Rathmannen****, welche richten über Maafs und Gewicht, Speisekauf u. dergl. Wurm nimmt es dagegen für ein Gericht, welches der* ***gewöhnliche Richter*** *— denn die Urtheilsfinder sind Schöffen — aufserordentlicherweise in schleunigen Fällen, namentlich zu Gunsten der Reisenden ansetzt. Es entspricht also dem in Wichmanns Privilegium für Magdeburg von* 1188 §. 6—8 *beschriebenen Gericht, in welchem der Burggraf oder Schultheifs, wenn die Schöffen nicht zur Hand, auch von Bürgern sich Urtheile finden lassen dürfen, so wie dem* ***Nothgerichte*** *in dem M. Bresl. R. von* 1261 §. 24 *und dem* ***Gastgerichte*** *in dem M. Görlitzer R. von* 1304 §. 7, *Weichb.* 46 (*v. Daniels* 45 §. 2). *Wurms Sprachgebrauch erklärt sich wohl eben daraus, dafs in diesem aufserordentlichen Gericht nöthigenfalls auch Bürger urtheilen konnten. Vgl. Stenzel Urkundensamml.* 225 *ff.*

Aus Nr. 22. Der burggrefe czu Meideburg hat drei echteding, eins noch den czwelften, eins noch der Ostirwochen, eins noch der octaven Sancti Johannis tage des Confess., u. daz gerichte setzt her drei tage noch enandir. Der irste tag ist der echtedingtag, di andirn czwene heissen Aftirdinge.

Dies stimmt nicht mit dem M. Breslauer R. von 1261 §. 7, §. 9, *Weichb.* 44, 47, *wonach jene Dingtage die des Schultheissen sind, der Burggraf dagegen* in S. Agathens t., in S. Johannes t. des liechten, *und* in dem achteden dage S. Martenes *richtet.*

Nr. 23. . . . . und der burggrave hat drei echte dingestete durch dreiirley sache wille. Prima racio: dez burggraven irste dingestat ist der scheppfen kammir u. ist dorumme: wer do gerugit wirt odir geladen, und (das?) ist peremptorie u. ist czu vornemen daz der tag u. di rugunge u. ladunge habe kraft, alz man einen heischen odir ladin sulde drei dingetage, teilt man im seine helfrede zu brengen. Secunda racio: des burggraven andere dingestat ist uff deme kleidir hofe u. bedewt di hoer dingestat, do wartit man einis iczlichin gerugetin u. geladin helfrede. Tertia racio: die dritte dingestat ist under dem roten turme uff deme mölhofe neben deme thume. Do tut man sulche lewte in die ochte, di in der irsten stat an deme irsten tage vorczalt werdin, den di sint in der stat ochte. In der andirn stat an deme andirn tage, wer do vorczalt wirt der ist in des landis ochte. In der dritten stat an deme dritten dingetage wirt her getan in des richteris (*l.* richis) ochte.

Zur Erläuterung dieser, den obigen Quellen des Magdeburgischen Rechts fremden Angaben über die burggräflichen Dingstätten habe ich folgendes beizutragen. Im Jahre 1294 *gewann der Erzbischof mit dem Gelde der Bürgerschaft das dem Herzog von Sachsen zu Lehn gegebene Burggrafenamt* binnen der stat to Magdeburg uff dem alten markede u. uff dem nyen markede.*) *Für diese beiden Gebiete war die ordentliche Gerichtsbarkeit wenigstens später in verschiedenen Händen; nach den Vergleichen zwischen Erzbischof und Stadt von den J.* 1463 *und* 1497 *gebührte sie wie für die Neustadt und die Sudenburg so auch für den Neuenmarkt dem Erzbischofe, für die Altstadt dem Rathe.***) *In dem letzten Bezirke fand sich die Schöffenkammer und der Kleiderhof, beide in der Nähe des alten Marktes und des Rathhauses.****) *Dem Bezirke des Neumarktes (Domviertel), der sog. Freiheit gehörte die dritte Dingstatt*

---

*) *Rathmann Gesch. der St. Magdeburg II.* 492.

**) *Fr. W. Hoffmann Gesch. v. Magdeburg I. S.* 208, 404, 448.

***) *Die Erklärung des bei Rathmann Th. III. befindlichen genetischen Plans giebt Anh. S.* 6, *„die ehemalige Schöppenkammer"* *unter Nr.* 12, *wohin sie seit* 1294 *von dem Rathhause verlegt worden. Der Kleiderhof war der freie Platz vor einer Trödelhalle der Juden, gegenüber der jetzigen Hauptwache. Hoffm.* 212, 495.

an. Der Erzbischof übte dort eine Gerichtsbarkeit durch seinen Möllnvogt. Die Möllnvogtei, wohl der môlhof, *diente den Erzbischöfen vor Erbauung des Bischofshofes zur Wohnung; in dem rothen Thurm wird der vogteiliche Gefängnifsthurm gesehen. Der Vergleich von* 1497 *bedingt dem Erzbischofe freien Zugang zu seinem Pallaste durch den Möllnhof und rothen Thurm* (*Hoffmann* I. 450). *Beide Vergleiche gedenken eines Gerichts, welches der Möllnvogt auf dem neuen Markt vor der rothen Pforte oder Thür hegt* (*ebd.* 404, 448, 451).*) *Das ist wohl jenes Gericht* under dem roten turme. *Darauf deutet auch folgende Bestimmung der Vergleiche: ist ein Altstädter vom Möllnvogte, oder ein Neustädter etc. vom Rathe verfestet, so erfolgt die nach Jahr und Tag auszusprechende weitere Verfestung durch den Möllnvogt vor der rothen Pforte. Sie konnte aber wohl nur für das Land, nicht wie Wurm will für das Reich wirken.*

Nr. 25. Ein notding ist do man not klagin wil, u. dorumme ist is auch not, daz man ein ding hege durch der hanthaftigin tat wille, alz von dewbe mort rawb mortbrant hurczog gewalt valsch.

Dieses Nothgericht entspricht also dem Gericht auf jäher That im s. Landr. I. 55 §. 2 *und demjenigen, dessen das M. Bresl. Recht von* 1261 §. 8, 10, 12, *Weichbild* 45, 46, 47 *gedenken.*

2. *Aus* I. B, *oben S.* 359.

Nr. 45. Von deme vorsprechen und wy her an eynis mannys wort komen sal und sal ym seyn recht dingen (*Vgl. Richtst. C.* 3). Alzo vore geschrebin ist, wy man den Richter um eynen vorsprechen bethen sal, und wenne en denne der Richter czu eynem vorsprechen gebit, so spreche der vorspreche alzo, hirre her Richter, habit ir mich Mevio czu eynem vorsprechen gegebyn? Der Richter. Ich habe. Der vorspreche. Günnet ir mir hirre her Richter daz recht ist vnd ym? Der Richter. Ich gan dyr seyn wol. Der vorspreche. So irdinge ich ym seyn recht und myr meyns vorsprechen recht, und allis daz daz eyn bedirman czu rechte habyn sal, ich benenne ys adir benenne ys nicht, und bethe yn eynem rechten czu irvaren, ab her is und ich an seynem worte czu rechte icht haben sulle, adir waz dor umme recht

*) *Rathmanns Erklärung verzeichnet die Möllenvogtei S.* 3 *unter Nr.* 33, *den rothen Thurm S.* 2 *unter Nr.* 21. *Ueber die rothe Thür s. Wiggert Osterprogramm* 1851 *S.* 9.

sey. Sent. her hat is billich per regulam b. lxxix. *) Der vorspreche. Hyrre her Richter ich dinge ym holunge und wandil und gespreche von der bank czu bethen, urteylis czu vrogin und czu wedirsprechen alzo ofte alz ym not ist und myr an seynem rechten, und bethe yn eynem rechten czu irvaren, ab her und ich an seynem worte icht czu rechte haben sulle. Sent. Sint her is mit urteyl und myt rechte bewart, zo hot her is billich. Der vorspreche. Ich dinge ym auch eynen basredynden man, ab her is bedorff und ab ich ym an ichts [illegible], daz her sich myt eynem andirn und basredyndyn irholen moge, und bethe ut supra,**) ab her daz icht czu rechte thun moge. Sent. Her mag byllych, ab do keyn urteyl ubir gegangin were, adir ab is Seius nicht wedirspreche. Der vorspreche. Ich dinge ym, ab sich seyne teydinge irlengeten und vorczogen vnd her yn em nicht gehabin mochte, bete ich ut s., ab her sich icht myt eyme andern irholen sulle, vnschedelich meynem rechtn vnd meynem irdingen, adir waz etc. Sent. her mag wol, nu nicht urteil vnd recht obirgangin ist. Der vorspreche. Ich dinge ym auch eyner sachen beweysunge czu furen briflich adir muntlich, und seynes wedirsachen beweysunge briflich und muntlich czuwedirsprechen, alzo ofte alz ym not ist und myr an seynem rechten, und allis daz czu thun daz yn deme rechte irlewbit ist, bethe ich ut s., ab her daz icht czu rechte haben sulle. Sent. Allys daz recht ist und ym ane menliche wedirsprache irdingit daz hat her billich. Der vorspreche. Ich dinge ym an seynem rechten

---

*) *Ich lasse im folgenden die Verweisungen bei der Sentenz auf das Buch der Regeln fort. Zum Belage dessen, was oben S.* 67, 358 *über das Verhältniss der Blume zu dem Richtsteige der Classe E gesagt worden, stehe hier der Anfang des Cap.* 3 *nach dem Görlitzer Codex.*

Alz der vorspreche so mit urteil u. mit rechte gewunnen wirt, der spreche also: herre her richter, gunnet ir mir daz ich gaius wort spreche. So spreche er vort: ich dinge im sein recht u. mein recht u. alle daz recht, daz ein umbesprochin biderman czu rechte habin sol, ich benenne iz odir benennez nicht, u. bite in eim rechtin urteil czu irvaren, ab ich im sein recht irdingit hab, alzo iz im hulflich sij czu seinem rechten. So spricht der richter czu eim schepfin, her N sijt gefragit. Der spricht, herre her richter, wolt ir daz recht? Der richter spricht, daz alliz daz er im irdingit daz hot er billich.

Die weitern Besonderheiten der Blume hat der Richtsteigscodex nicht.

**) ut s.] *Andre Hdss.* in einem rechtin czu irvaren.

urteyl czu strofen ab is ym not wyrt, und en dy bank czu beten eyn andir vrteil czuvynden und der boten dorczu czubeten, und myt deme gestroften urteyle czu czhyen an dy stat do ir ewer recht czu rechte habin sullit, vnd bethe ut s., ab her und ich (waz ich) an seynem worte yn desen benanten sachen benant habe hoch adir nedir icht czu rechte habyn sulle. Sent. her tut is billich. Der vorspreche. Hyrre her Richter, ich dinge ym czu seyme gespreche scheppfin von der bank und andir bedirbe lewte czu seyme rote alzo vil und offte alzo her er bedarff, und bethe ut s., ab her dy icht czu rechte habyn sulle, adir waz etc. Sent. her hat se billich. Der vorspreche. Ich dinge myr auch eynen gehulfen und eynen beysteer myr czu roten, ab mirs czu kurcz wurde, ab ich meynis iunghirren rede nicht gancz und myt seynen worten ynnere, und bethe ut s., ab ich den icht czu rechte habin moge adir waz etc. Sent. Her hat en billich. Der vorspreche. Hirre her Richter, ab mir eyn ungerethe geschege und mich schedelich vorspreche, bethe ich ut s., ab her daz icht ane wandil wedirsprechen moge, adir waz etc. Sent. her mag wol, dy weyle nicht urteil vnd recht dor ubir gegangin ist. Der vorspreche. Hirre her richter, ab ich dez vorsprechins yn keynerhande schadin qweme, bethe ich ut s., wer mir czu rechte den schadin abenemen sulle. Sent. Von wez wegyn her yn schadin kumpt, der nympt en ym billich abe. Der vorspreche. Hirre her richter, ich bethe ut s., ab myr dys vorsprechin czu keynerhande weyze geschadin moge an meynen eren adir an meynem rechte. Sent. Is ist ym vnschedelich von rechtis wegyn. Der vorspreche. Hyrre her richter, ich bethe ut s., ab ich ym seyn recht irdinget habe daz is ym hulflich sey czu seynem rechte. Sent. Her hat. Der vorspreche. Hirre her richter, ich bethe dez eyn bekentnysse und ewern briff, und bethe ut s., ab ir en ym czu rechte gebyn sullit. Sent. Man gebit en ym billich. Der Richter. N. ich vroge ewch dor vmme, synt demmol daz her der scheppfen und des gerichtis bekentnis habin wil, ab her icht den scheppfen und mir daz recht gebyn sulle. Sent. Her gebit is billich. Der vorspreche. Hirre her richter was ist ewer recht? Der Rychter. Do seyt umme gevrogit N. Sent. Dem Rychtere eynen schilliug und yczlichym scheppfen eynen pfennyug und deme schreybere eynen schylliug czu lone. Der vorspreche. Ich bethe um eyn gespreche. Der Richter. Ich gan is euch wol.

Nr. 47. Von dez vorsprechen vorsichtkeit (***Richtst.*** *C.* 4). Wenne ym ihener nu seyn recht irdingyn wil, so horche gar ebyn czu ab du en an ichte gevohen mogyst, und merke ebyn seyne wort und nym dy eygyntlichin yn und besetcze dy myt deme Richtere und myt den scheppfen, und vroge ab daz der sachwaldin wort sey. Sprycht denne der sachwalde jho, magistu denne wedir des vorsprechyn worte icht, daz ube und wyrff eyn vrteyl an den Rychter, und warte daz du deynen wedirsachen irczornen mogist, und hutte dich selbir vor [illegible], wen dorvmme, her blendyt deme menschen seyne vornumft, und irczorne deynen Richter nicht, wen worvmme, vor eyme czornegen Rychtere ist swere czu teydyngen. So rote ich dyr auch, daz du dich ofte besprechen salt und tu alle dyng noch rote dorvmme, ab eyne sache mysseryte, so magistu daste bas ane wandil bleyben. Und salt auch syttyk seyn und lyplichen reden und vornemelych, czum irsten senfte, dor noch ybas und ybas, und salt dy lewte czu dir locken, und dem rychter und den scheppfen lybekosen, und salt den rychter hyrre heyssen und dy scheppfen getrewe vnd erbar yn der weyse: lybir geneydeger hyrre her rychter und ere getrewen irbaren scheppfen, ich bethe euch durch got und durch dez rechten wylle, czu czu horen und meyne rede baz vornemen wen ich se gereden kan, und bethe euch durch ewers irbarn amechtis wille, daz ir daz volk lossyt sweygyn, uff daz daz ewer redeliche vornumft und rechtvertegen scheppfen daste redelychir vornemen mogyn, und ab ich icht unvornumftig rede, dez bethe ich mich nicht czu vorsachen. Auch rote ich dem vorsprechen wenne her myt seynen sachwaldin kumpt, daz her alle dy ere und danknemelich czu den lewten sprechin noch der wirdekeyt: lyben hyrren und sunderliche frunde, ich bethe euch sunderlichin durch meynes iunghirren wille, daz ir ym helfet vnd rotet und myr ingebyt wi ich seyne sache furen sal, daz ym nutczlich sey czu seynem rechten vnd vns allen erlichin, und spreche vort, nu rotet czu. Nu rote ich dir vorspreche, daz du sweygist und nemest eynis yczlichin rot sunderlich, wiltu lob habyn so merke den besten rot vndir den reten allen, und vorwandiln denne enwenig myt vorburgin worten, und gyb den rot czum letczten vor, und vroge wy en allyn dor czu dunket, unschedelich eynem bessirn rote. Volgyn se dir dez so rede en kunlich awz, nicht myt geschrey noch myt freveln worten, sundir myt menlichir und vrolichir stymme, und alzo ufte alzo du czweyvelst so nym gespreche, und vorlos dich nicht uff deyn vornemen, wen worvmme, yn vil lewte hewpte wirt vornomen und gebessirt manch syn. So rote ich dyr ymmyr, daz du villyber helfest deme gerechten wen dem ungerechten, und vil lybir deme antwortere wen dem kleger, und warte ymmer daz du deme Richtere stees undir augyn, und smere den karren und futer dy ros, so get der karre daste baz.

3. *Aus* I. C, *oben S.* 359.

Nr. 51. Von clage undirscheit noch Meideburgischin rechte.*) In desyr blumen sult ir vornemen und czu irsten irkennen der blumen undirscheyt, wy dis blumchyn noch Meydeburgischir kor von geystlichim rechte gescheydin ist. Wen noch keyserrechte und noch geystlichym rechte gebit man dem antworter dy clage beschreben, und gebit ym virczen tage tag, daz her sich bedenke ab her welle teydingen adir nicht. Daz ist yn Meydeburgischym rechte nicht. Czum andirn mole so tryt unsir recht myt keysir rechte und myt geystlichym rechte ynczwey, so daz yn geystlichym rechte mus cleger und antworter swern und heyst Juramentum calumpnie und ist sotan eyd, daz der kleger mus swern uff deme heylegyn ewangelio, daz her eyne rechtuertige sache vor ym habe und welle dy beweysen. Der antworter mus auch swern, daz her sich mit dem rechten dez unrechten weren welle ane boze trogene vnd welde daz beweysen; daz ist yn unsirm rechte nicht. Czum dritten mole tryt unsir recht myt keyserrechte und mit geystlichym rechte ynczwey mit geczewge czufuren, wen worumme, noch keyserrechte und noch geistlichym rechte vorhorit man geczewg ubir geczewg, und iczlichym sundirlichin schreybit man noch waz her bekennyt, und man furet geczug ubir geczewg; in unsirm rechte abir nicht. Czum virdin mole tryt vnsir recht myt keysir rechte nicht ubir eyn, wen worvmme, yn keyser rechte vnd yn geystlichym rechte gebit der richter dy urteyl selbir und beschrebin; in unserm rechte vrogit her is eynen andirn. Wor umme Sechsisch recht myt keysirrechte und mit geystlichym rechte nicht ubir eyn tryt. Synt demmole daz denne unsir recht mit keyser noch myt geystlichym rechte nicht ubir eyn tryt, so mus enczwer unsir recht adir geystlich adir keysirrecht unrecht seyn, wen worvmme, sal eyne sache gerecht seyn, se mus in allin rechten recht seyn.

*) *Vgl. meinen „Prolog zur Glosse des s. Landrechts" S.* 16, 21.

Prima racio. Czum irsten sult ir merkyn daz is dorvmme sey, daz den sachsen ir recht gegebyn wart sunderlich durch gunst, do se sich czu deme kristen glawben karten, und waz man eyme gebit durch gunst daz behelt her billich. Secunda racio. Dy sachsen synt auch genomen awz deme gemeynen keyser rechte und ir recht heysset daz newe recht. Wenne worvmme, daz recht hat Constantinus gesaczt vnd Karolus, wen worvmme, bey seynen geczeyten und myt dem [illegible] wurdin dy [illegible] bekort und myt [illegible] behyldin se auch ir recht. Tercia racio. Auch synt dy sachsen czu erem rechten komen von yrre eygyn und vreyer wilkore, und synt se is do wilkorten nicht alleyne den lewten sundir deme lande und den lewten, dorumme wart is en bestetegit ewiglichin, und so ist is von yrre eygener wilkore ir recht wurdin. Quarta racio. Awch ist is der Sachsen privilegium genant, und mochte nicht ir privilegium heyssen wenne is keyne sundirlichkeyt yn ym hette. Und dorvmme ist is der sachsen art sundirlich gegebyn, und mogyn domete beweysen daz se awsgenomen synt awz gemeynem keyserrechte, wen worvmme, privilegium heyst quasi privare leges und privatim heyst sundirlich, und dorvmme heyst is sundirlich ir recht.

4. *Aus* I. D, *oben* *S.* 360.

Actio 162. Wy man klagin sal uf gestolne habe alzo man se anefangit.

So wenne icht gestoln were, qweme her daz an, u. ist di sach so gewand daz man sich in handhaftir tat dorczu geczien moge, der sal alzo sprechen czu den bei den er si vint: frunt, do ich den mantel czu deme leczten sach do waz her mein u. ist noch mein, u. ir wist wol wanne her euch kumpt; wolt ir mirn wedir gebin, ich neme en gerne. Spricht denne einr, den mantil den ich habe der ist mein und weis van euch nicht, red daz bescheiden sei, des bethe ich euch. Wiltu en denne ansprechen mit einer slechten klage, so brenge en czu gerichte u. gestelle sotane klage wedir en. Sic formatur accio. Hirre her richter, es klagit ein Mevius czu eime Gajo, daz her im seinen mantil vorhelt mit unrecht, u. mag im den nicht angewinnin ane gerichtis hulfe, u. bit daz ir im dorumme czu rechter antwort gebitet.

5. ***Aus dem Register** s. **oben S.** 360, **nach der Namslauer Handschrift Rb. Nr.** 499.*

a) *Anfang des Registers von den Klagen im ersten Buche.*

Di newnde distinccio beginnet von clagen u. hat VI clagen u. heissen acciones.

Accio prima hat IIII §, primus von farender habe, §. 2 wie man darumb clagen sal, §. 3 welcherlei sottane clagen sein, §. 4 wie einer clagen sal als her sich zu seiner ware cziet.

Accio secunda, di man uff den man thut.

Accio tercia, von der dritten clage di di personen antrifft als burgeschafft.

Accio quarta, die vierde ist vormengit.

Accio quinta heist accio pro socio u. trifft gemeinschafft u. geselleschaft an, u. hat IIII §. §. 1 wie mancherhande der tot ist, §. 2 von des gerichtis tod, §. 2 von der werlde tot, §. 4 von deme naturlichen todc.

Accio sexta heist de communi dividundo u. trifft an teilunge als an koufmanschafft.

b) *Anfang des Registers* practicarum generalium.

Practica prima von schult, §. 2 ap der antworter bekente adder loukente, §. 3 ap man einem mit geczeugen umb schult anspreche, wie denn der antworter zu seinen rechten nicht komen mag, §. 4 ap der antworter spreche, her hette tag seinir beczalunge, wie man den irteidingen sal.

De vendito. Practica secunda geht uff vorkauffen, dovon ouch schult kompt, §. 2 ap der kouffer kouffes bekente.

De obligationibus. Practica tertia ist von burgeschafft u. ist auch umb schult u. man den burgen dorumb beclagitte, §. 2 ap der burge bekente, §. 3 etc.

c) *Anfang des Registers* practicarum specialium.

Practica prima hat in sich VI §. §. 1 ap ein man den andern anspreche, das her im das seine vorenthilde mit unrechter gewalt, §. 2 wie ein man sein recht vorswigen mag, als im der richter zu antwort gebewt u. nicht antworten wil, §. 3 wie im der richter zu dem andern mole zu der antwort gebitten sal, §. 4 wie im der r. zu der dritten antwort gebitten sal, §. 5 worumme der r. den antworter dem cleger bi der hant antworten sal, §. 6 worumme man den cleger antworten sal u. wie.

Practica secunda hat XV §. §. 1 ap einir einem bei der hant geantwort werde, wie man den halden sal etc.

Practica tercia hat VII §. §. 1 wie sich einir antwort mit rechte weren moge etc.

6. *Aus dem Buche* II. *der* Pr. communes, *oben* S. 361, *nach der Berliner Hdschr. Nr.* 28.

a) Pr. 16. Von hawssuchunge. (*Vgl. S. Landr.* II. 35 *und Richtst.* 11 §. 3, 40 §. 4).

Qweme einer czu deme richtere, deme das seine gestoln were, u. her is dach keinen uffentlichin [illegible] torste u. sich [illegible] uff einen vormutte, u. spreche czu deme richter alzo: vorlustig byn ich wurdin wol um fumfczyg marg adir bessir an meynis weybis kleydirn und an erem gesmeyde, und ist mir vorstoln ynnewennig vorslussener thor; dez habe ich gevolgit daz ich mich vormutte is czu vindin yn eyner stat, und mag des nicht bekomen ane gerichtis hulfe, und bethe eyner hulfe dor czu hirre her richter. Spreche nu der richter, ich wil dyr gunnen waz recht ist und warte daz du recht tust. Wegirte dir abir der richter eynes sotanen, daz magistu besetczen vnd klagen seynem obir richter. Wiltu abir neher komen vnd kurczer, so bethe den Richter daz her nach den Scheppfen sende und dir eyn dyng bestelle. Wegert her dir daz, daz besetcze myt geczewge vnd klage is czu ym ab du wilt. Ist daz her dir eyn ding bestellit, wenne daz ding gehegit ist, so kom und sprich: hirre her richter, hynt yn dyrre nacht byn ich vorlustig wurdin wol um fumfczyg marg adir wol bessir an meynis weybis kleydirn und an erem gesmeyde, und bethe hyrre her Richter, daz ir mir hulfe tut meyne dewbe und meyne gedewbete habe czu suchen, vnd bethe dorczu botin meyme hirren dy Scheppfen uff alle daz recht daz recht ist, und bethe ut s., ab ir mir dez icht czu rechte sullit behulfen seyn adir ut s. Der Richter. N dorvmme seyt gevrogit. Der Scheppfe. Wolt ir daz recht. Sentencia. Man tut is billich uff allis recht daz recht ist. Wenne ym der Richter myt seynen eyd genossen uf stet, so spreche der richter: gee vore, wir wellin dir volgyn. Kumpt her denne vor deyn haws, so spreche der Richter, Mevy waz bystu muttende? Mevius. Ich gere daz ir deme wirte gebytet seyn hawzgesynde czu bleybyn (*so*), und alle seyne gemach czu uffen yn gerichtis keygynwortekeyt, und yn des wirtis gemache meyne vordewbete habe czu suchen. Der Richter. Gayj ich heysse euch von gerichtis wegin ewerm yngesynde csu sammene ruffen, und eyne rechte hawssuchunge gestaten uff allis daz recht, daz recht ist Mevio vm seyne vordewbete habe. Gayus. Hirre her richter, des rechten were ich mich nicht, dach so bescheydinlichin ich hoffe daz her yn meyner gewere keyne vordewbete habe (vinde), und mutte eyner gewere von Mevio und eynes burgen, und bethe hirre her richter daz ir myr des behulfen seyt, ee her yn meyn gemach kumpt czu suchen. Der Richter. Mevy thu ym dy gewere vnd vorburge se ym. Nota. Wenne ym dy gewere getan wirt vnd vorburgit, so sal deme wirte der richter gebytten uf czu slissen. Wo daz geschyt vnd dorynne nicht envynt, so gebytte ym der Richter daz andir uf czu slissen. Vynt man dor ynne, so mag der kleger sprechen: hirre her richter, gebyttet den wirt und den slussiltreger czu haldin uff recht. Wenne man sy nu gevehet vnd czu gerichte brengit und klage wedir se gestellit ut s. de accionibus. Wenne man en denne czu der antwort gebewt. Nota. Ydach so sullit ir vore enwenig wyssen. Wenne man sij czu gerichte brengit, so sal der cleger also sprechen: hirre her richter, eyne gewere muste ich ym thun und vorburgen, und ich meyne vordewbete habe yn seyner gewere fundyn habe, des ich en ubirwyndin wil wy mir daz vor eyn recht urteilt wirt, und bethe ut s., ab dy gewere icht czu rechte aws sey und meyne burgen los, adir was ut s. Der Richter ut s. Der Scheppfe e. Sentencia. Dy gewere ist billich aws, dorumme ist daz burgeczog los. Nu gestellit der kleger seyne klage. Wenne der Richter deme wirte czu deme irsten czu der antwort gebewt, so spreche der wirt; hirre her Richter, ich byn tat vnd ratis vnschuldig an der dewbe, und wil meyne vnschult beweysen wy mir daz vor eyn recht vrteylt wirt, und bethe ut s. Synt demmole daz ich yn desym weycbilde gesessin bin u. gehawset und geerbit byn me denne dreyssig jhor und tag und dennoch lengir, allir vntat vmbefleckct und meyn recht ny gehort noch genedirt, und man mich hy dewbe beredin wil, ab ich icht byllicher und ee meynen leyb meyn gut meyne ere vorrechten moge, wen her mir czu keyner hande weyze angewynnen moge czu rechte, adir waz ut s. Der kleger. Hirre her richter, synt demmole daz ich meyne vordewbete habe yn seynen vir pfelyn vorstolyn vnd vorholyn myt des Richteris hulfe vnd seyner eydgenossen funden habe bynnen czweir nacht alzo hanthaftige tat, bethe ich ut s., ab her icht billichir und ee eynis dybis recht leydin sulle, wen her myt keynerhande unschult do von komen moge czu rechte, adir ut s. Der Richter ut s. Der Scheppfe e. Sentencia. Beweyst der antworter seyne unschult alzo recht ist, so ist her neher czu entgeen, wen man en czu eyme dybe beredyn moge von rechtis wegyn. Der antworter. Ich danke gote vnd deme rechten und den getrawen Scheppfen eynis gotlichin rechtis, und bethe ut s. Synt demmole das mirs czu meyner beweysunge komen ist, so bethe ich ut s. wij ich dy beweysunge thun sulle, daz mirs hulflich sey czu meynem rechten. Der Richter ut s. Der Scheppfe e. Sentencia. Salbsebynde unvorsprochener lewte. Der antworter. Hirre her richter, ich bethe mir ding und tag, mir gehulfen czu brengen czu meynis rechten beweysunge, bethe ich ut s. ab ich icht den czu rechte haben sulle. Der Richter ut s. Der Scheppe e. Sentencia. Her hat en billich. Der antworter. Hirre her richter, ich bethe ut s. yn welchir frist ich meyne gehulfen brengen sulle. Des slussiltregers antwort. Hirre her richter, weys got mir ist um dy dewbe gar vnwissintlich, und habe manch (mich?) jhor vnd tag getrewlichin und irlichen generit yn der stat alzo eyn getrewer dynstbote, daz ich mich wol czhyn mag an manchyn irbarn man, den ich gedynet habe, und mich auch wol kennen; und wy daz gerethe, das dobey fundyn ist is sey kleyne adir gros, yn daz gemach komen ist, dez weys ich nicht und wil meyne vnschult beweysen alzo is recht ist, und ich mich czhye an meynen gutten lewmunt, und mir meyn echt und meyn recht ny gehoet noch genedirt ist, und meyner eren und vnuorrukten rechten gewercn eyn betrubit (?) besitczer byn, di mir czu keynerhande weyze myt keynerhande weyze gebrochin ist, wer myt gerichte noch ane gerichte, bethe ich ut s., ab ich icht daz neher czu bekomen byn, wen her myr leyb gut und ere angewynnen moge yn sotaner weyse czu rechte, adir waz ut s. Der kleger. Hirre her Richter, synt demmole daz ich myt des richteris hulfe hawssuchunge thun muste durch meyner vorlust wille, und ich meyne vordewbete habe yn deme gemache do her den slussil czu getragyn hat und trug, dor ynne auch nymandis geschefte was wenne seyns, und auch gerethe, daz noch hy keygynwortig ist alzo stunt czu gebundin, czu gros ist czu deme venstir yn czu werfin, und synt ich denne vordewbete habe alzo by ym fundyn habe, daz nicht mynner geseyn mag wen eyne handhafte tat, bethe ich ut s., ab ich en nicht myt der vordewbeten habe und myt der hawssuchunge vnd geczewgnisse richter vnd der scheppfen neher czu ubirwyndyn sey, wen daz her myt sotaner rede do von komen moge czu rechte, adir waz dorvmme eyn recht sey. Der Richter ut s. Der Scheppfe e. Sentencia. Ist dy dewbe so gewant, daz man se czu deme venstir nicht mag yngewerfen, so ist der slussiltreger czu haldin alzo eyn dyp. Also ist is auch czu practiciren, ab her den slussil nicht stetiglichin bi im truge.

b) *Geständniss eines Gefolterten.*

Wurde einer geantwort in di frone gewalt um sageworte um dewbe adir um rawb, u. man vorsuchte en u. martirte en keiginwortiglichin den veimscheppfen, u. her bekennit allis daz man en vrogit in der martir, u. man brechte einen sotanen czu gerichte, man klagete czu im noch der geschicht.

Nachdem der Beklagte einen Vorsprecher gewonnen hat, spricht er:

Sint mir denne urteil u. recht gegebin hat ane menliche wedirsprache, daz ich durch des gefengnis wille nicht rechtelos bin, bethe ich ut s., ob ich en (*den Unschuldsbeweis*) icht billicher u. ee neher czu bekomen sei, wen mich imand davon treibin moge czu rechte etc. Der kleger. H. h. r. sint demmole daz her eins bekant hat wissinth deme veimschepfen u. deme froneboten, di ich muntlich von im gehort habe . . . czu ubirwindin sei, di czu deme rechten gesworn habin, wen her dovor geswern moge czu rechte etc. Der antworter. H. h. r. ich hore, daz her mich ubirczeugin wil ane richter u. scheppfen in gehegetir bank u. sich geczeugnis vormist, domete her mir meinen unschuldigin hals brechin wil, u. begere daz se sagen, wo ich kein en gereth habe u. in welchir masse, daz ich·irkennen moge ab ichs getan habe adir nicht, u. bethe etc., ab her icht billichir u. ee sagin sulle, wen daz her mir meinen freien hals gebrechen moge mit geczeuge um sotane tat, doran ich wedir in der tat u. in der flucht gefangin bin mit recht, adir ut s. . . . Sent. her sagit is im billich.

Spricht nu der cleger, her habe is bekant vor dem veym scheppfen und vor deme froneboten. Der antworter. Wenne? Der kleger. Im freytage der nechste vorgangyn ist vormyttage. Der antworter. In welchir stat? Der kleger. In der frone gewalt. Der antworter. In welchir weyze, adir wo waz ich? Der kleger. Du worest gefangyn und gebunden, und man hatte en gemartirt und stund und bekante allis daz man en frogete und gab sich der untat selbir schuldig. Der antworter. An wen·

czhyt ir ewch des und myt weme wolt ir daz beweysen? Nu merket ebene waz man hyr mete meynet, ist is daz man ym des rechten gunnen wil, so ist dese forme gut. Ist is nu sache, daz dy vehem scheppfen myt dem froneboten sprechen myt gemeynem munde, wir habyn is gesehen und gehort und ist wore daz is gescheen ist, und wellyn daz behaldin myt unsirm eyde. Der antworter. O hirre her richter, nu ist is ymmyr not das ich got anrutte und den heyligen [illegible] und [illegible] gnade unde der getrewen Scheppfen, und alle den recht lybit und unrecht leydit, daz se dort her treten und myr meynen freyen hals abe czewgen wellin, und sich irbytten czu geczewgyn, ee se von gerichtis wegen dor czu brocht seyn, und bete vt s., ab se durch recht wedir mich geczewg geseyn mogen schedelich meyme leybe gutte vnde ere, adir ut s. Der Richter ut s. Der Scheppfe ee. Sentencia. Se enmogen.

Welde nu der kleger vore komen daz her spreche, is were yn der stat eyne sotane gewonheyt, waz dy vehem scheppen und der fronebote bekenten, daz man domete gewunne und vorlore, und synt denne dy fehem scheppfen und der fronebote noch der stat gewonheyt bekant haben der worheyt uff eren eyd, den se uff und czu erem amechte getan haben, ab ich icht billichir und ee noch der stat gewonheyt myt seynem eygenen bekentnisse und mit den fehem scheppfen und des frone boten czu vbirwindin sey, wen daz her do myt keynerhande rede czu rechte do wedir moge, adir ut s. Der antworter. Weys von keyner gewonheyt, sundir gebracht byn ich an daz recht, do man rechtis gerichtis ubir gert noch deme rechten und nicht noch der gewonheyt, doran ich mir mus lossen genugen vff alle daz recht daz recht ist, vnd her her tryt und mich noch der gewonheyt ubirczewgyn wil, bethe ich ut s., ab ich icht billicher dy geczewg vorwerfin moge myt deme rechten, wen daz her mich myt sotanem geczewge noch der gewonheyt meynen leyb angewinnen moge czu rechte, adir ut s. . . . Sentencia. Noch deme rechten und nicht noch der gewonheyt. Der antworter. Hirre her richter, ich danke gote und deme rechten, bethe ich ut s., ab her mich noch der gewonheyt ubirczewgen welde und domete volvaren mochte, bete ich demuttiglichin, ab man mich icht czu rechte uflozen sulle und czu meynem rechten, wen daz her mich hoer getreybyn moge czu rechte, adir ut s. . . . Sentencia. Man lozet en billich.

Wenne her nu ufgebunden wirt so mag der kleger also

sprechen: hirre her richter, synt demmole daz dese sache peynlich ist vnd her myt unschult entgeen wil, bethe ich ut s., ab her seyne vnschult eyner peynlichin klagen icht czu rechte beweysen sulle, adir ut s. Der antworter. Hirre her richter, synt demmole daz her mich ane gerufte beklagit hat und mirs czu meynem rechten komen ist, bethe ich ut s., ab ich icht billichir und ee myt meynis selbis hand meyne unschult beweysen sulle, den her mich hoer getreybyn moge czu rechte, adir vt s. . . . . Sentencia. Her beweyst seyne unschult byllich myt seynis eygyn hand.

Wurde eyner so gemartirt um eyn bekentniss vnd her bekente is vor deme vehym greven und vor seynen scheppfen und vor deme vroneboten, wenne man en czu gerichte brengit und den myt deme vehemgrefen und myt seyner eydgenossen geczewg beklagyt, wil man ym denne des rechtyn gunnen, wenne men ym czu der antwort gebewt, so bytte her slecht seyne vnschult yn sotaner weyse. Der antworter. Hirre her richter, ich danke ewern irbarn gnodin, daz ir mir des rechten gunnet, und bethe euch durch got meyne antwort czu vornemen. Hirre her richter, ich byn unschuldig dyrre sache und myr meyn recht ny gehoet noch genedirt ist, und man mich yn keyner handhaften tat noch yn der flucht begriffen hat, bethe ich ut s., ab ich icht billich czu eynis bedirmannis recht komen moge billichir und ee, wen das mich das vohen vnd daz byndin an meynem unvorselbeten rechte gehyndirn moge czu rechte, adir ut s. Der kleger. Hirre her richter, her hat is bekant wyssintlich deme fehemgrefen vnd seynen eydgenossen und deme froneboten, mit den ichs wol beweysen mag, und bethe ut s., ab ich en icht billichir und ee und nehet czu vbirczewgen scy, den her do vor geswern moge czu rechte, adir ut s. Der antworter. Hirre her richter, ir bekentnis ist mir czu swere czu wedirsprechen, sundir mir were noter czu klagen wen ymande, daz ich so sere geqwelit byn und gemartirt, daz is wundir ist daz ich eynem menschen enlich byn, und muste se berichten wes se mich vrogeten, und wuste vor wetage und vor martir nicht waz ich gesprochin habe, und mag daz bekant haben daz ich czu vnrechte bekant habe, und spreche do wedir und stroffe daz vnd beruffe mich an daz heylge recht daz nymande twingit czu eyme bekentnisse, und gebe mich an sotan geczewgnis nicht daz ich yn der martir getan habe, und bethe ut s., ab ich icht billichir vnd ee czu meynem unvorsprochenem rechte und czu meyner unschult komen moge, wen daz her mich myt sotanem geczewgnisse, daz ich yn leybes not getan habe alz se sprechen, ubirwyndin moge czu rechte, adir waz dorvmme eyn recht sey. Der Richter. N dorvmme seyt gefrogit. Der Scheppfe. Hirre her richter, walt ir das recht? Sentencia. Sotan bekentnisse daz man myt martir abe twingit ist ym vnschedelich czu seynem rechten. Dor antworter. Ich danke.

Der Beschuldigte verfolgt nun seinerseits den Kläger peinlich wegen der durch ihn veranlaſsten Marter, erhält aber gleichwie im Richtst. 32 §. 9 *den Rath, nicht nach dem Halse sondern nach Busse und Gewedde zu theidingen.*

Der Ausgang der Sache ist zunächst für die Geschichte der Tortur in Deutschland von Interesse. Was sodann die hier genannten Vemgerichte anbelangt, so gab es bekanntlich auch auſserhalb Westphalens Gerichte dieses Namens, die jedoch nicht den Character der dortigen heimlichen Freigerichte an sich tragen. Vielmehr sind es peinliche Gerichte, welche in verschiedenen Gegenden des nordöstlichen Deutschlands im 14ten Jahrh. von den Landesherren, zum Schutze vornemlich gegen den Straſsenraub, mit einer auſserordentlichen Competenz eingesetzt wurden. Vgl. Stenzel Urkundens. 221 *ff., Kosegarten Urkunden* 300 *ff., Script. Rer. Lusat.* 1837 *I.* 117 *ff. Unserm Verf. mochte wohl dasjenige dieser Gerichte vorschweben, welches Carl IV. für die sog. Sechsstädte errichtete, K. Wenzel im Jahre* 1381 *und später bestätigte. An und für sich liegt in der Einsetzung solcher Vemgerichte noch nicht die Gutheiſsung eines ungewöhnlichen Verfahrens gegen die Uebelthäter, etwa eines Richtens auf bösen Leumund, worin Kopp. heiml. Ger.* 170 *mit Andern das Wesen dieser Gerichte findet, oder eines Richtens auf Grund eines auſserhalb des gehegten Gerichts vor den Schöffen abgelegten Geständnisses. Zwar giebt unser Autor zu, daſs dies letztere auf besondrer Gewohnheit beruhen könne. Und in der That gestattete schon vor seiner Zeit ein Privilegium Carls IV. v. J.* 1365 *der Stadt Windsheim, daſs sie* böse leute die da vor zweien ihres Raths die Unthat bekennen *ohne Uebersiebnung richten möge. S. v. Wächter Beitr.* 1845 *S.* 271. *Doch will der Vf. nicht die Gewohnheit sondern das Recht entscheiden lassen, welches ein Geständniſs vor gehegter Bank forderte; auſserdem aber legt er auch dem durch die Folter erzwungenen Be-*

kenntnifs keine Kraft bei, in Uebereinstimmung mit den Grundsätzen des Magdeburger Schöffenstuhls, welcher niemanden um Ungerichts willen gepeinigt wissen will, ehe er dessen von Rechtswegen überwunden worden, s. M. Fragen III. 9 *D.* 1.

7. *Aus Buch* III. *der* practicae speciales, *s. oben S.* 361, *nach der Namslauer Handschrift.*

a) Practica XXII. Umb gut das man dyben adder roubern abeyagit, (*Richtst. C.* 15).

Nw ir vornomen habt von der practican, dor eynem seyne habe weg flosse in wassers not, nw sullit yr vornemen, ap eynem das seyne gestolin ader geroubit worde, und is der vorkouffte adder lichte selbir behalden wolde, und yener qweme und anfangitte is mit dem rechten. Der antworter. Her Richter, unloukenhafftig byn ich, das ich dy ware vorkoufft habe adder nach vnder mir habe, und habe sy erkrigit yn ebintewer meynis leybis und guttes und habe is den roubern abegeyagit, das ich wol beweysen mag wie ich durch recht sal, und habe dy ware vffgeboten als recht ist wissentlichen richter vnd scheppen, nach der orteylunge ichs vorkouffen mochte adder meyn bestis domit zu thuen, unschedelichen dem rechten das der Richter dorczu haben mocht, und yn der frist nymant dornach fragitte, bitt ich etc., sint das her selbs seynen roubern nicht folgete, und mit mir zu stegen vnde wegen gegangin had yn der frist als ich domit recht beging, ap ich nw dorumme ym keyner hande antwort pflichtig byn zu rechte. Der Clegir. Her Richter, meynen knecht hat ich uff dem pferde gesant kegin dem Rawden, des ist her abegesatczt, und der knecht ist dormit vorfluchtig worden und habe von der geschicht nicht gewust, wil man mir des globen das ist mir lip, wil her abir nicht, so wil ichs behalden wie mirs eyn recht erteilt, und ich meyn pfert sint bey ym funden habe, bitte ich etc., ap her mir icht meyn pfert widdergebin sulle billichir und ehir, sint wir zu eynem gerichte gehoren, wenn her mirs mit sottanir rede vor enthalten moge. Sentencia. Sint ortil vnd recht ane menliche widdersprache dorobir gegangen ist, und sy beide ynlendisch unde zu eynem gerichte gehoren, so hat her sich mit der vorderunge vorswegin. Qweme abir der vorderer zu rechter zeit, so mochte her also sprechen. Der Clegir. Her Richter, als her spricht das ich dem rowber nicht gefolget, das macht das ich die geschicht nicht woste, das ich beweisen wil wie ich durch recht sal, adder her spreche, ich folgete ym mit meynem geruchte vnd mit czetirgeschrei als ich vorstehn mochte, und yn des entqwamen sy mir, dorumme sy woren zu rosse vnd ich zu fusse, adder dorumme sy retten obir dy brucke vnd worffen dy ap, das ich nicht gefolgin kunde; under des het ym got des heiles beschert und mir des gelucks, das her en das meyne abegeyagit hat, des danke ich ym gar zere und bitte euch Her richter vnd ir getrawen Scheppen vnd dy erbarn dingwarten, [illegible] gutlis yehen ymb sottane menliche sache, und bitte das her meyn pfert ane allerley beswerung widdergebe, und bitte etc., ap her das icht thuen sulle zu rechte. Sentencia. Her gibt is ym billichen widder. Were aber yenir awss eynem andern gerichte. Sentencia. So behort ym der dritte pfennyng vnd legirt ym kost nicht uff das erste ortil, vnschedelichen Richter und Scheppen an iren rechten. Der Richter. N ich froge euch dorumme, was man doruon durch recht behoren moge. Sentencia. Dem antworter czwene pfennynge vnd dem Richtir den dritten.

b) Practica XXVIII. Von gutte, das eynem zu halden gethan were unde das under ym anefangit worde, (*Richtst. C.* 14).

Ob dir ymant icht zu halden tet, vnd dis eyn ander von dir fordirte und dich zu gerichte brechte. Der antworter. Her Richter, is ist meyn nicht, sunder is ist mir gethan zu halden, und bitt etc., ap ich eynis andern gut vorantworten dorffe. Sentencia. Her endarff. Qweme is nw, das yener gestunde vnd loukente das her is yeme getan hat zu halden. Der Clegir. Her Richter, meyne vordeubte habe habe ich bey ym funden, dormit her sich an eynen geczogin hat, der is ym zu halden gethan hat, der is ym abetrat mit seynem louken, bitt ich etc., ap ich en icht nehir zu eynem dybe zu bereden sey, wenn her dorvon mit keynirhande rede komen moge zu rechte. Der antworter. Her Richter, ich mag wol beweisen, das mir is offemberlichin gethan ist zu haldene, bitt ich etc., ap ich der beweysung icht nehir zu bekomen byn, wen her mich zu eynem dybe bereden moge. Sentencia. Beweist das der antworter als recht ist, her genust seyn billich. Der antworter. Her Richter, sint das mirs zu meyner beweysung komen ist, bitt ich etc., wie ichs durch recht beweysen sal, das mirs hulflich sey zu meynen rechten. Sentencia. Selbdritte.

8. *Aus dem Regelnbuche s. oben S.* 361, 362.

a) *Unter Z* 15, 16, 18 *werden die* §§. 1, 2 *des s. Landr.*

III. 83 *in folgender Weise amplificiert und durch das fremde Recht bestärkt.*

15. Zo waz man mannen adir weibin gebit, sallen se besitczen drei tage mit guttir gewissen, ab se eine gewere daran habin wellin. 16. Zo waz abir ein man adir ein weib mit clage irfordirt, dez geweldegit se der richter billich adir waz en anirstorbin ist, u. dorffen des nicht besitzen u. thun damete waz se wellin. 18. Zo wer abir ein gut vorkewft adir eime andirn lest, deme is gelossin wirt adir vorkewft, der sal is in besitczunge habin iar u. tag, ab her eine rechte gewere doran habin welle, ut C. de annali praescriptione § res.

b) *Das s. Landr. III.* 37 §. 3 *lautet in den Regeln der Blume des Magdeb. Rechts, Cap.* 297: Tribit ein man in seins nagebowrz vy mit dem seinen u. des morgins wider auz, u. is nicht inlokint alz man dornoch frogit u. ingenust dez nicht, er blibit is one wandel, ob er daz geweren tar mit czwen vingern uf den heiligen.

In der Blume des Sachsenspiegels, T 8: Treibit ein man seinis nakebawers vhy in mit deme seinen u. das nicht lewkent, u. des morgens wedir awstreibit, her missetut doran nicht.

Vierte Beigabe.

Der Richtsteig in der Classe E,

vgl. S. 76.

Diese Classe arbeitet, besonders bis Cap. 27 *incl., den Text dergestalt um, dafs die Abweichungen sich meistens nicht in der Form von Varianten darstellen liefsen. Zum Belag dessen, was oben S.* 65 *ff. über den Character dieser Bearbeitung und über das Verhältnifs ihrer Form in den* Codd. Goerl. *und* Lign. *einer- und in dem* Cod. Lips. *andererseits gesagt worden, gebe ich aufser der S.* 366 *Note* mitgetheilten Stelle hier noch* 1) *den Eingang,* 2) *das Cap.* 1, 3) *das Cap.* 7 *nach allen Formen,* 4) *ein Stück aus Cap.* 16 *nach* Lips., 5) *den Schlufs des Cap.* 27 *nach* Goerl. *und* Lign.

1.

Eingang. a) *nach* Goerl. *und* Lign.

Deus iudex iustus fortis et paciens. Sic dicit dauid psalmorum septimo versuum duodecimo. In diser proposicien spricht der propheta durch den munt der gotlichin rechtikeit und spricht, got sij ein rechtuertig richter, got sij ein starg richter, got sij ein geduldig richter. Vnd rurt mit disen worten drierley und trift an den der ein richter ist, und wil danne mit disen worten bewisen den selbin richter der ubir daz volk richten sol, daz got gleich tur mit seinr bittern martir irlozit hot, daz er vor sich nemen sol dise dry sunderliche stucke.

Es folgt eine ausführliche Entwickelung der drei Eigenschaften mit Belegen aus dem römischen und canonischen Recht. Darin auch: und dorum spricht dauid in dem salter, iuste iudicate filii hominum, und herre ecke in seinr uorrede spricht, richtet recht ir menslich geslechte, ***ohne dafs jedoch die Vorreden zum Ssp. grade diese Worte enthielten. Hieran reiht sich die Ausführung, dafs Gerichte gesetzt seien Gott zu Lobe, um des Reiches und um der Leute willen, dann die Rechtfertigung des Gewedde mit Verweisung auf den Ssp. III. 47 und K. Albrechts Constitution. Sodann:***

Ir sult ebin merken di sachin dises buchis. Der sint czwu eigintlichin czu nemen, nicht so czu vornemen formaliter noch materialiter, sundern effective. Wenne dez buchez effectus ist, wi iz einen yderman der rechtis gert sein recht czu vordern, und wi er dem unrechte widersten muge. Sint (sin?) ander sache ist, wenne er seine begerunge inczunt hot, so hot er kein gewissers wenne hoffenunge einz guten endez. Worum di begerunge dez buchis czu seczin war dez keiser otto dez grozin keisers ottin son noch der geschicht, alz er vornomen hatte wi daz di armen und slechte lute sich nicht vorsten kunden an dem rechtin und sich nicht alle uf recht vornemen konden, und auch nicht mochten iuristen noch legisten sein, und auch daz recht in dem sachsinspigel gestrouwit waz, do iz alle lute nicht in vornemen konden. Dez machte dominus burghardus von mangilvelt dise sechse constitucien in burgerlicher clage, uf daz man sich destu slechtlicher und richtsamer in dez rechtis weise hilde. Dorum so sehin sich di vor, di dem gerichte bevolin sein, daz sij so richtin daz gotis gerichte gnediclichin ubir sij irgen musse.

Folgen die Erklärungen eines gehegten Dinges, eines Richters, Klägers, Antworters und Vorsprechen. Die erste lautet:

Ein geheget ding ist, daz ein richter hegit mit urteil und mit rechte kegenwerticlichin seinr eitgnosen, und ist ein corpus czu sament gesaczt von vil glidern, dorin der richter daz haupt ist noch unserm rechte, und heist denne ein richter wenne er in gehegtim dinge siczt mit seinen schepfen. *Die letzte:* Ein vorspreche ist, der seine odir seines frundes begerunge dem richter, und widerspricht denne der seinr begerunge wider ist, ut ff. de postulando l. 1 §. 1, III. q. 7 Infames, in auten. de ferendariis sacri pallacij §. 1 Coll. II.

b) Lips. *fährt nach obiger Erläuterung der drei Eigenschaften des Richters fort:*

Du salt wissin, was ein richter und wer ein richter gesein magk, und wü man richtin sulle und wer czü gerichte kumen sulle, und wy lange man dinges warten sulle daz vindestu alles in dem sachsen spigil, das wolle wir anhebin in dissim buche das ist der richtstig genant, so das man sich dornoch richten moge in clagen und in antwort in burgerlicher clage.

2.

Aus Capitel 1. *nach* Goerl. *und* Lign.

§. 2. Der richter sol sich czu dem ersten seczin u. ist in der stat ein ander richter under im, ist dez nicht froge er eim schepfin. Dem schepfin odir dem schultheisen sol der r. frogen, ab er ein ding hegin muge sint daz do ein recht ding tag ist. So vint man im czu rechte er muge. So froge der r. einen andern schepfen odir dem undirrichter ab iz dingis czijt sij. So antwort im der schepfe, herre her r. wolt ir daz recht. So vinde ich euch czu rechte daz iz dingis czijt ist. So spreche der r., sint dem mol daz mir czu rechte gefunden ist daz ich mein ding hegin muge czu rechte u. dingiz czit sij, so bite ich in einem rechtin urteil czu irvaren was ich in disem dinge czu rechte vorbiten sulle. So s. der s. her r. wolt ir horen daz recht, ir vorbit billich dingslete u. unlust. . . . . So spreche der r. N ich froge euch, ab ich icht disim dinge fride wirken sulle. So s. der s. wolt ir horen daz recht, ir wirket dem dinge billichin fride. So spreche der r., alz mir urteil u. recht gefunden hot daz ich dingslete u. unlust vorbiten muge, so vorbite ich dingslete u. unlust u. gebite gotis fride u. dez koningis fride (Lign. *fh.* und meinen frede) u. der statt fride gemeine arm u. reich fride u. irloube recht u. vorbite unrecht u. bite euch N in einem rechtin urteil czu irvaren, ab ich diz ding gehegit hab alz craft habin muge czu rechte, odir waz dorum recht sij. So s. der s. er habe. So froge der r. vort, N sijt gefrogit, alz ich disem dinge fride geworcht habe alz mir urteil u. recht irteilt hot, froge ich, ab den fride ymant breche mit worten odir mit werken, waz der dem richte gebrochin hot (Lign. vorvallin sij). So s. der s. bricht den gehegten fride ymant mit worten iz geet im an sein golt, bricht er abir mit werken iz get im an den halz. So spricht der r. ich danke got u. dem rechten.

Im §. 3 *ist dem ersten Satze der* vulgata *hinzugefügt.* Nota dingpflichtig. Ir sult wissin noch unserm maideburgischim rechte, daz wort d. hot etwaz vorworns in sich. Etlich ist d. und darf doch allis gleichis nicht czu dinge gesten. So ist etlicher nicht d. und muz doch czu dinge gesten. Daz einr d. ist und allis glichis nicht czu dinge durfe gesten, daz sint di in einem gerichte gesessin u. doch nicht czu clagen noch czu antworten habin, alleine sint sij dem richter pflichtig sein czu gesten wenne er in gebut (I. 34 §. 1, I. 2 §. 1). Hette er aber czu clagen odir czu antworten, so were er dingpflichtich u. so muste er czu dinge gesten (II. 6 §. 2). Hette auch einr einem r. geclagit u. gebe im seinen boten einen vorczuladen, do wurdin sij beide dingpflichtich (II. 5 §. 1). Di sint alle d. und sullin gerichtis warten uf rechte czit (III. 61 §. 1). Wen were einr nicht gesessin so hette im der r. nicht czu gebiten (I. 70 §. 2).

§. 4. Ist iz nicht echt ding das ist voit ding. Ist iz obir voit ding, dingit der burggreve odir der schultheis selbir, so froge noch maideburgischim rechte, ab man icht di ruge czu rechte inbrengen sulle u. der burmeister icht di rugen sulle czu rechte, odir waz dorum recht sij. Nota. Ir sult wissin, so gen di schepfin mit dem burmeister in ein gespreche umb di ruge; so sal der burmeister di ruge inbrengen enczwer beschriben odir mit dem munde, u. ist czu rugen alle totslege blutrunst geczogen swert not lage u. heimsuchunge czether geschrei.

b) *In* Lips. *beginnt der* §. 2.

Der richter sal sich von irschten setzen uff den richtstul u. sal ein swert hinder sich adir nebin sich adir ubir sine schue legen ab man pinlich clagen wil. Wil man abir burgerlichen clagin, das vernim ouch dornoch u. dornoch sullen sich di scheppfin setczen nemelich uff sime stule u. der scheppfin sullen eilfe sein u. der schultise sal der czwelffte sein. Dis ist gesprochin von den do man scheppfin hat zcu langer czeit. Abir do man sy alle iar vernauwet do heischin si ouch ratmanne, undir des zo ist der czwelffte burgermeister. Doch so sint ouch wol nicht mehir denn drei sch., das ist in dem lantdinge u. heisin lantscheffin. Ist dis ding voytding u. der voit selbir dingen wil, so sal ym der undirvoit adir der schultise ader der burgermeister das irsthe urtel vinden.

3.

Capitel 7. a) *nach* Goerl.

Nu ir wist waz burgeliche clage ist, nu sult ir wissin wi sich der antworter mit seinr antwort haldin sol. Wenne aber der cleger seine clage gestellin wil, so irdinge der vorspreche im sein recht. Und dem cleger irdingit (*so*) u. mit im in daz gespreche kumt u. wider vor gerichte kumt, so spreche der vorspreche also, herre her r. wolt ir N wort horen. So spricht der r. sprich dar. Hi stet ein N oder wi er mit seim cristen namen gnant ist u. ich an seim worte u. clagit ubir einen ticium, daz er im schuldig sij czehen marg von rechter schult wegen, u. begert gerichtis u. einer antwort, u. bitet in einem rechtin urteil czu irvaren, ab ir im icht czu der antwort gebiten sult odir waz dorum recht sij. So vint man er sol im czur antwort gebiten. Nota. Ir sult wissen, ist der antworter do nicht, so bescheidet der r. dem cleger di weil ding wert, daz er beiten sulle dez antworters. Nota. Ir sult wissin daz der r. wen in dunkit daz di clagen geschen sein, so mag er einen schepfen frogen, noch dem mol daz ich czu dinge hir gesessin bin u. ding aufgebin wil, ab ir mir icht daz gemeine urteil vinden sullit. So spricht der schepfe, nooh dem daz sich di sunne gewant hot, so teilt man daz gemeine urteil billich. So spreche der r. czu eim schepfin: N teilt daz gemeine urteil, noch dem daz mirz urteil u. recht gefunden hot, daz mans billich teile. So spricht der schepfe, daz der r. sein ding aufgebin mag, allin den fromelichin di sich hir beweisit habin, u. den schedelichin di nicht gestandin sein. Nota. Gestunde er nicht czu dem gemeinen urteil, so spreche er also. Nach dem daz daz gemeine urteil geteilt ist u. er czu clage nicht gestanden ist, bite ich in einem rechtin urteil czu irvaren waz dorumb nu rechtis sij. So vint man im, man sull im tag gebin czu dem nehstin dinge u. der r. sol im gebiten, daz ist daz in der frone bote czu dinge ladin sol. Nota. Geschijt aber di ander clage so spreche der vorspreche, herre her r., sol ich reden mit laube u. wolt N wort vornemen. So spricht der r. sprich dar. Hir stet N u. ich an seim worte, u. bitet daz im der stat buch gelesen werde, odir bitit einz bekentniss, alz er einen ticium czu dinge geladin hot u. er nu nicht gestet, ab diz sein ander clage ist. Wen im daz bekentniss ein kumt odir daz buch gelesin wirt so spricht der vorspreche, so clagit er aber alz vor. So taget man aber alz vor. So bewere er daz mit rechte u. laz is legin in der stat buch oder hize der botin dorczu. Nota. Gestet er czu dem drittin dinge nicht, so fragit er, noch dem mol daz erste ding daz ander daz dritte, bite ich in einem rechtin urteil czu irvaren, ab er nu icht sein recht umb sotane clage irstandin hot, odir waz dorum recht sij. So vint man im er habe. So froge, ab man im icht pfandis helfin sulle um sotane schult alz er uf in irstandin hot czu rechte, oder waz dorum recht sij. Also ist iz auch umb gut, wenne daz man einen czu der drittin clage in weiset.

b) *Nach* Lips.

Sint dem mole das du das vndirscheit wiszt in burgilichir clage, so saltu ouch wissin, wy du des wort sprechin salt der clagen wil vff eynen, deme er icht geburget hat. Wenn du nu syne holunge wandelunge vnd gespreche gedingist vnd mit des richters loube an sein gespreche kumpst, so sprich also, herre er richter wolt ir N wort horen vnd mich an synem worte, so spricht der richter yo. So clagit min herre N, adir wy er zu synem cristen namen genant ist, das er ym X ß gr. schuldig vbir eynen H, adir wy sin cristen namen, in icht zu rechter antwert gebitten sullit, so vint man er sulle antwerten. Ist er denn do nicht, so vroge, wy lange er sein do warten sulle. So vint man im dyweile ding wert. Kompt er denn czu antwert nicht zu dem dinge, so sprich herre er richter, N begert vnd ich an synem worte in dem rechten zu erfaren, noch deme das N gewart, als ym recht vnd vrtil gegebin hat vnd er nicht gekomen sie sich zu verantwerten, noch syner synnboten kein, syne not zu entschuldigen dy weile ding wert, was da rechtes vmme sey. So vint man im, man bescheidin zu dem nehisten dinge, das ist vbir virczin nacht. So sal der richter ym gebitten ab er do dingpflichtig sy, vnd do saltu der boten vbir kisin vnd sprich alsus: ich besecze es mit euch herre er richter vnd mit gehegitter bangk vnd neme wy vil du wilt. Als denn das andir dingk vnd du en zu dem anderen mole beclagen wilt, so kom an syn wort als hy vor geschrebin steht. Wenn du an sein wort komen bist, so sprich herre er richter, wolt yr N wort adir wy er mit synen cristen namen genant ist wort vernemen vnd mich von synen wegen. So spricht der richter yo. So bittet N gar vernemelich vnd ich von synen wegen eyns rechtens bekentnisz, ab dis syne andir clage sey. Sint dem mole das ich hyr vor in den nehisten dinge geclayt habe. Wenn ym das gefunden wirt vnd bekant, so sprich, des stehet hy N vnd ich an synen worte vnd clagit gar bescheidinlichin vbir eynen H, adir wy er zu synem cristen namen genant ist, das er ym schuldig sey von rechter schult X ß gr. gulter silberner pfennige vnd bitte dorvmme rechtis gerichtis. Ist er aber do nicht, so tedinget man im er sulle sin warten dy weile ding wert, kompt er dennoch nicht, so bescheidit man ym zu dem dritten dinge mit vrtiln vnd mit rechte; da saltu abir der boten vbir kisin. Als denn das dritte dinge kompt, so thu als vor geschrebin stet. Kompt er dennoch nicht, so bescheidit man im zu dem vierden dinge vff syne helffe. Als denn das vierde ding kümpt, so thu der vorspreche als vor geschrebin ist vnd dinge holunge vnd wandel, vnd (wenne) er mit des richters loube an sin wort komen ist, so spreche er hirre er richter gunnet ir mir, das ich N wort spreche. So spricht der richter yo. So spreche der vorspreche, herre er richter sal ich reden mit loübe, yo. Ich bete gesprechis spreche der vorspreche. So spreche der richter ich gan dirsch. So spreche der vorspreche herre er richter (hir stet) N, adir wy sin cristen namen genant ist, vnd ich an synem worte vnd bittet euch herre er richter vnd dy getrüwen scheppfin vmme ein bekenntnisz, ab das das virde ding sey. Als das denn bekant wirt, so vroge, ab er von eime dinge in das andir dingk von dem andirn in das dritte syne clage geclagit vnd do mite getan vnd gevolget hat, als im recht vnd vrtel geteilt hath, vnd er noch nicht sich zu verantwerten noch ouch nymant von synen wein, so bete ich euch liber herre er richter in eyme vrtele zu irfarn, was da nu hir vmme recht sey. So sal der richter einen schepphin des vrtels frogen vnd sal alsus sprechin, N da seyt vmme gefrogit. So spreche der schepphe, herre er richter wolt das vrtel. So spreche der richter yo. So vinde ich zu rechte, man sal yn vm dy schult pfenden. So spreche der vorspreche, herre er richter N der dancket euch vnd den getraüwen scheppfin vnd ich von synen wegen.

Sullen wir abetreten mit loube? So spricht der richter yo. Ouch saltu wissin, das man als tut vmme eygen vnd vm gut, wenn das man in zu der virden clagen yo in wisset das pfant eygin adir gutt. Da er also von gerichtis weigin in gewisset wirt adir von gerichtis wegen vs gepfendit wirt, das sal man vff biten vor gehegitten dinge ein dingk czwey ding drey ding vier ding vbir recht. So magh man es versetzen adir verkeuffen.

4.

Das Capitel 16 *beginnt in* Lips.

Were es sache das du gut adir habe anquemest, dy du eyme bey syme lebendim libe gethon hettest vnd is vndir ime verstürbe vnd sie an quemest, so das du es mit clage widir fordirn wilt, so kondige is dem richter vnd lasz ienen zu dinge ladin mit dem vroneboten. Als er denn geladin ist vnd der richter sin ding gehegit hat vnd deme dinge fride gewurcht, so kom vor gerichte gar czuchtiglichin, herre er r. sal ich redin mit loube? Ich gan dirsch wol. Ich bitte eyns mannes der myn wort rede. Ich gan dirss. Ich bete hy N adir wy sin cristen namen genant ist. So spreche der vorspreche, herre er r. sal ich redin mit loube? yo. Gunt ir mir das ich N wort spreche? yo. Ich dinge im vnd mir an syme worte. So spreche er vort, herre er r. des stehet hy N vnd ich an syme worte vnd claget gote vnd euch herre er r. an gotis stadt, das im N vor inthelt sine habe, die er N tette, den gott gnade vnd des erbe er nu noch syme tode nutzt vnd besitzt, vnd bittet darumme rechtes gerichtis vnd antwert. Ist denn der antwerter do nicht, so spreche des clegers vorspreche, herre er R. was bescheidit ir N vnd mir dorvmme. So bescheidit man, dy weile ding wert. Kümpt abir iener vür sich zu vurantwerten, der neme eynen vursprechin als vor gelert ist in der dritten dist. vnd in der andiren. Der spreche also, herre er R. wellit yr N wort vernemen vnd mich an syme worte, N frogit gar bescheidinlichin, ab er im icht mehir schult gibit. So spricht ienr, zu dissim mole nymme, abir andir sachen habe ich mit ym vsz stehen, wirt mirs geraten so (wil ich yn) beschuldigen zu eynen andirn mole, wenne nü dise sache gar geant ist. Du salt wissin, ab er nü wol von ym queme mit dissin worten, er behelt in in siner clage. So spreche des antwerters vurspreche, herre er R. N mutet disser clage einer were vnd bitet in eynen rechten vrtel zu erfaren, ab er ym dy icht czu rechte thun sulle. So vint man er sulle. So vrage wy er im dy were thun sulle. So vint man im mit czwen vingern. So sprich, sal er sy vff recken mit loube? yo. So spreche des antwerters vorspreche, sal er sy entphone mit loube, so recke der antwerter ouch czwene vinger vff. So spreche des E vorspreche, sal er nidir lassen mit loube? yo. Das sal ouch des A vorspreche thun. Wenn denn dy were gethon ist, so spreche danne des A vorspreche, herre er R. wolt ir N wort vernemen? R. yo. Er spricht gar bescheidinlichin vnd ich von synen wegen, das er syner habe nicht habe.

5.

Die beiden letzten Paragraphen des Cap. 27, *mit welchem in der Classe E die erste Abtheilung des Richtsteiges schliefst, lauten in* Goerl. *und* Lign.

Wurdez dir aber angewunnen, so froge noch dem mol daz ich daz gut in geweldin gehabt hab, u. do ny keim rechtis von geweigert habe, u. ichz auch mit keim selbrechte nicht besessin hab u. bekostiget mit meinem fryen gelde, bite ich in einem rechtin urteil czu irvaren, ab ich icht billichir u. ee daz wider nemen sulle odir waz dorum recht sij. Sent. Wolt ir daz recht? Wir vinden in dem rechtin, waz er uf daz gut geleit hat mit erbeit di beweislich ist, di nucz nymt er billich von dem gute. Hette er aber schulde uff dem gute daz er noch nicht gewunnen hot, noch dy im auch nicht uf dem gute bekant sein, der gutir mag er mit selbrechte nicht behaldin vor di schult von rechtis wegen. Dise vorgesprochen constituciones habe wir gesaczt, so daz ein itlichir wisse, er sij richter scheppe cleger odir antworter, wi man volvoren sol in burgerlicher clage, und hir auf sprechen di ersten vj constituciones di do in der sachsin spigel sten in dem drittin buche, u. auf daz ir recht richtin muget u. urteilen, das der ewige richter di urteil dez ewigen vortumniss nymmer ubir unsir syle gebe nu und ewiclichin. Amen.

Fünfte Beigabe.

Cautela und Premis.

Handschriftlich finden sich beide Arbeiten

1) *zu* ***Dresden*** *in der* ***Nr.*** 18 *oben, zwischen dem* ***Richtsteige Lehnrechts*** *und dem* ***Weichbilde.***

2) ***Zu Göttingen*** *in* ***Nr.*** 30 *zwischen* ***Register*** *und* ***Text*** *des* ***Richtsteigs Landrechts***

3) ***Zu Jena*** *in* ***Nr.*** 38 *zwischen* ***Richtsteig Lehnrechts*** *und* ***Weichbild.***

4) ***Zu Leipzig*** *in* ***Nr.*** 41, *als Vorrede zum* ***Richtsteig Landrechts.***

5) ***Zu Leipzig, Universitätsbibl. C.*** 950 (***Rechtsb. Nr.*** 397) *vom* ***J.*** 1431 *vor dem* ***Weichbilde.*** ***Später folgt der Richtsteig Lehnrechts.***

6) ***Ehemals zu Mainz*** *in* ***Nr.*** 49 *zwischen den* ***Richtsteigen Land-*** *und* ***Lehnrechts.***

Die ***Cautela*** *allein*

7) *zu* ***Oschatz*** *in* ***Nr.*** 62 *vor dem* ***Richtsteig Landrechts.***

Aufserdem citirt ***Grupen*** (*bei* ***Spangenberg, Beitr. S.*** 71) *eine* ***Stelle*** *aus der „Cautela* in fine cod. Guelpherbyt.", *ohne nähere* ***Angabe.*** *In den jetzigen* ***Wolfenbüttler Hdss.,*** *welche überhaupt den* ***Richtst. Landrechts*** *nur einmal* (***Rechtsb. Nr.***709) *enthalten, habe ich die Cautela nicht gefunden.*

Gedruckt stehen beide Stücke vor dem ***Richtsteige Landrechts*** *in den alten Drucken, oben* ***Nr.*** 2, 3, 4, 5, 6, 8, 9, *die* ***Cautela*** *wenigstens auch in* ***Nr.*** 1. *Beide liefs aus* ***Nr.*** 3, *d. i. der* ***Cöllner Ausgabe,*** *wieder abdrucken* ***Bruns*** *in den* ***Beitr. z. d. deutschen Rechten*** 1799 ***S.*** 139 *ff.,* *und aus* ***Nr.*** 6 *von* 1484 ***Unger*** *in seiner* ***Ausgabe*** *des* ***Richtsteiges,*** *mit* ***Varianten*** *aus* ***Nr.*** 3, 4, 5.

Cautela *und* ***Premis*** *wollen die* ***Parteien*** *belehren, wie sie ihre* ***Vorträge*** *behutsam einrichten sollen. Darauf geht der* ***Name*** *nicht nur der ersten, sondern auch der zweiten* ***Arbeit.*** Premse *oder* bremse, die bremen, *holl.* prame *ist ein zwingendes oder hemmendes* ***Werkzeug,*** *z.* ***B.*** *der* ***Stab*** *mit welchem der* ***Schäfer*** *die* ***Schafe*** *zusammenhält, ferner das* ***Maulholz*** *welches unruhigen* ***Pferden*** *an die* ***Nase*** *gelegt wird, s.* ***Grimm Wb.*** *unter* brems *und* bremse. ***Das Zeitwort*** premsen, bremsen, *holl.*

pramen *ist pressen, zwingen, hemmen*, premezen *bei Jeroschin* coercere. *Hier bezeichnet* premis *das Mittel, um den zweideutig sprechenden Gegner zu zwingen, sich an einen bestimmten Sinn seiner Rede zu halten. Die Formen* brynis, prynise *im Göttinger Codex*, prenus *oder gar* orienus *in den Drucken ergeben sich leicht als Entstellungen.*

Cautela und Premis sind wegen der ihnen mit den Richtsteigen gemeinsamen processualischen Richtung meist zu diesen in Beziehung gebracht, namentlich — in den Hdss. Nr. 2, 4, 7 *und den alten Drucken — dem R. Landrechts vorangestellt worden. Doch ist nicht mit Bruns a. a. O.* 152 *und Eichhorns älterer Ansicht (RG. §.* 281) *an ein Zusammengehören oder an gleichen Ursprung zu denken, wie schon Grupen bei Spangenberg* 70 *ff. bemerkt hat.*

Als Verfasser nennt sich in den Endversen zur Cautela, in dem Eingange zur Premis und, nach einer Hdschr., auch im Eingange zur Cautela: Hermann von Oesfeld (Ovesvelt, Ossfeld, Ouesuel), *ein Name, der wohl mit Bruns* 153 *auf das Städtchen* Oebisfelde *im Herzogthum Magdeburg zurückzuführen ist. Ein* Hildebrand de Osvelde *kommt in einer Urkunde des Erzbischofs von Magdeburg von* 1291, Ludewig Rell. Mss. V. 38 *vor. Herrmann v. O. ist aus der Magdeburger Schöffenchronik bekannt und so viel ich sehe nur aus dieser, denn lediglich aus ihr schöpfen die Autoren welche seiner gedenken, wie* C. G. Buder, opusc. 87, Senkenberg *in der Ausgabe von* Zanger de exceptt. II. 1480, *Boysen histor. Mag. II.* 137, *Rathmann Geschichte von Magdeburg II.* 306. *Der Chronikant nun erzählt. Als Magdeburg im J.* 1358 *auf Klage Rudolfs v. Sachsen vor das kaiserliche Hofgericht geladen wurde, suchten und fanden die Bürger Auswege gegen dessen Competenz im Sachsenspiegel, s. „Klenkok wider den Ssp."* 385 *N.* 12. *Darauf, heifst es in der Berliner Hdschr. der Chronik Bl.* 90, bat me herman van ovesvelt de hir ein borger was, went he sik rechtes wol vorstunt u. dat lantrecht geregistreret als vor gescreven steit. Disse satte sik darover u. ik wart om to hulpe gegheven to schrivende u. he makede dissen processum von dem rechte . . . . Do (1359) worden se (*die Bürger*) to rade, dat men herman van ovesveld in des keisers hof sende, *um Carl den IV. zu bewegen mit der Stadt nach sächsischen Rechten zu verfahren.* Do herman sine bodeschop werven scholde u. des began, do sprak de keiser, he vorneme sin nicht, wu wol he doch on vor wol vornomen hadde to Wittenberge, dar de sulve herman vele mit dem k. hadde geredet u. he ordele dar vant, dar on de k. umme vragede. Des beghan ik latin to spreken to dem k. und he mit mek. Do sprak de k. gud dudesch u. heitt uns to dude spreken, wente he vornemet wol *etc.* *Vgl. den weitern Verfolg bei* ***Rathmann*** 307 *ff.*

Eine frühere Erwähnung ***Oesfelds****, auf welche doch obige Stelle hindeutet, habe ich in der Chronik nicht gefunden, auch erhellt nicht, welche der zahlreichen uns erhaltenen* ***Register*** *des* ***Landrechts****, s.* ***Rechtsb. S.*** 57, *etwa ihm beigelegt werden möchte. Die uns hier vorliegende* ***Arbeit*** *darf gleich dem* ***Register*** *wohl eher der Zeit* ***vor*** *als* ***nach*** *jener* ***Sendung*** *beigemessen, also etwa in die* ***Mitte*** *des* 14*ten Jahrh. gesetzt werden. Die ältesten noch bekannten datirten* ***Hdss.*** *sind die* ***Oschatzer*** *vom J.* 1382 *mit der* ***Cautela*** *und die* ***Jenenser*** *von* 1410 *mit beiden* ***Arbeiten.***

Dem von mir gegebenen ***Texte*** *liegt der* ***Jenenser****, unter J, zum* ***Grunde****. Verglichen mit ihm sind unter*

B, der ***Basler Druck*** *von* 1474 *oben* ***Nr.*** 2.

C, der ***Cöllner Druck Nr.*** 3.

G, die ***Göttinger Handschrift****, theilweise.*

L, die ***Leipziger*** *Hdschr. C.* 950 *von* 1431.

M, die ***Mainzer.***

O, die ***Oschatzer.***

W, die angebliche ***Wolfenbüttler*** *Hdschr. nach den von* ***Grupen*** *mitgetheilten* ***Stücken.***

Die von ***Unger*** *verglichenen* ***Augsburger Drucke*** *zeigen keine nennenswerthe* ***Eigenheiten.***

I. Cautela.

Cautela[1] bin ich genant,
ich bin komen in di lant
czu lere guten luten,
di recht kunnen[2] beduten.
Mich hat[2a] irdacht ein man
[3]genant von Ovesvelt herman,

---

1) *C fh.* speigels van sassen. 2) *O* gerne. 2*a*) M. h.] *G* Doch hat sy. 3) *Diese Strophe, nur in O, scheint mir wegen des Schlusses und wegen der Verszahl unentbehrlich.*

her ist milde des[4] er kan
[5]rechtis als ers weme gan.[6]
Is[7] ist allis sein[7a] gern
das vele lute[8] wise wern,
[9]unde das rechte drate ouch
gescheidin worde sunder touch,[10]
des bin ich zcu orkunde
gesant us sime munde.[11]

Unser herre got der spricht: [12]iuste iudicate filii hominum, das spricht also vile: richtet rechte kindere[13] der menschen. An disen worten[14] gebutet unser herre got, daz man richten sal[15] als her sprechin solde: ane gerichte enkunnet ir uch nicht[16] behaldin in der werlde; her gebut ouch an disen worten, man sulle rechte richten,[17] wenne her selbir gerecht ist, darumme wil her daz wir alle gerecht sein, sunderlichen so sullen alle richtere recht sein, unde sullen das recht wissen, wenne kein richter recht gerichten kan, her enwisse was gerecht sei. Ouch saltu wissen, das welch richter das recht nicht enweis unde unrechte richtet, den beschonet[18] sine unwissenschaft nicht, alz wir geschribin vindin in dem keiser rechte. Der richter sal nicht ein thore sein, her sal ouch an im habin vier togende, wisheit gerechtikeit[19] sterke unde masse.[20] Von dem richtere der recht nicht wissen wil mag man wol sprechin also als da geschribin stet in dem saltere, noluit intelligere ut bene ageret, das spricht also vele, her entwolde nicht vornemen wol zcu thunde. An dissen

4) *GJ* daz, *B* des daz, *C* des des. 5) *Die Strophe f. L.* *G* das rechten also vil Ich gan es ymmer wen her wil. 6) a. h. w. g.] *d. i. wie er es nur irgend einem gönnt*, *BC* also weme h. g., *M* her weme her g., *O* her elme lezlichen wol g. 7) *f. O.* 7*a*) Is — sein] *G* wenne ez ist synes hertzen. 8) *O fh.* klug unde. 9) unde — touch] *O* das alle recht gar snellich werden gescheiden sunder gezcoges berden. 10) *d. i. Verzögerung*, *JLM* ouch (!), *B* ufftzog, *C* afftoch, *G* gouch. 11) *B* formunde, *C* vornemende. *G fh.* Her dy wysin tzu unde richten Dy frumckeit sagen unde richten, Dez ersten rate ich allen richtern, Daz sy den armen richten gern Und dy vorsprechin noch rechte vragin, Und dy scheppin di warheit sagen. 12) *O* recte. 13) *O* ir sone. 14) d. w.] *BC* dusser scrift. 15) m. r. s.] *L* wir recht r. solen. 16) u. n.] *BC* nichtes. 17) m. s. r. r.] *f. JM.* 18) *BC* enschuldiget. 19) *C* gudertirenheit. 20) *So O, die übrigen* macht.

worten di unser herregot gesprochen hat, das man recht richten sulle,[21] habin wir, das alle richtere[22] recht wissen mussen, ab si recht richtin wollin adir si thun wider got. Nu merke ouch wer di richtere sint, das ist der erste vnde der hoeste an werltlichem gerichte der keiser, di andern di fursten di vanlehin[23] habin, di dritten di greuen, di virden di schultheisen; furbas[24] kan man an gerichte nicht,[25] dar man obir hals unde hant richten moge. Noch sint andere richtere, alz gogreuen[26] unde burmeistere, di di lantlute kisen zcu richteren, was unde wenne di richten mogin, daz vint man in dem lantrechte. Nu vinde ich, das di werltlichin richtere kein orteil sprechin, das ist darvmbe, also das keiserrecht spricht, daz si nicht alle wise lute[27] sint, das daz vele gewonlicher ist, das under den luten allin di vor im sint vil meher wise lute sein, wenne her alleine ist. Hirumb sind di schepphin, di dem koninge hulden zcu rechte, dem richtere der under koninges banne dinget zcu hulfe gegebin, di her vmme di orteil vragin sal. Unde andere richtere, di under koninges banne nicht endingen, di sullen di dingphlichten umme das orteil vragen, dar mag iczlich man der unbeschuldin ist an sime rechtin orteil vinden. Also hastu wol vernomen, wer di richtere sint unde di orteil vinden sullen,[28] disse alle mussen recht wissen, ab si alle rechte richten wollin, adir si thun wedir got, alz hir vor geschriben[29] ist.

Nu spricht ein meister, omnium habere memoriam pocius est divinitatis quam humanitatis, das spricht also vele, alle ding in gedanckin zcu habin[30] das ist bilcher gotlich den menschlich, als her sprechin solde, is enmag kein mensche alle ding in gedanckin habin. Ist daz also, so mogin di richtere unde di schepphin unde andere dingphlichten, di das recht wissen mussen, das recht iczlicher sache alleczijt in gedancken nicht gehabin. Nu wil ich dich leren, wi du di richtere vnde di schepphen adir andere dingphlichten des rechtin diner sache salt andechtig machin, das si in gedancken nicht enhabin, durch das

---

21) *BCJ fh.* Nu *mit einem neuen Satze.* 22) *BC fh.* recht richten unde. 23) *BC* van ome len. 24) *C* vor geine better richter. 25) k. m. a. g. n.] *O* en kumpt keyn len a. g. *L* ist nicht g. *BC* k. m. nicht gerichten. 26) *LM* greven, *C* borchgreven. 27) w. l.] *B* weyss, *C* wetten. 28) *BCMO fh.* und wer iczlich (*BC* und ein yeklicher ein) orteil vinden mus. 29) *OL* gesprochin. 30) z. h.] *JM* thun.

dein[31] sache schire[32] geendet werde sunder vorczog.[33] Du salt wissen das recht diner sache; weistu du des nicht, so saltu des vragin wise lute eher du czu dinge kummest; du salt ouch rechte vragin, wenne du das recht diner sache weist, so saltu das recht diner sache czu einer vrage machin, das meine ich also, du salt di wort des rechtin in dine vrage seczin, alse du allir eigentlichst machst. Alsus bringestu das recht diner sache in der richtere unde der schepphen adir ander dinglute gedanckin, das si keines vorczoges bedorffen ab si recht wollin. Disses wil ich dir gebin ein gleichnusse. Hastu dinen diep gefangin mit der dube in hanthafter tat, so ist das ein recht, das du in also vor gerichte bringest, unde selbsibende saltu in vorczugen. Wenne du in vor gerichte gebracht hast alz recht ist, so saltu sprechin, herre er richter ich vrage, ab ich minen dieb, den ich in hanthafter tat gevangen[34] vor gerichte gebracht habe als recht ist, selbsibende nach rechte icht vorczugen sal. So vint mans also. Wiltu du ouch einen man beschuldigen vmbe ding di er vor gerichte getan hat, so ist das ein recht, was ein man vor gerichte tut des vorczuget in der sachwalde mit zcwen mannen unde der richter sal der dritte sein. So saltu sprechin also, herre her richter ich vrage eines orteils, nach dem male daz her disse ding, darumme ich in vor gerichte beschuldiget habe, gethan hat vor gerichte,[35] ab ich in des mit zcwen mannen unde mit dem richtere icht baz vorczugen moge, denne er des unschuldig werdin moge.[36] So vint man du mogest das thun. Alsus brengestu in diner vrage das recht diner sache in di gedanckin des richters unde der schepphen adir anderer dinglute, ab si das in gedancken nicht enhabin. Also machstu thun in allen[37] sachin. Disse lere gebe ich allen vorsprechen, di dar wol bewaren wollin den des wort si sprechin[38] unde di sache[39] schire endin[40] wollin.

Hir vor ist gesprochin, daz di richtere unde di schepphin unde andere dinglute daz recht wissen sullen; ouch ist des not,

---

31) *JM* sein, *C* dey. 32) *BC* drade. 33) s. v.] *f. BC.* 34) *f. J. C fh.* hebbe unde. 35) g. h. v. g.] *f. BC.* 36) *BC fh.* seitmal das er es vor gericht gethan hat. 37) *BC fh.* dynen. 38) di — sprechin] *f. BC.* 39) d. s.] *J* d. s. sy, *O* ire s. gerne, *LM* des sy, *BC* die sache die sy. 40) sch. e.] *LM* drate e., *C* drade hebben, *B* drade end haben.

das di vorsprechin des rechtin wise[41] sint. Welche[42] lute da werdin vorsumet mit den[43] vorsprechin, das kumt davon zcu, das si des rechtin nicht enwissen, [44]so vragen si vinsterlichen.[45] Hirmete machin si di richtere unde di schepphin adir andere dinglute, di das recht sprechin sullen, des rechten erren[46]; wenne wi man vragit also sal man berichten unde antwerten, darumme ist des not, das alle vorsprechin das recht wissen, ab si di nicht vorsumen wollin der wort si sprechin sullen. Nu rate ich in alle wis, das si sich nicht enschemen wen si des rechten nicht enwissen, das si des vragin wise[48] lute. Ich rate ouch, wer schemelos[49] bliben wil iegin gote unde iegin der werlde, der spreche des wort der da recht habe unde nicht des der unrecht habe[50] unde io mit truwen, so irwirbet her lob und ere[51] iegin der werlde unde ewig lon iegin gote.[52]

[53]Nu biddet[54] alle gemeine
beide gros unde cleine,
das des ewigen Gotes sone
mit sime riche lone
deme vorgenanten hermanne
[55]von Ossfelde,[56] wanne
syne sele von hynnen vare,
das si got selves[57] beware
von[58] des tufels angest
an sinen tode czu leczt,
Amen.

---

41) *B* weiser, *C* wetere, *O* vorstendig. 42) *O* wenne vel. 43) *O* tummen. 44) so — v.] *L* Hirumme sullen sy des fragen wyse lute. 45) *So O allein, aber dem Zusammenhange gemäss; BCJM* des dar (dester, desto) wislicher. 46) d. r. e.] *So O; die übrigen* des dar (dester, desto) wiser. 47) i. a. w.] *BC* allen wisen. 48) *O* kluge. 49) *BC* schandelos. 50) unde — habe] *f. BC.* 51) *BC fh.* jegen got. 52) *BCGLM fh.* dat mote uns allen cristen luden gescheyn, des helpe uns dey vader un dey sone und dey hillige geyst. Amen. 53) *Das folgende f. CO, steht in L am Ende der* Premitz. 54) *JMW* merket. 55) *Statt des folgenden in J nur:* etc. 56) *B fh.* das deme geschehe balde. 57) d. s. g. s.] *MW* g. s. s., *B* g. dy zele. 58) *B* vor.

II. Premitz[1]

Premitz[2] bin ich genant,
ich wil nu[3] sein bekant
von guten luten allin,
den kruse wort[4] nicht gevallin,
di slecht unde recht gerne weren
[5]unde an krusen sich nicht keren.
Von Osvelde[5a] herman
di erbeit hebit sich an[6] mir an,
des bin ich[7] komen in di lant,
[8]dar ich wil sin bekant,
[9]zcu vromen den guten krusen wendin
[10]unde bose[11] krusen schendin.

Unser herre spricht in dem evangelio: attendite a falsis prophetis daz spricht, gedencket an di falsen propheten, also das uns got warnet das wir uns haldin von in, [12]das si uns nicht betrigen mit iren redin. Disse valschin prophetin glichin sich valschin dingluten, di mit valschin worten di ich kruse[13] wort heisse di lute[14] pflegin czu betrigene; daz man sich vor disen huten kunne, des ist not. Dise valschin lute phlegin zcu teidingen mit worten di zcu latine heissin equivoca, unde sint wort di meher sinne habin denne einen. Hir mete betrigen si di lute, als man in antwertit in eime sinne, so sagen si sie habin anders gemeint, unde nemen den andern sin an[15] sich unde tedingen anders. Nu wil ich premitz dich leren, wi du di valschen[16] in tedingen salt twingen, als man ein phert mit eime premse[17] twin-

---

1) *Vgl. Blume MR. IV.* 2, 3. *M* Explicit cautela brevis etc. Incipit premitz. 2) *B* Prenus, *C* Orienus *und so auch unten, G* Brynis, *später* prymis *und* prynise. 3) *L* ouch. 4) d. k. w.] *G* d. kruselwort, *C* mit starken worten. 5) unde — keren] *BCM* u. krause (*C* klouke) wort nit begerent, *J punktirt das oben stehende und hat dann* u. krusen nicht bekeren; *G* u. kruselwort enperen, *W* u. crusen nicht bekefen. 5 *a*) *G* unschult. 6) *BC* met. 7) d. b. i.] *J* das ich byn. 8) dar — bek.] *f. JMW; B* als vorgesprochen genant, *C* also eyn vorspreke genant. 9) zcu — krusen] *W* den — krusen, *BC* den guten wil ich, *J* zcu v. kr. den guten. 10) unde — schendin] *C* ut den snoden crusen synnen. 11) *MW* snode, *L* dy snoden, *B* den schnöden. 12) *L fh.* daz is uns gut. 13) C kloke. 14) d. l.] *f. BCM.* 15) *BC* vor. 16) *C fh.* lude. 17) *C fh.* off muelholt.

get, das si an disen equivoken krusen[18] worten an eime sinne mussen bliben. Wenne si tedingen wider dich, so merke, ab an iren worten keine equivoken worte sint di dir schedelich gesein mogen, wenn in tedingen sal man alle wort merken. Wenne du in denne antwerten salt, so sprich in alle ire[19] wort nach, unde vor das wort das meher sinnes helt, dar sprich vor ein ander[20] wort daz der selbin sinne einen[21] habe, adir secze das selbe[22] wort, das is glich in eime sinne stehe unde doch den tedingen gleich sei, unde sprich denne, also habe ich ouch vornommen.[23] Sprechin si denne ia, so antwerte nach deme sinne, so en mogin si mit eim andern sinne nicht geschaffin.[24] So volge du denne den teidingen nach deme sinne. Sprechen si nein, unde[25] seczin das equivocum noch eins adir ein ander, so wollin si krusen unde obelen,[26] so saltu si premsen also[27] unde sprechin: das wort hat noch meher sinnes denn einen, in welchem sinne wollet ir stehin,[28] das sait mir, so mogen wir zcu ende getedingen; das sprechin si denne billichin. Wenne du denne[29] einen sin also[30] irwirbest, damite[31] hastu si gepremisset,[32] daz si dich nicht mogin betrigen.[33] Ein glichnusse.[34] Claus beschuldiget heinrichin, her werbe sein ergistes unde wolde in irslan unde[35] das sine nemen wor her konde adir mochte; Heinrich der antwert also equivoce unde spreche: ich bekenne des,[36] wolde Clause imant slahin adir roubin, ich wolde im helfen. Das mag man anders[37] vorstan, das her deme wolde helfen der Clause wolde roubin unde irslan, adir anders mag mans vorstan, das er Clause wolde helfen, daz her nicht worde irslagin noch gerawbet.

---

18) *f. BC.* 19) *f. J.* 20) *f. J.* 21) daz — einen] *C* unde dat ys der sulven syn inne. 22) *f. BC.* 23) *BC interpungiren nach* also, *und fügen hier* recht *mit einem ? hinzu.* 24) *L* dyr geschaden. 25) *BC* sunder. 26) kr. u. o.] *C* it clockliken bewenden u. ovel. 27) *C fh.* mit deme perde muelholte. 28) *C* bliven. 29) billichin — denne] *f. BC.* 30) *BC fh.* du es. 31) *BCL* so. 32) *B* geprēsst, *C* gevangen. 33) *BCL fh.* an den wortin. 34) E. g.] *BC* Exemplum. 35) *L fh.* ome. 36) i. b. d.] *f. BC.* 37) *f. L.*

Sechste Beigabe.

Die Weichbildsglosse der Berlin-Steinbecker Handschrift,

Rechtsb. Nr. 47, *s. oben S.* 69.

1. *Aus* §. 1 *der Gl. zu Cap.* 22 (*Zobel* 16, *v. Daniels* 18), *vgl. Richtst. C.* 1.

Hir entscheidet her Ecke unsirs gerichtis wize zcwischin lantrechte u. unsirm statrechte u. spricht, der richter sulle sich seczen u. di schepfin. Ist iz burgrefen ding so sol er den schultheisin vragen dez irsten orteilz, ist dez nicht so vrage der schultheiz adir der richter einen schepfin u. sol alsus sprechin: N sit gevragit ab iz dinginz zcit si, u. ab er icht vorbiten muge dingslete u. unlust. So spricht den der schepfe, herre her richter, wolt ir daz urteil. So spricht der richter jo. So spricht der schepfe, ich finde zcu rechte, sint dem mol daz man dingens gert u. ein recht dingtag ist, so mugit ir dingin u. alle unding vorbiten u. ding hegen alz recht ist. So spricht der richter, sint demmol daz mirs zcu rechte gefunden ist, so vorbite ich dingslete u. unlust u. alle unding. So vrage er vort, ab er deme dinge icht vrede werken sulle. So spricht der schepfe, h. h. r., wolt ir daz recht, ir mugit. So spreche der richter: ich bitte disem dinge gotis vrede u. mins herrn vrede u. der stat vrede, u. arm u. rich u. minen vrede; wer disen vreden breche mit worten dem ge ez an sin gelt, er en breche mit gewalt dem ghe iz an halz. Und ein iclicher clage zcuchticlichin u. bitte euch N in einem rechtin zcu irvaren, ab ich diz ding gehegit hab, alz es kraft gehaben muge. So vint der schepfe, er habe. Nu bitte wir in einem rechten urteil czu irvaren, waz dingslete heist. Wir sprechin dingslete heist, daz nimant von dem dinge gen sulle der da zcu schaffin habe. Wen nu dise urteil alsus gesprochen werden, also ist den da ein ding gehegit u. nicht er, u. beslust sich mit den worten: ich irlobe recht u. vorbite unrecht.

2. *Aus* §. 2 *derselben Glosse, vgl. Richtst.* 2.

Nu bitte ich in einem rechtin zcu irvaren waz ein vorspreche ist. Wir sprechin zcu rechte: ein vorspreche ist, der sines frundes ader sines selbis begerunge dem richter kundigit, u. widerspricht dem der siner begerunge widerspricht vor gerichte von rechtis wegin.*) Nu bitte wir i. e. r. z. i., wer kein vorspreche sin mag. Wir finden in dem rechte, wer eigin ist adir toup adir sinneloz adir kint adir ungeloubische wider cristen, und geistliche lute in werltlichim gerichte. Ydoch so mugen si wol teidingin vor werltlichim gerichte in etlichin sachen: vor sich selber, vor ir kirche, vor ir mogen, vor arme lute, vor witewen, vor weisen, vor ellende lute, di iz durch got tun wellen u. nicht umme gelt tun. Unerafte lute sullin auch keine vorsprechen sin. Di selbir begunst habin czu antworten mugin keinen vorsprechin gehabin. Nu bitte wir in einem urteil czu irvaren, wer keinen vorsprechin gehabin mag. Wir vinden in dem rechte, wer sich selbir vorantwort hot, der mag keinen vorsprechin gehabin. Hiruf saltu sotane vrage merken. Ab ein clegir dich beclagete ane vorsprechin, u. iz qveme zcu urteile da er sich nicht an bewaren konde, u. wolde darna einen vorsprechin nemen, deme bejegenstu alsus: herre her richter, nach dem mol daz titius geclagit u. geantwort hot in disim gerichte kegen mir, bitte ich in einem rechten urteil czu irvaren, ab er nu icht is rechtis wegin vorsprechin darbin sulle, adir waz darum recht si. So spricht der richter, N sit darum gevrogit. So spricht der schepfe, h. h. r. wolt ir daz recht? Ich vinde vor ein recht, wer sich selbir begint zcu vorantworten u. clagin, der sol zcu der sache in dem gerichte vorsprechin darbin. Nu bitte ich i. e. r. r. z. i., waz nucz an einem vorsprechin lit? Wir vinden in dem rechte, ab sin vorspreche errete, so mag sin herre vor dem urteil widersprechin. Nota. Nu mochstu vragen, mag sich auch einer wern, dez anderen vorspreche zcu sein? Wir vinden in dem rechte er muge, wen er darf nicht teidingen wider sinen herren adir sinen mog.

3. *Aus der Gl.* §. 4 *zu C.* 34 (*Zobel* 49, *v. Daniels* 76), *vgl. Richtst.* 33, 32 §. 7.

Nu saltu wissin, ab iz geschege daz einer den anderen zcu tode sluge adir wunte adir wi daz geschege, u. genr wurde nicht gevangen u. queme weg, derre (*vielleicht* der richtere) lize ein ding hegin. So ab iz geschehe buzen den rechtin dingtagin, so

*) *Hiernach bessert sich der Görl. Text oben S.* 383 *Z.* 9.

setze sich der richter u. schepfin, u. spreche zcu einem schepfin: N ich vrage euch, nach dem mol daz men mir not clagin wil, ab ich ein ding hegin muge. So vint men er muge. So hege er ein ding alz vor. So spreche dez clegers vorspreche, h. h. r., N der bittet mich daz ich sin wort spreche. So spricht der richter, ich gan dirs wol. H. h. r., er bittet euch durch got u. durch dez rechten wille, daz ir den gemorten man besehen lozit. So sullin ghen zcwene schepfen adir dri, welch di der richter ghen heist, u. sullin besehen den vorwunten adir den toten und vorsicheren sine wunden ab si kampfwerdig sin ader nicht. Di schepfin komen wider in. So spricht der richter. Nu, wem icht werre, der rede. So spreche der vorsprèche, h. h. r., vragit di schepfin, waz si an im gesen haben, daz er darnach sine clage gestellen muge. So spricht der richter, ir herren schepfen, sprechit da bi euwerem eide, waz ir an dem vorwunten man gesen habit. So sprechen si h. h. r., sulle wir sprechen? wir habin gesehen einen messerstich zcu sinen herzcen adir in sinen koupf, davon er von dem lebinde zcu dem tode komen ist, u. habin gesen eine wunde uf daz hoeste recht. H. h. r. spricht der vorspreche, ich bitte i. e. r. z. i., wi er sine klage u. ich von siner wegin angestellin sol, daz im hulflich si zcu sime rechte mit dem gerufte, *s. Ldr. II.* 64 §. 1. So bittet er daz er schrien muze. So spricht der richter ich gans im wol, er warte daz er rechte tu. So ghe er ubir den toten mit eime geczogen swerte u. spreche zceter uber einen N der minen liben bruder . . . adir er schreie alzo lute, daz iz der richter u. die schepfin gehoren mugen in gehegeter bang, alsuz: zcether ubir N minen morder u. dez landez morder der mir minen liben bruder P von deme lebinde zcu dem tode gebrocht hot. So spricht er zu dem anderen mol u. zcu dem dritten mol mit richteris loube. So kumt er denne vor di vir benke u. spricht: hab ich min gerufte getan alz mirs hulflichin si zcu miner clage? So vint men er muge, adir er habe. So spreche er vort: so clagit N got u. euch h. h. r. ubir einen P, daz er sy komen binnen wicbilde in der vrien gassen u. hot der stat vrede an sinen liben bruder gebrochin, u. hot im einen messerstich getan in sin hercze, davon er von dem lebinde zcu deme tode gekomen ist, u. bittet daz ir en heischin lozit. Er clagit gote u. euch an gotis stat ubir einen Corrat das er im eine wunde gehauwen hab uf daz hoeste recht, u. bittit daz ir en zcu der antwort lazit gebiten. So sol men den vredebrecher heischen zcu einem mol zcum andern mol zcum dritten mol. So tagit men den biz an den andern tag.

Ist abir die clage vornochtet, daz ist ab iz dem vrone boten adir dem richter vor mitnacht nicht gekundigit ist u. bewisit mit den schepfin, so but en der richter zcu tage u. zcu burgen. Von der burgeczog spreche wir nu hir. Nu biten etliche richter sotane lute zcu burgin, ab si wol gefangen weren in hanthafter tat. Wiltu en denne weren u. wilt en uzborgen, h. h. r. Ich zcle mich des an uch u. an den gehegeten ding, der denne man zcu burgen gelasin ist, den wil ich borgin. Zcu dem einen mol zcu dem anderen mol u. zcu dritten sol men zcu borge heischin. Und bitte einz urteils, sint ir en zcu borge geboten habet, ab ir en nu icht zcu rechte zcu borge tun sullit, adir waz darum recht si. Hiruf spreche wir ein recht, nach dem mol daz er en zcu borge geboten hot, so sol er en zcu borge tun. Spriche den der richter, her wolden dir vor hundert schock zcu borge tun, so sprich, tu wilt en uzborgen uf ein wider gestellen vor gerichte, adir tu wilt liden waz ein recht ist. So vrage, ab er en dir icht zcu rechte zcu borge sulle gebin, adir waz darum recht si, sint er en selbir zcu borge geboten hot. So teilt der schepfe er sulle. Vonde men auch dir anderes, so strofis vrilich uf dein recht. So vrage wi hoch tu en uzborgin sullist. So teilt men vor sin wergelt, *s. Ldr. II.* 10 §. 2. Hette abir der cleger gevragit, nach dem mol daz er in hanthaftir tat gevangen ist u. gevangen vor gerichte brocht ist mit der hanthaften tat, u. di clage noch auch nicht vornacht ist, so bitte ich i. e. r. u. z. i., ab mirs zcu minem rechte schedelich gesin muge. Ab daz abe ginge, wurde er dir denne alzus zcu borge getan, wiltu dich den zcum hoesten der achtzcen pfunt trosten, so darfstu sin nicht wider gestellen, destu sin zcu der stunt ungewaldig bist. Als tu en wider gestellen salt u. men wider heischit von gerichtis halben, so vrage h. h. r., einen P hatte ich uzgeburgit, dez bin ich zcu der zcit ungewaldig u. mag sin nicht gehaben, u. bitte i. e. r. u. z. i., waz ich darum liden sol nach rechte. So vint men vor ein recht, tu salt sin wergelt gebin u. salt darmite loz sin zcu rechte etc.

4. *Aus* §. 8 *der Gl. zu C.* 34, *vgl. Richtst.* 34 §. 5.

Weres auch sache daz ein man burgin hette gesatzt, iz were umme ungerichte adir um schulde, queme nu der man selber u. irbote sich mit disin worten: h. h. r., einen burgin hab ich gesatzt, vor gerichte zcu komen u. mich zcu entschuldigen wez man mir schult gibit, u. bitte i. e. r. u. z. i., ab nu min burge icht zcu rechte ledig si, adir waz darum ein recht si. Wir vinden vor ein recht, er si ledig, *s. Ldr. III.* 9 §. 3. So sol genr sprechin, h. h. r., ich irbite mich zcu gerichte zcu einem mol, z. a. m. z. d. m., ist imants hir der mir ichts schult gibit, dem wil ich gerne antworten nach rechte, waz bescheit ir mir? So spricht der richter, ich bescheide dir, tu salt warten di wile ding wert. Wen er sich alzus zcu dem drittin dinge (*Lücke*) so teilt men in der clage loz. Queme abir genr zcu dem dritten dinge u. wolde clagen, so spriche den der antworter, h. h. r. nach dem mol daz im u. mir ein dingtag uzgleit waz, daz ich mich kegin im vorantworten solde, dez er nicht gewart hot zcu dem einen dinge u. zcu dem andern dinge, u. er keinen siner sinneboten hir nicht gehat hot, di im von siner wegen echte not bewisit hette, bitte ich i. e. r. u. z. i., ab ich im nu umme di sache keinerlei antwort me tun sulle, adir w. d. r. si. So spricht der cleger, h. h. r., daz ich zcu dem uzgeleiten dinge nicht komen mochte, daz benam mir echte not di ich bewisen wil alz mirs ein recht teilt, u. bitte i. e. r. u. z. i., ab ich icht mit miner bewisunge an min recht wider treten muge, adir w. d. r. si. So teilt men er muge. So vrage der antworter, ab er icht not nennen sulle di in geerret hot u. darnach sweren. So vint men er sulle. So nenne er di not u. swere: daz ich N zcu dem uzgeleiten dinge nicht komen konde, daz benam mir gotis dinst daz rechte echte not heist, daz mir got so helfe u. di heiligin. Spricht abir der antworter, er ist umme sine koufschatz gewest, daz ich geweren wil alz mir ein recht irteilt, u. bitte i. e. r. u. z. i., ab daz eine echte not gesin muge, ader w. d. e. r. si. Hiruf spreche wir ein recht, welch man der dar ist umme sine truwe narunge, der ist in gotis dinste von rechtis wegen. Spriche abir der antworter, er ist inheimisch gewest nach dem irsten dinge u. ging zcu wege u. zcu stege, zcu kirchin u. zcu strosin u. nach dem dinge abir also, daz ich gewisin wil mit sinen nageburen die auch dingpflichtin heisin, ab er nu daruber enche echte not bewisin muge. Hiruf spreche wir ein recht, nach dem mol daz er nicht stunt zcu dem andern dinge, alz er uz der irsten echtin not quam, u. ez der antworter bewisen mag selb dritte besessene lute, so mag er keine echte not me daran be-

26 *

wisen v. r. w. So vrage der antworter, nu bitte ich i. e. r. u. z. i., waz er nu kegin mir gebrochin hab, nach dem mol daz er mich zcu unrechte beclagit hot u. siner clage mit rechte nicht gevolgit hot. Hir vinde wir ein recht, er hot die clage u. die vorderunge vorlorn, u. sol ghenen mit gewette u. mit buze lasin, *s. Ldr. II.* 8.

5. *Aus* §. 1 *der Gl. zu C.* 63 (*Zobel* 87, *v. Dan.* 94), *vgl.* [illegible] 37 §. 1

Weres sache daz einer so geslagin wurde adir gekratzt wurde, der spreche alzus adir sin vorspreche: N der clagit gote u. euch h. h. r. ubir einen P, u. habe en angevertigit mit gewaldiger hant u. habe den gemeinen vreden an im gebrochin, u. bitte daz ir di gewalt besehen lazt di an im geschen ist. Alz daz besehen ist so bitte er daz si sagin, waz si an im gesehen haben. So sprechin si, wir haben an im gesehen eine bule adir eine swulst di nu underloufen ist mit blute u. ist brun u. blaw u. ist nagelz hoch irhobin, u. si mag nicht minr gesin wen si were kampfbar. So spricht der vorspreche, daz besetze ich mit euch h. h. r. und mit den truwen schepfen, nach dem mol alz mir di schepfen bekant haben so clage ich gote u. euch h. h. r., daz P sotane gewalt an mir getan hat alz mir di schepfen bekant haben, umme einen knuttilslag der mir mit blute underloufen u. brunblowe geswollen ist. Wil er daz bekennen daz ist mir liep, lokint er mirs, so wil ichs en uberwinden mit dem recht u. mit den schreiluten und bitte i. e. r. u. z. i., ab ichs en icht neher bin zcu ubirghene, wen er mirs enghen muge, adir w. d. r. s. Hiruf stelt daz recht daz in dem texte stet, er si en neher mit dem richter u. mit den schreiluten zcu kampfe zcu vane, wen ers mit siner unschult inghen muge. Spricht abir ghener dawider, nach dem mol daz ich ein umbeschulden man bin an minem rechte u. hi stehe ungevangen u. ungebunden u. bite min unschult u. wil unschuldig werden, alz mirs richter u. schepfen irteilen vor ein recht, ab ichs icht billichir und ehe enghen muge, wen er michs zcu kampfe gevan muge mit rechte, adir w. d. r. si. Hiruf spreche wir ein recht: mag er sine unschult selbsebinde bewisen, so ist ers neher zcu entgene, den men ubirghen muge von rechtis wegen. Von disin sachin vindestu *s. Ldr. I.* 68 §. 2. Bekennit ers abir, er kumt mit buze u. mit gewette darvon; weren abir ir mer beschuldigt, d. i. ab ir me weren gewest darzcu, adir ab der bulen me weren gewest, di da kampfbar geteilt ist, di muz er unschuldiclichin bewisen selbsebinde, di andern mit sines eines hant.

6. *Aus der Gl. zu C.* 64, 65 (*Zobel* 89, *v. Dan.* 98), *vgl. Richtst.* 41 §§. 1—3.

Eine gewere ist eine gewisheit einer clage, alzo ab min frunt irslagin were, ich nime mich der forderunge an u. clagete uf en. Nu muz ich im eine gewere globin uf di vorderunge, daz en nimant me darum beclage, *s. Ldr. II.* 15 §. 1. Queme nu me imant darnach u. spreche mich darum zcu u. beclagete mich, daz ich im sinen liben frunt von dem lebende zcu dem tode gebracht hette u. begerte gerichtes u. einr antworte, spreche ich nu ich hettes nicht getan, so spreche er lichte: ir getruwen schepfen, dez zcie ich mich an euch daz er spricht, daz ers nicht getan hot, u. hot sich gesunet u. bitte i. e. r. u. z. i., ab er nu icht mir an dem totslage vorvallen si, adir w. d. r. s. Spricht denne genr wider, mir geschag leider ein unglucke wider alle minen willen daz ich gesunet habe, da mir ein hantfrede u. eine rechte gewere getan ist, dez ich mich zci an richter u. an schepfen, vor den er mir di gewere globit hot, u. den ich wol habin mag u. sine burgen, u. bitte i. e. r. u. z. i., sint dem mol daz ich mich einz gesunet habe, ab ich nu me keine not me darum liden durfe, adir w. d. r. si. Hiruf spreche wir: mag derre vorderer ienen vorderer abewisen daz ienr keine rechte vorderunge gehabin mochte, so muste er dizen antworten umme den toten, u. hette im ienr icht globit, daz muste er im geweren nach rechte. Nu muz der cleger dem antworter geweren alz er im globte, u. clagt zcu im daz er im eine gewere globit hat umme sotane ansprache, ab er da wider reden wolle, daz er volkomen wolle mit richter u. mit schepfin in gehegeter bang alzo vielen alz er bedarf zcu sime rechte, u. bittit i. e. r. u. z. i., ab er nu icht vor mir antworten sulle, adir w. d. r. si. Hiruf spreche wir ein recht, er sulle disin abewisen mit rechte, muge er daz nicht getun, er sulle den antworter lasin mit einr werebuze adir mit einem halbin wergelde u. muz dem richter wetten, u. gibit geme sine buze. Nu mochtistu sprechin, nach dem mol daz er mir nu sulle wider geben ein halb wergelt, u. er auch von mir ufgehobin hot ein gantz wergelt, nu bitte ich i. e. r. u. z. i., ab er mir icht von rechtis wegen sulle min vol wergelt widergebin odir w. d. r. si. Hiruf spreche wir ein recht, er sol gebin daz-selbe halbe wergelt ieme dem er di gewere globete, daz ist dem er den di buze gibit, u. sol im denne daz wergelt widergebin daz er ufgehobin hot v. r. w. Wie solte men den dem andern cleger tun? men sol en abewisen mit dem wergelde von rechtis wegin.

Siebente Beigabe.

Proben der Summarien.

In der Einleitung S. 45, 77 ist gesagt, warum es genügen durfte, von den sehr mannigfaltigen und theilweise ausgedehnten Ueberschriften und Summarien der einzelnen Capitel nur einzelne Proben zu liefern. Sie folgen hier für die sechs ersten und dann für die umfangreichen Capitel 33, 34, 35, in Form von Varianten zu der oben im Text gegebenen, regelmäfsig aus Ab genommenen Rubrik. Bemerkenswerth ist insbesondre die Behandlung in den Hdss. Ag, Bd, Cl, welche, und zwar jede in besondrer Weise, den Inhalt der einzelnen Paragraphen angeben.

Cap. 1. Wo sik dat gerichte beginnet.[1]

1) Wo — beginnet] *So AaBc. AcenBabdfgozβδφCcfkDEa haben aufser der allgemeinen Ueberschrift keine besondre Rubrik für Cap.* 1. *Cg* Hir begynnet des richtes stich wo men gerichtes sal begynnen. *Aio* Wo men des rechten (richtes) beginnet. *Ce* Wo men des gerichtes begynnen sole ind we dar syn sole. *Ak* Hyr beginnet wo men eyn richte hegen sal. *AhCah* Woe men en gerichte hegen sal. *Bi* Wu di richter eyn ding hegen sal. *Eb* Wy men ding hegen sal. *Al* Von des richters wise. *Bn* Van deme richter. *Ab* Van den vir settingen. *Bk* War eyn recht gerichte wesen sal dat sol gescheyn overmits dreyn personen. *Ag* Wo men eyn richte heghen sal vnde wat de vorboert de dar nicht en kumpt, vnde wanne men de wedde betalen sal, vnde war men se upseen sal, vnde wat men vor echten dynghen

wroghen. *Bd* Von dem gerichte und richter unde wy man ding hegen sol, unde wy sich der richter halden sulle. *Cl* Wu en richte wert. Unde wat de richter vorbeden scal. Unde we to dem richte komen schal.

Cap. 2. Wo men vorspreken[1] cricht.[2]

1) *Aa fh.* in gerichte. 2) *So Aabcino; Aq* sole winnen, *Babfhiozcφ* irkrigen moge (*Bz* sal), *Ce* krigen sole, *AhCah* wynt, *Bδ* sal gewynnen, *Bg* erkrigen und gewynnen sal, *Bk* wynnen off krigen moge, *Eb* irlingen sol, *Cg* bidden sal unde sich beraden. ‖ Wo — cricht] *BcEa* Von vorsprechin, *AfCc* Van vorspreken unde we he wesen moge. *Cfk* Van clage. *Ag* Wo men de claghe beghynnen sal unde enen vorspreken kryghen sal; wo de richtere sick bewaret; war umme eyn vorspreke weygheren mach; we nyen vorsprake syn en mach. *Bd* Wy man eyn vorsprechen gewinnen mag vor gerichte unde wy her sich dirweren moge unde wer nicht vorspreche geseyn moge von rechte. *Cl* Wu du enen vorspreken bidden schalt. Unde wu es dek de richter nicht weigeren mach. Unde wu es dek de, den du biddest nicht weigeren mach. We nenen vorspreken hebben schal. We nen vorspreke wesen mach. *Dace* Wie ein man sin clag vor gericht solle anheben.

Cap. 3. Wo [1]de vorspreke sic[2] bewaren sal.[3]

1) d. v. s.] *Cfk* sich eyn vor gerichte. 2) *Bk fh.* clokeliken. 3) b. s.] *AfCc* bewaret; *Ea fh.* und sein recht irdingen sol. ‖ Wo — scal] *Ag* Wo de vorspreke spreken unde zick bewaren sal unde wo he hulpe bydden sal in syne achte unde wo men hulpe weren sal. *Bd* Wy sich der vorspreche unde seyne hewbtlewte bewaren sullen unde was her em dingen unde nicht dingen sulle. *Dace* Wie der fursprech antwurten sol. *Cl* Wu sik de vorspreke bewaren schal. We en schadelos afnemen schole. Unde wu he eme der achte biddet. Unde wu sek de vorspreke wol irhalen mot.

Cap. 4. Von des vorspreken wisheit.[1]

1) *So Aabcino; die Meisten* lere. ‖ Von — wisheit] *Cfk* Van vursprechen. *Bc* Wenn der fursprech auszgeet mit dem sachwalden. *Bd* Von der vorsprechen lere unde wy se sich halden sullen yn iren teidingen mit seten unde mit wisheit. *Cl* Hir le-

ret he stucke, de de vorspreke an sich hebben schal dat he sinen mund al beware.

Cap. 5. Wo vele clagen sin unde[1] waraf se eren namen hebben.[2]

1) *Aa fh.* welke unde. 2) Wo — hebben] *Gewöhnlich* Van underscheidunge (underscheide) der clagen. *Ea* Von clage undirscheit. *Bz* Von der scheidunge widderclage. *BcCfk* Van clage. *Alo* Von drierley clage. *Bd* Von undirscheit der clagen welche peinlich burgelich ader vormengit sey, also peinlich das man den peinige umme seyne broche; burgelich als umme scholt gut unde anfang das se burgen bleiben das keyner me fluchtig werde; vormengete als dy dorynne vorlowffen. *Cl* Von drierleie claghe, borchelich, pinlich unde vormengde clage. *Dacc* All clag gevallen dryerley wiss.

Cap. 6. War af[1] scult kumpt.[2]

1) *Aa* van. 2) War — kumpt] *Aio* Wo schult to kome. *BcCfk* Van schulde. *AqBβ* Von borgelicher clage umme (von) schult. *AhBkCah* Van dat (V. d. *f. Ah*) alle borgelike clage komet van schult. *AenCe* Van borgeliken clagen. *AgkCb* Van borgheliken klaghen. Alle b. k. kumpt van schult (*Ag fh.* umme ansprake van ervetale na dodes hand). *BabfghinozαδφEa* Von burgelicher klage wy dy (*Bg* di do) zcu kumpt (*Ea fh.* und sunderlichin) von schult (*Bb fh.* et dicitur actio civilis). *Eb* Von burgelicher clage vnd von irer undirscheit. *Bd* Von clage umme schult wy dy czukumpt unde um was sachen scholt heise. *Cg* Vierlei wijss wirt eyn schuldich. *Cl* Von borgherliker claghe underschede. Unde wat schult si. Unde war van se werde. *Dacc* Das einer dem andern icht pflichtig ist zu geben (*Dc* tune).

Cap. 33. Oft de clage vornachtet is, [1]wo me denne[2] varen scole.[3]

1) wo — scole] *Ab im Text* so du sus; *Ec im Reg.* wy m. d. tun s. 2) *Aa fh.* dar mede. 3) Oft — scole] *AfgCcEac* Von ubirnechtiger clage (*Aq* beclagunge), *Eb* Van vurnechtigen clagen, *Cbfk* Van vornachteder klaghe (*Reg. fh.* umme ungerichte), *AgCeh* Van overnachteden claghen (*Ag fh.* wo de richtere ene to der antwerde beden sal; wo men des wys werd, dat men der claghe volghe an gerichte. Oftu enen truweloes reden wult. Oftu

enen balmunden wult. Van rochte pennynghen. Wo men enen vorloven sal dat ys vorvestet, unde wo men ene in des rykes achte brynghet unde wo he syn leen u. gued verlust). *AehknBk* Van der ungheghenwordigen klaghe (*Ah* antwerde). *Für Bbeghlo s. die Note* 1 *zum Text. Ca* Wo men overnachte clage van duve ader van roube sal beginnen im gericht. *Cl* Wu du overnechtighe clage over enen vredebreker clagen scalst. Wu du vort recht komen scalst. Wu du ene to antworde u. to borgen beden scalst. Wu de claghe mit ordelen ghevristet wert. Wu de cleghere vorborghen moet dat he vort varen wille. We rochte penninghe vorboret. Wu du ene vorvesten machst. We en holde u. huse wat sin broke si. Wem me clagen scal, icht de richter dar nicht were. Wu du de clage von erst beginnen mochst. *Dae* Wiltu clagen ubir ein, ee din clag ubernechtig wirt.

Cap. 34. Of en vorvestet wert,[1] dem it not benam dat he nicht vore quam.[2]

1) dem — quam] *Ab* de nicht vorkomen kunde. 2) Of — quam] *So auch Ec im Register. AehknBabcdfkaβE* Von klage obir einen kegenwertigen (*Bf* e. der da k. ist, *AhBβ fh.* man, *BcEac fh.* den man vorvest hat, *Bd fh.* man der vorfestenet ist, ab is em echtenot benomen hot das her czu der antwort nicht quam, wij her sich awsczihen moge ane schaden). *AqBhinozδφ* Von klage ob eyner da (*Aq* daren) kegenwertig ist. *Ca* Wo eyn richter den vervesten man de durch echter noit scholt neit vurquam leiden sal sich uszuzehn. *Cb* Vorvestet man enen (*Reg. fh.* deme echt not weret). *AfCc* Van antwerde dem et echt not benam unde wil sik ut der vestinge ten. *Ag* Van claghe over enen de nicht yeghenwordighen vorvestet was, wo men sik ut der veste tuet. Wo den richtere sin recht vordelet wert. Wo stark he vorkomen sal. Wo men echte noet bewyset. Wo men weregelt boret. Wo men vullenkumpt, dat syck een ut der vestinghe getoghen heft unde wo de tughe tughen scolen. Were de claghe umme duve u. hedde he syn recht verlorn. *Cl* Wu en man de vorvestet wert, u. echt not erret dat he nicht vore quam, na vore komen mach. Oft is eme de richter weighert, wo he denne don scal. Und wume echt not bewisen scal. *Dace* Wo ein vervest man ist u. hat es ym not genomen das er nit zu antwurtten kum (*De* vorquam) u. wil noch gern zu entwortten komen.

Cap. 35. Wo men upholden scal enen vorvesten man.[1]

1) Wo — man] *Ec stimmt im Reg.* *Cb* Wo eyn sinen v. m. upholt. *AeghknBβCe* Wo men enen mit ener vestinge jeghenwordichliken anspreket (*Ag fh.* wo der tughe eyt ghan sal, wat enes vorvesteden mannes recht sy. Wat eme de vorsprake truwe bewyset na dode de vorvestet was). *AqBbcdfhiozδφEac* Von klage umme eynen vorvesten man (*Eac fh.* der kegenwertig ist; *Dd fh.* wy man den [illegible] mag yn dem [illegible] da her ynne vorfestent ist, wy man den obirwinden moge u. mit was sachen der her sich dirwegen moge dy em an den lib nicht geet). *Bk* Wo men enen man mit ener vorvestunge beclaget. *AfCc* Van claghe uppe den de in der vestunge vanghen is. *Eb* Van vurvestunge. *Caflık* Van enen (deme) vredelosen manne. *Cl* Wu du enen vorvesteden man upholden scalst in deme richte dar he inne vorvestet is. Unde wo du ene vort richte bringen scalst. Unde umme watte broke me enen man vorvesten mach. Of du enen upholdest in enem anderen richte wen dar he inne vorvestet is. Unde oft en bi namen darin nicht komen si, alse mit unrechter unlust. Wu he de vestinghe irtugen schulle. Wu he den tuch liden schulle. Unde wan du de schult benomen scolst. Unde war du de hilgen setten sculst. Unde wu de kleger sweren scal. Unde wu de tuge sweren scult. Unde wu vele iu wesen scal. Unde wat denne sin recht si. Wur me en graven mach. *Dace* Ob du wilt clagen ubir den (*Dce* deinen) vervesten man wo du in (*Dce fh.* in ainen gericht) ankumpst.

Das Gerichtswesen nach dem Richtsteige.

S. oben S. 77.

Die Citate von Cap. und §. schlechthin oder mit einem R. davor gehen auf unsern Richtsteig Landrechts; unter „s. Ldr." oder „Ldr." ist der Text des Landrechts des Sachsenspiegels verstanden, unter „Ssp." dagegen meine Ausgabe des Sachsenspiegels in ihren beiden Theilen und den beiden Bänden des zweiten Theils.

§. 1.

Vorwort.

Die Absicht ist, das Gerichtswesen in so weit darzustellen, als unser Rechtsbuch den näheren Anlass dazu bietet. Demnach sind zwar solche Theile zu übergehen, welche der Richtsteig gar nicht oder ganz flüchtig berührt, dagegen diejenigen Lehren, auf welche er sich einlässt, nicht allein aus ihm selber sondern auch aus seiner Grundlage, dem sächsischen Landrecht zu entwickeln. Auch anderweitige Quellen werden nur zur Erläuterung, nicht zur Erweiterung des so gegebenen Stoffes herbeigezogen.

Für den Umfang nun des in unserm Buche behandelten Gerichtswesens lassen sich im Allgemeinen folgende Gränzlinien ziehen.

1. Der Verfasser hatte nur die Landgerichte vor Augen 21 §. 1. Zunächst den Lehngerichten gegenüber. Nie wird der Mannen als Urtheilsfinder, des Oberlehnsherrn als höheren Richters gedacht; ein Lehn ist nur Gegenstand des Streits, wenn dieser aus besondern Gründen, C. 18 ff., vor dem Landrichter geführt wird; vornemlich aber weiset C. 21 §. 5 a. E. auf eine künftige eigne Darstellung des Verfahrens vor den Lehngerichten hin, s. Ssp. II. 1 S. 384. Eben so wenig ist das Eigenthümliche des hofrechtlichen oder des städtischen Gerichtswesens in Be-

tracht genommen; nur beiläufig gedenkt 45 §. 5 einiger Besonderheiten des Beweises nach Weichbildrecht.

2. Für die Landgerichte nimmt der Verf. im Ganzen den Standpunkt des Sachsenspiegels ein. Wie E. von Repkow die Verfassung der sächsischen Grafschaften zum Grunde legt und nur nebenbei auf die Markgrafschaften hinblickt, so auch Johann v. Buch; doch dergestalt, dass er beim Urtheilschelten ausser der altsächsischen auch der eigenthümlichen märkischen Weise eine genauere Darstellung widmet. Gleich wie ferner der Ssp. beim Verfahren selber die verschiedenen Stufen der Landgerichte nicht weiter scheidet, so treten im Richtsteige die besondern Stellungen des Grafen, Schultheissen, Gografen, Bauermeisters noch mehr gegen die eines Richters überhaupt zurück. Der Name Graf kommt nur beiläufig 33 §. 7 in der Lehre von der Verfestung vor, eben so der Schultheiss 35 §. 6; der Gograf wird gar nicht, der Bauermeister bei der Rügepflicht 1 §. 4 genannt. Jene Stufen werden abstract als höheres und niederes Gericht 35 §. 3, Richter und Unterrichter 1 §. 2 bezeichnet.

3. Von den drei Haupttheilen des Gerichtswesens, nemlich der Gerichtsgewalt, der Gerichtsverfassung, dem gerichtlichen Verfahren berührt der Verf. den ersten nur in wenigen Punkten, etwas mehr den zweiten; vorwiegend hat er es auf die Veranschaulichung des Verfahrens abgesehen.

§. 2.

Erster Abschnitt.

Von der Gerichtsgewalt.

Auf ihre Vertheilung nach Bezirk, Sachen, Personen, also auf die Gerichtsbarkeit, so wie auf die der Gerichtsherrlichkeit gegenüberstehenden Pflichten gehen folgende Einzelheiten.

1. Die Scheidung zwischen der Zuständigkeit der Land- und Lehngerichte, welche ich nach dem Richtsteig Lehnrechts im Ssp. II. 2 S. 565—567 dargestellt habe, erhält noch einen Zusatz aus dem R. Landrechts für den 3ten Hauptfall, wenn andre als Herr und Mann über ein Lehngut streiten. Nach C. 18, 19 muss an den Landrichter auch derjenige sich wenden, welchem selber oder dessen Erblasser der Beklagte versprochen hat, ihm entgeldlich ein Lehngut aufzulassen. C. 19 setzt den Fall, dass

der Erbe des Promissars klagt; daher ist vornemlich vom Beweise der Erbeneigenschaft die Rede, allein die Uebersicht im C. 18 zeigt, indem sie mit den Worten *edder di* auch den Promissar hineinzieht, dass nicht lediglich um dieses Beweises willen die Sache vor den Landrichter gehört. In der That ist auch jenes Versprechen ein landrechtliches Geschäft; der Kläger leitet sein Recht nicht aus dem Willen des Lehnsherrn her und kann daher den Lehnrichter nicht um dem Schutz desselben angehen, Ssp. II. 1 S. 567; wenn gleich die nachherige Erfüllung, geschehe sie durch des Herrn Hand oder geradezu an den neuen Lehnsmann, nur vor dem Lehnrichter erfolgen kann, s. ebd. S. 428, 429.

2. Die gegen den Gerichtsherrn bestehenden Ding- und Rügepflichten, s. Ldr. I. 2, werden im Richtsteige näher bestimmt.

a. Der Ssp. kennt eine Dingpflicht nicht nur der Schöffen gegen den Grafen und der Pfleghaften gegen den Schultheissen und zwar von ihrem Eigen, sondern legt sie auch den Landsassen „die kein Eigen haben" gegen den Gografen auf. R. 1 §. 3 dagegen spricht von der Dingpflicht derer die *eigen unde erve* haben, und zwar in Bezug auf den Richter überhaupt. Wählte der Vf. hier nur in seiner allgemeineren Richtung einen nicht ganz correcten Ausdruck, welcher die Landsassen nicht mit umfasst, oder scheidet er vielmehr vom Eigen das Erbe als ein nicht zu Eigenthum besessenes Grundstück, welches auch den Landsassen zugeschrieben werden konnte? Wohl das letztere. Dieser Gebrauch von „Erbe" ist gar nicht selten;*) insbesondre kennt auch unser Vf. in der Glosse zu II. 59, III. 79 „Bauererbe" in den Händen von Landsassen. Weiterhin nennt der Richtsteig beim Haften für das Gewedde nur das Erbe; ob deshalb, weil der Grundbesitz vorwiegend ein abgeleiteter geworden war, oder weil doch *erve* auch Grundstück überhaupt bedeutet, steht dahin; die Gl. zu II. 41 §. 1 sagt deutlicher *dar na wart* (wahrt) *man* (*des geweddes*) *anme tinse de van erve eder van eigen gefalt.* Immerhin geht der Richtsteig entschiedener als

*) Vgl. die Stellen in Krauts Grundriss Aufl. 4 §. 82 Nr. 39, 40, f, 43; §. 304 Nr. 2; §. 306 Nr. 15, 16, 20, 22, 25, auch *Boehmer Cod. Moeno-Francof. p.* 421, Mone Ztschr. f. d. Oberrhein III. 191, Urk. v. 1288: *das gut was halbis unser eigin u. halbis unsir erbe von den brudern von Sechingen.*

der Ssp. davon aus, dass die Dingpflicht mit dem Besitz von Grundstücken zusammenhange.

b. Die Bauermeister der einzelnen Dörfer haben eine Rügepflicht nach dem s. Ldr. I. 2 §. 4 gegen den Gografen und den Vogt wegen der säumigen Dingpflichtigen und wegen noch ungeklagt gebliebener Verbrechen. Der R. gedenkt 1. §. 3 der erstern Pflicht allgemein gegen den Richter überhaupt, der zweiten 1 § 4 mit einem Gegensatz gegen andre Gerichte nur für das echte ding, also wohl für das grosse und ein Paarmal jährlich gehaltene Gericht.*)

3. Für den Gerichtsstand ist nur zu bemerken, dass 46 §. 4 den ordentlichen persönlichen Richter des Angeredeten mit *din richter* bezeichnet, und dass 23 §. 4 den Gerichtsstand der belegenen Sache anerkennt.

Zweiter Abschnitt.

Verfassung der Gerichte.

Daraus kommen theils die Gerichtspersonen, theils die Parteien und ihre Vorsprecher, theils die Gerichtstage in Betracht.

I. Die Gerichtspersonen.

§. 3.

Ueberhaupt.

Das *richte* oder *gerichte* als die Anstalt, welche das gekrümmte Rechtsverhältniss wieder in die Richte bringt und die rechtlichen Handlungen beglaubigt, bildet sich aus dem Richter und den Urtheilern. Auch die letztern gehören wesentlich dazu. Daher soll nach C. 29 der Richter die rechtsuchende Partei hinhalten, bis die Urtheiler gekommen sind, um dann erst das Gericht zu hegen. Der Verfasser hat mithin den Satz des fremden Vorbildes, oben S. 53, nicht bedächtig genug wiedergegeben, wenn er im Eingange das Gericht aus dem Richter, dem Kläger und dem Beklagten werden lässt, ohne der Urtheiler zu gedenken.

---

*) Vgl. über die Rügepflicht die Stellen bei Kopp I. §. 237, Grimm Weisth. II. 96, 135, 189, 234, 334, 337, 339, 656, III. 109, 270, 574, und über die Weise des Rügens den Görlitzer Cod., oben S. 384.

Der Richter stellt im Allgemeinen die Macht zum Schirm der Gerechtigkeit dar; bei den Urtheilern ist das rechtliche Wissen, Ssp. II. 2 S. 571. Doch bedarf es noch einer genauern Angabe dessen, was dem Richter, was den Urtheilern allein, was endlich dem aus beiden zusammengesetzten Gerichte gebührt.

§. 4.

A. Der Richter.

Seine hohe Stellung, durch die Anrede *here her* (*er*) bekundet *), beruht darauf, dass er mit Gott und statt Gottes zu Gericht sitzt, *N klaget gode unde iu; biddet gnade van god u. van iu; unde iu in godes stat*, s. Glossar *God*. Der Görlitzer Richtsteig S. 383 nennt ihn das Haupt des Gerichts.

Der Richter sorgt dafür, dass der Weg des Rechtens beschritten werden könne und zu seinem Ziele gelange. Daraus ergiebt sich folgendes einzelne. Er beruft die Urtheiler, s. unten §. 8, lässt die Ladungen vornehmen 14 §. 2, giebt den Parteien freien Zutritt zum Gericht 34 §. 1 und eröffnet es, s. unten §. 10. Er handhabt den Frieden während der Sitzung, wirkt ihn noch ausdrücklich beim Kampfgericht s. Ldr. I. 63 §. 4, denjenigen die sich zu Recht erbieten ebd. II. 4 §. 1, II. 14 §. 1, III. 34 §. 1 und bei einer Verfristung der Sache für die Parteien III. 13 §. 1, 36 §. 1. Vor den Richter treten die Kämpfenden beim Schwur I. 63 §. 4; er gewährt das Wort, wobei er wenn zwei zugleich klagen bestimmt, wen er zuerst hören wolle, und giebt den erbetenen Vorsprecher mit gleicher Wahl, s. Ldr. I. 61 §. 2, so wie einen Vormund R. 43 §. 2. Er erlaubt dem Kläger, den Beklagten zu binden 32 §. 6, das Gerücht zu schreien 33 §. 1, den Verbrecher vorzubringen 31 §. 1, und fordert den Beklagten zur Antwort auf 16 §. 1, 33 §. 4. Er gestattet das Schwören und giebt dazu den Vorstaber 8 §. 2, weiset den Kämpfenden den Kampfplatz an und gewährt ihnen Waffen und Secundanten s. Ldr. I. 63 §. 3, §. 4. Er giebt Fristen 23 §. 3, erlaubt das Weggehn vom Gerichte, Gl. zu s. Ldr. I. 59, bestimmt die Boten, welche von Gerichtswegen gewissen Acten ausserhalb des Gerichtes beiwohnen 50 §. 2, s. Ldr. I. 62 §. 3, II. 12 §. 4, §. 14, II. 42 §. 4, II. 72

*) Vgl. die Blume Ssp. oben S. 368, Grimm Mythologie 12, und *Verhandelingen der genootschap p. exc. i. p.* II. 404, Reineke Vos (nach Hoffmann) V. 2460 *here her Konnink*, und Dreyer in den Nebenstunden S. 76 ff., Müller Wörterb. I. 668.

§. 1, III. 21 §. 1, III. 82 §. 1. Er sorgt für die Abstimmung R. 48 §. 3, für die Vollstreckung des Urtheils, auch für ein ehrliches Begräbniss des Hingerichteten 35 §. 8, für das Brechen eines verurtheilten Gebäudes s. Ldr. III. 68 §. 1 und spricht den Frieden über ein zuerkanntes Land III. 20 §. 3.

Dagegen kann der Richter eben so wenig ohne den Kläger jemanden ansprechen s. Ldr. III. 91 §. 2, als für sich den Kläger abweisen III. 16 § 1, sondern mag ihn nur, besonders in [illegible] *he rechte du*, 8 §. 2, 31 §. 2, 35 §. 1.

Der Richter soll ferner nicht Urtheile finden s. Ldr. III. 30 §. 2, wie dies die Glosse dazu und zu I. 62 § 7, III. 69 §. 2 III. §. 1 im Gegensatz zu den fremden Rechten, näher ausführt.*) Vielmehr heisst das sächsische Recht nach der Gl. zu I. 62 §. 7 *des volkes vragens recht*; daher auch die Bezeichnung Frager für Richter, s. *Haltaus s. Frager.* Der Richter aber stellt die Fragen theils selbständig, theils auf Bitten der Parteien.

Aus eigner Bewegung oder *van sik* fragt er:

1) hinsichtlich seiner Befugnisse gegen die Parteien, also wegen des Geweddes 34 §. 5, 44 §. 4, des Bürgengeldes 34 §. 4, obgleich er auch zuweilen die Frage der Partei in dieser Beziehung, z. B. was sie dem Richter zu leisten habe, abwartet.

2) Hinsichtlich der Einleitung 1 §. 2, 29 und des Fortganges des Verfahrens z. B. durch Ladungen mittels Boten 14 §. 2, so wie hinsichtlich der Dingpflicht 1 §. 3.

3) In Bezug auf die Stellung des Gerichts beiden Parteien gegenüber, z. B. wegen Verweisung der Sache an ein andres Gericht 21 §. 2 §. 3, wegen einer Verfestung und deren Steigerung durch die Acht 33 §§. 6—8, wegen Ausziehens aus derselben 34 §. 2, wegen Bürgschaft beider Parteien 49 §. 6 und ihres Wiedererscheinens nach einem Rechtszuge 49 §. 5.

4) Zum Vortheil einer abwesenden Partei, z. B. des Beklagten wegen Bürgschaft des Klägers 33 §. 4, oder eines Unmündigen 43 §. 2.

Abgesehen von diesen Fällen aber, also dann wenn es sich

---

*) Vgl. Homeyer, Prolog zur Glosse 1854 S. 16, die Blume des Ssp. oben S. 369, die Cautela oben S. 394, welche hier, wie bei der Schilderung der Tugenden des Richters (393) dem unter *Keiserrecht* angeführten schwäb. Landrecht, Lassb. 86, Wack. 71, folgt.

um Recht und Vortheil *einer* Partei und zwar einer anwesenden und mündigen handelt, wartet er ihren Antrag ab. Dabei bittet die Partei zunächst den Richter des Urtheils; er stellt die Frage an die Finder, und zwar nicht nach seinem Belieben Ssp. I. 62 §. 7, sondern *na rechte*, oder wie es in dem Brünner Schöffenbuche*) heisst: *secundum propositionem partium*, und *nihil penitus minuendo vel addendo*. Er mahnt zum Urtheil, wenn die Finder zögern 48 §. 1; ihm wird dann das Urtheil gefunden *ic vinde iu* 1 §. 2, *lüde de eme ordel vinden* Ldr. I. 8 §. 1, und er verkündet es den Parteien. Die Gl. zu III. 78 äussert sehr bestimmt *de richter in unseme rechte schole dat ordel selven geven u. anders nymant*, was der Urtheiler gefunden das binde noch nicht, sondern sei nur eine Anweisung und ein Rath für den Richter, *so geft denne de richter dat rechte ordel und sprekt: alse hir gevunden is, also gebide ik . . . dat ordel bindt.*

Der Richter kann auch nicht das gefundene Urtheil schelten s. Ldr. III. 30 § 2, und ein besseres finden; *sententiam non reprehendet nec repellet*; Priv. f. Goslar 1219. Doch darf er, wenn ihm das Urtheil nicht behagt, nach der Gl. zu III 30 der auch die Blume des Ssp. folgt, die Urtheiler ermahnen: *bespreket iu bat, oder halet dat ordel dar gi it tu rechte halen scholen, oder gi scholen it dagen.***) So zeigt sich auch im spätern Holstenrecht, dass die Urtheiler auf Erfordern des Richters wieder in die Acht gehen, um ein ander Urtheil zu finden, Dittmer Sassenrecht, Lübeck 1843 S. 13. Nach allem diesen gebührt ihm doch ein gewisser Einfluss auf den Ausgang des Rechtsstreits; noch mehr vermochte er ihn thatsächlich zu üben, weshalb denn auch unser C. 4 anerkennt, es sei schwer, vor einem ungewogenen Richter zu streiten.

Seinen Befugnissen steht die Pflicht gegenüber, das Recht zu gewähren, es nicht zu weigern, s. Ldr. III. 87 §. 3, II. 13 §. 8.

*) Im §. 406 *de officio iudicis quantum ad sententias*, Rössler Rechtsdenkm. II. 187.

**) Mehr Gewalt räumen dem Richter spätere Texte des Schwabensp., Lahr 84, Lassb. 171 I, Wackern. 364 ein. Zwar soll er *auch dekaine (urtail) widerwerffen.* Aber *Hoeret er aine urtail sprechen, diu in niht reht dunket u. me liuten danne in (der sol drie ze dem minsten sin), die sol er wenden als verre er mag, u. mag er ir niht erwenden, er dingot wol die urtail an den herren von dem er das geriht hat, u. hat er joch die minren volge, so tuot er ez doch wol.*

C. 50 §. 2 bestimmt näher: wenn der Richter den Rechtszug durch die Weigerung, Boten mit zu geben, hemmt, soll man es dem Oberrichter klagen; gehorsamt er dessen Gebot nicht, so verliert er das Gericht. Eben so 34 §. 1 wenn er den, der sich aus der Verfestung gezogen, aus derselben zu lassen weigert. Der Vorschrift des s. Ldr. II. 13 §. 8, welche den, der in peinlichen Sachen nicht richtet, mit der Strafe des angeschuldigten Verbrechens bedroht, stellt C. 50 §. 2 an die Seite, dass es dem Richter an den Hals gehe, wenn er trotz einer Berufung in peinlicher Sache zu richten fortfahre.

§. 5.

B. Die Urtheiler.

Zum Finden, Weisen, Theilen des Rechts sind Personen berufen, welche der Richtsteig allgemeinhin mit dem Ssp. als solche *de dat ordel vinden* bezeichnet 1 §. 2, 29, 38 §. 2, aber auch schon *ordelvindere* 41 §. 3 nennt. Ferner heissen sie *dingplichten* 48 §. 3. Dieses Wort umfasst insoweit mehr denn Urtheilfinder, als es die Pflicht ausdrückt im Gericht zu erscheinen und dem Richter überhaupt Rechtens zu helfen, also auch etwa Bote zu sein, Zeugniss abzulegen. Andrerseits ist der Begriff wieder ein engerer, wenn die Dingpflichten von den Schöffen geschieden werden, z. B. 29, 34 §§. 6, 7, Cautela S. 394. Dann bezeichnet er gleich *lantlüde, lant* im s. Ldr. I. 63 §. 2, II. 4, *homines terre*, diejenigen Pflichtigen, welche nicht, wie jene Beisitzer des Grafengerichts, ein dauerndes sogar erbliches Amt bekleiden, welche also auch keinen besondern Urtheilerstand bilden. *)

Beide Arten der Urtheiler werden vereidigt, s. Ldr. III. 88 §. 1, R. 34 §. 7. Dabei schwören die Schöffen *to der bank*, vgl. die Gl. zum Lehnr. Art. 9, mit welchem Eide nach der Gl. zu s. Ldr. III. 26 das Zeichen des Schöffen an dem Schöffenstuhle in Verbindung steht.**) Im C. 32 §. 1 werden neben dem Richter *alle de hir ummestan* vom Beklagten um Schonung seines Blutes gebeten. Das ist auf die gewöhnlichen Dingpflichten zu beziehen, welche nicht wie die Schöffen „zu den Bänken gebo-

---

*) Der *Cod. Lips.* oben S. 385 scheidet Schöffen, Rathmannen und Landschöffen.

**) Homeyer, die Heimath S. 11, 79.

ren sind" s. Ldr. II. 12 §. 13, und welche selbst dann, wenn eine gewisse Zahl von ihnen als Urtheiler aus der Menge erlesen waren, nicht stets sassen, wie aus dem Ausdruck *standgenoten* für solche Urtheiler zu entnehmen.*)

Ueber die Eigenschaften der Urtheilsfinder lehrt nur 50 §§. 3, 4 in Uebereinstimmung mit der Gl. zu s. Ldr. II. 12 §. 6 und III. 65 §. 1, dass sie in der markgräflichen Kammer *vulkomene lude an dem herscilde* oder *achtbare man*, also ritterbürtig sein müssen, während in den übrigen Gerichten der Mark auf den Stand der Urtheiler nicht gesehen wird, ebd. II. 12 §. 3, III. 65 §. 1, 70 §. 1.

Die Thätigkeit eines Richters und die eines Urtheilfinders ist zwar bei derselben Streitsache, aber nicht überhaupt unvereinbar. Vielmehr dient dem Richter, falls sein Unterrichter zur Stelle, derselbe als Urtheiler für die das Verfahren einleitenden Fragen. So verallgemeinert R. 1 §. 2, was das s. Ldr. I. 59 §. 2 nur vom Grafen und Schultheissen sagt.

§. 6.

C. Thätigkeit des ganzen Gerichts.

Das ganze aus Richter und Dingleuten bestehende *gerichte* oder *hegede ding* handelt

1) bei der Verfestung 41 §. 4, und bei der Befreiung aus derselben s. Ldr. II. 4 §. 1,

2) bei dem gerichtlichen Zeugniss, sei es über Acte, welche wie z. B. eine Sühne vor Gericht geschehen, oder welche vom Gerichte vorgenommen waren wie eine Verfestung, oder endlich über gerichtskundige Thatsachen, z. B. dass jemand Erbe geworden, dass er bei gutem Verstande sei. Vgl. unten §. 19. Wird des Zeugnisses des Richters allein erwähnt, so ist dies zuweilen nur ein kürzerer Ausdruck, wie wenn C. 23 §. 1 des Bekenntnisses des Richters allein über die Erbeneigenschaft gedenkt, während 19 §. 1 (vgl. S. 386) von einem Bekenntniss des Richters und des gehegten Dinges über diese Thatsache spricht. Dagegen bekennt grundsätzlich der Richter dann allein, wenn ein processualischer Act einer Partei dargethan werden soll, z. B. die wie vielte eine Klage sei 7 §. 2, 37 §. 3, dass der Gegner et-

*) Seibertz Urkundenbuch III. 236. Vergl. überhaupt Maurer Gerichtsverf. 171 ff.

was eingestanden habe 13 §. 6, 25 §. 3, oder wenn es sich um das Bezeugen eines Actes handelt, den der Richter allein vorzunehmen hatte, wie das Friedewirken 42 §. 3, s. Ldr. III. 50 §. 1.

3) Nach dem Sachsensp. wählen Richter und Schöffen gemeinschaftlich den Frohnboten. Demgemäss ist auch R. 29 unter dem Boten der Schöffen, durch den der Richter sie ladet, eben nur der Frohnbote zu verstehen, vgl. Maurer Gerichtsverf. §. 142. Ferner ergiebt sich aus dem Gegensatze zu der Ladung der Dingpflichtigen im C. 29 noch bestimmter als aus dem s. Ldr. III. 55 §. 2, III. 61 §. 1, dass der Frohnbote nur dem Grafengerichte angehört. Diesem Unterbeamten legt R. 31 §. 2 auch die Function bei, beim Schreien des Gerüchtes die Schreienden zu stillen.

§. 7.

II. Die Parteien und ihre Vorsprecher.

A. Hinsichtlich der Parteien ist die Sprache des Richtsteiges schon mehr als die des Ssp. entwickelt. Sie nennt „den gegen den die Klage geht" schon *den beclageden man* 8 §. 1 oder *den besculdegeden* 32 §. 9, 35 §. 6, besonders den *antwerder* s. das Glossar, in peinlichen Fällen auch den *unsculdegen* 32 §. 1, den *armen man* 32 §. 8, in Varianten den *lider*, wie er auch in der besonderen Glosse des Drucks von 1516 zu s. Ldr. III. 16 §. 3 heisst.

B. Die Lehre von den Vorsprechern hat *Nietzsche de prolocutoribus* 1831 mit besondrer Rücksicht auf den Sachsenspiegel und den Richtsteig ausführlich dargestellt. Ich gebe daher nur in Kürze die Natur des Instituts nach dem s. Landrecht an, und hebe dann hervor, was der Richtsteig noch über dasselbe hinaus bestimmt.

Der Vorsprecher hat für die Partei eine zwiefache Bedeutung. Das Walten der Verhandlungsmaxime und die strenge Abgemessenheit des Verfahrens geben der geschickten Stellung der Anträge und der genauen Beobachtung der Formen einen entschiedenen Einfluss auf den Erfolg; daher das Bedürfniss eines erfahrnen und ruhigen Vertreters. Die Vertretung bietet aber der Partei auch das Mittel zur Besserung begangener Versehen durch *wandel* und *holunge*. Sie mag zwar ihr Wort selber reden, wenn sie sich des Schadens getrösten will, der ihr aus einem Missesprechen erwachsen kann, sie darf aber auch sich einen Vorsprecher nehmen, s. Landr. I. 60 §. 1, R. 2 §. 1, Joach. §. 34, 39. Doch muss sie sich im Anfange der Verhandlung hierüber erklären, und wenn sie einen Vorsprecher genommen sich nachher stille verhalten, s. Ldr. I. 62 §. 11, III. 30 §. 1, R. 4 zu 2, Weichbildgl. oben S. 400. Sie mag den Vorsprecher aus den männlichen, unbescholtenen, nicht geächteten Laien im Sachsenlande wählen; der Richter soll den erbetenen geben, s. Ldr. I. 60 §. 2, 61 §. 4, II. 63 §§. 1, 2; R. 2 §§. 1, 2, 4. Der Gewählte muss das Amt annehmen, sobald er seinen Gerichtsstand vor dem fraglichen Gericht hat und nicht etwa gegen Nahverbundene in schweren Sachen reden soll, Ldr. I. 60 §. 2, R. 2 §. 4. Die Partei wird bei jeder Rede des Vorsprechers vom Richter gefragt, ob sie an sein Wort *jehe*, (sich dazu bekenne), ob ihr Wort also sei, und nach Joach. §. 5 ff. soll der Vorsprecher den Richter besonders dazu auffordern. Die Partei mag dann entweder *a*, die Frage bejahen, oder *b*, sie verneinen und sich dann erholen, indem sie selber oder durch einen andern Vorsprecher die Rede bessert,*) oder *c*, erst in ein Gespräch zur Berathung darüber gehn, s. Ldr. I. 60 §. 1, 62 §. 7, 11, III. 14 §. 1 mit der Glosse; R. 2 §. 3, 3 §. 3.

Der Richtsteig bietet nun noch folgendes.

1. Er geht davon aus, dass die Partei einen Vorsprecher habe 2 §. 1, doch nur als von einer factischen Regel, denn 15 §. 1 heisst es *din vorspreke oder du selven*.

2. Die Partei heisst dem Vorsprecher gegenüber als die hauptbetheiligte Person der *sakewolde*, auch *hovetman*, als die vertretene der *mundel* 4 §. 1. Ihr, nicht sein Wort redet der Vorsprecher; daher spricht er *hir steit N unde secht* 12 §. 1, *her richter wil gi N wort horen* 7 §. 1, *N claget iu* 11 §. 3, *he biddet u. ic van sinent wegen* 7 §. 2, 8 §. 2, 35 §. 2 oder *van sinen worden* Practica zu C. 3, er kommt, steht an seines Mündels Wort, S. 387, 388. Auch hier zeigt sich sehr bestimmt, dass der Vorsprecher nicht gleich einem Gewalthaber s. Maurer G. §§. 98, 100, 101 oder gleich einem Vormunde, s. unten 426, die Person vertritt, sondern eben nur für den Gegenwärtigen

*) Die Glosse zu Ldr. III. 14 §. 1 hebt die Befugniss der Partei, von des Vorsprechers Wort abzugehen, als eine Eigenheit des sächsischen Rechts dem geistlichen Recht gegenüber hervor.

spricht. Beim Eindingen, unten 8, hat allerdings der Vorsprecher auch für sich selbst zu reden; darauf geht etwa die Definition oben S. 383 und besser S. 400 *v. ist, der sincs frundes ader sines selbis begerunge dem richter kundigit.*

3. Das Recht auf einen Vorsprecher räumen einige Hdss. 2 §. 4 a. E. N. 48, 52 nicht dem Bescholtenen ein. Sie können sich nicht auf den Ssp. selber stützen, welcher I. 48 §. 1, III. 16 §. 2 dem Rechtlosen nur den Vormund zu Kampf und Klage abspricht, vgl. Kraut Vormundsch. I. 51, aber wohl auf die Gl. zu Ldr. III. 16 §. 2 (vgl. zu Lehnrecht 64) und zu I. 60 *dar* (nemlich I. 48) *het* (heisst) *aver ein vorspreke ein vormunder.* Eine Anwendung hat das Mühlhauser Recht §. 9, welches dem Diebe keinen Vorsprecher gestattet.*) — Nach den Hdss. *Cbef* sollen auch Pfaffen und Weiber ohne Vorsprecher sein!

4. Für des Markgrafen Gericht fordert 50 §. 4, nach dem Grundsatz der Lehngerichte, Ssp. II. 2 S. 576, dass der Vorsprecher *achtbar,* also fähig sein müsse in dem Gerichte Urtheil zu finden, während sonst die Ebenbürtigkeit des Vorsprechers mit dem Mündel oder mit dem Gegner nicht begehrt wird, vergl. Nietzsche N. 154—160.

5. Nach 2 §. 2 giebt der Richter einen Mann derjenigen unter mehreren Parteien zum Vorsprecher, welche zuerst um ihn gebeten.**) Das folgt nicht sowohl aus Ldr. I. 60 §. 2, wonach der zuerst gegebene nicht wieder genommen werden soll, als aus dem Gegensatz von I. 61 §. 2, wonach der Richter bei gleichzeitigem Bitten die Wahl hat.

6. Im Nothfall mag für einen solchen, der weder selbst sein Wort reden noch sich einen Wortführer erbitten kann, ein „barmherziger" Mann sich zum Vorsprecher anbieten, um sofort für die Vertretung des Schutzbedürftigen zu sorgen, 43 §. 2.

7. Der sich weigernde Vorsprecher soll den Entschuldigungsgrund eidlich bekräftigen 2 §. 4.

8. Der gegebene Vorsprecher dingt sich an oder ein, d. i. er sorgt durch eine Reihe von Fragen an den Richter für Anerkennung seiner und seines Mündels Befugnisse. *Cod. Lips.* C. 16, die Blume des Ssp. S. 365 Nr. 45, Joach. §§. 1, 2, 10, 11, 12 und

*) Entsprechend ist die Bestimmung des Culm. Rechts, Leman V. 73, dass die Rechtlosen nicht Wandel und Holung haben.

**) In *den mut men tu rechte geven* a. E. des §. 2 steht *den* für *deme* und *men* für *me en* man ihn.

die Practica zu C. 3 führen die Sätze des Richtsteiges noch weiter aus. Der V. fragt vor allem, ob der Richter ihm gönne des N Wort zu sprechen C. 3; sodann, wer ihm für den Schaden der aus dem Vorsprechen erwachsen möge einstehn solle. Antwort: derjenige um dessentwillen er in Schaden komme, und dieser solle ihm auch Sicherheit geben. Nun räth der Autor: lasse die Sicherheit dem Richter geloben und sprich: Herr Richter genügt dies euch für mich, so genügts mir auch, 3 §. 1. Der nähere Zusammenhang ergiebt sich unter Herbeiziehung andrer Quellen dahin. Der Vorsprecher muss wenn er missethut, leiden was darum Recht ist, sächs. Dist. IV. C. 26 D. 15 (Ortloff), genauer: er weddet dem Richter, wenn er ein ander Urtheil fragt als ihm befohlen war, Richtst. Lehnr. 10 §. 8, oder, nach IX. B. Distinctionen IV. 13, 18, wenn er *sich vorspricht sinem houptmanne czu schaden, vnd spricht der houptman, is si sin wort nicht.* Für das verwirkte muss er, wenn er nicht im Gericht ansässig, Bürgen stellen, Ldr. I. 61 §. 4. Um aber jenes Verleugnen der Rede des Vorsprechers dem Mündel frei gestatten zu können, war es billig, dass der Mündel, wegen dessen der Vorsprecher in Schaden kam, diesem dafür hafte. Nachdem hierüber und über die vom Mündel zu stellende Sicherheit dem Vorsprecher ein Urtheil gefunden ist, thut er wohl, wenn er den Mündel die Sicherheit unmittelbar dem Richter leisten lässt, denn dann braucht theils der Vorsprecher nicht selber die Bürgen zu schaffen oder ins Gefängniss zu wandern, theils darf der Richter, welcher die Sicherheit für den Vorsprecher hinreichend fand, nicht nachher sie für sich selber als ungenügend achten. — Nach Joach. §. 1, §. 11 erbittet er sich auch Nachsicht, wenn er seinen Mündel falsch benennt. Seinem Mündel aber bedingt er *wandel,* d. i. Besserung, und *holunge,* d. i. ein Wiederansichbringen, eine *revocatio* der Rede,*) so wie auch das Gespräche 2 N. 28, 3 §. 3, vgl. S. 386, 387, Joach. §. 2, §. 22 und Kopp Hess. Gerichtsvf. I. Beil. S. 234, die Stellen bei Haltaus 950. Nach der Practica zu 3 erbittet er auch für beide die freie Bewegung im Gericht, ohne Beschränkung durch die *vare,* Ssp. II. 2 S. 579. Auf noch weitere Punkte dehnt das Ausbedingen die Blume des Ssp. aus, s. oben 365 ff.

---

*) Ganz verfehlt ist die Erklärung von *holunge u. wandel* als das Recht, eine Sache zu verhehlen in der Ztschr. f. D. R. XV. 291.

9. Bei dem Gespräche, Nietzsche N. 192—200, Ssp. II. 2 S. 588, ist noch zu scheiden.

a) Das s. Ldr. I. 62 §. 9 giebt jeder Partei ein dreimaliges Gespräche, d. i. eine Berathung ausserhalb der Schranken um jede Rede, bis der Frohnbote sie wieder einruft. Der R. 3 fügt den Zug hinzu, dass man diejenigen dazu nimmt, die einem nütze sind, die Freunde Joach. §. 2 a. E., deren nach s. Ldr. II. 67 nicht über dreissig mitgebracht werden sollen, vgl. Maurer Ger. VI. §. 94. Die Hdss. *Auctor* N. 22 wiederholen die Bestimmung des Lehnr. 68 §. 13, dass man erst auf dreimalige Ladung zurückzukommen brauche.

b) Das Gespräche dient aber auch, wenn die Partei sich einen Vorsprecher genommen, nach R. 4 dazu, dass dieser den Mündel über sein Verhalten vor Gerichte belehre.

c) Der Vorsprecher darf seinerseits ein Gespräche um seine Rede begehren, Practica zu 3; der R. 4 zu 2 und 3, die Blume MR. IV. 4 die Cautela S. 396 weisen ihn an, oft davon Gebrauch zu machen und dem Rathe anderer zu folgen. Endlich ist

d) vor dem Gericht selber eine stille Besprechung gestattet. Schon das s. Ldr. I. 62 § 11 verbietet der mit einem Vorsprecher versehenen Partei nur, *openbare* vor Gericht zu sprechen, und mehrere Hdss. fügen hinzu, sie dürfe *stilleken runen.* Darauf ist auch der später zu erwähnende Satz des R. 3 §. 4 vgl. Note 32, *binnen stille u. buten lut* zu beziehen. Noch bestimmter gehen darauf Joach. §. 22 *oft ik em icht leren moge stille u. openbar met runen u. met rade,* und Practica zu C. 3 *eft N u. ik van sinen worden icht moge . . . run u. radt . . . hebben.*

10. Dem Vorsprecher selber giebt R. 4 allerlei Verhaltungsregeln, sonderlich zu 9 hinsichtlich des Urtheilsfragens, zu 10 hinsichtlich des Sprechens für den Verklagten, zu 12 hinsichtlich des Wehrens der Antwort. Vgl. überhaupt die Blume des Ssp. oben S. 368, die namentlich auch die Beobachtung der Curialien gegen Richter und Schöffen empfielt und damit schliesst *smere den karren u. futer dy ros, so get der karre daste baz.*

11. Das s. Ldr. gestattet der Partei die Erholung, wenn sie sich nicht zu des Vorsprechers Rede bekennt I 60 §. 1, ausserdem die Erholung durch einen andern Vorsprecher, wenn der erste durch Stammeln sie versäumt I. 61 §. 3. Der R. 3 §. 3 drückt den letztern Fall allgemeiner aus: falls der Vorsprecher den Mün-

del nicht *bewaren kunde an sime rechte.* Nach der Practica mag beim Missesprechen des Vorsprechers die Partei sich durch sich selber oder mit einem andern Vorsprecher erholen, nach der Blume des Ssp. 366 durch einen andern *basredenden;* in Joach. §. 2 fragt der Vorsprecher der *velleftich* geworden, ob die Partei sich erholen möge *met my oder met einem anderen bat sprekenden manne;**) nach dem Berliner Stadtbuch S. 90 endlich erholt der Vorsprecher selber sich dreimal.

In Joach. §. 2 fragt der Vorsprecher noch, wo die Holung geschehen solle. Die Antwort war wohl binnen Gericht, denn der Vorsprecher fragt §. 22 weiter, ob es nicht eben so gut sei, wenn die Partei sich draussen erhole, falls mans nur drinnen höre. Das geht wohl auf die besondere Einrichtung, Maurer Gvf. 169, wonach die Parteien ausserhalb der Schranken hinter ihren Rednern standen.

12. Des Vorsprechers Treue gegen den Mündel verpflichtet ihn, wenn dieser zum Tode verurtheilt wird, noch über dessen Leben hinaus zu der Sorge, dass dem Leichnam nicht ungebührliche Schmach widerfahre 35 §. 9.

C. Aus der Blume des Ssp. oben S. 367 und andern Quellen, welche *Nietzsche p.* 63—66 und Maurer Gvf. §. 103 zusammenstellen, ergiebt sich, dass der Vorsprecher sich noch Gehülfen und Beistände erbat, die ihm zur Seite theils seiner Rede zuhörten und ihn warnten — Hörer, Lauscher, Lusterer, Warner — theils ihn gradezu belehrten und Formeln an die Hand gaben — Rauner, Weiser, Anweiser, Wehrer —; vgl. die bestimmte Scheidung beider Arten bei Lacomblet Archiv I. 412. Der R. 3 §. 4 nun gedenkt auch eines Helfers, den manche Vorsprecher sich zu erbitten pflegten und welcher *binnen stille buten lut* sein solle. Der Vf. verwirft aber diese Sitte, da ja alle Freunde eines Mannes ihm zur Hülfe sein mögen; er lässt daher den Gegner fragen, ob die Partei sich nicht an dem einen Helfer (dem Vorsprecher) genügen lassen solle.

Kopp I. Beil. S. 236 ff. meint, die Missbilligung gehe nur auf das *binnen stille etc.*; der Helfer habe auch laut vor Gericht dem Vorsprecher sollen ins Wort fallen und seine Rede verbessern dürfen. Das „sich genügen lassen" bezieht er auf

*) So auch nach dem Magdeb. Breslauer Recht §. 74 *u. ob ich ine an ienigen dingen vorsume, ob her sich dies icht irholen muze mit mir oder mit einem andern.*

einen anfangs erwählten Gehülfen dieser Art, statt dessen man nicht später einen bessern oder gar mehrere nehmen dürfe. Mir scheint die obige Deutung, wonach die Missbilligung das ganze Institut trifft, theils den Worten theils auch dem Umstande gemässer, dass weder der Ssp. noch der Richtsteig sonst von solchen Gehülfen überhaupt etwas wissen.

Nietzsche N. 221 glaubt, diese Gehülfen kämen nur in den Quellen des 15. Jahrh. vor; von den Rechtsbüchern erwähne ihrer nur ein Glossem zum Richtsteige und zwar in einer das Institut missverstehenden Weise. Zur Annahme eines Glossems ist für die hervorgehobene Stelle gar kein Grund; sie steht in den der Recension wie dem Datum nach ältesten Texten, namentlich in den Hdss. von 1359 und 1369. Auch ein Missverständniss sehe ich nicht, nur eine kurze Erwähnung einer zu v. Buchs Zeiten erst auftauchenden, im 15. Jh. mehr ausgebildeten Rechtssitte. Ob der Schluss des §. 4 *Hir mede etc.* als ein Zusatz zu betrachten und wie er zu verstehen,*) ist für die hier berührten Fragen nicht erheblich.

D. Vom Vorsprecher ist der Vormund der Partei zu scheiden, auch wenn er als Gerichtsvormund auftritt. **)

1) Der Vormund setzt eine rechtlich unselbständige hülfsbedürftige Person voraus, welche daher auch solchen Vertreter haben muss. Was hierüber das s. Ldr. I. 43 von Frauenzimmern sagt, wendet R. 43 §. 2 auf andre schutzlose Personen an. Das Nehmen eines Vorsprechers ist blosse Cautel.

2) Der Vormund ist ein selbständiger, in seinem Handeln von dem Willen und der Einsicht des Mündels unabhängiger Vertreter. Der Vorsprecher führt nur das Wort der Partei und soll ihren Willen befolgen, kann nur in ihrer Gegenwart etwas thun, s. Lehnr. 19 §. 1, Richtst. Lehnr. 10 §. 8 a. E.***); sie nimmt nicht lediglich wegen eignen Ungeschicks, sondern auch der Holung halber einen Vorsprecher. Daher auch wohl der Vormund

*) S. die Anm. zu C. 3. Ich bemerke noch, dass gleich *Bd* in N. 44 auch die in den Nachträgen beschriebene Königsb. Hdschr. *Bδ* liest *so czoch ich uf voyt her etc.*, als wenn von einem Ziehen auf einen Vogt Rudolph etc. die Rede wäre; ich kann darin jedoch nur ein Missverständniss finden.

**) Vgl. über diesen das Freiberger Stadtrecht C. 23—25.

***) Freib. Stadtr. (Schott III. 283) *kein man mac den andern vorteidingen mit urteile, he ste denne bi im u. jehe an sin wort.*

selber einen Vorsprecher wählt und ihm Weisungen giebt, vgl. Augsb. Stadtr. C. 218.

Eine äussere Aehnlichkeit zwischen beiden Vertretern zeigt sich, wenn der Schutzbedürftige seinen rechten Vormund nicht zur Hand hat und nun der Richter den Vormund giebt. Aber jene Unterschiede bleiben doch. Darum lässt es in 43 §. 2 der Fremde, der in einem Nothfalle für einen Hülflosen das Wort nimmt, sich das erste sein, ihm einen Vormund zu erbitten.

§. 8.

III. Die Gerichtstage.

Der bekannte Ausdruck *echte ding* hat doppelten Sinn und doppelten Gegensatz. Im engern Verstande bezeichnet er die grossen, jährlich nur einige, meist drei Male zu haltenden Gerichte,*) auf denen alle Dingpflichtige des Sprengels erscheinen sollen; ihm stehen dann die kleinern Versammlungen, bei denen nur für die zum Urtheilfinden nöthige Zahl gesorgt wird, gegenüber. Im weitern Sinne aber begreift Echteding ausser jenen Jahrgedingen jedes ordentliche, nach allgemeiner Regel zu gewisser Zeit zu hegende Gericht im Gegensatz zu dem Nothgericht, welches der Richter nach Umständen und Bedürfnissen besonders berahmt. Dergleichen unregelmässige Gerichte sind alle Lehngerichte, für welche es keine „rechte Dingtage" giebt, Gl. zu Lehnr. 65 §. 4, ferner das Burding der Blume des Ssp. oben S. 363. Von den Landgerichten gehören am häufigsten die wegen peinlicher Fälle angesetzten dahin, welche auch noch in einem andern Sinne Nothgerichte heissen; so das Afterding, welches der Graf noch auf 14 Tage nach seinem grossen Gericht auslegen mag, damit Ungericht gerichtet werde, s. Ldr. I. 2 §. 2, Blume des Ssp. S. 363; noch mehr dasjenige, welches ohne alle Vorherbestimmung auf peinliche Klage sofort berufen wird. Dieser letztern Art gedenkt R. 29, vgl. Blume des Ssp. S. 365. Fällt nemlich eine peinliche Klage, wird *not* geklagt ausserhalb der echten, d. i. der ordentlichen Dinge, so besendet der Richter sogleich die Urtheiler, ladet den Kläger nicht erst vor, sondern hält ihn bei sich gütlich hin, bis die Urtheiler kommen.

Besendet werden die Schöffen durch ihren Boten, s. oben

*) Maurer Gerichtsvf. §. 122, Sachsse in d. Ztschr. f. D. R. XVI, 120.

S. 420, andre Dingpflichtige durch des Richters Zeichen. Auf diese in den Rechtsbüchern sonst nicht erwähnte Sitte gehe ich noch näher ein.

Der Gebrauch des Richterzeichens ist uralt und bei vielen germanischen Stämmen verbreitet. Die *l. Alamannorum Chlotarii C.* 23 §. 3, Merkel S. 53 hat: *et sigillum aut signum qualiscunque iudex ... transmiserit et eum venire iusserit* §. 1. *Si autem sigillum episcopi neglexerit.* C. 28 §. 1. *De his qui sigillum ducis neglexerit aut mandatum vel signum qualecunque mandaverit etc.* (Vgl. *l. Baiuv. t. II.* c. 14). §. 3. *Si comiti sigillum neglexerit vel mandatum.* Vgl. *lex Lantfridi* c. 26, Merkel S. 97, und *l. Visig. L. II. t.* 1 c. 18 *iudex adversarium ammonitione unius epistolae vel sigilli compellat.* Andrerseits kennen die nordischen Rechte des Mittelalters unter den verschiedenen Botschaftsstäben *budkafle* auch einen, der als *thingbud* zu den Gerichtsversammlungen beruft, z. B. das schwedische *Uplandslag Thingmalæ B.* Cap. 1, K. Magnus Jonsbuch für Island Landsleyeb. 52. Die Grágás, Kaupab. 40 insbesondere gedenkt des *skera kross*, d. i. ein Kreuz schneiden, welches zur Berufung einer Gemeindeversammlung über Armenversorgungspflichten umhergetragen wird.

Hieran knüpft sich nun eine Reihe von Zeugnissen aus verschiedenen Gegenden des nördlichen Deutschlands, welche bis in die Gegenwart hineinreichen.

1) In der Rolle der Weber der Danziger Altstadt von 1377 heisst es: *Item were ein man oder eine vrowe, de einen meister wolde vorclagen ader eine meisterinne durch werkes willen, u. efte em des schulten teken wurde gebracht, des sal he nicht vorsmaen etc.* Wie auch nach *Struvii iurispr. opific. VIII.* §. 8 sonst Zeichen bei den Handwerkern umhergehen, um kund zu thun bei wem die Herberge sei.

2) Frisch Wb. unter Kerbholz erwähnt, dass in den Bergwerken *loco citationis* ein Stücklein Holz gebraucht wird, worauf der Bergmeister seinen Namen brennt oder zeichnet.

3) Nach dem Weisthum von Emmeln an der Untermosel, Grimm II. 351, kann der Richter im Mai eine Abgabe *mayschafft* oder *schaff* fordern. Dazu *sall der richter dem boten das kerb geben, u. der bott sal vmbgehn u. fordern den schaff in den may* und soll nachher das Kerb wieder beim Richter abliefern. Dass das Kerb ein Richterstock sei, bestätigt sich aus einer Ulmer

Urkunde d. J. 1255, Haltaus 1716, wonach die Gerichtsgefälle *baculo iudiciario acquiruntur.*

4) Klingner Dorf- und Bauernrecht 1749 lehrt I. S. 21: ist billig, dass sie (die Dorfseinwohner) durch den Richter ... vermittelst eines eingeführten Zeichens zum Erscheinen bestellt werden. S. 685 ff. daselbst heisst es aus einem Lindenthaler Gemeindevergleich vom J. 1724 A. 21 „der Richter soll . . . die Gemeinde durch Schickung des Klöp'pels zusammen fordern."

5) In Holstein, Schleswig ist oder war das Zeichen zur Berufung der Gemeinde unter dem Namen Burstock, Dingwall bekannt. Auch auf Helgoland geht nach einer 1695 bestätigten Landesbeliebung unter 15, der „Stock" umher, um zum Bergen aufzufordern, Ztschr. f. D. R. XIV. 277. Ueber die früher gebräuchliche Form auf der Insel Föhr entnehme ich einem Briefe des Herrn Arfsten. Die Bauerstöcke waren gedrechselt von sechs Zoll Länge; jetzt werden sie von geschriebenen Zetteln vertreten, welche aber noch Bauerstock heissen. Ausserdem gab es noch einen Bauerstock mit acht Kerben, welcher ausgeschickt wurde, wenn der Bauervogt die Achtmannen sprechen wollte.

6) In vielen Ortschaften Schlesiens, der Mark, Mecklenburgs, Pommerns ist die Sitte, dass zum Ansagen der Gemeindeversammlung des Schulzen Stock oder Knüppel umhergeht, noch jetzt bekannt. Er wird zuweilen als oben gekrümmt beschrieben, was auch Estor Anweisung für Beamten 723 sonst vom Gerichtsstab berichtet, damit er aufgehängt werden könne, s. Grimm RA. 762. Zu Tornow bei Freienwalde a. O. ist er mit einer Kette versehen, woran eine Marke mit der Bezeichnung des Schulzen hängt.

Der Stab ist als Symbol der richterlichen Gewalt ja aus mancherlei sonstigen Anwendungen bekannt;*) der Richter hält ihn, so lange er das Gericht hegt, gebietet Stille mit ihm, lässt die Eide an ihm leisten. Es befremdet also nicht, wenn er durch ihn die Urtheiler zum Erscheinen auffordert, obgleich er für den verschiedenen Gebrauch auch verschiedenes Geräth dieser Art haben mochte. Eben so ist in dem obigen die mannigfaltige Weise angedeutet, in welcher der Stab sich als der richterliche und gar

*) Haltaus u. d. W.; Grimm RA. 761 ff. Thomas Oberhof zu Frankfurt a. M. 222: *sequitur regimen seu baculus iudicii in Frankenford.*

eines bestimmten Richters kund giebt; das Kennzeichen kann in der blossen Gestalt und Grösse, in Kerben, in dem eingeschnittenen, eingebrannten, angehängten Namen oder Handzeichen des Stabhalters liegen. Neben dem Stabe gedenkt Grimm ohne nähern Belag RA. 162 auch eines Hammers, als jetzt noch üblichen Zeichens zum Ansagen in Obersachsen. Fabris Gerichtsformular in Oelrichs Rigischem Recht S. 167 verlangt, ausser der Vorladung des Beklagten durch des Klägers Brief, im Stifte Riga noch ein *anstahen von dem richter u. sines amptes segel*, was wieder an das *signum* und *sigillum* der *lex Alam.* erinnert. Immer aber werden wir dieses *signum*, das Richterzeichen unsers Rechtsbuches und den noch umhergehenden Schulzenstock als ein Institut auffassen dürfen.

Nach dem Gegensatze zu der Ladung der Schöffen durch den Frohnboten scheint das Herumschicken des Zeichens an die Dingpflichten durch keinen Gerichtsbeamten geschehen zu sein. Vermuthlich lag den Beschickten die weitere Beförderung eben so ob, wie dies theils in den obigen Fällen 4, 5, 6, vgl. Klingner a. a. O., theils für Skandinavien bezeugt wird, dessen Gesetze über die Weise des Weiterbringens sehr ausführliche Vorschriften enthalten. Vgl. ausser obigen nordischen Quellen noch K. Magnus Gulathingslaug 1837 S. 431 ff., und Arnesen Rättergang, Kopenh. 1762 im Register unter *Budstikke*.

Dritter Abschnitt.

Das Verfahren.

§. 9.

Im Allgemeinen.

Vgl. Sachsensp. II. 2 S. 581, 582, Kopp Verf. d. Gerichte I. §. 345, Planck Beweisurtheil S. 6, 12 ff., 27 ff.

Der Character des vom Richtsteige geschilderten Verfahrens bezeichnet sich der Form nach dadurch, dass es „mit Urtheilen" vor sich geht, daher auch *mit ordelen* so viel ist als mit gerichtlicher Verhandlung, Ssp. I. S. 386, II. 1 S. 601. Der Sache nach dadurch, dass die Parteien über ihre Ansprüche und über den Gebrauch der rechtlichen Mittel zu deren Verfolgung frei und unbeschränkt verfügen.

Nach jener ersten Eigenheit geht die ganze Verhandlung schrittweise in dieser Art fort.

Der Richter, sei es aus eigner Bewegung oder auf Bitten einer Partei, stellt eine Frage an die Finder; die von ihnen gegebene durch den Richter verkündete Antwort, falls sie ungescholten bleibt, bindet als „Urtheil" oder „Recht" die Betheiligten, so dass auf den hiernach sofort festgestellten Satz mittelst einer neuen Frage weiter gebaut werden kann. Beispiele eines solchen Fortschreitens durch Urtheile geben 12 §. 3 ff., 13 §. 2, 14 §. 2, 20 §§. 1 und 3, 39 §. 2. Schon hierin liegt, dass die Urtheile nicht nur als schliessende, sondern auch als Zwischenerkenntnisse, etwa über die Vorladung des Beklagten, Bürgenstellung, Recht zum Beweise, Zulässigkeit und Form eines Beweismittels u. s. w. ergehen. In andern Hinsichten mag das Urtheil dem ordnungsmässigen Verfahren überhaupt, oder dem Richter oder einer Partei insbesondre zu Gute kommen, mag es theils den Gang der Verhandlung theils die Sache selbst, ferner sowohl einen allgemeinen Rechtssatz 20 §. 5, 38 §. 5, als auch dessen Anwendung auf den besondern Fall betreffen, mag es endlich nicht nur auf eine vor Gericht schon vorgenommene Handlung 8 §. 2, 31 §. 2, 35 §. 7, sondern auch auf eine erst vorzunehmende 31 §. 3, 33 §. 1, 48 §. 1, 48 §. 3, 49 §. 4 sich beziehen.

Wie weit nun in diesen verschiedenen Richtungen der Betheiligte mit seinen Anträgen gehen, auch wie vielfach er sein Begehren in einzelne Fragen zerlegen dürfe, findet sich weder rechtlich noch thatsächlich fest begränzt. Im Ganzen ist zu sagen. Es wird nicht lediglich entschieden, was unter den Parteien streitig oder für sie wirklich zweifelhaft ist; manche Fragen und Urtheile gehören zur hergebrachten Feierlichkeit; vornemlich aber wird häufig aus Vorsicht um Belehrung gefragt, damit durchaus correct gehandelt und die *vare*, d. h. die Gefahr der Verletzung irgend einer Förmlichkeit gemieden werde.*) So hieng denn für

*) Vgl. das Glossar zu Ssp. II. 1 S. 618 unter *Vare*. Zu den dort angeführten Stellen sind noch die im Brem. NS. Wörterb. I. 345, in Stenzels Urkundensamml. 267 und in Trummers Vorträgen I. S. 208 ff. gegebenen hinzuzufügen. Ausserdem: Urk. v. 1152 für holländische Ansiedler in den Thüringer Rechtdenkm. I. 145 *si quis eorum juramento expurgare voluerit, nulla occasione impediatur, nullis verborum insidiis capiatur*. Nach der *formula Marculfi App.* Nr. 2 wird der Unschuldseid *per festucam* angelobt; Friedrich I. nun hebt im J. 1166 den Gebrauch auf, dass

die Fragenstellung gar vieles von der Wichtigkeit des Falles, von der besondern Sitte, von dem Grade der Erfahrung und der Behutsamkeit des Fragenden ab. Aus der Vergleichung des Richtsteiges mit spätern Anweisungen, z. B. seiner Bearbeitung in der Classe *E*, mit den Formeln im Joachimsthaler Codex S. 329 ff., mit denen des Bamberger Zentgerichtes (vgl. Zöpfl 132), möchte man schliessen, dass dieses Fragewesen im Laufe der Zeit immer umständlicher und steifer sich gestaltete.

Nach dem zweiten oder dem Verhandlungsprincip ist es allenthalben, wo es auf den Vortheil einer Partei ankommt, ihre Sache, diejenige Frage zu stellen, welche der Richter den Findern vorlegen soll. Es ist ihr auch gestattet, in die Frage einen bestimmten Antrag zu legen, dieselbe also suggestiv zu fassen 8 §. 1;*) woraus denn wieder folgt, dass der Gegner erst mit einer Gegenfrage zu hören, ehe das Urtheil an die Finder gestellt wird, s. unten §. 15. Daher heisst es vorzugsweise von den Parteien, dass sie *vort ordelen,* d. i. von einer Urtheilsfrage zur andern schreiten 26 §. 2, 47 §. 1.

Ein solches Verfahren mit Urtheilen wird nicht allein in den Rechtsbüchern gelehrt, sondern ist auch in wirklicher Geltung. Von den Stadtrechten giebt besonders das Freibergische

---

der Beschuldigte *non poterat expurgationis suae satisdationem offerre, nisi per festucam, quam inclinatus de terra levasset, quam si subito non invenisset, in penam compositionis decidit, Lacomblet I. N.* 42. Vielleicht ist ähnliches unter jener *occasio* verstanden. Urk. v. 1191 bei Lepsius, Bischöfe v. Naumburg I. 1846 S. 262 *loquens et agens cum hominibus stricto iure, quod vulgo dicitur vare.* Nach dem Lüneburger Stadtrecht (Kraut S. 53, 56) ist es *sunder vare*, wenn man einen vor Gericht gebrachten Leichnam ohne Erlaubniss niederlegt, und wenn man schlimme Gerüchte über Andre dem Rathe anzeigt; eben so nach Grimm Weisth. II. 85, wenn man Fische für Schwangere fängt. Ebd. II. 94 schliesst ein Schöffe eine Weisung mit *ob mir* (wir) *mehe oder mein gerett hetten, so betten mir vur die fare.* Im Freiberger Stadtrecht, Schott III. 196, 210, 233, werden verschiedene Acte *ane vare* gestattet; andrerseits *stet ime*, dem Secundanten, *zu vare*, wenn er den Kämpfer mehr als dreimal gegen einen tödtlichen Stich schützt.

*) Die Gl. zu s. Ldr. III. 14 §. 1 lehrt als eine „Behendigkeit“: *lat vragen ein ordel dat du gerne horest;* denn es geschehe häufig *dat eime ein ordel gevunden wert tu vromen dorch der vindere dorheit.* Die Cautela bemerkt weniger anzüglich: *alsus brengestu in diner vrage das recht diner sache in die gedanken des richters und der schepphen,* oben S. 395.

(Schott III. 186 ff.) eine ausführliche Entwickelung; noch anschaulicher zeigen die Urkunden über einzelne Verhandlungen seine Anwendung im Leben. Beispiele in Grimms Weisthümern III. 88, 240, im Brünner Schöffenbuch Nr. 6, 7 (bei Rössler S. 6, 7), in den Urtheilen bei Böhme dipl. Beitr. VI. 142, in Seibertz Urkundenb. III. 126, 201 von 1463 und 1500. Da übrigens das Urtheilen in allen Wendungen und Abschnitten des Processes von der Eröffnung an bis zur Schliessung des Gerichtes vorkommt, so wird sich eine nähere Anwendung jener Grundsätze bei den einzelnen gerichtlichen Handlungen ergeben. Doch lässt sich über die Weise des Fragens und Findens einiges was durchgeht hier schon voranstellen.

Gieng die Frage von der Partei aus, so stellt der Richter sie an die Finder entweder ohne Wiederholung derselben mit einem einfachen *des vrage ic iu* 31 §. 3, oder mit deren erneueten Angabe *N ic vrage iu, oft etc.* 21 §. 2, 33 §. 4, 50 §. 5. Zur vollen Feierlichkeit gehört, dass der Gefragte vor dem Finden erst seinerseits den Richter fragt, ob er das Recht hören wolle, und nach dessen Antwort, ich höre es gerne, das Urtheil mit der Einleitung *ic vinde iu to rechte* abgiebt, 1 §. 2, 7 §§. 1 u. 2, 8 §. 1, 12 §. 1, vgl. Weisthümer I. 57, III. 247.

Die Fassung der Fragen, möge sie der Richter „von sich" oder die Partei durch den Richter an die Finder stellen, zeigt dass dem Fragenden ein gewisser Spielraum gelassen war. Es wird nemlich entweder 1) der Frage eine rechtliche oder thatsächliche Begründung mit einem *na deme, sint* vorangeschickt, oder es fehlt 2) diese Motivirung. In dem einen oder andern Falle lautet die Frage *a*) allgemein, was nun Rechtens in der Sache sei, was der Fragende nun zu thun habe 48 §. 3; *b*) speciell, z. B. wie er beweisen, wie lange er warten solle, auch wohl mit einer Alternative 14 §. 7, doch ohne eine einen Antrag bildende Suggestion; *c*) speciell mit einem solchen Antrage; *d*) speciell mit der noch angehängten allgemeinen Frage: oder was sonst darum Rechtens sei.*)

*) Beispiele von 1 *a* in 7 §. 1, 7 §. 3, 14 §. 3, 33 §. 3, 33 §. 6, 37 §. 3; von 1 *b* in 12 §. 2, 14 §. 7; von 1 *c* in 9, 10 §. 1, 12 §. 1, 13 §. 3, 13 §. 4, 13 §. 5, 16 §. 2, 16 §. 7, 17 §. 4, 27 §. 2; von 1 *d* in 11 §. 3, 13 §. 6, 16 §. 7, 20 §. 1, 23 §. 6, 32 §. 2, 32 §. 9, 42 §. 3, 43 §. 7; von 2 *a* in 3 §. 3, 23 §. 2, 43 §. 6; von 2 *b* in 8 §. 2, 8 §. 3, 12 §. 1, 12 §. 2 a. E., §. 3, §. 4, 13 §. 5, §. 7, 20 §. 4, 38 §. 3; von 2 *c* in 8 §. 1, §. 5, 13 §. 6; von 2 *d* in 16 §. 3.

Die Antwort ist in unserm Texte des Rechtsbuches meist nur dahin angegeben, dass es nach der Frage, bezüglich der Gegenfrage, heisst *dat vint me* mit der Belagstelle. Doch weichen die Hdss. hier vielfach von einander ab. Die redseligeren fügen noch einige Worte hinzu, aus denen die Bejahung der Frage deutlicher erhellt, wie *he sole*, *he si's neger*, oder wiederholen selbst den ganzen Inhalt der Frage, vgl. Planck a. a. O. S. 14. Letzteres geschieht natürlich bei alternativen Fragen 20 §. 2, 33 §. 8. Meist entspricht die Antwort dem gestellten Antrage oder einem der beiden Anträge, wie auch die Cautela S. 396 bemerkt *wy man vraget also sal man berichten u. antworten.* Doch nicht stets. Sie fügt wohl mit *it ne si* einen Vorbehalt 14 §. 6, 23 §. 5, 32 §. 7, 33 §. 4, §. 6, 41 §. 5, §. 9 oder mit *deste, of* eine weitere Bedingung 20 §. 1, 40 §. 2 a. E., 46 §. 2, 48 §. 1 hinzu; sie weicht gar gradezu vom Antrage ab 21 §. 1.

Was sonst noch die Weise des Urtheilfindens betrifft, soll am Schlusse des Verfahrens im §. 27 erörtert werden. Ich stelle die einzelnen Akte desselben in folgender Ordnung dar: Eröffnung des Gerichts; Klage; Verhandlung vor dem Beweise; Beweis; Ungehorsamsverfahren; Urtheil; Urtheilschelten.

§. 10.

I. Eröffnung des Gerichts.

Maurer Gvf. §. 142, 153; Ssp. II. 2 S. 586.

Die wenigen Worte des s. Ldr. I. 59 §. 2 über die Fragen, welche der Richter stellt, ehe er das Wort zur Klage vergönnt, finden einige Erläuterung im Richtsteige, besonders aber eine reiche Entwickelung in den vielfach mitgetheilten Hegungsformeln andrer Quellen.*) Ich gehe auf diese Entwickelung ein, insoweit unser Text darauf hinführt.

*) Vgl. ausser den Citaten bei *Nietzsche de prolocutoribus p.* 49 *N.* 174 noch Kl. Kaiserrecht I. 5, Kopp H. G. I. Beil. S. 234 ff., die Vemgerichtsformeln bei Tross 29, 30, 35, Wigand 552, 553, *Verhandelingen der genootsch. I.* 390 und besonders Grimm Weisth. I. 555, 559, 607, 619; II. 40, 56, 73, 87, 95, 99, 132, 133, 135, 169, 171, 173, 190, 200, 202, 232, 234, 236, 265, 276, 287, 294, 336, 337, 339, 347, 362, 369, 385, 417, 420, 482, 498, 559, 578, 611, 614, 615, 632, 656, 670, 803; III. 127, 242, 247, 743, 778, 780; Grimm RA. 853 ff., Fidicin Beiträge I. 85 Note, *Emminghaus memorab.* 404 sq. Ztschr. f. D. R. XI. 85, *Noordewier regtsoudh.* 397.

Der Richter setzt sich zuerst 1 §. 2, d. i. nach dem folgenden, bevor er die Fragen thut. Im peinlichen Gericht legt er ein Schwert über den Schooss 29, mit dem ihn auch die Bilder zum Sachsenspiegel zeigen.*) Sodann beginnt er eine Reihe von Fragen zum *hegen des dinges* 1 §. 2, 29, 33 §. 1. Dass mit diesem Hegen nicht das körperliche Spannen, sondern das rechtliche Einfriedigen und Beschützen des Gerichtes gemeint sei, zeigt auch unsre Quelle, indem sie im C. 1 nur von diesem letzteren redet und doch C. 29, 33 zur Auskunft über das Hegen auf die dort gegebene Belehrung verweist.

Die Hegungsfragen haben folgendes Eigne. Der Richter thut sie von Amtswegen. Sie werden stets gefragt; daher gehören die darauf gefundenen Urtheile zu den gemeinen.**) Sie werden nach dem s. Ldr. an den Schultheissen gerichtet, was den Grafen als Richter voraussetzt, nach dem allgemeiner sprechenden Richtsteig an den Unterrichter mit dem hier erforderlichen Zusatze, falls ein solcher zur Stelle sei, nach dem *Cod. Lips.* S. 385 von dem Vogte zuerst an den Untervogt oder den Bürgermeister, anderwärts an den Frohnboten, Tross 29 ff. Bemerkenswerth ist dabei, dass diese „Frohnurtheile" in manchen Gerichten von den Schöffen nicht beantwortet zu werden brauchen, s. Haltaus *s. h. v.*, während ausdrücklich ein Schöffe als Finder im Görlitzer Richtsteig, oben S. 383 und Grimm W. II. 236 genannt wird.

Dem Inhalte nach dienen jene Fragen dem Hegen dadurch, dass sie theils die Gesetzlichkeit des zu haltenden Gerichts nach den verschiedenen Seiten hin feststellen, theils jegliche Störung der Verhandlung zu beseitigen suchen.

1. Auf den ersten Punkt bezieht sich im s. Ldr. nur die Frage *of it ding tit si*. Die gemeinte rechte Zeit ist nach zahlreichen Weisthümern sowohl die des Jahres als die des Tages.***) Der R. 1 §. 2, 29 setzt statt dessen *of he dar en ding hegen mute*;

---

*) Batt u. Babo T. XI. Nr. 5 und Vorr. S. xxvii. Der *Cod. Lips.* des Richtst., oben S. 384 lässt es den Richter *hinder sich adir neben sich adir ubir sine schue legen.*

**) Grimm W. III. 236, 241, Blume MR. I. 159. Der Görlitzer Codex C. 7 oben S. 383 gedenkt auch derjenigen gemeinen Urtheile, die der Aufhebung des Gerichts vorangehen.

***) Grimm W. II. 169, *ob es zeit sey vom jar u. zeit vom tag diss geding anzuheben*, s. auch II. 171, 173, 190, 200, 279, 336, 417, 559, 577 etc., III. 780, und die Fivelgoer Gesetze, v. Richthofen 307 Z. 25.

das geht wohl nicht allein auf den Ort, der allerdings nach s. Ldr. I. 59 §. 1 auch in Betracht kommt, sondern auch auf die sonstigen Erfordernisse zur Haltung eines Gerichts. Anderwärts wird noch besonders nach der Zuständigkeit des Gerichts und seiner Besetzung gefragt, z. B. Grimm W. I. 555, III. 237.

2. Das Zusammenbleiben, die Stille und Ruhe bezielt der Antrag, *dingslete* und *unlust* zu verbieten.

a) Das so vielfach missverstandene *dingslete* trennt sich nicht, wie Haltaus 2107 will, in *dings* und *lete*, sondern in *ding* und *slete*, letzteres gleich dem Ahd. *sliz* in *herisliz* von *sliten* Nd., *slita* Fris. und Schwed., *slitan* Angels., *slizan* Ahd., unserm schleissen. Der Sinn ist also Zerschleissung oder Auflösung des Gerichtes und zwar durch ein Weggehen der Dingleute und Parteien. So erklärt eine Interlinearglosse in *Aa dat neman wechga er dat ding gesloten u. upgegeven is* (vgl. 1 N. 20 *Af*), die gewöhnliche Glosse *dat nymand wechgae ane orloff* mit dem spätern Zusatz *das ist gesaget den schöpffen den klegern u. antwortern* und die Weichbildglosse, oben S. 399, *daz nimant von dem dinge gen sulle der da zcu schaffin habe.**) Die zahlreichen Varianten C. 1 N. 20, 21, 29 sind, gleich dem *dingslege* bei Haltaus und in der Königsb. Hdschr., sämmtlich Entstellungen des niederd. *dingslete,* mit Ausnahme des *unding*, d. i. ein Gericht, welches seinem Begriffe nicht entspricht, wodurch also der rechte Sinn, wenn auch verallgemeinert wiedergegeben wird.

b) *Unlust*, von der Glosse mit *untucht* erklärt, deren das s. Ldr. I. 53 §. 1 gedenkt, würde hiernach wohl alles begreifen, was die Partei *binnen dinge icht sprikt oder dut weder recht.* Der ursprüngliche Sinn aber ist Unruhe, Lärmen, von *lust* in der Bedeutung von Gehör, Stille, s. die nähere Entwickelung im Glossar. Wir haben hier noch das alte *silentium imperare* des *Tacitus, Germ.* c. 11.

Der R. lässt nun den Richter noch ein mehreres aussprechen, als ihm nach jenen Fragen gefunden worden. Er „erlaubt auch noch das Recht und verbietet einem jeglichen Unrecht." Nach diesem Gegensatze ist wohl unter dem Recht nicht das gerichtliche Verhandeln, sondern das rechtmässige Gebahren überhaupt zu verstehen, und sonach dies Erlauben und Verbieten dem sonst

*) Bemerkenswerther Weise scheidet *Af* in C. 1 N. 20 von diesem unerlaubten Weggehn noch die *slitinge.*

üblichen Friedenswirken gleichzustellen; vgl. den Görlitzer Cod. und die Weichbildglosse oben S. 383, 399.

Dem unter 2. befassten Verbot und Gebot entsprechen in den Varianten unsrer Stellen und in andern Quellen, namentlich in den Weisthümern, die mannigfaltigsten Ausdrücke. Ich stelle sie zunächst einzeln zusammen, und füge dann Proben von ganzen Formeln bei.

Verboten werden *scheltworte, feldworte, verkorne wort, nittworde, hastwort, strittworde, kifwort; byticht, zank, streit, unfrieden, hader; brehten* oder *überbracht, ungestüm ropen, overbulderen des andern, unnutz chradem* (Schmeller B. W. II. 381); *gewalt, gewaltsam fürnemen; arglist, moidtwillen, hochmut, frevel, hastemuth, falsche meinede; hennefart* oder *heimfart; bekorunge des gerichts; sonderacht; dat gerichte to belustern*; alles was das Gericht kränken oder schwächen kann; aus- und eingehen, aufstehen, reden ohne Laub; dass niemand den andern übergehe noch überstehe (Grimm W. II. 347), des andern Stuhl besitze, ihm in die Rede falle.

Geboten werden: Zucht, Einigkeit, Schweigen und Zuhören (Grimm RA. 854), dass ein jeglicher Friede halte und schweige und kein Hindersal mache (ebd. 853), *ganz zucht u. swigen* (Kl. Kaiserr. I. 5), *lust ruminge u. eine stille* (Seibertz Urk. III, 203); dass man komme und scheide als Recht ist.

Das Verbieten und Gebieten wird zusammengefasst als: Bann und Frieden sprechen, thun, gebieten; das Gericht bannen und befrieden, binden, verbinden, *vorbannen u. vorbeden; den ring verbieten.**)

Beispiele ganzer Formeln ausser den im C. 1 N. 20 und von Grimm RA. 853 gegebenen sind:

Lex Burchardi a. 1124, §. 17: *si quis iniustum clamorem fecerit aut iratus de sua sede recesserit.*

Der Schwabenspiegel hat statt *dinkslete u. unlust* C. 93 Lassb., 76 Wackern. *uberbracht u. unzucht.*

Sendrecht des Westerlauwerschen Frieslandes: *Ferd* (Friede) *ban ik mi selm ende mine mannen ende alle mannen to da sinde ende fan da sinde, fan da huse ende toe da huse; dat enich man oderen wald iefta onriucht dwe, dat wrbiede ick bi da*

*) Grimm W. II. 40, 73, 87, 95, 99, 132, 135, 169, 171, 173, 190, 200, 202, 203, 232, 236, 265, 270, 287, 294, 339, 349, 361, 369, 385, 418, 420, 482, 478, 559, 610, 611, 614, 615, 632, 670, 803.

banne — — sind slitane wrbiede ick, wnhlest wrbiede ick. V. Richthofen fries. Rqu. 401.

Weisthum von Holzfeld, Grimm II. 234: *ihr solt gebieten den scheffen zu seinem stuhl u. dan solt den stuhl in bandt thun u. der herren frieden, dafs keiner dem andern seinen stuhl besietze* (vgl. II. 190, 232, 236, 279 etc.), *auch keiner dem andern sein wort vorspreche ohne erlaubnufs des schultheifsen.*

W. des Hofes zu Meien, II. 409: *Erstlichs thuit man diesem hoffgeding* [illegible] *bann u. frieden, gepieten zucht, verpieten untzuicht, moidtwillen u. uberbracht, darneben schelt u. feldtwort auch alles was diesem bauwegeding zuwider sein kann.*

W. zu Wildenburg, II. 578: *das (landgeding) soll der richter verbinden* (vgl. II. 339), *u. gebieden alle zucht u. einigkeit u. unfried verbieten.*

W. zu Breisig, II. 632: *soll dem geding ban u. frieden thun, hochmut, uberbracht, gewalt u. scheltwort verbieten, auch das keiner dem andern in sein wort rede, uffstehe oder nidersitz etc.*

W. zu Vilich, II. 656: *So hait der schultifs dem ungebaden gedinge ban u. vreden gedaen — — dat niemantz dat u. g. enge noch drenge noch enspreche noch endinge, her endoet et mit einem gebeden gekoren vursprech u. vort den scheffen verbaden, dat sie nicht ensullen sitzen gaen noch staen noch sprechen, si endoent mit urleff; vort verbede ich alle datgein dat wider dis gerichts recht is, damit dit u. g. untlitt* (?) *moch werden.*

W. zu Onesheim, II. 803: *ich banne u. fryde allen u. iglichen .... das nyemans uberbracht, gewalt, frevel, zanck oder hader anhebe, keiner dem andern sin stat platz oder stuel besitze, in sine rede oder wort drage, uberlestige oder zanckessige hendel bewise.*

W. des Meierdings zu Sersum, III. 240: *he scholde verbeden hastemueth u. schelldeworth, u. dat nemant wat warven schulde, he dede denne idt mit achtelüden u. vorspreken.*

Dithmars. Recht v. 1559 §. 5: *scheldworde, inrede, ungestüm ropen u. averbulderen des andern.*

Soester Gerichtsform bei *Emminghaus memorab.* 406: *ihr solt verbeiten scheltwort, heimfort u. das keinmand in einer andern achte gahe, er werde den dazu gezogen als recht ist.*

Fehmarsche Formel, bei Hanssen Fehmarn 1832 S. 325: *so vorbanne u. vorbede ik unlust scheldewort, dat ener den andern nichtes dho, sunder mit ordel u. landrecht.*

Formel des Hannoverschen Amts Polle aus dem 18. Jahrh., Ztschr. f. D. R. XI. 86: *ich hege u. spanne dieses landgerichte ... gebiete darin Recht, u. verbiete Unrecht, Hafs, Kieff, Streit, Schmeh- u. Scheltworte, auch alle Wehr u. Waffe, dafs auch keiner ohne Zulassung des Gerichts des andern Wort thue etc.* Nach gehegtem Gericht lässt der Richter, ehe er die Einzelnen mit ihren Klagen hört, sich noch Urtheile zur Wahrnehmung seiner Gerechtsame gegen die Dingpflichtigen*) und über die von Amtswegen zu rügenden Vergehungen finden, s. oben S. 414, wobei einige Hdss. bemerken, dass die Fragen an verschiedene Urtheiler geschehen.**) Sodann mag klagen *wene wat werre* 2 §. 1, d. h. wer gestört, gehindert, beschädigt worden.

II. Die Klagen.

§. 11.

Arten.

Die Eintheilung der Klagen in bürgerliche und peinliche beruht wesentlich auf materiellem Grunde. Bürgerlich wird geklagt wegen *slicht scult*, Gl. zu Ldr. I. 67 um Schuld und Schaden; peinlich wegen *ungericht* 47 §. 2; dort verfolgt man ein Vermögensrecht, hier dringt man auf eine Pein des Beklagten, d. i. nach 28 §. 1 auf eine Strafe an Leben, Gliedern, Recht, Ehre, Frieden. Tritt in diesem „Ansetzen" während des Laufes der Verhandlung eine Aenderung ein, so wird die Klage zu einer gemischten oder vermengten, 5 §. 3, 36, Gl. zu I. 68. Doch wirkt der Unterschied auch für die Förmlichkeiten der Klage s. §. 13, weniger für den Beweis, unten §. 22, §. 25.

§. 12.

A. Bürgerliche Klagen.

Auch hier gehen den oben S. 47 dargelegten materiellen Scheidungen processualische Unterschiede zur Seite, welche sich theils im Beweise s. §. 22, 23, theils in einem gleich zu erwähnenden Punkte zeigen.

---

*) Siehe Beläge aus Grimms Weisthümern II. 9, 13, 46, 63, 99, 103, 109, 111, 133, 169, 173, 182, 204, 206, 223, 279, 287, 579.

**) *Bd* in C. 1 N. 43 und *Bď*, indem sie zu dem *So vrage vort* nach N. 46 hinzufügt *eynen andern*.

Das s. Ldr. II. 36 kennt eine Klage auf bewegliche Sachen, welche mit dem *anevang*, einem körperlichen Angriff auf dieselben beginnt. Sie setzt voraus, dass das Innehaben seitens des Beklagten klar sei. Sie ist nicht peinlich s. Ldr. III. 89, kann aber, wenn in gewisser Weise durchgeführt, einen peinlichen Anspruch vorbereiten II. 36 §. 5. Als beleidigend wegen der Art der Anstellung zieht sie für den Kläger, falls er nicht durchdringt, Busse und Gewedde nach sich. Dagegen heisst es Ldr. I. 62 §. 2, dass der mit einem Anspruche auf Gut abgewiesene Kläger, falls er sich dessen nicht unterwand, auch nicht Busse und Gewedde verwirkt.*)

Der Richtsteig nun scheidet 1) C. 11 vor der Klage mit Anfang bestimmter diesen letzten Fall als schlichte Klage**) und handelt von dem *anevangen* C. 16 u. 17. Zur Erläuterung des s. Ldr. ergiebt sich daraus folgendes.

Bei der schlichten Klage behauptet der Kläger einfach: du hast die und die meiner Sachen. Bei dem Anfange spricht der Kläger, der die Sache untet dem Beklagten entdeckt, ihn zunächst aussergerichtlich mit den Worten an: als ich diese Sache zuletzt sah, war sie mein, gieb sie mir wieder oder komme mit mir vor Gericht. Weigert der Besitzer beides, so kann peinlich wie gegen einen Dieb oder Räuber geklagt werden.

Wie die Behauptung, so ist auch die Vertheidigung in beiden Fällen schon nach dem s. Ldr. eine andre. Zum Zurückweisen der schlichten Klage genügt, dass der Beklagte das Haben leugne und dies beschwöre, falls nicht der Kläger durch leibliche Beweisung den Eid hindert, s. Ldr. I. 15 §. 2. Unser C. 11 §. 3 zeigt hier dem Kläger noch den Weg, seinen Gegner erst schwören zu lassen, ihn dann durch den Nachweis seines Habens als Meineidigen zu schänden und auf Grund jenes Ha-

*) Sehr ausführlich stellt den Anfangsprocess das Freiberger Stadtr. c. 9, 10, 11 dar.

**) Vgl. Blume des Ssp. oben S. 370. Andre Quellen verstehen unter einer schlichten oder schlechten Klage, *actio simplex*, diejenige, bei welcher, weil sie nicht durch Beweismittel unterstützt wird, dem Beklagten die eidliche Ableugnung zusteht. So das Brünner Recht (Rössler D. Rechtsdenkm. II. S. 12 Nr. 19), das Culm. R. III. 26, 29, 32, 35, Schöffenurtheile bei Böhme VI. 90, 95, 108, 132, Freiberger Stadtrecht (Haltaus 1635, Schott III. 224, 284). Vgl. Platner hist. Entw. II. 294, dessen Bezeichnung des Gegensatzes mit „rechte Klage" ich jedoch in den Quellen nicht gefunden habe.

bens zum *anevang* zu schreiten. — Derjenige dagegen, unter welchem eine Sache *geanevanget* wird, muss eine positive Behauptung entgegenstellen und durch deren Beweis jenen Angriff oder doch die damit verbundene Beschuldigung seiner Unredlichkeit widerlegen, s. Landr. II. 36, R. 17, Blume MR. I. 80 bis 84. *)

2) Der Richtsteig äussert sich näher über das Verhältniss des „Unterwindens" zum „Anfange." Die sinnliche Bedeutung des „sich unterwinden" ist, sich unter den Gegenstand winden, ihn auf sich nehmen, daher allgemeiner, sich desselben bemächtigen. Diese Bemächtigung geschieht auch vor Gericht, um zu bezeichnen, dass man sein Besitzrecht auf die Sache geltend mache. Etwas „anfangen," „anfertigen" ist, es anpacken, angreifen, die Hand daran legen. *Si in eum manus iniecerit quod infanc dicunt, L. Bai. III.* 1 §. 3. Der *anevang* kann also Beginn und Mittel der Unterwindung sein; er genügt zu ihr selber, wenn die Bemächtigung nur jene symbolische Bedeutung haben soll. In ähnlicher Art unterwindet man sich des Gegners, welchen man wegen Friedebruchs zum Kampfe fordert, indem man ihn geziementlich am Kleide bei *deme hovetgate* fasst. Hiernach kann statt sich unterwinden auch „anfangen" stehen; so heisst es in gleicher Bedeutung s. Ldr. II. 36 §. 1 *sin gut anevangen mit rechte* und §. 2 *sik underwinden sines gudes to rechte.*

Wird aber „sich unterwinden" noch weiter für die Geltendmachung des Besitzrechtes auch ohne jenen Ritus des „Anfangs" gebraucht?

a) Nach s. Ldr. III. 22 §. 2, §. 3**) kann der Leihende den Empfänger, welcher ihm die Sache über den zur Rückgabe bestimmten Tag vorenthält, zwar nicht des Raubes oder Diebstahls zeihen, aber doch sich seines Dinges *underwinden svar het süt.* Heisst das nur überhaupt die Sache dem Contrahenten wieder abfordern, oder insbesondre die Klage mit Anfang gegen ihn erheben? Nach dem Richtsteig das letztere. Es war eine Meinung verbreitet, welcher namentlich auch die sächs. Distinctionen IV. 42 D. 1 u. 5 folgen, dass nur geraubtes, gestohlnes, vom Gesinde

*) Brackenhöft Ztschr. f. D. R. V. 144; Planck Bewf. N. 93, S. 225, 264; Platner II. 317 ff.

**) Vgl. sonst über diese viel commentirte Stelle, Köstlin in der kritischen Ueberschau III. 214, 353.

verbrachtes Gut, nicht aber das mit Willen geliehene geanfangt werden dürfe. R. 11 §. 4 widerlegt nun diese Meinung und zwar mit Berufung auf s. Ldr. III. 22 §. 3, nimmt also „unterwinden" für die Klage mit Anfang. Gleichwie übrigens im s. Ldr., nach dem Zusammenhange und den Worten *voruntbalde over bescedene tiet*, nicht von einer Vindication gegen jeden Dritten, sondern von einer Forderung gegen den Contrahenten die Rede ist, so auch ohne Zweifel in dem hierauf sich stützenden Richtsteige, obwohl dieser das s. Ldr. verkürzt und daher allgemeiner lautend wiedergiebt.

b) Wenn in dem Falle s. Ldr. I. 53 §. 2 der Kläger von Busse und Gewedde frei bleibt, weil er sich des Gutes nicht unterwunden, so fragt sich, ob damit das Unterlassen der Behauptung, welche die Anfangsklage von der schlichten Klage unterscheidet, gemeint ist, oder das Unterlassen grade des Anfanges. Auch hier erklärt sich der R. 16 §. 5 für das letztere. Zugleich lässt aber der Ausdruck des Richtsteiges *mit anverdinge underwinden* durchblicken, dass man auch wohl von einer Unterwindung ohne Anfang sprechen könne. Und in der That kennt das s. Ldr. I. 52 §. 1 und danach R. 25 §. 3 bei den Eigenthumsansprüchen auf Grundstücke eine Unterwindung, welche doch nicht von einem *anevangen* begleitet wird. Dagegen findet sich in diesen unsern Quellen nicht der Ausdruck unterwinden für jene schlichte Klage, wie Brackenhöft, Ztschr. f. D. R. V. 147 N. 16, nach der verwerflichen Lesart C. 16 N. 46 *nicht wenne mit antwerde underwunden*, angenommen.

§. 13.

B. Peinliche Klagen.

Vgl. Maurer Gerichtsvf. §. 155, Zöpfl Bamberger R. 137 ff., Freiberger Stadtrecht C. 19 bis 22.

Sie werden weder nach der Art des Verbrechens, noch nach den im C. 28 aufgezählten Strafarten abgehandelt, sondern nach dem Verfahren, insbesondere nach den Ueberführungs- und Vertheidigungsmitteln, so dass das nähere dem Beweise angehört. Doch sind hier schon die Hauptfälle anzugeben.

1. Der Verbrecher wird auf handhafter That ergriffen und selbigen Tages vor Gericht geführt, C. 31, 32.

2. Er wird nicht vor Gericht geführt aber doch *a*) am Tage

der That beschuldigt, und mag dann nach gehöriger Ueberführung verfestet werden, C. 33 §. 10. *b*) Geschieht die Klage später, so erfolgt die Verfestung nur bei hartnäckigem Ungehorsam, C. 33 §. 1—9.

3. Der Verfestete kommt *a*) freiwillig vor Gericht und erbietet sich zu Recht, C. 34, oder wird *b*) in der Verfestung gefangen und vorgebracht, C. 35.

In dieser Gliederung tritt der Fall, dass der Beklagte weder in handhafter That ergriffen wird noch auch verfestet werden darf, gar nicht hervor. Es wird nur C. 34 §. 9 der analoge Fall behandelt, wo der Beklagte sich von der Verfestung und ihren nachtheiligen Folgen ganz frei gemacht hat und nun der Beschuldigung einfach durch seinen alleinigen Eid entgeht. Das Uebergehen aber jener schlechten Klage (im Sinne der Note oben S. 440) erklärt sich wohl daraus, dass eine so leicht zu beseitigende Beschuldigung gar nicht im Wege der Klage erhoben, sondern etwa der Rüge überlassen wurde.

In den wirklich hervorgehobenen Fällen wird die Klage mit Gerüchte eröffnet, C. 31 §. 1, 33 §. 1, 33 §. 10 (vgl. s. Ldr. I. 70 §. 3), 35 §. 1. Auch 34 §. 9 gehört nach den Worten *als du vor dedest* und da jedenfalls eine Verfestung vorangegangen war, hieher. Nur bei der Klage wegen Treulosigkeit und gegen einen bösen Vormund — welche als peinlich gilt, weil sie die Ehre nimmt — fand das Gerüchte natürlich keinen Raum 33 §. 5. Hieraus erklärt sich weiter, dass der R. peinliche Klage und Klage mit Gerücht für gleichbedeutend nimmt, z. B. 43 §. 1 *clage de me pinlik mit geruchte ansat*, besonders 44 §. 1 *oft se pinlik d. i. mit geruchte wert angesat*, vgl. Joach. §. 3 *u. wil clagen hoger wen umme ennich gut, u. geruchtes dar tu bedarf* und Blume des M. R. I. 148. Daher werden die nicht peinlichen Klagen *borgerlik u. sunder geruchte* 41 §. 10 erhoben.

Das Gerüchte vor Gericht setzt ferner ein früheres aussergerichtliches voraus; dieses aber wiederum, dass der Thäter, wenn er gleich nicht ergriffen und vorgebracht werden konnte,*) doch auf oder mit der That gefunden wurde, s. Ldr. II. 25, 71 §. 5, III. 9 §. 5, 37 §. 1, 78 §. 3, besonders II. 64 §. 5 *svar nen hanthaftich dat is, dar mut man sunder geruchte klagen.* Demnach

*) S. *Albrecht de prob. I.* 37 über das Gerüchte ohne Vorbringen des Verbrechers.

nimmt überhaupt der R., mit Ausnahme des Falles 33 §. 5, an, dass man peinlich nur klage, wenn der Thäter bei der That gesehen und beschrien worden ist.

Ueber das Gerücht selber giebt der Richtsteig zu den im Register des Ssp. I. 324 angeführten Bestimmungen noch folgendes.*) Wird der Thäter in den Fällen, oben 1 und 3 *b* mit vor Gericht gebracht, so lässt der Kläger *den brochaften* vorläufig draussen und fragt erst durch seinen Vorsprecher um die Gestattung und um die Bedingungen des Vorbringens. Bei diesem Vorbringen wird dann das Gerüchte geschrien, und zwar durch die Partei selber 33 zu N. 19. Joach. §. 3 giebt umständlich das Verhalten des Vorsprechers dabei an und zeigt §. 4, dass er dem Kläger die Formel des Gerüchtes vorstabt. Nach der Ermahnung des Richters zur Vorsicht und nach dem Urtheil über das gehörige Vorbringen folgt die förmliche Anstellung der Klage 31 §. 1—3, vgl. 42 §. 1, 44 §. 1, Joach. §. 5. C. 33 §. 1 entwickelt noch besonders dieses Vorangehen des Gerüchtes aus dem landrechtlichen Satze I. 62 §. 1, dass wer einmal geschrien habe, seine Klage auch durchführen müsse, denn *dat gerüchte is der klage begin.* Nur wegen des Nichtdurchführens der so mit Gerücht begonnenen Klage ist dem Richter zu wedden, nicht aber ihm wegen des Gerüchtes eine Gebühr, Gerüchtpfennig, zu zahlen, 33 §. 5. Des frühern aussergerichtlichen oder eigentlichen, vor Gericht nur symbolisch wiederholten Gerüchtes gedenkt 36 §. 1, so wie 42 §. 2 des Dankes, welchen der Kläger dem Richter und den Dingpflichten für ihre dabei geleistete Hülfe schuldet. Der herkömmliche Ruf wird angegeben; die Hdss. zeigen, wie mannigfaltig er lautete, vgl. C. 31 N. 23, 33 N. 19, 35 N. 2 und das Glossar unter *iodute.*

Bei einer peinlichen Klage gebahren sich die Parteien beweglicher als sonst. Der Kläger kommt nach 31 §. 1 niedergeschlagen und betrübt heran und spricht *Eia here her richter, ik bidde dorch god enes mannes etc.* Vgl. die Formeln für einen rechten „Diebes- und Räubersgruss" im Freiberger St.R. 208, 212. Der Beklagte seinerseits bittet 32 §. 1 um Gottes und aller Gegen-

*) Vgl. Magdeb. Breslauer R. §. 74, Sächs. Dist. IV. 6. D. 7 (Ortloff S. 189 ff.), Freiberger Stadtr. bei Schott III. 206, 211, Blume M. R. I. 77, Bamberger Formeln bei Zöpfl 129 ff., Blutrecht von Bacharach bei Grimm W. II. 211 ff., Soester Form bei Emminghaus 397—404, Weichbildgl. oben S. 401.

wärtigen Willen, dass der Richter nicht sein Blut zu Unrecht vergiessen wolle, und 32 §. 9 nach der Abweisung des Klägers, der Richter wolle sich der Noth und Gewalt erbarmen, die ihm der Kläger durch Banden und Wunden angethan habe. Eine Formel des Klägers a. R. der Hdschr. *Aa*, 33 N. 22 zeichnet sich dadurch aus, dass sie auch dem *lyder* kein Unrecht geschehen lassen will.

Der Kläger bezeichnet hier 31 §. 1, 35 §. 1, 44 §. 1 wie in andern Quellen*) seinen Gegner als seinen und des Landes Mörder, Verfesteten u. s. w., und giebt damit kund, dass bei der Verletzung des Einzelnen auch das Gemeinwesen betheiligt, der Landfriede gebrochen sei.

Das s. Ldr. I. 70 §. 3 verstattet dem Kläger, falls er nicht am Tage des Verbrechens den Richter angehn konnte, dass er, um die Uebernächtigkeit der Sache zu hindern, das Ungericht dem Frohnboten in des Richters Stelle klage. Der R. 33 §. 10 ergiebt nun noch deutlicher, dass Klagen hier nicht die förmliche Klage, sondern nur die Anmeldung der Klage bedeutet, und dass die Klage selber, auf welche dann die Verfestung folgt, vor dem Richter erhoben wird.

§. 14.

C. Gemischte Klagen.

Sie sind nach C. 36 zunächst doppelter Art, je nachdem eine bürgerlich begonnene Klage doch einen peinlichen Ausgang gewinnt, oder aber die peinlich angesetzte sich in eine bürgerliche wandelt. Mit den römischen *actiones mixtae* haben sie also nur den Namen gemein. Nach jenen beiden Arten führt der Vf. drittens noch einige unrechte vermengte Klagen an.

I. Bürgerlich peinliche Klagen. C. 36 giebt für eine Wendung der bürgerlichen Klage zur peinlichen den Grund an, dass das Recht den Beschuldigten wegen seines Ungehorsams peini-

*) Blume M. R. I. 77, Leobschützer Willkühr (Böhme dipl. Beitr. II. 17) *mein dieb u. der lantleute dieb;* Sächs. Distinctionen (Ortloff S. 191) *obir mynen u. des landes morder;* Freiberger Stadtrecht C. 19 *daz H. sin dip si u. der landlute dip*, C. 20 *cetar uber minen rouber u. der lantlute rouber* (Schott III. 208, 209, 212); Bamberger R. bei Zöpfl. Urk. 129 §. 6 *seinen dieb u. des lands dieb.* Daher wohl noch unser Gaudieb; vgl. die Zusammensetzungen Gaumann, Gaubader etc. bei Schmeller B. Wb. II. 2.

gen will. Doch trifft derselbe nur bei 1, 3 *a*, 3 *b* der hier folgenden, in den Capp. 37 bis 41 dargestellten Fälle zu.

1. Klage wegen trockner Schläge oder Hautwunden, C. 37, 38. Das s. Ldr. setzt II. 16 §. 8 nur eine Busse darauf, wenn man jemanden ohne Fleischwunde schlägt, und fängt man gleich den Thäter mit Gerücht, so geht es ihm doch nur an Busse und Gewedde, nicht an Hals und Glieder III. 37 §. 1. Die Klage ist mithin keine peinliche. Nach I. 68 §. 1 ferner tritt eine Verfestung nur bei Klagen ein, die an Leben oder Hand gehen. Später hinzugekommene Sätze weichen jedoch ab. I. 68 §. 4 bemerkt, auch ohne Fleischwunde vermöge man doch durch Schläge jemanden zu lähmen, ja zu tödten, somit Leib oder Hand zu verwirken und Verfestung zu verschulden. I. 68 §. 3 gestattet wegen einer blutenden Wunde ohne Fleischwunde den Thäter zum Kampfe zu grüssen, der nach II. 16 §. 2 dem Unterliegenden ans Leben geht. Insbesondre aber kann nach I. 68 §. 2 bei einer Klage auf frischer That mit Augenschein, wegen Geschwulst von Knüttelschlägen oder wegen Blutrunst auch ohne Fleischwunde der ungehorsame Beklagte verfestet werden, und hierin liegt eine Ausnahme, zwar nicht von III. 37 §. 1, denn der erscheinende Beklagte kommt mit blosser Besserung ab, aber wohl von I. 68 §. 1. Ist aber einmal der Beklagte verfestet worden, so geht es ihm, wenn er ergriffen und vor Gericht gebracht wird, immer ans Leben I. 68 §. 5, und schon an sich bewirkt die Verfestung den Verlust des Friedens, also eine peinliche Folge. Bereits die Glosse zu I. 68 findet hier den Fall einer vermischten Klage. Bei diesem mag also die bürgerlich angesetzte Klage um des Ausbleibens des Beschuldigten willen peinlich werden; während sie, falls er erscheint und die Wunde nicht für kampfwürdig, d. i. für peinlich strafbar erachtet wird, mit einer Busse endet.

2. Die Klage mit Anfang, an sich bürgerlich, kann nach s. Ldr. II. 36 §. 5 sich peinlich wenden, falls dem Beklagten, der sich auf einen Geweren berief, dieser gebricht; denn hat zugleich der Beklagte die Sache nicht frei, öffentlich, sondern verholen gehalten, so gilt er als Dieb oder Räuber, C. 39, 40.

3. Eine Klage wegen Bruchs eines Versprechens mag in verschiedener Weise peinlich werden.

a) Wenn der Beklagte die bei einer Sühne versprochene Gewähr gegen die Ansprüche Dritter nicht geleistet hat, worauf an sich die Werbusse steht, und nun ausbleibt, soll er verfestet werden dürfen 41 §§. 3, 4. Die Rechtfertigung ist wohl so zu finden. Das s. Ldr. II. 15 §. 1 sagt, *werebute* sei die vordere (rechte) Hand mit welcher die Gewere gelobt wurde, oder ein halbes Wergeld. Der Anspruch durfte zunächst nur auf das letztere gerichtet werden und galt dann nicht als ein peinlicher; deshalb will auch die Gl. zu II. 15 die Rechtlosigkeit, welche auf Handlöse steht, hier nicht eintreten lassen; die Verurtheilung der Hand geschehe ja nur *also bescheidelik, oft he sin half weregelt nicht geve.* Gegen den Ausbleibenden aber ist der eventuelle peinliche Antrag gestattet und das führt, gemäss I. 68 §. 1, zur Verfestung, *na deme dat he sine hant vorwracht hevet.*

b) Hat der Beschuldigte sonst etwas gelobt, was er nicht halten mag und ist er weder gegenwärtig noch pfandbar, so mag man ihm Eigen (*erve*), Ehre und Lehnrecht aburtheilen 41 §. 7. Zur Erklärung ist anzunehmen, dass auch dieses Gelöbniss, wie es im Anfang des Cap. heisst, *bi sinen truwen* geschehen war, dessen Bruch an die Ehre gieng, dass jedoch auf die Ehrlosigkeit nicht sofort, sondern erst dann angetragen werden konnte, wenn der Beklagte aus und auch die Pfändung gegen ihn fruchtlos blieb.

c) Wenn der Beschuldigte einen bei der Sühne gelobten Frieden dadurch bricht, dass er den Anspruch wegen des gesühnten Verbrechens dennoch erhebt, so verwirkt er selber die Strafe, welche er gegen den Gegner beantragt hatte. Die peinliche Wendung gilt hier als eine erst im Laufe der Verhandlung eingetretene wohl um deswillen, weil der Kläger einen Beweis nach dem andern zu führen hat, zunächst dass der Friede ihm gelobt 41 §. 8, dann, dass er ihm gebrochen sei 41 §. 9.

Die Schlussübersicht dieser drei vermengten Klagen im 41 §. 10 giebt als Folge der ersten die Friedlosigkeit oder Verfestung, der zweiten die Lebensstrafe, der dritten den Verlust von Leben, Ehre oder Gliedern an. Bei der dritten Folge wäre die Ordnung nach den drei Unterfällen *a*, *b*, *c* umzukehren.

II. Peinlich-bürgerliche Klagen. Darunter werden drei Fälle gestellt.

1) Jemand der über fremden Acker fährt, wehrt sich der Pfändung, wird aber mit Gerüchte gefangen und vorgebracht C. 42. Der Gegner klagt mit Wiederholung des Gerüchtes über den Bruch des Friedens an seinem Acker und über die Pfandkehrung; auf den Einwand des Beklagten, nicht er habe den

Weg zuerst über den Acker genommen, erwiedert er daher, er habe auch noch über das Wehren des Pfandes geklagt. Der Beklagte wird hierauf zur Lösung des Pfandes und zum Bessern des Gerüchtes nach s. Ldr. II. 27 §. 4 verurtheilt. Es ist nicht ganz klar, weshalb der Beklagte mit der Friedebruchsstrafe verschont wird. Entweder, weil das s. Ldr. III. 20 §. 3 nur das Beackern eines gerichtlich aberkannten und durch Friedewirken geschützten Landes peinlich bestraft wissen will, wenn die Glosse noch ausdrücklich bemerkt, wenn gleich auch bei der Auflassung von Grundstücken ein Friede gewirkt werde, so sei doch der Bruch eines solchen nicht ein so schweres Vergehen. Oder, weil durch jenen thatsächlich nicht bestrittenen Einwand der Friedebruch sich beseitigt.

2) Jemand der wegen Todschlags belangt worden, erweist sich als ein Thor, d. h. als Kind oder Sinnloser, weshalb die peinliche Strafe wegfällt und nur das Wergeld gezahlt wird C. 43. Eben so

3) wenn die That ohne Willen des Thäters geschah C. 44.

In allen drei Fällen wird der oben erwähnten Voraussetzung der peinlichen Klagen, handhafte That und Gerüchte gedacht. Der allgemeine Grund welchen C. 36 für die bürgerliche Wendung angiebt, dass das Recht der Thorheit Gnade widerfahren lasse, passt ganz eigentlich nur für den zweiten Fall, analog aber auch für den dritten; für den ersten nur insofern, als die Glosse a. a. O. den Beklagten bei erst aufgelassenen (noch nicht in Besitz genommenen) Grundstücken damit entschuldigt, *wan desse muchte, wenen dat desse acker sine were gewesen, darumme heft man siner gnade.*

Die Glosse bemerkt zu s. Ldr. III. 31 noch, dass eine peinliche Klage auch *met stervende* bürgerlich werden könne, indem doch der Erbe des Missethäters nicht peinlich zu belangen sei. Der R. gedenkt dieses Falles wohl deshalb nicht, weil in der That gegen den Erben von vornherein gar nicht peinlich geklagt werden konnte.

III. Unrechte vermengte Klagen, nemlich solche, bei denen ein bürgerlicher Anspruch ohne Recht zu einem peinlichen gemacht werden soll, C. 45 §. 1. Das kann in zweierlei Weise versucht werden.

1) Der Kläger will den Beklagten einer Geldschuld durch Zeugen überführen und nimmt ihn in Hand und Halfter, da die-

ser für den in einem neuen Termin zu führenden Gegenbeweis keine Bürgen stellen kann. Nachdem der Beklagte sich losgeschworen, klagt er von neuem peinlich gegen ihn. Ueber das dreifache Unrecht in diesem Verfahren s. 45 §. 5 und 46. In welchem Zusammenhange die neue peinliche Klage mit der ersten stehe, in wie weit hier also eine peinliche Wendung vorliege, ist nicht ersichtlich. Darin dass der bürgenlose Beklagte gestöckt wird, kann sie nicht gefunden werden, denn diese Schuldhaft ist keine peinliche Strafe.

Uebrigens missbilligt schon eine *sententia* Friedrichs II. von 1231, Leg. II. 280, ähnliche Versuche, auf ein einfaches Schuldverhältniss eine Klage wegen Frevel zu gründen.

2) Der Kläger klagt gegen jemand welchem er seine Sache geliehen, da dieser flüchtig geworden, mit Gerüchte als gegen einen der ihm seine Sache dieblich entführt habe; nach s. Ldr. III. 22 §. 2 mit Unrecht.

§. 15.

III. Verhandlung vor dem Beweise.

I. Der Kläger spricht seinen Gegner an 14 §. 4, er setzt seine Klage an 5, 36, oder stellt sie 31 §. 2, 33 §. 1. Dabei steht er, mag er selber oder durch einen Vorsprecher reden.

Die Beschwerde des Klägers kann sofort mit dem Antrage schliessen, den Beklagten zur Antwort nach s. Ldr. III. 39 §. 3 aufzufordern 21 §. 1, 23 §. 1, 33 §. 2, 41 §. 2. Nach 7 §. 1, 31 §. 3, 37 §. 2, 41 §. 1 wird über dies *tur antwerde bieden* ein besondres Urtheil gefunden. C. 33 §. 3 giebt die Formel zur Aufforderung: *N di bidic dat tu N antwerdest als en recht si*, welche nöthigenfalls dreimal wiederholt wird 23 §. 1.*)

Für den Fall dass der Beklagte nicht zugegen, bestätigt der R. die Regeln des s. Landr. über die Ladung. Danach wird zum nächsten Gerichte geladen, jedoch bei peinlicher Klage auf 14 Tage oder 6 Wochen, s. Ldr. I. 67 §. 1, R. 33 §§. 3, 4; 37 §. 2, eben so bei Schuldklagen gegen einen nicht Dingpflich-

*) Vgl. über das dreimalige solcher Acte Sachsse in der Ztschr. f. D. R. XVI. 122 ff., 129. Ferner über den vierten Tag in der Classe *E* s. 33 §. 3 N. 35 und den Cod. Lips. C. 7 oben S. 387, welcher auch bei der Ladung der von dem Kläger zu kiesenden Boten gedenkt.

tigen, mit der Aufforderung über 14 Tage zu zahlen oder der Schuld sich mit Recht zu erwehren, s. Ldr. I. 70 §. 2, R. 7 §. 1, 33 §. 3.

Ist der Beklagte gegenwärtig, so kann er bei Klagen um Eigen oder Lehn oder bei einer Forderung zum Kampf noch zweimal Frist begehren, s. Ldr. II. 3 §§. 1, 2; R. 23 §. 3, und zwar bei der zweiten Bitte, weil er sich noch nicht recht bedacht habe 21 §. 4. In andern Fällen soll er sofort sich erklären, bei Strafe des Geweddes s. Ldr. II. 3 §. 3. III. 39 §. 3. R. 23 §. 2.

Bleibt der Geladene aus, oder antwortet er nicht, so wird er zum zweiten, dann zum dritten (und vierten) Male geladen, wobei der Richter zu bezeugen hat, dass es die zweite 7 §. 2, die dritte Klage sei 37 §. 2, und der Kläger erklärt, dass er noch wie früher klage 7 §. 2. Auf das dreimalige Ausbleiben steht im Allgemeinen Sachfälligkeit s. Ldr. III. 39 §. 3. Insbesondre tritt bei bürgerlichen Klagen Pfändung oder Einweisung in das angesprochene Gut ein s. Ldr. I. 70 §. 2, R. 7 §. 2 (vgl. S. 385 ff.), 23 §. 5. Bei peinlichen trifft den Ungehorsamen die Verfestung s. Ldr. I. 67 §. 2, doch mit einer Unterscheidung. Ist die Klage gegen den nicht ergriffnen Thäter, ehe sie übernächtig geworden, erhoben, so kann der Ausbleibende nach bewiesener That sogleich verfestet werden, s. Ldr. I. 70 §. 3; bei übernächtiger Klage aber erst nach dreimaliger Ladung R. 33 §. 6. Für die Zwischenzeit fragt es sich um das Verhalten des Klägers zu dem Thäter. Das s. Ldr. sagt, man solle den vor Gericht gebrachten Beschuldigten, falls die Sache verfristet werde, *to borge dun*, d. i. ihn gegen Bürgschaft bis zum neuen Tage frei lassen. Das wendet nun der R. auch auf den Fall, wenn die Sache weil der Bekl. nicht *to antwerde* ist vertagt wird, dergestalt an, dass der Richter den Beklagten *to borge biedet* 33 §. 3, vgl. S. 402, d. i. nach 32 §. 4 fragt, ob jemand sich für ihn verbürgen wolle. Wo nicht, mag er in der Zwischenzeit von dem Kläger ergriffen und festgehalten werden, bis er Sicherheit für sein Erscheinen stellt 33 §. 3, s. Ldr. III. 13, vgl. Joach. §. 7. Nach R. 33 §. 10 scheint es, als ob auch bei nicht übernächtiger That mit dem Auffordern zur Antwort ein *to borge bieden* verbunden wurde. Ja aus 34 §. 4 und Weichbildgl. S. 402 ergiebt sich, dass selbst, wenn der auf handhafter That ergriffene Verbrecher vorgeführt worden, manche Richter missbräuchlich ihn zur Bürgschaft ausboten

Merkwürdig ist die Häufung der Stufen, welche Joach. §. 6 bei den Aufforderungen an den Beklagten scheidet; nach dem *tu antwerde bieden* folgt das *eischen*, dann das *dagen*, das *tu borge gebieden*, das *beboden*, endlich das *bescheiden*, während sonst *eischen, dagen, beboden, bescheiden* nur verschiedene Ausdrücke für das Vorladen sind.

II. Erklärt sich der Beklagte, so mag er zuvörderst entweder *antwerdes sik weren, sik untreden dat he antwerden scole* s. Ldr. III. 39 §. 3, oder aber *antwerden*. Wer sich der Antwort erwehrt, der hat noch nicht geantwortet s. Ldr. III. 30 §. 1. Die dreizehnte Cautel im R. 4 räth dem Vorsprecher, möglichst lange den Beklagten vor der Antwort zu bewahren, denn so lange bleibe derselbe in der Were, d. h. hier wohl in dem Besitzstande, und verliere nicht. Aus zahlreichen Beispielen im s. Ldr. für eine Befreiung vom Antworten erhellt, dass „Antwort" die Einlassung ist, gegen deren Vornahme man Einreden erhebt, s. Planck Bewf. 262 ff. Im R. wehrt der Beklagte 14 §. 1 sich der Antwort, weil er nur Depositar der angesprochenen Sache, also nicht der rechte Beklagte sei;*) 23 §. 4 weil er nicht vor dem rechten Gericht verklagt worden. Andre Beispiele im Brünner Schöffenbuch Nr. 5, 8, 10, 14, 19, 125, wo solcher Einwand technisch die *vorrede* heisst, Rössler S. 8.

Will oder muss der Beklagte zur Antwort schreiten, so hat er nach dem s. Ldr. zu *bekennen* und dann zu leisten, oder zu *besaken* und dann seine Nichtschuld darzuthun II. 3 §. 3, vgl. I. 6 §§. 3, 5; II. 10 §. 5.**) In solchem Gegensatze ist *besaken* die Vertheidigung, *bekennen* das unbedingte Einräumen. Auch des letzteren wird allerdings zuweilen gedacht, Ldr. I. 63 §. 2, R. 37 §. 3 *wil hes bekennen dat is mi lif*, oder 31 §. 3 *dat mach he*

*) Vgl. Blume des Ssp. oben S. 380. Nachträglich bemerke ich über die Lesarten in 14 §. 1 a. E., dass die negative Fassung des Textes und die positive der Variante N. 5 *a* doch auf dasselbe Ergebniss führen sollen. Der Depositar welcher fragt, ob er denn antworten solle, motivirt die gewünschte Verneinung bei jener Fassung so: da er damit doch eines Andern Gut nicht zu verwirken vermöge, bei dieser so: so dass er damit eines Andern Gut verwirke. Die erstere Wendung entspricht mehr dem s. Ldr. II. 31 §. 3.

**) Vgl. Brünner Schöffenbuch C. 43, 47 *communis regula . . . quod ad omnem querimoniam actoris reus affirmando vel negando respondeat.* — Ueber das Geständniss eines Gefolterten vgl. Blume des Ssp. oben S. 375.

dun. Gemeiniglich aber gilt es eine Vertheidigung. Diese besteht entweder in einem reinen Leugnen *slicht besaken,* oder in einem Nichtwissen, oder in einem bedingten Einräumen *bekennen mit wederrede* R. 9, in einer *hulperede* 27 §. 3. Dahin gehört nach den Beispielen sowohl die wahre *exceptio* als auch die qualificirte oder relative Negation, und zwar nicht nur der Fall, wo ein früheres Dasein des Anspruches zugegeben und etwa die Tilgung behauptet wird R. 9, sondern auch wohl der, wo der Beklagte die behauptete Thatsache aber nicht die rechtliche Folgerung einräumt 13 §. 4, 25 §. 3, und der, wo er die Thatsache mit mildernden Umständen oder theilweise gesteht 44 §§. 2 u. 3, 47 §. 3.

III. Wenn nun der Beklagte der Antwort sich wehrt oder mit der Antwort sich vertheidigt, so wird er mit einer Gegenfrage schliessen — daher die stete Anweisung *dar vrage jegen* oder *wedder* —, worauf dann nach dem obigen S. 432 ein Urtheil zu finden ist. Auf diese Hauptanwendung des dort geschilderten Verfahrens bezieht sich der Satz des Ldr. I. 62 §. 7, der Richter solle Urtheils fragen *tvischen tvier manne rede,* d. i. nachdem beide Parteien gesprochen, vgl. s. Lehnr. 67 §. 7. Das frisische Recht hat denselben Ausdruck *dat iemma twiska twira tale* (Rede) *ene riuchte doem dele,* ferner den andern *thet alle Frisa thinge bi twira tele,* welchen der plattdeutsche Text so verdeutlicht *dat alle Vresen sullen richten nae claghe u. nae antworde.**) Eben so erläutern den Ssp. die Brünner Schöffensprüche Nr. 406: *tenetur insuper iudex secundum propositionem partium de sententiis quaerere e iuratis, et semper quaerat inter duas sententias quid iuris sit, nisi tunc una pars nolit aut negligat sententiam per se inquirere, ex tunc iudex sententiam ad requisitionem unius partis inquirat.* Vgl. auch Sachsse in der Ztschr. f. D. R. XVI. 95.

Der Sinn des Ausspruches geht aber nicht nur dahin: es soll nicht eher Urtheils gefragt werden, als bis beide gehört worden, also: eines Mannes Rede ist keine Rede etc., sondern auch dahin: nachdem beide gesprochen, soll ein Urtheil gefunden werden, damit eine neue Frage darauf gegründet werden möge.

*) v. Richthofen S. 489 Z. 2, S. 27 Z. 28. — Schöffeneid zu Utrecht, *Noordewier* 13: *rechte kenninge te dragen tusschen twier man tale.*

Doch finden wir den Grundsatz im Richtsteige nach keiner dieser beiden Richtungen strenge befolgt, theils weil das Princip in der That nach den Umständen mancherlei Ausnahmen zuliess, theils weil der Verfasser wohl mal eines Zwischenurtheils das sich von selbst verstand nicht gedenkt. So wird einerseits gleich auf die erste Frage ohne Gegenantrag das Urtheil gefunden, z. B. wenn die erste Frage ganz allgemein, was nun Rechtens in der Sache sei, lautet 10 §. 2; oder wenn der Gegner, wie jener Brünner Schöffenspruch voraussetzt, keine Gegenfrage stellt, z. B. 10 §. 1 und 20 §. 5, 38 §. 5, wo nach einem allgemeinen Rechtssatz gefragt wird, gegen den der andre Theil nichts einzuwenden hat; oder wo eine Gegenfrage ergänzt werden muss, indem das Urtheil zu des Gegners Gunsten lautet 30 §. 3. Andrerseits wird zuweilen ein Urtheil erst gefunden, nachdem durch mehrfaches Hin- und Herreden festgestellt worden, worin der Widerspruch der Parteien hinsichtlich der Thatsache liege, wie 16 §. 2, 47 §. 3, vgl. Blume MR. IV. 5. Dagegen lehrt in Anwendung des Princips 16 §. 3, dass wenn A einen Antrag, B einen Gegenantrag gestellt hat, nun nicht A eines neuen Urtheils fragen kann, sondern B verlangen darf, dass zuvor über jene Frage und Gegenfrage das Urtheil gefunden werde.

Der häufigst in unserm Rechtsbuche gesetzte Fall ist, dass die Behauptungen über das Thatsächliche einander widerstreiten. Dann erhebt sich die Frage nach dem Beweise.

IV. Der Beweis.

§. 16.

A. Im Allgemeinen.

Die Beweistheorie des deutschen Mittelalters haben in neuerer Zeit u. a. behandelt: Albrecht, doctrinae de probationibus adumbratio, I. 1825, II. 1827. Homeyer Register zum Sachsenspiegel I. S. 294, 401—404. Dessen Sachsenspiegel II. 2, 1844 S. 596—622 (Beweis im Lehnrecht). Jolly, Beweisverfahren nach dem Ssp. 1846. Planck, Recht zur Beweisführung in der Ztschr. f. D. R. X. 1846 S. 204 ff. Derselbe, die Lehre vom Beweisurtheil, 1848 S. 38—60. F. Walter, deutsche Rechtsgeschichte 1853 §. 614—632. Delbrück in der Ztschr. f. D. R. XIV. 1853 S. 213—241. Platner historische Entwickelung des Privatrechts II. 1854 S. 328 ff. Sachsse, das Beweisverfahren, 1855. O. Stobbe, zur Gesch. des Vertragsrechts, 1855 S. 56—115.

Unter diesen Schriftstellern beachtet Planck am meisten unser Rechtsbuch. Doch fällt der Gegenstand seiner Darstellung und der folgenden insofern nicht zusammen, als hier nur das Beweisrecht des Richtsteiges zu entwickeln, diesem aber in manchen seiner Einzelheiten weiter als dort geschehen, nachzugehen ist.

Sprachgebrauch. Der Ausdruck *bewisen* im s. Ldr. regelmässig nur für *demonstrare*, leiblich beweisen, angewendet, kommt im R. nicht nur für diesen Fall 11 §. 3, 16 §. 1, sondern auch für darthun durch Eid 14 §. 7, durch Eideshelfer 10 §. 1, durch Zweikampf 32 §. 2, 39 §. 2, durch königliche Briefe 34 §. 8 vor; ferner für ein Erhärten der Erbeneigenschaft 23 §. 1, ja dessen was Rechtens ist aus dem Buche 50 §. 7. In gleicher Allgemeinheit wird *vulkomen* für den Beweis von Seiten beider Parteien, durch die verschiedenen Beweismittel und ohne Unterschied des Beweisthemas gebraucht, s. das Glossar. Andre Ausdrücke sind enger. Theils hinsichtlich der Beweismittel; *tügen, getügen* gilt nur für beweisen mit Zeugen, Eidhelfern, Urkunden 34 §. 8. Manche Formeln gehen gar nur auf ein besonderes Beweismittel, wie bei den einzelnen anzugeben ist. Theils hinsichtlich des Beweisgegenstandes und der Stellung der Parteien. Hier gilt *behalden* vorzugsweise für bürgerliche Sachen ausser den Schuldsachen und zwar so, dass der Gedanke an den Erfolg, an das sich behaupten bei dem Anspruche, mit durchblickt, s. das Glossar. Für Schuldsachen, in peinlichem wie in bürgerlichem Sinne, heisst es vom Beweise des Angreifers *bereden, overgan, overtügen, verwinnen, up enen vulbringen*, von dem des Vertheidigers *untgan, unsculdich werden, van eneme komen, los sin; sik weren, untreden, afnemen*, wiederum mit Hinweisung auf den Erfolg, auf das Freiwerden, für welches die N. 18 zu 32 §. 9 eine Reihe von Ausdrücken liefert.

Zum Beweise kommt es, wenn eine erhebliche behauptete Thatsache vom Gegner nicht schlechtweg zugestanden wird. Also:

1) wenn er sie ganz oder theilweise leugnet,

2) wenn er, ohne sie gradezu zu leugnen, sie doch auch nicht einräumt, sei es *a*) dass er sie ins Nichtwissen stellt, wie im Falle 10 §§. 1, 2 der wegen einer Schuld des Erblassers belangte Erbe, oder *b*) dass er sie bezweifelt, indem er eine ihm abge-

forderte Sache dem Kläger doch nur ausantworten will, falls dieser sich noch zu derselben zieht, wie 12 §. 1 bei gefundenem Gute im Gegensatz zu 12 §. 2, wo der Beklagte den Fund dem Kläger wehrt. Vgl. Planck Bewf. 247.

Das Beweisurtheil bestimmt den Gegenstand, den Führer, das Mittel des Beweises 24 §. 2, 32 §. 10, 34 §. 11, ohne Vorbehalt eines Gegenbeweises, Planck BewU. 49—52. Doch mag, dem Grundsatze des *vort ordelen* gemäss, über diese einzelnen Punkte nach einander das Urtheil gefragt und gefunden werden. Namentlich zeigt, auf Grund des s. Ldr. II. 18 §. 2, der R. 13 §. 1, 17 §. 2, wie man erst über die Frage, wer zu beweisen habe, dann über das Beweismittel erkennt. Von diesen beiden Punkten ist hier besonders, und zwar zuvörderst

B. Von den Beweismitteln

zu handeln.

Die Partei beweist 1) durch ihren alleinigen Eid, 2) mit ihren Gehülfen, 3) durch das Gericht, 4) durch Gott.

Vgl. Homeyer Ssp. II. 2 S. 596—611, Planck Bewf. 206—229, BewU. 38—41.

§. 17.

1. Der Eineid.

Dafür sind allgemeine Ausdrücke *allene sveren*; *sin recht, sinen ed dar tu dun*; *mit sinem ede beweren*; *mit sinem rechte behalden, vullenkomen sin*, vgl. Glossar unter *ed* und *recht*. Den alleinigen Eid giebt der Richtsteig nicht dem Angreifer zur Ueberführung des Gegners, vgl. unten §. 22 bei A. 1, sondern nur dem Angegriffenen zur Abwehr, zur Entschuldigung. Daher die nähere Bezeichnung des Falles durch *mit sime ede untvuren, sik untsculdegen, mit siner unscult untgan, unsculdig werden* und der Gebrauch von *unscult* für den Eineid, s. Ssp. I. S. 307 und das Glossar. Im Einzelnen lässt sich noch unterscheiden, je nachdem der Schwörende sein einfaches Leugnen erhärtet, wie 8 §. 1, §. 2, 11 §. 3, 13 §. 1, 14 §. 7, 26 §. 2, 32 §. 12, 38 §. 4, 40 §§. 1, 5, 6, 46 §. 1 oder einen positiven zu seiner Entschuldigung vorgebrachten Umstand beschwört, z. B. 13 §. 5 dass er die ihm abgeforderte Sache von einem Unbekannten auf dem Markte gekauft habe, 48 §. 2 dass er ein Urtheil nicht finden könne, 50 §. 11 dass er es nach bestem Wissen gefunden habe. Vgl. die Fälle im Lehnrecht Ssp. II. 2 S. 597, 598.

Die Fähigkeit zu diesem Eide wohnt *bedderven luden* bei, ist *enes vromen mannes recht,* 34 §. 10, 40 §. 3.

Die Formel giebt 8 §. 2 für den ersten Fall dahin an: *der ticht der N eme tiet dat he der vnsculdich si,* (ähnlich bei den Angelsachsen, Schmid I. 217 Nr. 5 *ic eom unscyldig ægdher ge dæde ge dihtes æt thære tihtlan the N me tihdh,*) Joach. §. 13 *allent des em H schult geft des is N ein unschuldig man, unde wil des unsculdich werden.*

Nach R. 8 §. 2 (J. §. 23) bittet wer schwören soll um die Heiligen und um einen Vorstaber. Dieser wiederum bittet um Erlaubniss den Eid zu staben.*) Bei dem Eide kniet der Schwörende und berührt die Heiligen, d. i. das Reliquienkästchen; nach dem Schwur bittet er um Erlaubniss „abzunehmen" und aufzustehen, und fragt dann, ob er mit seinem Rechte vollkommen sei. Auf diese Belehrung darüber „wie man zu den Heiligen und davon komme" verweist 35 §. 6 bei den peinlichen Klagen. J. §. 24—33 ergiebt noch näheres über den Hergang beim Schwur. Er kann auf den Heiligen oder gegen Osten abgelegt werden §. 24.**) Die Heiligen müssen eine angemessene Stelle im Gerichte haben, *den virscharen tu muten stan* §. 25; man fragt, ob mit der ganzen Hand oder mit zwei Fingern und mit welchen geschworen werde §. 27, ob der Schwörende mit einem oder beiden Beinen, und wie weit er von den Heiligen knien solle §. 28. Das oberste Gewand und die Waffen werden abgelegt; das Gewand soll die Schöffen und die Bank nicht berühren, §. 29. Die letzte Frage §. 33 geht darauf, dass der Schwörende seine zwei Finger von den Heiligen nehme, seine Hand nach sich ziehe, aufstehe und weggehe. Auch der *Cod. Lips.* S. 389 gedenkt der besondern richterlichen Erlaubniss für das Aufrecken und Niederlassen der Schwurfinger.

In gebundener Zeit soll nach s. Landr. II. 10 §. 3, §. 6 nur ausnahmsweise geschworen werden. R. 46 §. 2 fügt die Ausnahme beim Unschuldseide hinzu, wenn der Beschuldigte keinen Bürgen für die spätere Leistung zu stellen vermag, und sein Gegner mit dem blossen Versprechen sich nicht begnügen will; denn

---

*) Vgl. Grupen T. Alterth. 60 ff., Grimm RA. 902, Haltaus unter Staben, Müllers Wörterb. unter *Eit.*

**) Am Rhein wurden nach Bodmann 642 die Eide häufig *versus orientem* oder *gein die sunnen* abgelegt. Vgl. Grimm RA. 895.

es sei besser, in heiliger Zeit jemand schwören zu lassen, als ihn so lange gefangen zu halten.*)

§. 18.

2. Der Eid mit Gehülfen.

Unter den Gehülfen umfasse ich hier Eidhelfer und Zeugen. Die herrschende Meinung scheidet im germanischen und altdeutschen Gerichtsverfahren beide in folgender Weise **). Die Eidhelfer setzen nothwendig einen Eid der Partei voraus, welchen sie nur stützen, stärken, verbürgen, und zwar regelmässig so, dass sie nach diesem Eide dessen Wahrheit beschwören. Sie bedürfen keiner Kenntniss von dem streitigen Umstande selber, sondern nur eines vollen Zutrauens zu der Partei und ihrem Schwur. Sie dürfen, ja müssen wohl gar aus denen, die der Partei sonst zunächst stehen, genommen werden. Ihre Zahl ist nach dem Stande der Partei, der Schwörenden, nach der Grösse der Sache genau bestimmt. Beim Zeugniss dagegen ist der Eid des Beweisführers etwas untergeordnetes, nicht wesentliches, und kommt er vor, so folgt er dem der Zeugen; von ihnen begehrt man die Kenntniss jenes Umstandes, sei es durch unmittelbare sinnliche Wahrnehmung oder durch Erfahrung, denn ihr Schwur geht auf die Richtigkeit der Thatsache selber, *veritatem dicunt*; sie gehören mit zur *orkunde*. Daher wird bei ihnen auf das nahe Verhältniss zur Sache, nicht zur Person des Beweisführers gesehen. Ihre Zahl ist nicht in jener Weise fixirt. Im Ganzen dienen die Eidhelfer dem Läugnenden, die Zeugen dem Behauptenden.

Diese vornemlich aus den Volksrechten und den Capitularien gezogenen Sätze, werden auch noch im Deutschen Reiche für den grössten Theil des Mittelalters als geltend angenommen; doch mit dem Einräumen, dass nach Zeit und Land die Schei-

*) Die Gl. zu II. 10 §. 6 *Svar man aver eide lovet, die sal man lesten to me nesten ungebundenen dage* sagt: *Wil aver de antwerder en* (den Eid) *tu hant don, de kleger mut en wol nemen. Id geit aver up den richter u. up den antwerder.* Lateinisch in der Zamosker Ausgabe des Ssp. *Si vero respondens in instanti iuramentum facere vult, actor illud acceptare tenetur: istud tamen pertinet voluntati tam iudicis quam respondentis.*

**) Hauschild §. 21 S. 55, Kopp Hess. Ger. §. 387, Eichhorn RG. §. 77, Rogge Germ. Gerichtswesen S. 95 ff, Pardessus loi Sal. 621, 624, Gengler RG. S. 394, 404, Walter RG. §§. 615, 620, Sachsse Beweisverfahren 27 ff., 46 ff., 90, 220 ff.

dung in ungleicher Stärke hervortrete, dass auch die Anwendung beider Institute eine mannigfaltige sei, dergestalt, dass für gleiche Fälle hier die Entschuldigung des Angegriffenen durch Eidhelfer, dort seine Ueberführung durch Zeugen des andern Theils zugelassen werde, ja dass die Gehülfen derselben Partei bei derselben Frage, z. B. Zahlung einer Schuld, hier als Eidhelfer dort als Zeugen erscheinen mögen.

Hienach erwächst für jede umfassendere Rechtsquelle die Frage, ob und wie sie die Eideshelfer von den Zeugen scheide, welche Stellung sie der einen oder andern Art von Beweisgehülfen anweise. Ich habe im Anschluss an jene Grundansicht die Beantwortung für das sächsische Landrecht in dem Register dazu S. 401, 402, für das Lehnrecht in der systematischen Darstellung Ssp. II. 2 S. 596 ff. versucht. Die Ergebnisse waren in Kurzem folgende.

Das Landrecht kennt beide Institute; es scheidet sie zwar nicht in der Bezeichnung, denn *getüch* gilt für Zeugen und Eidhelfer, aber doch in der Sache. Das Merkmal liegt zuweilen in der Natur des Schwurs, zuweilen in dem Erforderniss einer Bekanntschaft mit der Sache selber beim Schwörenden; eine letzte Aushülfe bietet die Beschaffenheit des Beweisthemas. In der Anwendung treten bei der Abwehr des Angegriffenen die Consacramentalen gar nicht hervor, es genügt entweder der alleinige Eid, oder wenn dieser nicht, nur das Gottesurtheil. Dagegen sind bei einer Ueberführung die Gehülfen des Klägers in peinlichen Fällen für Eidhelfer, in bürgerlichen Sachen für Zeugen (mit der singulären Ausnahme des Beweises einer Schuld nach todter Hand) zu halten. Das Lehnrechtsverfahren kennt keine Eidhelfer, weil es sich gar nicht auf peinliche Fälle erstreckt, sondern nur Zeugen.

Ehe ich untersuche, ob und wie noch im 14ten Jahrhundert unser Richtsteig sich dem Landrecht anschliesse, ist einiger Auffassungen zu gedenken, welche den ganzen obigen Gegensatz treffen und ihm seine Schärfe nehmen.

Albrecht difs. de probationibus 2 *p.* 52 *sq.* trennt im deutschen Mittelalter,

A. Zeugen und zwar 1) solche, welche vor der Partei vom Richter befragt in einer *forma testium naturæ ac indoli consentanea* schwören, dass sie etwas gesehen und gehört haben; 2) solche, welche *ad consacramentalium similitudinem* erst nach dem Eide der Partei dessen Wahrheit beschwören. Die letzteren seien dennoch hieher und nicht zu den Eidhelfern zu rechnen. Einmal weil bei ihnen, mögen sie nun als Schreimannen auftreten oder einen Besitz, eine Zahlung, Sühne, Erbschuld, ein Morgengabsversprechen, einen Kauf, einen *status* beschwören, immer eine sinnliche Wahrnehmung vorausgesetzt werde. Sodann, weil der Eid nach consacramentaler Weise nicht das entscheidende Merkmal bilde; denn diese Form komme mit der des Zeugeneides sehr vermischt und dergestalt ohne feste Scheidung vor, dass sogar einige Rechte in denselben Fällen beide Formen neben einander gebrauchen. Doch wird zugegeben, dass bei dieser zweiten Classe von Zeugen man das Sehen und Hören mehr vorausgesetzt als sich dessen versichert habe (p. 57).

B. Diejenigen Helfer, mit denen die Friedensbrüche abgeschworen werden, seien als Consacramentalen zu bezeichnen; denn grade sie kommen in Abgang, während die Anwendung der Zeugen wachse, und in dem Magdeburg-Görlitzer Recht von 1304 und der Leobschützer Willkühr werden Mitschwörende nach obigem Merkmal von Zeugen geschieden.

Ich bin hiermit in folgendem nicht einverstanden. In den Fällen des Zeugnisses zweiter Art sehe ich, mit Ausnahme der Schreimannen, nach dem Ssp. nicht, warum die Form des Consacramentaleneides und nicht vielmehr die des gewöhnlichen Zeugeneides anzunehmen sei. Die Magdeburger Fragen I. 15 D. 5 wollen ausdrücklich, dass beim Zeugniss über bezahlte Schuld die Zeugen gefragt werden, wovon ihnen die Sache wissentlich sei. Dass dagegen das Leobschützer Recht, welches einem andern Rechtskreise angehört, von den Gehülfen des Beweisführers den Consacramentaleneid begehrt, beweist wie mir scheint, nicht eine Vermischung der Institute selber, sondern eine verschiedene Benutzung derselben in den einzelnen Rechten. Wenn aber etwa für jene Schreimannen nach dem entscheidenden Merkmal gefragt wird, so ist das maassgebende doch eher dasjenige, was von ihnen wirklich gefordert wird, d. i. das volle Vertrauen zu dem Eide der Partei, als dasjenige was nur etwa vorausgesetzt werden konnte, vgl. Rogge 137. In jenen besonders angeführten Quellen endlich ist allerdings ein Unterschied zwischen Zeugen und Eidhelfern erkennbar, aber nicht grade in der von Albrecht gewollten Weise. *)

*) Das Görlitzer Recht deutet Albrecht *p.* 62 so. Nach Art. 13 (bei

Jolly, Beweisverfahren S. 29 ff. bringt die beiden Institute genetisch zusammen. Die Zeugen sind aus den Eideshelfern erwachsen, anfangs als Modification derselben, dann in selbständiger Gestalt. Der Eideshelfer habe so oft, namentlich bei handhafter That, aus eigner Ueberzeugung den Thatbestand beschwören können, dass die Rechtsgewohnheit das factische Attribut in ein rechtliches Erforderniss umgewandelt, und dadurch den Eideshelfer dem Zeugen näher gebracht habe. Besonders seien in Besitzfragen, für welche die Volksrechte noch gar nicht oder in unbestimmter Weise der Zeugen gedenken, die Beweishelfer den Zeugen nahe gekommen, obwohl auch hier die Partei noch mitzuschwören habe. Es sei nicht anzunehmen, dass neben dem Beweise mit Eidhelfern das altdeutsche Recht noch einen selbständig entwickelten Beweis durch Privatzeugen gekannt und auch bei diesem die Mitwirkung der Partei verlangt habe. Nur in dem Gerichtszeugniss besitze es einen wahren Zeugenbeweis, hier aber schwöre die Partei selber nicht mit.

Meiner Ansicht nach stehen dagegen beide Institute, so weit wir sie irgend zurück verfolgen können, gesondert neben einander. Im Laufe der Zeit hat das Gebiet der Eideshelfer dann mehr und mehr gegen das der Zeugen verloren, aber nicht weil die Eideshelfer thatsächlich den Zeugen ähnlicher wurden, sondern in Folge der allgemeinen Wendung, welche den Beweis von dem Abwehrenden auf den Behauptenden übertrug, und gleichzeitig für das Gericht eine materiellere Ueberzeugung verlangte,

---

Gaupp, 14 bei Schott) entgeht der des Vergehens beschuldigte bei nicht handhafter That selbsiebente. Das sind Consacramentalen. Nach Art. 54 entgeht er aber, wenn der Kläger Schreimannen hat, ihm gleichfalls mit sechsen. Diese müssen daher anderer Natur sein als jene, und werden auch als solche, welche bei der That gegenwärtig waren, oder, falls das Verbrechen Nachts geschah, als solche bei denen der Beschuldigte damals war, bezeichnet. Indessen spricht der Art. 54 (vgl. M. Breslauer Recht v. 1261 A. 27) in der That nicht davon, dass der Beklagte mit Gerücht verfolgt worden, und dass der Kläger Schreimannen habe. Er ergiebt ferner nicht, ob die Schwörenden den Eid der Consacramentalen oder der Zeugen leisten, so dass nicht zu sagen, ob der obige Fall *A* 2 vorliege. — Das Leobschützer Recht (Böhme II. 19) *nymand en mac . . mit synen frunden kein gut gewinnen . ., zunder her mag sich weren mit synen frunden, die im helfen sweren zu allen synen noeten* bestätigt m. E. grade den einfachen Gegensatz, wenn es ausspricht: die Freunde können als solche nicht Zeugen sein, mit denen man überführt, aber wohl mögen sie dem Beschuldigten als Eidhelfer zur Abwehr dienen.

als das Mitschwören des Genossen noch zu bieten vermochte. Nicht weil die Eidhelfer so viel von der Sache wissen wie Zeugen, werden sie zu Zeugen, sondern weil sie nicht genug von der Sache wissen, ersetzt man sie durch Zeugen.

Planck Bewf. 209—217, BewU. 40 (und danach Delbrück 215, Platner II. 366 ff.) nimmt denselben Entwickelungsgang wie Jolly, doch mit andern Motiven an. Die Zeugen sind ursprünglich Mitschwörende, da die alte Anschauungsweise auf ihr Wissen kein Gewicht legt; aber schon früh mischt sich die andre Betrachtung ein, dass die Thatsache selber wahrscheinlich gemacht werden solle. Der Sachsenspiegel steht auf einer Uebergangsstufe. Von der ursprünglichen Anschauung hält er folgende Punkte fest. 1) Die Form des Schwörens mit der Partei, jedoch so dass in einigen Fällen die Partei erst nachher schwört; ein späteres ist es, dass sie gar nicht mit schwört. 2) Die bestimmte Zahl der Helfer 6 oder 2, welche später ganz gleichgültig wird. 3) Die Formel, welche nur ein Verstärken des Eides der Partei ausdrückt, so jedoch dass für bürgerliche Sachen der Ssp. nicht mehr diese, sondern eine Formel des Wissens fordert. Später wandte man dies auf polizeiliche, dann auf geringere Criminalfälle, endlich auf alle Sachen an. 4) Den Grund des Schwörens, so dass in einigen Fällen, dem alten Princip am nächsten, das Wissen nur vorausgesetzt nicht gefordert, in andern das Wissen überhaupt, in noch andern sogar Hören und Sehen verlangt wird. 5) Die beschränkenden Erfordernisse der Persönlichkeit, wodurch Frauen, Unmündige, Unebenbürtige ausgeschlossen werden. Der Ssp. lässt nur in singulären Fällen Frauen zu, eine weitere Milderung tritt erst in den Stadtrechten ein. In Summa, ein scharfer Unterschied zwischen den Fällen, wo die Zeugen blosse Eidhelfer und wo sie *testes* im römischen Sinne sind, ist im Ssp. nicht zu finden. Er zeigt eine neue Anschauung über die Bedeutung der Parteihelfer, welche sich der römischen annähert, aber ohne völlig zum Durchbruch gekommen zu sein.

Auch hiegegen halte ich, gleich Walter RG. §. 632, Sachsse 10, 44, 45, an der ursprünglichen Scheidung fest, so dass freilich die alten *testes* nicht völlig den römischen und heutigen Zeugen gleich stehen, sondern eben als germanische Zeugen auch über das blosse Sehen und Hören hinaus bekunden, was sie von der Thatsache glauben, von ihr wissen, ja sogar rechtliche Thatsachen feststellen, dass sie immer aber, den Eidhelfern gegenüber, über die **Thatsache** schwören. Eben so finde ich, nicht dass der Ssp. aus beiden Instituten ein mittleres mache, sondern dass er die alte Anwendung ändere, indem er bei der Reinigung statt des Eides mit Eidhelfern den alleinigen Eid eintreten lässt, und den Beweis des Klägers in Civilsachen durch Zeugen ausdehnt, auf solche Weise überhaupt die Anwendung der Eidhelfer sehr vermindert. Jene Beläge für die „Uebergangsstufe" weisen, indem sie eine verschiedene Behandlungsweise verschiedener Fälle darlegen, m. E. grade auf die fortdauernde Scheidung der Institute hin.

Allerdings, hätten wir den Ssp. allein, so möchte man, da er im Namen nicht scheidet und über die Beschaffenheit des Schwurs häufig schweigt, geneigt sein, nur verschiedene Formen **eines** Institutes, nicht verschiedene Institute selber zu sehen. Nun aber tritt unser ältestes Gerichtswesen gleich mit dieser Trennung hervor, sie lebt im deutschen Mittelalter und bis zu dessen Ende noch in derselben characteristischen Weise fort, nur nicht in jeder einzelnen Quelle gleich deutlich erkennbar. Demnach muss auch für den Sachsenspiegel die Frage so gestellt werden: ist sein *getüch* ein Eidhelfer oder ein Zeuge, oder bald dieses bald jenes? Und dabei darf der gemeinsame Name eben so wenig entscheiden, als etwa der Ausdruck *testis* in den *lex Frisionum t.* 10.

Doch werden jene Voraussetzungen, die ursprüngliche Scheidung und ferner deren Fortdauer in den deutschen mittelalterlichen Quellen, noch bestimmter nachzuweisen sein.

I. Für die Scheidung nach den Volksrechten und Capitularien finden sich bequemer Weise Stellen, welche *testes* und *sacramentales* in einen Gegensatz bringen. Diese mögen zuerst stehen.

1) *L. Ripuariorum t.* 60 *c.* 1. Der Käufer eines Grundstücks thut wohl, bei der Uebergabe und Zahlung 3, 6, 12 *testes*, je nach der Grösse des Gegenstandes, mit eben so vielen Knaben zum künftigen *testimonium* zuzuziehen. *Si autem testes non potuerit congregare ut ei testimonium praebeant, tunc rem suam cum VI sive cum VII cum sacramenti interpositione sibi studeat evendicare.*

2) *L. Baiuvariorum t.* 16 *c.* 1 §. 2. Wer wegen unrechter Besitznahme eines Grundstücks beschuldigt wird, schwört *cum sex* ***sacramentalibus****: ego in tua opera priore non invasi contra legem etc.* Der Kläger aber sagt: *ego habeo* ***testes*** *qui*

hoc sciunt, quod labores de isto campo semper ego tuli etc. Und diese Zeugen schwören, ohne dass von einem Eide des Klägers die Rede wäre: *quia ego hoc meis auribus audivi et oculis meis vidi quod istius hominis prior opera fuit etc.*

3) *L. Baiuvariorum t.* 16 c. 5. Bei mehreren Zeugen wird einer zum Schwören für sie alle erloost. Er schwört zuerst allein *quod ego ad testem inter vos per aurem tractus fui de ista causa ad veritatem dicendam.* Dann, nachdem seine Waffen geweiht worden, *per ea iuret ipsum verbum cum uno sacramentali.* Also statt der übrigen Zeugen soll ein Eidhelfer schwören.

4) *Capitulare Ludovici Pii c.* 1 (*Leg. I.* 210). *Si unus alterum in ecclesiam fugerit et ibi se defendendo eum interfecerit, si huius facti testes non habuerit, cum* 12 *coniuratoribus legitimis per sacramentum affirmet, se defendendo eum interfecisse.*

5) *Cap. a.* 829 c. 6 (*Leg. I.* 354). *De liberis hominibus qui proprium non habent sed in terra dominica resident, ut propter res alterius ad testimonium non recipiantur. Cumiuratores tamen aliorum liberorum hominum ideo esse possunt, quia liberi sunt.*

Sodann führe ich, da Jolly und Planck den Zeugen die Ursprünglichkeit absprechen, noch folgende Beläge an, welche das Beweismittel nach Namen und Sache bestimmt als Zeugniss characterisiren, ohne jedesmal den Gegensatz gegen die Eidhülfe ausdrücklich hervorzuheben.

1) Die *Lex Salica t.* 1 §. 2 lässt den *qui alium mannit cum testibus ad domum illius ambulare,* eben so *t.* 47, *t.* 52 (Merkel). Im *t.* 49 spricht sie von *testes,* welche eidlich sagen sollen *ea quae noverint* (*Cod. Paris. que viderunt et audierunt, l. Sal em.* 51 *quae sciunt*). Nach *t.* 56 schwören *testes, quod ibidem fuerunt,* als ein Urtheil gefällt worden. Im *t.* 96 (Herold 76) wird der *testes* gedacht, mit denen jemand seinen Gegner vor Gericht ladet, und welche wenn jener nicht kommt beschwören, *quod ibi fuerint* als die Ladung geschehen. Derselbe Titel gedenkt dagegen des Abschwörens der Beschuldigung durch den Erschienenen *sibi octavus etc. datis sacramentis.*

2) Nach der *L. Ripuariorum t.* 50 werden die *testes* geladen *ut testimonium quod sciunt iurati dicant.*

3) Die *lex Burgundionum t.* 43 §. 2 will, dass bei Schenkun-

gen *quinque aut septem testes donationi . . . signa aut subscriptiones adiiciant*; das *Additam.* 2 §. 8 kennt *testes* eines Klägers welche eidlich sagen: *nobis praesentibus pretium dare vidimus.* Von einem Beschuldigten dagegen heisst es t. 8 §. 1: *sacramenta praebeat et cum uxore et filiis* (oder in deren Ermangelung *cum patre et matre*) *et propinquis sibi duodecim iuret.*

4) Das Alemannische Recht, dessen Conjuratorensystem doch so ausgebildet ist (*Davoud Oghlou histoire de la législ. I.* 154 ff.) spricht dennoch z. B. *l. Hlotharii t.* 2 §. 2 von *testes qui testificentur, ut illi ad praesens fuissent* (*al. oculis suis vidissent et auribus audissent*), *quod pater . . . res . . . dedisset*; *t.* 59 §. 9 von einem Arzte, der zwei *testes* beibringt, *qui hoc vidissent quod de illa plaga ossus tulisset*; *t.* 95 von einem Vater, der *testes* hat, *qui vidissent illum infantem oculos aperire etc.*

5) Die *l. Liutprandi II.* c. 2 (8) *de testibus* will, dass wenn bei einem Geschäft drei oder vier *boni homines*, denen der *princeps aut eius iudices credere possent*, zugegen gewesen, *non reprovetur postea ipsa causa, nisi* (sondern) *eorum testimonio ambe partes credant.*

6) Nach der *l. Baiuv. t.* 12 c. 2 §. 1 habe der Kläger *ibi testes duos vel tres qui audiant et videant qualiter ille respondeat, ut possint ante iudicem testes esse.* Und *t.* 16 c. 2 sagt von dem *testis per aurem tractus de qualibet causa finita ratione: testificet sicut scit et hoc per sacramentum confirmet.*

7) *Cap. Ludovici Pii* c. 10 (*Leg. II.* 212). *Testes vero de qualibet causa non aliunde quaerantur, nisi de ipso comitatu, in quo res unde causa agitur positae sunt; quia non est credibile, ut vel de statu hominis vel de possessione cuiuslibet per alios melius rei veritas cognosci valeat, quam per illos qui viciniores sunt.*

8) *Dipl. a.* 814, Kindlinger Hörigkeit 217. *Salicho . . . presentavit octo testes legitimos . . . Hi iuraverunt et per iudicium testificaverunt, quod ecclesia . . a tempore Caroli Imp. de captura . . . legales . . investituras habuisset, et nec Guntramo . . . ulla exinde competeret iustitia, sed de iure esset ecclesie. Hinc scabini tale testimonium in veritate perpendentes etc.*

Der Gegensatz herrscht entschieden, bewusst, allgemein und schon in den ältesten Aufzeichnungen. Die Zeugen sind wahre Zeugen; ein Hinüberschwanken nach Eidhelfern zeigt sich nirgends; eine Kenntniss der Sache selber wird bei ihnen als Zugezogenen, als Nachbarn, Eingesessenen nicht nur vorausgesetzt, sondern auch in ihrem Schwur ausgedrückt. Selbst dass der Beweisführer mit den Zeugen schwöre, welches nach Jolly 31 überall der Fall sein soll, wird nur selten, *l. Liutpr.* II. 2, ausgesprochen. Der Uebergang von den Eidhelfern, auf welchem noch der Ssp. begriffen sein soll, wäre längst erfolgt, müsste weit hinter den ältesten Volksrechten zurück liegen. Aber für solchen Gang der Entwickelung ist, wie keine äussere Spur, so auch kein innerer Grund vorhanden. So bald nur irgend ein gerichtliches Verfahren sich bildete, war auch das Bedürfniss der Zeugen da. Oder ist es glaublich, dass man bei der Ladung des Gegners sich je von Andern begleiten liess, bei einer Uebergabe und Zahlung die Gegenwärtigen am Ohre zupfte, den mitgenommenen Knaben Ohrfeigen gab, damit solche Personen künftig nicht etwa über den Act den sie gesehen, sondern nur über die Wahrhaftigkeit des Eides der Partei aussagten? Ist es auch nur zu denken, dass man diejenigen, welche bei einer ärztlichen Operation, oder bei der Geburt eines Kindes gegenwärtig gewesen, oder welche ihren Nachbarn Jahre lang ein Feld beackern sahen, nur zu benutzen wusste, insofern sie sich zu Eidhelfern eigneten, dass man erst im Laufe der Jahrhunderte darauf gerieth, sie gradezu um ihre Kunde von der Sache selbst zu befragen?

Gegen diese positiven Gründe kommt mir der constructive Vortheil jener Hypothese, dass sie „dem altdeutschen Beweisverfahren die Einheit bewahre" nicht in Betracht. Sie erweisen mir genugsam, dass in diesem Verfahren die Zeugen eben so alt und ursprünglich seien als die Eidhelfer, dass zumal beide in den germanischen Rechtsdenkmälern vom 5ten bis zum 9ten Jahrhundert entschieden auseinandergehalten werden und dass das Scheidungsmoment in demjenigen liege, was die Beweishelfer zu erhärten haben.

Diese geschichtliche Grundlage giebt dann

II.

den Anhalt und Leitfaden bei der Untersuchung, ob in dem Rechte Deutschlands und verwandter Gebiete seit dem 10ten Jahrhundert, trotz der ungemeinen Mannigfaltigkeit, Zerstreutheit und Abgerissenheit der Quellen, noch die Scheidung nachzuweisen sei, und wie lange sie bei dem allmähligen Sinken der Stützen des Eidhelfersystems und dem ganzen Umschwunge der

Beweistheorie sich noch erkennen lasse. Für die frühere Zeit galt es vornemlich, wahre Zeugen, für diese spätere habe ich wahre Eidhelfer nachzuweisen.

Zunächst fragt es sich, ob ein im Ssp. fehlender besondrer Name für *consacramentalis* anderweitig vorkomme. Unser „Eidhelfer" ist bekanntlich neu gemacht. Dagegen finden sich, wiewohl nicht häufig, theils dem nahe kommende theils weiter ab stehende einheimische Bezeichnungen für den Begriff.

1) Schon die *l. Rotharis* 364 (*Vesme* 359) hat: *iuret cum XII aidos i. e. sacramentales. Aidos* ist der altsächsische Acc. Plur., s. Heliand bei Schmeller 45, 18 *edos*; gleichermassen wird der Eid des *sacramentalis* für die Person selber gesetzt, in der *l. Burg. sacramenta praebeat,* später im nordischen Recht z. B. *tyltered, i. e. iuramentum duodenum*, Rosenvinge dän. Rechtsgesch. §. 75 und unten S. 470. Dem schliesst sich aus den Glossen, welche dem *Capitulare de villis* in der jetzt Wolfenbüttler Hdschr. des 9ten Jahrh. folgen, der Ausdruck an: *hamedii id sunt coniuratores, quos nos geidon dicimus,* *) was auf den Nom. Sing. *gieido* hinweist. Das Wort begegnet dann auch noch viel später in der von dem Herzoge von Troppau Nicolaus II. bestätigten Leobschützer Willkühr, Böhme II. 11, wonach zuerst der Beklagte schwört, *dornoch dy geeiden.*

2) Die *hamedii* in der angeführten Glosse entsprechen ganz den *coniuratores*, s. Grimm Gr. II. 752.

3) Das Prager Rechtsbuch, Rössler I. 126, sagt §. 88 bei der Klage über Nothzucht: *inhat aber sy der geclayten sache kein gezeugnuss, so gericht er ir selb IX; hat er der eytgenozen nicht, die im von den noten helfen etc.* **)

4) Etwas häufiger ist der von dem Nachschwören hergenommene Ausdruck Folger.

a) Die Leobschützer Willkühr II. 6 lässt nach dem Eide der Partei unter der Rubrik *dy geczewge* diejenigen *dy noch volgen* den Conjuratoreneid leisten.

b) In den frisischen Quellen steht *folgere* mehreremale für Eidhelfer, s. v. Richthofen Wörterb. Eben so sagt

*) Bruns Beitr. z. d. D. R. 40, Pertz Leg. I. 178. Grimm Gr. II. 752.

**) Müller Wörterb. hat I. 427 *eitgenôz, eitgeselle*, doch mit Verweisung auf spätere Hefte; vielleicht nicht in der Bedeutung von *coniuratores*, sondern in der von *iuratis*, vereidigten Urtheilern, Eidgenossen des Richters s. oben S. 372 u. das Glossar.

c) ein Overysselsches Weisthum in den *Verh. der genootsch. pro exc. iure I.* 389: *die volgers sullen dan zweren*, und heisst es

d) in den Vemrechtsquellen *die twene sine volgere sullen vortvaren*, Tross 31; *sine volgere sollen mit erem eyde wair maken*, Seibertz Urk. III. 204 *a.* 1500. *) Bodmann Rheing. Alterth. II. 637 nennt den Eid Folgeeid, doch ohne Belag.

5) Helfer, *hulpelude*, Leute die da helfen, steht gleich den *coadjutores* in den *Legg. Normann.*, *Ludewig VII.* 300, für Consacramentalen in den Urkunden bei Haltaus unter Eidhülfe: *mochte er aber der nicht gehaben, dy im zcu syme rechten hülffen*, und *hey engat mit siner eygin hand u. bedarf nymants zu hilff.* Im Münchner Stadtrecht werden die Helfer sogar bestimmt den Zeugen entgegengesetzt, wenn es Art. 248 heisst *die drey die im sein unschuld helffent gerichten* und dann A. 249 *sven man überzeugen mag mit siben zeugen die ez warz wizzent, daz er schuldig ist, des beredung u. seiner helffer entschuldigung sol man nicht nemen.* Anderswo dagegen greift diese Bezeichnung auf die Zeugen hinüber. So in den Nördlinger Statuten v. 1318 Art. 4, *Senkenb. vis.* 356 *dieselben sulen ez helfen mit starken aiden, daz si ez gesehen u. gehoret haben*, und in einem Leipziger Urtheil bei Haltaus unter Gehülfe, *das die helffere sulden sweren, das sie gesehen u. gehort habin, das der antwerder den cleger beczalt hette.* Die *hulpelude* oder *helpende tüge* endlich des Richtsteiges umfassen Eidhelfer und Zeugen, s. unten S. 474.

6) Tenglers Laienspiegel nennt Mitpurgierer, vgl. auch Haltaus Sp. 1869.

Sodann handelt es sich um die Schwurformel selber. In den lateinischen Quellen begegnet sie uns nur selten. Nach der Sirmondischen Formel 31 schwört ein Angeklagter zuerst, dass er in Nothwehr jemanden erschlagen, dann *testes sibi similes visores et cognitores post istum, ut quicquam ... de hac causa iuravit, verum et idoneum sacramentum exinde dedit.* Eben so nach der Formel 41 die *testes iurati* dessen, der beschworen, dass ein ihm abgefordertes Gut sein Erbgut sei. In der Longobardischen Formel *ad leg. Guidonis* c. 6 beim Beweise der Aecht-

*) Die *Folgarii* der *legg. Canuti, Davoud Oghlou II.* 602, 639 sind Gefolgsleute eines Herrn, gehören also nicht hieher.

heit einer Urkunde schwört der *appellatus*: ***haec carta vera et idonea est. Si Deus etc.***, dann die ***sacramentales***: *quod ipse iuravit, verum iuravit.* ***Si Deus etc.*** In dem Brünner Schöffenbuch A. 446 schwören die ***testes*** des Angeklagten nach ihm: *quod juramentum Conradi mundum esset vel salvum, vel justum et verum.* Die Formel lautet also hier nicht ganz übereinstimmend; ohnehin ist es bei der Sirmondischen Nr. 31 wegen der *visores et cognitores* wahrscheinlich, dass die Schwörenden nicht bloss dem Namen sondern auch der Sache nach als Zeugen anzusehen, vgl. unten Note *.

Dagegen tritt die eigentliche germanische, dort jedenfalls nur übertragene Form des Genosseneides in den deutschen Urkunden mit characteristischer Eigenheit und mit einer Uebereinstimmung hervor, welche selbst, zum sichern Zeichen ihrer Ursprünglichkeit, noch auf die angelsächsischen und skandinavischen Quellen sich ausdehnt.

In Deutschland schwören von Tyrol bis Rügen, von den Niederlanden bis nach Schlesien, durch das ganze Mittelalter bis ins 16te Jahrh. die Eidhelfer: dass sein (des zuerst schwörenden Beweisführers) Eid sei „rein und unmein" (oder nicht mein, nicht meineide), s. Ldr. III. 88 §. 3; Richtst. 32 §. 10 N. 38, 35 §. 6; Weisthum von Overyssel oben S. 467; Magdeburg-Görlitzer Recht A. 139; Münchner Stadtrecht A. 148; Goslarsche Erkenntnisse bei Bruns Beitr. 185, 227; Leobschützer Willkühr bei Böhme II. 5, 6, 11; Nördlinger Recht A. 7; Fragment eines Rechtsbuches bei Dreyer Beitr. 171; Sächs. Distinctionen IV. 42 D. 3 (Ortloff); Vemrecht bei Wigand 558, 559, bei Tross 31, vgl. Seibertz a. a. O.; Freiberger Stadtrecht bei Schott III. 190, 209, 213, 235, 285; *) Urk. v. 1412 in den *Monum. Zoll.* 1852

*) Das Freiberger Stadtrecht kennt überhaupt folgende Fälle des Eides mit Gehülfen. 1) Der beweisführende Forderer bringt zwei Zeugen; von diesen schwört zuerst der eine, die behauptete Thatsache sei ihm wissentlich, dann der Forderer selber, die Rede die jener gesprochen sei „recht und wahr," endlich der zweite Zeuge, die Rede welche der erste Zeuge vorgesprochen und der Forderer nachgesprochen habe, sei recht und wahr. So bei Behauptung eines Friedebruchs, III. 187, 188, einer Kaufschatzschuld 195, 196, auch bei einem Gerichtszeugniss 199. Aehnlich S. 240, 241 bei Behauptung einer Heimsuche, nur dass hier der erste Zeuge bekundet, er habe die That gesehen und gehört. 2) Der Forderer hat durch zwei angesessene Nachbaren einen Gutsraub zu beweisen. Sie schwören beide, er sei ihnen wissentlich, 214.

I. Nr. 588; Westenrieder Beitr. VIII. 87; Tyroler LandesO. bei *Gericken Schottel. illustr.* p. 224; Vorgang zu Wangen in Schwaben v. J. 1505, s. Wächters Beitr. I. 72; Leipziger Urtheil v. 1548; Rügianischer Landgebrauch S. 128. Und mit geringer Abweichung in einer Urk. v. 1437, Haltaus Sp. 1336: dass der Eid sei rein und nicht unrecht; in den Magdeb. Fragen I. 15 D. 5 . . . und nicht unrein (bei Böhme VI. 153 jedoch *und unmeineide*).

Entsprechend lautet die angelsächsische Formel *se adh is clæne* (rein) *and unmæne*, Schmid Ges. der AS. I. 217 Nr. 6; desgleichen die schwedische *at hina swuru sant* (wahr) *och laghreen och icke meen*, welche erst 1653 der Formel des Credulitätseides wich, Schildener Gutalagh 172.

Selbst wo unter dem Einflusse des canonischen Rechts diese letztere Formel *quod eum credunt verum jurasse* eintrat, Hildenbrand *purg. canonica* 81 ff., blieb doch dem Genosseneide das wesentliche Moment, dass er den Eid der Partei zum Gegenstande hat. So giebt Tenglers Laienspiegel Th. III. als „Forma der mitpurgierer eyd: das wir glauben, N habe für die . . . übelthat . . . recht und einen waren eyd geschworen."

Den Gegensatz zwischen den Eidgenossen und den Zeugen zeigen folgende Stellen.

1) Die nordischen Rechte legen häufig dem Beweisführer neben dem Eide mit Eidhelfern noch die Beibringung von ein Paar Zeugen auf, *Stjernhöök* p. 111, Rosenvinge RG. §. 75. So z. B. das Jütsche Low II. 105 *tha scal han wæri thet met tolff mens eth oc tviggi grannæ witnæ* oder im niederd. Text *so mach*

Vom Eide der Partei ist nicht die Rede. 3) In mehreren Fällen, wo ein inländischer Kläger nur allein zu schwören braucht, muss der Ausländer noch sechse bringen, welche nach ihm schwören, sein Eid sei rein und nicht mein, 190, 209, 213. 4) Die Zahlung einer Schuld beweist der Schuldner mit zweien, die nachdem er die Zahlung beschworen, den gedachten Eid leisten 285. Merkwürdig ist hier die doppelte Form des Zeugenbeweises; neben der geläufigen (2) noch die ungewöhnliche (1), wo die Partei zwischen den beiden Zeugen schwört und mit dem letzten eine dem Genosseneide ähnlich scheinende Formel gebraucht. Dass dieser Fall dennoch zum Zeugenbeweise gehöre, ergiebt schon die Stellung der Partei, welche doch nur die That selber beschwören kann; aber auch bei der Formel ist nicht zu verkennen, dass, während der Genossenschwur: der Eid des A sei rein und kein Meineid, bestimmt auf die Wahrhaftigkeit der Partei sich richtet, dagegen der Eid: die Rede welche A gesprochen ist wahr, eher auf den Inhalt der Aussage sich beziehen lässt.

he id weren sulff twelffte myd sineme ede u. tughen dat mit sinen naburen twen. Eben so im Flensburger Stadtrecht v. 1282: *dar neme he twee mannen witlichkeit by, u. na dersulven tügenisse schal he sik noch entledigen mit twelff man eeden* (Westphalen I. 1910) Aber dies bestimmte Scheiden von Zeugen und Eidhelfern in gleichzeitiger Anwendung ist auch den eigentlich deutschen Quellen nicht fremd. *Albrecht. l. c.* II. p. 60 N. 177 giebt davon zwei Beispiele, nach Schilter: *adhibitis 2 testibus de vicinia probet actor et insuper manu septima suae conditionis*, nach Schannat: *probabili multorum testimonio asserebant .... etiam iuramento septima manu confirmarunt.* Und das Freiberger Recht III. 245 combinirt die in der Note S. 468 angegebenen Fälle 1 und 3 in folgender Art. Bei einem sonst vom Richter, der Partei und einem Zeugen zu leistenden Eide über ein Schuldversprechen darf der Richter durch sieben gewöhnliche Leute ersetzt werden. Zuerst schwört einer der letztern, das Versprechen sei ihm wissentlich, dann sechse, dieser Eid sei rein und nicht mein, dann die Partei, jene Rede sei wahr und recht, endlich der Zeuge wie im Falle 1. Es tritt hier, wie in dem Falle 3, zugleich die Natur des Eides der sechs Nachschwörenden als blosser Verstärkung der zu schwachen Persönlichkeit des Hauptschwörenden deutlich hervor.

2) Der angelsächsischen Formel für den Eidhelfer oben S. 469 stellt sich die des Zeugen Nr. 8 ebd. so gegenüber: *swa ic hit minum egum oferseah and minum eurum oferhyrde thæt thæt him mid sæcge*, dass ich mit meinen Augen sah und meinen Ohren hörte, was ich mit ihm sage.

3) Die Emsiger Gesetze §. 41 (v. Richthofen 209) lassen einen Besitzer *ungunga mither thredda hond, ieff thi other biwise thet mith tuam tiugum.*

4) Die oben S. 466, 467 angeführten Stellen des Prager und Münchner Rechts bekunden gleichfalls den Gegensatz.

5) Fabri's Formulare für Liefland lässt den Besitzer sein Grundstück von der Bekreuzigung befreien, zuvörderst *mit twen edder dren lofwerdigen beswarnen getüchenissen* (Oelrichs 233), sodann *so du nu solke tüchenisse nicht en heddest ... mit mynem egen rechte sulff sovende unberüchtigede menne up de hilligen* (234), und wiederholt noch 236, dass die Befreiung nur mit drei Stücken, nemlich Brief und Siegel, oder Zeugniss, oder *mit synes sulves rechte sulff sövende* geschehen könne.

6) Die Magdeburger Fragen I. 15 D. 5 (vgl. Böhme VI. 153) geben darüber, ob die Schöffen den Zeugen um seine Wissenschaft befragen mögen, die Entscheidung: bei einigen Sachen, z. B. wegen bezahlter Schuld, möge es geschehen; bei andern nicht, z. B. der einen Verfesteten überführende Kläger schwöre, dass er der Sache schuldig sei, und *so sollen seine gezeugen schweren das sein eyde sey rein u. nicht unreine; in solchen worten oder sachen sol man der gezeugen nicht fragen.* Also, wiewohl nach dem Vorgange des Sachsensp. die Gehülfen auch in dem letztern Falle Zeugen genannt werden, ist doch der Schöffenstuhl des Gegensatzes in der Sache sich deutlich bewusst. Dieselbe Quelle I. 9 D. 6 bezeichnet die Gehülfen eines Angeklagten sehr bestimmt als Eidhelfer durch die Charakteristik *freunde u. solche leute, die bei den sachen nicht gewest sein.*

7) Der Rügianische Landbrauch aus dem zweiten Viertel des 16ten Jahrh. stellt (Ausg. in 4. 1777 S. 28) bei einer Todschlagsklage die alte und die neue Sitte so gegeneinander. *Hyr plach men ein stücke holden, dat allen rechten togegen was. Als de cleger hof up twe finger u. swor ..., u. denne treden twe to, fründ edder frömmet ... u. sworen, des clegers eid were reine u. nicht meine, u. wedder solke moste de beclagede keine were hebben.* Nun halte man es aber so, dass der Kläger zu der scheinbaren That *tügen* gebrauche, welche das mit ihren Augen gesehen.

8) Bei der Wendung, welche die Reformation auch in Dänemark und Holstein für das Beweisverfahren herbeiführte, s. Michelsen Genesis der Jury 150 ff., kommt der Gegensatz in gleicher Weise zu Tage. Die Geistlichen eifern wider die Bundbriefe der Dithmarsischen Geschlechter, welche das Mitglied dergestalt zur Eidhülfe verpflichteten: dass *de mot, der vorstrickinge na, mede im ede stan, he hebbe des schadens ein weten edder nicht,* da doch nach Ev. Joh. 3. niemand mit gutem Gewissen anderes beschwören könne, *sunder dat he angehöret, angesehen hefft.* Und ein neuer Bundbrief bestimmt nun auch wirklich, dass keiner aus dem Geschlechte hinfort genöthigt sein solle *to schweren in des anderen saken dat he sulvest nicht angehöret effte gesehen hefft u. eme unbewust ist,* Neocorus II. S. 574, 125. Also, wie oben bemerkt, die Eidhelfer giengen nicht in Zeugen über, weil man wahrnahm, dass sie von der Sache selber etwas

wussten, sondern man schaffte sie ab und forderte Zeugen statt ihrer, eben weil sie zu wenig davon wussten.

Nach allen diesen leicht zu mehrenden Zeugnissen, ja schon nach der Dauer und Verbreitung der characteristischen Eidhelferformel waltete die Scheidung beider Institute, insbesondre das Scheidungsmoment selber in der Rechtsanschauung auch des deutschen Mittelalters so tief, sicher und allgemein, dass im Sachsenspiegel und ferner im Richtsteige von dieser Anschauung als der Grundlage ausgegangen werden darf, um dann zu prüfen, welches Gebiet der Anwendung diese Rechtsbücher dem einen oder dem andern Beweismittel eingeräumt haben. Das Ergebniss ist für unsere Quelle kein andres als für das s. Landrecht.

A. Eidhelfer sind erkennbar

1) in den Gehülfen, mit welchen der Kläger den ergriffenen Verfesteten des Verbrechens überführt 35 §. 6. Denn die Genossenformel wird aus dem s. Ldr. wiederholt; die Magdeb. Fragen oben S. 471 treten bestätigend hinzu. Die Hdschr. *Aa* 33 N. 44 *a* bezeichnet gleich den Stellen oben S. 460 Note u. S. 471 die Gehülfen als Freunde.

2) Im Falle der handhaften That eines Nichtverfesteten 32 §. 10. Denn es wird s. Ldr. III. 88 §. 4 citirt und bemerkt, dass der Kläger zuvor schwöre. Hienach sind auch in 39 §. 2 die *helpende tüge*, mit welchen bei scheinbarer Schuld der Beklagte überwunden wird, für Eidhelfer zu achten. Doch ist bei diesem Falle 2 noch ein Bedenken zu beseitigen. Das s. Ldr. weist denjenigen zurück, der sich zum Zeugniss erbietet, ehe er dessen gefragt wird. Unser C. 32 lehrt nun den Beklagten die „Behendigkeit," dass er die vom Kläger mitgebrachten Zeugen verlocke zu sagen, sie wüssten um die Sache und wollten dies bezeugen; was denn als ein Erbieten zum Zeugniss gedeutet werden und ihre Verwerfung nach s. Landr. III. 37 §. 2 zur Folge haben soll. Dennoch sind dies solche Helfer, welche, ohne jene Verlockung, den Ergriffenen nachdem der Kläger geschworen der That überführen. Indessen, daraus, dass bei ihnen ein wirkliches Wissen um die That denkbar ist, aus der Möglichkeit eines thatsächlichen Vorhandenseins der Zeugeneigenschaft, folgt noch nicht, dass sie wirklich als Zeugen, nicht als Eidhelfer gehört worden; um so weniger, da der Verf. die Behendigkeit als ein wahres Nothmittel zur Rettung des Verklagten vom Tode seinem Vorsprecher an die Hand giebt.

3) Beim Beweise einer Schuld nach todter Hand 10 §. 1 sind die 72 Mitschwörer gleich wie im s. Ldr. I. 6 §. 2 für Eidhelfer zu halten.

Wohin die Zeugen C. 45 §. 4 gehören, mit denen nach des Klägers Begehren der Beklagte seine Schuldklage abwehren soll, ist nicht leicht zu sagen, weil der Autor das Erforderniss einer solchen Abwehr implicite mit verwirft. Doch bezieht der vom Kläger zu Unrecht herbeigezogene Satz sich auf wahre Zeugen.

Das Verfahren beim Helfereide beschreiben 32 §. 10 und 35 §. 6. Schon das s. Ldr. III. 88 §. 3 spricht von einem *sveren up ine* (den Beklagten); im Bilde zu §. 3 legt der Kläger die Hand auf den knieenden Beklagten, jeder Mitschwörende seine Hand auf des Klägers Arm; zu §. 4 sieht man das Reliquienkästchen auf des Gefangenen Haupt gesetzt. Der Richtsteig bestätigt nun, dass die Heiligen auf des Angeschuldigten Haupt gestellt werden; er selber wird niedergesetzt und sein Aufstehen hilft ihm nichts, denn seine Unschuld, heisst es, gewönne er damit doch nicht wieder. Der Kläger nennt zuerst die Schuld und schwört dann, dass jener der That schuldig sei, darauf leisten die Gehülfen den oben angegebenen Eid 35 §. 6. *)

Der R. 45 §§. 4, 5 gedenkt eines, nicht dem Ssp. aber manchen andern Rechten bekannten Gebrauches, wonach ein der Eidhelfer bedürftiger Fremder zuerst seinen *elenden tüch* schwört, d. h. er sei so fremd und von Freunden verlassen, dass er keinen Zeugen haben möge, dann seine Nichtschuld beschwört, endlich noch so viele Eide leistet als das Recht Hülfseide fordert. **) Unser Verf. verwirft jedoch die Sitte als eine thörichte, welche leicht gemissbraucht werden könne.

---

*) Nach dem Cap. a. 825 §. 8, Leg. I. 252 schwören *iuratores omnes singillatim*. Im Freiberger Stadtr. III. 209 heisst es dagegen auf die Urtheilsfrage, *ab di sechse mit einander sweren sullen oder al enceln*, sie sollen alle miteinander schwören. Nach *l. Alam.* (*Karolina t.* 6 §. 4) spricht sogar die Partei, welche über aller Hände ihre Hand legt, allein die Eidesformel.

**) Vgl. *du Cange s. v. iurare super plura altaria* und ausser den in Sachsse, Beweisvf. 87, 286 aus dem Flensburger, Odenseer und Nordhäuser Recht angeführten Stellen noch die Leobschützer Willkühr Böhme II. 11, das Bamberger Recht Zöpfl §§. 157, 158, Noordewier 167, die Keure von Poperinghen Warnkönig Flandr. RG. III. 1. 297, das Fragment in Dreyers Beitr. 171, wo der Angeschuldigte den Ergänzungseid dahin leistet *dat de ed den he swere, de is reine u. nicht gemeine.* Bodmann Rheing. Alt. II.

B. In allen übrigen Fällen verstehe ich unter dem *tüch, getüch* wahre Zeugen, auch dann wenn *hulpende tüge, hulpelüde* genannt werden. Das geschieht C. 14 §. 7, wo der Kläger den Gegner *mit hulpluden u. mit vele bedderven luden* des Verkaufes zu überführen hat; C. 16 §. 2, wo der Forderer einer Sache *mit hulpenden tugen* beweisen will, er habe sie dem Erblasser des Beklagten nur „gethan"; C. 45 §§. 1, 2, 46 §. 1, wo der Gläubiger begehrt, mit *hulpenden tugen* eine Geldforderung darthun zu dürfen. Selbst das Gerichtszeugniss heisst C. 46 §. 1 *hulpe eines gehegeden dinges*, so dass Hülfe überhaupt im Richtsteig ohne genauere Scheidung für jegliche Unterstützung des Beweisführers durch Andre gebraucht wird.

Dass von den Zeugen ein Wissen um die Sache gefordert werde, ergiebt 47 §. 2 und allgemeiner 8 §. 3, wonach sie auf Begehren des Gegners sogar sagen müssen *war van it en witlik si* *). Die verschiedenen Gründe des Wissens werden übrigens nicht, wie so oft im s. Ldr. (Register zu Ssp. I. 402), bei den einzelnen Fällen genauer angegeben.

Hinsichtlich der Eigenschaften der Zeugen, Register a. a. O., spricht R. 32 §. 8 die Unfähigkeit der Rechtlosen gleich den Hdss. *NYZ* zu Note *b* des s. Ldr. III. 70 §. 1 allgemein aus, während der gewöhnliche Text ihrer nur in zwei besondern Fällen II. 36 §. 4, III. 28 §. 1 (der dritte im Register angegebene III. 19 gehört nicht hieher) gedenkt.

Die Zahl der Zeugen, Planck Bewf. 218—224, giebt der R. auf zweie an beim Beweise einer Schuldentilgung 8 §. 1, des Austhuns 16 §. 4, unverholenen Haltens 40 §. 3, Aufgebotes 12 §. 2, ursprünglichen Erwerbes einer Sache 17 §. 2 und beim Ziehen zu einer Sache 12 §. 1, 13 §. 5; auf sechse beim Beweise des gelobten Friedens 41 §. 8, der vorsatzlosen Tödtung

---

643 führt sogar Stellen an, wo derjenige der seinen Gegner einer Geldschuld überführen soll, in Ermangelung der Zeugen, *die wol wissen dass man ime schuldig sy*, allein sechs Eide nachschwört und zwar, *daz der erste eid war u. gerecht sy*. Vgl. oben S. 468 Note.

*) Der Richtsteig folgt hier einer minder guten Lesart des s. Ldr. III. 88 §. 5, wo in dem Satze *dat sal sin getüch vore secgen bi deme ede, u. he* (die Partei) *sal it selve na sveren*, einige Hdss. das *he* oder gar *he sal it selve* auslassen, so dass der Zeuge derjenige wäre, der nachdem er etwas eidlich bekundet hat, nachher noch zu schwören hätte.

44 §. 3, der Erbeneigenschaft 19 §. 1. Zum Beweise der Eigenschaft einer Sache als Eigen fordert 25 §. 4 sechs Schöffenbarfreie, 27 §. 1 aber nach s. Ldr. II. 43 §. 1 nur zwei*) Schöffen. Ich bin mit Planck Bewf. S. 288 darin einverstanden, dass auch in dem letzten Falle ein Gerichtszeugniss, etwa über die geschehene Auflassung zu Eigen, nicht vorliege, denn dann wäre der Richter unentbehrlich. Dass zwei Schöffen genügen ist wohl aus ihrer höhern Stellung, welche die eines nur Schöffenbaren überragt, und aus der reichern Kunde zu erklären, die ihnen als Mitgliedern des für Eigen zuständigen Gerichts, Ldr. I. 59 §. 1, zu Gebote stand.

Nach Joach. §. 18 ff. hat, wer sich auf Zeugen beruft, diese sofort zu benennen, doch mit der Befugniss sie zu ergänzen, wenn am Beweistage ihm einige der Genannten fehlen. **)

Dass der Beweisführer auch selber schwöre, im s. Ldr. III. 88 §. 5 nach den Zeugen, wird hie und da angedeutet: 15 §. 4 *self drudde*, 37 §. 3 *mit sic selven u. alme rechte . . . verwinnen.*

Ein schriftliches und stellvertretendes Zeugniss kennt C. 21 §. 2 durch den Brief und die Dienstmannen eines Fürsten nach s. Ldr. II. 42 §. 3, und C. 34 §. 7 *mut tu tuge hebben des rikes brif* nach s. Ldr. III. 34. §. 1. Die Blume des Ssp. S. 366 gedenkt allgemein der *briflichen adir muntlichen beweysunge.*

§. 19.

3. Gerichtliche Wahrnehmung.

Register zu Ssp. I. S. 403, Planck Bewf. 224—229, Sachsse 156 ff., Platner II. 331—338.

Der Beweisführer verlangt *A.* ein Zeugniss des Gerichts über dessen frühere Wahrnehmung, oder lässt *B.* das Gericht jetzt unmittelbar etwas wahrnehmen, leibliche Beweisung.

A. Die Partei zieht sich an den Richter 25 §. 3, an das gehegte Ding 50 §. 4, und bittet um ein Bekenntniss 19 §. 1, 35 §. 1, S. 386, 387. Erfolgt nun das Bekenntniss 23 §. 1, 35 §. 2,

*) Das ist nach dem s. Ldr. die richtige Zahl. Der Richtst. liest regelmässig drei und ich habe diese Lesart hier als die ächte beibehalten, weil im Ldr. die Gruppe des Textes *P* diese Zahl giebt, und v. Buch sich vorzugsweise an diese Recension des Ldr. hält, s. oben S. 47.

**) Vgl. die umständliche Darstellung des Verfahrens mit Zeugen im Freib. Stadtr. III. 187 ff. 193 ff.

50 §. 5 oder Zeugniss 34 §. 7, so ist der Beweis mit Richter und Dingpflichten oder Schöffen 16 §. 6, 34 §. 6 vollbracht. Der Richter zeugt bei des Reiches Hulden, oder eidlich wenn er dem Reiche nicht gehuldigt hat; der Frohnbote bei dem Eide den er dem Reiche, der Schöffe bei dem Eide, den er zur Bank geschworen hat, der Dingpflichte eidlich 34 §. 7, s. Ldr. III. 88 §. 1.

Das Gerichtszeugniss ruht entweder

1) auf einer Erfahrung überhaupt, im Gegensatz der einzelnen sinnlichen Wahrnehmung: es wird z. B. bekundet, dass jemand Erbe geworden sei 19 §. 1, 23 §. 1, vgl. 43 §. 5,

2) auf dem Sehen und Hören eines gerichtlichen Vorganges, sei dies eine Handlung der Parteien (Joach. §. 39) z. B. eine gelobte Sühne 41 §. 3, ein vor Gericht verübtes Vergehen 41 §. 9, oder aber eine Handlung des Gerichtes, z. B. eine Verfestung, ein Friedewirken. *) Davon lässt sich

3) noch scheiden, wenn über das sinnlich wahrgenommene zugleich ein Gutachten verlangt wird, wenn z. B. der Richter mit den Urtheilsfindern *achten* soll, ob eine Verletzung kampfwürdig sei 38 §. 2, vgl. S. 401. 404.

Das Zeugniss mag vor dem Gerichte selber welches es ablegt, oder vor einem andern 34 §. 11 angerufen werden. Im letztern Falle sendet entweder das erkennende Gericht Boten an das bezeugende um dort das Zeugniss zu vernehmen 34 § 11, Ldr. III. 82 §. 1, oder das bezeugende Gericht, sei es ganz und gar oder durch Boten, begiebt sich an eine höhere Dingstätte, um dort zu bekunden, wie vor ihm etwa ein Urtheil gefunden und gescholten sei 50 §§. 2—5.

Der Richter bezeugt theils mit zweien Dingleuten 27 §. 3, 34 §. 6, 41 §. 3, §. 8, Cautela S. 395, theils mit sechsen 25 §. 4, 41 §. 9. Dass jemand bei gutem Verstande sei, soll der Richter mit sechs unbescholtenen Leuten bekunden 43 §. 5, also nicht grade mit Dingleuten; ein Fall der im s. Ldr. nicht vorkommt. Es reicht sogar, wie es scheint, das alleinige Bekenntniss des Richters dann hin, wenn die Partei sich auf einen frühern Act desselben Processes beruft 13 §. 6, 25 §. 3, 27 §. 3 vgl. oben S. 419.

---

*) Vgl. Freiberger Stadtr. C. 13, Schott III. 197 ff. — Der Görlitzer Codex C. 7, oben S. 386, kennt schon eine Berufung auf das Stadtbuch ausser der auf das richterliche Bekenntniss.

Eine eigenthümliche Stellung nimmt der Richter ein, wenn der zu bezeugende Act nicht von ihm selber gesehen worden, etwa in die Zeit seines Amtsvorgängers fällt. Das s. Ldr. II. 22 §. 2 sagt, wenn die Partei das Zeugniss des Stellvertreters des Richters und der Schöffen habe, solle auch der Richter *getüch sin von der warheit irs getüges den he gehort hevet, al ne wiste he's er* (vorher) *nicht*, und III. 25 §. 1: der Nachfolger solle Zeuge sein, habe er gleich den Act nicht gesehen, wenn man ihn mit der Schöffen Zeugniss *der warheit inneret*, d. i. überzeugt. Der R. 42 §. 3 setzt nun den Fall, dass jemand durch den Richter einen gewirkten Frieden beweisen will. Der Richter bemerkt, es sei vor seiner Zeit geschehen, aber unter den Urtheilern seien Leute die sich dessen erinnern. Schliessliches Urtheil: *de richter scole tuch sin, wes se em berichten, als oft het selven gesen odder gehoret hedde.* Planck Bewf. 219, Sachsse 158 nehmen daher überhaupt den Richter für das blosse Organ, den Verkünder des Gerichtszeugnisses. Dem stimme ich doch nicht bei. Selbst in jenen Fällen erscheint er als wahrer Zeuge, weder als blosser Aussprecher des fremden Zeugnisses, noch einem Eidhelfer vergleichbar. Der altdeutsche Zeuge bekundet nicht nur was er gesehen oder gehört hat, sondern auch, was er sonst weiss. Wenn aber der Richter die Urtheiler hat zeugen hören, so kann und soll er nun selber um die Sache wissen und sie mit bezeugen, wusste er gleich vorher darum nicht. Um so weniger gilt der Schluss, dass er überhaupt das Gerichtszeugniss nicht mit ertheile. In unserm Falle scheint es sogar, dass gleichwie die Partei sich nur auf den Richter beruft, auch nur dieser allein, nachdem er sich bei den Urtheilern erkundigt hat, das Zeugniss ablege.

Ferner will Planck auch hier, dass die bezeugenden Urtheilsfinder ursprünglich nur Eidhelfer des Richters seien, die sich zur Zeit des Ssp. den Zeugen genähert hätten, so dass zur vollen Eigenschaft als solcher nur noch gefehlt habe, den Richter ganz wegzulassen. Doch abgesehen davon, dass wir über das Gerichtszeugniss vor der Zeit des Ssp. eben nicht unterrichtet sind, liefert auch weder die Gestalt des Instituts, wie es in ihm hervortritt, noch die sonstige geschichtliche Stellung der Zeugen zu den Eidhelfern einen Anlass, um der Kundschaft der Dingleute über den gerichtlichen Vorgang die Natur eines wahren Zeugnisses abzusprechen.

B. Eine dem Gerichtszeugniss gleiche Bedeutung für den Beweis hat die scheinbare That, der Augenschein, d. i. wenn die Partei dem Gerichte den zu erhärtenden Thatumstand sofort zur sinnlichen Wahrnehmung bringt. So fordert der Verletzte 37 §. 1 das Gericht auf, die ihm angethane Gewalt zu besehen. Die Gl. zu I. 15 nennt dies die leibliche Beweisung, d. i. *dat me an enen man süt edder vülen mach jegenwerdichliken*, während die unleibliche alles begreift, *dat man up enen man mit worden mach seggen*, vgl. Gl. zu I. 18. Behufs der Besichtigung begiebt sich das Gericht entweder an Ort und Stelle 11 §. 3,*) oder es wird der Gegenstand mit vorgebracht 39 §. 1.

Hiehin gehört auch, wenn ein Verbrechen zwar nicht vor Gericht begangen ist, aber doch der Hergang dort in einer bestimmten Weise veranschaulicht wird. Erforderniss ist, ausser der Ergreifung des Verbrechers auf der That oder der Flucht von der That und seinem Vorbringen am Tage der That mit Gerüchte, noch ein gewisses leibliches Zeichen der That und der Schwur der Schreimannen, Albrecht I. 25 ff. und oben S. 443. Das ist das *vorwinnen mit deme geruchte u. mit der hanthaften dat* (*mit der bewisinge*) 43 §. 1, 31 §. 1, §. 2. Der R. ergiebt hierüber zu dem s. Ldr. noch folgendes.

Nach 30 §. 2 soll, dem eigentlichen Sinne der handhaften That gemäss, die That dem Verbrechen dergestalt an der Hand kleben, dass er sie nicht abzuleugnen vermag. Dieser bei dem Ergreifen des Verbrechers vorausgesetzte Zustand — auch die Gewalt, die Unthat, die Noth 37 §. 1 genannt —, ist es, der dem Gerichte wieder vor Augen geführt werden muss, vergl. Albrecht p. 30. Daher wird dem Diebe das Gestohlne aufgebunden; das Bild zu s. Landr. II. 64 §. 2 zeigt ihn mit einem Pack auf dem Rücken, nach R. 32 §. 6 hat er *die duve up dem halse.* **) Daher der Rath für seinen Vorsprecher, falls eine Verfristung der Sache erlangt wird, den Angeschuldigten möglichst von der *duve* zu helfen, damit, wenn der Kläger sie ihm wieder aufbinden will, über Gewalt geschrieen und die Ueberführung vereitelt werden könne 32 §. 6. Desgleichen soll der

*) Dahin gehört der sogen. Untergang, die *descente*. Ausführlich schildert das Verfahren bei einer Haussuchung die Blume des Ssp. oben S. 372, bei Besichtigung einer Wunde die Weichbild-Gl. S. 401, 404.

**) Vgl. Freiberger Stadtr. III. 207, 211. Noordewier 285 ff.

vorgebrachte Mörder den Gemordeten bei sich haben 45 §. 1. Die Blume M. R. I. 77 S. 345 lehrt näher, wie der Mordkläger zu den Füssen des Todten als dessen rechter „Vorstender" tritt, und nach jedem Zetergeschrei den Leichnam einige Schritte weiter trägt.

§. 20.

4. Gottesurtheil.

1. Der R. gedenkt 26 §. 6 beim Nachbarenzeugniss nicht mehr des Wasserurtheils, welches s. Ldr. III. 21 und Lehnr. 40 §§. 2 u. 3 im Mangel einer Entscheidung der Nachbaren eintreten lassen. Vgl. Ssp. II. 2 S. 610, 62, Planck Beweisf. N. 199.

2. R. 34 §. 10 spricht dem, der wegen eines Verbrechens rechtlos ist, die Befugniss ab, eine Beschuldigung gleich andern Biedermännern abzuwehren, sagt jedoch nicht, wie er sich zu entschuldigen habe. C. 40 §. 3 führt dann die drei im s. Ldr. I. 39 genannten Gottesurtheile als seine Vertheidigungsmittel an, fügt aber dem letzten *oder he mute sic deme kempen weren* hinzu: *dar vor mut he nu seven man ede liden*. Das erläutert sich aus der Glosse, welche an vielen Stellen von den Aenderungen im gerichtlichen Zweikampf spricht. Zu deren Verständniss sind die Bestimmungen des s. Ldr. selber festzuhalten. Es unterscheidet *A*, das Recht zum Kampfe überhaupt und *B*, die Befugniss, sich im Kampfe durch einen Kämpfer (also einen Rechtlosen) vertreten zu lassen.

A. Das Kampfrecht hat 1) der Kläger wegen Friedebruchs, unter den nähern Bestimmungen I. 63, 68 §. 3, II. 72 §. 2, III. 9 §. 2; 2) der Verklagte welcher, wegen begangner Verbrechen rechtlos, durch Eid sich nicht zu wehren vermag I. 39; 3) der Verwandte der den verklagten Todten mit Kampf vertreten will I. 64; 4) die Partei, welche das vor dem Reiche gefundene Urtheil schilt I. 18 §. 3, II. 12 §. 8.

B. Einen Kämpfer mag stellen 1) der zum Kampf geforderte Lahme, im Mangel eines andern Vertreters I. 48 §. 2; 2) der Vertreter des zum Kampf geforderten Todten I. 48 §. 3; 3) in beiden Fällen denn auch der Forderer, ebd., der ja mit einem Rechtlosen nicht selber zu fechten braucht; aus gleichem Grunde 4) der Kläger, wenn der rechtllose Verklagte (*A* 2) sich mit Kampf vertheidigen will I. 39, I. 48 §. 3 a. E., I. 50 §. 2.

Die Glosse nun bemerkt zu I. 48 §. 3: *du salt weten dat desse art. dy van kampe spreken nergend mer tu nütte sin; wan war men wenner* (oder *wilen*, d. i. vormals) *kempen up leden muchte, dy mach men nu verwinnen met seven manne tüge. Doch wete dat underscheid is twischen den, dy kempen up enen leden wil unde deme, dy sulven vechten wil. Doch mach man umme alle sake u. gut nicht vechten.*

Hienach geht die Aufhebung zuvörderst auf *A* 2. *B* 4: der Rechtlose soll nicht mehr befugt und verpflichtet sein, sich mit Kampf zu vertheidigen und demnach *deme kempen sik to weren*; der Kläger darf und muss ihn selbsiebente überführen. Diese Aenderung schreibt die Gl. zu I. 63 der neuen Satzung K. Albrechts zu; sie widerlegt auch eine Ansicht, wonach Markgraf Otto (*Otto Longus* † 1298) sie gegeben; dieser habe nur dazu gerathen. Die Satzung gehe aber dahin, dass der Ritter einen Bescholtenen (*versprokenen man*) selbdritte, der Bürger selbfünfte, der Bauer selbsiebente überführen dürfe. Die Gl. zu I. 64 nennt als Autor nach der einen Lesart wiederum den K. Albrecht, nach einer andern Markgraf Otto. Bemerkenswerth ist dabei, dass die Constitutionen Albrechts, weder bei Pertz Leg. II. 481, noch in der kürzern oft den Hdss. und Drucken des Weichbildes angehängten Gestalt den obigen Satz enthalten, dass dagegen allerdings Städte und Ritterschaft der Altmark nach Waldemars Tode im J. 1321 zu einer solchen Bestimmung sich vereinigten, welche später noch öfter wiederholt wurde, *Gercken dipl. vet. March.* II. 589—591, Riedel, Mark Brandenburg II. S. 395.

Diese im R. kurz bezeichnete Aenderung ist aber, trotz obigen allgemeinen Einganges der Gl. zu I. 48 §. 3, in der That die einzige, welche das Sachsenrecht bis zu v. Buchs Zeiten im Kampfrecht erfahren hatte. Denn wenn die Gl. zu I. 39, I. 63 den Kampf als Ausnahme behandelt, der nur noch um drei Sachen stattfinde, so umfassen diese doch in der That die übrigen im s. Ldr. vorkommenden Fälle, und zwar mit Inbegriff der Vertretung durch Kämpfer. Und dasselbe ergiebt sich auch für den Richtsteig.

1) Die Befugniss, den Friedebrecher zum Kampf zu fordern, erkennt die Gl. zu I. 39 *oft sik einer underwunde siner vor gerichte*, zu I. 63 *umme geweldichliken roff*, und *umme des rikes vorretnisse* und der R. 39 §. 2 *vorwinnen mit sines sulves live* vgl. 32 §. 2 an.

2) Vom Kämpfen wegen eines bescholtenen Urtheils spricht die Gl. zu I. 63 *umme bescholden ordel vor deme rike* und der R. 50 §§. 9 u. 10.

3) Der Verwandte darf den verklagten Erschlagenen durch Kampf vertreten nach Gl. zu I. 63 *offt man enen beschuldigen wil um enen doden*, R. 32 §. 10 *oft en siner mage en mit kampe weren wolde*. Die Gl. zu I. 64 führt dies Recht des Verwandten, einem Uebersiebenen durch den Kläger gegenüber, noch näher aus, selbst für den Fall, dass der Kläger dem Todten etwas auf den Hals gebunden hätte, denn *don he en doden mochte, don was he sins so geweldich, dat he em up den hals wol wat binden mochte*.

4) Des Gebrauchs der Kämpfer gedenkt die Gl. zu I. 39 *oft men enen doden anspreke, den man mit kempen weren wolde*, und ausführlich R. 32. Der eines Todschlags beschuldigte Verklagte beruft sich auf Nothwehr, die er *mit sines selves live u. mit bederven luden* beweisen will, §. 2. Der Kläger macht geltend, jener habe sich nicht zu Recht erboten, ehe der Leichnam vor Gericht gebracht worden. Urtheil: der Verklagte müsse, um sein Leben zu retten, den Todten mit Kampf der Noth überführen. Der Kläger darf, wenn der Todte keinen Verwandten hat der um seinetwillen das Leben wagen will, einen Kämpfer miethen, und dann mag auch der Verklagte einen Kämpfer nehmen, wiewohl er sich selber zum Kampf erboten und den Kläger *selven sunder kempen angesproken hebbe*, §. 3. Es liegt hierin theils eine Erläuterung des s. Ldr. II. 14 §. 2, der nur sagt, der Verklagte müsse in jenem Falle um seinen Hals zu retten den Todten *bereden*, theils eine Abweichung von I. 64, wonach der Todschläger zunächst die Wahl hat zwischen Kampf und Uebersiebnen; eine Wahl die ihm hier versagt wird, weil er sich nicht selber nach s. Ldr. II. 14 §. 1 zu Recht erboten, ehe der Leichnam vorgebracht wurde.

Die Blume des Sachsenspiegels aus dem Ende des 14. Jahrh. beschränkt den Zweikampf etwas mehr. Sie beginnt im Buch I. die *actio* 98 *von kampfis grusunge* mit: *Man helt dys nicht vil me* um deswillen *daz gar vil vorworrens in kampfe eczwen lag u. vil mysseteter sich mete beschonten u. waz auch wedir dy czehen gebot . . . u. ist komen off sebyn manne eyde. — — Ydach sullit ir wissen daz kampf dorumme yn allyn sachyn nicht vorboten ist. Man mag kempfen, ab man eynen des rey-*

chis vorrethenis czege bey seyme lebyn adir noch seyme thode (vgl. Gl. zu I. 63). Ferner, *spreche man auch eynen an daz her trewlos adir herfluchtig were .....nu muste her sich nicht andirs untschuldegen wenne mit kampfe.*

C. Anwendung der Beweismittel.

§. 21.

Einleitung.

Die Urtheilsfragen im Richtsteige zeigen, wie die Parteien sich zum Beweise drängen. Jede will näher dazu sein, das Beweisen gilt als Vortheil. Planck*) giebt die Erklärung, dass der altdeutsche Beweis wesentlich als verstärkte Behauptung der Partei anzusehen; sie kann genügen, wenn man mit ihm die Zeugen erst allmählig aus den Eidhelfern sich entwickeln lässt. Sieht man aber in den Zeugen ein schon ursprünglich von den Eidhelfern getrenntes und durch ein Wissen der Schwörenden um die Sache selber bedingtes Mittel, so bedarf es einer ausgedehnteren Begründung jener Eigenheit. Eine solche habe ich Ssp. II. 2 S. 611, 612 für das Lehnrecht versucht; sie passt sich auch dem Verfahren der Landgerichte in folgender Weise an.

Der altdeutsche Beweis ist ein einseitiger. Er wird nur einer Partei zugetheilt, nicht noch der andern als Gegenbeweis vorbehalten.**) Das gereicht dem Beweisführer bei jeglicher Art der Beweismittel zum Vortheil. Ferner stehen diejenigen Mittel, welche in peinlichen Sachen und in bürgerlichen Schuldsachen allein, in den übrigen bürgerlichen Sachen mit zur Anwendung kommen, die Mittel also des häufigsten Gebrauches, einem jeden zu Gebote, der ein gutes Gewissen und das Vertrauen seiner Genossen für sich hat. Denn so verhält es sich allerdings mit dem Eineide, mit dem durch Genossen unterstützten Eide und mit dem Gottesurtheil. Aber auch die Zeugen sind in den Fällen, wo sie überhaupt zulässig, leichter zur Hand als die heutigen. Soll ein Besitz oder sollen persönliche Zustände wie Freiheit, Echtheit, Unbescholtenheit, Volljährigkeit bewiesen werden, so genügt durchgängig schon das Zeugniss solcher, die im All-

*) Bewf. 230 ff. 271, BewU. 41.

**) Darauf geht auch wohl die Blume des Ssp., wenn sie, oben S. 369, als Eigenheit „unsers" Rechts gegen das fremde bemerkt, dass man in jenem nicht *geczeug uber geczeug* führe.

gemeinen um das Verhältniss wissen, mithin solcher, welche der im Rechte befindlichen Partei nicht leicht fehlen können. Handelt es sich aber um die Beurkundung eines einzelnen besondern Actes, so hatte die Vorsicht des Betheiligten gemeiniglich sich den Beweis durch Vornahme vor Gericht, oder, falls dies hinreichte, durch Zuziehung von Privatzeugen gesichert.

Hienach hat derjenige, dem der Beweis zugetheilt worden, im Ganzen schon den Sieg in Händen. Da ferner beim Beweise nach allgemeinster Rechtsanschauung die Gunst dem Beklagten gebührt, so ist die weitere Folge, dass, allgemeinhin ausgedrückt, ihm der Beweis zugebilligt werde. Darüber ist auch kein Streit; wohl aber über die genauere Fassung und über den Bereich des Satzes. Albrecht, gleich Eichhorn und Rogge stellt ihn (I. 4), mit der nähern Bestimmung, dass einer wahren Einrede des Beklagten gegenüber der Kläger zum Beklagten wird, als Regel auf, so dass alle Fälle eines klägerischen Beweises zur Ausnahme werden. Planck (Bewf. 332, BewU. 41) setzt an die Stelle des Beklagten den Angegriffenen, das heisse den, welcher „behalten" will, oder welcher, falls er unterläge, etwas verlieren würde; er bringt bei der nähern Anwendung dieses Begriffes noch manche jener Ausnahmen unter seine Regel, so dass wahre Ausnahmen nur eintreten, wenn eine Partei gewisse vorzügliche, dem Parteieneide vorgehende Beweismittel anbietet. Platner 356, 357 nimmt jenen „äussern Standpunkten" seiner Vorgänger gegenüber einen „innern," den er so bezeichnet: je unmittelbarer, stärker, umfangreicher eine Person auf eine Handlung, auf ein Recht eingewirkt hat oder haben soll, desto höher steigt auch ihre Berechtigung, zuerst ihr Dasein zu beweisen oder ihr Nichtdasein zu leugnen. Schärfer drückt denselben Gedanken Sachsse S. 216 ff. in dem aus dem normannischen Recht genommenen Satze aus, dass sowohl das *bereden* (*probare*) als das *untreden* (*desraisinare*) dem gebührt, um dessen Faktum es sich handelt, nicht dem Andern. Delbrück S. 216, 217 tadelt Plancks Formel als zu unbestimmt und führt seinerseits für den Streit um Sachen aus: den Beweis giebt im Allgemeinen der ältere Besitz, vor ihm jedoch ein rechter Erwerb des Besitzes, und bei gleichen Ansprüchen der gegenwärtige Besitz. Stobbe behandelt den Beweis von Vertragsverhältnissen und lässt hier S. 70 die Ausnahmen, wo gegen die Regel des Sachsensp. der Kläger beweist, dann eintreten, wenn der

Vertrag gerichtlich geschlossen ist, und wenn der Kläger nur Rückgabe verlangt oder nach eigner Erfüllung die Gegenleistung fordert.

Delbrücks und Stobbes Aufstellungen, als nur eine bestimmte Classe von Fällen betreffend, kommen hier noch nicht in Betracht. Auch der normannische Satz erschöpft nicht das ganze Gebiet der Frage, trifft namentlich Rechtsgeschäfte, welche beiden Parteien gemeinsam, nicht, Sachsse 202. Mithin sind bei dem Suchen nach einer allgemeinen Formel jene weiter reichenden Auffassungen Albrechts und Plancks zu erwägen.

Der erstern zeigen sich manche Aussprüche der Quellen selber günstig. Zu ihr zunächst führt unser Richtsteig hin, wenn er in der zehnten Cautel des Cap. 4 dem Vorsprecher räth, lieber für den Antworter als für den Kläger zu sprechen, weil jenem eher beim Entgehn als diesem beim Ueberführen zu helfen sei; wenn er ferner 26 §. 3 lehrt, wie die Partei in die Stellung *dat man up ene klage* sich zu versetzen habe, weil dem *antwerder* die *were,* das Beweisrecht, gebühre. Gradezu spricht sodann die Gl. zu I. 15 aus, dass der Sachse eine Ueberführung durch die gewöhnlichen Beweismittel, *de unliflike bewisinge,* um deswillen nicht leide, weil *de leges bat geloven deme klegere u. siner bewisinge, unde sassenrecht gelovet bat deme antwerder u. s. b.* Auch das Brünner Schöffenbuch stellt als die gemeine Regel auf: *quod reus potius se et sua possit defendere* (C. 4) und: *reus fide dignus ... potius admittitur ad defendendum honorem corpus et res, quam vincatur per actorem* (C. 2).

Dagegen legt z. B. die *coutume du pays de Furnes* §. 136 (Platner 357) kein Gewicht grade auf den Beklagten, wenn sie den Satz dahin wendet: *de omni causa poterit se homo melius et rationabilius defendere quam aliquis super eum ire.* Und hierauf, dass also die Wehre oder Vertheidigung den Vorzug vor dem Angriffe habe, als auf die Regel, lassen sich auch wie ich glaube die Aussprüche der sächsischen Rechtsbücher theils für einzelne Fälle, theils für ganze Classen derselben, am besten zurückführen. Weshalb denn auch zuweilen *were* gradezu für Beweisrecht genommen wird. *)

Diese Fassung stellt gleich der von Planck gewählten auch

*) Richtst. Lehnrechts 15 §. 1, s. Ssp. II. 2 S. 421; R. Landr. 16 §. 3, 26 §§. 3, 4. Vgl. Glossar, und Delbrück S. 256.

diejenigen Fälle, in denen nach den Behauptungen *) der Parteien über ihr Verhältniss zum Streitgegenstande der Beklagte zum Angreifer wird, ohne weiteres unter die Regel. Im Einzelnen werde ich dann und wann von Planck abweichen. Vorab ist nur folgendes zu erwähnen. Statt des „Angegriffenen" nehme ich den Ausdruck Vertheidiger, weil er bestimmter bezeichnet, dass in den Fällen, wo von dem blossen Nichteinräumen des klägerischen Anspruches noch ein Wehren des Verklagten geschieden wird, z. B. 12 §§. 1, 2, nur diese Wehre das Beweisrecht giebt. Auch vermeide ich das „Behalten" für die Intention des Vertheidigers, da das Wort quellenmässig gar vieldeutig ist, namentlich nicht nur das Festhalten des streitigen Zustandes oder Gutes, sondern auch das Beweisen überhaupt ausdrückt.**)

Dabei räume ich gerne ein, dass der Grundgedanke, möge er als Beweisvorzug des Angegriffenen, oder dessen der „behalten" will, der zu verlieren im Begriffe steht, oder endlich des Vertheidigers gefasst werden, nicht allenthalben ausreicht, dass er auch nicht so scharfe Gränzen bietet, um darüber, ob die einzelne Entscheidung noch unter die Regel zu bringen sei oder schon ausserhalb derselben falle, nirgends einen Zweifel zu lassen. Daraus folgt aber noch nicht das Irrthümliche der Auffassung. Dürfen wir denn von den Anschauungen des Mittelalters über das Beweisrecht eine Abgeschlossenheit und Sicherheit heischen, welche selbst der Theorie des heutigen Rechts nicht hat gewonnen werden können?

Jener Grundgedanke giebt sich näher in den beiden Hauptsätzen kund: wer einer ihn schuldig machenden Handlung geziehen wird, mag derselben eher entgehen, als dass man ihn überführe, und wer etwas als seinen Zustand oder sein Gut festhalten will, ist dazu näher, als sein Gegner es ihm abzugewinnen. Nach diesen beiden Anwendungen der Regel ist drittens der Fall ihrer blossen Nichtanwendung und viertens der Fall ihrer völligen Umkehr darzulegen.

*) Denn nach den Behauptungen wird der Beweis zuerkannt, Ssp. II. 2 S. 407, Planck 318, Delbrück 215, Sachsse 217.

**) Ssp. II. 2 S. 618, und die Glossare zu Ssp. I, II. 1 und zum Richtsteig.

§. 22.

1. Beweisrecht des Vertheidigers in Schuldfällen.

Im Leben wie in den Quellen des Mittelalters tritt der Fall als der häufigste und in der Beurtheilung sicherste hervor, dass wer einer Schuld gegen den Kläger bezüchtigt wird, sich leugnend einlässt 13 §. 1, sich für unschuldig erklärt 32 §. 12, 30 §. 4, 40 §. 2, 45 §. 3. Die einander gegenüberstehenden Beweisansprüche lauten dann: von der Seite des Angreifers, dass er *ene scult winnen*, *umme scult vortügen*, *enen overgan etc.*, des Andern, dass er *sik der scult weren*, *mit ede untgan* will. Der zweite Antrag wird gebilligt; der Beschuldigte ist näher sich zu wehren, zu entgehn, als der Andre ihn zu überführen, ihm etwas anzugewinnen. Den hierauf gehenden Satz des S. Landr. I. 18 §. 2,*) giebt die Glosse dazu so wieder: *wat me aver met worden* (d. i. mit der unleiblichen Beweisung) *up enen sprikt, des untredet he sik met worden u. swert dar vore*; und zu III. 19 bemerkt sie: *von anegenge vorchten de sassen sere, dat man se vortügen scholde.*

Das Leugnen schliesst hier schon die Vertheidigung ein. Diese ferner giebt mit dem Recht des Beweises auch die Pflicht dazu. Wer nicht gestehn will, darf mit nichten dem Kläger die Ueberführung aufdrängen; er wird sachfällig, wenn er sich nicht unschuldig macht. Hierauf gehen die oben S. 451 angeführten Aussprüche: der Beschuldigte leugne entweder und beschwöre seine Unschuld, oder er bekenne und leiste. Auch für den Fall, dass des Beklagten Schuld nicht von ihm selber, sondern von seinem Erblasser eingegangen worden, bleibt diese Regel bestehen. Dem Beklagten, der vielleicht nicht um das Sachverhältniss weiss, und füglich weder leugnen noch gestehn kann, wird in andrer Weise geholfen. Der Kläger erhält die Wahl, ob er seinerseits einen sehr schwierigen Beweis der Schuld übernehmen, oder den Beklagten der Wissenschaft um die Schuld beschuldigen will, so dass im letztern Falle der Erbe schon, wenn er die Wissenschaft abschwört, dem Kläger entgeht.**)

---

*) Vgl. *Leges Aethelr. III.* 10 §. 4. *Forthæm a bidh andsæc swidhere thonne onsagu*, d. i. denn stets ist Leugnen stärker als Ansprechen. Schmid Ges. der Angelsachsen I. 117.

**) Nach R. 10 §. 2 könnte es scheinen, als habe der Erbe sich zu erklären, ob er von dem Sachverhältnisse wisse, um im Ja-

Das Mittel der Entschuldigung ist

A.

regelmässig der alleinige Eid des Beschuldigten. Das gilt sowohl bei peinlichen als bei bürgerlichen Schuldklagen, und hier wiederum bei Verbindlichkeiten sowohl aus Verträgen als aus andern Gründen. Der Richtsteig hat folgende Anwendungen.

1) Fordert der Kläger eine Geldschuld, C. 7, so mag nach C. 8 der Beklagte sich überhaupt in dreifacher Weise einlassen, welche die Gl. zu I. §. 65 a. E. mit den verschiedenen beweisrechtlichen Folgen kurz so darstellt. *Merke drierleie antwerde, ore ichtlik het sunderlik recht. Sprekestu, du bist mi nicht schuldich, dat is din ed. Sprekestu, ik hebbe di los gelaten, des vorsake ik di mit mime ede. Sprekestu, du hebbest mi vergulden, dat sint drier lüde ede, dar du it met bewisen mutest.* Hier beschäftigt uns der erste Fall. Von ihm heisst es R. 8 §. 1 *unsculdich secht he sic des men ene tiet.* Urtheil: *dat hes neger tu untgande si, wen jene em overtugande.* Der §. 2 zeigt dann gleich der Glosse, dass der Beschuldigte allein schwört und *mit sime rechte vulkomen si.* Den Grundsatz bestätigen 45 §§. 1 u. 5, 46 §. 1 noch ausdrücklich gegen die Ansicht, als sei der Beschuldigende näher mit Zeugen die Schuld darzuthun, oder als könne er wenigstens durch Anbieten von Zeugen den Beklagten nöthigen, sich mit Zeugniss zu vertheidigen. Manche Stadtrechte gaben allerdings dem Kläger jenen Vorzug, namentlich das Magdeburgische;*) unser Verfasser will aber, 45 §. 5, selbst nach Weichbildrecht ein *winnen oder weren* der Schuld mit Zeugen nur in drei Ausnahmsfällen zulassen. *a*) Bei der Schuld nach todter Hand, wo Stadtrechte den obigen landrechtlichen Satz, dass der Kläger den beklagten Erben, den er nicht um seine Wissenschaft beschuldigen will, mit 72 Helfern der Schuld überführen muss, dahin ermässigt

falle entweder die Schuld abzuschwören oder sie einzugestehen und zu zahlen, im Neinfalle dem Kläger das Beweisrecht zu überlassen. Nach den bestimmteren Worten des Landr. I. 6 §. 3 *der* (der Wissenschaft) *sal he bekennen unde lesten* dagegen ist die Wissenschaft auf die Schuld selber zu beziehen, und tritt demnach der oben im Texte angegebene Erfolg ein.

*) Hallisches Recht v. 1235 §. 30, Magd. Görlitzer Recht v. 1304 A. 127; s. überhaupt Stobbe D. Vertragsrecht Leipz. 1855 S. 79 ff. Das Freiburger Recht XVII (Schott III. 203) kennt ein Brechen des klägerischen Zeugnisses durch Zeugen des Angegriffenen.

haben, dass der Kläger mit sechs Zeugen die Schuld darthun kann.*) *b*) Bei einer Forderung verdienten Lohnes bis zu 5 ßl. Die Stadtrechte lassen diese oder ähnliche kleine Summen sogar durch den alleinigen Eid des Klägers erhärten.**) Und nach dem im Richtsteige angezogenen s. Ldr. I. 22 §. 2 gebührt dieser Vortheil den Dienstboten für jährlichen oder halbjährlichen Lohn.***) Planck erklärt S. 244 dies Recht des Gläubigers aus dem allgemeinen Princip des Vorzuges desjenigen der „behalten" will; Stobbe 87 daraus, dass hier die Leistung des Klägers schon vorausgesetzt werde, und demnach der Beklagte seine Gegenverbindlichkeit nicht bestreiten dürfe. Aber woher dann bei beiden Erklärungen jene Beschränkung auf bestimmte kleine Beträge? Ich sehe mit Albrecht I. 11 und mit unserm Richtsteige darin eine wahre Ausnahme zu Gunsten der Dienstboten und der zum Stunden kleiner Summen genöthigten Schenkwirthe etc. Aehnlich rechtfertigt auch die Gl. zu II. 47 das Beweisrecht desjenigen, der schadendes Vieh gepfändet hat u. a. damit, der Sachse leide hier das Zeugniss *dorch dat it kleine gelt is*. *c*) Beim Gerichtszeugniss, s. unten §. 25.

2) Es wird die Uebernahme einer andern Verpflichtung behauptet. Auch hier entgeht der Leugnende mit seinem Eide. Beispiele sind.

a) Wenn in obigem Falle der Beklagte einwendet, der Gläubiger habe ihn losgelassen, so *wert he* (der Kläger) *loz mit sime ede*, nach dem Ausdruck der Gl. *des vorsake ik di mit mime ede*. *b*) Dem, der auf eine Erbschaft verzichtet haben soll, wird das Leugnen nur abgeschnitten, wenn der Verzicht gerichtlich

---

*) Sächs. Weichbild 67, 101 (v. Daniels 74 §. 5). Planck Bewf. 241, 314; Pauli Abhdl. III. 150, 151; Heydemann Joachimica 286 ff.

**) Culm. Recht III. 82, Leman S. 78 N. 2. Vergl. Sachsse 269, Stobbe 97.

***) Jolly S. 32. Eben so in Stadtrechten, Planck 244 N. 89—92 und spätern Landrechten, z. B. im Ostfriesischen C. 279, im Rüg. Landgebrauch S. 62 für diesen und für den verwandten Fall der garen Kost. Im Rügianischen Recht überwiegt schon der Gedanke einer Beweispflicht. Daher diese Rechtfertigung des Satzes: *Dat hebben overst de dagelöner u. dienstbaden nicht fri, mit eideshand weme to beschuldigen. Orsake, se sint eres gewetendes, de se wol können beholden, wat se gearbeidet u. vordenet hebben, denn andere, de mer to schaffende hebben. Derwegen seggen se mit erem eide eren vordienst u. de andere mot betalen.*

geschehen war, 20 §§. 1, 2. c) Wer die Uebernahme einer Gewährleistung leugnet, erwehrt sich eher dieser Pflicht mit seiner *unscult*, als dass jener ihn mit Zeugen zum Gewährsmann bekommt, 14 §. 7.

3) Man wehrt eidlich die Beschuldigung ab, dass man eine fremde Sache innehabe 11 §. 3, sie dem Kläger genommen 26 §. 1 §. 2, sie unredlich erworben habe 13 §. 5; vgl. Planck Bewf. N. 113.

4) Man entschuldigt das Nichterscheinen vor Gericht durch Beschwören der echten Noth 27 §. 3, vgl. s. Ldr. II. 4 §. 3.

5) Auch der peinlichen Beschuldigung, Planck 292—297, entgeht der Unbescholtene der Regel nach mit seinem Eide, 40 §. 4 *oft he sic sines lives u. siner ere icht neger tu werende si, wen me se eme aftuwinnende si. Dat vintme.* Vgl. Blume Ssp. S. 377. Der §. 6 verwirft namentlich zu Gunsten der alleinigen Eideshand das Fordern von sieben Eiden.*) Einzelne Anwendungen sind. Wer wegen peinlicher Anklage verfestet, sich aus der Verfestung gezogen hat, entgeht der erneuerten Klage mit *sines enes hant* 34 §. 9. Vgl. für die Beschuldigung eines Vergehens worauf 20 *mß* Busse stehen 38 §. 4, des Vergehens eines Leibeignen, für den der Herr die Unschuld beschwört 32 §. 12.

B.

Verbindet der Angegriffene mit seinem Leugnen eine positive Behauptung, so bleibt er zwar näher zur Wehre, er muss jedoch neben seinem Eide noch Gehülfen geben. Das findet sich im Richtsteige bei peinlichen Anschuldigungen in verschiedener Wendung.

Den vorhergehenden Fällen steht der des R. 40 §. 2 ff. am nächsten. Der Beklagte hat eine gestohlne Sache in Händen und wehrt sich des Diebstahls. Er entgeht aber den Folgen des Diebstahls vollständig nur dann, wenn er nicht nur 1) die Sache nicht dieblich genommen, sondern auch 2) sie offen und unverholen gehalten hat. Zur Befreiung von der Klage ist auch dieser zweite Umstand darzuthun. Da es sich hiebei um das eigne Verhalten des Beschuldigten handelt, wird der Beweis ihm überlassen, er muss ihn aber, weil er eine Positive betrifft selbdritte

*) Dagegen fordert die Weichbildgl. oben S. 404 bei einer Klage wegen Schläge eine Entschuldigung selbsiebente.

führen, und zwar nach 40 §. 2 noch bevor er zum Abschwören des Diebstahls gelangt. Die ganze Entschuldigung wird also in zwei Momente, mit einem besondern Beweise für jedes, zerlegt.

Anders in dem Falle 47 §. 3. Der angebliche Dieb antwortet, der Kläger habe ihm die Sache geliehen. Dieser will des Leihens „unschuldig werden," der Beklagte aber, der das Leihen zu bezeugen sich erbietet, wird dazu mit *bederven luden* verstattet. Planck erklärt 294, 295 die Abweichung von dem Vorrechte des Leugnenden daraus, dass die Diebstahlsbeschuldigung vorwiegt, die Behauptung also des Leihens seitens des Beschuldigten nur als Qualification seines Leugnens erscheint. Wie ich glaube mit Recht. Die verschiedenen Lesarten und möglichen Deutungen des §. 3, s. die Note dazu, gehen immer doch darauf hinaus, dass das Leihen nur behufs der Abwehr des Stehlens vorgebracht und bewiesen werde. Der Beweis ist in diesem Falle jedoch ein einfacher, denn das Leihen schliesst einmal das diebliche Nehmen aus, und ist ferner wie das unverholne Halten etwas positives, mag also mit diesem zugleich durch dasselbe Beweismittel, nemlich durch Zeugen dargethan werden.

In einem dritten Falle C. 44 giebt der Beklagte, des Mordes beschuldigt, zwar den Todschlag zu, behauptet aber, unversehens getödtet haben, was ihm im §. 3, nach Analogie des s. Ldr. I. 64 über die Tödtung aus rechtmässigen Ursachen, selbsiebente zu beweisen gestattet wird, vgl. Planck 295.

C.

Der Angegriffene hat den Beweis, aber weil er ein Rechtloser ist, nur durch Gottesurtheil, s. Ldr. I. 39. Darauf weisen auch R. 34 §. 10 und 40 §. 3 hin, doch mit dem Zufügen, dass nach neuerm Rechte der Beschuldigte statt durch Zweikampf selbsiebente überführt werden könne, s. oben S. 479. Demnach schiede der Fall ganz aus der Regel und käme das entgegengesetzte Princip, unten §. 25, zur Anwendung. Anderswo ist jedoch das *komen up seven manne eide* so gefasst worden, dass man dem Angeklagten gestattete sich selbsiebente zu wehren. Darauf geht die Lesart 40 N. 33 *Eu eide tun* st. *e. liden*, und die Praxis des Rathes zu Hannover nach einem Responsum von 1430 bei Maier Ordalien 96.

§. 23.

2. Beweisrecht des Vertheidigers in andern als Schuldfällen.

Vergl. Ssp. II. 2 S. 599 ff.; Planck Bewf. 235, 245—292; Sachsse 233—280.

Es sind dies die übrigen bürgerlichen Streitfälle, oder diejenigen wo es sich um Zustandsrechte und Herausgabe von Sachen handelt. Hier gehen die Anträge nicht auf das Aufbürden einer Last und dem entgegen auf ein Abwenden derselben, sondern auf das Entziehen eines Vortheils, ein *afwinnen*, *untvuren* einerseits, und auf eine Bewahrung desselben, ein *behalden* andrerseits, 16 §. 2, 17 §. 2, 21 §. 4, 24 §. 2, 26 §. 4. Für Schuldfälle werden diese Ausdrücke nur gebraucht, wenn der Beweis ausnahmsweise dem Angreifer zustehen soll, wie bei der Verbindlichkeit aus einer Sühne, s. unten §. 25, oder sonst vermittelst einer eignen künstlichen Wendung. So gehen z. B. bei einer Diebstahlsbeschuldigung die Anträge zunächst 40 §. 2 auf ein *sik der dufte weren* einerseits und ein *overgan* andrerseits, dann aber lauten sie §. 4 auf *sik sines lives u. ere weren* und auf *se em afwinnen*; diese zweite Auffassung wird also dadurch gewonnen, dass man statt der Zurückweisung oder des Beweises der Schuld sofort schon den Erfolg beider im Auge hat.

Zur Vertheidigung gehört in den nun zu betrachtenden Fällen stets, dass dem Angriffe eine positive Behauptung entgegentrete, und der Beweis derselben fordert Zeugen.

Der allgemeine Grundsatz, dass der Vertheidiger im Beweise vorgehe, tritt

I. dann sehr klar hervor, wenn jemand in seinem Status angefochten wird; wo zugleich in dem Leugnen der Angriffsbehauptung z. B. der Unfreiheit schon die zur Vertheidigung erforderliche Positive liegen kann. Unser Rechtsbuch gedenkt nur 24 §. 2 des Falles, da der Beklagte als unfrei oder unecht angesprochen wird. Er ist näher, seine Freiheit oder sein Echt mit Zeugen zu behalten, als jener, sie ihm mit Zeugen abzugewinnen. *) Weniger augenfällig ist die Anwendung des Princips, wenn

*) Nach 19 §. 1, 23 §. 1 beweist jemand dass er rechter Erbe sei, falls der Richter es ihm nicht bekennt, dem Richter selber, bevor er die Klage auf das Erbrecht gründet, selbsiebente. Von

II. der Streit eine Sache betrifft. Zuvörderst erheischt hier die Vertheidigung, dass man nicht nur den Anspruch des Angreifers leugne, sondern ihm einen eignen entgegenstelle; es mögen also für die beiderseitigen Intentionen die Ausdrücke *behalden, afwinnen* gebraucht werden, s. Ldr. I. 15 §. 1, R. 17 §. 2, 21 §. 4, 26 §. 4, 26 §. 5; wie schon die alten Quellen hier von einem *vindicare, achramire* auch des Beklagten sprechen. *) Zweifelhaft kann nun werden, theils, ob in der Erklärung des Angegriffenen eine wahre Vertheidigung liege, theils, wenn dies der Fall, wie zwischen den Parteien, die ein Gleiches verfolgen hinsichtlich des Beweises zu entscheiden sei.

A. Der erstere Zweifel tritt in folgendem vorwegzunehmenden Falle hervor. Der Kläger fordert eine ausgethane d. i. eine auf Rückgabe hingegebene Sache von dem Erben des Empfängers, §. 2 des C. 16. Der Beklagte erwiedert, das Gut sei ihm anerstorben und fragt, ob er nicht näher sei, es zu behalten, als jener, es ihm abzugewinnen. Der Kläger fragt dagegen, ob er das Austhun *mit getuge icht neger tu behaldende si, wens jene allene tu winnende.* Und, falls der Beklagte nicht weiter dagegen fragt, wird gefunden: *de cleger sis met getüge* (§. 4 *sulf drudde*) *neger tu behaldende, wen is em jene allene vor tu behaldende si.* Vgl. Blume MR. II. 4. Man könnte nach dieser Darstellung meinen, der Grund des Vorzuges für den Kläger liege in seinen Zeugen, gegenüber dem alleinigen Eide des Beklagten, so dass, wenn jeder gegen das Abgewinnen des andern behalten will, das stärkere Beweismittel entscheide. In der Belagstelle jedoch, s. Ldr. I. 15 §. 1, wird der Beklagte schlecht-

---

einem Vorzuge vor dem Gegner ist hier also nicht die Rede. Der Beweis schliesst übrigens nach dem Ausdruck „rechter Erbe" und nach der Zahl der Gehülfen wohl die Nächstigkeit der Verwandschaft mit in sich, gleich wie im Soester Recht *dei moit sik dar to besippen u. sulks bewisen mit fromen luden dat hei dei nehste si.* Die Magdeburger Schöffen (Böhme VI. 91, 129), vgl. Culm. R. VI. 86, forderten nur eidliche Angabe des Erbprätendenten über den Grad der Verwandschaft, begehrten aber zugleich Realsicherheit wegen Ansprüche näherer Erben, welche hier also noch vorbehalten blieben. Vgl. Pauli Abhdl. III. 137, 138, Siegel Erbrecht 155. — R. 23 §. 6 entscheidet unter mehreren Prätendenten nach Maassgabe ihrer Verwandschaft; diese selber wird aber schon als unbestritten gedacht.

*) L. Baiuv. XVI. 1 §. 1, §. 2. L. Sal. t. 37, em. 39. Cap. a. 819 c. 9. Bruns Besitz 287.

weg als Leugnender gedacht und die Entscheidung lautet: der Kläger sei näher *to behaldene selve dridde, dan jene alene dar vor to sverene.* Ferner setzt das s. Ldr. diesem Falle noch den andern gegenüber, wo der beklagte Besitzer einen eignen Erwerbstitel, unter andern die Ererbung nennt, wovon der R. 16 erst weiterhin im §. 3 spricht. Unser §. 2 des R. will nun den erstern landrechtlichen Fall darlegen; das ursprüngliche Erwiedern also des Erben, die Sache sei ihm angestorben, giebt nicht, gleich der Behauptung im §. 3 die Sache habe schon seinem Erblasser angehört, einen Eigenthumserwerb, sondern nur das faktische Ueberkommen des Gutes mit der Erbschaft an, und stellt sich, in Verbindung mit dem spätern Schweigen auf die klägerische Widerrede, höchstens als ein blosses Leugnen des Klaggrundes dar. Hienach giebt nicht sowohl die Stärke des Beweismittels, als vielmehr das Verhältniss der Erklärungen der Parteien den Ausschlag. Nach welchem Princip aber? Sieht man auf die erste Urtheilsfrage des Beklagten, so nimmt er allerdings die Stellung eines Vertheidigers an. Wird dennoch dem Kläger der Beweis gegönnt, so ist dies nach Planck 249 und N. 106 mit seiner Regel folgendergestalt in Uebereinstimmung zu bringen. Der Beklagte behaupte doch kein eignes Recht, wie der Kläger es thue; also sei dieser eigentlich derjenige welcher behalten wolle, welcher im Begriff sei, sein Recht zu verlieren, während der Beklagte die Sache nur vorenthalte, sie dem Kläger abgewinnen wolle. Sieht man jedoch auf den Inhalt der Erklärung des Beklagten, gegenüber seiner Behauptung im §. 3, sieht man besonders auf sein späteres Schweigen, so vermisst man in der That eine wahre Vertheidigung, und der Fall steht meines Bedünkens nicht unter der Regel sondern ausserhalb derselben, unten §. 24 a. E.

B. Schreibt aber der Angegriffene sich selber die Sache zu, worin dann klärlich eine Vertheidigung liegt, so wird für das Beweisrecht die Gewere, d. i. der Besitz von vorwiegender Bedeutung. *) Manche Quellen sprechen den Vorzug, welchen sie giebt, ganz allgemein aus. **) Der Richtsteig erkennt ihn

*) Vgl. Albrecht II. p. 10, 11; Ssp. II. 2 S. 617—619; Planck 287 ff. Delbrück 219—241, Platner 389—393.

**) *Legg. Aethelredi III.* 10 c. 1. *Agnunge bidh ner thæm the hæfdh, thonne thæm the æfter spræcdh* (Eignung ist näher dem der hat als dem der darauf spricht), Goslarsches Recht S. 81 Z. 10—12; Prager Recht §. 98 bei Rössler S. 129.

nach dem S. Landrecht in einzelnen Anwendungen an und mit folgenden Unterschieden.

1) Die rechte Gewere, so nur an Grundstücken, *eigen*, möglich, giebt den Vorzug nach 20 *a* §. 2, 27 §. 2, 21 §. 4. *) Die letzte Stelle, welche sich auf s. Ldr. II. 42 §. 2 stützt, fasst das dort aus der rechten Gewere gefolgerte selbständige Beweisrecht des Lehnsmannes etwas anders, nemlich als vorzüglicheres Beweisrecht gegen den gewerlosen Gegner auf, indem sie die Frage bejaht, *of he is nicht neger to behaldende si, wan is en ander si aftuwinnende de der were darvet.* — Anderweitig ergiebt sich als der besondre Vortheil dieser Gewere, dass wenn der unangefochtne jährige Besitz unbestritten ist oder mit Zeugen dargethan worden, dann der Besitzer das von ihm angesprochene Recht durch seinen alleinigen Eid erhärten darf. Ssp. II. 2 S. 408 ff, 619.

2) Die einfache, bei allen Gütern mögliche Gewere giebt den Vorzug gleichfalls, doch hat hier der Besitzer das von ihm angesprochene Recht selber durch Zeugen darzuthun. Und ferner begehrt R. 26 §. 4 ausdrücklich, dass er auch seinen Erwerbsgrund angebe; denn die Frage, *of he* (der Besitzer) *icht tu rechte scole secgen wo dat gut in sine were komen is*, ehe man ihm den Beweis ertheile und die Art des Zeugnisses bestimme, wird bejaht.**) Da vor und nachher grade von Eigen die Rede ist, so darf dies Erforderniss mit auf Grundstücke bezogen werden, wie dies auch anderweitig geschieht. ***)

Die Anwendung des Richtsteiges ergiebt für Eigen keine ausdrückliche Bestätigung. Eine Frau behauptet nemlich, dass ein Gut, an welchem ihr nur Leibzuchtsrecht zugestanden wird, ihr Eigen sei 25 §. 4, und es heisst *hedde se it in erer gewere,*

---

*) Vgl. S. Lehnr. 37 §. 3; Ssp. II. 2 S. 409; Planck 278, 279, 280; Delbrück 232, Sachsse 214. Hiehin gehört auch wohl der in der *Vita Bennonis ep. Osnabr.*, *Monum. XIV.* 69 erzählte Fall von 1068, wo der Bischof die das Gehölz *Sundern* ansprechenden Bauern *communi huius regionis consuetudine devicit, dicens, se potius rem tanto tempore sine contradictione possessam, iuramento advocati sui retinere debere, quam illos etc.*

**) Die Belagstelle, s. Ldr. II. 18 §. 2, passt nicht für das Erforderniss der Angabe des Erwerbgrundes, sondern nur dafür, dass erst der Beweis über ein Gut oder eine Gewere, und dann die Art des Beweises zuerkannt wird.

***) So im Bair. Landrecht, vgl. Delbrück 243.

so bezeuge sie ihr Eigen mit sechs Schöffenbaren; der Angabe des Erwerbstitels wird nicht gedacht.

Dagegen entsprechen dem Satze folgende auf fahrende Habe bezügliche Fälle. Der Besitzer behauptet, dass er die Sache gefunden, gehörig aufgeboten und unverholen gehalten 12 § 2, oder dass er sie Räubern oder Dieben abgejagt habe 15 §. 2, und beweist dies selbdritte nach der Analogie ähnlicher Fälle im s. Ldr., s. Reg. zum Sachsensp. 404. — Er will das Thier selbst auferzogen, das Tuch selbst haben wirken lassen 17 §. 2; seine Frage, *oft ic mit miner bewisinge icht neger mine have tu behaldende si, de ic in miner gewere hebbe, wen se mi ieman af tu winnende si*, wird bejaht gegen die Gegenfrage: *of he icht mit beterme rechte sin vorstolen gud wedder tu crigene si, wen it eme jene vortubehaldende si*, vgl. Blume MR. I. 82, 84, Planck Bewf. 253 ff. — Wenn in dem oben S. 493 angegebenen Falle der verklagte Erbe nicht bloss entgegnet, er habe das Gut in der Erbschaft vorgefunden 16 §. 2, sondern auch, es habe dem Erblasser gehört 16 §. 3, so ist er näher zum Beweise *na deme dat het in geweren hedde und sines vorvaren geweset were*, vgl. Blume MR. II. 3, 5; Planck 261, Delbrück 234, 235.

Eine nähere Betrachtung verdient der Fall 13 §. 1 nach Ldr. III. 4 §. 1. Der Kläger fordert eine bewegliche Sache zurück. Der Antworter: ich habe sie von dir gekauft. Der Kläger: ich bin des Kaufes unschuldig und frage, *oft ic is eme icht neyer tu untgande si, wen hes mi overgan moge*. Gegenfrage: *wedder du* (der Beklagte) *icht neger tu behaldene sist dines kopes u. dines gekoften gudes, wen hes di mit sime ede tu untvurende si*. Und so wird für den Beklagten gefunden. Der obige Satz also, auf den der Kläger bauet, dass, wer leugnet eine Verbindlichkeit übernommen zu haben, näher zum Beweise sei, gilt hier nicht, wo es sich nicht mehr um die Erfüllung einer übernommenen Verbindlichkeit, sondern um die Anerkennung eines durch die Erfüllung schon begründeten Rechts auf die Sache handelt. Nach dem Ausdruck des s. Ldr. III. 4 §. 1 *besakt he der köpinge ... jene die sie under ime hevet, mut sie ... wol behalden* könnte man zweifeln, ob der Beweis nur das Eigenthum oder auch den Kauf treffe; *) der Richtsteig bezieht ihn auf beides. Also, wenn gleich ein Behaupten und Beweisen des blossen Ver-

*) Vgl. Jolly Beweisvf. 43.

trages gegen dessen Ableugnen nicht zulässig wäre, so soll doch, wenn es die Vertheidigung des Rechts an der Sache gilt, zugleich der Erwerbstitel angegeben und dargethan werden. — Es treffen hier verschiedene Momente zu Gunsten des Beklagten zusammen: er bietet Zeugen, der Kläger nur seinen Eid; er giebt einen Eigenthumstitel an, von dem Kläger weiss man nur die allgemeinen Aeusserungen 11 §. 1, §. 3, er habe die Sache billiger als der Beklagte und der Beklagte habe seine Sache; dieser endlich ist im Besitz. Vgl. S. Ldr. III. 4 §. 1. Auf das bessere Beweismittel wird hier noch weniger als in dem Falle 16 §. 2, oben S. 493, Gewicht gelegt; auch der Gewere wird nicht so ausdrücklich gedacht, wie in den eben genannten Fällen, sondern vornemlich die Angabe des Titels hervorgehoben. Dagegen legt die Gl. zu III. 4 §. 1 einen besondern Nachdruck auf den Besitz. Sie erklärt zuerst, warum das Leugnen des Vertrages nach s. Ldr. I. 7, 18 nicht stattfinde, daraus, dass hier der Beklagte näher sei sich des Schadens zu wehren, der ihn durch den Verlust des gekauften Gutes treffen würde und fügt dann hinzu: *id is ok dar van dat desse de id in geweren heft, de het dat beste recht; wen de id ansprekt de het nicht wen ede u. tüge* (?) . . . *aver de antwerder het gewere u. ede u. bewisinge.* Und in der That ist, in Uebereinstimmung mit den übrigen Aussprüchen, wohl auch hier das entscheidende Moment für das Beweisrecht in dem Besitz zu suchen. *) Beim Streit über Sachen gilt also überhaupt derjenige Theil, welcher nicht nur sein Recht sondern auch einen gegenwärtigen Besitz behaupten will, vorzugsweise als der Vertheidiger und zum Beweise berechtigt.

§. 24.

3. Beweisrecht bei fehlender Vertheidigung.

Die vorigen Regeln müssen ausser Anwendung bleiben, wenn die Parteien sich nicht als Angreifer und Vertheidiger gegen einander stellen lassen, sei es erstens, dass nicht einmal erhellt, wer der Angreifer und der Angegriffene sei, oder zweitens, dass doch der Angegriffene sich nicht zum wahren Vertheidiger aufwirft.

---

*) Delbrück S. 227, 232, 234, 235 will alle obigen Fälle des Streites über bewegliche Sachen unter den Gesichtspunkt der stärkern Gewere, oder der Behauptung eines bessern Erwerbes bringen.

I. Das erstere tritt beim Streit um Sachen dann ein, wenn die Parteien hinsichtlich der Gewere sich gleich stehen. Hier bestimmt sich

A. der Beweisvorzug in einigen besondern Fällen nach dem Verhältniss der Ansprüche, welche die Parteien auf die Sache erheben.

1) Der Anspruch auf Eigen geht dem auf Lehn vor.*) Was das s. Ldr. II. 43 §. 1 für den Fall einer gleichen Gewere aussagt, gilt nach R. 27 §. 1 auch, wenn beiden Parteien die Gewere fehlt. Eben so nach der Gl. zu II. 43: *he set, welker id lichtliker beholde, oft sy dar beide nene were an hebben, also oft einer storve ane lenerven, of denne de here spreke, de huve were em ledich worden, wen se were len. Des were de erve neger tu egen tu beholdene, darumme dat en here liet eime sin len ane geheget ding, u. eigen gift men vor gehegeden dinge u. in echter dingstat, u. dit tüget men bat, des beholt he it bat.* Die Gl. erklärt also den Vorzug daraus, dass der Erwerb des „Eigen" mit stärkern Mitteln dargethan werden mag.

2) R. 26 §. 5 beantwortet die Frage, *wedder dus icht neger sist tu behaldene din erfeigen edder he sines koften gudes* für den erstern nach s. Ldr. II. 43 §. 2. Die Gl. dazu giebt als Grund an: *wan dy erve darff* (braucht) *up nymande theen, wan he het al dat recht ganz dat dy dode hadde*; dagegen *de koper mach an eme gude nicht bereden, wan dat he id an sinen gewern tie, darumme het he id swerliken tu beholden.* Die Abhängigkeit also des Rechts eines Käufers von seinem Autor soll ihn auch beim Beweise zurücksetzen.**)

Planck 288 erklärt beide Entscheidungen daraus, dass der Bevorzugte in stärkerem Grade als Angegriffener zu betrachten sei, also noch aus dem Princip des vorigen §. Einfacher sieht

---

*) Planck. BewVf. 289, 290, Sachsse 212 ff. — Anders, wenn der Lehnsmann sein Recht grade vom Gegner ableitet, Ssp. II. 2 S. 615, 619.

**) Ueber die Art des Beweises des Erben vgl. Bruns Besitz 291 ff. Delbrück 228, auch *Extravag.* 7 *ad leg. Sal.* (*Merkel p.* 101). — Delbrück 229—231 führt aus, dass der Vorzug des Erben erst eintrete, wenn dem Käufer sein Gewährsmann entstehe. Für das Landrecht und für den Fall des gleichen Gewerverhältnisses ist dies m. E. nicht zu erweisen, am wenigsten, wie D. S. 230 will, aus der Gl. zu II. 43 §. 2, welche vielmehr den Beweis des Käufers um deswillen zurücktreten lässt, weil derselbe nur durch ein Ziehen auf den Gewährsmann geführt werden könne.

man in ihnen wohl eine unmittelbare Begünstigung desjenigen Rechtsverhältnisses, welches sich als das ursprünglichere und natürlichere darstellt.

B. Geben auch diese Regeln den Ausschlag nicht, stehen sich die Streitenden in allen Beziehungen gleich, so kommen beide gleichzeitig zum Beweise. Aber nicht jeder für sich, sondern gemeinsam. Das Mittel bietet die Aussage der Umgesessenen 26 §. 6, welche sowohl für die eine als die andre Partei entscheiden kann, vgl [illegible], Goslarsches Recht bei Göschen S. 30, 503. *)

II. Wenn Angreifer und Angegriffener zwar als solche hervortreten, das Benehmen aber des letztern nicht als Vertheidigung gelten kann, so fällt der Beweis dem Angreifer zu. Die einzelnen hieher zu ziehenden Fälle tragen noch einen verschiedenen Character an sich.

1) Der Kläger fordert eine im Besitze des Beklagten befindliche Sache als die seinige. Der Angegriffene will sie gefunden oder Dieben und Räubern abgejagt haben, **) ohne dass er, weil noch nicht sechs Wochen seit dem Aufgebot verflossen sind, das gefundene Gut, wie in 12 §. 2, dem Kläger wehren will. Der Kläger, der seinerseits den Inhaber eines dieblichen Behaltens nicht beschuldigt, also auch in dieser Hinsicht zu einer Abwehr ihm keinen Anlass giebt, soll sich, ehe die Sache ihm zurückgegeben wird, selbdritte zu derselben ziehen, worauf der Beklagte die Erstattung seiner Unkosten verlangt 12 §. 1, 15 §. 1, §. 4. Das s. Ldr. I. 28, II. 29, II. 31 §. 2 hat noch ähnliche Fälle, vgl. Planck Bewf. 247.

Hier ist klar, dass der Angegriffene die Sache gar nicht als die seinige vertheidigt, sondern nur erbötig ist, seinen guten Glauben zu schützen, den aber der Kläger nicht angreift.

2) Der Besitzer will die Sache gekauft haben, vermag aber den Gewährsmann nicht zu nennen. Er sagt R. 13 §. 5, nach s. Ldr. II. 36 §. 4, er habe die Sache auf dem gemeinen Markte

---

*) Das österr. Landrecht, Archiv f. Kunde österr. Geschichtsqu. X. 156, Art. 47 wendet obigen Weg auch beim Streit über das *edel* d. i. über den Geburtsstand an. Es sei weder recht, dass der Kläger *sein edel erziuge* noch dass der Antworter dem Kläger *sein edel aberziuge. Man sol ir umbsessen darumb fragen, die nagsten u. die pesten u. die ir hausgenosse sind.*

**) Vgl. Blume des Ssp. oben S. 379.

an einem bestimmten Orte, er wisse nicht von wem gekauft, schützt sich eidlich gegen den Diebsverdacht und giebt die Sache dem Kläger zurück, der selbdritte bezeugt, sie sei ihm gestohlen oder geraubt worden. Im R. 17 §. 3, §. 4 heisst es nur unbestimmter: wenn der Besitzer der gestohlnen Sache keinen Gewährsmann hat, so bezeugt der Kläger jene Entfremdung und nimmt die Sache zurück, der Beklagte kann jedoch bei unverholenem Halten einen Ersatz der Besserungen ansprechen, vergl. Planck 255.

Der Angegriffene macht auch hier sich nicht zum Vertheidiger eines Rechts an der Sache, sondern nur seines ehrlichen Benehmens.

3) Er nennt zwar einen Gewährsmann, vermag ihn jedoch nicht zu stellen. Auch dann giebt er die Sache dem Kläger zurück, der sich selbdritte dazu zieht, zahlt aber Gewedde und Busse; gegen die Diebstahlsbeschuldigung hat er die gewöhnliche Vertheidigung, R. 13 §. 2, s. Ldr. II. 36 §. 5, §. 7.*)

Zum Unterschiede also vom vorigen Falle, wo der Angegriffene eine Vertheidigung der Sache in keiner Weise unternimmt, will er hier statt seiner einen dritten Vertheidiger bringen, und muss beim Misslingen dieses den Kläger hinhaltenden Versuches wedden und büssen. Aber hier so wenig wie dort macht er sich selber zum Vertheidiger. Wer sich auf einen Geweren zieht, will damit nicht einen Gehülfen, sondern den eigentlichen Beklagten stellen, *dicit se warentem dare*, *Ed. a.* 967 c. 7 (*Leg. II.* 33), oder nach der Formel zum *Ed. Rotharis* 234: *Longobardus semper dat auctorem et nunquam stat loco auctoris; et Romanus semper stat loco auctoris et nunquam dat auctorem.* Stellt der Angegriffene den Geweren, so muss derselbe *antwerden an siner stat vor it gut*, s. Ldr. II. 36 §. 5. Den Beweis der Gewährschaft führt der Angegriffene gegen den Dritten, nicht gegen den Kläger.

In allen den genannten Fällen handelt es sich nicht um den Vorzug des Beweises zwischen Angreifer und Vertheidiger; es fehlt eben ein Vertheidiger. Hat nun der Angreifer seinen Anspruch noch zu erhärten, so rechtfertigt sich dies daraus, dass der Gegner einerseits dem Kläger nicht in einem Beweise unterlegen ist,

*) Ueber die Behandlung des Falles in andern Quellen vgl. Köstlin in der krit. Ueberschau III. 367 ff.

und andrerseits den klägerischen Anspruch nicht einräumt, sondern ihn nur dahin gestellt sein lässt. Auch nach deutschem Recht, sieht man, hat der Inhaber, welcher sich selbst kein Recht an der Sache zuschreibt, dieselbe doch nicht dem ersten besten ohne Legitimation auszuhändigen.*) Es liegt hierin zugleich ein Gegengewicht gegen die stärkere Last, welche beim Streit um Sachen sich an das Beweisrecht des Angegriffenen dadurch knüpft, dass er, statt des alleinigen Eides wie bei Schuldfällen, der Zeugen zur Vertheidigung bedarf. Fehlten sie ihm, und könnte er sich um deswillen nicht auf die Vertheidigung einlassen, so brauchte er doch das Gut nicht ohne einen Beweis des Klägers fahren zu lassen.

Der Sache nach ziehe ich 4) noch den oben S. 493 erörterten Fall aus 16 §. 2 hieher, wo der verklagte Erbe eines Depositars, Commodatars erwiedert, er habe das Gut mit dem Nachlasse überkommen. Denn auch darin liegt weder ein Geständniss des Anspruchs noch eine wahre Vertheidigung, und der Angreifer hat sich nach s. Ldr. II. 60 §. 2 zu seinem Gute zu Rechte zu ziehen, wie in den unter 1, 2, 3 angegebenen Fällen. Der Form nach entsteht eine Abweichung von diesen Fällen hier dadurch, dass der Angegriffene jene Erwiederung als Vertheidigung betrachtet wissen will, indem er die Frage stellt, *sint ic it mit mime rechte behalden wil, wedder ic it icht neger tu behaldende si, wen hes mi ave tu winnende si.* Wo denn aber doch das Wesen des Verhältnisses in der Weise zur Geltung kommt, dass das Behaltenwollen des Angegriffenen als ein grundloses Vorenthalten bezeichnet wird, s. oben S. 492.

Delbrück S. 229, 222—225 zieht die Fälle dieses Paragraphen unter den Vorzug des ältern Besitzes.

§. 25.

4. Beweisrecht des Angreifers.

Auch wenn dem Angreifer der Angegriffene als Vertheidiger gegenüber steht, mag ausnahmsweise der Angreifer den Vorzug im Beweise gewinnen. Dafür treten verschiedenartige Gründe ein.

*) Gleicherweise muss bei Zerstörung einer schon verurtheilten Burg der Eigenthümer des darauf gebrachten Raubes sich doch dazu ziehen als Recht ist, s. Ldr. III. 68 §. 2.

A. In einigen Schuldfällen wird dem, der die Verbindlichkeit des Andern behauptet, aus besondrer Gunst welche die Forderung geniesst, eine Ueberführung des Leugnenden durch gewöhnliches Zeugniss gestattet. Ausser den im Richtsteig 45 §. 5 beiläufig angeführten Fällen, oben S. 487, lassen sich noch mehr oder minder besimmt folgende dahin rechnen.

1) Ein Sühnevertrag kann von dem, welcher sich darauf beruft, gegen den Leugnenden selbsiebente bezeugt werden, 41 §. 8 nach s. Ldr. I. 8 §. 3. Dass hier zur Begünstigung des Friedens eine besondre Ausnahme von dem obigen Rechte des Leugnenden, sich eidlich gegen die Verpflichtung aus der Sühne zu vertheidigen, und von der Forderung des gerichtlichen Zeugnisses zugestanden sei, wird allgemein angenommen. *) Bezeichnend aber ist dabei, dass die Quellen, um die Ausnahme zu verdecken, den Fall unter den Ausdruck des zweiten Hauptgrundsatzes oben S. 491 bringen. Der Richtsteig lässt urtheilen *du sist der sone neger tu behaldene,* und ein in das Culmische Recht II. 84 übergangenes Schöffenurtheil, Böhme VI. 118 sagt: das heissen wir *keyn obirtzugen uf yemande, sunder eyne behaldunge syner sune.* **)

Zweifelhafter ist 2) die Stellung des im R. 8 §. 1 gedachten dritten Falles, oben S. 487. Behauptet der Beklagte, er habe die Schuld bezahlt, so beweist er sie selbdritte (Gl. *dat sint drierlei lüde eide*), in Uebereinstimmung mit dem s. Ldr. und vielen andern Qnellen, s. Stobbe 87. Albrecht II. 25 stellt den Fall dem vorigen zur Seite, indem der Regel nach der Kläger, welcher durch die Einrede des Schuldners in die Stellung des *reus* gekommen, eidlich den Empfang des Geldes müsste ableugnen können; er weist zugleich darauf hin, dass das Goslarsche Recht noch bei dem Erforderniss des gerichtlichen Zeugnisses, als dem ältern Princip stehen geblieben sei. Jolly dagegen S. 16 sieht die Abweichung darin, dass nicht der alleinige Eid des Beklagten für genügend erachtet wird. Planck führt S. 219, 240, 310 das Beweisrecht des Beklagten auf den allgemeinen Grundsatz zurück, dass der Beklagte derjenige sei, welcher sein Geld behalten wolle, wobei es gleich gelte, ob er angeblich nie schuldig

*) Albrecht II. 26, Planck 308, 309, Jolly 47, Sachsse 269, 270, Stobbe 108.

**) Albrecht und Sachsse a. a. O. Vgl. Planck 237, 238.

gewesen sei oder die Schuld getilgt habe, denn in beiden Fällen werde die Existenz der Schuld geleugnet. Nur fordere man im zweiten Falle noch Mitschwörende, weil der Beklagte ein selbständiges Moment eingeführt habe. Neu sei demnach allein, dass der Beklagte nicht wie ehemals schlechthin seine Nichtschuld eidlich versichere, sondern trotz des Bekenntnisses der Schuld zur Beschwörung der Zahlung zugelassen werde. Nicht die Regel der Beweislast, sondern nur Art und Formel der Eidesleistung seien verändert.*)

Ich neige mich doch mehr zu Albrechts Auffassung. Jene beiden Gehülfen des Beklagten sind keine Eidhelfer, sondern nach s. Ldr. II. 6 §. 2, I. 54 §. 3, 65 §. 4 Zeugen, welche die Zahlung mit ansahen. Regelmässig wird nun einem Abschwören von der Seite des Einen das Ueberführen mit solchen Zeugen von der Seite des Andern entgegengesetzt. Wird also der Partei statt des Unschuldseides ein Zeugenbeweis zuerkannt, so deutet dies auf eine Aenderung in der processualischen Stellung hin, auf eine Anerkennung des: *exceptione rei, actor fit reus.* Und es ist dann principiell eine Abweichung, dass der Angreifer und zwar mit Privatzeugen beweisen darf. Eine Abweichung freilich, welche sich in der Sache doch gar sehr empfahl. Hinsichtlich des Beweisrechts dadurch, dass die Gewissenhaftigkeit desjenigen, der statt des leichten Mittels eines eidlichen Leugnens der Schuld überhaupt zur nähern Erklärung seiner jetzigen Nichtschuld schreitet, wohl eine Gunst verdiente; hinsichtlich der Beweispflicht dadurch, dass das Zuziehen von Zeugen bei Schuld-Zahlungen, also bei einem vorher bedachten und vorbereiteten Acte, zur *diligentia* gehörte, vgl. s. Ldr. I. 65 §. 4, während bei einem Erlasse der Schuld, oben S. 488, der Schuldner nicht in gleicher Lage war.

Merkwürdig ist es, wie die Glosse zu I. 65 §. 4 den Fall auffasst. Zunächst rechtfertigt sie noch besonders, dass der Beklagte hier den Beweis habe. *Hir vortüget men over den Sassen . . . unde dat is mogelik; wen dat de Sassen sweren mogen, dat is wen man en schaden wil, aver up enes andern schaden mogen se nicht sweren, wen, bereide* (bezahlte) *ik dessen, u. swure he mi, so untswure he mi min gut und ik mustet em anderwerve geven.* Also, mit einer gewissen Vereinigung der An-

*) Ueber die Ansicht von Sachsse vgl. 270 ff.

sichten Albrechts und Plancks, wird eine Abweichung von dem allgemeinen Grundsatz dadurch erklärt, dass sonst der Behauptende von seinem Gute etwas einbüssen würde. Sodann widerlegt sie einen gegen den dreifachen Eid zu erhebenden Einwand, dass man doch lieber mit einem Eide antworten würde, damit: *wete, swerestu mi wol dat du mi nicht schuldich werest, darmede ledegestu minen borgen nicht. Bewisestu aver ene bereidinge, dat loset alle borgen.* Damit wird zugleich die verschiedene Stellung einer Partei, je nachdem sie abwehrt oder angreift, hervorgehoben.

B. Der Angegriffene büsst sein Recht der Wehre wegen früherer Verschuldung ein.

1) Wird ein Verfesteter gefangen vor Gericht gebracht, so ist der Gegner *neger em de sake overtugande, wen he em tu untgande* 35 §§. 5, 6. Vgl. Albrecht I. 22, 23, Planck Bewf. 296 N. 2.

2) Das neuere Recht gestattet, den Beschuldigten der rechtlos ist des Vergehens zu überführen, s. oben S. 490.

C. Der Hauptfall aber, in welchem das Beweisrecht auf den Angreifer übergeht, ist, wo dieser sich auf eine Wahrnehmung des Gerichts zu berufen vermag. Für dasjenige, was das Gericht selber, entweder früher gesehen gehört gethan hat, oder jetzt sieht hört thut, bedarf dasselbe keines weitern Beweises. Der Grundsatz gilt in bürgerlichen wie in peinlichen Sachen, und für beide hat er einige Erweiterungen über den Fall der unmittelbaren Wahrnehmung hinaus erfahren. Der Richtsteig giebt folgende Anwendungen, welche ich wie oben S. 475 nach den beiden Hauptfällen, dem des Gerichtszeugnisses und dem der leiblichen Beweisung, trenne.

1) Der Angreifer schneidet dem Leugnenden die Wehre ab, indem er sich auf ein Zeugniss des *hegeden dinges* über einen frühern Vorgang zieht, und zwar

a) über eine frühere Handlung der Parteien vor Gericht, Cautela S. 395. Es finden sich folgende Beläge.

Behauptungen des Angreifers. Sein Gegner habe gegen ihn mit Anfang geklagt; Frage *na deme, dat tu is mit deme hegeden dinge vullenkamen machst, of he des vorsaken moge*; Urtheil: nein 16 §. 6. — Der Gegner habe einen Verzicht geleistet; Frage *na deme dat het vor gerichte vorlovet hebbe, oft hes vorsaken moge.* Nein 20 §. 1. Vgl. Blume MR. I. 90. — Der

Gegner sei ein Unfreier; Frage, *oft he sic vor gerichte tu egen gegeven hedde, wedder dus eme icht neger sist overtugande, wen hes tu vorsakende si.* Ja 24 §. 2. — Der Gegner habe vor Gericht Gestohlnes wiedergegeben oder gesühnt; Frage *oft tu em icht sist neger overtugande mit deme hegeden dinge, wen hes tu vorsakende si.* Ja 34 §. 11. — Der Gegner habe eine Were 41 §. 3 gelobt. Gleiche Frage und Antwort *na deme it vor gerichte gescin si.*

Der Angegriffene leugnet eine Schuld und fragt *na deme dat hir sessisch recht is, oft me mi umme sodane scult vortugen moge sunder hulpe enes gehegeden dinges.* Nein 46 §. 1. — Er leugnet, eine Sühne gebrochen zu haben, und fragt *of hes di icht untgan moge. Dat vintme, it ne si vorme hegeden dinge broken,* 41 §. 9.

b) Man bezieht sich auf eine frühere Handlung des Gerichts selber, z. B. auf eine Achtserklärung, *na deme dat it vor gerichte gescin si, als oft he lichte in overacht gedan were,* 24 §. 1.

c) Der Angreifer beruft sich auf die Erfahrung des Gerichts, z. B. dafür, dass der Beschuldigte bei gutem Verstande sei 43 §. 5.

2) Eben so muss der Beschuldigte sich den Beweis durch Augenschein gefallen lassen; Gl. zu I. 15: *desser (der lifliken) bewisinge tüch liden de sassen.*

a) Das Gericht wird zu diesem Ende an Ort und Stelle geführt, insbesondre um darzuthun, dass der Gegner eine Sache unter sich habe. Gl. zu I. 18: *dat de sasse sweren mach, dat is vor dat, dat me under eme nicht lifliken bewisen mach.* Beispiele sind: 16 §. 1 *sint du si under em bewisen machst, oft he di dar vor sweren moge?* Nein; 20 §. 2 *bewislik gud* sollen die Geschwister bei der Erbtheilung *ane unscult inbringen,* d. i. sie können sich eidlich nicht von dem Einbringen des Gutes losmachen, welches man unter ihnen nachzuweisen vermag; 11 §. 3 der Beklagte leugnet, dass er eine Sache habe, der Kläger will ihn nicht zum Schwure kommen lassen und fragt: *na deme dat wit under en bewisen mogen, of hes mit sime ede vorsaken moge, dat hes nicht ne hebbe?* Nein.

Ja, diese leibliche Beweisung schliesst nicht nur den Eid des Leugnenden aus, sondern macht auch den schon geleisteten Schwur nichtig, stellt den Schwörenden als meineidig dar, 11 §. 3 *wultu aver ene scenden* u. s. w.

b) Das zu „beweisende" wird vor Gericht gebracht, insbesondre bei peinlichen Beschuldigungen als „handhafte That" entweder wirklich oder doch symbolisch, s. oben S. 478, Gl. zu I. 66: *Hir vortüget men den sassen dorch des brokes liflike bewisinge.* Im R. erkennt den Grundsatz grade zu an 32 §. 10: *na deme dat he de hantafte dat bewisen mach, oft hes em icht neger si overtugande, wen hes em tu vorsakende. D. v. m., des he dat under em bewisen mach*; 39 §. 1 der Dieb wird mit der gestohlnen Sache vorgeführt und der Kläger spricht: *Claus tut an iu u. an dat gehegede ding, dat he sine vordufte have hir bi em hebbe und vraget, oft N iummer vorsaken moge, edder hes eme neger mit deme hegeden dinge si overtugande.* Das letztere wird gefunden. Vgl. auch 40 §. 2 *wat he vor g. d. bewiset heft, dat N disse have bi sik heft.* Ausserdem geschieht es indirecter Weise. Der Beschuldigte fragt mit Erfolg 34 §. 9 *na dem dat he hir steit ungevangen u. ungebunden u. nener undat bi sic ne heft, oft he icht neger si tu untgande desser ticht*; 40 §. 4 *na deme dat nen hanthafte dat si ...., oft he sic sines lives ... icht neger tu werende si.*

Vgl. überhaupt Planck Bewf. 225—227, 296, 299 und Walter D. Rechtsgesch. §. 712.

Ueber das Verhältniss des Beweisurtheils zu dem Endurtheil s. Planck BewU. S. 46, 57 ff.

§. 26.

V. Ungehorsamsverfahren.

Der Richtsteig giebt hierüber nur zu einzelnen Bemerkungen Anlass.

1. Die *Codd. Goerl.* und *Lips.* wie auch die Weichbildgl. gedenken des Erfordernisses zum Ungehorsam, dass der Gegner auf den Nichterscheinenden warten müsse *di wile ding wert*, s. oben S. 385 ff., 403 und C. 7 N. 10.

2. Das eingeschobene Cap. 21 *a* folgert:

a) aus III. 39 §. 3, wonach der Kläger dreimal klagen muss um den Gegner sachfällig zu machen, dass auch der Beklagte sich dreimal zu Recht erbieten müsse, um von der Klage frei zu werden;

b) aus der Analogie von II. 8 für peinliche Klagen, dass

auch in bürgerlichen Sachen der Beklagte frei werde, wenn die Klage nicht durchgeführt wird (eben so die Weichbildgl. 404);

c) aus der Analogie von II. 4 vom Friedewirken über den, welcher von der Verfestung sich befreiet, dass der Friede auch dem von einem Anspruche befreiten Gute gewirkt werden könne. Eher dürfte man jedoch III. 20 §. 3 nebst Gl. vom Friedewirken über abgeurtheilte, III. 56 §. 3 über aufgelassene Güter hiefür heranziehen.

3. Gleichfalls aus der Analogie von II. 8 leitet 26 §. 2 her, dass derjenige, welcher sich dreimal zu Recht wegen eines Gutes erbietet, gegen Ansprache geschützt ist, wenn sich niemand meldet. Hierin liegt also eine Anerkennung des Princips unsers Edictalverfahrens.

4. Die Weichbildgl. S. 403 erläutert den Begriff der echten Noth, stellt namentlich die Sorge um die „treue Nahrung" dem Gottesdienste gleich.

5. Nach 46 §. 3 kann, wer wegen Nichtleistung eines Eides sachfällig geworden, angepackt werden und niemand braucht ihm zu Recht zu stehn. Aus s. Ldr. III. 13, 16 §. 3 ist dies nicht zu entnehmen.

6. Für die Verfestung erhellt aus 33 §. 7 noch bestimmter, als aus s. Ldr. I. 71, dass sie auf Betrieb des Richters zu einer höhern gesteigert wird. R. 35 §. 4 giebt zu der, nicht wirksamen, Verfestung eines Ungenannten das Beispiel der *unrechten vullest*, d. i. nach 33 §. 1, wenn ein benannter Thäter mit „seinem unrechten Beistande" ohne die Einzelnen zu nennen, verfestet wird. Die Weise der Ueberführung eines Verfesteten wird 35 §. 6, und die des Auszuges aus der Verfestung 34 §. 1 etwas genauer geschildert; die Formeln selber der Verfestung und der Entlassung aus derselben liefert Joach. §. 35, 36.

§. 27.

VI. Das Urtheilfinden.

Vgl. Maurer Gervf. §. 157—161; J. Grimm Vorr. zu Thomas Oberhof zu Frankfurt S. VIII ff.; Ssp. II. 2 S. 622 ff.; Freiburger Stadtr. C. 31 §. 23—30.

I. Die Pflicht des gefragten Beisitzers, ein Urtheil zu finden, und die Vertagung des Urtheils, wenn auch der letzte es nicht finden kann, erörtert R. 48 §§. 1, 2 nach den Grundsätzen des s. Ldr. II. 12 §§. 1, 7. Im Einzelnen ist noch hervorzuheben.

1) Hinsichtlich einer Entschuldigung des Finders bestätigt 48 §. 1, dass das *mut nicht vinden* im Ldr. II. 12 §. 1 als „braucht nicht zu finden" zu verstehen ist, wie auch im Ssp. II. 2 S. 374 angenommen.

2) Die unrechtfertige Weigerung des Finders wird nach der Analogie des s. Ldr. I. 53 §. 1, wo sie vielleicht unter dem allgemeinen *untucht* steckt, mit Gewedde gebüsst.

3) Die Aufforderung zum Finden heisst das Urtheil mahnen.

4) Vertagt wird das Urtheil, damit der Finder sich befrage, vgl. Maurer §. 160.

5) Bei der Vertagung wird gerathen, das Urtheil, d. i. die Frage der Partei in welcher das Urtheil steckt, so dass der Richter und zwei Dingpflichten es hören, aufschreiben zu lassen.

II. Beim Finden selber setzt das s. Ldr. II. 12 §§. 7, 9, 10, 12 ein Folgen, eine *vulbort* voraus. Es entscheidet einerseits nicht schon das Finden des einen gefragten Dingpflichten, andererseits hat nicht eine besondre Berathung der Urtheilsfinder und ein Einbringen des Ergebnisses statt, sondern nach dem ersten Finden wird umhergefragt, ob die Uebrigen dem Urtheil folgen oder nicht. *) Ein Zusatz I. 58 §. 1 sagt jedoch: vor dem auf lange Zeit gekornen Gografen, dem ordentlichen Richter der „Landsassen" „giebt man Acht," d. i. nach der Gl. *dat de bure utgan u. achten under sik, wat se wrugen willen.* Das bezieht sich freilich nur auf das Rügen. Aber anderswo und später zeigt sich dieses Hinausgehn zur Berathung auch beim Urtheilfinden. **) Es mag das Zunehmen der Sitte, Richtst. Lehnr.

---

*) Vgl. Maurer Gervf. 191, 193, 232 ff. So auch u. a. im Reinhart V. 1434 ff., 1454, 1634 ff.; Richtst. Lehnr. 9 §. 1; in den Reichssentenzen d. J. 1156, 1174, 1252, 1281 bei Pertz Leg. II.

**) Vgl. Maurer §. 140, und Donandt Gesch. d. Brem. Stadtr. II. S. 5. Andre Beispiele bei Mone, Ztschr. f. d. Oberrhein I. 415 a. 1347 *do giengen sie uz, u. berieten sich lange u. komen wider in u. sprachen ungezweiet zu dem rechten;* bei Seibertz Urkundenb. III. 1 S. 127 a. 1460: *dat ordel ich stalte an H. F., de sich umbwante ind sich mit den dinkplichtigen ... bereit, ind quam wedder in dat gerichte ind wyeste vor recht,* S. 139 a. 1464, S. 235 a. 1521, S. 237 a. 1527; in den Mecklenb. Jahrb. XIV. S. 128 a. 1551: *up clage u. antwerth is die burschop in die vindinge gewiset u. darnach durch den vindessman vor schwerinsch recht afgesprachen etc.*

9 §. 1, Freiburger Stadtr. C. 31 §. 24, dass der einzelne Gefragte sich zum Finden ein Gespräch erbat, zu dieser Gesammtberathung geleitet haben.

Der Richtsteig nun hält sich 48 §. 3 noch an die Regel des ursprünglichen Landrechts, denn ist gleich von einem Einbringen des Urtheils die Rede, so bezieht sich dieses doch nur auf den im §. 2 gedachten Fall, dass der einzelne Gefragte eine Frist sich zu befragen genommen, und das Folgende ergiebt, dass noch um *vulbort* gefragt wird. Dagegen deutet er das andre Verfahren im C. 4 bei dem zwölften Rathe an, der ein Ausgehn der Urtheiler mit der Urtheilsfrage voraussetzt. Und sehr bestimmt hat er diese Sitte für den Fall, wenn der Oberhof über ein gescholtnes Urtheil entscheiden soll 50 §. 5 im Auge, wo der Richter zu einem Ritterbürtigen sagt *N ic bidde iu ... dat gi utgan mit al den de hir sin u. bringen wedder in, welk ordel under dessen twen dat rechteste si.*

Des Dankens der Partei für das Urtheil erwähnt der *Cod. Lips.* C. 7 oben S. 387 und Joach. §. 9.

VII. Das Urtheilschelten.

§. 28.

1. Ueberhaupt.

Vgl. Ssp. II. 2 S. 624 ff., Planck BewU. S. 16—26.

Das Ldr. II. 12 §. 6 lehrt, der Zug wegen eines gescholtenen Urtheils gehe deshalb nie aus einer Grafschaft in eine Mark, sondern an das Reich, weil in der Mark kein Königsbann sei und andres Recht gelte, vgl. II. 12 §. 3, §. 4, III. 65 §. 1. Diesen Andeutungen folgend scheidet der Richtsteig das Urtheilschelten in denen Gebieten wo Königsbann herrscht C. 49, von dem in der Mark C. 50. Da man jedoch ein gescholten Urtheil zuletzt auch aus der Mark gleichwie aus der Grafschaft an das Reich ziehen kann II. 12 §. 4, so giebt v. Buch für beide jener Fälle gewisse gemeinsame Regeln C. 49 §. 7 a. E., 50 §§. 8—11. Ich verbinde dies gemeinsame mit der zuerst zu behandelnden Weise, wie man unter Königsbann oder ausserhalb der Mark verfährt.

Hier geht unser Rechtsbuch im Ganzen den zu C. 49, 50 citirten Stellen des Landrechts nach und lässt nur folgendes bemerken.

1. Nach 49 §. 5 leisten die Parteien für den Ersatz der Kosten des Zuges, welche zuletzt den Unterliegenden treffen, Sicherheit durch Pfand, oder bestreiten selber den Aufwand. Vgl. Lehnrecht 69 §. 2, 9 §. 1.

2. Die Variante C. 49 N. 62 verlangt, dass das Urtheilschelten sofort, *uf stapfinden fuze* geschehe, oder wie es sonst wohl heisst *standes, onverwandes votes, Noordewier N. Regtsoudh.* 409.

3. Ist dem Sachsen vor dem Reiche ein Urtheil, welches er schelten will, von einem Schwaben gefunden worden, so mag er nach 50 §. 10 fragen, ob nicht der Schwabe, welcher noch wegen des alten Hasses ihm ein unrecht Urtheil gefunden, es ihm mit Kampf beweisen solle. Von einem Schelten des von einem Schwaben gefundenen Urtheils durch den Sachsen und umgekehrt, spricht das Landr. II. §. 12, will aber, die Sache solle vor dem Könige entschieden werden, wie vorhin gesagt sei. Dieses vorhin beziehe ich auf II. 12 §. 4,*) wo der Zug an den König und das Wiederbringen des vor ihm gefundenen Urtheils beschrieben wird, so dass der Sinn im §. 12 ist: die Sache geht ohne weitere Zwischeninstanz sofort an den einzigen, beiden Stämmen gemeinsamen Oberrichter. Der Richtsteig nimmt aber, gleich der Gl. zu II. 12 §. 12 *dit is dorch den alden hat etc.*, eine Beziehung des §. 12 auf §. 8 und I. 18 §. 3 an, wo von der Appellation die Rede ist, welche dem Sachsen, ohne Rücksicht auf den Stamm seines Gegners, an seine *vordere hant* gebührte, und ferner setzt er damit die Geschichte von den Nordschwaben I. 18 §. 1, I. 17 §. 2 in Verbindung, obwohl dort nur eines Hasses gegen die schwäbischen Weiber in ihrem (sächsischen) Geschlecht gedacht wird. Merkwürdig bleibt immer, dass noch bei Joh. v. Buch eine Spur der alten Sage, s. Homeyer „Stellung des Ssp." 52, durchblickt. Die Varianten in der N. 100 zeigen, wie die spätern Hdss., denen auch das Berliner Stadtbuch S. 166 folgt, die Beziehung auf den Schwaben aufgeben.

---

*) Dass das *hir vore* im §. 12 auf §. 4 und nicht auf §. 8 geht, schliesse ich daraus, dass §. 12 von einem *besceden* vor dem Könige, nicht von einem *vechten* spricht, dass §. 8 nur passen könnte, wenn ein Sachse, nicht wenn ein Schwabe schilt, und dass §. 8 nach I. 18 §. 3 auf den Fall zu beziehen, wenn ein vor dem Reiche gefundenes Urtheil gescholten wird, während §. 12 gleich §. 4 ein Ziehen an das Reich voraussetzt.

§. 29.

2. Urtheilschelten in der Mark.

Die erste Besonderheit des märkischen Verfahrens entwikkelt sich aus dem allgemeinen Satze des Ldr. II. 12 §. 3, III. 65 §. 1, III. 70 §. 1, dass in der Mark alle Unbescholtenen für einander ebenbürtige Gerichtsgenossen sind. Demnach braucht hier der nichtschöffenbare Scheltende nicht, wie nach dem Ldr. II. 12 §. 13, beim Finden des Urtheils erst den Stuhl sich mit Urtheil zu erbitten. Ferner wird auch zu dem Geschäfte eines Gerichtsboten, selbst beim Zuge an den König, die Schöffenbarkeit nicht verlangt, Ldr. II. 12 §. 4, R. 50 §§. 1, 2. Diese Grundsätze gelten für die Marken überhaupt, Gl. zu II. 12 §. 4.

Die zweite Eigenheit trifft die Dingstatt, an welche das gescholtene Urtheil zu ziehen. C. 50 §. 1 sagt zunächst allgemein, dass wer ein Urtheil in der Mark schilt, es nicht sofort an den König zu ziehen brauche, sondern nur an die höhere Dingstatt. Dazu stimmt die Gl. zu II. 12 §. 4, wenn sie bei ihrer Schilderung des Gegensatzes zwischen der sächsischen Berufung uud der des fremden Rechtes, den märkischen Hergang mit ins Auge fasst. In *unseme rechte*, sagt v. Buch, *schilt men id erst van einer stede tu der anderen u. vorbat vor den markgreven oder vor den greven u. tu lest vor den koning*. Insbesondre stellt dann R. 50 §§. 2—7 den merkwürdigen Rechtszug dar, wenn ein Urtheil in der neuen Mark gescholten wird. *)

Die *nova Marchia*, eine erst im 14ten Jahrh. hervortretende Benennung, bezeichnet damals, und auch noch im 15ten Jahrh., zuweilen alle zur Markgrafschaft Brandenburg gehörigen Marken rechts der Elbe im Gegensatz der Altmark, zuweilen und so auch wohl hier, die Mittelmark im Gegensatz der *antiqua Marchia, Prigenitz, Ukera* und *Marchia trans Oderam* (der jetzigen Neumark). **)

Beachtenswerth erscheint nun vornemlich die Zahl der höheren Dingstätten und damit der Berufungen. Man mag das

*) Vgl. „Das funfzigste Capitel des Richtsteiges zum Sächs. Landrecht von der Appellation in der M. Brandenburg" Frkft. 1748, 4., worin der Pommersche Generalsuperintendent Roth eine hochdeutsche Uebertragung dieses Capitels mit Anmerkungen liefert; v. Hymmen Beitr. I, 176 ff.

**) v. Ledebur in den Märk. Forschungen IV. S. 90, 91.

gescholtene Urtheil der Reihe nach an die Klinke bei Brandenburg, an die Krepe in der Altmark, an die Linde, an die Kammer zu Tangermünde oder an das Buch, endlich an das Reich ziehen. Solch gliederreicher Zug steht im deutschen Mittelalter nicht vereinzelt da. Denn dass ein Gerichtshof als Oberhof für andre galt, beruhte nicht nur auf der Hierarchie der Gerichtsgewalten überhaupt, *) sondern auch auf der Uebertragung einer Rechtsform an einen andern Ort, auch wohl auf freiem Anschluss an alte berühmte Dingstätten, Gründe, deren Zusammenwirken zu einer ganzen Reihe von Instanzen führen konnte, ohne dass ihre Zahl durch ein allgemeines Princip beschränkt worden wäre. So leitete z. B. die Abstammung der Stadtrechte in der Mark zu einem Zuge von Berlin nach Spandau, von Spandau nach Brandenburg, von dort nach Magdeburg. **) Aus der Schweiz giebt die Rechtung von Borsikon ***) folgende Stufen: *were ouch das man urtelen vertgen müste, u. sy ieman züchen wölt, die sol man des ersten vertgen gen Chäm, u. von Ch. gen Wulhusen, von W. gen Hadingen zü dem heingarten, u. von dem h. widerump zü den stedeln für den richter.* Noch vielfacheren Zug genossen die nach Schwerinschem Rechte lebenden Stralsundischen Landbegüterten. Als ihre Instanzen werden genannt: der Stall zu Stralsund, das Kirchspiel zu Pütte, der Rath zu Stralsund, der Fürstl. Burgwall zu Loitz, der Stapel oder das Buch zu Schwerin und die sieben Eichen. †) Selbst der Entwurf der aufständischen Bauern für eine Reformation der deutschen Verfassung v. 1525 begehrte im Art. 7 über den gewöhnlichen Gerichten noch vier Stufen von Appellationsgerichten, nemlich 64 Freigerichte, 16 Landgerichte, 4 Hofgerichte, ein Reichskammergericht.

In unserm Falle wirkten auf die Stellung eines Oberhofes hin: für Brandenburg die hohe geschichtliche Bedeutung der Stadt, deren *nomen gloriosum prae ceteris castris Marchiae*

---

*) Schwäb. Landr. 96 Wack. (114 Lassb.) *von swelecher herren (hohern) hant daz gerihte ist, da mag man wol ein urteil ziehen.*

**) Riedel, Mark Brandenburg II. 548.

***) Grimm Weisth. I. 51, Blumer St. und R.G. I. 60, 62.

†) *Alb. Georg Schwarz de serie processus et provocationum forensium in causis ad ius Sverinense dirimendis, Gryphisw.* 1742. 4. Die sieben Eichen deuten vielleicht auf die Parochie *Soveneken* im Ratzeburgischen, *Westphalen Monum. II.* 2019.

schon eine Urk. v. J. 1170 preist;*) sodann für den Zug von da nach der Altmark das ganze Verhältniss der neuen Mark als eines von dort aus gegründeten und dem deutschen Reiche erworbenen Gebietes; ferner für die Krepe und die Linde insbesondre die Heiligkeit gewisser Haine und Bäume; endlich für des Markgrafen Kammer die höchste landesherrliche Gewalt.

Die einzelnen Dingstätten bieten noch einigen Stoff zu Erläuterungen.**)

1. Die Klinke bei Brandenburg. Wie mannigfaltige Bedeutungen das Wort gewonnen hat, zeigt das Glossar. An die eines Gatters denkt bei unsrer Klinke der Aufsatz bei Hymmen, wenn er ausführt: die Brücke aus der Altstadt Brandenburg nach dem Dom habe ein Thor mit einem Fallgatter gehabt, durch welches die Parteien vor Gericht gelassen wurden; auch später sei noch das Schöppenhaus zwischen der Alt- und Neustadt neben der langen Brücke mit einem Eingange durch doppelte Gatter versehen gewesen; eine gemalte Fensterscheibe mit der Unterschrift *Scheppen beeder stet Bran.* 1568, zeige den Churfürsten auf einer Mauer, unter ihm ein Gewölbe mit einem Fallgatter.***) Dann wäre unsre Klinke der Brandenburger Schöppenstuhl, den allerdings schon im Jahre 1316 der Kurfürst Johann für alle *civitates et oppida per totum nostri dominii circuitum site* bestellt hatte. Allein dazu passt doch weder, dass die Klinke als eine höhere Dingstätte für Landgerichte gedacht werden muss, noch, dass sie bei Brandenburg gelegen haben soll. Auch sagt das Berliner Stadtbuch S. 164: *tu landrechte u. tu borgerrechte vint man tu Brandenborch, dat nu is de hogeste dingstat, dat hir vormals was tu der Klinke by Brandenborch.*

Riedel a. a. O. nimmt einen Ort Klinke, der später der Neustadt Brandenburg einverleibt worden sei, als wahrscheinliche

*) *Gercken Fragm. March. III. p.* 2.

**) Vgl. v. Hymmen Beiträge I. 180—183; Riedel Mark Brandenburg II. 549 ff.

***) Eine Mittheilung des Herrn Prof. Heffter in Brandenburg vermuthet: in dem Thor auf der Brücke möge eine kleinere Thür mit einer Klinke hergerichtet gewesen, und daher der ganze verschliessbare Uebergang Klinke genannt worden sein. Das Schöppenhaus auf oder über der Havel sei mit der Brücke durch einen Steg verbunden gewesen. Daher die Benennung Schöppenstuhl zur Klinke.

Dingstatt für das Vogteigericht des Landes Zauche an. In Brandenburger Urkunden des 12ten und 13ten Jahrh. giebt es ein dem Domstift Brandenburg, dann dem Kloster Lehnin gehöriges *molendinum Klinke cum area sua aquis quoque etc.*,*) welches Mühlengrundstück aber nach Heffter Gesch. d. St. Brandenburg 1840 S. 152 in der noch jetzt Klinke genannten Gegend bei Wachow einige Meilen nordöstlich von Brandenburg entfernt lag, so dass darauf die Einverleibung nicht passen würde.

Ueberhaupt lässt sich m. E. über diesen Punkt nur so viel sagen. Oertlichkeiten mit dem Namen Klinke sind nicht selten. Jetzt heisst bei Wachow so der Weg, welcher von dort über einen den Riewendtschen und den Behnitzer See verbindenden Graben führt und kurz vor der Brücke eine scharfe Wendung macht; bei der Klinkbrücke war früher ein Schlagbaum. In der Altmark zwischen Gardelegen und Stendal liegt das Dorf Klinke. Ausser jenem *molendinum* des Stiftes Brandenburg kommen Klinkmühlen in verschiedenen Provinzen des Preussischen Staates vor, wie denn auch der Eigenname Klinkmüller öfters begegnet. Bei Kiel heisst so eine Landzunge zwischen der Kieler Bucht und einem Teich, durch welche ein Weg mit einem Schlagbaum geht. Der Weg der zu dem Klinkerthor in Augsburg führt, macht kurz vorher einen scharfen Winkel. Diese Beispiele zeigen, dass eine Oertlichkeit den Namen Klinke aus gar verschiedenen Anlässen tragen mag; jene Wachowsche etwa von dem Schlagbaum, oder von dem Défilé, den Ausläufern der Seen, oder, wie nach der eigentlichen Bedeutung am wahrscheinlichsten, von dem Haken welchen die Strasse bildet. Also lässt sich, da gegenwärtig einer bestimmten Oertlichkeit bei Brandenburg jener Name nicht mehr beiwohnt, aus der blossen Wortbedeutung schwerlich die ehemalige Gerichtsstätte Klinke noch ermitteln.

2. Die Krepe in der Altmark. Nach ältern Nachrichten bei Hymmen a. a. O. 182, und Beckmann Beschr. der M. Brandenburg I. 965, II. 254 war die Krepe oder Kriepe zunächst ein

*) Die Urkunden von 1173, 1179 bei Buchholtz Gesch. der Churm. Brandenburg 1771, Th. IV. Anh. Nr. 17, 20, und die Urk. v. 1217 u. 1234 bei Riedel C. Dipl. Brand. Hauptth. I. Bd. 8 S. 134, 147 führen das *molendinum* unter den Besitzungen des Domstifts Brandenburg auf, ohne nähere Bezeichnung der Lage. Im J. 1247 wurde die Mühle dem Kloster Lehnin überwiesen, Riedel Bd. 10 S. 203, und nach Heffter im J. 1675 zerstört.

Fliess nördlich von Stendal, welches von Peulingen kommend bei Eichstedt in die Uchte fällt, und jetzt auf den Karten als Speckgraben aufgeführt wird. Es gab jenen seinen Namen theils einem Eichenwalde auf der Feldmark Gross Schwechten bei der Weide von Eichstedt, der schon 1775 sehr verwüstet war, theils einem Schlosse auf einem 15 Fuss hohen Hügel. Von dem Schlosse erzählt Entzelts Chronicon (1579), es habe vormals denen von Boretz, einem im J. 1342 erloschenen Geschlechte gehört, und sei nun verfallen. Im dritten Viertel des vorigen Jahrhunderts zeigten sich noch Ueberbleibsel in einem mit starken Eichen bestandenen Burgwalle und doppelten Graben. Nach Klöden, Gesch. einer altmärkischen Familie 44, heisst noch jetzt der Winkel den die Uchte und der Speck bilden, die Krepe oder Kripa, mit schwachen Spuren einer alten Burg. Bei unserm Dingplatz Krepe im Richtsteige nun ist ohne Zweifel an den Eichenwald zu denken. Riedel vermuthet darin zugleich die Gerichtsstätte der Vogtei Arneburg.

3. *Van denne wiset men di tur linden.**) Der Aufsatz in Hymmens Beiträgen berichtet, dass eine grosse Linde bei dem Dorfe Bierstedt unweit Betzendorf, etwa zwei Meilen südlich von Salzwedel auf einem Berge gestanden haben solle, welchen die Leute noch damals, um das Jahr 1775, *to der linden* nenneten. Auf Salzwedel geht auch ohne Zweifel die Bemerkung der Hdschr. Aa *bi wetle*, C. 50 N. 12. Riedel 550 sieht hierin die alte Gerichtsstätte der Vogtei Salzwedel, und weist mit Recht darauf hin, dass somit die Berufung innerhalb der Altmark nach ihrem ältesten Theile, der sogenannten Mark Salzwedel zurückgeführt habe.

Alle diese alten Volksdingstätten überragte nun jedoch

4. das Gericht am Hofe des Landesherrn, die markgräfliche Kammer**) zu Tangermünde, oder nach dem Ausdruck des Ber-

---

*) Auf ein doppeltes Vorkommen der Linde, welches Sachsse, Beweisverfahren 185 nach einer singulären Lesart, s. oben S. 74 Note *, angenommen, gehe ich nicht weiter ein.

**) R. 50 §. 3 *in de hogeste dingstat d. i. in des kemereres kamere.* Die Göttinger Hdschr., welcher wieder Sachsse 185 folgt, liest, indem sie eine andre Lesart *des rikes kemerers kamer*, d. i. des Reichskämmerers K. entstellt: *des kaisers kamer.* — Es braucht kaum bemerkt zu werden, dass die Stellung des Markgrafen als Erzkämmerers des Reiches, dem Namen für sein landesherrliches Gericht nur zufällig begegnet.

liner Stadtbuches 164: *de allerhogeste dingstat, dat was in des heren kamer tu Angermunde up der Elve* (50 N. 14 *uf den owe?*). Diese oberste der Instanzen, welche innerhalb der Markgrafschaft bestand, knüpft sich im Gegensatz jener unverrückbaren Dingstätten zunächst an die *habitatio quotidiana* des Herrschers,*) denn das ist doch diejenige Bedeutung der „Kammer" welche hier zu Grunde zu legen. Ob an solcher Wohnstätte nach den Umständen das Gericht in der Stube oder auf dem Hofe gehegt wird, ist gleichgültig, weshalb ja auch Kammer, Hof, Hofgericht für einander stehen. Gleichwie sodann gewisse Wohnplätze des Herrn als feste angesehen werden und sich von dem jedesmaligen Aufenthaltsorte trennen mögen, so kann sich auch die Kammer als höchstes Landesgericht an bestimmte Burgsitze binden und davon ihren Namen nehmen. Das war zu v. Buchs Zeiten mit Tangermünde geschehen, wo Markgraf Waldemar und seine Nachfolger am häufigsten weilten,**) und wo denn auch in Abwesenheit des Markgrafen ein Hofrichter seine Stelle vertrat.***)

Weitere Bestätigung und Erläuterung giebt zunächst die Gl. zu III. 65. *In des Marggreven kamere dar en mut nen bur ordel vinden, als in dem rechten vorstendom* (in der Altmark) *tu Tangermunde u. tu Arneborch; desse twe sint der marggreven kamere.* Und es gelte der Satz, dass jeder Unbescholtene über den andern Urtheil finde, nicht *vor deme marggreven, eder in*

*) *Caesarius in registro eccles. Prum. c. CXII: haec tria oppida ... domini abbatis ... debent esse quasi camera et habitatio cottidiana.* Vgl. Haltaus 1058 ff. — Auch anderswo und abgesehen von dem kaiserlichen Hofe wird das Urtheil von den Dingstätten an die Kammer gezogen. Oeffnung von Einsiedeln: *die (urteilde) sol man züchen uss dem hofe in die dinghöfe ... u. ze iungste in des abtes kamer;* Oeffnung v. Buchs: *wird sie aber da nut bericht, so solls man ziehen in die witen kemnaten für einen apt,* Blumer Rechtsgesch. der Kantone etc. I. 62, 64. Weisthum v. Irsch, Haltaus S. 1058. Nach dem Recht von Overyssel hielt man eine „*kamerklaring ten hove, ter kamer van den bischop.*" *Klaren* ist ein Urtheil bessern, auch überhaupt urtheilen, *Noordewier* 387.

**) *Sedem atque natalem praebuit Caesaribus, Electoribus et Principibus non paucis,* Leutinger *topogr. Marchiæ* §. 5. Riedel Mark Br. II. 86, 429, 552.

***) R. 50 §. 3 *so heget de marggreve odder de dar sit in siner stede* (Berl. Stadtb. *oder syn hoverichter*) *ein ding,* vgl. §. 7 a. E. Gl. zu III. 65 *wy* (wer) *wat van des marggreven ding richtet oder dut, dat deit de marggreve.*

den steden dy kameren heiten. Also eine Trennung der Kammer von des Markgrafen Person und eine zweite Kammer zu Arneburg, gleichfalls ein *domicilium marchionum.**) Ferner verspricht Ludwig der Römer 1358 den altmärkischen Städten wegen ihrer Lehngüter, es solle *unse vogt ... twe klagen richten vor der brügge tu Tangermünde, di dridde scolen wi selve richten oder unse hoverichter in usen hof,***) d. h. doch auch wohl zu Tangermünde. Endlich lehrt noch das Berliner Stadtbuch 164: [illegible] *tu Angermunde plach von older der heren kamer tu wesen, dar man ordel up schalt u. ok alsus recht halede umme len u. lenerve; dat makede dat di stat lecht tuschen der olden u. nyen marke in. Nu aver lecht ein herre syn kamerrecht war he wil.* Am Ende des 14ten Jahrhunderts war also das höchste landesherrliche Gericht wieder wandelbar geworden.

Mit jedem neuen Schelten hört seitens des frühern Gerichts das Botengeben und der Kostenverlag auf; der Richter, vor dem gescholten worden, nimmt neue Bürgen, giebt seine Boten und macht die Auslagen 50 §. 3. Für den Fall nun, dass von der Linde an die Kammer gegangen wird, bestehen die Boten aus dem ganzen zu der Linden gehegten Gericht. Vor dem Markgrafen finden, s. oben 419, nur Ritterbürtige das Urtheil, und nur ein solcher, ein „achtbarer Mann" kann Vorsprecher des Scheltenden sein. Der Finder und der Scheltende wiederholen dann das gescholtene und das bessernde Urtheil mit Berufung auf das Bekenntniss des begleitenden Gerichtes. Der Ritterbürtige, welchen hierauf der Richter auffordert *mit al den de hir sin****) hinauszugehn, um unter den beiden Urtheilen zu ent-

---

*) Leutinger a. a. O. §. 8.

**) *Gercken dipl. vet. March. I.* 129. Die dritte Klage verstehe ich nicht wie v. Hymmen I. 191 von einer dritten Instanz, sondern von der Klage nach zweimaliger Verfristung, auf welche erst das Urtheil in der Sache zu ergehn pflegte. Daher fügt auch der Kurfürst hinzu *u. unse borger scholen ere len anders nergent winnen noch verliesen wan vor uns u. unsern hoverichter in unsen hof.* Das markgräfliche Gericht war überhaupt in Lehnssachen die erste Instanz, Riedel M. Br. 407 ff., 426, Walter RG. §. 580 a. E.

***) Vornemlich aus diesen Worten schliesst Sachsse 184, 187, das ganze mitfolgende Untergericht habe an der Abstimmung des Kammergerichts Theil genommen. Dem widerspricht aber schon, dass in der Kammer, *als wi it stedelik seen* Gl. zu III. 65, nur vollkommene Leute am Heerschilde die Urtheile finden. Es sollen eben sämmtliche Urtheiler des Markgrafen mit dem Aufgeforderten hinausgehn. So spricht auch nach dem Berl. St. 165 zu

scheiden, begehrt einer Frist bis zum andern Mittage und *des rechtbukes* (Berl. Stadtb. *ordels!*) aus der Kammer, falls sie dessen bedürfen. Inzwischen beköstigt der Lindenrichter sich mit nur sechsen seiner Urtheiler und jenen beiden Streitenden; den übrigen giebt man Urlaub 50 §. 6. Wird dann am andern Tage die Entscheidung eingebracht, so darf wer danach unterliegt noch fragen, *of me dat recht icht in dem buke bewisen scole.* Und man findet ihm entweder *me scolet eme bewisen dat it so si* oder *me scoles em gunnen dat het bewise dat it so nicht en si,* 50 §. 7. Nach erfolgtem Beweise erklärt auf des Richters Befragen ob ihm genüge, der Unterliegende entweder seine Zustimmung, oder er schilt und zieht noch weiter an das Reich, s. oben S. 509. Das Wedden, Büssen und Kostentragen des Besiegten ergiebt sich aus den Summarien zu 50 §. 7, §. 8.

Eine besondre Betrachtung erfordert noch das „Buch" und die Weise seiner Benutzung. Es wird wohl ein Codex der sächsischen Rechtsbücher, vielleicht schon mit v. Buchs Glosse gewesen sein; eine besondre Zusammenstellung der Brandenburgischen Rechte, woran der Uebersetzer des C. 50, ob. S. 510 denkt, kennen wir wenigstens nicht. Die Benutzung aber des Buches ist eine doppelte. Einmal mögen die Urtheiler bei ihrer Berathung sich daraus belehren; sodann bildet es gewissermassen eine Instanz zwischen Kammer und Reich. Die in der Kammer unterliegende Partei erhält noch Gelegenheit ohne förmliches Schelten ein besseres Urtheil zu erstreiten, indem sie sich auf die Quelle beruft, aus welcher die Urtheiler schöpften oder schöpfen sollten.

Dieses eigenthümliche Verfahren ist doch nicht ganz ungewöhnlich.

Die Hamburger Urtheile von 1270 sagen VI. 11: *Wanne de menen ratmanne en ordel van dem hus* (dem Rathhause) *sendet vor dat rechte* (Gericht) *van den* (Urtheilen) *de hyr bescreven stat, u. mishaget enen manne dar wat ane, he mot it wol wedder teen an dat bok, u. man schal it eme lesen ut deme boke. Mer bescheldet he dat ordel, he ne mach is nergen teen sunder vor den rad uppe dat hus.* Auch hier wird also geschieden, erstens ein Missfallen an dem Urtheile unter Berufung auf das geschriebene Recht aus dem gesprochen worden, zwei-

---

diesem der Markgraf: *wi gebiden di dat du utgeist met allen unsen mannen.*

tens das Schelten des Urtheils mit einem Ziehen desselben vom Gerichte an den Rath.*)

Nach dem Goslarschen Recht, Göschen S. 87 Z. 3, S. 402 kann der, den ein Urtheil des Rathes trifft (*dene dat trede*) verlangen, *dat men dat in der stat boke lese ...., wu men dar inne vünde, also schal men dat holden.* Verstehen die Parteien das Buch verschieden, so entscheidet die Auslegung des Rathes, eventuell der Mehrheit desselben. Hievon ist das Schelten eines Urtheils des Gerichts mit Ziehen an den Rath zu trennen, S. 86 Z 31 ff.

Als der Graf Johann v. Oldenburg im J. 1330 den Sachsenspiegel abschreiben liess, geschah es auch, damit seine Mannen bei ihren nach sächsischem Recht zu entscheidenden Zwistigkeiten sich *propter presenciam istius libri* die Kosten und Mühen einer weitern Berufung sparen könnten, *Grupen obss.* 465, Kraut Grdr. §. 26 Nr. 40.

Das sich genügen lassen der Partei, R. 50 §. 7, konnte auch vorher erklärt werden. Nach einer Naumburger Urkunde (Mühler Rechtshdss. S. 69 Nr. 30) verwillkührt sich eine Partei vor den Räthen, *waz sy mir sprechen vor recht nach orer bucher lute, daran schal mir wol genugen.*

Aus Baiern ist ausser dem *iudicare* nach dem *liber legis,* welchen laut *l. Baiuv. II.* 15 §. 2 der Graf mit sich haben soll, seit dem 14ten Jahrh. das Sprechen nach des Buches (K. Ludwigs) Sag, welches zuweilen vor Gericht verlesen wird, bekannt. Dem wird das Urtheilen nach Frage und Folge entgegengesetzt, doch erhellt nicht, dass das Buch nur auf Betrieb derjenigen Partei, welcher ein nachtheiliges Urtheil gefunden worden, eingesehen wurde.**)

---

*) Lappenberg Hamb. Rechtsalterth. S. 30. Eine Parallelstelle VI. 30 fügt hinzu, der Unzufriedene habe auf dem Rathhause aus dem Buche das bessere Recht nachzuweisen. Jene obige Stelle wird in der Redaction von 1292 *G* 10 (ebend. S. 128) so wiedergegeben: *beschelt dat ienich man weder in dat boec, u. ne kan he nein rechtere vinden in deme boke, dat ordeil scal stede wesen etc.* Vgl. *C* 25 und aus dem Stadtrecht von 1497 *A* 22 u. 23, auch das Stader Recht bei Haltaus unter Stadtbuch. Die Langenbecksche Glosse zu *A* 23 vergleicht das Buch mit dem obersten Gerichte über dem Rath, an welches statt an den Fürsten die letzte Appellation gehe, s. Homeyer *Informatio ex speculo Saxonum,* 1857 S. 668.

**) Maurer Gervf. 104—106, 198; Auer Münchner Stadtr. VIII—IX; J. Grimm Weisth. III. 655, 658.

Endlich kennt auch die *series processus* nach Schwerinschem Recht (*Schwartz p. XXIX*) ein Ziehen „vor den Stapel oder das Buch zu Schwerin" ohne weitere Erläuterung.

Immer erhellt schon aus der Vergleichung mit den Hamburger und Goslarschen Statuten, wie die Autorität eines geschriebenen Rechts zur Gestattung eines vom Schelten verschiedenen, nicht devolutiven Rechtsmittels führte, welches am ehesten einer Läuterung sich vergleicht. Die aufgezeichneten Sätze waren, wie oft im Namen „Urtheil," so noch allgemeiner in der Rechtsansicht der Zeit, den Aussprüchen der Gerichte gleichartig. *) Zugleich galten sie, mochte das Ansehn des Buches durch die städtische Autonomie, durch landesherrliche Gewalt, durch den Gedanken an ein kaiserliches Privilegium begründet sein, als die ursprünglichere und höhere Quelle der rechtlichen Weisheit. Doch war die Entscheidung aus ihr doch eben nur durch das lebendige Gericht und zwar durch dasjenige thunlich, welches das Buch in Verwahr und nach ihm gesprochen hatte oder hätte sprechen sollen. Es blieb also nur übrig, der Partei eine Bitte an das beschwerende Gericht um neue Prüfung des gefundenen Urtheils mit Hinweis auf jene Quelle zu gewähren.

Von der markgräflichen Kammer oder dem Buche wurde, wie oben bemerkt, noch die Berufnng an das Reich gestattet; selbst ein Ziehen von da an die rechte Hand wird als möglich gedacht. So bietet uns denn die Schilderung des Rechtszuges im C. 50 ein überaus reiches und wunderbares Bild, zusammengesetzt aus den Anschauungen aller Epochen, in welchem der Eichenwald und die Linde und Zweikampf noch eben so wohl eine Stelle behauptet, als der landesherrliche Hof und der geschriebene Buchstabe sie schon gewonnen haben.

*) Das Recht von Goslar: *unde de rat dat ordel utgeve ... of it dar inne stunde*, und das von Hamburg von 1270 VI. 11: *wert ok de rad eendrechtlich umme en ordel, dat in dem boke nicht ne steit* unterscheiden nur, ob das von dem Rathe gegebene Urtheil in dem Buche schon steht oder noch nicht. Vgl. über Anlass und Weise der Eintragung der Urtheile in die Bücher die Stellen in Krauts Grundr. 4te Aufl. §. 17 N. 24 *c*, 24 *d* aus den Stadtrechten von Erfurt und Ingolstadt, überhaupt aber Planck BewU. 26.

Nachtrag zu der Erörterung über Eidhelfer und Zeugen, oben S. 466, 472.

Das nordfriesische Recht von 1558 Art. 60, Dreyer Abhdl. I. 513, bestimmt, der Beweisführer solle *lofwerdige tügen vorbringen. Wo idt averst de unumgenglike not erfordert, so schall doch lichtlich dat olde lantrecht mit eden gebruket werden.* Auch hier werden Eide für *consacramentales* gebraucht, werden diese den Zeugen entgegengesetzt, und sollen sie um des willen schwinden, weil sie nicht die Glaubwürdigkeit der Zeugen haben.

Glossar.

Das Glossar bezieht sich auf sämmtliche hier gegebenen Quellen, mit Inbegriff des Nebentextes des Richtsteiges und der Varianten, sonach auch auf andre als niederdeutsche Texte. Diejenigen Wortformen, welche ich lediglich aus mittel- oder oberdeutschen Texten aufgenommen, sind mit einem Sternchen bezeichnet.

Ein Paar grammatische Bemerkungen schicke ich voran.

Der Haupttext wirft bei den Verben im Plural das n *ab, wenn die Person dem Verbum* folgt; *er sagt also zwar* gi willen 50 §. 4, *aber* wil gi 3 §. 1, 17 §. 1, wil wi 21 §. 5; gi vorden 47 §. 4 *aber* vorde git *ebd., eben so* hebbe wi *S.* 323, hebbe gi 26 §. 1, clage gi 26 §. 3.

Zum bessern Verständniss mancher Stellen ist auf die syntactische Eigenheit zu achten, wonach das Pronomen vorangeht, um sofort durch das Nomen oder eine Beschreibung des Subjectes näher bestimmt zu werden. So heifst es: 1 §. 3 wat er broke si, der de dar nicht ne sint. 20 §. 4 Is it aver int gemeine gut dines bruder wives gut gekomen. 34 §. 1 dat hes geweigeret heft jene richter. 34 §. 9 stelle dine clage du cleger. 35 §. 5 is, dat desse wedder nein sprikt de antwerder. 43 §. 6 sin wergelt des de dar dot si.

A.

Abtreten *Bl. Ssp.* 380 der is ym abetrat mit seynem louken, *der durch sein Leugnen es (diese Ausflucht) ihm entzog.*

Acht, ochte 35 *N.* 47, *die Verfestung seitens des Königs,* enen in a. nemen 33 §. 7, in de a. bringen, stan in der a. 33 §. 8.

Acht *das Erachten, die Berathung* 3 *N.* 37, *vgl.* gespreke.

Achtbar *Beiwort der Ritterbürtigen,* a. man 50 §. 4, *vgl. Gl. zu s. Landr. I.* 3 §. 2 *und Ssp. II.* 2 *S.* 576.

Achten *beachten* 33 §. 7, *erachten* 38 §. 2.

Achter *Adv. hinten*, hen a. *späterhin* 26 *N.* 23.

Achtersprake *Verläumdung, Vorr. S.* 85.

Afdriven *rechtlich entziehen* 18, afgedreven werden enes ordels 50 §. 11.

Afgan *abgehn, mangeln* 19 §. 3.

Afhendich *abhänden*, a. bringen 35 *N.* 20.

Afkrigen *abstreiten* 26 *N.* 36.

Afmorden *durch Mord entziehen* 31 §. 3.

Afnemen *wegnehmen, z. B. die Finger nach dem Schwure von den Heiligen abziehen* 8 §. 2; is mi a. *mich davon befreien* 3 §. 1.

Afroven eneme e. s. *einen e. S. berauben* 31 §. 3, afgerovet 17 §. 1.

Afslan *von einer Schuld in Abzug bringen* 9.

*Afterding *das nach dem ordentlichen angesetzte Gericht, Bl. Ssp.* 363.

Afwinnen *abgewinnen* 17 §. 2, 20 §. 3, 40 §. 4.

Afwisen *abweisen, den Gegner* mit rechte 41 §. 2.

Al 1) *Adj. all, indecl.* 9 *a. E.*, 34 §. 4, mit al den 50 §. 5, al eines mannes vrunt 3 §. 4, sic al des untwerren 14 §. 4, wen al (allis) *welche alle, Grimm Wörterb.* I. 212, 4; alme *für* al deme 37 §. 3. — 2) *Adv. ganz, gar*, al wis 43 §. 5, al umme 48 §. 2, al to male 45 §. 5; alle jarlikes 27 §. 3. — 3) *Conj. obschon* 22 §. 4, al wolde he 45 §. 5.

Allene, allet, *Adv. obschon* 32 §. 9. *Allent *für* allet *alles Joach.* §. 22. Aller, alder *mit dem Superlativ* a. erst 1 §. 1, 9, a. dickest, a. meist 4. *Allis glichis *gleichwohl S.* 384.

Als, alse, alsus, aldus 1) ita *z. B.* 1 §. 2, 2 §. 3, 7 §. 1, 15 §. 1. — 2) quum *z. B.* 16 §. 3, 25 §. 3.

Alsulk *solch* 3 *N.* 25.

Alweghe *allerwegen* 41 *N.* 33 *a.*

*Amecht *Amt; die Schöffen schwören* uff u. czu erem a. *Bl. Ssp.* 376.

An *für* in, gripen an enen ketel wateres 40 §. 3, an dem levende 35 §. 8.

*Andechtig einen einer s. machen, *sich einem in Erinnerung bringen, Cautela* 394.

Anderswat *irgend etwas anderes* 41 §. 7. *Andertweide *anderweitig, Bl. MR. III.* 98. *Andertweiden *wiederholen* einz rede *ebd. IV.* 3. Anderwerve *zum andern mal* 31 §. 3.

Andrepen eneme, *einen angehn, betreffen* 41 §. 5.

Andun *zufügen*, pine a. 35 §. 7, eneme rof a. *einen des Raubes beschuldigen* (*ihm den Raub anheften*) 35 §. 2.

Anevang *Klage auf eine Sache mit deren Anpackung* 5 §. 1, mit a. beclagen ene s. 11 §. 4, deme a. antwerden 14 §. 3, den a. vorbuten 16 §. 6. Anevan *jene Klage anstellen* 11 §. 3, *Prät.* angevangen 16 §. 6.

*Angesegen, *abgewinnen Bl. Ssp.* 359, *eben so* angewinnen, anewinnen, *ebd.* 370, 24 *N.* 15, 27 *N.* 15.

Angripen *angreifen* vor enen dif 17 §. 1.

Anheven en dinc, *ein Gericht eröffnen* 1 §. 2.

Ankomen an enen, *einem zufallen, wie* have 11 §. 2, gut 15 §. 1, 16 §. 1; enen a. *auf jemand treffen* 33 §. 6, 34 §. 6, 35 §. 1; ene s. a. *zu einer Sache gelangen* 15 §. 2.

Anleggen *verwenden* 17 §. 3; *zufügen* eneme gewalt 32 §. 9, pine 35 *N.* 77.

Ansetten, 3 *P. Pr.* ansat, *Prät.* angesat, ene clage *sie anstellen* 5 §. 3, 36.

*Anspracher *der Kläger, Bl. MR. I.* 90, *II.* 3. Ansprake *die Klage, entgegen der Antwort* 5 §. 1. Anspreken e. s. 11 §. 1, eneme mort a. 23 §. 2.

Antal *Masc.*, *die Quote, Rate* 9.

Antwerden *antworten z. B.* 1 §. 1; dar vore, dar umme a. *etwas vertreten* 14 §. 1, 16 §. 2, 26 §. 2; *überantworten, ausliefern* 15 §. 1, 32 §. 6, gut ut sinen weren a. 47 §. 3, enen eneme a. 41 §. 7. Antwerder *der Beklagte z. B.* 1 §. 1. Antwert *die Antwort*, to a. bieden 7 §. 1, 21 §. 1, 23 §. 1, 33 §. 2, 41 §§. 1 u. 2, der a. weren 4; *die Gegenwart*, to a. sin 30 §. 1.

Anverdinge *das Anpacken, Angreifen*, sik mit a. underwinden 16 §. 5, *vgl. N.* 46.

Arbeit *Masc.* sik des arbeides erwegen, *Vorr. S.* 85.

Arg *bös*, arges sik vorstan *das böse einsehn* 43 §. 4; arge geschefte *Händel, Bl. MR. I.* 124.

Arme man *heifst wer peinlich beklagt ist* 32 §. 8.

Art *Boden, Land*, sessische a. 49 §. 5.

Ave *in Zusammensetzungen für* af.

Aventure, eventure, *ebinthure, *ebintewr *Wagnifs*, in a. sines lives 15 §. 1, *Bl. Ssp.* 379.

Aver *abermals* 14 §. 2, 34 §. 10.

B.

Balemunden *jemanden für einen bösen Vormund erklären und ihn absetzen* 33 §. 1.

Banhaft *im Banne befindlich* 2 *N.* 50.

Bank, *Schöffenbank. Der Schöffe schwört* to der b. 34 §. 7; mit gehegiter b. *mit den Schöffen* 25 *N.* 25, *S.* 386, 405.

Bar *offenbar*, b. scult 39 *N.* 19, 40 *N.* 13; *blofs* b. swert *Bl. MR. I.* 77.

*B[illegible] *besser sprechend*, *Bl. Ssp.* [illegible]

Bat, bet *besser, mit mehr Recht* 39 *N.* 12.

Beboden, *vgl. die Synonyma* 33 *N.* 43, *vorladen, beschicken* 7 §. 1, 14 §. 2, 33 §. 3.

Bedderve, berve, *bedirb (vrom, erbar) *unbescholten, ehrenwerth* 12 §. 3, 43 §. 2, *vgl.* 49 *N.* 41; *biderbman 38 *N.* 32, zu e. bedirmans recht komen *Bl. Ssp.* 377.

Bederven *bedürfen* 50 §. 5.

Beduten *ausdeuten, das Recht, Cautela* 392.

Began *begehen, durchmachen* alle recht 12 *N.* 18.

*Begunst *Prät. von* beginnen, *S.* 400.

Begripen *ergreifen* 42 §. 1, enen dar bi b. 37 §. 4, in hanthafter dat b. 31 §. 1.

Behalden, beholden (herhalden 8 *N.* 7) *in Gewahrsam haben*, enen b. 32 §. 7, 33 §. 4, 34 §. 3, 44 §. 4; *gerichtlich beweisen* neger tu b. de sone 41 §. 8, to rechte b. 21 §. 1, tu lene, egenes an dem gude b., 27 §. 1, mit sime rechte b. 13 §. 1, 16 §. 2; *sich bei einer Saehe behaupten* dat ordel b. 48 §. 3, 49 §. 3, dat gud b. 26 §. 6; *gewinnen* b. oder vorlisen 11 §. 2, *vgl.* 17 §. 1 winnen oder laten.

Behend *geschickt in der Streitführung*, wat behendes is 5 §. 3. Behendicheit, *Geschicklichkeit, Kunstgriff* 2 §. 2, 5 *N.* 14, 11 §. 1, 26 §. 2, 26 *N.* 28, *Gl. zu III.* 14 §. 1, b. der antwerde 32 §. 9, b. der worter *Blume MR. IV.* 1; b. des rechtes *Blume Ssp. S.* 358. Behentlik 32 *N. a.*

*Behoren *hören, Joach.* §. 22.

Behoven, *bedürfen* 50 *N.* 53.

*Behulfen *behülflich Bl. Ssp. S.* 372.

Bejegenen eneme, *im Rechtsstreit entgegnen* 26 §. 2.

Beiten, beiden *warten*, 13 *N.* 24, 29 *N.* 8, des antworders b. *S.* 385; *erwarten* ene b. 31 *N.* 46.

Bekallen *besprechen, bereden* 45 *N.* 56. *Graff IV.* 383 kallen *schreien*, *Müller Wb. I.* 781 bekallen, *Br. NS. Wb. II.* 722, *Seibertz Urkundenb. III.* 73, 204 verkallen, *Grimm Weisth. II.* 670, *III.* 68, 841 kallen.

Bekantnisse, bekentnisse, bekennisse *des Gerichtes zu Gunsten einer Partei* 19 §. 1, 35 §. 1, 41 §. 10.

Bekennen, *seitens des Gerichts* 7 §. 2, 50 §. 5; *erkennen* de guden bekennen *Vorr.* 85. Bekennich *geständig* 21 *N.* 20. Bekant, bekent *wozu man sich bekennt*, bi sinem b. namen 2 §. 1, enen b. heren hebben 21 §. 4.

Beklagen, enen 3 §. 2, ene sake 11 §. 4; de beclagede man 8 §. 1, 28 §. 1.

Bekostegen *die Kosten für etwas bestreiten*, en gut 15 §. 1, enen 49 §. 4.

Belumeden *für ehrlos erklären* 33 *N.* 58.

Belustern *belauschen* 437, *Wigand Femger.* 553.

Bende, *die Banden* 32 §. 9.

Benemen *hindern*, echte not benimt 14 §. 3.

Benomen, benumen (beniemen 49 *N.* 5) *benennen* 47 *N.* 21, benomet gelt 6, dach 47 §. 4, de b. borge 9.

Benugen *genügen* 50 *N.* 73.

Berait, *Berathung* 3 *N.* 31, *vgl.* gespreke.

Bereden enen ener s., *überführen* 31 §. 1.

Bereiden (bereiten) *bezahlen* 1 §. 3, 43 §. 7, 44 §. 4; bereidinge *Zahlung* 9; bereit *bezahlt* 9, 12 §. 4.

Berichten *angeben* 42 §. 4. *Berichtunge *Berichtigung des schuldigen Joach.* §. 35.

Bermelichen *kläglich, betrübt* 31 *N.* 5.

Bernen *brennen*, dorch de tene *Vorr. S.* 85. *Vgl. über diese Strafe Grimm RA.* 709 *und Gl. zum Weichb.* 38; zu haut u. haar. Dis ist so viel das man den zu der staupen schlegt und im ein ohr abschneidet. Hat er des ohrs nicht, man brennet in durch die backen.

Berochen *s.* gerochen.

Beropen *berufen*, 29 *von neuem laden, vgl. KammGO. v.* 1523, 6, 2, sik tuges b. *J.* §. 18.

Beruchtegede, berochtede (berufte, berufene, gerufte) man, *über den das Gerüchte geschrien ist* 42 §. 2.

Berve *s.* bedderve.

Besceiden *Vb.*, ener s. *Bescheid geben* 21 §. 5, enen b. *einen vorbescheiden* 20*a* §. 1. Besceidenlike *mit der Bestim-*

mung, also b. *dergestalt; besonnen, verständig* discrete, b. spreken 4. *eben so* *Bescheiden *Adj. Bl. Ssp. S.* 370. Beschedenheit *statt* behendikeit *für gewandtes Benehmen im Prozefs* 11 *N.* 4; 26 *N.* 8; 32 §. 9 *N.* 16.

Bescelden, en ordel 49 §. 1.

*Beschonen *schön, d. i. untadelhaft machen, entschuldigen,* dene beschonet sine unwissenschaft nicht, *Cautela S.* 393, sich beschonen *Bl. Ssp. S.* 481.

Besem, den Besen 28 §. 3, vgl. N. 22 Bosseman [illegible]

*Besetzen *mit dem Gericht, sich den Beweis einer gerichtlichen Handlung sichern, indem man das Gericht zu Zeugen aufruft* 12 *N.* 25, *Blume Ssp. S.* 368, 372, 386.

Besin *besehen* 37 §. 1.

Besippen sik, *seine Verwandschaft angeben, S.* 492 *Note.*

Besitten, *besitzen,* b. eigen iar u. dach 22 §. 3.

*Beslysin *beschliefsen,* den sin *einer Rede, wohl denselben genau feststellen Blume MR. IV.* 1, 3.

Bespreken sik, *ins Gespräche gehen,* umme eine rede 3 §. 3.

Bestedegen *festhalten, den Beklagten* 45 *N.* 37.

*Besten *Adv. bestens Joach.* §. 1.

Besweret 32 *N.* 49 *von einer Schwangern.*

Bet *bis* 29.

Betedingen *ausbedingen* 2 *N.* 28.

Beter *besser,* mit beterme rechte 17 §. 2, beteren danc 4.

Beteren *Ersatz leisten, Genugthuung geben* 37 §. 5, 41 §. 2.

Betichtigen *zeihen, bezichtigen* 34 §. 12 *N.* 6.

*Betruben *trüben, verdunkeln,* den sin *Blume MR. IV.* 1.

Betugen *bezeugen z. B.* 4, 17 §. 3.

Bevragen, sik ordels 48 §. 2.

Bewaren *behüten* sik 2 §. 3, enen unsinnegen 43 §. 7, enen an sime rechte 3 §. 3; *beachten* ene sake wol b. 14 §. 6; *beobachten* des wert so bewart 16 §. 3; *verhüten* 11 §. 3.

Beweren *bekräftigen,* mit sime ede 13 §. 5.

Bewisen *erzeigen* truwe b. 35 §. 7; sich b. *in dem Gerichte, dort gegenwärtig sein S.* 385; *darthun, insbesondre durch Augenschein* 38 §. 1, under em b. 11 §. 3, 16 §. 1, 32 §. 10, 40 §. 2; *sonst,* mit 72 mannen 10 §. 1, mit sime ede 13 §. 5, 14 §. 7, mit sic selven 37 §. 3, sulf drudde 9, mit twen 16 §. 2, self sevende 44 §. 3, mit sines selves live 32 §. 2, 39 §. 2, mit dem richter 34 §. 11, mit des rikes brif 34 §. 8, mit kampe 50 §. 9; echte not b.

27 §. 3, sine not in verscher dat 37 §. 2, gut 16 §. 1, vri u. echt 24 §. 2, scaden 42 §. 6, enen unevenbordich 24 §. 4; dat recht in dem buke b. 50 §. 7. Bewisinge 17 §. 2, 31 §. 1. Bewislik gud, *Gut das jemand augenscheinlich hat* 21 §. 2.

Bidden *erbitten*, der hilgen 8 §. 2, enes mannes 2 §. 1, gesprekes 4, enen vreden 35 §. 8.

Biden, bieden (3 *P. Pr.* but, *Conj.* bede, *Impf.* bot, *Praet.* boden, geboden) *auffordern*, tur antwerde 7 §. 1; *erbieten* sic eneme 26 §. 2, to tuge 8 §. 3; *gebieten* 43 §. 7, 50 §. 2; *zufügen* lastere eneme b. 35 §. 8.

Bilke *billig* 9, also b. 20 §. 3, bilker *mit mehrerem Recht, eher* 11 §. 1, *Cautela S.* 394.

Binst *für* sist 13 §. 1.

Bisprake *Einspruch* 20 *a* §. 2, 23 *N.* 46.

Bisterliken, *Adv. von* bister *wild, verirrt, heimath- und herrenlos* (*Br. NS. Wb.* büster, *Schütze Idiot.* biester, *Oelrichs Gl.* byster), b. ene sake vinden *sie als herrenlose finden* 12 §. 1.

Biticht *Bezüchtigung* 437.

Blaw *blau* 37 §. 1, *S.* 404.

Bliven (blift, gebleven) *bleiben*, bi eneme b. *sich an einen als seinen Gegner halten* 14 §. 2.

Bode *der Bote, zur Vorladung* 14 §. 2, *der Schöffen* 29.

Borchtuch, borgetocht, *burgeczog, *Bürgschaft* 9, 3 *N.* 8, *Bl. Ssp.* 373, 402.

Boren *erheben*, 27 §. 3 *aus einem Gute*, weregelt b. 34 *N. a.* gewedde 44 *N.* 49; *zukommen gebühren*, 33 §. 4, bort di 2 §. 2, dat boret nicht hoger 38 §. 4.

Borg, eneme wat tu b. dun *borgen*, 6.

Borge *Bürge*, b. bliven 5 §. 1, des anderen b. werden 6, sulve b. sin 45 §. 3. *Bürgenstellung*, mit b. 9, enen to b. biden, to b. dun 32 §. 4, 33 §. 3, to b. geven *S.* 402, *vom Richter, der die Loslassung gegen Bürgenstellung anbietet und ausführt.*

Borgen, *leihen* 6, 47 §. 1; *durch Bürgschaft losmachen S.* 402, enen van der duve 32 §. 6, ut dem gerichte 34 §. 4 (*uzborgen *S.* 402), borgede scult *für welche Bürgschaft geleistet ist* 46 §. 4.

Borgerlik (*De* bruchlich) civilis, b. clage 5 §. 1, sake 28 §. 1; borgerliken ene clage ansetten 36.

Bort *die Geburt* 38 §. 3.

Boshafte de, *der Missethäter* 28 §. 2.

Botel *der Frohnbote* 31 *N.* 27.

Boven *Adv. über*, dar b. 34 *N.* 35.

Brehten *Lärmen s.* obirpracht.

Breken, *Prät.* broken, gebroken, *brechen*, ene were 22 §. 5; *verbrechen* 44 §. 3, *etwas* an enėr sake 12 §. 3, an eneme 38 §. 1.

Brif, des rikes 34 §. 7, mit briven geweren 21 §. 2.

Brochafte de (brechaftig) *der Verbrecher* 31 §. 1, 36.

Brok *der Bruch*, *vgl.* borst *im Glossar Ssp. II.* 1 S. 568, eneme wert br. einem gebricht es 4, br. anme geweren 40 §. 5.

Broke, *broche *Masc. das Vergehen* 5 §. 2, 16 §. 6, 32 §. 11, 35 §. 6, an hals u. hant 35 §. 2; *Folgen des Vergehens, namentlich Bufse und Gewedde* 1 §. 3, 16 §. 4, 21 §. 5, 33 §. 6, 50 §. 7.

*Brot *für Haushalt. Der Vater bringt durch die Absonderung den Sohn* auz seinem br. in sein eigin brot, *Blume M. R. I.* 90.

Bule, *die Beule* 32 §. 9 *N.* 11.

Bur *der Miteinwohner, Nachbar*, under sinen b. 1 §. 4, vor den b. gut upbieden 15 §. 2; *der Bauersmann gegenüber* den guderhande mannen 50 §. 7.

Burmester, burrichter *der Bauermeister* 1 §. 3, §. 4, *vgl. N.* 46.

Bute, bote *die Bufse*, b. geven 12 §. 3, beide buten verliesen 38 §. 3, b. der pennige u. der pine *Geld und Körperstrafe* 32 §. 9. Buten, verbuten *verbüfsen* 16 §. 6.

Buten, *busene *aufserhalb*, b. des gerichtes 2 §. 4, b. benumen *ausschliefsen* 13 §. 4.

C *s.* K *und* Z.

D.

Dach, *flektirt mit* g *und* ch, *der Tag, besonders Gerichtstag* van deme dache 32 §. 5, tu dem benomeden d. 47 §. 4, tu d. laden 26 §. 3, tu dachen komen 32 §. 7, enen d. leggen 43 §. 3, de utgelegede d. 32 §. 8. *Frist*, d. sinir beczalunge *Bl. Ssp.* 371, tu dage *gegen* tu hant *Joach.* §. 17, *insbesondre Gerichtsfrist*, d. krigen 34 §. 3, 46 §. 4, d. geven 21 §. 4, dages bidden 32 §. 7, 50 §. 5. Dachen, dagen *Prät.* gedachet *verfristen* 9, 7 §. 1, §. 2, 33 §. 3, he is gedaget 22 §. 5.

Dar *Adv. da* 7 §. 1, dar na *je nachdem* 12 §. 4, dar tu, dar jegen, dar anne, dar mede, dar umme; *von diesen Präpositionen getrennt z. B.* 34 §. 1, 35 §. 1.

Dat 1) *das,* 2) *dafs.*

Dat *die That.*

De (die) *der, die,* deme, den, der *angehängt und verkürzt in* inme, metme, alme; uppen *auf den;* tur *zu der;* her *er der.*

Dede *that von* dun *z. B.* 7 §. 2.

Degedingen *vorladen z. B.* 21 §. 4.

Deger *gänzlich, völlig* 44 §. 2. *Br. NS. Wb., Schütze Idiot., Seibertz Urk. III.* 1.

Del, deil, *der Theil, z. B.* 15 §. 1, 23 §. 1.

Delen, deilen, *teilen *theilen,* enc sake like d. 26 §. 6; *richterlich ertheilen* 31 §. 3, ordel 2 §. 3, 16 §. 3, eneme de were 16 §. 3, 26 §. 3, ene s. unkampwerdich 38 §. 2, *vgl.* 43 *N.* 95, d. vor ein recht *J.* §. 5, *S.* 402, 403.

Den *dann,* den noch 16 §. 3, 50 §. 3 *im Uebergang der Bedeutung von dann noch zu dennoch.*

Des, *Gen. von* dat *dessen,* des is nicht 11 §. 4; *Adv. hinsichtlich dieser Sache,* 45 §. 1, 50 §. 1, si des wis 4, des wete 6, 11 §. 1, 28 §. 2, des vrage 32 §. 9, des is hir N 7 §. 2, des steit N 37 §. 3, 42 §. 2, des se tum ersten 11 §. 2, 17 §. 1. *Statt* deste 32 §. 10. — *Als Zeitbestimmung* under d., binnen d. 37 *N.* 13.

Desse (dusse) *dieser,* an desseme gude 12 §. 1, to dussem male 38 *N.* 28.

Deste 1) *desto* 9, 2) *gesetzt dass z. B.* 20 §. 1.

Di (dek *S.* 407) *dir, dich.*

Dichten (bedichten, irtichten) *angeben oder erdichten* 47 §. 1, *Grimm Wb. II.* 1060.

Dicke *oft* 43 *N.* 91, wo dicke (*Aq* vake) 3 §. 3, vil d. 45 §. 5.

Diet, dijt, det *Fem. Volk,* bi slapender d., na slapender d., nachtslapender d. 35 §. 2, 47 §. 4 *und* 31 *N.* 42, 35 *N.* 22, 47 *N.* 10, 42, *während die Leute schlafen. Das ursprüngliche ist* bi sl. d. L. Sal. (Merkel 16. 1) Si quis casa qualibet super homines dormientes incenderit (Guelph., *vgl.* over mans slaep *Noordewier* 284); intus dormientibus hominibus (Fuld.). *Fris.* bi slêpandere thiade, be slêpanda monnum, *Richth. unter* slêpa. *Hamb. Urth. v.* 1270 VI. 5 by nacht u. by slapener det, *Stader und Verder Stat.* (*Br. NS. Wb. III.* 131) bi slapender dhet, *Bremer St.* 1428 (*Oelrichs* 359) bi sl. deit, *Magdeb. Görl. R.* 36 bie sl. diet, *Goslarsches R.* (*Göschen* 36 *Z.* 26) bi sl. det, *Sächs. Dist.* (*Ortloff IV.* 9. 8) by sl. dit u. by berochem (gerochenem) fuwer, *Blume des M. R. I.* 76, *I.* 159 by sl. dyyt by berochinem fewr, *Wisby*

Seerecht (*Schlyter II.* 18) bi sl. deth. — *Das* bi nachtslafender dieth *Magdeb. Bresl. R. v.* 1295 §. 16, *M. Görl. R.* 55, *oder* breke we ... husvrede nachtslapender deyt, wise *Dortmunder Stadtr.* (*v. Thiersch* 1840) 100, 107 *ist aus dem näher bestimmenden* bi nacht sl. d. (noctu dormientibus hominibus) *oder aus* bi nacht unde sl. d. *zusammengezogen.* Diet *wird im 14ten Jahrh. schon selten, Grimm Wb. II.* 1144, *daher die Entstellung* slapender tid *Gandersheimer Chronik bei Leibnitz III* 166 *a*, bi nachtslapender tid *Pipers Markenrecht* 101, in nachtslapender tydt 1417 (*Mecklenb. Jb. VI.* 190), bi sl. tiet *Weichbild v.* 1369 (*Daniels* 72), bei sl. czit, *Sächs. Dist. nach Böhme IV.* 90, *und die gleichen Lesarten in den angeführten Noten. Vgl. Grimm Gr. IV.* 68, 907.

Dif *der Dieb*, diven edder roveren 11 §. 2.

Din *dein; deinig* de dine *dein Client* 8 §. 3, dat dine *dein Gut* 15 §. 2.

Ding 1) *die Sache* en d. vinden 2 §. 3, *insbesondre der Streitgegenstand*, sin ding anevan 11 §. 3, mit rechte vordern 34 §. 12; *die vor Gericht verhandelte Sache* dat d. anhoren 2 §. 1. 2) *Das Gericht*, d. hegen 1 §. 2, in dat d. komen 17 §. 2, tu dinge 45 §. 3, zcu d. gesten *S.* 384, echte d. 29, hegede d. *z. B.* 39 §. 1, 40 §. 2; *insbesondre der Gerichtstag* dinges bidden 21 §. 4, geren 22 §. 3, dat d. kummet 23 §. 3, *die Gerichtszeit* di weil d. wert *S.* 385 ff.

Dingen *Gericht halten* 50 §. 3, *das Gericht ansagen* mi is gedinget 23 §. 3.

Dingplichte (dingplechter 29 *N.* 12, dingscheppe 34 *N.* 6, *dingwarte *Bl. Ssp.* 380, *dinglute *Cautela* 395) *Beisitzer des Gerichts, insbesondre dessen das nicht unter Königsbann richtet, dem Schöffen gegenüber* 29, 34 §§. 6, 7, 35 §§. 1, 5, 41 §. 4, 48 §. 2, *Cautela S.* 394. Dingplichtich *schuldig ein Gericht zu besuchen* 1 §. 3, 7 §. 1, *vgl. S.* 384.

Dingslete *das Zerreissen des Gerichts durch unzeitiges Weggehn* 1 §. 2, *N.* 21, 29, *S.* 399, *vgl. oben S.* 436.

Dingstat *die Gerichtsstätte*, hogere, hogeste d. 33 §. 4, 50 §§. 1, 3.

*Dir *in Mitteldeutschland z. B. in Schlesien statt der untrennbaren Part.* er *in Zeitwörtern z. B.* dirslagen 32 *N.* 13, dirwegen *S.* 410, dirweren 407.

Dit *dies z. B.* 1 §. 3.

Do, don, dun *Adv. damals* 7 §. 2, 16 §. 3, 25 §. 3, 28 §. 1, 37 §. 5; *Conj. da, als* 17 §. 1, 47 §. 5.

Doden *tödten* 43 §. 1.

Dor, dorch *durch; um etwas willen, in Verbindung mit* willen, d. helendes w. 15 §. 2, d. geruchtes w. 15 §. 3, *aber auch ohnedem*, dor dat, dorch des *um deswillen* 15 §. 3, 16 §. 3, 36, d. dine clage 22 §. 5, d. notwere 32 §. 2.

Dore *der Thor; der nicht zurechnungsfähig ist mit Inbegriff des Kindes* 43 §§. 6, 7. **Dorede**, dorich *thöricht* 43 §. 5, *N.* 46.

Dorheit *Einfalt* 3 §. 3, 36, sic vor (van) d. nicht vorstan 32 §. 12; *Zustand eines Sinnlosen und eines Kindes* 43 §§. 2, 4.

Dorschen, gedoerst, gedreschen *gedroschen* 49 *N.* 37.

*__Dorste__, torste, *Impf. v.* durren *sich getrauen* 15 *N.* 26, *Bl. MR. I.* 125, *Bl. Ssp.* 372.

Dot *der Tod*, an dem dode *im Tode* 35 §. 8, enes morderes d. liden 44 §. 3. **Dot** *Adj.* 25 §. 3, na doder hant *nach dem Ableben, nemlich des Schuldners, gegen dessen Erben* scult vorderen 10 §. 1.

Dotslach *der Todschlag* 32 §. 2.

Drade, drate *schnell*, also dr. *alsbald* 22, *Cautela S.* 393.

Dragen 3 *P. Pr.* drecht, *tragen*, dat iseren 40 §. 3, kost up ene s. dr. 15 §. 2. Dragend *von einer Schwangern* 32 *N.* 49.

Drepen *Impf.* drapte (droep 44 *N.* 25), *treffen* 4, 44 §. 2.

Dri *drei*. **Drudde** (dredde, derde) *dritte* 2 §. 4, 4, 12 *N.* 21. **Dries** (drie, driens, *dri weyt, *drei stund) *dreimal* 3 *N.* 22, 26 §. 2, *N.* 25.

Dribolde *dreifältig, Vorr. S.* 85. **Drierleie** 5 §. 1.

Drudteinde, dritteghede *dreizehnte* 4 *S.* 105.

Drittich, druttich *dreiſsig* 22 §. 7; sulf druddegeste 34 §. 2.

Dristleken *Adv. dreist* 33 §. 8.

Druflike *Adv. betrübt* 31 §. 1.

Dufte, düve (*deube, *dewbe) *der Diebstahl* 12 §. 3, 32 §. 6, 40 §. 1 *N.* 23, 42; *das Gestohlne* d. upbinden 32 §. 6. **Duftliken** (deifliken) *dieblich* 12 §. 3, 35 §. 2.

Dul *thöricht* 3 §. 4, 45 §. 5, dulle lüde 32 §. 10. **Dulheit** 3 *N.* 33. **Dullen** *bethören*, torn dullet den man 4.

Dun *da s.* do.

Dun, don, *Impf.* dede, *thun*, unrecht d. 16 §. 6, *leisten* sinen ed, tuch, sin recht dar tu dun 13 §. 2, 26 §. 2, 35 §. 5, 50

§. 11, deme ede d. 38 §. 4; *hergeben* de kost d. 49 §. 5, *eine Sache ohne Veräufserung übergeben* 11 §. 2, 16 §. 1, 14 §. 1.

Durven *verpflichtet sein*, oft du darvest 20 §. 4, he ne dorve *er brauche nicht.*

Dus, aldus *also, Epilog S.* 324.

Dvingen *zwingen, in Zucht halten*, en kint dv. 43 §. 7, §. 9.

E.

Echt, echter *Adv.* ehemals 9 N. 2, 14 §. 9, 16 N. 57.

Echt *Adj.* *elich, recht, *dem Gesetze gemäfs*, *z. B.* echte ding 1 §. 4. Echt *Subst. die eheliche Geburt. Dafür auch* *echtikeit, *elicheit 24 *N.* 13.

Echtelos *in* 2 *N.* 50 *wohl für unehelich.*

*Echter *der in der Acht befindliche* 34 *N.* 66, 35 *N.* 3.

Echter born *ehelich geboren* 10 §. 1.

*Eczwen, *dann und wann, vormals, S.* 481.

Ed, eid *der Eid*, den e. don 11 §. 3, 50 §§. 4, 11, nemen 46 §. 2, staven 8 §. 2; dem ede don 38 §. 4; mit ede untsculdegen 32 §. 12, lozwerden 8 §. 1, van eneme komen 11 §. 3, sik losen 20 §. 2, untvuren 13 §. 1, vorsaken 11 §. 3, beweren 13 §. 5; bi sinem e. inbringen 20 §. 2; drier lude e. sweren 45 §. 4, seven manne e. liden 40 §. 3; wo sin e. gat 8 §. 2, wat tu dem e. hore 8 §. 2. — Tum edewart *auf den Eid hin*, t. e. ordelen 26 §. 2 (*Grupen T. A.* 78, 79). — *Eidgenossen *des Richters d. s. die Urtheilsfinder, Bl. Ssp.* 372, 373, 377, *Görl. Richtst.* 383. — Eidstaver, eydsgeber, *der den Eid vorspricht* 8 *N.* 14.

*Eemuter *und* *eevatir *eheliche Eltern, Bl. MR. I.* 90.

Edder, eder, odder *oder.*

Eft, ift (32 §. 7), oft, icht, ucht 39 *N.* 28, *ob, falls.*

Eia *Interjection der Klage* 31 §. 1.

Eigen, egen *Subst.* 1) *Grundstück* 25 §§. 3, 4, e. laten geven 25 §§. 1, 2. 2) *zu Eigenthum besessnes Grundstück* 27 §. 1, dat e. is min recht egen 25 §. 3. 3) *Eigenthumsrecht* liftucht u. egen vorboren 25 §. 4, e. (eigendom) an dem gude behalden 27 §. 1. — Eigen *Adj. leibeigen* 19 §. 2, 24 §. 1, sik to e. geven 24 §. 2.

Eischen, eschen *fordern, heischen* 24 §. 1, 32 §. 5, 33 §. 5.

Elend (enelend 35 *N.* 41, 43, *S.* 400) *fremd, verlassen*, e. van vrunden 45 §. 4; elende tuch *Zeugnifs, welches ein Fremder allein, statt mit Helfern ablegt* 45 §. 5.

Em, eme, ime (ome) *ihm*, en, ene, in (one, oen) *ihn*, en *ihnen, häufig angehängt z. B.* hem (*e. ihm*) hen, hene, men (*man ihn*) gripen, hebben, biddene, scolne, dune.

En *einer*, mit sines enes hant 34 §. 9 *mit alleinigem Schwur*. Enes *dasselbe* is al enes 35 §. 8. Ens *einmal* 33 §. 3. Enewerve *einmal* 34 §. 5.

En *statt der Negation* ne *z. B.* 32 §. 8 *S.* 207, *wo* en *Z.* 1 *für ihnen, Z.* 2 *für ein, Z.* 3 *für* ne *steht.*

Ende *und* 29 *N.* 13.

*Enigen, gehenigen (*von* anich) *berauben*, einen sines leibes 32 *N.* 13, 41 *N.* 11.

Enkede *eigentlich, bestimmt.* 2 §. 1, *N.* 15.

Ennich, ench, enneg, eng *irgend einer* 20*a* §. 2, 23 *N.* 21, 24 §. 1, *S.* 403, enge not 26 §. 2, *Joach.* §. 1.

Entegen *gegen* 26 *N.* 41. Entegener *Gegner* 21 *N.* 51.

Entliven *entleiben* 35 *N.* 36*a*.

*Entsagen sich eines *von einem Gegner sich losmachen* 32 *N.* 13.

Entschichten *auseinandersetzen* 21 *N.* 16.

*Entwenden *entziehen, eidlich im Rechtsstreit* 13 *N.* 9; 32 §. 9 *N.* 18.

Entwer (antwer *Aq*) *entweder* 11 §. 2, 46 §. 2, 50 §. 7.

Enwech *weg* 47 §. 4.

Er, ir *Präp. vor* 21 §. 1, 4; *Adv. eher* 9, 12 §. 4. *Pron. poss. ihr, ihrer* 1 §. 3, 43 §. 2, erer *ihrer* 4.

Erbelinge *Erbe* 23 *N.* 6.

Erber (erwar) *glaubwürdig*, erberste kuntschaft 26 *N.* 53. Erbar *Beiwort der Ritterbürtigen, Vorr. S.* 83, *vgl.* 50 *N.* 29 (*Dreyer Abhdl. III.* 1193), *der Schöffen, Blume Ssp. S.* 368, *der* dingwarten *ebd.* 380.

*Erbherre, *der mit Gerichtsbarkeit versehene Grundherr, vor dem und dessen Beisitzern den* erbgenossin *Grundstücke aufgelassen werden, Blume MR. I.* 90, *vgl. Ssp. II.* 1 *S.* 363.

Ercrigen *erlangen*, gut 26 §. 1.

Erdelen *zuerkennen*, recht 37 §. 3.

Ere *die Ehre, z. B.* ere verdelen 41 §. 7, siner ere sic weren 40 §. 4.

Erfdel *Erbtheil* 20 §. 1.

Erfeigen *ererbtes Grundstück* 22 §. 5, 26 §. 5, erfeigens recht 27 §. 2.

Ergen, yergen *Aq. irgend* 22 §. 4.

Ergeren *verschlechtern* lant 42 §. 2.

Erhaft *gleich* echt, recht, elich 27 *N.* 26. ***Erhaftig** *Beiwort der Schöffen Joach.* §§. 5, 9 etc.

Erlik *der Sitte, dem Rechte gemäss* 46 *N.* 25.

***Ernotigher** *Nothzüchter* 31 *N.* 14.

Erren *hindern*, echte not erret enen 1 §. 3.

Erve *Masc.* (ervent, ervnam 16 *N.* 40) *der Erbe. Neutr. die Erbschaft* 10 §. 3, van e. wegene 6, enes e. nemen 10 §. 1, like na dem e. 22 §. 5; *Erbrecht oder Erbgutseigenschaft* e. behalden am gude 24 §. 1; *Grundstück* 1 §. 3, e. in dem gerichte hebben 49 §. 6; *Eigenthum gegen Lehn* 20 §. 3; *Bauererbe gegen Eigenthum* e. u. eigen 1 §. 3, (*vgl. oben S.* 413); *Erbgut* min angestorven e. 16 §. 2.

Erven *vererben*, gut wert geervet 11 §. 2, ervede have 16 §. 1.

Ervetale *Erbtheil S.* 408.

Et, it *es s.* it.

Ēten *essen*, dat etende 49 §. 4.

Even *Adv.*, *eben, passlich, gelegen*, dat kumt mi even 4.

Evenbordich (ebenborn) *ebenbürtig z. B.* 43 §. 7.

F. *s.* V.

G.

Gan, 3 *P. Pr.* geit, gat, *gehen*. Dat geruchte g. vor der clage 33 §. 1, de ed, de tuch geit *d. i. lautet* 8 §. 2, 34 §. 7; de pine g. over enen 30 §. 2; gan uppe de ummesaten *sich auf dieselben berufen* 26 §. 6.

Gan *von* gunnen *s. daselbst.*

***Gearn**, geart, geert; *gebauet, vom Acker* 42 *N.* 6, *N.* 17.

Gebaren *sich betragen* 26 *N.* 39.

***Geboren**, sin to ener bute 38 §. 3.

Gebrek (*gebrechen) 39 *N.* 23, *was einer Partei gebricht.*

Geck *Adj. thöricht* 43 *N.* 46.

Gecrasset *gekratzt* 37 §. 1.

Gedon *thun* 25 §. 4.

***Gehechte**, hechte *Haft* 45 *N.* 37, 46 *N.* 26.

Geheget, geheyt ding 17 *N.* 13, 14 §. 6, g. bank 25 *N.* 25, 41 *N.* 67, 68 *das gehörig eröffnete und besetzte Gericht.*

Gehelpen *helfen* ener s. 4.

***Gehenigen** *s.* enigen.

Geholden *halten*, enes lovedes 41 §. 7.

Geikheit *Geckheit, Thorheit* 43 *N.* 20.

Gelden *zahlen*, gegolden 41 *N.* 53.

Gelegen *Prät. von* lien, *leihen* 35 §. 2, 47 §. 4. *Adj. gelegen, beschaffen* 24 §. 1.

*Gelesse (*NS.* gelate *Br. NS. Wb.* III. 21), *Aussehen, Geberde, Benehmen* 28 *N.* 18, *Müller Wb.* gelâzen, gelâz.

Gelikest *gleichermassen* 42 *N.* 30.

Gelof *Erlaubnifs*, ane erven g. 10 §. 3 *vgl.* 25 *N.* 31.

Gelt *Schuld* benomet g. 6, *Einkünfte* gut in gelde (gulde) hebben 26 §. 6.

Gemak *Gemächlichkeit*, der werlde to gemake *Vorr. S.* 85.

Genade *Gnade*, g. bidden 44 §. 2, na genaden *gegen* na rechte 38 §. 1. Dat recht dut g. *nimmt Billigkeitsrücksicht* 36.

Genamen, genomen *genommen* 10 §. 1, 11 §. 3.

Geniten, geneten 8 N. 28 *geniessen*, der pennige 16 §. 7, siner kintheit 43 §. 4.

*Gequang *Zwang S.* 340 *Note V.* 8.

Geren *begehren*, des dinges 22 §. 3, dodes over enen 41 §. 9. *Subst.* *sein gern *Cautela S.* 393.

Gerichte *vgl.* richte. Vor g. gan 17 §. 1, rechtes gerichtes over enen bidden 31 §. 3, dat nederste, sideste, hogeste g. 35 §. 3.

*Gerochen, berochen *in* bi gerochinem fure 31 *N.* 42, 47 *N.* 42 *vgl. oben* diet, *d. i. bei zugedecktem Feuer, zur Nachtzeit, von* rechen congerere (*auch* trechen, *vgl. Schmeller I.* 471, *III.* 14, *Grimm Gr. II.* 26), *entsprechend dem* couvrefeu, *Engl.* curfew (Brocket glossary of north country words s. h. v.) *Nord.* ellz slöking (Bergens Lov 36, *Rosenvinge, danske Lov. V.* 117), ignitegium, piritegium, Du Cange.

Geruchte, ruchte, *gerufete, *gerofte, *das Geschrei um Hülfe gegen Verbrechen und vor Gericht zum Beginn der peinlichen Klage*, sin g. scrien 17 §. 1, 33 §. 1, ropen 42 §. 1, deme g. volgen 42 §§. 1, 2, mit g. ene klage ansetten 43 §. 1; dat g. nicht kunnen *Joach.* §. 3.

*Gesamt *vereinigt*, mit gesamptir hant *zusammen, mit vereinigten Händen*, geloben, *Blume MR. III.* 94 — 100.

*Geschaffen *zu Wege bringen, Premis S* 398.

Gescin 11 §. 4, gescach 25 §. 3 *s.* scin.

Gesinnen *begehren, ansprechen* 19 *N.* 11.

Gesleten *s.* sliten.

Gespreke (bespreke, spreke, sprake, sprekende, *sonst auch* berat, achte 4 *N.* 2, 7 *N.* 4) *Berathung der Parteien aufserhalb der Gerichtsstätte,* g. bidden 4, in deme g. wesen 3 §. 3. *Vgl.* deliberatio *Brünner Schöffenspr. Nr.* 429.

*__Gesten__ *sich vor Gericht stellen, S.* 385, 386.

Gesunt, sunt, *Masc. Bei Angriffen und Strafen die Glieder im Gegensatz des Lebens* 2 §. 4, 28 §. 2, 35 §. 2, 41 §. 10, *Blume M. R. I.* 125.

Getegen *Prät. von* tien *zeihen z. B.* 35 *N.* 16.

Getogen *Prät. von* tien *ziehen; geziemlich* 4.

Getucht, tucht, *auferzogen, gezüchtet.*

Getueft 3 *N.* 14a *in der niederrhein. Hdschr.* Ca *für gefesselt.*

*__Gevar__ *die Farbe* 37 *N.* 2.

*__Gevegit__ 32 *N.* 13 *in* synis leibis g. wolde habin, *wohl statt* gewegit *von* wegen *helfen, Wackern., oder* weigen *wehren, Schmeller B. Wb. IV.* 47.

*__Gevellin__ *fällen, im Rechtstreit überwinden* 38 *N.* 40; *vorfallen* 42 *N.* 4.

Geven, 3 *P. Pr.* geft, *Impf.* gaf, *Imper.* gif, *geben.*

*__Gevohin__, *fangen, Blume Ssp. S.* 368.

Gewaldichlik (woldigh), mit g. hant 37 §. 1.

Gewarcht, gewracht *von* werken.

Gewedde *Strafgeld an den Richter.*

*__Gewelde__ *Herrschaft,* in meinen geweldin und geweren *Blume M. R. I.* 84, 90 *und S.* 389.

Gewere, geweren *s.* were, weren.

Gewerre, dat *der Streit* 18 *N.* 13.

Gewin *der Gewinn,* licht an ener s. 4. **Gewunnen** lant *bearbeitet Land* 42 §. 1.

*__Gezacker__ lant 42 *N.* 2, *von* zackern *pflügen, nach Schmeller B. W. I.* 24, *IV.* 222 *am Untermain und Mittelrhein üblich.*

*__Gha__ *jäh, hastig, Bl. MR. IV.* 2.

Gi *ihr; auch in der Anrede an Einzelne z. B. an den Richter* 1 §. 2, 7 §. 1, *an einen Urtheilsfinder* 1 §. 3, *an den Gegner* 17 §. 1.

Gicht *für* icht 25 *N.* 12, 42 *N.* 35.

Giten *vergiessen,* blut 32 §. 1.

Gloyend *glühend* 40 *N.* 27.

Got *Gott*. He claget gode u. iu 11 §. 3, 16 §. 1, 37 §. 1, 39 §. 2, in godes stede 31 §. 3, 33 §. 2, 44 §. 2; wil gi horen dor got u. des rechtes willen 31 §. 2; he biddet dorch god u. dor recht 32 §. 1, 50 §. 4; wedder god u. wedder recht 31 §. 3; wo et god u. dat recht gebut 44 §. 2. *Schwur* dat em god so helpe u. de hilgen 8 §. 2, 35 §. 6.

Greve *der Graf* 33 §. 7. Grevescap 33 §. 4.

Gripen, *Prät.* gegrepen, *greifen* 32 §. 7, gr. an enen ketel wateres *die Probe des heissen Wassers machen* 40 §. 3.

Grot *gross*, gr. sake 3 §. 4, groteren pacht 21 §. 1.

Gudertirenheit *die Gutherzigkeit*, *S.* 393 *N.* 19.

*Gult *Adj. geltend, gänz und gebe*, gulter silberner pf. S. 387, *vgl. Müller Wb. I.* 525 gülte.

Gunnen, 1 *und* 3 *P. Pr.* gan, *gönnen, zugestehen* gunne gi mi 3 §. 1, 8 §. 2, des dinges g. 22 §. 3, ic gans em wol 8 §. 2, 2 §. 1, 3 *N.* 3, *Bl. Ssp.* 365, also mi des got gan S. 334 §. 22.

Gut *Subst. das Gut*, in en g. wisen 22 §. 5, klage umme gut u. umme scult 6, 7 §. 3; *Recht am Gute* g. weren 12 §. 2, sin rechte g. behalden 13 §. 5, an gude hinderen 15 §. 2. — Gut *Adj.* alse sin wergelt g. is 14 §. 6. Gude lude *ehrenwerthe Leute* 12 §. 1, 49 §. 5. Guderhande l. *Ritterbürtige* 50 §. 7. — Gutliken *Adv. in Güte* 29.

H.

Halden, holden, 3 *P. Pr.* holt, helt, *Impf.* hilde, *halten*; *ein Versprechen* 19 §. 3, 41 §. 1, §. 7, eneme h. *ihm Rede stehn* 19 §. 3; *in Gewahrsam haben* ene sake 13 §. 2, 24 §. 1, *für einen* eneme na h. 12 §. 2, unhelinge h. 17 §. 4, 40 §§ 2, 3, 47 §. 3; sic h. *sich verhalten* 4; *beobachten* des rechtes wise h. 28 §. 1.

Hals *der Hals*; düve up deme h. hebben 32 §. 6; *das Leben*, h. unde hant 35 §. 2, an den vrien h. spreken 34 §. 12, an den h. gan 50 §. 2, vor sinen h. antwerden 32 §. 3.

*Halt *als Flickwort für* ok 4 *N.* 33.

Hant *die Hand*; tu der h. cleven 30 §. 2, mit gewaldichliker h. 37; enen bi der h. eneme antwerden *als Schuldknecht übergeben* 41 §. 7, *Bl. Ssp.* 371; mit sinis enes (sulves) h. *mit alleinigem Eide* 34 §. 9, §. 11 *N.* 4, 40 §. 5; na doder (dodes) h. 10 §. 1, 45 §. 5, *S.* 408, *nach des Schuldners Tode* 10 §. 1, 45 §. 5. To getruwer h. 16 *N.* 2, *in Anvertrauung.* Mit gesamptir h. *s.* gesamt. Tu hant *sofort* 8 §. 3.

Hantdedig *auf frischer That ergriffen* 35 *N.* 87.

Hantfrede *mit der Hand gelobter Friede* 405.

Hanthaftig, hanthafte dat *z. B.* 30 §. 1, *s. S.* 478.

Hastemuth *übler Wille,* asto animo *der* Leg. Longob. Hastwort *böses Wort, S.* 437, 438.

Hat *der Hafs,* dorch h. 32 §. 2, 50 §. 10.

Have *die Habe z. B.* 10 §. 3, 39 §. 1.

He (hey, hie, *her) *er,* hes *er dessen,* hem *er ihm* 32 §. 6, hen *er ihn* 32 §. 9, het *er es.*

Hebben, 2 *P. Pr.* hefst, hest, 3 *P.* heft, *Conj.* hebbe, *Impf.* hedde, *haben,* des sines h. 11 §. 3, siner h. *eines Andern mächtig sein* 34. §. 4, have bi sik h. 40 §. 2, §. 4, den gemorden man bi sik h. 44 §. 1; *halten* ene have vor sine h. 17 §. 4, vor sin kofte gut h. 40 §. 2, vor ein recht h. *Bl. Ssp.* 359; *es womit halten* mit eneme ordele 48 §. 3; he wilt dar vor h. *will es dafür gehalten wissen* 26 §. 3.

Hegen en ding *z. B.* 37 §. 1, 50 §. 3, *s. oben S.* 435, *vgl.* geheget.

Helen *hehlen,* dor sines helendes willen 15 §. 2. Helinges, halinges *verholner Weise* 31 §. 3, 15 *N.* 23.

Helpen, gehelpen *Impf. Conj.* hulpe, 3 §. 4, 11 §. 3, rechtes h. 34 §. 6; helpende tuch *s.* hulplude.

Henne *hin,* war h. *wohin* 4.

Herberge *Aufenthaltsort* 14 §. 2.

Here, herre (hirre) *der Herr,* enes gudes enen h. hebben 21 §. 4; *vor dem Namen* her *z. B.* her Rudolf 3 §. 4; *in der Anrede an den Richter mit dem Adj.* her *verbunden, z. B.* 1 §. 2, 7 §. 1, *in der Bl. Ssp.* hirre her, *vgl. S.* 415.

Herscild *Symbol der Ritterbürtigkeit,* vulkomene lüde an h. 50 §. 3.

Het *heifs, Vorr. S.* 85.

Heten *heifsen,* 3 *P. Pr.* het 5 §. 1, 30 §. 2.

*Hewbtlewte *die Parteien gegenüber dem Vorsprecher* 407. *Eben so der* *houptman 423.

Hilg *heilig,* hilge tiet 46 §. 2. De hilgen *das Reliquienkästchen, J.* §. 25 ff., der h. bidden 8 §. 2, to den h. komen 35 §. 6, uppen h. sweren 2 §. 4, tu den h. stan, knylen *J.* §. 28.

*Hinken *von der Zunge J.* §. 30.

*Hint *in der vergangenen Nacht, Bl. Ssp.* 372.

Hir *hier* 3 §. 4, *hieher* 21 §. 4.

Hit *in* h. en tuschen *im Cöllner Druck für inzwischen* 37 *N.* 13.

Hoge *hoch* 32 §. 4, hoger 9, 44 §. 3.

***Holunge** *das Wiedereinbringen, in der Redensart* wandel u. holunge 2 *N.* 28, *S.* 366, 386, 387 *das Zurücknehmen der Rede um sie zu bessern, s. oben S.* 423. *Im Brünner Schöffenbuch* §. 59, 67 *mit* revocatio verborum, §. 367, 429 *mit* restauratio *oder* iteratio iuris *erklärt, Müller Wb. I.* 703.

Homut *Hartnäckigkeit*, in sime h. stan 37 §. 3, umme h. vervestet 35 *N.* 35.

Horen *hören*, umme en ordel 50 §. 4; *gehören* tu dem ede 5 §. 2, tu deme eigen 23 §. 6.

Hovet *das Haupt* 35 §. 6, an dem hovede geplaget sin *von Wahnsinnigen* 43 §. 4. **Hoveden** *enthaupten* 32 §. 9, 35 §. 7.

Huden *Prät.* gehut, *hüten*, hüt di 4, enen vunt h. *verborgen halten* 12 §. 3.

Hulde, huldeginge *der Huldeid*, bi des rikes h. *zeugen* 34 §. 7, bi enes huldeginge enen bidden 50 §. 5.

***Hulen** *verbergen*, gehult 12 *N.* 22.

Hulpe *die Hülfe, durch Zeugnifs des Gerichts* 46 §. 1, *durch den Vorsprecher* enen tu h. krigen 3 §. 4. **Hulpelude**, behelpende l. *welche dem Beweisführer durch ihren Eid helfen s. S.* 474. *Dafür auch* hulpende, helpende tuge 16 §. 2, 39 §. 2, 45 §§. 1, 2, 46 §. 1. **Hulper** *Helfer des Vorsprechers* 3 §. 4.

Hulperede (helfrede 33 *N.* 42, *Bl. Ssp.* 364, rede de hulpelik si 33 *N.* 34 *a*) *Einrede des Angegriffenen*, h. setten 27 §. 3.

Hulplik (behelpende) *zur Hülfe dienend*, to rechte h. 33 §. 1.

Hus *das Haus*, to huse bliven 1 §. 3. **Husen** *in sein Haus aufnehmen* 4.

Hut *die Haut*, dor de h. crassen 37 §. 1.

I. J. Y.

Ja *als affirmative Antwort z. B.* 2 §. 3, 32 §. 8, *vgl.* jo.

Jammerliken *jämmerlich* 31 §. 3.

Jarlikes *Adv. jährlich*, alle j. 27 §. 3.

***Ybas** *für* ie bas *immer besser, Blume Ssp. S.* 388.

Ic *ich, angehängt* vorbidic 1 §. 2, bidic 14 §. 7.

Icht (gicht 25 *N.* 12, ucht 34 §. 12 *N.* 8, yet 41 *N.* 67) *irgend,* *etwa, bei Fragen sowohl mit erwarteter Bejahung z. B.* 2 §. 1, *als Verneinung z. B.* 9.

Id, it, ot *es; der Art. das* 9, 34 §. 11 *N.* 8, *vgl.* It.

*Ydach *jedoch S.* 373.

Ie (io, ye) *je* 21 *N.* 12.

Jegen (teghen, *kein), tiegen *gegen.* J. enen kopen *von einem kaufen* 13 §. 1.

Jegenere *der Gegner* 21 §. 5, 40 §. 4.

Jegenwardich *gegenwärtig* 9, 1, für antwerde 47 §. 2.

Jehen *zugestehen*, j. an des vorspreken wort *dessen Wort gutheifsen* 2 §. 3, eme gutis j. *einem etwas liebes sagen Bl. Ssp.* 380, *vgl. Müller I.* 515.

Jene, *Dat.* jeme, *jener.*

Ienich (eng) *irgend einer* 23 *N.* 21, ienger 34 §. 8, ienege 16 §. 6, ienegen 21 §. 1. Iengerhande *irgend einer Art* 20 A. §. 2, iengerleie (keinerlei 33 *N.* 69) 35 §. 4. *Yenert *irgendwo* 23 *N.* 21.

Iewelk (ygelik 2 *N.* 29) *jeder* 49 §. 4.

Ift *s.* eft.

Inbieden *anbieten*, sinen tuch 16 §. 3.

Inbringen *einbringen, z. B. Gut in die Erbtheilung* 20 §. 2 (inbringinge *ebd.*); *einen vor Gericht bringen* 32 §. 5; *ein Urtheil* 48 §. 3, 50 §. 5.

*Inczunt *S.* 382, *eingezäunt* (?).

*Indert *irgendwo (innerhalb?)* 33 *N.* 44.

Ingeboren *eingeboren*; i. eigen *ein jemandem durch Geburt angehöriger Eigner* 32 §. 12.

*Inneren *st.* berichten *kund thun* 42 *N.* 30, *Blume Ssp. S.* 367

*Inperen *entbehren* 38 *N.* 44.

*Intpfronden *entfremden, Blume MR. I.* 81.

*Intsagen *erwehren*, sich seines leibis, *Blume MR. I.* 125. *Intslahin *in demselben Sinne ebd.*

Inwisen *einweisen*, enen in gut 7 §. 3, 24 §. 4.

Io, *je*, als ic io dede 47 §. 3.

Jo (yo) *als verstärkende Partikel z. B. bei Vorschriften* 2 §. 1 vrage jo enes rechtes, 4 *S.* 104 dat tu jo horest, *S.* 105 dat tu jo recht vordegedingest, 32 *N.* 53. *Auch im jetzigen niederdeutschen wird diese Scheidung zwischen* ja *und* jo *festgehalten, vgl. Br. N. s. Wb., eben so im schwedischen zwischen* ja *und* ju.

Joch *sogar, selbst, Prolog N.* 24.

Jode *der Jude* 2 §. 4.

Iodute *eine bekannte niederdeutsche Art des Gerüchtes* 1 *N.* 77, to i. scrien 31 §. 1, rupen 35 §. 1. *Die Noten* 31 *N.* 23, 33 *N.* 19, 35 *N.* 2 *ergeben insbesondre noch die Form* thiodute *und neben* zcethir *auch* zcuiother (*sächs. Dist. Ortloff IV.* 6 *D.* 7. *S.* 191 (Zcuyoter). *Da das nieders.* to *oder* te *dem obers.* czu *entspricht, so bestätigen diese Formen die Vermuthung Grimms, RA* 878, *dass* iodut *und* zeter *einander naheliegen und nur verschieden mit* ut *und* ir *abgeleitet sind. Ueber die mancherlei noch nicht befriedigenden Versuche zur Erklärung des* iodute *vgl. Dreyer Nebenst.* 81 *ff. Br. NS. Wb. II.* 701, *Mecklenb. Jahrb. VI.* 191, *v. Richthofen* 1083 tianutrost.

*Irdingen *ausbedingen*, sin recht *S.* 365.

Irlegen, irlegeren (legen, legeren, beleggən) *erlegen, bestreiten* de kost 12 §. 1, 15 §. 1 *u. N.* 6.

*Irlengen *verlängern Blume Ssp. S.* 366.

*Irlingen *erlangen S.* 407, *Müller Wb. I.* 1001.

Irschenen, irschenegen *erweisen* 40 *N.* 37.

*Irsten *durch Stehen vor Gericht erlangen*, sein recht uf einen *S.* 386.

Irtogen, irzuget *auferzogen* 17 §. 2.

Is 1) *ist*, ist *ist es.* 2) *Genitiv von* he *und* it, *also dessen; oft dem vorhergehenden Worte angehängt mit Elision des* i *oder Verwandlung des* i *in* e *z. B.* dus, gis, gans, hes, maches, mes (*man dessen*) lates, sistes, weres, wes (*wer dessen*), wetes, wils, willes, wus; vragestus, wultus.

Isern *das Eisen*, dat i. dragen *beim Gottesurtheil* 40 §. 3, mit enem heten i. bernen *Prolog S.* 85.

Islik *jeder.*

It *es; häufig angehängt, z. B.* destet, dut, git, hebbest, hebbestes, hebbet, het (*er es*), hort, int, ist, litet, met, moget, nemet, scolet, sit, tut (*du es*), weret *wäre es*, wert 33 §. 4 *ob es*, wort *wo es.*

Itlik, etlik (ichteswelk) *etlich* 22, 3 §. 4. Itwelke *einige* 45 §. 5.

Iu *euch*; iuwe *euer*, iuwer en 18.

Iummer *irgend, je* 39 §. 1.

*Jungherre *nennt der Vorsprecher den, welchen er vertritt, Blume Ssp. S.* 367, 368.

C. *und* K.

Kamer, des kemerere, ***Gericht des Kämmerers*** 50 §. 3, ut der k. 50 §. 5.

Kamp, *gerichtlicher **Zweikampf***, enen k. loven 49 §. 7, in k. den lif wagen 32 §. 3; mit k. bewisen 50 §. 10, enen vorwinnen 32 §. 3.

Kampwerdich, kampfbar, *von peinlich strafbaren Wunden, wegen deren Beweis der Kampf zulässig* 38 §. 2, S. 405. 446

Kantnisse, kentnisse ***Anerkennung seitens des Herrn oder Gerichts zu Gunsten einer Partei*** 7 §. 2, 20 §. 2.

*Kein 1) ***statt*** kegen *jegen*. 2) nullus *und* ullus ***z. B.*** 26 ***N.*** 59, 23 ***N.*** 21, ***im Nebentext S.*** 212, ***Z.*** 2.

*Keinpart (kinhart? 21 ***N.***51) ***Gegenpart*** 49 ***N.*** 24.

Keiserrecht, ***in den Bl. MR.*** 340, ***Ssp.*** 359, 369 ***das römische Recht, in der Cautela*** 393, 394 ***aber das schwäbische Landrecht S.*** 416 ***Note.***

Kempe ***der gemiethete Kämpfer***, sunder k. anspreken 32 §. 3, deme k. sik weren 40 §. 3. Kempliken ***zu Kampfe*** enen voreladen, 34 §. 12.

Keren ***sich wenden***, dar k. die kost 50 §. 3.

Kerke, ***die Kirche***, tur k. upbieden 13 §. 3.

Kersten, ***der Christ*** 13 §. 7. Kerstenname, cristenname ***Taufname, J.*** §. 11, ***S.*** 385 ff.

Ketel ***der Kessel***, k. wateres 40 §. 3.

Kif, (kefelin) ***Streit*** 4. ***vgl. N.*** 21, 23, 26.

*Claffen ***bellen, S.***240 ***Note V.*** 11

Klage, erheven 34 §. 6, irhevet sik 41 §. 10, stellen wedder enen 31 §. 2, ansetten 36, valt vor gerichte 36 ***oder*** to rechte 45 §. 1, geit (***lautet***) 45 §. 2, stat mit rechte 33 §. 2; pinlik maken 39, scatten mit gelde 38 §. 4, winnen 22 §. 2.

Klagen, over enen 30 §. 1, up enen 47 §. 1.

Kleven ***kleben***, tu der hant 30 §. 2.

Klinke de, ***eine Gerichtsstätte bei Brandenburg*** 50 §. 2. ***Der ursprüngliche Sinn des Wortes ergiebt sich aus dem Zusammenhalten seiner verschiedenen Bedeutungen bei uns mit denen in der englischen, schwedischen, dänischen, holländischen Sprache, die es als*** clinch, clincher, (***Rom.*** clinche, clenche) klinke, klinka ***kennen. Aufser der jetzt gewöhnlichsten Bedeutung eines Thürriegels findet sich ferner noch Schlag-***

baum oder etwa Fallgitter, si velleten die klinken nyder *heifst es bei Königshofen; Klammer (engl.), auch an den Füfsen der Insekten; der Sperrkegel oder das Eisen am Webestuhl wodurch das Rad aufgehalten wird; die Krampe (dän.), auch zum Verbinden gebrochener Sachen; der krumme Nagel (holl.); der Haken* (clincher *engl.); das Scharreisen des Schornsteinfegers, der davon der Klinkenträger heifst; das mit dem Klinkhammer flach geschlagene Ende eines Bolzens (Schiffsspr.); die Schnalle (holl., nieders.); die Weise des Schiffsbaues, bei der die Planken wie Dachziegel über einander greifen; Balken die an den Enden zusammengeschlagen werden* (klinkwerk *holl.); der winkelige Einschnitt in Balken oder Bretter (schwed., nieders.); das eingefügte Querholz (holsteinisch); der winkelige Schnitt oder Rifs im Zeuge (nieders.); der Strumpfzwickel (holl.); die Gehre oder der Keil im Hemde (holl.); die Falte in Kleidern (nieders.); das zwischen zweien andern laufende Stück Land, welches von ihnen durch Bodenbeschaffenheit oder Besitzrecht geschieden ist (dän.); der in eine Spitze ausgehende Ausflufs eines Sees (v. Hymmen Beitr. I.* 180). (*Mit* Klinge, *welches aufser* lamina *ja auch noch einen Bergbach und eine Schlucht bedeutet, und nach Graff AHD. in der Form* klinka, *auch im Holl. als* klink *vorkommt, wage ich doch nicht unser Klinke zusammenzubringen*).

Das entsprechende starke Zeitwort klinken, verklinken (*nieders., holl.*) klinke (*dän.*) to clinch, clench (*engl.*) *ist umbiegen, vgl. das von Grimm Gr. II.* 160 *vermuthete* klinken torquere, flectere; *z. B. die Finger zur Faust, zum Panken einer Sache krümmen (AHD.* kichlenkis conseris, kiklenkit tortus), *einen Nagel zum Nieten biegen (dän., holl., engl.* to bend the point and drive it closely); *daher figürlich befestigen, stärken (holl., engl.* to clinch an argument, *vgl. AHD.* antklanjan *lösen*); inklinken *einen eckigen Schnitt in Papier, Zeug, Bretter schneiden; in Falten legen* (*nieders.*), untklinken *ein winkeliges Stück herausschneiden* (*nieders.*).

Als sinnliche Grundbedeutung des Substantivs tritt hienach hervor: ein zu einem Winkel umgebogner Gegenstand, ein Haken, daher allerlei, was eine haken- oder keilförmige Figur an sich trägt. Daher mögen sowohl die Thürklinke in ihrer älteren Gestalt und der Strumpfzwickel, als auch der Ausläufer eines Sees und ein sich keilförmig einschiebendes Land diesen

Namen führen. Ueber den Ursprung dieser Bezeichnung für jenen märkischen Gerichtsplatz s. S. 513.

*Kluben *klauben,* wortir auz cl. *Blume MR. IV.* 2.

Knecht, *ein freier Diener im Gegensatz gegen den Eignen* 41 §. 5.

*Knylen *knien Joach.* §. 28.

Komen *Präs. Ind.* kumpst; kumt, *Imper.* kum *Impf.* quam *Conj.* queme, *kommen,* to deme geweren k. 13 §. 3, an enen vorsproken k. 10 §. 1, to den hilgen u. dar van k. 35 §. 6, van eneme k. 34 §. 12 *von seiner Ansprache frei werden,* in scaden ener sake k. 3 §. 1.

Kop *der Kauf.* Kopen, *Prät.* koft, gekoft, *kaufen* umme gelt 13 §. 5, jegen enen k. 13 §. 1. Koplüde *die beim Kaufe als Zeugen zugezogenen Personen* 14 *N.* 49.

Kor *die Wahl,* tvier k. hebben 11 §. 3; *Erachten* na guder lude k. 49 *N.* 41; *Willkühr als Rechtsnorm* noch Meideb. k. *Bl. Ssp. S.* 369.

Kost *der Kostenaufwand,* de k. gelden 15 §. 2, 50 §. 7, dun 49 §. 5, irlegen 12 §. 1, irlegeren 15 §. 1, dragen up ene s. 15 §. 2. De k. kert, *die Pflicht zur Ausgabe wendet sich* 50 §. 3.

*Koufschatz *Handel und Wandel, Gewerbe* 403.

Krigen *kämpfen, processiren* 4, 18; *bekommen* 3 §. 4, wedder kr. 11 §. 3, 27 §. 3, dat stant, sine unscult wedder kr. 35 §. 6.

*Krus *kraus,* kruse worde *S.* 397 (kruselwort *N.* 5) *werden als zweideutige, betrügliche Worte erklärt. Ebd. auch substantivisch in* krusen wenden, *den Zweideutigkeiten abhelfen,* bose krusen schenden, *und S.* 398 krusen *als Zeitwort gleich* obelen, *durch Zweideutigkeiten zu betrügen suchen.*

Kumpan *Genosse; Mitverpflichteter* 9, *Mitzeuge* 32 §. 8, *Miturtheiler Bl. Ssp.* 359.

Kundegen *kund thun,* 14 §. 2, de scult 35 §. 6.

Kunne *die Art,* wat k. *welcher Art* 10 *N.* 6.

Kunnen, *Präs. Conj.* kone, konest 2 §. 4, 3 §. 3, 48 §. 1, *Impf.* kundest 15 §. 2, *können.*

*Kuntschaft *Zeugnifs* 36 *N.* 53.

L.

Lant *Land,* enen vreden over l. werken 42 §. 2; des landes rechte morder, verveste man 31 §. 1, 35 §. 1, *vgl. S.* 445.

*Lantscheffin *nennt* C. Lips. *S.* 385 *die drei Urtheiler des Landdinges, gegenüber den eilf Stadtschöffen.*

Laster *Schaden, Kränkung,* l. eneme biden 35 §. 8, tu l. edder tu scanden 41 §. 5.

Late *der Lasse,* mit 72 echterbornen l., 10 §. 1.

Laten, *Impf. Conj.* lite, *lassen. Insbesondre eine Veräufserung durch Uebergabe vollziehen,* eigen l., 10 §. 3, eigen ut den weren l. 25 §. 1, eigen vorkopen unde l. 25 §. 3, len l. 19 §. 3. *Loslassen,* mit bute enen l. 32 §. 9, vri l. 24 §. 3, von eneme ordel l. 50 §. 11, ene s. winnen edder l. 17 §. 1; ut der vestunge l. *J.* §. 36.

Lecgen *legen, ansetzen,* enen dach 43 §. 3, *erlegen* 12 N. 15, pant 42 §. 6, *vgl.* irlegen *u.* 15 *N.* 6.

Lech *lieh von* lien, 47 §. 1, *vgl.* 47 *N.* 32.

Lecht *liegt von* liggen 4.

Leddich unde loz sin 32 §. 9; len wert dem heren l. 33 §. 8.

Leden, *leiten, vorbringen,* tuch up enen l. 45 §. 3.

Lef, *s.* lif.

Legeren *erlegen, lösen,* 15 *N.* 6, 42 *N.* 42, 43 *N.* 83, kost l. *Bl. Ssp.* 380.

*Leiden *leid sein, s.* libin.

Lemede *Lähmung* 37 §. 4.

Lenware *Gewährschaft bei der Verleihung,* na siner l. geweren 21 §. 4.

Leren *belehren,* de tuge 8 §. 3.

Leste *letzte* 17 §. 1, 42 §. 5.

Lesten *leisten,* enen ed 46 §. 2.

Let, leit *Adj. leid* 44 §. 2, *Subst.* l. dun *Leides thun ebd.*

Levende *Leben,* an dem l. *im Leben* 35 §. 8. Tu dren man leven, *auf drei Generationen, J.* §. 38.

Letzen *genugthun* 41 *N.* 17.

Licham *Körper,* deme doden l. 35 §. 8.

Lichte *leicht, vielleicht, etwa,* 12 §. 3, 21 §. 1, 32 §. 8, 41 *N.* 49, 42 *N.* 29, *Blume MR. I.* 91, lichte wal 12 *N.* 22.

Liden, *Impf. Conj.* lede, *Prät.* geleden, *leiden,* scaden 16 §. 5, enes ordel 50 §. 10, not darume l. 50 §. 11, den tuch 35 §. 6, dat recht 32 §. 11, seven manne ede 40 §. 3, de vestinge 35 §. 6, ein gewedde *Joach.* §. 2.

Lider, *der Beklagte,* 33 *N.* 22, 36 *N.* 7.

Lien *Impf.* lech (leich, leyede, leente) *leihen, gewähren z. B.* die schepfin l. *Blume MR. I.* 77.

Lif *Subst. Masc. und Neutr.* 43 *N.* 55 *das Leben*, it l. nemen 35 §. 4, 41 §. 10, den l. wagen 32 §. 3, lif edder ere vorwerken 12 §. 3, de pin geit an dat l. 30 §. 2, mit sime live (*durch Zweikampf*) bewisen 32 §. 2, 39 §. 2; lif oder hant 37 §. 4, l. ere u. gesunt 48 §. 2, 2 §. 4.

Lif, lef *Adj. lieb*, 31 §. 2, 37 §. 3 liven vrunt 31 §. 3, lof hebben *Vorr.* 84. lever *Comp.* 4. Leve *die Liebe Vorr.* 8. Libin *lieb sein in der Formel, welchem* recht libit u. unrecht leydit *Bl. Ssp.* 376.

Lifgedinge, liftucht *das Leibgedinge* 25 §. 4.

Lifloz *leblos*, enen maken 41 §. 2.

Liggen 3 *P. Pr.* licht, lecht, lit, *liegen*.

Lik *gleich*, like na 22 §. 6, ene s. like deilen 26 §. 6. Likerwis *gleicherweise* 34 §. 7. Liknisse *Gleichnifs, Beispiel* 27 §. 5, 41 *N.* 80.

*Lokin *leugnen* 40 *N.* 14.

Lopen *laufen* 47 *N.* 41, *sich belaufen, von Kosten* 49 *N.* 41.

Losen *lösen*, sic mit ede ener s. 20 §. 2.

*Loub, laub *die Erlaubnifs* 1 *N.* 32, *S.* 386.

Lovede, *lofte *das Versprechen* 9, 41 §. 1, 46 §. 2, *in* nach des gerichtes l. 48 *N.* 28 *Meinung?* Loven *geloben*, tu pande l. 9, bi sinen truwen l. 41 §. 1; weder loven *das Gegentheil von* verloven, *also aus der Verfestung nehmen J.* §. 36.

Loz *los*, l. werden ener s. mit ede 8 §. 1, enen ener s. l. laten 8 §. 1, l. sin van eneme 9.

Luchter *link*, den luchteren vut J. §. 42.

Lude, lüde *Leute*, gude l. 49 §. 5.

Luden *lauten, vom Eide* 32 §. 10.

Lut, *Adv.* lude *laut* 3 §. 4, 4.

*Lynkoffslewthe 13 *N.* 28, *lykauffis l. *Blume MR. I.* 84 *die bei einem Handel zugezogenen Leute.*

M.

Mach *der Verwandte* 48 §. 1.

Mal vices, in dem male *diesesmal* 38 §. 3, to male *auf einmal, gänzlich* 50 *N.* 59.

Malk, *verkürzt von* manlik *jeder* 48 §. 3, 21 *N.* 21.

Manen *mahnen, den Urtheilfinder* um dat ordel 48 §. 1.

Mat *das Maafs*, tu maten *gehörig, passend*, t. m. stan *von der Stellung der Reliquien beim Schwören auf dieselben, Joach.* §. 25, t. m. lude *laut genug* 4 *N.* 37.

Me *man, seltner* men, *so dafs* men *meist „man ihn" bedeutet.* Me *häufig angehängt* darme, scalme, scoleme, wilme.

Mede *mit als Adv.* hir mede 3 §. 1, m. varen 7 §. 3, 49 §. 5, m. senden 21 §. 3, eneme m. deilen 20 §. 1, 22. Met, mit *mit als Präp.* mit di deilen 23 §. 8.

Meden (miden) *miethen* 32 §. 3.

Medegesell *Geselle, hier Mitzeuge* 31 *N.* 99.

Medegut *Gesammtgut* 20 *N.* 33.

Meiere *Pächter* 21 §. 3, *vgl. Ssp. II.* 2 *S.* 277, *Müller II.* 93 *und Gl. zu III.* 45 §. 6 lantseten d. s. meigere.

Mein *gemein*, de m. vrede 37 §. 1.

Menie, mennige, meyne *die Menge*, meiste (merere, merre,) m. *die Mehrheit* 48 *N.* 27.

*Menlich *männlich*, mit m. stimme *Bl. Ssp.* 368; *männiglich* ane m. wedirsprache *ebd.* 366.

Mennich *manch*, wo m. man *wie viele* 38 §. 2; mengerleie *mancherlei* 11 §. 1.

Mer *mehr*, de merer volge hebben 48 §. 3.

Mer *Conj. sondern, ausgenommen* 16 §. 2 *N.* 15, 37 §. 5, 40 §. 2 *N.* 18, 47 §. 4, *J.* §. 5, mer wen *sondern nur J.* §. 8, §. 11.

Metliken *mäfsiglich* 4 *N.* 36.

Min *mein*, dat mine *mein Gut* 26 §. 2.

*Minne *in* mit minnen *gütlich, gegen* mit rechte *Bl. MR. I.* 155.

Minre *minder*, deste m. 9.

Minsche *der Mensch* 43 §. 1, dat unsinnige m. 43 *N.* 81.

Misdedige man *der Missethäter* 51 §. 3.

Missedunken eneme an e. ordel, *ein Urtheil für unrecht halten* 48 *N.* 21, 50 *N.* 90. Missegen, missetreden *übel gehen* 4 *N.* 9. Missen *fehlgehen, beim Reden J.* §. 3. Misseraden *mifsrathen* 4 *S.* 103. Missetrosten *schlechte Hoffnung geben* 4.

*Mitlydunge *das Mitleiden Bl. MR. I.* 148.

*Mitnacht *die Mitternacht S.* 402.

Mogelich, *mugelich, *billig, was geschehn sollte* 9 *N.* 7, 17 *N.* 34, 34 *N.* 35, 38 *N.* 32, 44 N. 38, *S.* 502.

Mogen, *Impf.* muchte, *im Nebentext* macht *st.* machst, *mögen*

Mord 44 §. 3, eneme m. anspreken 32 §. 2. Morder 44 §. 3, mordenaer 15 *N.* 1. Mortborner *der Mordbrenner* 31 *N.* 10.

Mundel, mundeler, mundelin *die Partei, im Verhältniſs zum Vorsprecher* 4, *vgl. N.* 1, 17.

Muten, *Conj.* mute, mote 1) *müssen* 2) *dürfen, mögen.*

*Muten, mutten *begehren*, m. einer were *S.* 388, muttende sin *Bl. Ssp.* 372, 273. Mutich *willig, bereit J.* §. 12.

N.

Na *Präp. nach*, na rade 4 S. 103, na deme, na deme dat *gewöhnlicher Eingang der Urtheilsfrage*, na deme dat *je nachdem* 1 §. 3. *Adv. nachdem* na vragen 16 §. 3, na halden 12 §. 2.

Nacht *die Nacht*; *binnen czweir n. *vor der zweiten Nacht nach der That, oder nach dem Ausdruck des s. Ldr. II.* 36 §. 1, *nicht* over den anderen dach, *Bl. Ssp.* 373.

Nachtslapender diet 35 §. 2, *s. oben* diet.

Nakebur (nackwer, nagebowr, neyber) 14 *N.* 49, *Bl. Ssp.* 381, *gleich* bur *der Miteinwohner.*

Nakomelinge *Nachkommen* 25 §. 4.

Namen *in* bi namen *benannt, gegen* unbenomet 35. §. 4.

Ne, *s. Register zum Ssp. I.* 357. *Bei den in obliquer Rede gegebenen Antworten auf die Urtheilsfrage steht* ne *allein, z. B.* he ne dorve, ne moge. *Verbunden* nis *für* ne is.

Neddere, nedere *Adj. nieder*, n. richter 35 §. 3.

Neddervellich *sachfällig* 45 §. 5, 32 §. 9 *N.* 3, 50 §. 8.

Negede *neunte* 4.

Neger (nairre) *näher, im Beweise* n. tu untgande *z. B.* 8 §. 1, tu beholdende *z. B.* 13 §. 1. Negest *nächst*, tu den n. dagen 34 §. 2, hir negest 47 §. 4.

Neit, *nicht* 34 *N.* 29.

Nen (nein, nin) *kein*; nenerhande *keinerlei* 32 §. 2.

Nicht *Adj.*, mit nichte 4, 29, nichtes begeren 5 §. 2, nichtes nicht 11 §. 3. *Statt* icht, 34 §. 11 vorsaket dat he nicht vorloren hebbe.

Nie (nige, niwe, nuwe) *neu*, de nie marke 50 §. 2, nien wege 42 §. 2, niwe virteinacht 33 §. 11. Van nies an *ebd.*, 45 §. 4.

Noch, nocht *noch; in Wiederholung weder, noch* 12 §. 3, noch jar noch dach 22 §. 3.

Noch *genug, s.* nuch.

Nomen *Prät. von* nemen.

Nomen, numen, nümen *nennen* 2 §. 1, 25 §. 2, 26 §. 1.

Not *die Noth*, in leibis n. *Bl. Ssp.* 378, *insbesondre* 1) *rechtlicher Nachtheil* n. darumme liden 26 §. 2, 42 *N.* 35, 47 §. 4, 50 §. 11, *Joach.* §. 1 *vgl.* 34 §. 12 scaden l. 2) *Gesetzliches Hinderniſs* n. benam mi dat 14 §. 3, 27 §. 3, 34 §. 1. 3) *Bedürfniſs* des is mi n. 21 §. 3, 43 §. 1, *Blume Ssp. S.* 366, sik to sinen noden behelpen *Prol. N.* 8 *und S.* 83; *adjectivisch* mir were noter *Bl. Ssp.* 377. 4) *Nothwehr*, der n. enen vorwinnen, *beweisen daſs man einen in Nothwehr erschlagen* 32 §. 3. 5) *Gewaltthat* n. bewisen 37 §. 2, n. clagen 29, n. unde gewalt 32 §. 9, *die n. an im thun 31 *N.* 42. 6) sic uppe n. tien 3 §. 4 *s. die Anm. dazu.*

Notclage *peinliche Klage.*

*Notding *Blume Ssp. S.* 365, *vgl. S.* 427.

Nottogere (ernotigher) *Nothzüchter* 31 §. 1, *N.* 14.

Nu *in den Hdss. Cbl für nie und für nun.*

Nuch, noch *genug* 49 §. 5.

Nugen (genogen) *genügen* 3 §. 4.

*Nurt *nur* 16 *N.* 61.

Nut *Fem. der Nutzen* 16 §. 7, in sine n. komen 20 §. 4, gut in n. und gelde hebben 26 §. 6.

Nutte, nütte *nützlich* 3 §. 3, 4, 11 §. 1, n. ordel 50 §. 11. *Comp.* nütter 17 §. 4.

Nütten *nützen*, de have 16 §. 7.

Nymme *nicht mehr S.* 388.

*Nywerlde *nirgend* 47 *N.* 29.

O.

*Obelen *übel thun*, *Premis S.* 398.

*Oberig *übrig*, *entübrigt* ener sake 19 *N.* 13.

*Obirpracht, überbracht, brehten, *Ueberschreien*, *Lärm* 1 *N.* 30 *und S.* 437, 438. *Vgl. Schmeller B. Wb. I.* 250, *Müller Wb. u.* bracht, überbreht.

Of, oft, ofte, eft, ift *ob*, *wenn* 3 §. 3, 7 §. 2.

Ok *auch.*

Oldeste *älteste* 23 §. 8, 43 §. 7.

Onstanich 35 *N.* 59, ? *einer der nicht steht.*

Oplaet *die Auflassung* 25 N. 37.

Opsaet *der Vorsatz* 44 *N.* 33.

Ordel *das Urtheil*, eneme ordeles vragen 4, dem o. danken

39 §. 2, en o. eneme werden laten 32 §. 2, o. scelden, bescelden 49, *bei Abstimmungen* dat o. behalden 48 §. 3, 49 §. 3 *oder* vorlisen 49 §. 5; enes o. liden 50 §. 9, enem o. wedderstan 50 §. 4, mit dem o. utgan 4, dat o. inbringen 48 §. 3, ordels tien 49 §. 3, o. scriven laten 48 §. 2. Mit o. unde recht 35 §. 1, um dat o. manen 48 §. 1.

Ordelen vort *durch Urtheilsfragen weiter verfahren* 26 §. 2, 47 §. 1. *Zuerkennen* eneme sine pine o. 50 §. 7.

Ordelvindere 41 §. 3, 42 §. 4 *oder* de de ordele vinden 38 §. 2, 41 §. 8 *die Urtheiler.*

Orkunde *das Zeugniſs,* mit o. tvier manne kundegen 14 §. 2.

Orlof, orlef, lof, *loub *Erlaubniſs des Richters* 32 §. 6, *Urlaub* 50 §. 6, 1 *N.* 20, *N.* 32. Orloven *erlauben* 1 §. 2, 8 §. 2, 35 §. 6, *Joach.* §. 42.

Ors *das Streitroſs.* 20 §. 4.

Ot *für* it *es* 32 *N.* 1.

Over *über, bei Fristen z. B.* o. virteinnacht 7 §. 1; *gegen,* o. enen klagen 30 §. 1, rechtes helpen 34 §. 6, dodes geren 41 §. 9. De pine geit o. enen 30 §. 2. Ener sake over sin *überhoben sein* 19 §. 2.

Overachte *die Reichsoberacht,* in o. enen dun 24 §. 2.

Overbodich *erbötig,* des eides 46 N. 18.

Overbringen *überführen* 41 *N.* 22.

Overdelt *zuerkannt* 43 §. 9 *vgl. N.* 95.

Overgan (overbringen, *obirwindin) *überführen z. B.* 4, 8 §. 1, 41 *N.* 22.

Overhurer *Ehebrecher* 31 *N.* 10, 11, 15.

Overmits *vermittelst, S.* 406.

Overnachtige klage 30 §. 1, *die nach dem Tage des Vergehens angestellt wird.*

Overtale *Oberacht,* 24 *N.* 17.

Overtellig *restirend* 43 *N.* 95.

Overtugen *überführen* enen ener s. 16 §. 6.

*Owe *die Aue* 50 *N.* 14.

P.

Panden *pfänden* 7 §. 3. Pant *Pfand,* p. setten 49 §. 5, p. unde pandes recht 42 §. 2, tu p. loven 9. Dat p. steit mi *haftet mir* 42 §. 6. Sin p. lecgen *es lösen* 42 §. 6.

Pape *Geistlicher* 2 §. 4, de papen (papheit) *die Geistlichkeit* 35 §. 8.

Penninge *Geld*, vorkopen umme p. 18, der p. genieten 16 §. 7.

Pine *die Strafe* 28 §. 1, sine p. eneme andun, ordelen 35 §. 7. Pinegen *die Strafe leiden lassen*, 5 §. 2, 28 §. 1, §. 2, 36. Pinlike klage, sake 28 §. 1.

Plegen *unterhalten*, erer 49 §. 4; rechtes pl. mit eneme *mit seinem Gegner gerichtlich verhandeln J.* §. 7.

Plicht *die Pflicht*, bi plicht *pflichtgemäſs* 6, 50 §. 5. Plichtig 6.

*Pording *d. i.* burding *Blume Ssp. S.* 363.

*Premitz, prems *das Maulholz, S.* 390, 397, *Premsen *mit dem Maulholz zwingen* 390, 398.

Q.

Quad, *arg, bös*, 43 *N.* 39.

Quam, queme *s.* komen.

Quijt 8 *N.* 10, *ledig, frei.*

R.

Raken, reken *treffen* 44 *N.* 25, *Brem. Wb. III.* 422, *Impf. meist* rakede, Aq rok.

Ramen ener s. *auf etwas zielen* 44 *N.* 15 *a.*

Rat *der Rath*, na rade 4. Raden rathen 48 §. 2.

Rat *das Rad* 42 §. 6.

Recht *Subst. die Rechtsnorm überhaupt.* Dat r. gebut 44 §. 2, wil pinegen 36, dut genade 36; tu rechte 1 §. 3, na r. 9, dorch r. 2 §. 1, na r. unde na genaden 38 §. 1. Rechtes kunnen 4. *Einzelne Norm*, dit r. 28 §. 2, sessisch r. 46 §. 1, *namentlich für den einzelnen Streitfall*, horen dat r. 1 §. 2, tu rechte vinden, rechtes vragen 1 §. 2, §. 3, wat dar nu rechtes umme si. *Das dem Einzelnen gebührende Recht.* De klage geit an dat r. 43 §. 5, benimpt sin r. 38 §. 2, sin r. verlisen 34 §. 10, 40 §. 3, tu bedderver lude (enes vromen mannes) r. komen 34 §. 10, 40 §. 3, vulkomen man alles rechtes 40 §. 4. Der doren r. 43 §. 5. Sin r. bewisen 18, to sime r. komen 32 §. 6. Alse it enes gewеren r. si 14 §. 6. *Das unverletzte Recht heiſst* nicht gehoet u. genedirt *Bl. Ssp.* 373, 374, 377, unvorselbet 377, unvorsprochin 378. *Die gebührende Strafe*, sin r. liden 32 §. 11; r. des vredebrekeres 32 §. 9, des vorvesten mannes 35 §. 7, *des*

Verurtheilten 32 §. 10, 42 §. 6; eine wunde hauwen an das hoeste r., *worauf die höchste Bufse steht* 401. *Gerichtliches Verfahren*, orloven dat r. 1 §. 2, rechtes plegen 14 §. 6; ener vestinge rechtes helpen 34 §. 6, tu r. stan 46 §. 3, sik bieden 26 §. 2; des rechtes wise halden 28 §. 1; mit dem r. vorwinnen 37 §. 3. *Urtheil, in der Formel* eines r. *oder* umme ein r. vragen *z. B.* 329 *ff. Beweis, namentlich Eid* 8 *N.* 11, sin r. dartu dun 13 §. 2, 20 §. 2, mit eime rechte beholden 16 §. 2, vullenkomen sin 8 §. 2; dat r. dun [illegible] §. 17, sin r. [illegible] [illegible] §. [illegible].

Recht *Adj.* r. morder 31 §. 1, r. ordel 50 §. 4, en ordel vor r. (*als das rechte*) vinden 50 §. 11. Rechte *Adv.* 5 §. 1, rechte dun 8 §. 2, 31 §. 2.

Rechtbuk, *das in der markgräflichen Kammer verwahrte Rechtsbuch* 50 §. 5, *vgl. S.* 517.

Rede *Subst.*, *der einzelne Satz der Partei* sik umme islike r. bespreken 3 §. 3; *Redeweise*, ene gemeine rede 32 §. 8.

Rede *Adj. bereit*, enen tuch r. hebben 8 §. 3, r. tu dun 46 §. 2.

Redelik *vernünftig, gehörig, ordentlich, Brem. NS. Wb. II.* 462, *Wackernagel Basler Recht* 38 *N.* 4, r. worde *entgegen den* smeleken 4, rechtlike u. r. afkopen 13 §. 1, §. 2; r. scult spreken 35 §. 5, sine r. vornuft genomen 43 §. 4.

Redet *Prät. von* reden, *abgemacht, abgeredet* vor geriehte 45 §. 5.

Rein, *vom Eide* reine u. unmeine 35 §. 6.

Richte *das Gericht* 1 §. 3, 14 §. 6, in enes richteres r. 50 §. 8, buten deme r. 32 §. 6, in dem r. gut hebben 44 §. 4, dat r. sitten 50 §. 6. Dat r. unde de dingplichten 35 §. 1, *dem Richter* sin r. verdelen 34 §. 1, 50 §. 2. — *Das Essen* 49 §. 4.

*Richtsam *richtig S.* 382.

Riden, 3 *P Pr.* rit, *reiten* 12 §. 6, ridende knechte 49 §. 4.

Rike, *der Kaiser als Haupt des Reiches*, des rikes brif 34 §. 7; *das Reichs- oder königliche Gericht* 49 §. 3, 50 §§. 8, 9.

Rof *Raub* 34 §. 10. Rofliken 12 §. 3. Rovere *Räuber* 11 §. 2.

Ropen, rupen *rufen* 33 §. 2, 42 §. 1.

*Roufen *raufen*, by den horn, *Blume MR. I.* 20.

*Ruchen, 3 *N.* 32 *ruhen oder raunen?*

Ruchte *s.* geruchte. Ruchte perninge 33 §. 5, *Brem. NS. Wb. III.* 538.

Rude, (rode) *Ruthe*, mit r. en kint dvingen, slan, 43 §. 9.

Rumen *räumen* 6, den stul 49 §. 3. **Ruminge** *Räumung, Freigebung, zweifelhaft in der Formel* lust, ruminge u. stille *S.* 437.

Run u. rat hebben, *geheime Berathung haben, Practica S.* 101. **Runen** *raunen,* stille u. openbar met runen u. m. rade *Joach.* §. 22.

S.

***Sageworte,** *wohl Verläumdung, Bl. Ssp.* 375.

Sake *die Sache* 35 §. 6, 36, *Rechtssache* causa 3 §. 4, der s. untgan 35 §. 5, borgerlike, pinlike s. 28 §. 1, *im Gegensatz der deswegen erfolgten Verfestung* 35 §. 7; *Klagegrund* 6 *a. E.*; *Verhandlung der Sache* vor u. na der s. 5 §. 1.

Saken *eine Klage anstellen,* uppe en gud 20a §. 1. *Eben so* sayen u. clagen *Joach.* §. 2.

Sakeweldige (sakewolde) *die Partei, im Gegensatz des Vorsprechers* 2 §. 3, 4 *N.* 1, *des Bürgen* 9

Sasse *der Sachse* 50 §. 9.

Scaden *der Schade besonders Rechtsnachtheil,* ane sc. bliven 40 §. 5, sc. liden 16 §. 5

Scatten *schätzen,* ene clage mit gelde 38 §. 4.

Scelden, *Impf. Ind.* scalt, *Conj.* sculde, *schelten.*

Scen, schen, gescen, scin, 3 *P. Pr.* scut, *geschehen,* 1 §. 4, 20 §. 2, 31 §. 3, 35 §. 2, 39 §. 1.

Scenden *zu Schanden machen,* enen 11 §. 3 *durch Ueberführung, dafs er falsch geschworen.*

***Schackerliken** *raublich, von* schach *Raub,* 35 *N.* 21.

Schedeklot *Benennung des Richtsteiges, S.* 44, 81.

Scheden (?) *streiten* 21 *N. c.*

Schelen *intrans. von jemanden getrennt sein, fehlen, mangeln,* wat dik schelende is, *was dir am Rechte gebricht* 39 *N.* 23. *Transitiv, trennen, uneinig machen, Vorr.* dit schelet mennigen man, *bringt ihn in Zwiespalt und Zweifel. Vgl. Gl. zum Ssp. III.* 28 §. 1, 47 *und das Wortregister in Homeyer Prolog zur Glosse des s. Landrechts.*

Schelklichen *schalksweise* 35 *N.* 21.

Schemelos *frei von Schande, Cautela S.* 396.

Schepencloit, scheveklot, *Benennungen des Richtsteiges S.* 43, 44, 81.

Schicken *zu Wege bringen* 32 §. 9 *N.* 18 *Bbkl.*

Schire bald, 22 *N.* 2, *Cautela S.* 395.

Schiten, *Impf. Conj.* schote, *schiefsen* 44 §. 1.

Scinbar *durch Augenschein zu beweisen*, sc. dat 31 §. 1, scult 39 §. 2.

Scot *der Schoofs* 29.

Scrien *schreien*, gescriede geruchte 1 §. 4, 17 §. 1.

Scriven *schreiben*, ordel 48 §. 2.

Sculdegen, besculdegen, enen um ene s. 11 §. 2, 41 §. 5, besculdegede (schuldige) man [illegible] §. [illegible] [illegible] §. [illegible].

Scullen, *Pr. Ind. Reg.* scalt, scal, *Plur.* scolen, scun, *Pr. Conj.* scole, *Impf.* scolde, *sollen.*

Scult, debitum 6, §. 1, sc. vorgelden 8 §. 2, winnen up enen 45 §. 5, 46 §. 3, spreken 35 §. 5, sculde vorderen 10 §. 1; culpa, scinbare sc. 39 §. 2; *Beschuldigung* 38 §. 4; *Zuthun*, van sinen sculden ane sinen willen 44 §. 2.

Sculte, (scholtede) *der Schultheifs* 34 §. 6.

Scut *s.* scen.

Secgen *Präs.* sechst, secht, *Impf.* sede, *Prät.* gesecht, *sagen*, sic ener s. unsculdich s. 8 §. 1, 40 §. 2.

Sede, sete *Masc. die Sitte*, der stad, des landes 8 *N.* 32, *der Vorsprecher* 3 §. 4.

Seder *späterhin* 35 §. 2.

Selfrecht *die Selbsthülfe J.* §. 4 *und S.* 389.

Selven *s.* sulf.

Sementlik *sämmtlich* 32 §. 8 *N.* 1.

Sere *sehr.*

*Seregen, seren *verletzen*, gesereget 37 *N.* 4, 41 *N.* 12.

Ses *sechs* 1 §. 3; de soste *Vorr. S.* 82, tum sesten 4; sesleie (zesleie) wis 11 §. 2.

Sessisch (sasses, zasses, saissens) *sächsisch*, recht 46 §. 1, 50 §. 9, art 49 §. 5, 50 §. 9.

Setten *Prät.* gesat *setzen*, enen *ihn niedersetzen* 32 §. 10, 35 §. 6, de hilgen 35 §. 6, pant 49 §. 5, borgen vul setten 9; *einen Satz aufstellen, lehren, bestimmen*, 14 §. 5, 17 §. 1, 27 §. 5. 41 §. 10, hulperede s. 27 §. 3. Settinge *Satzung* 28 §. 1, 27 *N.* 41, *Vorrede S.* 82.

Sevene *sieben*, s. mit di 35 §. 6, tome seveden 4. Seventich 19 §. 1.

Si, se, *sie.*

Sibbe *Verwandtschaft*, der s. like na sin 23 §. 6. Sik sippem *sich als verwandt nachweisen* 23 *N*. 44.

Side *niedrig*, dat sideste gerichte *das Untergericht* 35 §. 3, 33 *N*. 44 a.

Sideg *siedend* 40 §. 3.

Sin *Verb*. 3 *P*. *Pr*. is, *Conj*. si, *Impf*. was, *Prät*. geweset, *sein*, des is se *dem gehört sie* 14 §. 1; dit is *das verhält sich so* 15 §. 1.

Sin *sehen*, 32 §. 8, §. 9, 3 *P*. *Pr*. süt, *Conj*. si, sige 14 §. 4, 32 §. 8, *Impf*. sach, *sehen*, to enes lovede s. 46 §. 2, *darauf sich verlassen, darin seine Sicherheit finden*.

Sin, *Pron*. *Poss*. *sein*, sime *für* sineme 4, dat sine *sein Gut*, 11 §. 3, des s. sik underwinden 11 §. 4, van dem s. gelden 43 §. 7.

*Sinnebote 7 *N*. 10, *S*. 386, 403 *der Bote der den Abwesenden durch echte Noth entschuldigt, s. Ssp. II*. 2 *S*. 596.

Sinlos man 32 §. 12, minsche 43 §. 1.

Sinnig *bei Sinnen, vernünftig*, 32 §. 11 *N*. 47; 43 N. 34.

Sint, *Conj*. *weil, da*, 3 §. 4, 25 §. 3; *Präp*. *seit*, sint der tidl 13 §. 6.

Sitten *sitzen*, uppe pachtgude 21 §. 1, *zu Gerichte* 50 §. 3, dat richte s. *vom Richter* 50 §. 6.

Slan (3. *P*. *Pr*. sleit, *Prät*. geslagen *und* slawet 42 §. 5) *schlagen*, en kind mit ruden 43 §. 9, enen wech 41 §. 1, §. 5; *erschlagen* 41 §. 2.

Slege *Schläge* 38 §. 5.

Slicht *schlicht, einfach*; sl. clage *im Gegensatz des* anevang 11 §. 3, sl. scult 47 §. 2. Slichtes *Adv*. *schlechtweg* 9, 38 §. 4.

Sliten *Prät*. gesleten *schleifsen, aufheben*, dat gerichte 1 *N*. 20; slitinge *Subst*. *ebd*. *vgl*. *S*. 436.

Slot *Schlofs, Verschlufs*, in hemeliken sloten 40 §. 4.

*Smaheit *Schmach* 38 *N*. 32, 51.

Smelik *schmähend*, sm. worde 4.

So *Adv*. *solchergestalt*, *wahr*, dat it so si 35 §. 1, des wart ni so 35 §. 2.

Somelike *einige*, 50 *N*. 100.

Sonderacht, sunderachte *eine ohne Erlaubnifs gehaltene Berathung* 1 *N*. 20, *S*. 437.

Sone, sune *die Sühne*, loven 41 §. 6, betugen 41 §. 8. Sonen *sühnen*, rof u. dufte 34 §. 11, sic sonen mit eneme 41 §. 2.

Kolibri 360 GmbH
Ferdinand-Jühlke-Straße 7
99095 Erfurt, Deutschland
produktsicherheit@kolibri360.de